A FORÇA MUSCULAR

ASPECTOS FISIOLÓGICOS E APLICAÇÕES PRÁTICAS

Carmelo Bosco, Ph.D.

A FORÇA MUSCULAR

ASPECTOS FISIOLÓGICOS E APLICAÇÕES PRÁTICAS

Revisão científica

Professor Doutor Francisco Navarro
Licenciado em Educação Física – EEFEUSP
Mestre e Doutor em Biologia Celular e Tecidual pelo Instituto de Ciências Biomédicas – USP
Autor do livro Hipertrofia Hiperplasia – Phorte Editora
Coordenador e docente dos cursos de especialização em Fisiologia do Exercício; Nutrição Esportiva e Obesidade e Emagrecimento – UniFMU e UGF
Diretor do IBPFEX – Instituto Brasileiro de Pesquisa em Fisiologia do Exercício

Professor Doutor Reury Frank Pereira Bacurau
Licenciado em Educação Física – EEFEUSP
Mestre e Doutor em Fisiologia Humana pelo Instituto de Ciências Biomédicas da USP
Autor do Livro Hipertrofia Hiperplasia – Phorte Editora
Coordenador e docente dos cursos de especialização em Fisiologia do Exercício; Nutrição Esportiva e Obesidade e Emagrecimento – UniFMU e UGF
Diretor do IBPFEX – Instituto Brasileiro de Pesquisa em Fisiologia do Exercício

Phorte editora

La Forza Muscolare: aspetti fisiologici ed applicazioni pratiche
Copyright © 2002 by Società Stampa Sportiva
Direitos adquiridos para Língua Portuguesa pela Phorte Editora Ltda.
1ª edição brasileira, 2007

Rua 13 de Maio, 598 – Bela Vista – São Paulo – SP
CEP: 01327-000 – Brasil
Tel/Fax: (11) 3141-1033
Site: www.phorte.com   *E-mail*: phorte@terra.com.br

Produção e Supervisão Editorial: Fábio Mazzonetto
Gerente Editorial: Sérgio Roberto Ferreira Batista
Tradução: Deborah Balancin
Revisão Científica: Prof. Dr. Francisco Navarro;
       Prof. Dr. Reury Frank Pereira Bacurau
Capa: Waldelice Helena de Moraes Dias
Impressão: Prol

Nenhuma parte deste livro pode ser reproduzida ou transmitida de qualquer forma ou por quaisquer meios eletrônico, mecânico, fotocopiado, gravado ou outro, sem autorização prévia por escrito da Phorte Editora Ltda.

CIP-BRASIL. CATALOGAÇÃO-NA-FONTE
SINDICATO NACIONAL DOS EDITORES DE LIVRO, RJ

B753f

Bosco, Carmelo, 1943-
   A força muscular : aspectos fisiológicos e aplicações práticas / Carmelo Bosco ; [tradução Deborah Balancin ; revisão científica Francisco Navarro, Reury Frank Pereira Bacurau]. - São Paulo : Phorte, 2007.
       il.

   Tradução de: La forza muscolare : aspetti fisiologici ed applicazioni pratiche
   Inclui bibliografia
   ISBN 978-85-7655-112-6

   1. Aptidão física. 2. Músculos - Fisiologia. 3. Musculação - Aspectos fisiológicos. 4. Treinamento (Atletismo). I. Título.

              07-0278.   CDD: 612.044
                              CDU: 612.766.1

         26.01.07   31.01.07   000282

Impresso no Brasil
Printed in Brazil

À memória dos nossos pais, sempre presentes na memória e no coração de seus filhos Biaggio e Carmelo.

Sobre o Autor

Carmelo Bosco, nasceu em Militello V.C. (Catânia), no dia 04 de julho de 1943, e diplomou-se na ISEF de Turim em 1968. Estudou sucessivamente: Ciências Naturais na Universidade de Catânia, formou-se no Departamento de Biologia da Atividade Física da Universidade de Jyväskylä (Finlândia) em 1975, onde conseguiu, mais tarde, a Especialização Funcional (Ph. Lic.) em 1978 e o Doutorado de Pesquisa (Ph.D) em Fisiologia e Biomecânica do Esporte em 1982. Em 1992, obteve um segundo Doutorado de Pesquisa (D.U.) junto à Faculdade de Medicina da Universidade Saint Etienne (França), em Biologia do Esporte. Em 1994, foi condecorado pela Universidade de Budapeste (Hungria) com a láurea *Honoris Causa*. Entre 1975 e 1977, trabalhou como assistente e, de 1977 a 1982, como pesquisador no Departamento de Biologia da Atividade Física da Universidade de Jyväskylä, colaborando com o Prof. P.V. Komi, seu mestre e tutor. A partir de 1985, tornou-se docente junto ao mesmo Departamento. De 1985 a 1988, foi diretor do Laboratório de Fisiologia e Biomecânica do Esporte do Instituto do Esporte de Kourtane (Finlândia). A partir de 1990, tornou-se professor contratado junto à escola de Especialização em Medicina Física e Reabilitação da Faculdade de Medicina e Cirurgia da Universidade de Roma Tor-Vergata, e, a partir de 1995, professor contratado da Escola de Especialização em Medicina do Esporte da Faculdade de Medicina e Cirurgia da Universidade de Chieti. Em 1995, foi professor visitante na Faculdade de Medicina e Cirurgia da Universidade de Siena. A partir de 1995, exerceu o cargo de professor visitante na Universidade Húngara de Educação Física de Budapeste, como tutor de doutorandos de pesquisa. A partir de 1996, foi docente de Biomecânica do Esporte na *European School of Economics* (Escola Européia de Economia) de Roma. Foi coordenador científico do Centro de Estudos, Pesquisas e Documentação da *Federazione Italiana di Atletica Leggera*.

Discurso na ocasião do recebimento do título de Doutor Honoris Causa da Universidade de Budapeste.

Consultor Científico dos Chicago Bulls (NBA – USA), da Divisão de Pesquisa da FISI, da Escola do Esporte *(Comitato Olimpico Nazionale Italiano* – Roma) e da FIHP. Diretor científico do Centro de Estudos e Pesquisas do CUS, na Catânia. Foi docente junto à Escola de Treinadores Profissionais de Futebol de Coverciano – FIGC. Diretor responsável da Revista Científica Internacional (Fisiologia, Biomecânica, Medicina do Esporte e Treinamento) *Coaching and Sport Science Journal*, versão inglesa, e presidente da *Equipe FILA Sport Service*, versões inglesa e italiana.

Foi eleito presidente da Sociedade Italiana de Ciências Motoras. Membro da *New York Academy of Science* (USA), da *American College of Sport and Medicine* (USA), da *American Society of Advanced Science* (USA), da *International Society of Biomechanics, International Society of Sport Biomechanics*, Sociedade Italiana de Fisiologia. Foi membro do conselho editorial de diversas revistas especializadas, italianas e estrangeiras.

Publicou mais de 150 trabalhos científicos e monografias, dentre as quais mais de 100 em revistas científicas internacionais, e sete livros, traduzidos para o Inglês, Francês, Espanhol, Grego e agora para o Português pela Phorte Editora. Convidado a ministrar mais de 70 conferências em diversos países, dentre os quais: USA, Rússia, ex-República Democrática Alemã, Argentina, Porto Rico, Canadá, Turquia, Alemanha, França, Noruega, Suécia, Dinamarca, ex-Iugoslávia, Bélgica, Hungria, Finlândia, ex-Tchecoslováquia, Polônia, Portugal, Espanha, Ucrânia.

Trabalhou como consultor das seguintes Federações: FIPAV (1979-1988), e FIC (1995, seleção feminina). Efetuou pesquisas para o Conselho Nacional das Pesquisas (1989-1990).

Realizou pesquisas junto ao Laboratório de Biomecânica da *Penn State University* (USA) em 1977, Laboratório de Fisiologia da Universidade de Budapeste (Hungria) de 1982 a 1996, Laboratório de Biomecânica Politécnico de Zurique (Suíça) em 1982, Laboratório de Fisiologia Muscular do CNR de Milão de 1982 a 1987, Laboratório de Fisiologia e Biomecânica do Esporte do Instituto de Ciências do Esporte do *Comitato Olimpico Nazionale Italiano* de Roma de 1983 a 1987, Laboratório de Fisiologia do Esporte do Centro de Alto Rendimento de San Cougart (Barcelona, Espanha) de 1987 a 1988, Laboratório de Fisiologia do Esporte da Faculdade de Medicina de Saint Etienne (França) de 1990 a 1991, Laboratório de Fisiologia do Esporte da Faculdade de Medicina de Lion (França) de 1990 a 1991. Além disso, realizou experimentos junto ao Centro Esportivo da FIAT de Turim de 1978 a 1979, Instituto do Esporte de Vierumaki (Finlândia) de 1990 a 1992, Instituto do Esporte de Kuortane (Finlândia) de 1985 a 1988, *Facultad de Ciencias de la Actividad Física y Del Deport* de La Coruña (Espanha) em 1991, Hospital Militar Célio de Roma de 1991 a 1992, Laboratório de Alto Desempenho da *Federazione Italiana di Atletica Leggera* de Formia, Tirrenia e Schio de 1982 a 1996.

Trabalhou como consultor científico dos seguintes times de futebol: Genoa (1988-1990), Brescia (1989), Udinese (1991), US Avellino (1990), Giarre (1990), Barletta (1991), US Catanzaro (1991), Catânia (1992), Atlético Leonzio (1993), Crevalcore (1994), SPAL (1995). Foi consultor da equipe Sisley Vôlei de Treviso (1990).

Realizou pesquisas no campo da mecânica muscular, eficiência mecânica, eletromiografia, supergravitação, metabolismo, treino da força, bioquímica e endocrinologia. Descobriu que o efeito do pré-alongamento varia em função do tipo de fibra recrutada (1982). Em 1982, demonstrou que nos movimentos precedidos pelo pré-alongamento, a melhora do desempenho deve-se também à contribuição do reflexo de alongamento. Em 1987, demonstrou que a eficiência muscular e, portanto, a economia de energia ligada ao pré-alongamento muscular, deve-se a fenômenos ligados ao tempo de trabalho que se economiza com o pré-alongamento. Em 1995, descobriu que a testosterona está relacionada com a velocidade de contração, e não com a força, como anteriormente se pensava. Em 1983, introduziu uma bateria de testes para a avaliação dos músculos dos membros inferiores, executada através de um instrumento por ele patenteado (Ergojump).

Em 1990, introduziu um novo método de avaliação do esforço realizado durante os treinamentos de força. Esse método é aplicado usando-se aparelhos de musculação que, inserindos a um outro instrumento eletrônico de sua patente (*Ergopower-Bosco System*®), permitem o levantamento da velocidade, força e potência realizadas durante cada movimento. Além disso, o instrumento informa ao atleta, através de um sistema de retroalimentação, a quantidade do esforço por ele realizado, e sugere as modificações necessárias, como diminuição da intensidade do esforço executado. Em 1996, o instrumento *Muscle Lab-Bosco System*® (Eletromiógrafo com 4 canais) foi adotado pela NASA, em Houston, pelo Dr. P. Tesch e H. Berg para os estudos de Fisiologia Muscular realizados com os astronautas. Seus últimos trabalhos foram produzidos na área da Biologia do Treinamento, e consistem no estudo e na prevenção do estresse de sobrecarga por meio de pesquisas que incluem: eletromiografia, bioquímica, perfil hormonal e dinamometria.

AGRADECIMENTOS

A redação de um trabalho que trata de um assunto tão vasto como o da força muscular requer enormes esforços, não apenas intelectuais, mas também organizativos e logísticos, além de uma contínua interação com os colegas, pois, sem a colaboração e o contínuo suporte deles, este trabalho não poderia ter se realizado. Portanto, gostaria de agradecer publicamente, antes de tudo, meu amigo irmão, Prof. Salvatore Lo Certo. A minha gratidão dirigida ao amigo editor Vittorio Palumbo, da *Società Stampa Sportiva*, e à sua colaboradora Mirella Innocenti, pela insubstituível contribuição fornecida à redação do livro, sem a qual este trabalho não teria sido realizado na forma e na veste apresentadas. Um necessário agradecimento estende-se à Dra. Daniela Sorrentino, pela colaboração na redação do livro. Além disso, os meus pensamentos dirigem-se aos meus colegas e treinadores, que estiveram muito próximos, contribuindo para abrir novos horizontes e aprofundar temáticas nem sempre resolvidas de maneira fácil. Perdoem-me aqueles de quem sem dúvida me esquecerei, mas dentre os quais me vem à mente com viva lembrança o Prof. Salvatore Bianchetti (treinador profissional de futebol), com o qual aplicamos, no passado, métodos de treinamento (CCVV) atualmente utilizados por muitos treinadores.

Além disso, gostaria de lembrar os treinadores professores Roberto Colli, Carlo Vittori, Roberto Bonomi, colegas com quem compartilhei muitos anos de pesquisas, tanto em campo quanto em laboratório; Professores Joszef Tihanyi (magnífico reitor da Universidade de Educação Física de Budapeste, Hungria), Atko Viru (vice-presidente do Comitê Olímpico Estônio – Universidade de Tartu, Estônia), Jukka Viitasalo (vice-diretor do Instituto de Pesquisas Científica do Comitê Olímpico Finlandês, Jyväskylä, Finlândia), Yuri Verkhoshansky, precursor do método de choque (exercícios realizados com o pré-alongamento), já então docente na Universidade de Moscou, Rússia. Peter Tschiene, metodólogo do treinamento (diretor responsável pela revista Leistungssport Desporto de Desempenho, Alemanha), Jean Pierre Egger (treinador chefe do Comitê Olímpico Suíço), Al Vermeil (treinador responsável pela preparação física dos Chicago Bulls, USA), Alain Belli e Jean René Lacour (Universidade de Lion e Besançon, França), Spiros Kellis e Olga Tsarpela (Universidade de Salônica, Grécia), Serge Von Duvillard (Dakota do Norte, USA), Greg Wilson (Lismore, Austrália), Per Tesch (NASA, Houston, USA), Digby G. Sale (Hamilton,

Canadá), Thomas Reilly (Liverpool, Grã-Bretanha), Erich Müller (Salisburgo, Áustria), Toshio Moritani (Kioto, Japão), Luc Léger (Montreal, Canadá), William Kraemer (Penn State University, USA), Henk Kraaijenhof (Amsterdã, Holanda), Tetsuo Fukunaga (Tóquio, Japão), Jacques Duchateau (Bruxelas, Bélgica), Jussi Hirvonen (Vierumaki, Finlândia), Mikko Levola (Kuortane, Finlândia), Franco Scoglio, Michele Palmieri, Renato Manno, Gianfranco Dotta, Vincenzo Manzi, Stefano D'Ottavio, Carlo Tranquilli, Paolo Casarin, Mario Gulinelli, Elisabetta Introini, Lino Cervar (treinador da seleção italiana feminina de handball), Riccardo Sales (treinador da seleção italiana feminina de basquete), Fabio Fanton, Carmelo Pittera (treinador da seleção egípcia masculina de vôlei), Calogero Foti, Ignazio Caruso, Marco De Angelis, Sergio Giulio Roi, Elio Solis, Giuseppe Pulvirenti, Umberto Scapagnini, Vincenzo Perciavalle, Giancarlo Rando, Federico Serra, Pina e Ignazio Russo, Vittorio Pistritto, Piero Mognoni, Emiliano Schiavini, Ângelo D'Aprile, Alberto Castellani, Dino Ponchio, Giuliano Grandi, Francesco Uguagliati, Ole Olsen, Arrigo Giombini, Bruno Cacchi. Finalmente, mas não por último, um necessário agradecimento a Dorina e Ângelo do restaurante *Il Vascello* de Roma.

Carmelo Bosco

APRESENTAÇÃO

Casualmente, encontrei recentemente em Roma, Carmelo Bosco. Com ele, relembrei coisas da juventude. Uma amizade nascida na Catânia nos campos esportivos, caracterizada por profunda estima e afeto.

É com prazer, portanto, que batizo este seu trabalho, certo de que ele representará um ponto de referência no panorama internacional da literatura especializada.

Abstenho-me de evidenciar a intensa atividade desenvolvida por Carmelo Bosco, na Itália e no exterior, e a bagagem de experiências de pesquisa científica por ele adquirida nas universidades de meio mundo.

O assunto tratado faz referências a processos biológicos muito complexos, ativados para manter constantes as condições homeostáticas características dos mamíferos em geral e do homem em particular.

Na escala da evolução filogenética, o homem representa o ápice de uma pirâmide que tem como base a vida dos peixes. Sucessivas modificações ambientais e adaptações morfológicas criaram as condições estruturais que nos permitem a locomoção em condições antigravitacionais. As solicitações impostas pela gravidade, além de serem responsáveis por adaptações precisas das estruturas ósseas, são de fundamental importância para o desenvolvimento da estrutura muscular do homem.

Apesar das numerosas pesquisas conduzidas por estudiosos de todo o mundo, as modificações que o treinamento provoca no músculo e as respectivas adaptações biológicas não são conhecidas com clareza.

O trabalho de Carmelo Bosco busca uma abordagem organicionista dos conhecimentos atualmente obtidos sobre os processos fisiológicos ligados ao desenvolvimento da força muscular. O crescimento exponencial de pesquisas e informações neste campo prescinde de um método enciclopédico do fenômeno estudado. Ao mesmo tempo, é preciso sublinhar as especulações científicas peculiares do autor em relação às suas recentes descobertas sobre o comportamento da testosterona, que abrem novos horizontes para compreensão da função deste hormônio, até hoje confinado como simples promotor da síntese protéica.

Carmelo Bosco coloca-se, assim, na vanguarda, tanto dos estudos específicos e das descobertas sobre o efeito do hormônio sexual masculino no comportamento e mecânica do músculo esquelético, quanto das metodologias de treinamento por ele introduzidas.

Estou certo de que o leitor tirará grande proveito deste trabalho, que oferece a oportunidade para reflexões que, se bem ponderadas, podem estimular uma visão dinâmica de fenômenos tratados, até agora, de maneira estática.

Mario Petrina
Presidente Nacional da Ordem dos Jornalistas da Itália

Sumário

Capítulo 1
Aspectos Metabólicos da Contração Muscular..............21
O sistema neuromuscular e a estrutura de base.........................23
Origem da força na contração muscular.......................................26
Características morfológicas e metabólicas do músculo esquelético humano..34
Fontes disponíveis de energia..41
Conclusões sobre o metabolismo muscular..................................48
BIBLIOGRAFIA..50

Capítulo 2
Contração Estática e Isocinética...................................53
Avaliação da força isométrica..56
Treino com contração isométrica..62
A estimulação elétrica...64
Estímulo elétrico artificial direto ou indireto do músculo esquelético..66
Métodos e aparelhos usados para o estímulo elétrico do músculo esquelético..67
Efeitos obtidos com o treino..68
Efeitos dos estímulos elétricos sobre a resistência dos músculos...........69
Efeitos da preparação isométrica dos músculos associado aos estímulos elétricos...70
Aplicabilidade e utilidade dos estímulos elétricos como método de treinamento, adaptabilidade em forma de massagem em casos particulares de imobilização e lesões ocorridas em atletas.....................71
Avaliação isocinética 74
Treinos isotônicos e isocinéticos em confronto...........................80
BIBLIOGRAFIA..83

Capítulo 3
Contração Isotônica e Força Máxima............................87
Características neuromusculares da Força Máxima (Fmáx.) e da Força Dinâmica (FDM)..92

As bases fisiológicas do treino da Força Máxima e da Força Dinâmica.95
Métodos de treinamento..105
Conclusões sobre o treinamento da força máxima e hipertrofia...........110
BIBLIOGRAFIA...113

Capítulo 4
A Força Explosiva..115
Características da força explosiva..118
Considerações teóricas e práticas sobre a força explosiva.....................119
Considerações fisiológicas sobre a força explosiva e a força dinâmica máxima...120
Aplicações práticas realizadas com saltadores da seleção italiana de atletismo..121
Levantamentos feitos na seleção finlandesa de vôlei..........................123
Observações sobre levantamentos realizados com atletas da seleção italiana de esqui alpino..129
Aspectos fisiológicos e considerações práticas sobre o trabalho de força.....130
Metodologias para o desenvolvimento da força explosiva..................135
Controle do treinamento da força máxima e da força explosiva (Índice de Bosco)..139
BIBLIOGRAFIA...142

Capítulo 5
Pré-Alongamento e Força Explosiva..........................145
O efeito do pré-alongamento no comportamento do músculo esquelético..147
Considerações fisiológicas sobre pliométricos, saltos com ou sem obstáculos e aplicações práticas de treinamento................................150
O método Bosco-Pittera...167
Meios de treinamento para a potência muscular...............................175
BIBLIOGRAFIA...179

Capítulo 6
Resistência à Força Rápida....................................183
Análise da resistência à força rápida...189
Determinação das cargas para o treinamento da resistência da força rápida..196

BIBLIOGRAFIA..202

Capítulo 7
Considerações Fisiológicas sobre a Resistência à Força Rápida..203
Relação entre testosterona e resistência de força rápida........................213
Efeitos do treinamento da resistência de força rápida............................214
Adaptações específicas da resistência de força rápida nos dois sexos ...216
BIBLIOGRAFIA..219

Capítulo 8
Avaliação da Resistência à Força Rápida com o Teste de Bosco..221
Aplicações práticas do teste de Bosco..225
Cálculo da capacidade de resistência à força rápida..............................226
Aplicações práticas e considerações fisiológicas nas provas de saltos contínuos de duração de 30-60s..228
Cálculo da capacidade de resistência à força rápida durante provas de 30-60s de saltos contínuos...231
Cálculo do volume de trabalho (número de repetições) e da intensidade (nível do esforço) usando as provas de 15-60s de salto...........................234
BIBLIOGRAFIA..236

Capítulo 9
Confronto entre Avaliação Isocinética e Isotônica.....237
BIBLIOGRAFIA..247

Capítulo 10
Controle e Planejamento do Treinamento com o Método de Boco..249
Desenvolvimento da força e treinamento com Ergopower.............251
Como treinar com *Ergopower*..255
Considerações Finais..262

Capítulo 11
Bases Científicas do Método de Bosco para Melhorar a Força Muscular..........263
A força máxima..........265
BIBLIOGRAFIA..........270

Capítulo 12
Aplicações do Método de Bosco..........271
Controle do treino de um velocista de nível internacional..........278
Controle do treino de jogadores de vôlei..........279
Conclusões..........282
BIBLIOGRAFIA..........285

Capítulo 13
O Método de Bosco Realizado por Roberto Colli....287
Movimentos com amplitudes angulares diversas..........289
Contrações musculares realizadas no supino inclinado..........291
Características biomecânicas registradas durante exercícios com apenas um membro e confrontadas com as realizadas com ambos os membros..........292
Ativação muscular submáxima..........293
Trabalho excêntrico..........296
Contração excêntrica com cargas submáximas..........299
Treino controlando potência e atividade mioelétrica..........299
Controle do macrociclo (vôlei)..........307
Controle do macrociclo (caiaque)..........312
BIBLIOGRAFIA..........314

Capítulo 14
Relação entre Testosterona e Comportamento Muscular em Velocistas Homens e Mulheres (C. Bosco, R. Bonomi, R. Colli, R. Pozzo, G. Pulvirenti, O. Tsarpela, C. Tranquilli, J. Tihånyi, A. Viru, 1996)..........315
BIBLIOGRAFIA..........332

Capítulo 15
Efeitos de uma Sessão de Treino de Força no Comportamento Neuromuscular e Hormonal em Atletas dos dois Sexos (C. Bosco, R. Colli, R. Bonomi, S.P. von Duvillard, A. Viru, 1996)...**335**
BIBLIOGRAFIA..354

Capítulo 16
A Influência da Testosterona na Força C. Bosco, Atletica Studi 4/95...**357**
A força explosiva...359
A força máxima e a força dinâmica
máxima...361
Relação entre a força máxima, a força explosiva e a testosterona sérica........365
Planejamento personalizado do treinamento com os novos métodos de Bosco mediante o uso do *Ergopower*®..374
BIBLIOGRAFIA..381

Capítulo 17
Controle Bioquímico do Treinamento A. Viru, C. Bosco..**383**
Objetivo do controle bioquímico do treinamento..........................385
Metabólitos e substratos como instrumentos de controle bioquímico do treinamento...387
Os hormônios como instrumento para o controle bioquímico do treinamento...401
Avaliação da carga da sessão de treinamento................................416
O problema da estimativa para alcançar o pico do desempenho..........442
Monitoração da adaptabilidade do organismo...............................444
Supertreinamento..447
BIBLIOGRAFIA..451

Capítulo 18
Desenvolvimento Ontogênico da Força......................**463**
O desenvolvimento ontogênico da força..465
Desenvolvimento da força máxima...470

A maturação do sistema biológico..471
Variações da força em função da idade..473
BIBLIOGRAFIA...475

Capítulo 19
A Influência do Sexo no Desenvolvimento da Força..477
A força e as suas expressões nos dois sexos..479
A força isométrica nos dois sexos..480
O desenvolvimento da força explosiva em ambos os sexos...................481
Conclusões..485
BIBLIOGRAFIA...487

Capítulo 20
Considerações Finais...489
Treinamento para melhorar a força máxima...491
Treinamento para melhorar a hipertrofia muscular................................500
Treinamento para melhorar a força explosiva..501
Quais são os estímulos de base que determinam a adaptação
biológica...502
BIBLIOGRAFIA...504

Capítulo 1

Aspectos Metabólicos da Contração Muscular

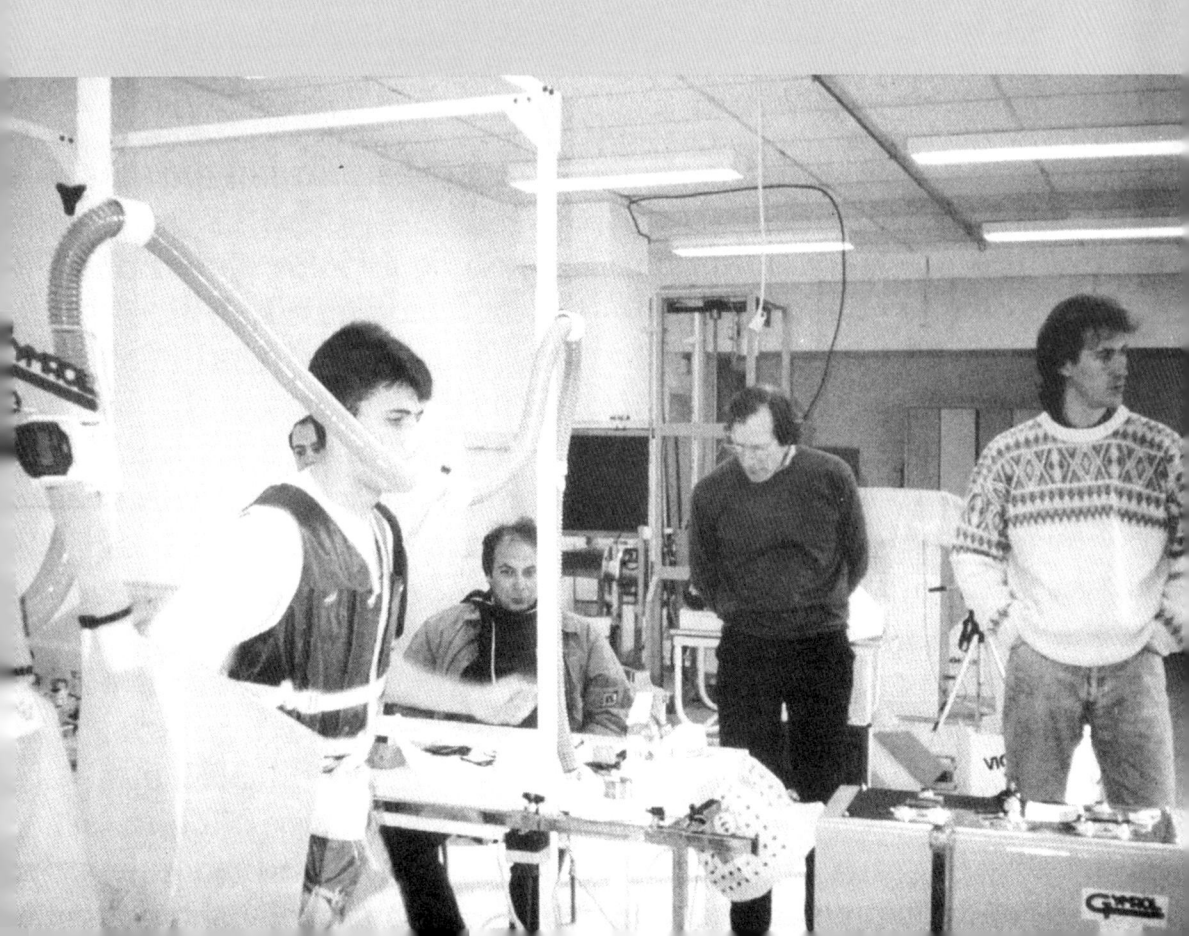

Foto: Laboratório de Fisiologia da Universidade de Lion.
Da esquerda: um atleta, Bosco (Itália), Lacour e Arsac (França)

Sem dúvida, o estudo dos processos biológicos que estão na base do desenvolvimento da força é muito interessante e estimulante. A pesquisa aprimora cotidianamente os nossos conhecimentos sobre os diversos aspectos das funções neuromusculares, desde os de natureza biofísica até aqueles ligados à bioquímica. O músculo, quando estudado *in vitro*, oferece maiores possibilidades de pesquisa e análises do que em campo, em todas suas complexas funções naturais. Infelizmente, alguns problemas de natureza miogênica e neurogênica ainda não foram suficientemente esclarecidos.

O sistema neuromuscular e a estrutura de base

A força e a velocidade produzidas pelo músculo esquelético do homem são muito difíceis de serem distinguidas uma da outra. Ambas são produzidas com a ajuda do mesmo mecanismo de controle e guia. Além disso, a mecânica muscular e as dimensões da carga externa determinam com qual velocidade e força muscular o movimento é executado. O mecanismo produtor da força muscular faz parte do sistema neuromuscular. Na Figura 1.1, podemos observar as mais importantes porções estruturais que dependem do sistema de produção de movimento voluntário e força. A contração voluntária do músculo começa na área motora do cérebro, de onde o impulso nervoso parte por meio da medula espinhal. Dela, o músculo produtor da força recebe o impulso estimulante.

Na medula espinhal, o neurônio motor descendente forma uma sinapse com o neurônio motor, formando a *unidade motriz* juntamente com as miofibrilas que excita. A verdadeira contração do músculo acontece logo que os filamentos finos de actina e miosina, que são os componentes protéicos formadores do sarcômero, unidade funcional do músculo, unem-se ao impulso; ao reagirem, formam a chamada "ponte-cruzada", por meio da qual os filamentos deslizam uns sobre os outros. Desse modo, produz-se tensão, que é transmitida através dos tendões para os ossos sobre os quais age. Na estrutura da célula muscular, a miofibrila é a parte na qual a verdadeira contração acontece. Em uma célula muscular, existem centenas de miofibrilas desse tipo.

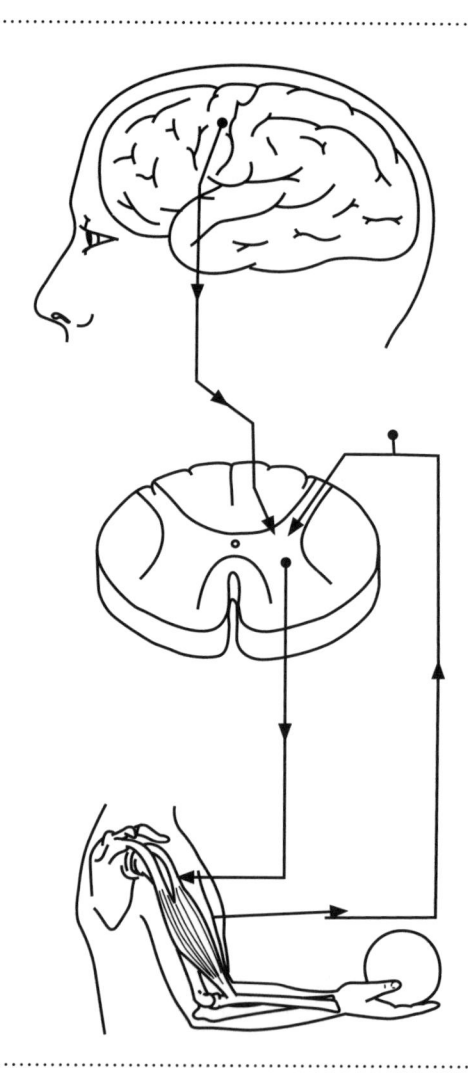

Figura 1.1 Representação esquemática dos principais componentes citados para a realização do movimento (Sale, 1991).

Observando em microscópio eletrônico a foto da secção longitudinal do músculo, podemos observar que existem linhas transversas que se repetem a cada ≈2,5 mícron quando o músculo está relaxado. Essas linhas transversais conferem ao músculo a característica da estrutura estriada. Na figura, as linhas mais fáceis de serem notadas são as Z, e a zona que se encontra no meio é chamada sarcômero. O *sarcômero* é a unidade funcional da miofibrila. Existem dois tipos de filamentos no sarcômero, um fino chamado actina e outro grosso denominado miosina, o mais interessante dos dois. Ele é formado por mais moléculas de miosina e contém prolongamentos que, durante a contração, dispõem-se a 90 graus em relação aos filamentos.

Com a chegada do estímulo, reagem com os filamentos prolongados de actina. O processo ativa-se de alguma maneira por meio da enzima ATPase, que, como catalisador, favorece a quebra do ATP fornecendo, portanto, energia para a contração muscular (Huxley,1957) (Figura 1.2).

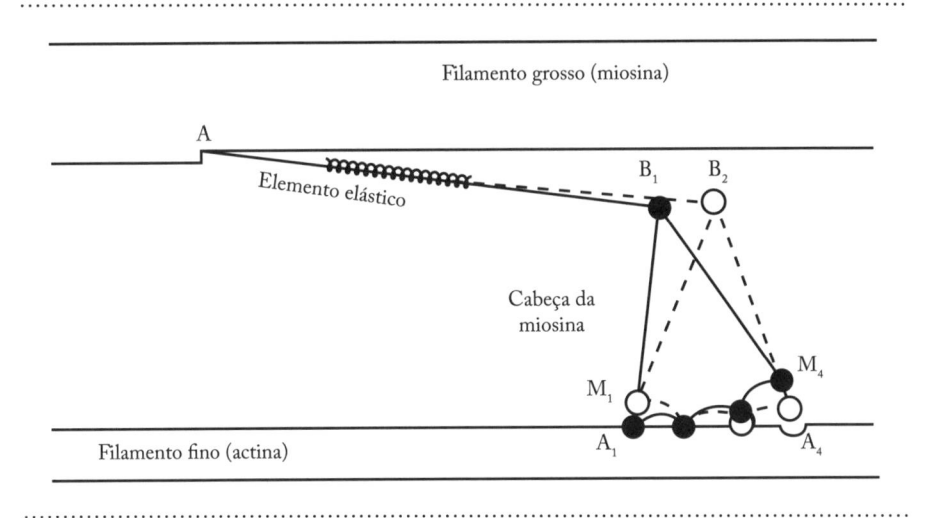

Figura 1.2 Diagrama que demonstra as propriedades das pontes de actina e miosina. A cabeça da miosina é ligada ao filamento grosso por uma estrutura AB, que contém elementos elásticos não-amortecidos. A linha contínua demonstra a cabeça da miosina na posição em que forma as conexões MA e M_1A_1; a linha tracejada indica a posição na qual se formam conexões MA e M_4A_4 (Huxley, 1978).

Em relação a isso, é preciso lembrar que a estrutura morfológica da célula muscular não é conhecida completamente no que diz respeito a seus componentes moleculares. De fato, só recentemente, Maruyama (1976), contrariamente ao que se sabia, evidenciou os filamentos (macroproteínas) que se separam dos filamentos de miosina para agruparem-se com as linhas Z. Esses prolongamentos, constituídos pelas duas proteínas de grande peso molecular, "titina" e "nebulina", teriam a importante função de conferir estabilidade ao sarcômero durante a contração (Horowits et al., 1986). De fato, o modelo de Huxley (1957), que previa filamentos de miosina livres, determinava posição instável para os vários sarcômeros (Figura 1.3).

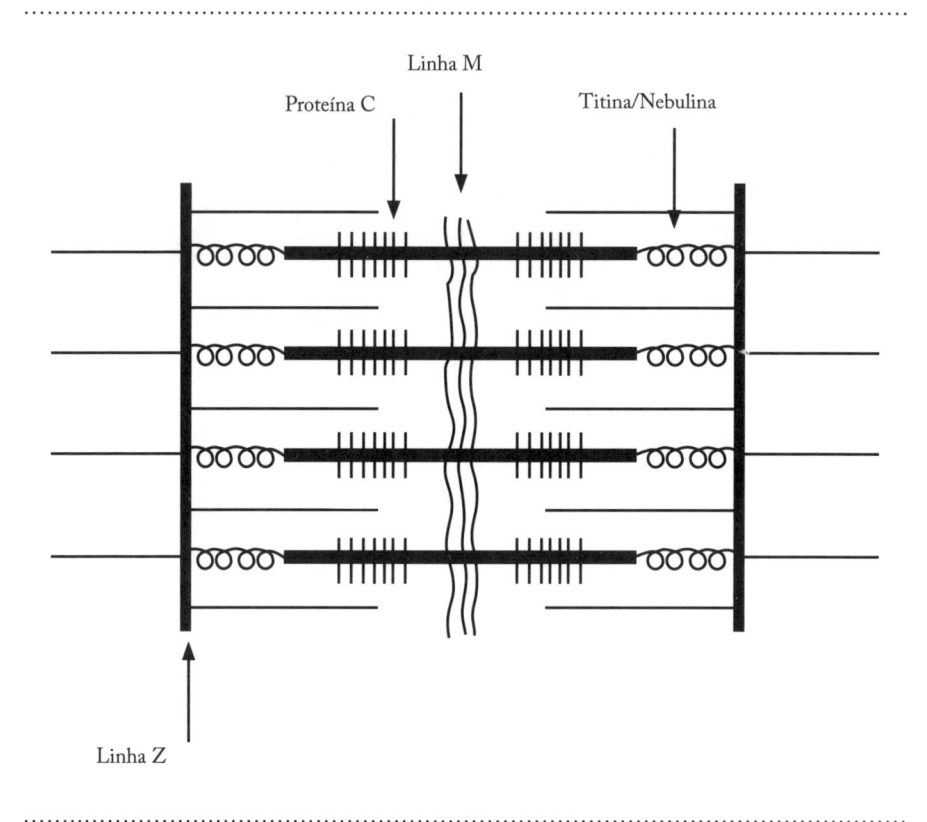

Figura 1.3 Representação esquemática da estrutura do sarcômero (Horowits et al., 1986).

Origem da força na contração muscular

As pontes que se estabelecem entre os filamentos de actina e miosina efetuam a contração e, ao mesmo tempo, produzem força. A base do processo de contração é a capacidade da miosina em quebrar o ATP com a sua enzima ATPase; essa é a razão pela qual contração e potência produzidas pelos vários sarcômeros diferem entre si.

A contração muscular final resulta da soma de forças produzidas por numerosas pontes de actina-miosina, que se formam durante brevíssimo intervalo de tempo. O verdadeiro mecanismo da contração ainda não está totalmente claro. De qualquer maneira, mesmo que o modo como o mecanismo de contração acontece não tenha sido completamente esclarecido, na Figura 1.2 é apresentada uma hipótese de reação dos filamentos de actina-miosina ao momento da chegada do estímulo.

Logo que a membrana muscular é atingida pelo estímulo nervoso, é liberado Ca^{++} pelo retículo sarcoplasmático Esse reage com a troponina C, uma substância protéica que inibe a formação das pontes de actina-miosina. Elas trazem a energia resultante da quebra do ATP pela ATPase, fornecendo energia para a contração. A contração é realizada pelo filamento que, estendendo-se a partir da miosina, prende-se ao filamento de actina e o atrai na direção da miosina. Como se pode ver, nesse esquema está compreendida uma estrutura elástica; mesmo que, devido à falta de evidências anatômicas, sua existência não tenha sido provada.

Cada músculo possui um determinado número de unidades motoras, cada qual controlada por diferentes terminações nervosas.

Quando uma mensagem é enviada do cérebro a uma simples fibra muscular, esta se contrai e depois relaxa (Figura 1.4a). Quando a mensagem é transmitida de maneira mais persuasiva, com maior freqüência de impulsos, a tensão gerada pelo músculo aumenta; esta fase da ativação muscular é chamada em particular de "clone" (Figura 1.4c). Quando a freqüência dos impulsos aumenta até atingir valor limite, desenvolve-se a máxima tensão possível. Tal condição é chamada "tetania" (Figura 1.4d). Enquanto o tempo necessário para desenvolver a tensão de contração única (Figura 1.4a) é de cerca de 100ms, durante a tetania a tensão máxima nunca é atingida antes de 200-300ms (Figura 1.4d).

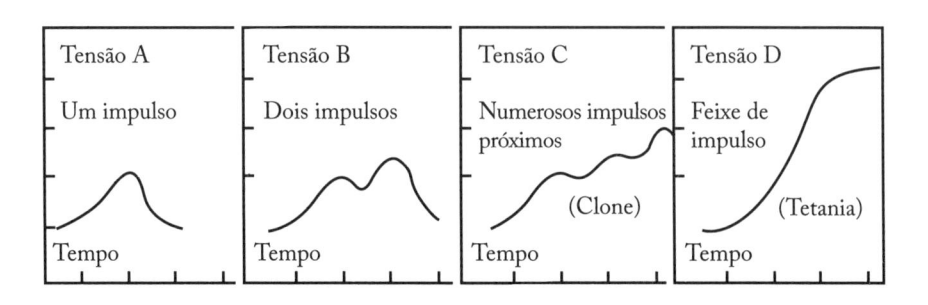

Figura 1.4 Relação entre os tipos de tensão produzidos em função do tempo por único impulso (a); por impulsos sucessivos (b); por numerosos impulsos próximos (c); por feixe único de impulsos (d).

Uma vez que o estímulo nervoso alcança a fibra muscular, e a actina e a miosina interagem provocando a contração, a tensão produzida pela interação das pontes de actina-miosina é transmitida aos ossos por meio das estruturas do tecido conjuntivo, os tendões. A tensão é transmitida aos tendões com certo atraso, que é necessário para alongar os elementos elásticos em série encontrados nos músculos (Asmussen et al., 1976; Bosco, 1987) (Figura 1.5).

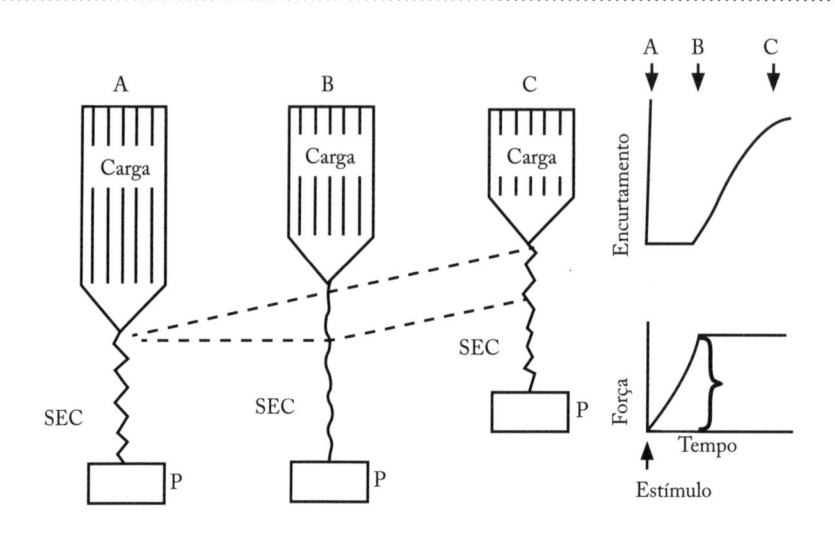

Figura 1.5 Modelo de contração concêntrica do músculo cardíaco iniciada por fase isométrica em que o Componente Contrátil (CC) contrai-se e provoca alongamento dos elementos elásticos em série (SEC) (A-B). O movimento acontece quando a força de deslocamento do componente contrátil dos elementos elásticos em série é igual, ou supera ligeiramente, a força produzida pela carga P (B-C) (Braunwald, 1967).

É preciso ressaltar que, apesar do elevado módulo de elasticidade dos tendões, o músculo necessita de significativo período de tempo para alongá-los antes que eles possam transmitir às estruturas ósseas as tensões produzidas pelos componentes contrácteis. Desse modo, a tensão produzida em início de contração é sempre transmitida com certo atraso. Por este motivo, a contribuição tensiva das fibras musculares que têm participação sucessiva na contração é mais eficaz: são transmitidas com menor atraso visto que fazem uso de elementos elásticos previamente alongados.

Um outro mecanismo que determina o aumento da tensão é pesquisado no nível da *ativação nervosa*. Geralmente, pode-se obter um aumento de tensão de dois modos: primeiro, recrutando um maior número de unidades motoras, segundo, aumentando a freqüência dos estímulos. O modelo de recrutamento de unidades motoras foi objeto de controvérsias nos últimos dez anos, polêmicas que se referem ao tipo de unidade motora a ser recrutada: as unidades tônicas ou as unidades fásicas?

As unidades motoras tônicas são constituídas pelas fibras lentas, caracterizadas por elevada capacidade de resistência e pela contração com baixos picos de tensão e longo período de duração. São, além disso, as menores unidades motoras, e reagem a estímulos não muito elevados. O número das miofibrilas que pertencem às unidades motoras tônicas é muito maior do que o das unidades fásicas. As unidades motoras fásicas são maiores, formadas por fibras rápidas que dependem do metabolismo anaeróbico, desenvolvem tensão elevada durante um período de contração mais curto (Figura 1.6) e, segundo Henneman et al. (1965), são recrutadas quando o movimento requer muita força e controle muito preciso.

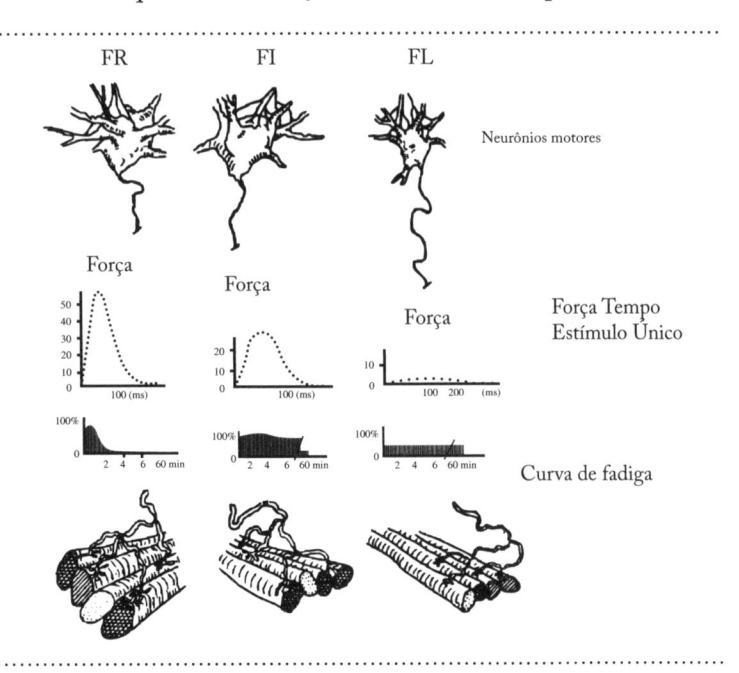

Figuras 1.6 Podem ser distinguidas pelo menos três tipos de fibras esqueléticas no homem. Cada uma encontra-se conectada ao seu respectivo neurônio motor. Fibras Rápidas (FR) conseguem desenvolver altíssimas tensões em curto período de tempo, cansam-se rapidamente e possuem nervos motores de diâmetro grosso. As Fibras Lentas (FL), ao contrário, produzem tensão fraca por um longo período de tempo, são resistentes à fadiga e possuem neurônios motores de menor diâmetro. As Fibras Intermediárias (FI) possuem características intermediárias às apresentadas pelas rápidas e as lentas (Edigton e Edgerton, 1976).

Gollnick et al. (1974) destacaram que as unidades motoras lentas têm um limiar de ativação nervosa mais baixo e são, por isso, empregadas nas contrações isométricas "fracas" (Figura 1.7).

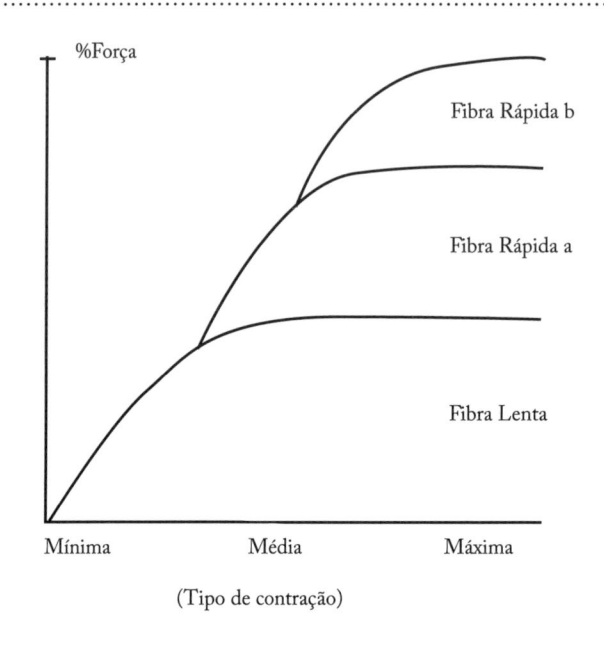

Figura 1.7 Modelo de recrutamento muscular, segundo o princípio de Hennemann et al.,1965 (Costill, 1980).

Obtêm-se contrações de intensidade crescente por meio de progressivo recrutamento de unidades motoras maiores, típicas das fibras velozes. Nesse caso, as unidades motoras já ativas podem se descarregar com freqüência mais elevada, gerando assim maior tensão. Sobre este assunto específico, Burke e Edgerton (1975) estabelecem, porém, que as protagonistas na maior parte dos movimentos que não requerem mais do que 20% da produção da força máxima são as fibras lentas.

Atividades como caminhar e correr em baixa velocidade requerem ajuda das fibras intrafusais coativas, fornecida, provavelmente, através das unidades motoras lentas. As fibras intrafusais aferentes se descarregam em resposta ao alongamento e produzem a potenciação nervosa. Ao enviarem estímulo sináptico aos neurônios motores, fornecem ativação mais eficaz, sobretudo às unidades motoras lentas.

Segundo Burke (1975) durante a contração voluntária, um mecanismo de ativação neural pode operar no interior do próprio músculo, de maneira que as unidades motoras velozes, excitadas voluntariamente pelos canais descendentes, provoquem depressão das unidades lentas, estreitamente conectadas aos reflexos mioáticos. Parece, portanto, que o recrutamento das unidades motoras não segue regras fixas. Em algumas contrações rápidas, pode prevalecer a ativação seletiva das fibras velozes em alternância à prática normal de recrutamento das várias unidades motoras. A respeito disso, diversas hipóteses foram formuladas a fim de idealizar modelos operativos. O recrutamento desloca-se das fibras lentas para as intermediárias, e finalmente para as velozes, durante uma atividade muscular que se inicia com o correr lento, passa para o desenvolvimento de movimentos de potência e chega às expressões de salto vertical (ver Figura 1.8, Stuart e Enoka, 1983).

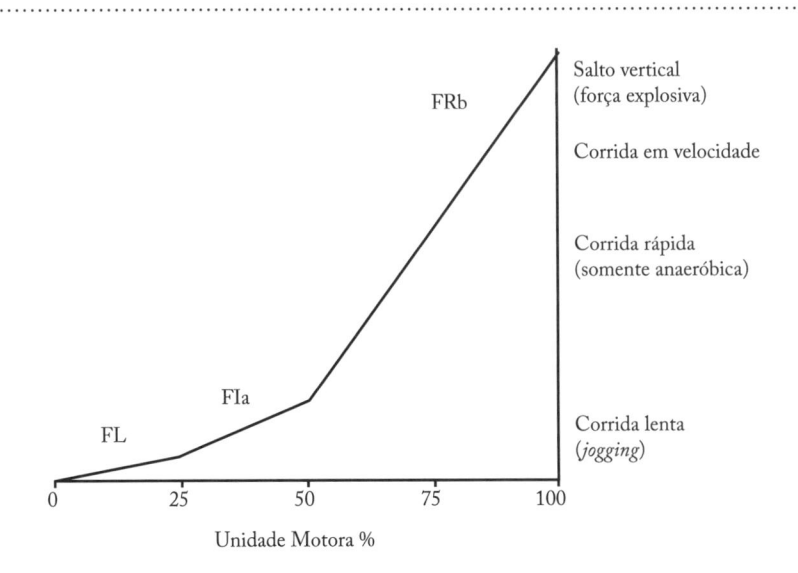

Figura 1.8 Modelo hipotético de recrutamento das várias unidades motoras lentas (FL), intermediárias (FIa) e rápidas (FRb) (Stuart e Enoka, 1983).

O modelo teórico apresentado por Stuart e Enoka (1983) baseia-se também nos resultados obtidos por Bosco e Komi (1979), que observaram que indivíduos com fibras velozes abundantes nos extensores das pernas obtinham melhores resultados no salto vertical. Isso, portanto, leva-nos a pensar que, apesar da força desenvolvida durante tal tipo de ativação balística não superar 35-40% da força isométrica máxima (Bosco et al., 1982), a intervenção das unidades motoras fásicas (FI) é preponderante com relação às tônicas (FL) (Bosco, 1985; ver Figura 1.9).

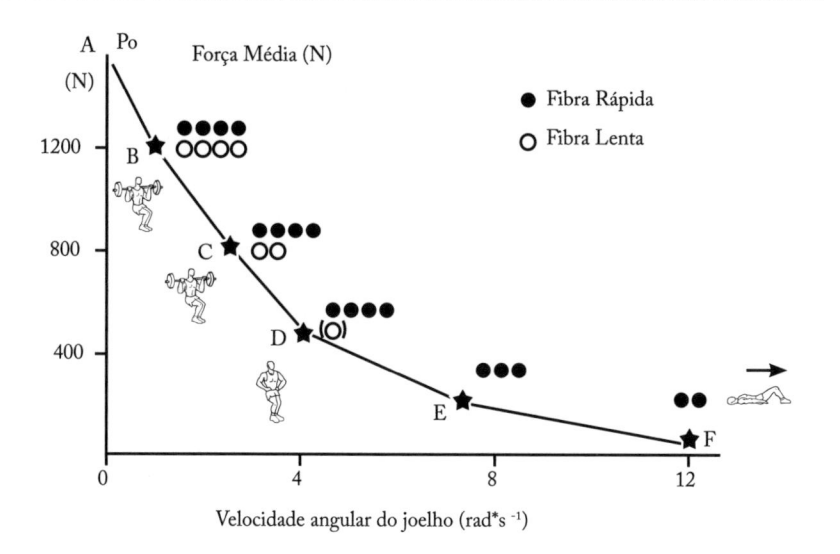

Figura 1.9 Relação entre a força desenvolvida durante execução de saltos verticais executados com e sem carga sobre as costas e a velocidade angular do joelho. A intervenção das fibras musculares é apresentada segundo a hipótese sugerida por Bosco, 1985.

Graças à heterogeneidade da estrutura morfológica do músculo esquelético, é possível graduar e modular os mais diferentes padrões de tensões. Mediante um complexo mecanismo de organização estrutural, que envolve fenômenos biomecânicos, fisiológicos e bioquímicos, é possível realizar movimentos voluntários muito sofisticados e complexos. Tudo isso é favorecido pela plasticidade do sistema nervoso e por determinadas características funcionais dos vários tipos de fibras que formam os grupos musculares. Na Tabela 1.1, são apresentados os percentuais de fibras que compõem os principais músculos do homem. Geralmente, os músculos que executam movimentos balísticos e rápidos, e os que se encontram nas articulações, possuem alto percentual de fibras rápidas. Em contraste, os músculos largos que recobrem o tronco e os músculos posturais são caracterizados por um percentual alto de fibras lentas.

Tabela 1.1 Percentual de Fibras Lentas (FL), e rápidas com alto potencial metabólico oxidativo (FIa) e glicolítico (FRb), presentes nos músculos esqueléticos do homem (*Pierrynowski e Morrison, 1985. **Johnson et al., 1973)

Músculo	%FL	%FIa	%FRb	Músculo	%FL	%FIa	%FRb
Adutor breve *	45	15	40	Adutor longo*	65	15	40
Grande adutor*	55	15	30	Gêmeos*	50	20	30
Grande glúteo*	50	20	30	Glúteo médio/pequeno*	50	20	30
Iliopsoas *	50	-	50	Obturador externo/interno*	50	20	30
Petineo*	45	15	40	Piriforme*	50	20	30
Psoas*	50	20	30	Bíceps femural*	65	10	25
Grácil*	55	15	30	Sartório*	50	20	30
Semimembranoso*	50	15	35	Semitendinoso*	50	15	35
Tensor da fácia lata*	70	10	20	Poplíteo*	50	15	35
Vasto intermediário*	50	15	35	Vasto lateral*	45	20	35
Vasto medial*	50	15	35	Reto femural*	45	15	40
Sóleo*	75	15	10	Tibial anterior*	70	10	20
Grande dorsal**	50	-	50	Reto abdominal**	46	-	54
Bíceps braquial**	50	-	50	Braquioradial**	40	-	60
Deltóide**	60	-	40	Grande peitoral**	42	-	58
Rombóide**	45	-	55	Tríceps braquial**	33	-	67
Trapézio**	54	-	46	Supraespinhoso**	60	-	40

Mesmo que os músculos esqueléticos do homem apresentem composições específicas em função da sua localização topográfica, entre atletas praticantes de diferentes modalidades esportivas foram encontrados percentuais distintos para um mesmo tipo de fibra nos músculos das pernas. Atletas especializados em atividades de resistência apresentam elevados percentuais de fibras lentas. Já em atletas que desempenham exercícios de força explosiva (por exemplo: velocistas, saltadores, etc.), o percentual de fibras lentas encontrado é muito menor (Tabela 1.2).

Tabela 1.2 Percentual de fibras lentas encontrado em atletas especializados em diferentes modalidades esportivas

Modalidades	Percentual de fibras lentas	Autores
100-200m, atletismo	35-40	Bosco, 1985; Tihanyi, 1985
400m, atletismo	40-50	Bosco, 1985; Tihanyi, 1985
800-1500m, atletismo	55-60	Bosco, 1985; Tihanyi, 1985
5000m – maratona	65-80	Bosco, 1985; Komi et al., 1977
Marchadores, atletismo	65-70	Bosco, 1985
Lançadores, atletismo	50-55	Bosco, 1985
Saltadores, atletismo	50-55	Bosco, 1985; Tihanyi, 1985
Esqui de fundo	65-85	Komi et al., 1977; Tesch et al., 1975
Slalom	50-55	Komi et al., 1977
Esqui, salto do trampolim	50-55	Komi et al., 1977
Hóquei no gelo	45-60	Komi et al., 1977
Patinação no gelo	65-70	Komi et al., 1977
Ciclistas de estrada	55-60	Burke et al., 1977
Canoagem	55-60	Komi et al., 1977; Gollnick et al., 1972
Natação	50-60	Lundin, 1974; Gollnick et al., 1972
Orientação	65-70	Thorstensson et al.; Gollnick et al., 1972
Esqui aquático	50-55	Tesch et al., 1975
Luta	50-55	Tesch et al., 1982
Levantamento de peso	40-45	Tesch et al., 1975
Fisiculturista	40-45	Häkkinen et al., 1984
Handebol	45-55	Tesch et al., 1982
Vôlei	45-55	Trabalho não publicado – Univ. Jyvässkylä
Hóquei no campo	45-50	Prince et al., 1977
Futebol	40-45	Jacobs, 1982; Apor, 1988
Esportes não competitivos	40-60	Karlsson et al., 1975

Características morfológicas e metabólicas do músculo esquelético humano

Como foi anteriormente observado, o músculo esquelético é composto por fibras que possuem propriedades contráteis e metabólicas diferentes. Essas propriedades definem que tipo de fibra exerce papel dominante em cada trabalho muscular específico. Bárány (1967) foi capaz de demonstrar que a atividade da miosina ATPase está correlacionada com a velocidade de contração do músculo estriado. A ATPase é a enzima que, na presença de Mg^{++}, hidrolisa ATP em ADP + Pi, fornecendo a energia necessária à formação das ligações entre actina e miosina em nível miofibrilar, o que provoca a contração muscular.

Guth e Samantha (1968) concluíram que a miosina ATPase está correlacionada com a atividade da actina-miosina ATPase dosável por via bioquímica. Barnard et al. (1971) colocaram em evidência, em níveis quantitativos e histoquímicos, que um músculo em velocidade lenta de contração possui baixo nível de atividade da miosina ATPase, enquanto o oposto foi observado nas fibras com elevada velocidade de contração.

Mesmo que muitas dessas descobertas tenham sido realizadas através de experiências com animais, para o tecido muscular humano foram encontradas características semelhantes. Nesse sentido, Buchthal e Schmalbruch (1970) demonstraram que o tempo de contração do músculo esquelético humano (que é o tempo entre o registro da tensão inicial e o momento em que a tensão máxima é alcançada) relaciona-se, positivamente, com a concentração da miosina ATPase. Bárány (1967) sugeriu que as propriedades mecânicas do músculo estriado humano permitem distinguir dois tipos de fibra, uma lenta e uma outra rápida.

Se do ponto de vista cinético foi evidenciada a existência de dois tipos de fibra, no âmbito metabólico, mediante métodos histoquímicos, foram encontradas diferenças ainda mais marcantes, que permitiram uma divisão ainda mais detalhada das características bioquímicas, e, podemos acrescentar, biomecânicas e funcionais, do músculo estriado humano.

As fibras de velocidade de contração lenta e baixa atividade da miosina ATPase foram chamadas de fibras de concentração lenta (FL), e as de elevada velocidade de contração e alta atividade de miosina ATPase, de fibras de concentração rápida (FR). Tanto no músculo de cobaias quanto no músculo humano, as fibras lentas submetidas à velocidade lenta de contração adquirem características metabólicas altamente oxidativas e minimamente glicolíticas. Isso foi constatado observando-se a atividade da succinato desidrogenase (SDH), que desempenha papel dominante no metabolismo oxidativo, e a atividade da fosfofrutocinase (PFK), que é uma enzima reguladora do processo glicolítico, isto é, da oxidação dos glicídios. Além disso, foram identificadas atividades paralelas de algumas enzimas do metabolismo aeróbico, como a citocromo oxidase, a NADH-diaforase e, no glicolítico, a alfa-glicerofosfato desidrogenase, a fosforilase, etc.

Essen et al. (1975) e Janson (1975) conseguiram analisar e classificar fibras musculares separadamente. As fibras rápidas foram divididas em subgrupos denominados, respectivamente, A, B e C, segundo um sistema de coloração que os distinguia com base no nível de atividade da ATPase miofibrilar. Esses subgrupos manifestaram diferentes características no que diz respeito à succinato desidrogenase, B apresentou a atividade mais baixa e C a mais alta, esta muito parecida à das fibras lentas.

Ao mesmo tempo, a distribuição dos níveis de atividade da fosfofrutocinase deu-se de maneira inversa. O grupo B apresentou atividade mais elevada do que os grupos A e C, que, por sua vez, mostraram atividade mais elevada que as fibras lentas.

Neste ponto, parece-nos importante ressaltar que a concentração dos depósitos de glicogênio é considerada a mesma para as fibras lentas e rápidas. Mas um autor (Essen, 1974) evidenciou depósitos mais ricos nas rápidas. Se a concentração de glicogênio foi assumida por muitos autores como igualmente alta para os dois tipos de fibra, parece ter sido devido ao fato de que o mecanismo de coloração usado para tais análises não permitia distinção nítida dos depósitos quando esses se encontravam em quantidade superior à média, o que é comum em indivíduos bem treinados como os examinados por tais autores. A concentração do Na^+ e do K^+ parece ser a mesma nos dois tipos de fibra, e a do *pool* fosfórico parece apresentar-se aumentada nas fibras rápida depois de treinos máximos de breve duração.

Importantes variações são percebidas no que diz respeito à quantidade de mioglobina e mitocôndrias presentes no músculo em atividade, que é altíssima nas fibras de contração lentas e muito escassa nas rápidas. Um outro elemento de comparação entre os dois tipos de fibra é a concentração e localização intracelular da LDH (lactato desidrogenase) e de suas 5 isoenzimas ($LDH_1, LDH_2, LDH_3, LDH_4$ e LDH_5). Nas fibras rápidas, predomina a isoenzima LDH_5, que se localiza no retículo sarcoplasmático e favorece a formação do lactato (ácido láctico) a partir do piruvato (ácido pirúvico). Nas lentas, predominam as isoenzimas LDH_1 e LDH_2, que se localizam nas mitocôndrias, e favorecem a reação contrária, isto é, conversão do lactato em piruvato.

Karlsson et al. (1974) demonstraram que a atividade da LDH é proporcional ao percentual de fibras rápidas presentes no músculo esquelético humano. Também observaram que o aumento total da atividade da LDH corresponde à diminuição da quantidade das isoenzimas LDH_1 e LDH_2.

Em resumo, do ponto de vista bioquímico, as fibras lentas parecem ser adaptadas ao trabalho prolongado em intensidade submáxima, com uso aeróbico das fontes energéticas e elevada oxidação de lipídios e AGL (Ácidos Graxos Livres). Ao mesmo tempo, as fibras rápidas parecem ser adaptadas à sustentação de trabalhos máximos mas de breve duração, em que as energias necessárias à oxidação provêm predominantemente dos processos metabólicos glicolíticos (Tabela 1.3).

Tabela 1.3 Características das fibras do sistema músculo - esquelético humano

Características das fibras	I	IIa	IIb
Velocidade de condução nervosa (m x s^{-1})	60-80	80-100	80-130
Freqüência de estímulo nervoso (Hz)	5-30	60-70	60-80
Comprimento das fibras	+	++	+++
Comprimento dos sarcômeros	+	+++	+++
Número de miofibrilas por fibra	+	++	+++
Número de fibras que constituem a unidade motora	+++	++	+
Tempo de contração da fibra (ms)	100-150	50-90	40-80

No homem, não foram encontrados músculos que possuam um só tipo de fibra, mesmo na construção das simples unidades motoras, todos os tipos encontram-se distribuídos em mosaico. No entanto, esses se diferenciam no nível dos nervos motores, pois estabelecem relações com a freqüência de emissões de impulsos, baixa para as fibras lentas (5-25Hz) e alta para as fibras rápidas (60-100Hz) (ver Figuras 1.10 e 1.11).

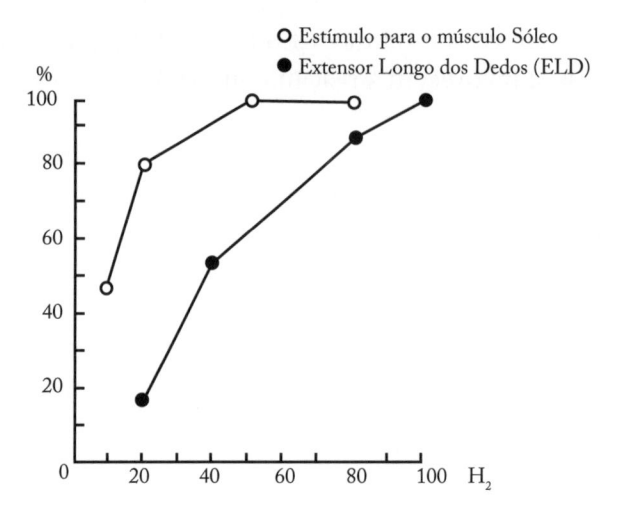

Figura 1.10 O percentual da tensão máxima de tetania é apresentado em função da freqüência de estímulo enviado para o músculo sóleo (o) e Extensor longo dos dedos (ELD=•) do coelho (Vrbova, 1979).

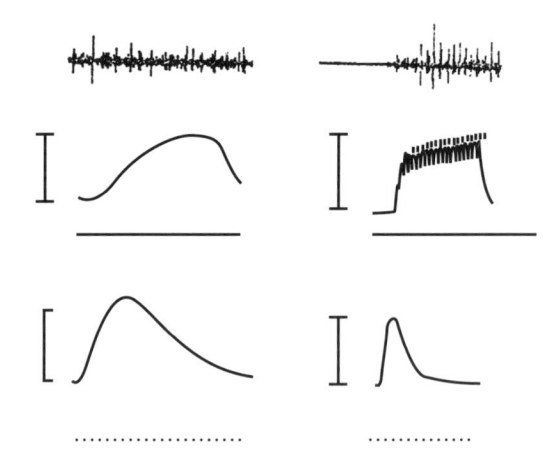

Figura 1.11 Registros eletromiográficos (painel superior) das atividades do músculo sóleo (à esquerda) e do tibial anterior (à direita). No painel central, é apresentado o registro da força isométrica dos músculos estimulados à mesma freqüência de 40 Hz. Essa freqüência é suficiente para produzir tensão máxima no sóleo, mas é insuficiente para o tibial anterior; por ser um músculo veloz, o tibial anterior depende da somatória dos estímulos sucessivos que partem de valores de tensão baixos, já que a fase de produção e diminuição da força se exaure rapidamente (ver painel inferior) (Vrbova et al., 1978).

É senso comum achar que o homem que possui músculos grandes e volumosos é também forte e vigoroso. Porém, já no início do século XX, foi observado que a força muscular depende da secção transversa do músculo (Fick, 1910). Sucessivamente, Ikai e Fukunaga (1968) observaram uma fortíssima correlação entre secção transversa das articulações inferiores e força isométrica em indivíduos diferenciados por sexo, idade e condição de treino (Figura 1.12).

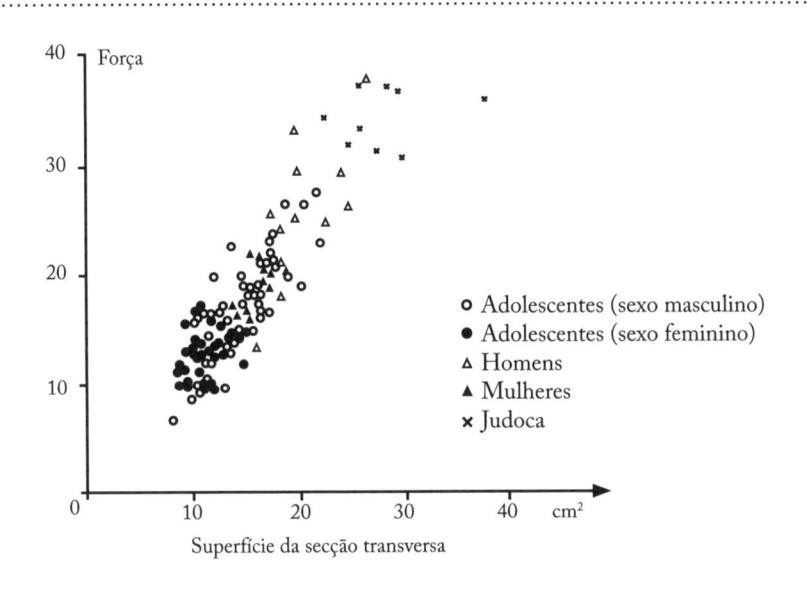

Figura 1.12 Correlação entre força muscular e secção transversa das articulações inferiores em tensões isométricas (Ikai e Fukunaga, 1968).

Apesar da heterogeneidade da população estudada, o trabalho pioneiro de Ikai e Fukunaga sugere que a força existe em função da secção transversa do músculo em todos os casos, mesmo que em alguns deles, em específico, essa relação possa estar alterada (por exemplo: treinamento, tipo de fibras, idade, etc.). A secção transversa do músculo está relacionada, além disso, com a área da fibra simples (Figura 1.13). Portanto, a massa volumosa de um músculo nos conduz, principalmente, às elevadas dimensões das suas secções transversas, compostas pelas várias fibras individuais que formam o músculo. Se a tensão (força) muscular estiver ligada à secção transversa do músculo, a velocidade de contração, além de depender da relação de tipologia de fibras rápidas *versus* lentas, dependerá também do comprimento do sarcômero (Figura 1.14). O comprimento dos sarcômeros das fibras rápidas é geralmente 10% maior do que o das lentas (Wells, 1965). Estudos realizados com animais demonstraram aumento no comprimento dos sarcômeros em série em músculos imobilizados em posição alongada (Goldispink et al., 1991). Isso, porém, não deve conduzir à idéia errônea de que, através de tipos de treinamento especiais, possam ser reproduzidos no homem resultados semelhantes aos observados em animais.

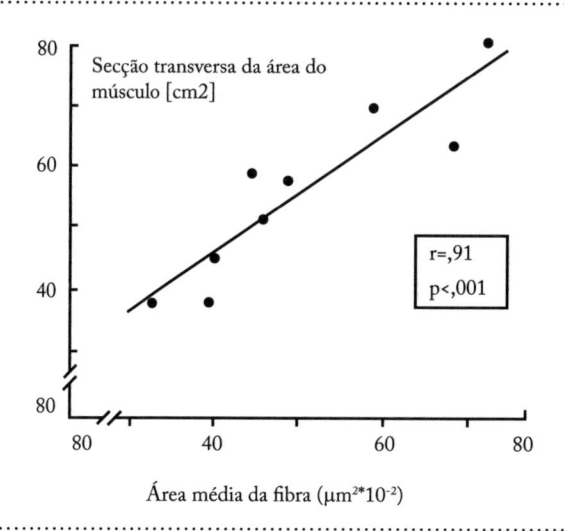

Figura 1.13 Relação entre secção transversa e fibra simples no músculo vasto lateral (Häggmark, T.; Jansson, E.; Svane, B.; 1978).

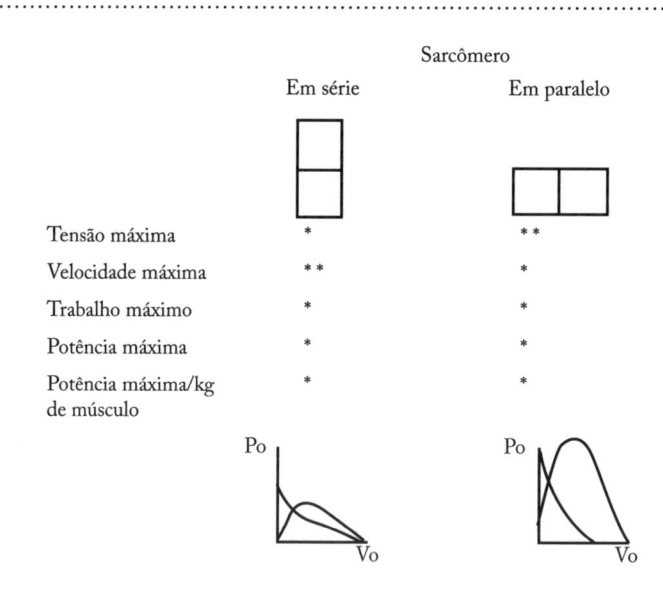

Figura 1.14 Representação esquemática da relação força, velocidade e potência velocidade dos sarcômeros simples (Edgerton et al, 1986).

Fontes disponíveis de energia

A capacidade do músculo de produzir trabalho é determinada pela sua propriedade de transformar energia bioquímica em energia mecânica. A energia de base é fornecida ao músculo por um composto químico denominado adenosina trifosfato ou ATP. Inicialmente originado por um impulso do sistema nervoso, o fosfato terminal da molécula de ATP é quebrado, liberando energia por meio de uma reação simples:

$$ATP + actina + miosina \xrightarrow{Ca^{++}} actomiosina + Pi + ADP + energia$$

Da quebra de ATP, que, em última instância, fornece energia para a formação das pontes de actina-miosina, obtém-se ADP + Pi (fosfato livre). Dado que a quantidade de ATP presente na célula muscular é muito limitada, ela é reposta por meio de três reações químicas distintas. A primeira depende de um composto fosfórico, muito rico em energia: a fosfocreatina (CP), que se encontra armazenada na célula muscular. A CP é quebrada em C+P graças à enzima creatinafosfoquinase, liberando notável quantidade de energia. A energia liberada pela quebra da CP é utilizada para ressintetizar ATP. De fato, tem-se:

$$CP + ADP \xrightarrow{creatinaquinase} ATP + C$$

A esta reação associa-se uma outra, provocada pela enzima mioquinase. Essa enzima intervém na ressíntese do ATP, agindo sobre duas moléculas de ADP e formando uma molécula de ATP e uma de AMP (adenosinamonofosfato). O produto global de energia obtido através dessas reações, mesmo quando desenvolvidas sob potências muito elevadas, é limitado e dura poucos segundos. De fato, a máxima potência muscular possível só é atingida depois de alguns segundos de trabalho (Figura 1.15). Em seguida, ocorre um acentuado decréscimo de potência, dado que a velocidade de ressíntese do ATP diminui significantemente. Isso é provocado pela intervenção de processos metabólicos que possuem potência bioquímica muito baixa (glicólise láctica e metabolismo aeróbico). A glicólise láctica está ligada a um sistema de quebra dos glicídios sem presença de oxigênio, e leva à formação de ácido lático (LA) como produto final.

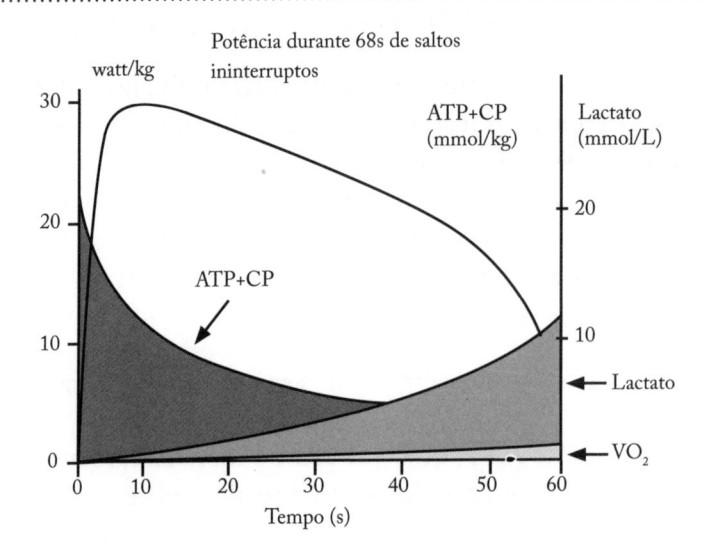

Figura 1.15 Variação da potência muscular dos músculos extensores durante a execução do salto contínuo por 60s (teste de Bosco, 1983). Estimativa do componente metabolicamente interessante.

O metabolismo aeróbico funciona à custa da quebra dos glicídios, lipídios e proteínas na presença do oxigênio (processo aeróbico) (Figura 1.16). O processo aeróbico realiza-se durante o ciclo de Krebs. As moléculas de ATP produzidas por meio do metabolismo aeróbico parecem ser transportadas para o exterior das mitocôndrias através da creatina, que seria uma espécie de "lançadeira" (Saks et al., 1980). Portanto, o papel da CP, e da creatina, pode não estar resumido ao fornecimento de energia de utilização imediata, mas também incluir sua contribuição ativa no processo aeróbico (Figura 1.17). Durante o trabalho muscular muito intenso (95-100% da máxima), a concentração de ATP e CP se exaure em poucos segundos. É preciso recordar que há poucos anos se acreditava que, em atividades máximas de 8 a 10s, interviesse apenas o metabolismo dos *pool* fosfóricos, denominado anaeróbico alático (ATP + CP) (Margaria et al., 1966). Em contraste, estudos recentes (Hirvonen et al., 1987) efetuados *in situ*, sobre os músculos extensores de alguns velocistas, evidenciaram que a contribuição dos *pools* fosfóricos é de aproximadamente 50%, enquanto o restante da energia é fornecida pelo metabolismo glicolítico, com formação de lactato (Figura 1.18). Portanto, quando se exige continuidade de um trabalho muscular intenso, a energia bioquímica é fornecida pela quebra anaeróbica do glicogênio muscular, que conduz à formação de lactato (Figura 1.19). O rápido aumento da formação de lactato provoca queda do pH celular e, ao atingirem-se valores em torno de 6.7 e 6.4, a contração muscular é suspensa.

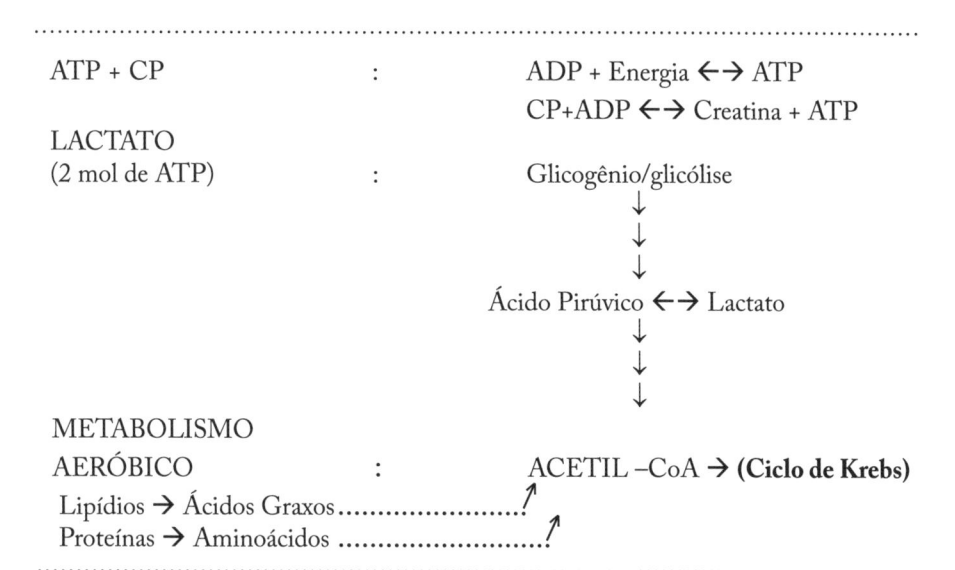

ATP + CP	:	ADP + Energia ←→ ATP
		CP+ADP ←→ Creatina + ATP
LACTATO		
(2 mol de ATP)	:	Glicogênio/glicólise
		↓
		↓
		↓
		Ácido Pirúvico ←→ Lactato
		↓
		↓
		↓
METABOLISMO		
AERÓBICO	:	ACETIL –CoA → **(Ciclo de Krebs)**
Lipídios → Ácidos Graxos......................↗		
Proteínas → Aminoácidos ....↗		

Figura 1.16 Mecanismos de ressíntese do ATP. A ressíntese de ATP ocorre graças à energia fornecida pela quebra da fosfocreatina (CP) (metabolismo anaeróbico alático); quebra de glicogênio ou glicólise até a formação de ácido pirúvico que, na ausência de oxigênio, transforma-se em lactato (metabolismo anaeróbico lático) e, em sua presença, entra no ciclo de Krebs (metabolismo aeróbico). Os processos oxidativos são constituídos pela degradação dos glicídios, gorduras e, em mínima parte, proteínas.

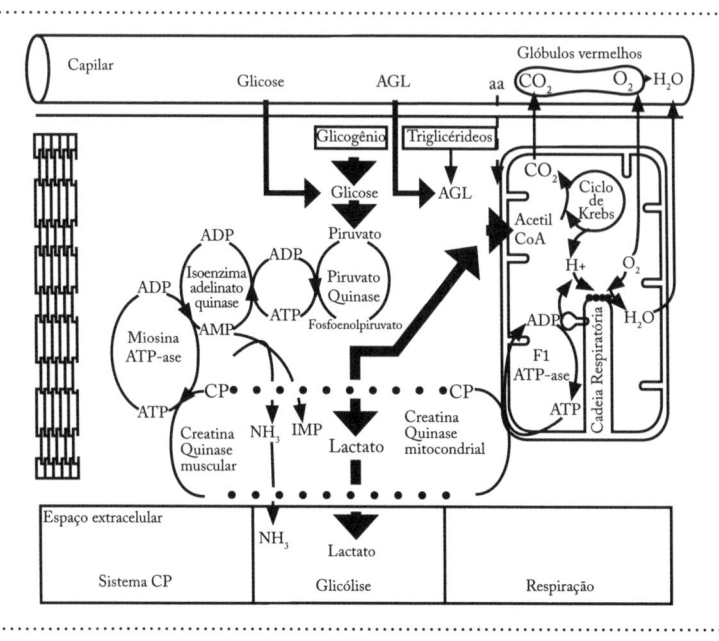

Figura 1.17 Representação esquemática dos processos metabólicos verificados na célula muscular (Saks et al., 1980).

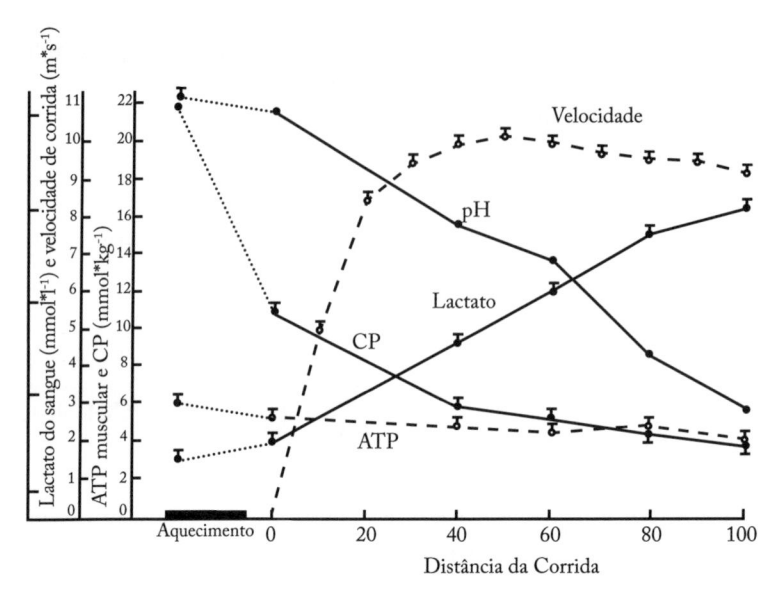

Figura 1.18 Variações da concentração dos *pool* fosfóricos intracelulares (ATP + CP) do lactato plasmático e do pH, apresentadas em função da distância percorrida na velocidade máxima (Hirvonen et al., 1987).

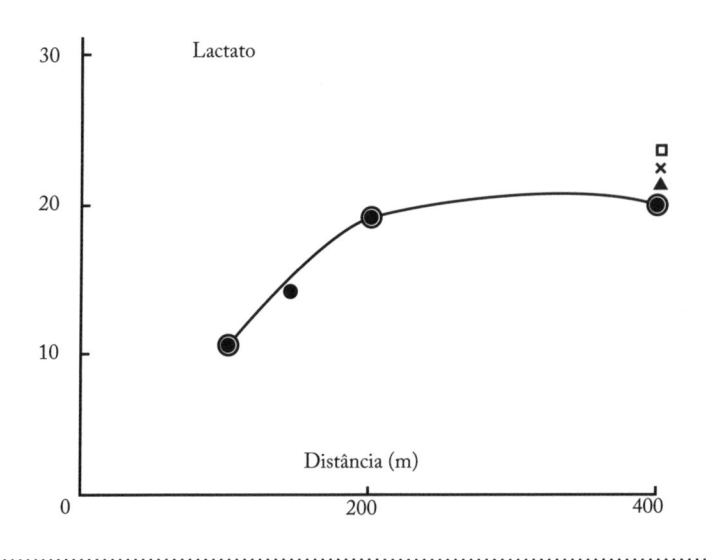

Figura 1.19 Concentração plásmatica de lactato em relação à distância percorrida. Atletas de nível internacional (Bosco e Hirvonen).

Lactato e trabalho muscular

Uma questão crucial freqüentemente levantada pelos treinadores é se a concentração de lactato encontrada no sangue é realmente representativa da sua concentração na célula muscular e no resto do corpo. O lactato é uma molécula de pequena dimensão, facilmente difusível. Como mostrado por Evans (1932), 30s depois de uma contração em tetania, a concentração de lactato observada no músculo é similar à observada no sangue. Estudos apresentados mais tarde por Diamant et al. (1968) indicam uma rápida distribuição de lactato no organismo. De fato, depois de uma contração máxima de 3 min, a concentração observada no músculo era maior do que aquela encontrada no sangue. Mas, 7 min depois do encerramento do trabalho, as concentrações de lactato no sangue e no músculo igualavam-se (Figura 1.20).

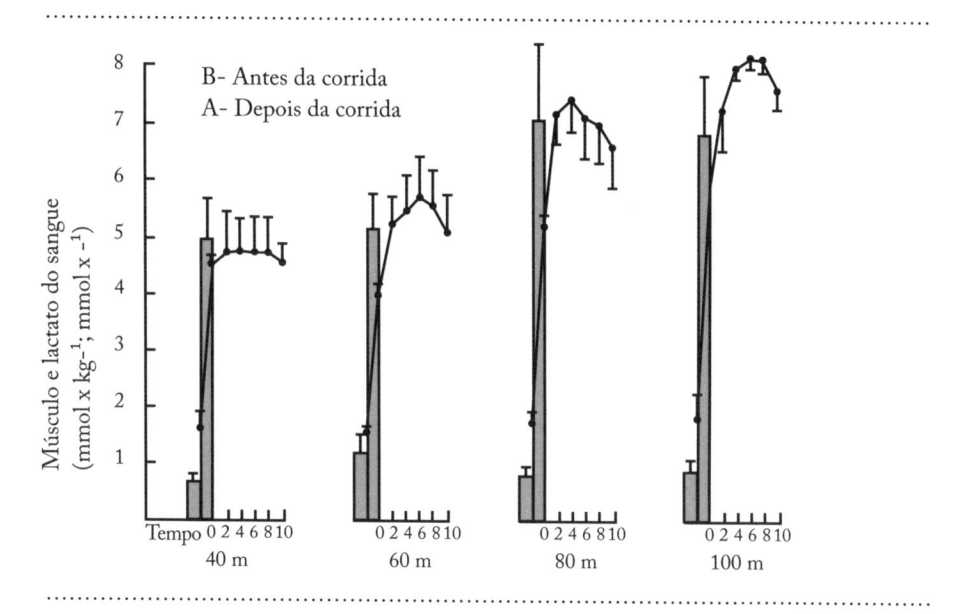

Figura 1.20 Cinética do lactato observado em nível plasmático e no músculo depois de provas de 40-100m. Como se vê, há pouca diferença entre o lactato encontrado no sangue e aquele dentro do músculo (Hirvonen et al.,1987).

Estes resultados indicam um transporte muito veloz de lactato do músculo para o sangue. Contudo, existe uma barreira que impede a difusão do lactato no fluido cerebroespinhal, indicando que nem sempre o ácido láctico é difusível em todos os compartimentos aquosos. Em definitivo, no entanto, pode-se concluir que a sua concentração no sangue pode fornecer informações precisas sobre as variações ocorridas no músculo e no resto do corpo. A concentração plasmática do lactato em indivíduos em repouso e durante o trabalho muscular depende, antes de tudo, da alíquota de produção, sua velocidade de difusão entre as células musculares e quantidade removida. Os fatores que determinam a produção e a remoção do lactato são múltiplos. Durante exercícios prolongados executados em ergométrica ou esteira, o lactato pode ou não aumentar, dependendo da intensidade e da carga de trabalho. Durante exercícios moderados de por volta de 60% de VO_2máx., a concentração plasmática permanece quase invariável durante o trabalho, e pode até diminuir levemente. Durante exercícios intensos (70-80% do VO_2máx.), a concentração plasmática usualmente aumenta rapidamente durante os primeiros minutos (5-10), e se o trabalho continua, a concentração pode permanecer constante, aumentar ou diminuir, retornando aos valores de repouso.

Deve ser ressaltado que um valor elevado (4-5 mmol/l) pode ser mantido constante por um período bastante longo (até 30 minutos ou mais). Com cargas superiores a 85-90% do VO_2máx., geralmente, observa-se contínuo aumento da concentração até a manifestação da fadiga e exaustão, incompatíveis com o prosseguimento do trabalho (Figura 1.21). Portanto, em relação ao tempo, a concentração plasmática pode permanecer tanto invariável (aumento temporário seguido de um declínio), ou mostrar aumento progressivo. Um outro fenômeno muito conhecido refere-se à menor concentração plasmática encontrada em indivíduos treinados em relação aos não treinados, em paridade de carga absoluta. Isso foi explicado com base na maior potência aeróbica dos indivíduos treinados, para os quais a produção de trabalho muscular é predominantemente sustentada pela ressíntese aeróbica e, em menor escala, pela glicólise anaeróbica.

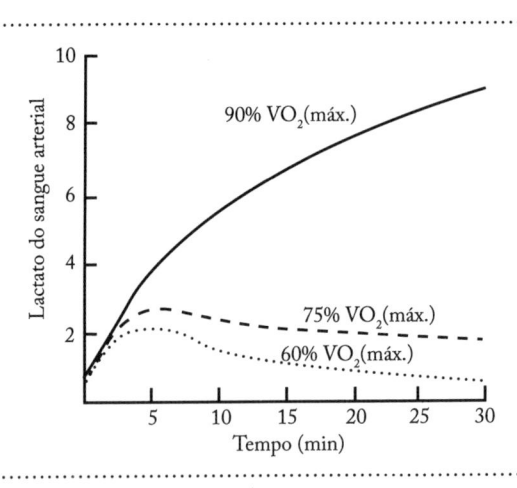

Figura 1.21 A concentração plasmática de lactato é apresentada em função da carga de trabalho e do tempo (Jacobs, 1986).

Mesmo quando a quantidade de trabalho executado é expressa em percentual de VO_2máx., indivíduos bem treinados apresentam concentração plasmática de lactato superior aos não treinados (por indivíduos treinados, entende-se, logicamente, aqueles que treinam para a melhora da potência aeróbica).

Um fator que influencia a concentração plasmática de lactato é a pressão parcial de O_2 presente no ar. Quanto menor é a pressão, maior é a produção de lactato em paridade de carga. Estudos feitos por Williams et al. (1962) evidenciaram que a temperatura do ambiente também é um fator de influência nesses casos.

A concentração plasmática de lactato é mais alta a 36ºC do que durante a execução de um mesmo trabalho a 20ºC. A concentração plasmática de lactato é maior quando se trabalha pequenos grupos musculares do que quando são utilizadas grandes massas musculares em paridade de percentual de VO_2máx. (Asmussen e Nielsen, 1946). Mesmo conhecendo-se há muito tempo os vários fatores que influenciam a produção de lactato, o verdadeiro significado da produção de lactato durante trabalhos submáximos não está muito claro. Em contraste com o fato de que condições de hipoxia podem ser encontradas em músculos em repouso, Carlson e Pernow (1961) encontraram produção de lactato a despeito de adequado refornecimento de O_2. A este propósito, Doll (1968) evidenciou que, apesar de uma produção elevada de lactato obtida durante a execução de exercícios intensos, a pressão parcial de O_2 registrada no local era de cerca de 21mmHg, portanto, muito mais alta do que o nível crítico (7mmHg) sugerido por Bretschneider (1961). Então, a produção de lactato não pode ser exclusivamente atribuída à hipoxia. Uma sugestão a respeito disso é fornecida pelos estudos de Jobsis (1962), nos quais a produção de lactato não é julgada como derivada das condições de hipoxia muscular, mas como resultado de um desequilíbrio entre a glicólise e a alíquota de piruvato utilizado pelo ciclo de Krebs.

Em todo caso, a produção de lactato deve ser considerada como fonte de energia, dado que o mesmo é utilizado como substrato metabólico pelo músculo esquelético e pelo músculo cardíaco. A respeito disso, é preciso sublinhar que Hermansen e Stenvold (1972) demonstraram que, depois de um trabalho estressante (60s x 3 com pausa de 4 min), a produção de lactato passava de 10mg/100ml para 150-200mg/100ml. O trabalho contínuo era seguido por repouso absoluto e, em experimentos posteriores, por cargas de corrida submáximas. O lactato foi de 2-3mg/100ml de sangue por minuto em repouso absoluto e aumentou notavelmente, 8mg/100ml por minuto, quando a carga de trabalho submáxima era de aproximadamente 60-80% do VO_2máx. (Figura 1.22). Portanto, à luz desses experimentos, pode-se afirmar que, depois de um exercício de esforço máximo e prolongado que produz uma quantidade muito elevada de lactato, a remoção desse é consideravelmente favorecida se forem executadas cargas de trabalho submáximas, durante as quais o lactato é utilizado como carburante e, portanto, metabolizado.

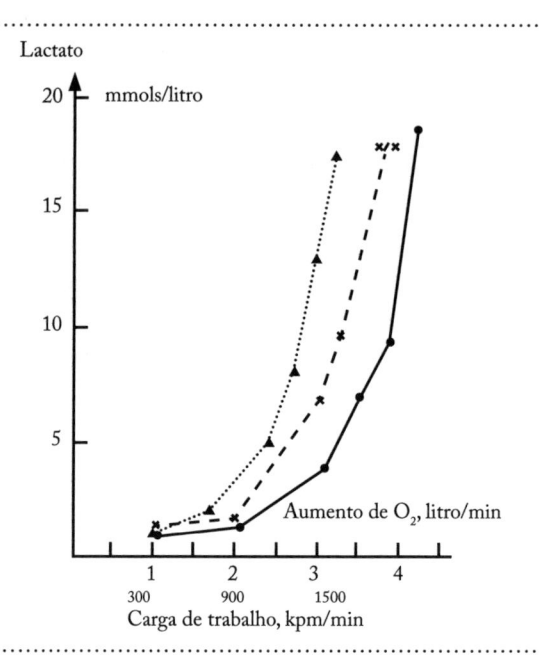

Figura 1.22 Lactato plasmático de um indivíduo que trabalha ao nível do mar (•), a 2300m (x) e a 4000m (Δ) (Hermansen e Saltin, 1967).

Conclusões sobre o metabolismo muscular

Concluindo, os mecanismos de ressíntese do ATP podem ser resumidos em dois pontos:

a) por meio do processo anaeróbico alático (quebra da CP e formação de ácido pirúvico pela glicólise);

b) por meio da degradação dos glicídios, lipídios e proteínas, verificada no interior das mitocôndrias (ciclo de Krebs), e definida como processo aeróbico.

A potência metabólica desenvolvida no ponto (a) é altíssima, enquanto a do ponto (b) é muito mais baixa. O rendimento energético desta última é maior do que o da primeira. É preciso lembrar, além disso, que o ácido pirúvico, resultado do processo da glicólise, tem duas possibilidades metabólicas. Uma é entrar nas mitocôndrias, e portanto seguir a via oxidativa, e a outra é formar lactato. A escolha de uma destas vias depende, antes de tudo, do tipo de fibra muscular solicitada. De fato, no caso das fibras lentas, ricas em mitocôndrias, o ácido pirúvico escolhe a via oxidativa. Pelo contrário, nas fibras rápidas, pobres em mitocôndrias, a via preferencial é a formação de lactato. O ácido pirúvico, diferentemente do lactato, não atravessa facilmente a membrana celular. Portanto, a sua permanência no interior da célula favorece a acidose celular. A formação de lactato, substância que atravessa a membrana celular com mais facilidade por difundir-se no fluxo plasmático, representa tanto uma medida de proteção quanto de contribuição metabólica. De fato, o lactato que se encontra no fluxo sangüíneo é facilmente utilizado como substrato metabólico pelas fibras lentas e pelo músculo cardíaco, depois de ser convertido em ácido pirúvico através das isoenzimas LDH_1 e LDH_2. Disso deduz-se que a estrutura morfológica da fibra muscular desempenha um papel fundamental no metabolismo.

BIBLIOGRAFIA

Asmussen, E.; Bonde-Peterson, F.; Jörgensen, K. Mechanoelastic properties of human muscles at different temperature. *Acta Physiol. Scand.* v. 96, p. 83-93, 1976.

Bárány, M. ATP-ase activity of myosin correlated with speed of muscle shortening. *J. Gen. Physiol.* v. 197, p. 50, 1967.

Bosco, C. *Elasticità muscolare e forza esplosiva nelle attività fisico-sportive.* Roma: Società Stampa Sportiva, 1985.

_____. Mechanical Delay and Recoil of Elastic Energy in Slow and Fast Types of Human Skeletal Muscles. In: Jonsson, B. (ed) *Biomechanics XB.* Champaign, Illinois: Human Kinetics, p. 979-984, 1987.

Bosco, C.; Komi, P.V. Mechanical characteristics and fiber composition of human leg extensor muscle. *Eur J Appl Physiol.* v. 41, p. 275-284, 1979.

Bosco, C. et al. Combined effect of elastic energy and myoelectrical potentiation during stretch-shortening cycle. *Acta Physiol Scand.* v. 114, p. 557-565, 1982b.

Brandwald, E.; Ross, J.; Sonneblick, E. Mechanism of contraction of normal and failing heart. *New Engl J Med.* v. 277, p. 853-865, 1967.

Burke, R.E.; Edgerton, V.R. Motor unit properties and selective involvement in movement. *Sport Sci Rev.* v. 3, p. 31-83. Nova Iorque: Academic, 1975.

Carlson, L.A.; Pernow, B. Studies on peripheral circulation and metabolism in man. In: Oxygen utilization and lactate formation in the legs at rest and during exercise in healthy subjects. *Acta Physiol Scand.* v. 52, p. 328-342, 1961.

Diamant, B.; Karlsson, J.; Saltin, B. Muscle tissue lactate after maximal exercise in man. *Acta Physiol Scand.* v. 72, p. 383-384, 1968.

Essen, B. et al. Metabolic characteristics of fibres types in human skeletal muscle. *Acta Physiol Scand.* v. 95, p. 153-165, 1975.

_____.; Henriksson, J. Glycogen contents of individual muscle fibres in man. *Acta Physiol Scand.* v. 90, p. 645-647, 1974.

Fick, R. *Handbuck der Anatomie und Mechanik der Gelenke unter Berucksichtigung der bewegenden Muskeln.* Jena, 1910.

Goldspink, G. et al. Stretch and force generation induce rapid hypertrophy and isoform gene switching in adult skeletal muscle. *Biochemical Society Transactions.* v. 19, p. 368-373, 1991.

Gollnick, P.D.; Piehl, K.; Saltin. B. Selective glycogen depletion pattern in human muscle after exercise of varying intensity and varying pedalling rates. *J Physiol.* v. 241, p. 45-57, 1974.

Guth, L.; Samaha, F.J. Qualitative differences between actomyosin ATP-ase of slow and fast mammalian muscle. *Expl Neurol.* v. 25, p. 138-152, 1969.

Hermansen, L.; Stensvold, I. Production and removal of lactate during exercise in man. *Acta Physiol Scand.* v. 86, p. 191, 1972.

Henneman, E.; Somjen, G.; Carpenter, D.O. Functional significance of cell size in spinal motoneurons. *J Neurophysiol.* v. 28, p. 260, 1965.

HIRVONEN, J. et al. Breakdown of high energy phosphate compounds and lactate accumulation during supra maximal exercise. *Eur J Appl Physiol.* v. 56, p. 253-259, 1987.

HOROWITS, R. et al. A physiological role for tintin and nebulin in skeletal muscle. *Nature.* v. 323, p. 160-164, 1986.

HUXLEY, A.F. Muscle structure and theories of contraction. *Prog Biophys And Biophys Chem.* v. 7, p. 257-318, 1957.

IKAI, M.; FUKUNAGA, T. Calculation of muscle strength per unit cross-sectional area of human muscle by means of ultrasonic measurement. *Z Angew Physiol.* v. 26, p. 26-32, 1968.

JACOBS, I. et al. Muscle glycogen and diet in elite players. *European Journal of Applied Physiology.* v. 48, p. 297-302, 1982.

JANSON, E. Type II fibres in human skeletal muscle; biochemical characteristics and distribution. *Acta Physiol Scand.* v. 2, p. 21, 1975.

KARLSSON, J. et al. Distribution of LDH isozymes in human skeletal muscle. *Scand J Clin ab Invest.* v. 33, p. 307-312, 1974.

MARGARIA, R.; AGHEMO, P.; ROVELLI. E. Measurement of muscular power (anaerobic) in man. *Journal of Applied Physiology.* v. 21, p. 1662-1664, 1966.

MARUYAMA, K. Connection and elastic protein for myofribils. Tóquio: *J Biochem.* v. 80, p. 405-407, 1976.

SALE, D.G. Neural adaptation to strength training. In: KOMI, P.V. (ed). *Strength and power in sport.* Londres: Blackwell Scientific Publications, p. 249-265, 1992.

SAKS, V.A. et al. Studies of energy transport in hearth cells. The importance creatine kinase localization for the coupling mitocondrial phosphorylcreatine production to oxydative phosphorylation. *J Biol Chem.* v. 255, p. 755-763, 1980.

STUART, D.G.; ENOKA, R.M. Motoneurons, motor units and the size principle. In: WILLIS, W.D. JR. (ed.). *The clinical neurosciences*: Sec. 5 Neurobiology. Nova Iorque: Churchill Livingstone, 1983, p. 471-517.

WELLS, J.B. Comparison of mechanical properties between slow and fast mammalian muscles. *Journal of Physiology.* v. 178, p. 252-269, 1965.

Capítulo 2

Contração Estática e Isocinética

Foto: *Da esquerda: Tihanyi (Hungria), Ito (Japão), Thorstensson (Suécia), Bosco (Itália), Viitasaalo (Finlândia), Luhtanen (Finlândia).*

Na natureza, existem dois tipos de contração muscular. Fala-se de *contração isométrica* quando um músculo desenvolve tensão mas não produz movimento externo. Isto é, ocorre uma *contração estática*. O outro tipo de contração é a que produz *variações de comprimento do músculo*: alongamento (trabalho excêntrico) e contração (trabalho concêntrico), com relativo distanciamento das estruturas anatômicas em que age.

Durante uma contração isométrica, a tensão e, portanto, o desenvolvimento da força em função do tempo, depende do nível de ativação voluntária do Sistema Nervoso Central (SNC). Portanto, teremos diversas modalidades de desenvolvimento de força para se obter a força máxima (Figura 2.1).

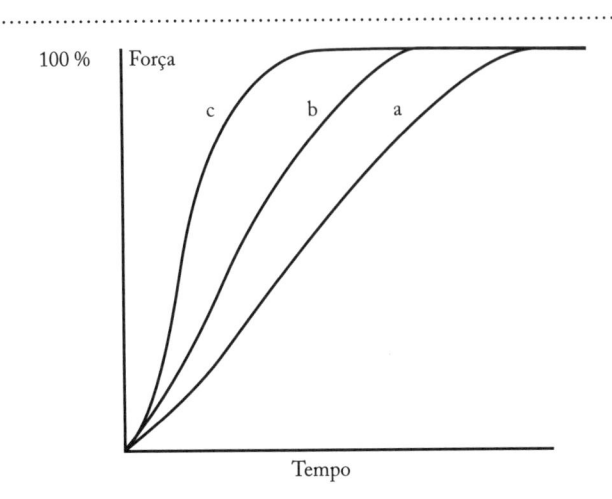

Figura 2.1 Relação força tempo durante três tipos de contração isométrica.

a) Ativação lenta: a tensão é desenvolvida lentamente, portanto o aumento da força acontece principalmente devido ao aumento da participação de unidades motoras, o que provoca aumento da freqüência de estímulo.

b) Ativação normal: a tensão é desenvolvida através do aumento progressivo do recrutamento das unidades motoras e da freqüência de estímulos.

c) Ativação rápida: a tensão é desenvolvida rapidamente, já que todas as unidades motoras são recrutadas concomitantemente e a freqüência dos estímulos aumenta desde o início da contração.

Avaliação da força isométrica

A utilização de dinamômetros côncavos (Figuras 2.2 e 2.3a), capazes de medir a força isométrica através de instrumentos de mola (Figura 3c) e força medida (Figura 2.3b) não havia fornecido, no passado, informações suficientemente válidas sobre o comportamento dinâmico dos músculos examinados (Clark, 1948).

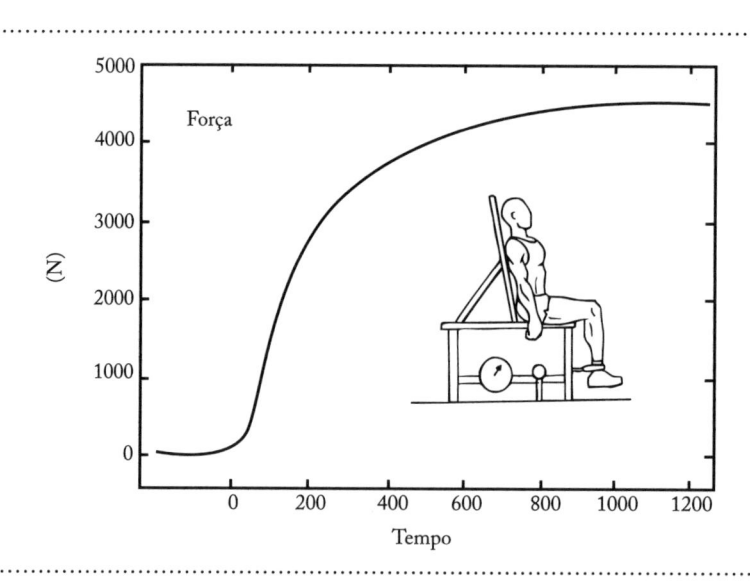

Figura 2.2 Representação gráfica de um dinamômetro para a avaliação da força isométrica máxima da figura. Pode-se observar que a força máxima não se desenvolve antes de 900-1000ms.

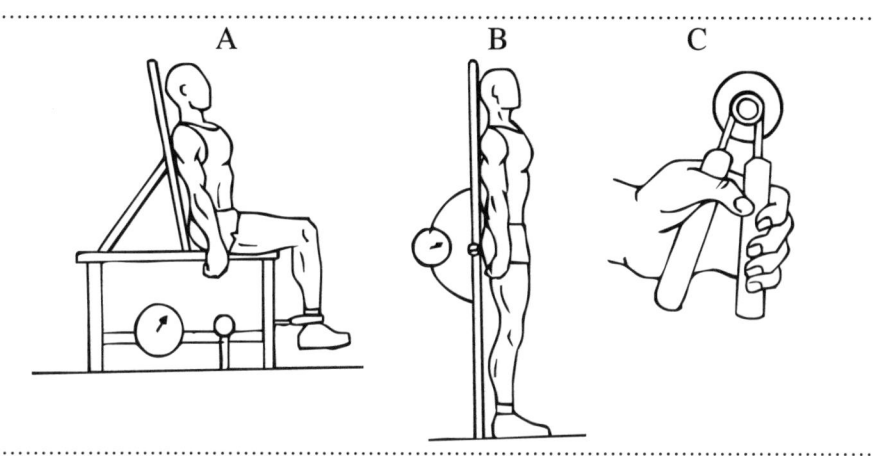

Figura 2.3 Representação de um instrumento de mola (C), força medida (B) e dinamômetro côncavo (A) para a avaliação da força isométrica.

De fato, os estudos realizados abordaram os processos neuromusculares apenas em função do comprimento do músculo e do ângulo de trabalho da articulação pesquisada. É preciso, além disso, lembrar que com a ativação muscular do tipo isométrico, que alcança um nível de tensão superior a 25-30% da Máxima Força Isométrica (MFI), determina-se a suspensão do fluxo sangüíneo nos tecidos musculares (Barcroft, 1960). Isso provoca, automaticamente, aumento da pressão sistólica e distólica, o que, em indivíduos cardiopatas ou que apresentam, em geral, distúrbios do sistema cardiocirculatório, representa um fenômeno fisiológico negativo que não deve ser negligenciado.

Apesar dessas limitações, avaliações isométricas foram, no passado, amplamente empregadas para controlar os processos de treinamento. De modo particular, buscava-se estudar a morfologia da relação Força-tempo (F-t). Na Figura 2.4, são mostradas as características F-t registradas em atletas bem treinados (saltadores de trampolim) e em indivíduos sedentários. Os atletas mostravam, em relação aos sedentários, uma maior capacidade de exprimir força em função do tempo. Isto é, no início da contração (depois de 200ms), os atletas conseguiam desenvolver maior força muscular que os não treinados. Essa diferença anulava-se ao considerar-se a força desenvolvida no fim da contração. A capacidade de produzir elevados gradientes de força [GF: (dF/dt) GR] no início da contração foi atribuída à particularidade neurogênica dos atletas de desenvolver elevado recrutamento das várias unidades motoras, determinada pelo treino (Komi, 1979). Em diversos estudos foi demonstrado que as características de F-t eram modificadas depois de um determinado período de treinamento (ver Figura 2.5), tanto em valor absoluto quanto em gradiente de força (Komi, 1979). Além disso, a habilidade dos atletas em desenvolver altos gradientes de força foi associada à presença das características necessárias à realização da força explosiva (Schmidtbleicher e Haralambie, 1981), vinculada à capacidade de recrutamento das fibras velozes (Bosco e Komi, 1979). Essas aproximações nem sempre encontraram suporte dos trabalhos científicos de outros estudiosos. De fato, enquanto Jaricet et al. (1989) observaram correlações modestas entre a MFi e a força explosiva, Murphyet et al. (1994) não encontraram correlação nenhuma entre as duas expressões de força. A tal propósito, é preciso evidenciar o que Bosco (1981) já havia observado em jogadores da seleção finlandesa de vôlei, que manifestavam drástica redução da MFI (Figura 2.6) quando em acentuado aumento da força explosiva (salto com contra-movimento e teste de Margaria). Trabalhos posteriores (Abeet et al., 1992; Murphyet et al., 1994) confirmaram extensivamente os estudos de Bosco (1981).

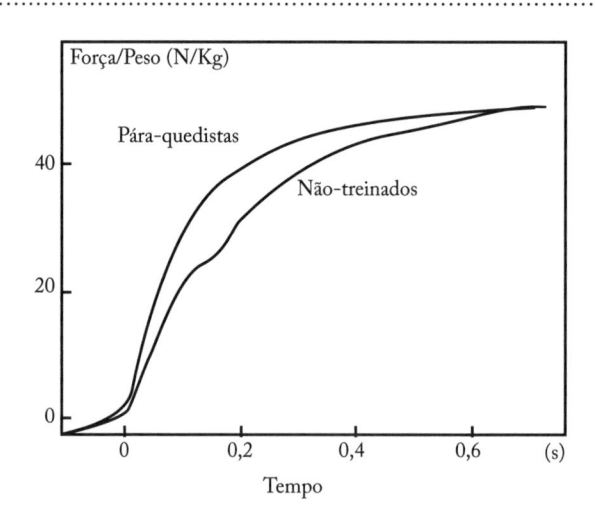

Figura 2.4 Relação força/tempo durante contração isométrica em indivíduos treinados e não-treinados (Komi, 1979).

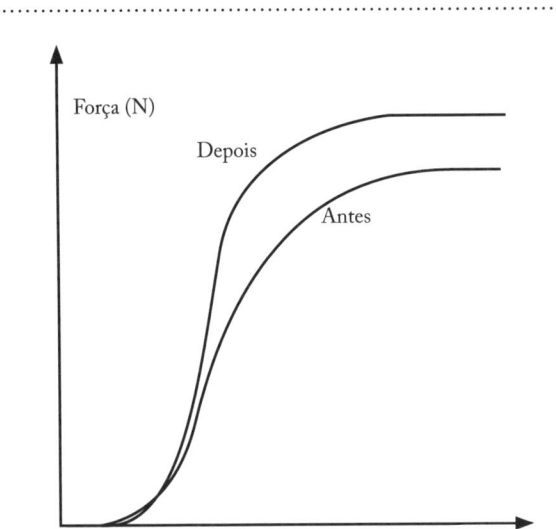

Figura 2.5 Relação força/tempo durante contração isométrica antes e depois de um período de treino.

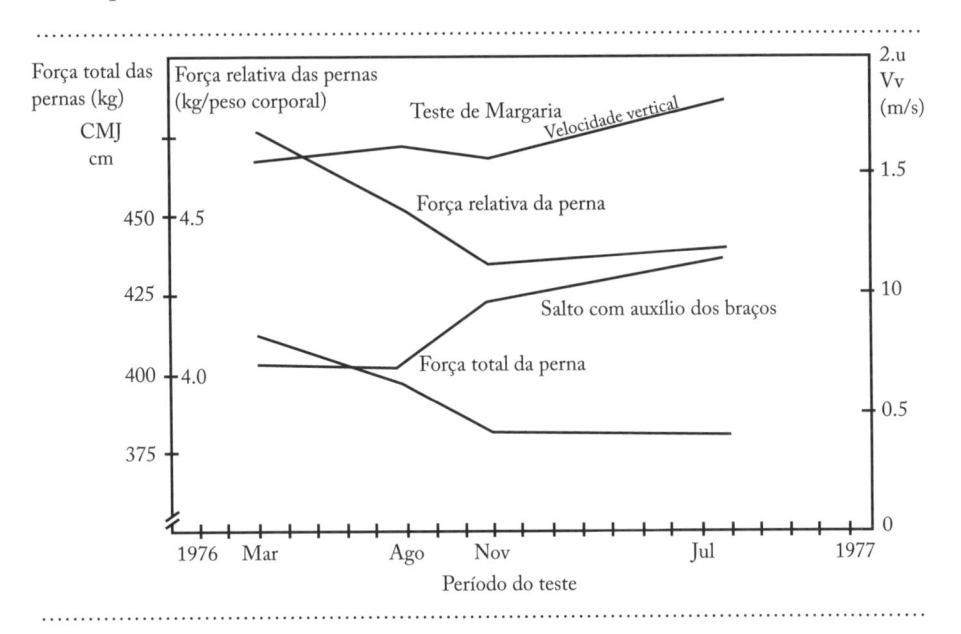

Figura 2.6 Valor médio do Contra-Movimento (CM), da força máxima e relativa do peso corpóreo (ordenada à esquerda) e da velocidade vertical calculada através do teste Margaria (ordenada à direita), em relação ao período em que foram executados os testes: antes (março de 1976), durante (agosto-novembro de 1976) e depois (julho de 1977) do período de treinamentos especiais ao qual os indivíduos do sexo masculino foram submetidos em nosso estudo (Bosco et al., 1981a).

As características de força isométrica parecem estar, em todo caso, relacionadas com a capacidade de desenvolver dinâmicas elevadas (Murphy et al., 1994). Portanto, à luz dessas observações, as avaliações de natureza isométrica deveriam ser consideradas com as devidas cautelas e reservas. De fato, quando se busca analisar, através de avaliações isométricas, as características funcionais dos músculos que são predominantemente voltados para o trabalho dinâmico, como sugerido por Schmidtbleicher e Haralambie (1981), pode-se facilmente extrair conclusões erradas. Uma das maiores limitações da avaliação isométrica é dada pela falta de especificidade (Sale, 1991). É um fenômeno já bem demonstrado o fato de que treinamentos específicos determinam e produzem adaptações específicas, em função tanto da velocidade de movimento quanto da amplitude articular utilizada (Duchateau e Hinaut, 1984). Fatores de natureza neurogênica e mecânica estão na base da diferença que existe entre ativação muscular dinâmica e estática. Recentemente, foi sugerido por Caldwell et al. (1993) que as unidades motoras poderiam ser recrutadas segundo o princípio de Hennemann et al. (1965) apenas sob determinadas condições de ativação isométrica (ver Capítulo 1, Figura 1.7). Em ativações dinâmicas, as várias unidades motoras poderiam ser recrutadas através de um modelo diferente (Person, 1974). Recentes estudos de Nakazawa et al. (1993), realizados com levantamentos eletromiográficos em flexores de antebraço, evidenciaram fatores de ativação completamente diferentes para contrações dinâmicas e isométricas. Conclusões semelhantes foram sugeridas por trabalhos de Bosco et al. (1995), produzidos com avaliações isométricas e dinâmicas (½ agachamento rápido e lento e ½ salto com agachamento), com cargas variáveis de 30 a 90% da carga máxima, e levantamentos eletromiográficos realizados nos músculos extensores do joelho (quadríceps femural) (ver Figura 2.7). Nesta figura, evidencia-se que a atividade eletromiográfica registrada durante a execução de um salto com os pés juntos a partir do repouso (salto saindo da posição agachada), apresenta valores muito mais elevados do que os observados durante a manifestação de força isométrica (91% do máximo), que representa tensão muscular muito superior à desenvolvida no salto. Isso demonstra como diferentes modelos de ativação caracterizam as manifestações de força de tipo isométrico e de tipo balístico. No primeiro caso, tanto as unidades motoras fásicas quanto as tônicas (fibras velozes e lentas) contribuem para o desenvolvimento da força, enquanto no segundo caso, as fibras rápidas parecem contribuir mais intensamente que as lentas. Isso é demonstrado por levantamentos histológicos combinados com avaliação fisiológica (Bosco e Komi, 1979), (ver Figura 2.8). A atividade eletromiográfica mais intensa encontrada no salto a partir do repouso deve-se ao fato de que as unidades motoras fásicas apresentam ativação de potencial muito mais elevada do que as tônicas. Portanto, os resultados mostrados na Figura 2.7 demonstram, como já evidenciado por descobertas apresentadas na Figura 2.8, que em movimentos balísticos executados com a máxima potência o recrutamento das várias unidades motoras podem alcançar altíssimas freqüências de estímulo (60-120Hz), como observado por Desmedt e Godaux (1977).

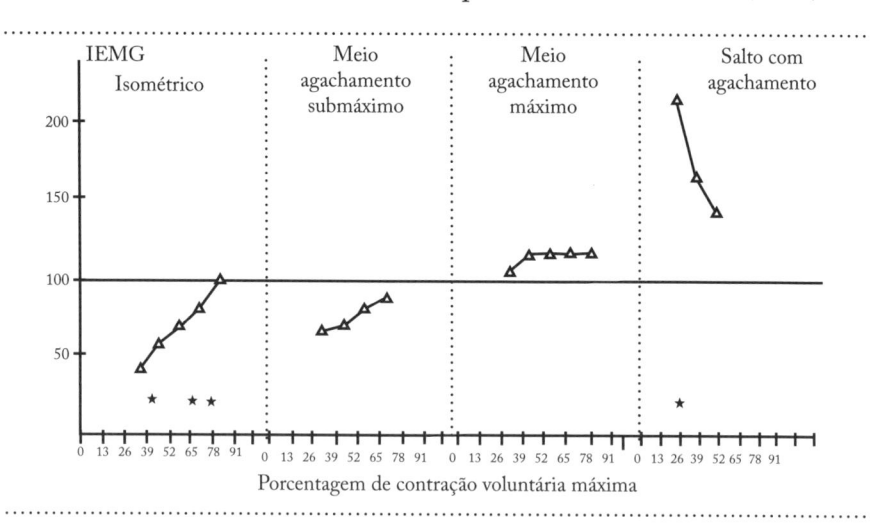

Figura 2.7 A atividade eletromiográfica (IEMG rms) registrada nos músculos dos joelhos (vasto lateral, vasto medial e reto femural) de 20 velocistas é apresentada em função da atividade muscular realizada com e sem sobrecargas (cargas que variam de 50 a 200% do peso do corpo), durante contrações isométricas, ½ agachamento executado em baixa e alta velocidade, e salto saindo da posição agachada (Bosco et al., 1995).

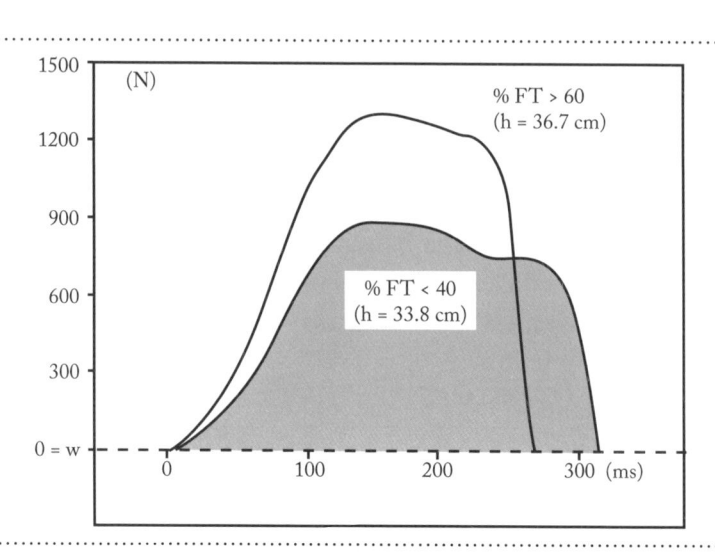

Figura 2.8 Relação força tempo registrada durante a execução de salto saindo da posição agachada executados por indivíduos velozes (%FR>60) e lentos (%FR<40) (Bosco e Komi, 1979b).

Treino com contração isométrica

Nos anos 1960, o treino da força isométrica (Hettinger e Muller, 1953) havia alcançado popularidade inesperada para um método não específico e de pouca utilidade prática, especialmente para os fins esportivos. Apesar de alguns treinadores ainda utilizarem esse método, isso não implica absolutamente que exercícios desse tipo possam gerar real eficácia.

Porém, não se elimina o fato de que, em alguns casos, a utilização de treinamentos de força isométrica seja eficaz e útil, especialmente na reabilitação e na reeducação pós-traumática. O método tradicional sugere que:

- O tempo de contração não deve superar 6 segundos.
- O tempo total de trabalho não deve superar 12 minutos.
- Depois do treinamento isométrico, aconselha-se executar exercícios de alongamento.
- Entre uma contração e outra é preciso respeitar um período de repouso de, pelo menos, 20 segundos.
- A intensidade da contração dificilmente pode ser identificada, a menos que se levante uma carga conhecida.
- A intensidade deve variar em níveis baixos (40-50% do máximo) até 80-100%.
- Em função da intensidade, as fibras são recrutadas segundo o modelo apresentado no Capítulo 1, Figura 1.7.
- A realização do treino é muito simples, basta empurrar uma massa imóvel (não se conhecerá a intensidade do esforço realizado) ou levantar uma carga de massa conhecida (neste caso, é fácil conhecer a intensidade desenvolvida).

Entre os aspectos negativos, podem ser enumerados:

- Especificidade das adaptações geradas (melhoras restringem-se à extensão do músculo e grupo muscular exercitados).
- Rápida fadiga do sistema nervoso central.
- Perturbação da coordenação.
- Aumento da pressão no coração acompanhada das respectivas implicações de natureza clínica no sistema circulatório.
- Diminuição das propriedades visco-elásticas do músculo.

À luz dessas observações, os treinamentos isométricos, apesar de serem considerados positivos no campo da reabilitação, seu emprego para melhora da aptidão física do esportista é considerado não específico e limitado.

Efeitos completamente distintos são observados quando as contrações isométricas são associadas aos exercícios dinâmicos no chamado sistema "estático dinâmico". Essa forma de trabalho promove um tipo de ativação muscular particular que corresponde à da prática esportiva. De fato, estudos conduzidos por nós (Tihanyi et al., 1989) evidenciaram que a contração isométrica anterior a um movimento dinâmico provoca diminuição do gradiente de força máxima e, conseqüentemente, da capacidade de desenvolver elevados gradientes de força (Figura 2.9). Além disso, os nossos estudos evidenciaram que grupos musculares ricos em fibras rápidas são, em sua maioria, prejudicados pelas pré-ativações isométricas (Figura 2.10). Concluindo, esses estudos indicaram que a pré-ativação estática anterior ao movimento isotônico potencializa a atividade do sistema nervoso central. Portanto, cria-se um tráfego aumentado de impulsos que partem do cérebro para alcançar os músculos. Essas condições, se por um lado determinam certos distúrbios para o movimento, reduzindo a capacidade de produzir elevados níveis de Gradiente de Força (GF), por outro lado favorecem o estímulo nervoso mais prolongado, muito reduzido em movimentos balísticos e isotônicos. Em todo caso, não podemos esquecer nunca o princípio geral que determina e governa adaptações biológicas, isto é, a especificidade (Thorstensson, 1976; Sale, 1988; Bosco et al., 1985, 1994).

Um outro aspecto inquietante, que provocou discórdia e dúvidas entre os treinadores, é o da contração isométrica induzida por estimulação elétrica.

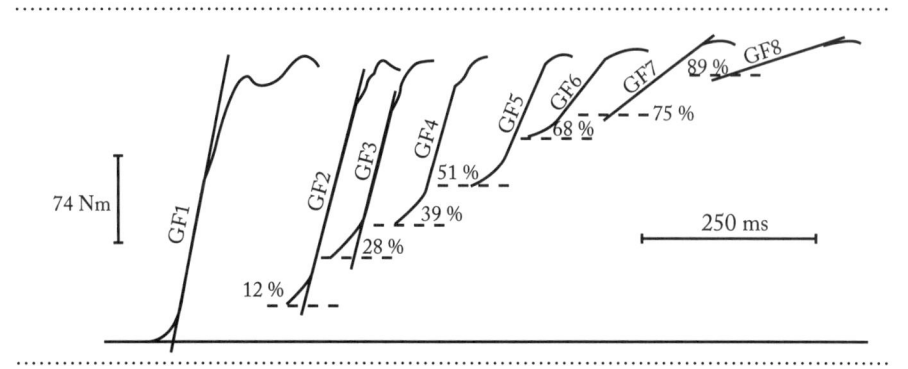

Figura 2.9 Relações tensão/tempo produzidas por diferentes estados de pré-tensão, expressa em percentual da MFI (Tihanyi et al., 1989).

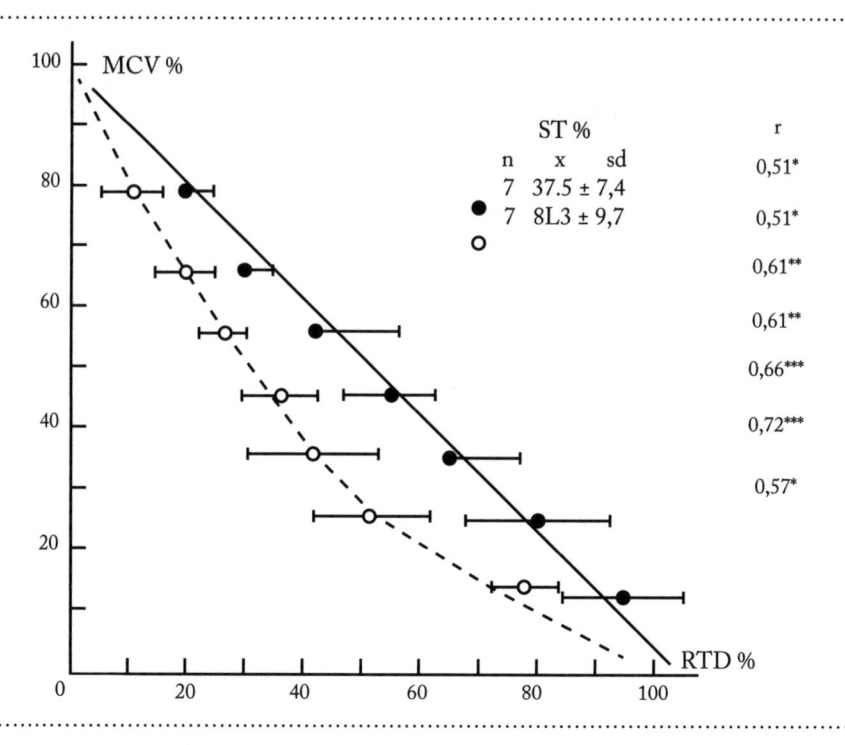

Figura 2.10 Os valores médios (±DP) dos gradientes de máxima força (GF) produzidos por diversas condições de pré-tensão, e expressos em percentual do GF medido depois de um esforço máximo precedido por estado de repouso do músculo. São apresentados dois grupos de indivíduos: um lento FL> 75% e outro rápido FR< 45%, N=7. Os asteriscos denotam o nível de significância: *P < 0,05; **P< 0,01; ***P< 0,005.

A estimulação elétrica

A aplicação de estímulos elétricos na musculatura esquelética foi utilizada por muito tempo, e considerada, sobretudo, como medida terapêutica na prevenção da atrofia por desenervação. O tecido normal foi estudado apenas para complementar a pesquisa sobre tecidos desenervados. Foi constatado que o tratamento dos músculos desenervados com estímulos elétricos produz resultados diferentes dos observados em músculos normalmente inervados. Recentemente, foi conduzido um estudo sobre músculos normais, e observou-se que o músculo esquelético responde ao estímulo elétrico de maneira muito parecida à ativação voluntária. A similaridade dessa resposta é, no entanto, relativa somente ao metabolismo, ao fluxo sanguíneo, ao conteúdo de glicogênio e ao aumento de força muscular.

Por outro lado, o uso de estímulos elétricos como método de treinamento para o aumento da força e da resistência apresenta vários problemas cujas soluções não são simples. Tais problemas referem-se à coordenação, ao modo de revigoramento das unidades motoras, à falta de efeitos tróficos com o uso da ativação normal através do próprio nervo, etc.

Propriedade do nervo

Entre os nossos tecidos, o nervo é o mais facilmente estimulável; a célula nervosa é constituída de um corpo (soma), de um prolongamento (axônio), composto, por sua vez, de um processo protoplasmático que se estende externamente da soma ao núcleo, e dos dentritos (processos protoplasmáticos com ramificações curtas ou longas). Toda célula nervosa destina-se a receber, conduzir e transmitir as excitações. O axônio neuraxe (prolongamento) é responsável tanto pela condução da excitação como pela sua transmissão às outras células. Um "axônio" gera os potenciais de ação e os conduz da porção receptora da célula para a região transmissora, mediante liberação de uma substância química transmissora em seus terminais sinápticos, a acetilcolina (Ach). Portanto, o estímulo deverá ter magnitude tal, capaz de desencadear um potencial de ação, caracterizado pela reação do tudo ou nada. Se aumentarmos a força do estímulo, a reação não será modificada. O potencial de ação consiste em uma onda de negatividade que viaja ao longo da superfície das fibras, seguido por uma fase gradual de recuperação.

Enquanto uma área encontra-se polarizada com carga contrária à sua (estado ativo), ela está em refração absoluta e não pode ser estimulada novamente.

Durante a recuperação, a membrana fica relativamente refratária.

A partir dos estímulos intensos ou sustentados, pode-se estimular novamente a posição original durante a repolarização.

Contração voluntária e artificial do músculo esquelético. Estímulos voluntários e modo de revigoramento das unidades motoras

Uma unidade motora consiste em um neurônio motor e todas as fibras musculares inervadas pelas ramificações de seu "axônio". Em cada músculo, as unidades motoras variam de dimensão e têm uma dada característica. O número das fibras musculares em uma unidade varia de 3 à aproximadamente 2 mil.

O mais fraco movimento natural realizado por meio da contração das fibras é a contração involuntária de uma única unidade motora. Durante a contração voluntária, a taxa de descarga dos motoneurônios pode variar de níveis muitos baixos (5 a 10 impulsos por segundo) a níveis muito altos (50 ou mais impulsos por segundo), e a força resultante da contração varia proporcionalmente. Quando a força é aumentada, potenciais sempre maiores são recrutados, e todas as unidades motoras aumentam a sua freqüência de descarga; por conseqüência, quanto maior é a freqüência de estímulo e maior o número das unidades motoras ativas, maior será a tensão gerada pelo músculo. Normalmente, os motoneurônios ativados descarregam-se assincronicamente, e portanto as fibras musculares das diversas unidades motoras encontram-se em fases diferentes de atividade uma em relação às outras. O único efeito é uma fraca contração, que alcança tensão máxima quando as unidades motoras se contraem em conjunto para formar uma tetania. A tensão desenvolvida durante uma contração em tetania pode ser quatro ou cinco vezes maior do que a obtida durante uma contração única.

Estímulo elétrico artificial direto ou indireto do músculo esquelético

Um músculo pode ser estimulado diretamente, mediante pulsações aplicadas ao tecido muscular, ou indiretamente, mediante pulsações aplicadas às suas fibras nervosas motoras. A reação global do músculo quando é estimulado indiretamente não deveria ser diferente daquela produzida por uma contração voluntária. Porém, Ralston (1957) ressalta que, no corpo, um músculo já contraído não pode ser tão intensamente estimulado quanto um músculo artificialmente ativado, pois a excitabilidade do motoneurônio alfa fica reduzida como resultado da falta de facilitação através do eixo.

Nem o músculo distendido é capaz de produzir tanta tensão como o músculo estimulado artificialmente; por causa da inibição de alguns dos motoneurônios alfa provocada por órgãos tendinosos de Golgi e aferentes dos tendões. Merton (1954) afirma que o esforço voluntário máximo executado por um adutor (polegares) desenvolve a mesma tensão de tetania máxima que aquela artificialmente obtida através da excitação de seu nervo motor no pulso. Ikai et al. (1967) referem-se, contudo, a um experimento realizado com o mesmo músculo, que demonstra que a força máxima oferece uma tensão 30% maior que a força desenvolvida durante as contrações isométricas voluntárias máximas. A evidência demonstrou que um esforço muscular voluntário máximo, na maior parte dos indivíduos não condicionados, não utiliza de todas as unidades motoras do músculo ativo para produzir a freqüência da tetania. Existe uma inibição eficaz de grau variado sobre alguns motoneurônios, que depende da atividade supra-espinhal e proprioceptiva.

A reação do músculo, quando diretamente estimulado em sua superfície, difere daquela produzida por meio de ativação indireta de seus nervos ou da contração voluntária. Com o estímulo direto é possível obter, de maneira seletiva, contrações de quaisquer porções superficiais do músculo, evitando-se sua contração total . Por outro lado, tanto as fibras de contração lenta quanto as de contração rápida podem ser igualmente ativadas por freqüência e estímulo intensos, produzindo-se variações em suas fases de metabolismo.

Métodos e aparelhos usados para o estímulo elétrico do músculo esquelético

São muitos os instrumentos concebidos para estimular o músculo esquelético, e a maior parte deles foi empregada na prática clínica. Na década de 1980, foi criado o instrumento "isotrom", que estimula em baixa voltagem ou alta freqüência de 1000 a 3000cps[1] interruptos D.C.

Os cientistas russos usam um gerador "EI – I" de impulsos retangulares. São também usados geradores de impulsos retangulares e triangulares, com freqüência de 50Hz e 1 milisegundo de duração.

Foram utilizados variados métodos para estudar os efeitos do estímulo elétrico no músculo esquelético. Schleusing (1960) estudou os efeitos de um estímulo elétrico diário na pata posterior direita de coelhos sobre a medida e conteúdo de potássio de seus músculos, usando uma corrente ininterrupta de 5 A (ampères) e 10 V (volts), 60 ou 70 vezes por minuto. O período de exercício diário tinha duração de 1 a 19 minutos, durante 23 semanas. Massey et al. (1965) usaram eletrodos extraídos de uma lâmina de aço inox muito fina; de medida 9 x 9 polegadas (eletrodo neutro) e 3 x 3 polegadas (eletrodo estimulante). O estímulo era de 1000cps intermitentes D.C., com tempo de aumento de 5 microsegundos (µs). Aplicava-se o estímulo sobre o grupo de músculos escolhidos com os eletrodos e aumentava-se gradualmente a intensidade do estímulo até levar os músculos ao que parecia ser a contração mais próxima à máxima; o músculo era, depois, mantido neste estado por 10 s. A duração diária de tal operação era de cerca

---

1 Ciclos por segundo.

de 168 s, executada por 7 semanas. Depois, o procedimento foi modificado utilizando-se 10 contrações consecutivas de 1 s com 1 s de intervalo entre as contrações, e a corrente foi alterada de intermitente para simples D.C.

Adrianova (1971) usou uma fina lâmina de aço inox para construir os eletrodos 60 x 60 e 40 x 30mm no estímulo direto, e um eletrodo muito fino 25 – 5mm no estímulo indireto via nervo ulnar.

Durante o experimento, foram analisados diversos tipos de Corrente Alternada (C.A.) com freqüências de 100, 500, 1000, 2500, 5000Hz no estímulo indireto, enquanto a freqüência de 3000Hz era usada como limite para o estímulo direto. Os resultados de tais experimentos demonstraram que, com a excitação direta, obtinha-se maior contração do músculo examinado (antebraço) utilizando-se a corrente de 2500Hz; no estímulo direto do tríceps sural, a tensão máxima foi registrada em reação à excitação de 2500Hz.

O estímulo indireto do músculo do antebraço, através do nervo ulnar, produzia tensão máxima quando uma corrente sinusoidal de 1000Hz era aplicada. Acima de tal limite, o músculo reagia com tensão de contração menor.

A mesma tensão elevada foi registrada para a freqüência de 50Hz, com 10 milisegundos de execução e 10 milisegundos de interrupção. O músculo manifestou a melhor reação quando a duração do estímulo foi de 10 segundos com 50 segundos de intervalo entre as aplicações, e 10 repetições de aplicação em um estado de excitação. Quanto à voltagem, estipulou-se o valor de 30-40 volts para principiantes, e 70-80 volts para os indivíduos já habituados aos estímulos elétricos.

Efeitos obtidos com o treino

Aumento da força muscular mediante o uso de estímulos elétricos

O único modo de desenvolver a força muscular é submeter os músculos a exercícios de resistência gradualmente aumentada.

Para tal fim, podem ser usadas molas (extensores), pesos, o próprio peso do corpo, e os estímulos elétricos.

Koz (1971) desenvolveu um método de treinamento com uso de estímulos elétricos que consiste em estímulo diário de 100 s, no total. Ele usou aplicações de 10 e 50 s de pausa com 10 repetições, empregando impulsos em onda quadrada de 50Hz, e obtendo contrações tetânicas.

O grupo analisado foi composto por 37 lutadores, e o período de aplicação foi de 19 dias.

Os grupos de músculos estimulados foram os bíceps braquiais e os tríceps surais; depois do período de treino, os indivíduos apresentaram aumento de 30% da máxima força voluntária isométrica e aumento de 11% da circunferência dos tríceps surais.

Massey et al. (1965) efetuaram um experimento aplicando estímulos elétricos em 15 indivíduos. O estímulo era de 1000Hz, a Corrente Contínua (CC) intermitente com uma onda quadrada característica, e tempo de elevação de 5 μs e 5 watts. A duração total da aplicação, dentro do período de treino, era de 168 s, subdivididos em contrações de 10 s, por 7 semanas. Ao final, prosseguiu-se com outras duas semanas de treinamento, agora com método alterado. Um segundo de estímulo e 1 s de pausa repetidos por 10 vezes, seguidos por 15 s de contração sustentada. A corrente era alterada de intermitente para simples Corrente Contínua (CC). Os músculos estimulados eram os tríceps e os bíceps braquiais, os primeiros com o braço estendido e os últimos com o braço completamente flexionado. Paralelamente, outros dois grupos de indivíduos foram treinados, no mesmo período e pelo mesmo tempo, um grupo em treino isométrico e o outro com levantamento de pesos.

Os resultados obtidos, quando todos os grupos foram comparados, mostravam que, no fim do período do exercício, o treino com pesos associava-se ao maior desenvolvimento, o treino isométrico ao menor e os estímulos elétricos haviam obtido efeitos mínimos.

Isso, portanto, está em desacordo com os resultados obtidos pelos cientistas russos, mesmo que os dois métodos de treinamento não possam ser adequadamente confrontados. Koz, por exemplo, não menciona a quantidade de watts por ele utilizada, e no experimento de Massey, o bíceps, quando estimulado, não trabalhava contra resistência quando o cotovelo encontrava-se completamente flexionado.

Efeitos dos estímulos elétricos sobre a resistência dos músculos

Os efeitos dos estímulos elétricos sobre a resistência dos músculos foram estudados por Ikai et al. (1969). Eles usaram estímulos diretos sobre o nervo ulnar. Dois indivíduos foram treinados por 12 semanas, uma vez ao dia; o treino consistiu em contrações dinâmicas do músculo adutor do polegar até seu exaurimento, com levantamento de peso por 60 vezes em 1 min. Durante o experimento, os indivíduos foram orientados para que resistissem às contrações até o exaurimento; depois, foram aplicados estímulos elétricos e registraram-se outras 25 contrações sucessivas. Como resultados de tal método, observou-se que os indivíduos apresentaram aumento do número das contrações voluntárias, de 67 para 91%. Apesar disso, a força da tensão máxima permaneceu inalterada. A resistência muscular induzida por estímulo elétrico foi interpretada como o limite fisiológico da resistência do músculo, e a resistência máxima voluntária como o limite psicológico.

Apesar de tudo, o treinamento mediante estímulos elétricos pode ser considerado um método que não é válido, já que os tecidos que trabalham com tal carga estão sujeitos a uma tensão, que quase alcança o limite da função natural, levando os órgãos para fora do controle da reação de retorno que a natureza nos forneceu como válvula de segurança.

Efeitos da preparação isométrica dos músculos associado aos estímulos elétricos

Anzil et al. (1972) utilizaram estímulos elétricos associados ao treinamento para aumentar a máxima força isométrica em tempo menor que o observado no método tradicional. Dez indivíduos foram treinados diariamente, durante 8 semanas. Os indivíduos efetuaram 10 contrações máximas isométricas dos extensores da perna com articulação do joelho flexionada a 90º. Cada contração era acompanhada por estímulos elétricos de 10 s, com 50 s de intervalo entre as aplicações, e 5 min de pausa entre cada prova.

Os eletrodos usados tinham medida retangular 11 x 6cm; com 70 volts no início, e aumento constante até atingirem-se os 80 volts durante o período de treino. Os resultados de tal experimento demonstraram que, dessa maneira, a força máxima isométrica aumentava e a estrutura contrátil dos músculos perdia a conduta sensorial (engrams).

Aplicabilidade e utilidade dos estímulos elétricos como método de treinamento, adaptabilidade em forma de massagem em casos particulares de imobilização e lesões ocorridas em atletas

A aplicação do estímulo elétrico sobre os músculos esqueléticos visando o aumento de força muscular não apresenta vantagens em comparação aos métodos tradicionais.

Se por um lado o estímulo elétrico permite a seleção dos grupos musculares ou das partes do músculo a serem ativados, proporcionando aos indivíduos aumento de força em um breve período de treino, por outro, existem muitos fatores atingidos por este tipo de ativação que não podem ser controlados e avaliados. A aplicação do estímulo elétrico parece ser mais útil para evitar a atrofia nos casos de imobilização ou para reativar, em forma de massagem, a funcionalidade dos tecidos danificados. Em casos específicos, ela poderá ser usada por atletas que, presos à cama depois de uma operação ou uma lesão, não podem se mover por um longo período, e cuja prolongada inatividade poderia danificar o tônus e a funcionalidade musculares.

À luz dessas observações, contrariamente ao que é afirmado por Cometti (1988), a utilização dos estímulos elétricos para melhora das características neuromusculares de atletas é categoricamente desaconselhável. Com este propósito, o neurofisiologista Roger Enoka (1988) supôs que a estimulação elétrica poderia recrutar primeiramente as fibras rápidas e depois as lentas. Se tudo isso correspondesse à verdade, reproduzir-se-ia o modelo de recrutamento normal, que primeiro ativa as fibras lentas e, depois, as rápidas, enquanto o movimento balístico (força explosiva), esse modelo de ativação parece estar invertido. Em todo caso, o neurofisiologista americano critica a utilização dos estímulos elétricos para melhora muscular em atletas sãos. Para concluir, é preciso recordar que mesmo se a freqüência é aumentada para 100Hz, e a duração da estimulação diminuída (3-10s), um tipo de ativação muscular que elimina intervenção e integração do sistema nervoso central às respostas proprioceptivas, bem como aos processos hormonais, deve ser desaconselhado em qualquer caso.

Como descrito anteriormente, a ativação isométrica (que inclui também a estimulação elétrica) não produz nenhum trabalho mecânico externo. De fato, durante a contração, as estruturas anatômicas em que se insere o músculo, através de faixas tendíneas e tendões, não variam a sua posição angular. É apenas produzido um trabalho muscular interno, com relativo encurtamento da parte contrátil do músculo e alongamento das estruturas tendíneas (Figura 2.11). No momento em que o músculo provoca variação angular dos segmentos anatômicos em que está inserido, fala-se em contração dinâmica. No caso de haver resistência externa a ser vencida, representada por uma carga (gravidade), a contração muscular é definida como tônica. Nesse caso, a contração muscular produz uma variação de velocidade (aceleração), que é transmitida à carga externa (Figura 2.12). A aceleração, como também a velocidade com que a carga externa é afastada, depende da magnitude da massa sobre a qual se atua. Se a massa a ser afastada é mínima, os grupos ou o músculo ativado(s) conseguem desenvolver altíssimas acelerações e velocidades elevadas. No caso da massa a ser vencida ser muito alta, a velocidade que o(s) músculo(s) consegue desenvolver reduz-se segundo uma equação parabólica (F/V), descrita pela primeira vez pelo fisiologista inglês Hill (1938), prêmio Nobel de Medicina e Fisiologia. Portanto, durante os movimentos naturais da locomoção terrestre, as características fisiológicas do comportamento muscular são: produção de aceleração inicial e variação de velocidade durante o arco do movimento. Quando o ventre muscular se contrai, então a contração é denominada concêntrica ou positiva (Figura 2.12). No caso da resistência ser maior que a força que o músculo é capaz de desenvolver, e esse alongar-se enquanto eletricamente ativo, então se fala em contração excêntrica ou negativa (Figura 2.13). Além das contrações isotônicas, o homem conseguiu, através de manipulações de natureza mecânica, construir máquinas que permitem contrações em velocidade constante. Esses aparelhos que possibilitam realizar contração isocinética são utilizados no campo da reabilitação e em Fisiatria. Nesse tipo de contração, diferentemente do que acontece em uma ativação muscular natural, o músculo não pode produzir aceleração de modo algum, dado que as condições mecânicas impostas pelas máquinas isocinéticas permitem apenas a execução do trabalho muscular em velocidade constante (Figura 2.14).

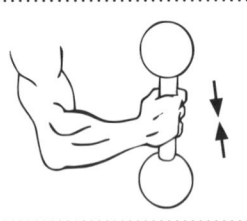

Figura 2.11 Contração isométrica.

Contração concêntrica

Cinemática

Ângulo do cotovelo (rad)

3.14
0.7
Tempo (s)   1.3

Velocidade (rad X s⁻¹)

0
Extensão
Flexão

Aceleração (rad X s⁻²)

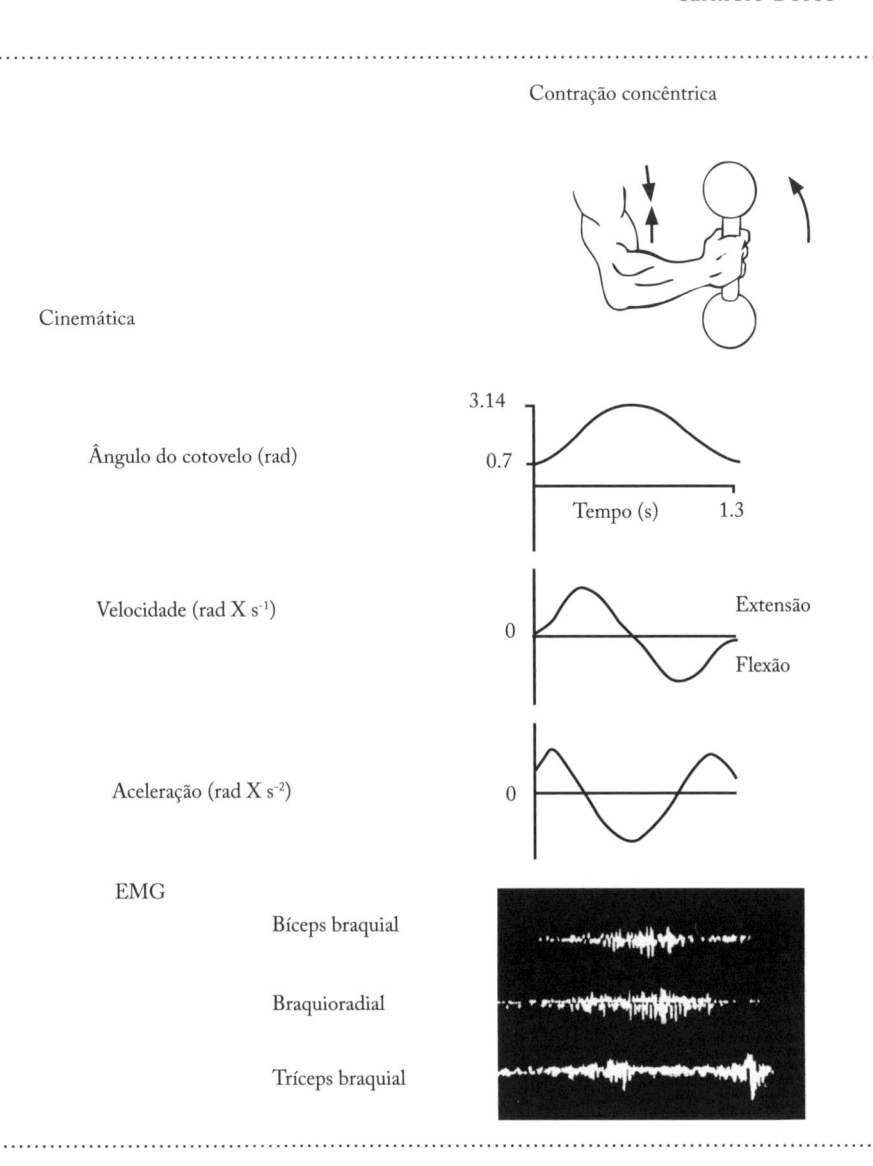

0

EMG

Bíceps braquial

Braquioradial

Tríceps braquial

Figura 2.12.

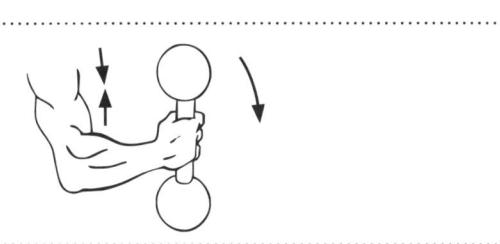

Figura 2.13 Contração excêntrica.

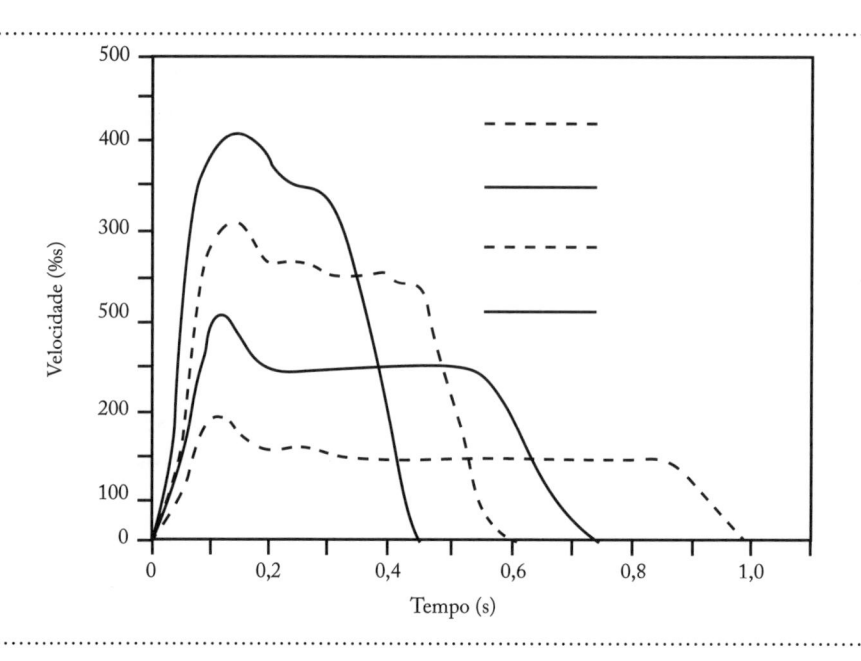

Figura 2.14 Velocidade angular da perna durante extensão do joelho, executada sobre dinamômetro isocinético em diversas velocidades angulares, 100º - 400º/s (Ostering, 1986).

Avaliação isocinética

Um notável progresso na avaliação diagnóstica foi possível com a introdução de dinamômetros isocinéticos, aparelhos que permitem ação dinâmica mesmo se a velocidade das articulações, sobre as quais os músculos examinados agem, for mantida constante (Hislop e Perrine, 1967). Não há dúvida de que tal instrumentação fornece informações úteis sobre características dinâmicas da ativação muscular, mesmo se essas forem resultado de uma ação particular que raramente se verifica durante a atividade de trabalho ou esportiva.

O uso de instrumentação diagnóstica isocinética é clinicamente aconselhável tanto por sua reprodutibilidade (r^2=,96, Moffroid et al., 1969) quanto pela sua segurança funcional. No campo esportivo, com exceção de algumas modalidades (natação, canoagem, etc.), a avaliação isocinética é limitante, redutiva e pouco funcional. Sobretudo, é preciso evidenciar que a dinâmica temporal do desenvolvimento da força (por exemplo, do quadríceps femural) depende sobretudo do tipo de instrumento usado.

Observando-se a estrutura morfológica da produção de força (Figura 2.15a) realizada com o instrumento mostrado na Figura 2.16, nota-se como a dinâmica temporal do desenvolvimento da força é completamente diferente daquela mostrada na Figura 2.15b, obtida com o instrumento apresentado na Figura 2.17. De fato, em algumas articulações, como a do joelho, o eixo de rotação se distancia conforme a variação do ângulo articular (Figura 2.18). Isso significa que, em termos de paridade de força desenvolvida pelos músculos extensores do joelho, a exteriorização material da força (dada pelo produto entre força desenvolvida sobre a inserção e sua alavanca) muda em função da variação topográfica do braço de alavanca. O mesmo pode ser dito, por exemplo, para a flexão do antebraço sobre o braço (Figura 2.19).

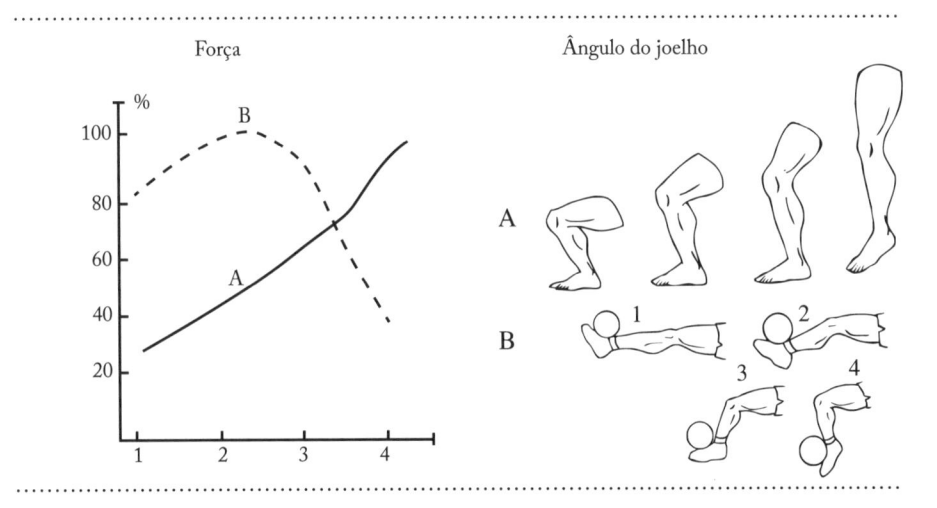

Figura 2.15 Relação entre a força desenvolvida, percentual da força máxima e variação angular durante um movimento de arremesso (a) e de extensão (b), realizados pela mesma ativação muscular mas expressos por um comportamento biomecânico diferente (Viitasalo, 1985).

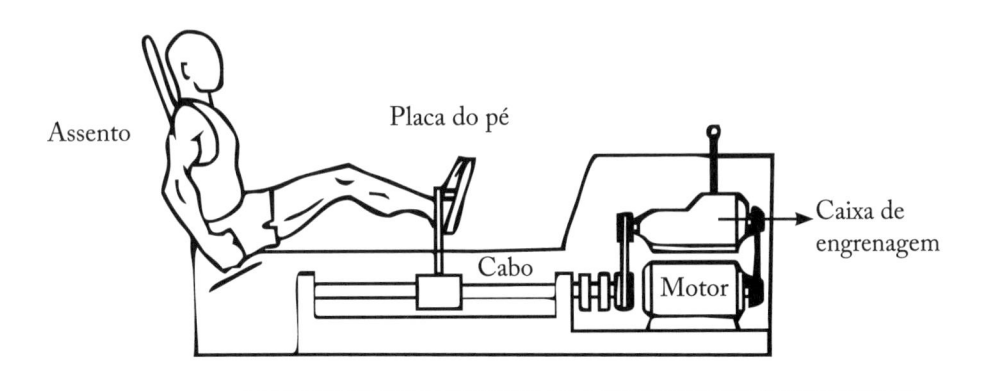

Figura 2.16 Representação de um instrumento isocinético (Komi, 1973).

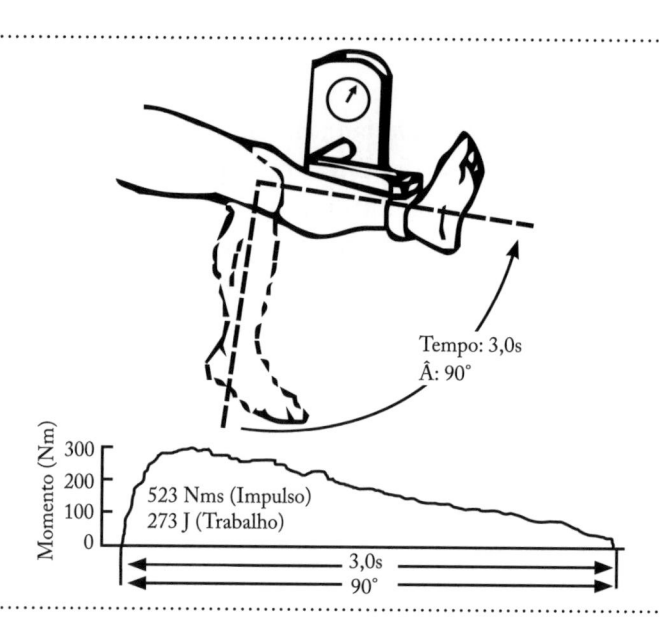

Figura 2.17 Representação de um instrumento isocinético para a avaliação dos músculos extensores das pernas com respectivo gráfico do momento de paridade, registrado em função da velocidade (constante) angular.

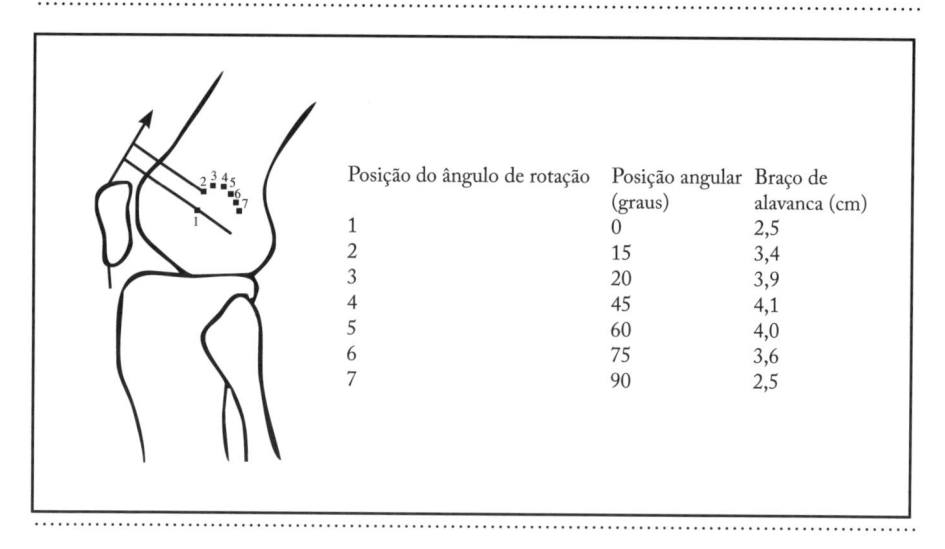

Posição do ângulo de rotação	Posição angular (graus)	Braço de alavanca (cm)
1	0	2,5
2	15	3,4
3	20	3,9
4	45	4,1
5	60	4,0
6	75	3,6
7	90	2,5

Figura 2.18 Variação do centro de rotação da articulação do joelho em função da posição angular assumida. Quando a perna está estendida (posição 0º), o braço de alavanca (ponto 1), que é de cerca de 2,5cm, é muito mais curto do que quando a perna flexiona-se em 60º (braço de alavanca de 4,0 cm) (modificado por Smidt, 1973).

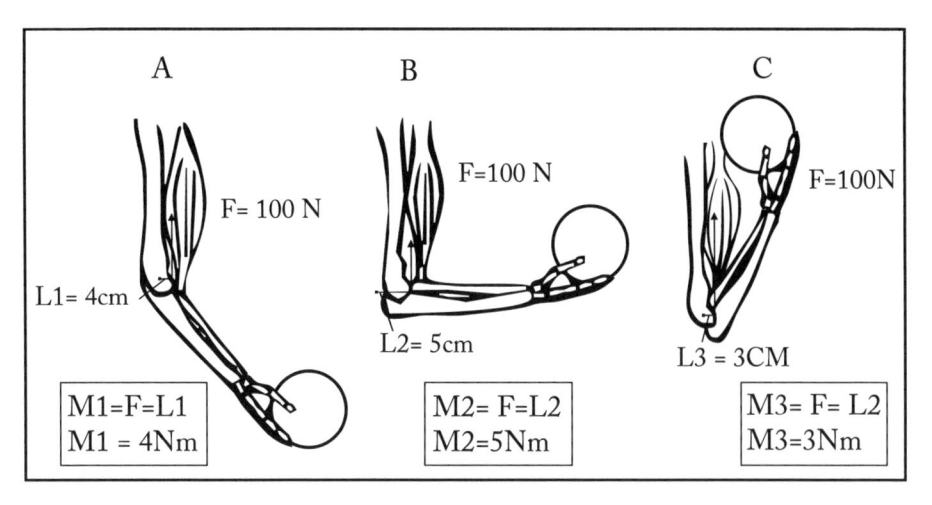

Figura 2.19 As variações angulares determinam a alteração do braço de alavanca (L). Portanto, o bíceps braquial, ao desenvolver uma mesma tensão (100N = cerca de 10kg), exterioriza diferentes magnitudes de força, maior na posição B do que em A e C.

Como mostrado na Figura 2.19, o braço de alavanca muda conforme as três posições A, B, C; por ser mais longo na posição B, obtém-se uma paridade de força mais elevada. A exteriorização da força muscular, além de depender de condições de natureza morfológica e topográfica, é fortemente influenciada pelas condições históricas que precedem a ativação muscular. De fato, desenvolver tensão muscular partindo de condições de repouso é completamente diferente de fazê-lo com o músculo ativamente pré-alongado. Com efeito, em quase todos os sistemas de movimento realizados na presença de forças gravitacionais, os músculos são solicitados a trabalhar com o pré-alongamento. Isso é, utilizando o sistema de alongamento-contração (Figura 2.20), em que o músculo antes de contrair-se é ativamente alongado (trabalho excêntrico).

Durante este período, uma certa quantidade de energia elástica é armazenada nos elementos elásticos em série (Figura 2.21). Esta energia é restituída sob forma de trabalho mecânico se o trabalho excêntrico for seguido pelo concêntrico (ver Figura 2.22), como acontece na corrida, salto e lançamento. Portanto, em todas as manifestações de tipo balístico, graças ao ciclo alongamento-contração do músculo, consegue-se desenvolver uma velocidade angular elevadíssima (até 15-18rad/s, ver Bosco, 1982, 1992), muito maior do que aquela com a qual se pode trabalhar nas máquinas isocinéticas (6rad/s).

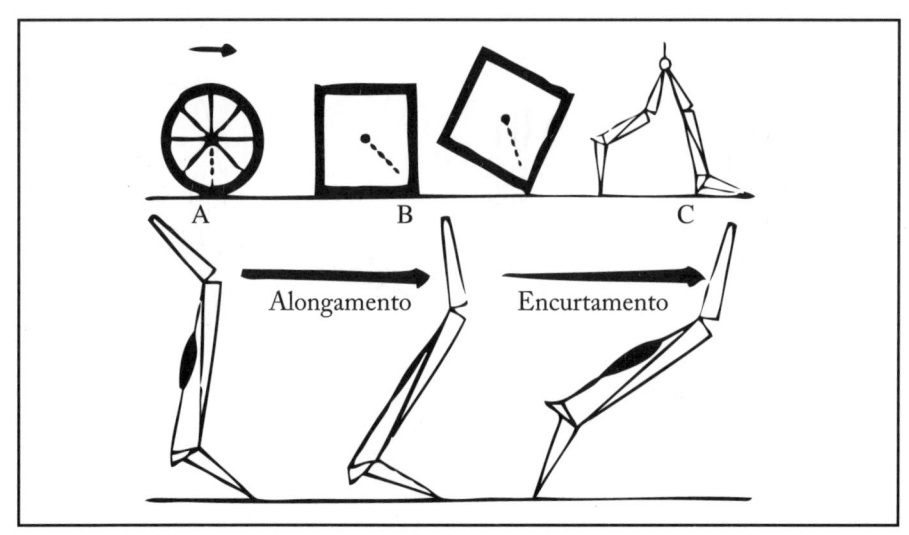

Figura 2.20 Representação da locomoção humana, distinta da de uma roda, em que o centro de gravidade cai sempre sobre o ponto de contato e é perpendicular à linha de progressão. A locomoção do homem, pelo contrário, assemelha-se à de uma estrutura quadrada com impacto considerável no momento de contato com o terreno. No homem, antes de tomar contato com o terreno, os músculos são eletricamente ativados (A) e, portanto, preparados para resistir ao impacto produzido ao tocar-se o terreno (B), quando os músculos são alongados, com relativo acúmulo de energia elástica, que é restituída na sucessiva fase de contração (C) (Cavagna, 1978).

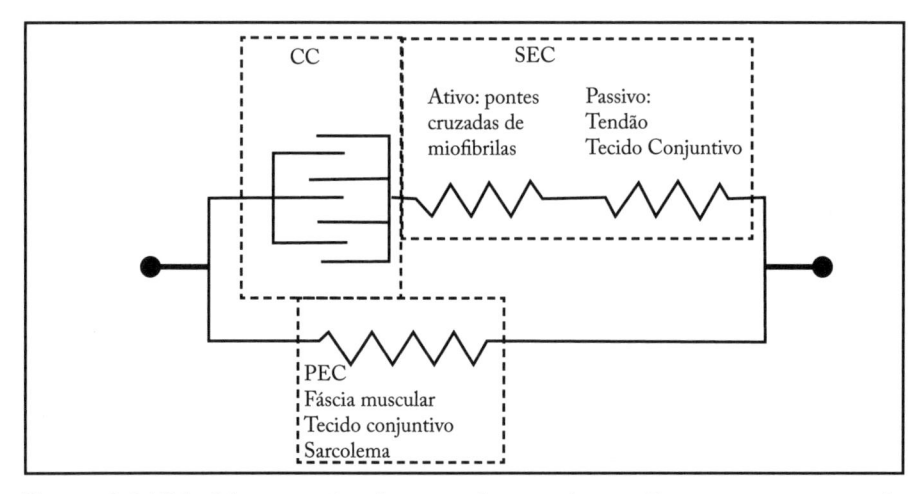

Figura 2.21 Modelo mecânico do músculo esquelético. Componente contrátil constituído de miosina e actina (CC). Elementos elásticos em série com função ativa (pontos de actina-miosina), e passiva (tendões e tecido conjuntivo). Elementos elásticos em paralelo (faixa, tecido conjuntivo, sarcolema).

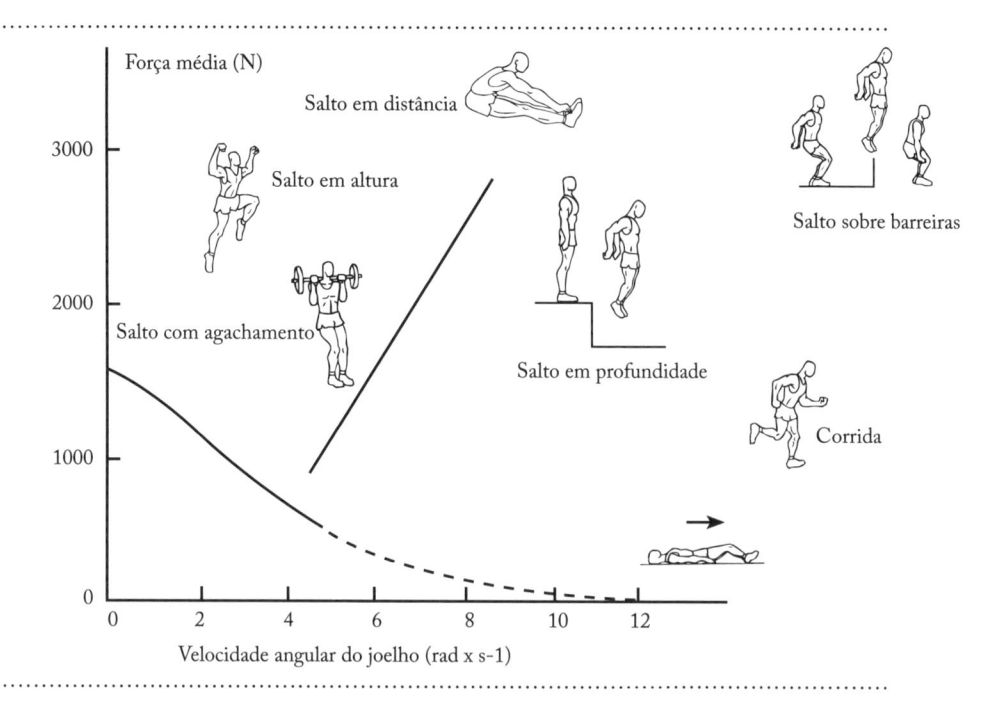

Figura 2.22 Relação força-velocidade representada por duas condições diferentes de salto vertical: salto a partir da Posição Agachada (PA) e Salto com Queda (SQ). Nas condições de PA, pode-se assumir que o componente contrátil dos músculos extensores da perna é responsável pelo desenvolvimento de força durante o afastamento. Nas condições de SQ, a energia elástica é armazenada nos músculos extensores da perna durante a fase excêntrica para atenuar a energia cinética no impacto, e depois ser utilizada sob a forma de trabalho mecânico na fase concêntrica (positiva). Parece que deste fenômeno depende a elevação da curva da relação F-V. Trata-se, contudo, de resultados experimentais (por Bosco e Komi, 1979a). O gráfico contém, também, traçados de cálculos teóricos feitos para salto em altura, salto em distância e corrida.

Para poder executar o ciclo alongamento-contração do músculo, muitas máquinas isocinéticas são construídas de maneira que contrações concêntricas precedidas por trabalho excêntrico possam ser realizadas. Estas novas soluções técnicas não têm, no entanto, superado os limites relacionados à mecânica instrumental. De fato, parece que o tempo entre a fase de Trabalho Excêntrico (TE) e o concêntrico é muito longo (> 50ms). A este propósito foi demonstrado que o benefício do pré-alongamento diminui em cerca de 20N para cada milisegundo com o aumento do trabalho excêntrico (Bosco e et al., 1981). Portanto, o efeito do pré-alongamento desaparece e a energia elástica se dispersa em calor (Fenn e Marsh, 1935).

Um outro aspecto negativo da instrumentação isocinética é representado pela máxima velocidade consentida pelo instrumento. De fato, toda vez que se quisesse avaliar um indivíduo saído de um trauma ou uma operação cirúrgica, seria preciso esperar muitos meses. Logo após o trauma ou a operação, não são permitidas altas velocidades de contração, assim, não seria possível avaliá-lo, pois as tensões musculares promovidas pela análise são altas e determinariam inibições provocadas pela dor e pela retroalimentação proprioceptiva. Apesar destas limitações, as avaliações isocinéticas, assim como os treinos com máquinas isocinéticas, obtiveram notável popularidade nos últimos anos. Efetivamente, estudos científicos que demonstram a superioridade do método isocinético com relação ao tradicional não foram abundantemente produzidos. Por outro lado, não se deve ignorar que o trabalho muscular realizado em velocidade constante apresenta correlações positivas com o trabalho isotônico quando as velocidades de contração são similares (Bosco e et al., 1983; Lander e et al., 1985). O trabalho de musculação isocinético é completamente desaconselhável no caso de atletas que se dedicam a atividades esportivas praticadas na presença das forças gravitacionais. Em contraste, para aqueles que desenvolvem atividades lúdicas, em que a resistência não depende de massas gravitacionais, mas envolve outras leis da física (lei de Arquimedes, por exemplo), como nadadores, praticantes de canoagem, etc., o uso de adereços que permitam a realização de contrações em velocidade constante é aconselhável e favorável, para não dizer obrigatório.

Treinos isotônicos e isocinéticos em confronto

A literatura internacional é riquíssima em trabalhos que demonstram a validade tanto dos métodos de treinamento isocinéticos como dos isotônicos (Costill e et al., 1979; Coyle e et al., 1981; Lesmes e et al., 1978; Manning e et al., 1990; Perrin e et al., 1989; Pipes, 1978). A diferença entre os dois métodos é representada pelo diferente comportamento mecânico que se verifica durante a contração. Na contração isotônica, o esforço máximo é obtido só em um determinado ponto durante o arco do movimento (fatores biomecânicos, fisiológicos e anatômicos determinam sua colocação espacial e temporal). Pelo contrário, a ativação muscular isocinética é caracterizada por um esforço máximo que se prolonga por todo o raio do movimento. Esses diferentes comportamentos de mecânica muscular devem-se a modalidades distintas de ativação neurogênica, que podem ser identificadas por meio de levantamentos eletromiográficos. Uma ativação muito alta no início, seguida de uma progressiva diminuição, caracteriza a atividade elétrica de um músculo que se contrai em forma isotônica e/ou balística. Em contraste, durante uma contração isocinética, no arco do movimento (Figura 2.23), manifesta-se uma atividade elétrica uniforme. Justamente este comportamento neurogênico peculiar, que caracteriza a contração isocinética, encontrou vários seguidores e adeptos, que ainda utilizam essas metodologias de maneira talvez exagerada. Entretanto, a superioridade do treino isocinético sobre o isotônico ainda deve ser demonstrada. Por enquanto, estudos recentíssimos tendem a demonstrar o contrário (Kovaleski et al., 1995). Estes autores observaram uma enorme melhora da potência muscular em indivíduos treinados por seis semanas com um método isotônico específico (pré-ativação que precede o movimento isotônico), avaliado através de testes isocinéticos e isotônicos. Em contraste, indivíduos treinados com métodos isocinéticos durante o mesmo período de tempo não demonstraram melhoras significativas (Figuras 2.24 e 2.25).

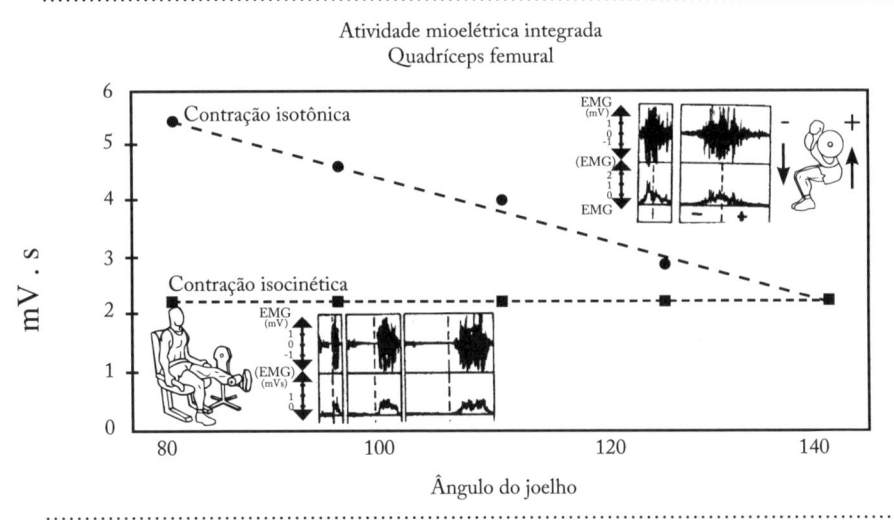

Figura 2.23 Atividade mioelétrica dos músculos extensores do joelho (quadríceps femural) registrada durante uma contração isocinética e durante um movimento isotônico (½ agachamento com barra sobre as costas). É interessante notar que o nível de ativação eletromiográfica na contração isotônica no início é altíssimo, e com o prosseguimento do movimento estabelece-se um decréscimo constante de atividade. Em contraste, durante o movimento isocinético, a ativação eletromiográfica começa com níveis muito mais baixos do que os registrados na contração isotônica, mas que se mantêm constantes durante todo o arco do movimento (Kunz e Unold, 1986).

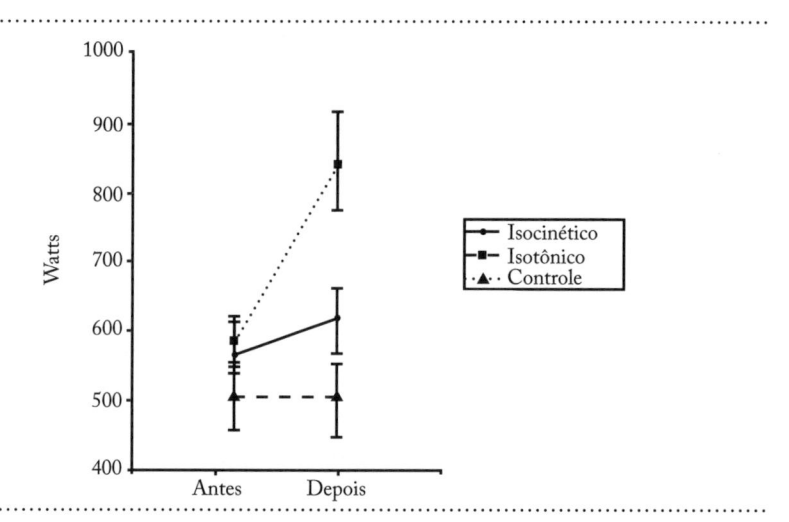

Figura 2.24 Variações de potência provocadas pelo treino (pré *versus* pós), avaliadas com testes isotônicos (Watts), causadas indivíduos treinados com métodos isocinéticos (•), isotônicos (■) e confrontados com um grupo de controle (▲) (*isotônico > isocinético e controle; P > 0,05. Os valores são médias ±DP) (Kovaleski et al., 1995).

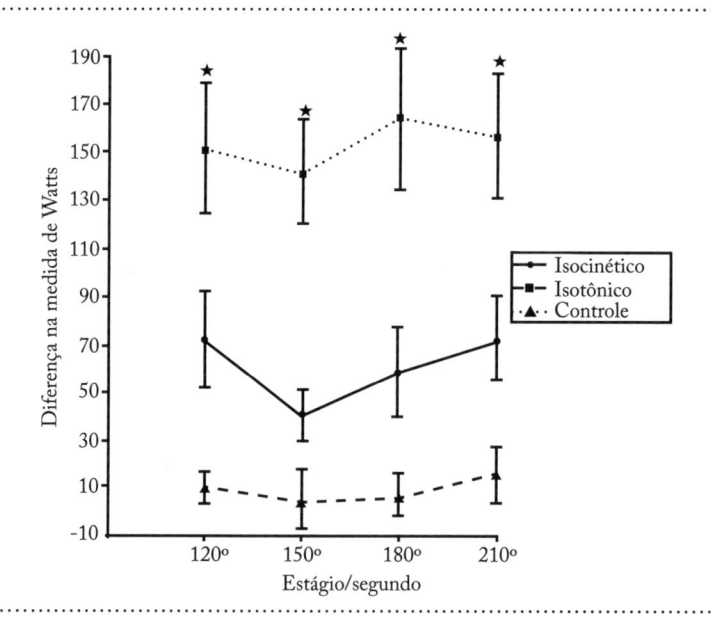

Figura 2.25 Variações de potência, avaliadas com testes isocinéticos (Watts), causadas pelo treino (pré *versus* pós) em indivíduos treinados com métodos isocinéticos (•), isotônicos (■) e confrontados com um grupo de controle (▲) (* isotônico > isocinético e controle; P < 0,05. Os valores são médias ±DP) (Kovaleski et al., 1995).

BIBLIOGRAFIA

ABEL, T. et al. Isometric and isokinetic knee joint performance in japanese alpine ski racers. *J Sports Med Phys Fitness.* v. 31, p. 353-357, 1992.

ADRIANOVA, G.G. et al. *Uso della stimulazione elettrica per l'allenamento della forza muscolare.* Moscou: Medicinnskogo Priborostrosnija, 1971.

ANZIL, F.; MODOTTO, P.; ZANON, S. *Esperienze sul maggior incremento di forza muscolare isometrica massimale con stimolazioni elettriche nella prassi dell'allenamento sportivo.* Milão: Scienza e Tecnica dell'Atletica Leggera, 1972.

BARCROFT, H. Sympathetic Control of Vessels in the hand Forearm Skin. *Physiol Rev.* v. 40 (supl. 4), p. 81, 1960.

BOSCO, C.; KOMI, P.V. Mechanical characteristics and fiber composition of human leg extensor muscle. *Eur J Appl Physiol.* v. 41, p. 275-284, 1979a.

BOSCO, C. New tests for measurement of anaerobic capacity in jumping and leg extensor muscle elasticity. Volleyball, I.F.V.B. *Official Magazine.* v.1, p. 22-30, 1981a.

BOSCO, C. et al. Combined effect of elastic energy and myoelectrical potentiation during stretch-shortening cycle. *Acta Physiol Scand.* v. 114, p. 557-565, 1982.

BOSCO, C.; MOGNONI, P.; LUHTANEN, P. Relationship between isokinetic performance and ballistic movement. *European Journal of Applied Physiology.* v. 51, p. 357-364, 1983c.

BOSCO, C.; RUSKO, H.; HIRVONEN, J. The effect of simulated high gravity conditions on muscle mechanics and anaerobic performance in athletes. *Med Sci Sport*, 1985.

BOSCO, C. *La valutazione della forza con il test di Bosco.* Roma: Società Stampa Sportiva, 1992.

BOSCO, C. et al. Influence of training on mechanical and biochemical profiles of athlete's muscles. *Coaching and Sport Science Journal.* v. 1, n. 1, p. 8-13, 1994.

BOSCO, C.; COLLI, R.; BONOMI, R. et al. (trabalho em curso).

CLARK, H.H. Objective strength test of affected muscle groups involved in orthopedic disabilities. *Res quart.* v. 19, n. 4, p. 118-147, 1948.

COMETTI, G. *Les methods modernes de musculation.* Tomo 1: Données theoriques. Dijon: UFR STAPS, 1988a.

COSTILL, D.L. et al. Adaptations in skeletal muscle following strength training. *Environ Exerc Physiol.* v. 46, p. 96-99, 1979.

COYLE, E.F. et al. Specificity of power improvements through slow and fast isokinetic training. *J Appl Physiol: Respirat Environ Exerc Physiol.* v. 51, p. 1437-

1442, 1981.

DESMEDT, J.; GODAUXN L. Ballistic contractions in man: Characteristic recruitment pattern of single motor units of the tibialis anterior muscle. *J Physiol.* v. 264, p. 673-693, 1977.

DUCHATEAU, J.K.; HAINAUT. K. Isometric or dynamic training: differential effects on mechanical properties of human muscle. *J Appl Physiol.* v. 56, n. 2, p. 296-301, 1984.

ENOKA, R. *Neuromechanical Basis of Kinesiology*. Champaign, Illinois: Human Kinetics, 1988.

FENN, W.O.; MARSH, B.S. Muscular force at different speeds of shortening. *J Physiol, Lond* v. 85, p. 277-297, 1935.

HENNEMAN, E.; SOMJEN, G.; CARPENTER, D.O. Functional significance of cell size in spinal motoneurons. *J Neurophysiol.* v. 28, p. 560, 1965.

HETTINGER, T.; MÜLLER, E.P. Muskelleistung und Muskeltraining. International Zeitschrift für Angewandte. *Physiologie Einschliesslich Arbeitphysiologie.* v. 15, p. 11-126, 1953.

HILL, A.V. The heat of shortening and the dynamic constants of the muscle. *Proc Roy Soc B.* v. 126, p. 136-195, 1938.

HISLOP, H.J.; PERRINE, J.J. Isokinetic concept of exercise. *Phys Ther.* v. 47, p. 114-117, 1967.

IKAI, M.; FUKUNAGA, T. Calculation of Muscle Strength per Unit Cross-sectional Area of Human Muscle by Means Ultrasonic Measurement. *Int Z Angew Physiol Einschl Arbeitsphysiol.* v. 26, p. 26, 1968.

IKAI, M.; YABE, K. Training Effect of Muscular Endurance by Means of Voluntary and Electrical stimulation. *Int Z Angew Physiol Einschl Arbeitsphysiol.* v. 28, p. 55-60, 1969.

JARIC, S.; RISTANOVIC, D.; CORCOSS, D.M. The relationship between muscle kinetic parameters and kinematic variables in a complex movement. *Eur J Appl Physiol.* v. 59, p. 370-376, 1989.

KOVALESKI, J.E. et al. Isotonic preload versus isokinetic knee extension resistance training. *Med Sci Sports Exerc.* v. 27, n. 6, p. 895-899, 1995.

KOZ, J.M. *Elettrostimoli per Allenare la Forza Muscolare*. Milão: Atletica Leggera, p. 33-36, Milão, 1971.

KUNZ, H.; UNOLD, E. Zielgerichtetes Krafttraining. Trainer Information. v. 20, 1986.

LANDER, J.E. et al. A comparison between free-weight and isokinetic bench pressing. *Med Sci Sports Exercise.* v. 17, p. 344-353, 1985.

LESMES, G.R. et al. Muscle strength and power changes during maximal isokinetic training. *Med Sci Sports Exerc.* v. 10, p. 266-269, 1978.

MANNING, R.J. et al. Constant vs variable resistance knee extension training. *Med Sci Sports Exerc.* v. 22, p. 397-401, 1990.

MARGARIA, R.; AGHEMO, P.; ROVELLI, E. Measurement of muscular power (anaerobic) in man. *Journal of Applied Physiology.* v. 21, p. 1662-1664, 1966.

MASSEY, B.B. et al. Effects of high frequency electrical stimulation on size and strength of skeletal muscle. *J of Sport Medicine and Physical Fitness.* v. 5, n. 3, p. 136-144, 1965.

MERTON PA. Voluntary Strength and Fatigue. *J Physiol.* v. 123, p. 553, 1954.

MOFFROID, M. et al. A study of isokinetic exercise. *Phys Ther.* v. 49, p. 735-746, 1969.

MURPHY, A.J.; WILSON, G.J.; PRYOR, J.F. Use of the iso-inertial force mass relationship in the prediction of dynamic human performance. *Eur J Appl Physiol.* v. 69, p. 250-257, 1994.

NAKAZAWA, K. et al. Differences in activation patterns in elbow flexor muscles during isometric, concentric and eccentric contraction. *Eur J Appl Physiol.* v. 66, p. 214-220, 1993.

PERRIN, D.H.; LEPHART, S.M.; WELTMAN, A. Specificity of training on computer obtained isokinetic measures. *J Orthop Sports Phys Ther.* v. 10, p. 495-498, 1989.

PERSON, R. Rhythmic activity of a group of human motoneurons during voluntary contraction of a muscle. *Electroencephalogr Clin Neurophysiol.* v. 36, p. 585-595, 1974.

PIPES, T.V. Variable resistance versus constant resistance strength training in adult males. *Eur J Appl Physiol.* v. 39, p. 27-35, 1978.

RAISTON, H.J. Recent Advances in Neuromuscular Physiology. *Am J Phy Med.* v. 36, n. 94, 1957.

RASH, P.J.; MOREHOUSE, L.E. Effect of Static and Dynamic Exercises on Muscular Strength and Hypertrophy. *J Appl Physiol.* v. 11, p. 29, 1957.

SALE, D.G. Testing strength and power. In: MACDOUGALL, J.; WENGER, H.; GREEN, H. (eds). *Physiological testing of the high performance athlete.* 2 ed.Champaigh, Illinois: Human Kinetics, p. 21-106, 1991.

SALE, D,G. Neural adaptation to resistance training. *Medicine and Science in Sports and Exercise.* v. 20 (supl.), p. S135-S145, 1988.

SCHLEUSING, G. Einfluss des experimentellen elektrischen Frainings auf die Skeletmuskulature. *Int Z Angew Physiol Einschl Arbeitsphysiol.* v. 18, p. 232-241, 1960.

SCHMIEDTBLEICHER, D.; HARALABIEM G. Changes in contractile properties of muscle after strength training in man. *Eur J Appl Physiol.* v. 46, p. 221-228, 1981.

SMIDT, G.I. Biomechanical analysis of knee flexion and extension. *J Biomechanics*. v. 6, p. 79-92, 1973.

TIHANYI, J. et al. *The effect of muscle structure and training conditions on the rate of torque development*. Review of the Hungarian University of Physical Education. Budapeste, p. 185-198, 1989.

THORSTENSSON, A. Muscle strength, fiber types and enzyme activities in man. *Acta Physiol Scand*. p. 443, 1976.

Capítulo 3

Contração Isotônica e Força Máxima

Foto: Da esquerda: Heys (Canadá), Bosco (Itália), Ito (Japão), Komi (Finlândia), Norman (Canadá).

Diferentemente da contração isocinética, a ativação muscular, resultado da tensão desenvolvida pelo músculo esquelético para vencer as forças gravitacionais ou outras resistências externas, representa a expressão mais natural da força dinâmica. As características biológicas, as bases do desenvolvimento da força muscular que permitem a locomoção terrestre dos animais vertebrados, foram descritas, mesmo que de forma sucinta, nos capítulos anteriores. É preciso, no entanto, não esquecer que, através da evolução filogenética, o homem e o animal terrestre desenvolveram sistemas neuromusculares para superar e vencer as exigências impostas pelas forças gravitacionais (Zankevich, 1944; Smith, 1975; Bosco et al., 1984). Portanto, a característica fundamental dos músculos esqueléticos é a capacidade de desenvolver, no início da contração, elevadas tensões que se reduzem durante o arco do movimento. Tudo isso é favorecido e guiado por processos nervosos e neuromusculares que se modificam conforme as exigências específicas e repetidas no tempo. Com tal objetivo, qualquer melhora da eficiência muscular e do desempenho esportivo, geralmente, decorre de uma melhor capacidade de desenvolver elevados gradientes de forças propulsoras, promotora da velocidade de execução de um determinado gesto.

Estudar os complexos fenômenos que estão ligados ao desenvolvimento da força não é muito fácil. Apesar disso, buscar sistematizar de forma organicionista e analítica os vários componentes que determinam tanto a avaliação como a melhora da força foi, e é, o objetivo de estudos e pesquisas de muitos cientistas. Portanto, não foram poucas as tentativas de classificar as várias expressões de força, que podem ser realizadas graças aos complexos fenômenos neuromusculares. Existem fenômenos que regulam e modulam a tensão conforme flutuações e interações que se formam entre o ambiente externo (por exemplo, a magnitude de carga a ser levantada ou a energia cinética a ser amortecida durante um salto baixo, etc.) e as características biomecânicas e fisiológicas dos vários grupos musculares envolvidos no movimento. Enfim, o que caracteriza as várias expressões de força são as condições histórico-temporais que precedem a contração. De fato, o comportamento do músculo esquelético é fortemente influenciado pelas condições de partida que precedem um movimento. A tensão muscular muda completamente se, antes de executar um trabalho, o músculo encontra-se em condições de repouso ou está pré-alongado. Infelizmente, muito freqüentemente buscou-se classificar as várias expressões da força, não segundo uma abordagem funcional e fisiológica, mas através de definições técnicas que pouco se aproximam dos processos biológicos envolvidos e das leis da física que são obedecidas pelo corpo e objetos sobre os quais a força é aplicada. A fantasia de um autor tornou difícil e incompreensível a comunicação e a transmissão de informações técnico-científicas, que mesmo sendo muito complexas, não podem transgredir as leis fundamentais da comunicação científica. Em conexão com tal observação, e para não desorientar os fomentadores e os estudiosos da matéria, buscou-se formular uma classificação que se baseasse rigorosamente em princípios biológicos. De fato, as várias expressões de força podem ser classificadas considerando-se tanto os aspectos neuromusculares que modulam sua tensão, quanto os processos metabólicos envolvidos, que determinam a sua duração. Em todo caso, as denominações das várias expressões da força não podem se distanciar daquelas já conhecidas e utilizadas pela Fisiologia clássica para descrever a relação entre a força e a velocidade. Analisando as interações que existem entre essas duas características, não é, portanto, tão difícil formular uma classificação que reflita os seus conteúdos (ver Bosco, 1985, 1992). O comportamento mecânico peculiar que o músculo esquelético possui consiste na relação hiperbólica que existe entre a velocidade de contração e a tensão desenvolvida. Isso foi observado tanto analisando preparados de músculos isolados de animais (Fenn e March, 1935; Hill, 1938) quanto músculos humanos vivos (Wilkie, 1950). Como mostrado na Figura 3.1, com a diminuição da carga a ser levantada, a força que deve ser desenvolvida diminui, enquanto a velocidade aumenta. O porquê de tal comportamento é atribuído a dois motivos principais. A razão primária parece ser a perda de tensão no momento em que as pontes de actina-miosina se rompem no interior do componente contrátil, restituindo-se depois, em condições de contração. Parece que o segundo motivo é constituído pela viscosidade presente tanto no componente contrátil quanto no tecido conjuntivo. Em todo caso, qualquer que seja o mecanismo biológico interno envolvido em tal relação, parece bastante claro pela Figura 3.2 que a força máxima realiza-se com velocidade base, enquanto a explosiva (ou força veloz) com velocidades altas. Em contraste, a resistência à força veloz e a resistência muscular são fortemente caracterizadas pelos processos metabólicos e pouco pelos neuromusculares.

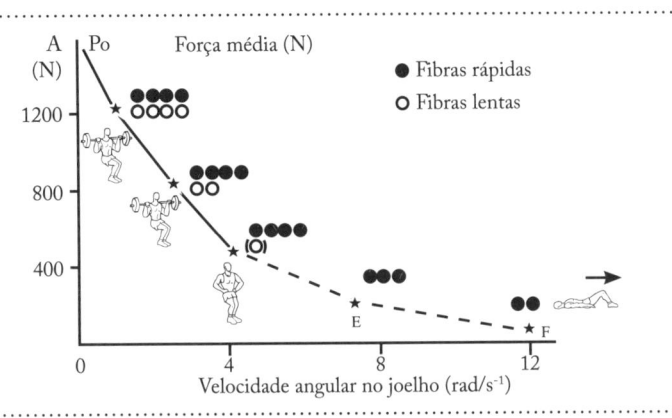

Figura 3.1 Relação entre a força desenvolvida durante saltos verticais executados com e sem carga sobre as costas, e a velocidade angular no joelho. A intervenção das fibras musculares é apresentada segundo a hipótese de Bosco, 1985.

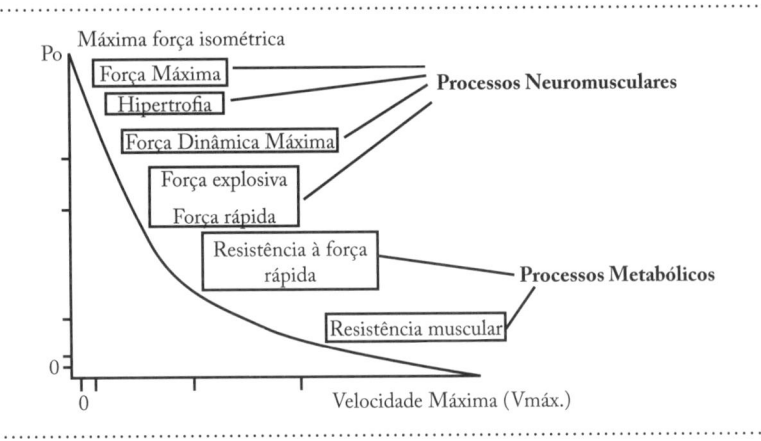

Figura 3.2 Representação esquemática da relação força/velocidade e classificação biológica das várias expressões de força. No alto, à esquerda, nota-se a máxima força isométrica, caracterizada pela velocidade de contração igual a zero. Encontramos, portanto, a força máxima, a força dinâmica máxima, e a força explosiva (ou força rápida); essas três expressões de força são determinadas, predominantemente, por fatores neurogênicos. Seguem, então, a resistência à força rápida e a resistência muscular, que estão ligadas a processos metabólicos juntamente à hipertrofia muscular que, mesmo não sendo uma expressão da força, ocupa uma posição notável no campo do treinamento.

Características neuromusculares da Força Máxima (Fmáx.) e da Força Dinâmica (FDM)

Como mostrado na Figura 3.2, a força máxima e a força dinâmica são duas expressões da tensão muscular que se desenvolvem quando as cargas externas a serem vencidas são, respectivamente, muito e pouco elevadas. Conseqüentemente, a velocidade de contração é baixa no primeiro caso e relativamente alta no segundo. A força máxima pode ser definida como a capacidade de desenvolver força capaz de levantar uma carga máxima sem que haja modulação da velocidade de execução (Bosco et al., 1995). Um exemplo prático pode esclarecer melhor esta definição. Quando o ½ agachamento é utilizado como exercício, ele pode ser executado com cargas muito baixas (0,5 do peso do corpo, portanto os músculos extensores devem levantar 1,5 do peso do corpo do atleta; 1,5pc), ou muito altas, por exemplo, 2 vezes o peso do corpo (2,0pc) (ver Figura 3.3). No primeiro caso, o atleta pode voluntariamente levantar o peso tanto na máxima velocidade permitida pela carga, quanto em velocidade submáxima. No painel esquerdo da Figura 3.3, observam-se valores de 1,19m x s^{-1} para o primeiro (HSF) e de 0,69m x s^{-1} para o segundo caso (HSS). Como se vê no mesmo painel, a atividade eletromiográfica dos músculos extensores do joelho (quadríceps femoral) varia de maneira drástica, conforme o empenho executado voluntariamente pelo atleta. No caso de empenho máximo, foi encontrado um nível igual a 110% dos valores de referência (máxima força isométrica), enquanto durante o esforço submáximo, os valores de eletromiografia desceram a níveis muito baixos, de cerca de 65% dos valores de referência. Quando se pede ao atleta para levantar uma carga igual a 2 vezes o próprio peso (3pc no total), as velocidades de execução tanto com esforço máximo quanto submáximo diminuem drasticamente, passando, respectivamente, de 0,57 *versus* 0,34m x s^{-1} (último painel à direita da Figura 3.3). Portanto, ainda que a velocidade do movimento durante o esforço submáximo realizado com 3pc tenha sofrido quedas similares às observadas com carga leve, não foram registradas quedas de atividade eletromiográficas tão acentuadas como as notadas com carga leve. Isso significa que, com cargas baixas, há possibilidade de modular a tensão muscular através de dois mecanismos nervosos: um relativo ao recrutamento e outro à freqüência de descarga dos impulsos nervosos. Em contraste, com cargas elevadas, há uma possibilidade reduzida de modular a tensão muscular, de fato, é preciso recorrer a todas as capacidades de recrutamento das várias unidades motoras disponíveis.

A tal propósito, uma carga igual a 80-85% da carga máxima, dificilmente consegue ser levantada em velocidade submáxima. Portanto, as cargas que apresentam muita resistência à modulação da velocidade podem ser definidas como cargas máximas. Neste caso, pode-se estar seguro de que as fibras velozes também são recrutadas. É preciso lembrar que, em músculos de pequena dimensão, quase todas as unidades motoras presentes em um determinado grupo muscular são estimuladas quando se deve levantar uma carga igual, ou próxima, a 50% da contração máxima. No caso dos músculos de grande dimensão, a carga pode alcançar 80-85% da contração máxima antes que todas as fibras disponíveis sejam recrutadas (Sale, 1988). Se para levantar uma carga igual a 50% do CM recorre-se ao recrutamento do máximo potencial de fibras presentes em um músculo, com qual mecanismo consegue-se desenvolver 90-100% da carga máxima? A resposta encontra-se na capacidade do SNC de modular a freqüência dos impulsos. De fato, uma vez recrutadas todas as unidades motoras presentes em um músculo, um posterior aumento de força pode ser obtido aumentando-se a freqüência dos estímulos nervosos. Sem dúvida, esse mecanismo é menos econômico, mas, em todo caso, assegura uma elevada reserva de produção de tensão muscular. Na contração isométrica, o aumento da tensão desenvolvida acontece, predominantemente, através do recrutamento de novas unidades motoras (ver Figura 2.7). De fato, nota-se uma relação linear entre o aumento da força e a atividade eletromiográfica. Em contraste, durante exercícios de ½ agachamento, a atividade elétrica sofre um aumento estatisticamente significativo quando se passa de 40 a 50% da contração máxima. Superada esta carga, nota-se uma redução da atividade elétrica: isso significa que com 50% da carga máxima, já se verifica o recrutamento de todas as unidades motoras disponíveis, e, a partir daí, o aumento da tensão muscular pode ser realizado através do aumento da freqüência de descarga de impulsos nervosos, que, no entanto, podem alcançar certo patamar com cargas não muito elevadas. Quando se passa de uma atividade muscular dinâmica de tipo misto, isto é, que se encontra entre o movimento balístico e o progressivo, como a que se realiza com o ½ agachamento, a um tipo balístico, como no ½ salto com agachamento, o modelo de recrutamento clássico (Princípio de Hennemann et al., 1965) não é observado. Como mostrado na Figura 2.7, a atividade elétrica observada durante a execução de saltos com ½ agachamento com cargas leves (de 0,5 a 1,5 vezes o peso do corpo), que correspondem à cerca de 30, 40, 50% da contração máxima, apresenta valores altíssimos. Tomando como referência a força isométrica máxima, a atividade mioelétrica no salto com agachamento a supera em 200%. Esses valores não deveriam surpreender, levando-se em consideração que o desempenho no salto com agachamento depende do percentual de fibras rápidas presentes no vasto lateral (Bosco e Komi, 1979). Uma elevada atividade mioelétrica no salto com agachamento pode ser explicada pelo recrutamento maciço de unidades motoras fásicas, que possuem potencial de ação muito mais elevado do que as tônicas.

Velocidade Média (m x s^{-1})

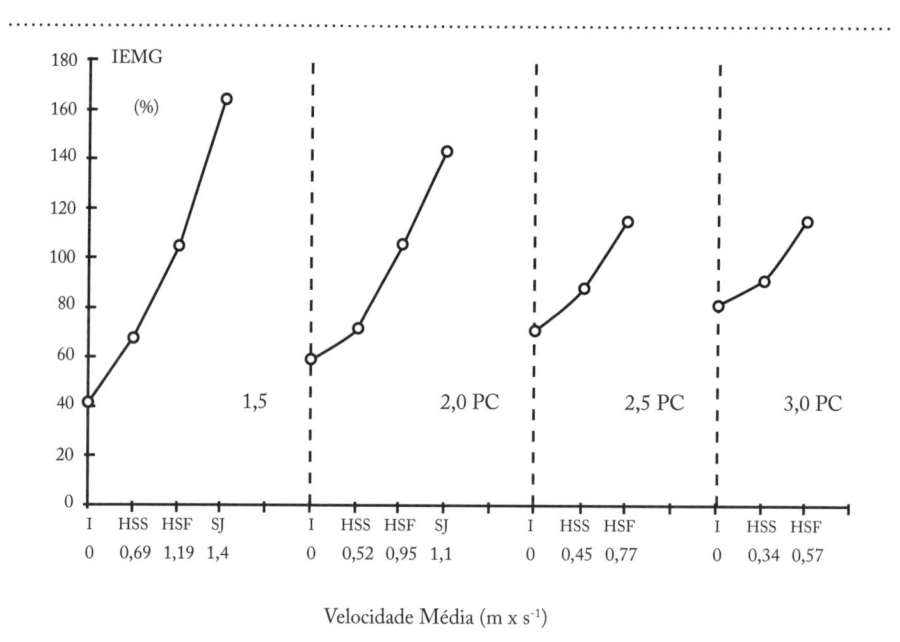

Figura 3.3 A atividade eletromiográfica integrada rms é apresentada tanto para a velocidade quanto para carga, expressa em percentual do peso do corpo (que varia de 0,5 a 2 vezes o peso do corpo (pc) de 18 velocistas, para uma carga total igual a 1,5-3,0 pc). Para cada carga, foram registradas tanto a velocidade de execução quanto a atividade eletromiográfica rms nas seguintes condições: I = isometria; MAL = ½ agachamento lento; MAV = ½ agachamento veloz e SA = salto com agachamento. Os valores da atividade eletromiográfica rms são apresentados em percentual da força isométrica máxima tomada como referência, que foi de aproximadamente 3,5 vezes do pc (Bosco et al., 1995).

As bases fisiológicas do treino da Força Máxima e da Força Dinâmica

Uma análise dos processos biológicos que estão na base do desenvolvimento das forças máxima e dinâmica pode nos ajudar a entender como o treinamento racionalmente planejado é capaz de gerar estímulos e modificações complexas no sistema neuromuscular solicitado, alcançando, por meio da melhora dos níveis de força dinâmica, aumento progressivo da força explosiva. A adaptação biológica inicial de origem neural que ocorre em resposta aos estímulos induzidos pelo treino da força máxima é um fenômeno já bem documentado (Moritani e de Vries, 1980); a essa, seguem-se complexas transformações e adaptações morfológicas que conduzem à hipertrofia muscular (Figura 3.4). É possível que os fatores neurais ajam em

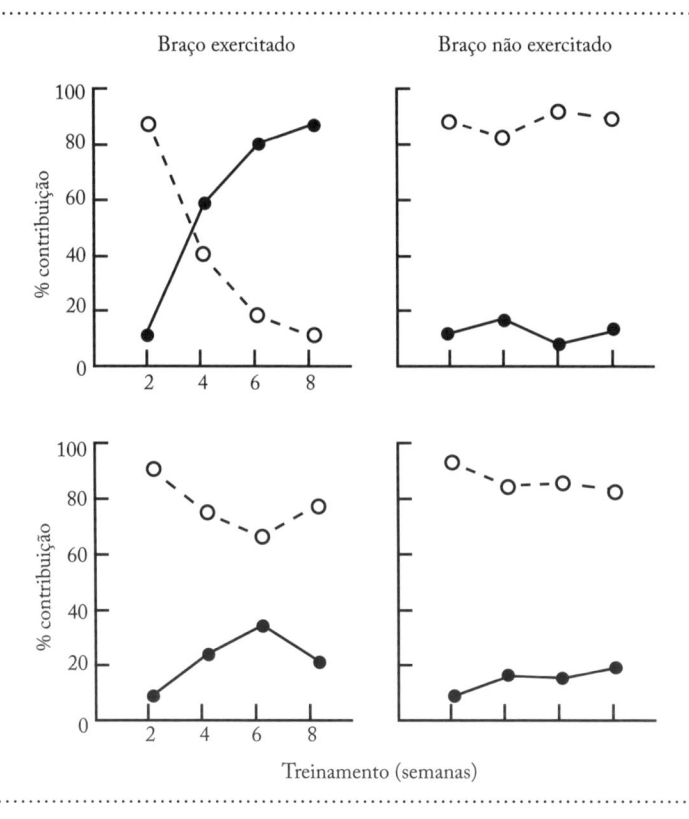

Figura 3.4 O aumento de força máxima obtido durante o treino é apresentado em função do percentual de contribuição dos fatores neurogênicos (o) e por modificações morfológicas como a "hipertrofia" (●) em braços treinados, e nos contralaterais não treinados em jovens (a) e velhos (b) (Moritani e de Vries, 1980).

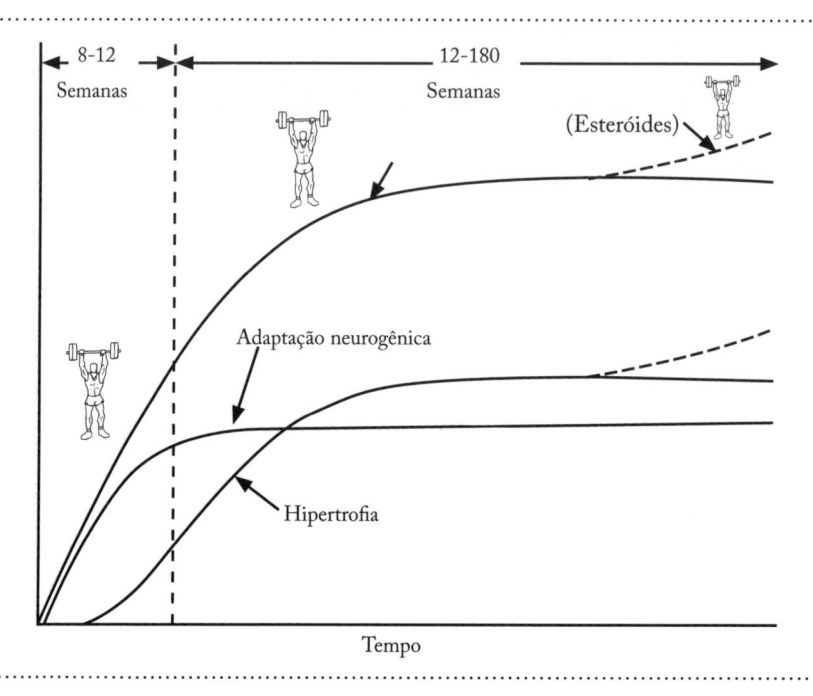

Figura 3.5 Representação esquemática dos relativos papéis de adaptação neural e morfológica ao treino de força máxima. Na primeira fase de treinamento, nota-se uma fase predominante de adaptação neural. Essa fase foi estudada pela maioria das pesquisas publicadas na literatura internacional. Trabalhos experimentais que duraram mais tempo mostram conseguinte adaptação miogênica e respectiva hipertrofia (modificado por Sale, 1988).

diversos níveis do sistema nervoso central e periférico, determinando, como resultado final, a ativação máxima das várias unidades motoras envolvidas. A importância da influência do sistema nervoso é também demonstrada, indiretamente, por estudos conduzidos sobre os efeitos da estimulação elétrica (ver Mac Donagh e Davies, 1984; Davies et al., 1985). Os seus resultados mostraram que a administração de 80 contrações tetânicas, com duração de 10s cada, produzidas por estimulação elétrica, não induziram a nenhuma melhora da força, indicando que a ativação voluntária do sistema nervoso central deve estar presente para que ocorram melhoras substanciais do desenvolvimento da máxima força voluntária.

É preciso lembrar que, dentre os fatores de natureza neurogênica, o que sofre as primeiras adaptações ao treino de força máxima é o recrutamento de novas unidades motoras. Posteriormente, ocorre melhora na capacidade de recrutamento temporal, isto é, é recrutado, ao mesmo tempo, um número sempre maior de unidades motoras, e, enfim, há melhora na capacidade de emitir impulsos de estímulo em alta freqüência. Esta última adaptação é rapidamente perdida na ausência de treino, em contraste com o fato de que é preciso um período de tempo muito longo antes que se produzam adaptações estáveis (Sale, 1990). Portanto, depois do período inicial em que se verifica melhora da força máxima devido a fatores neurogênicos, que incluem melhor coordenação inter e intramuscular, acontecem processos de transformação e adaptação morfológica. De fato, o posterior avanço é sustentado por um aumento da secção transversa do músculo (hipertrofia) (ver Figura 3.5 – Sale, 1988). Alcançado o cume do desenvolvimento natural da força, somente procedimentos muito perigosos, capazes de provocar danos para a saúde, como o uso de hormônios esteróides, melhorariam ainda mais os níveis alcançados. O aumento da secção transversa do músculo, que se verifica geralmente no homem que treina com meios tradicionais (barras, pesos, etc.), ocorre somente devido ao aumento do componente contrátil do músculo e aumento do tecido conjuntivo intersticial (Mac Dougall, 1986) (Figura 3.6). Portanto, até que não sejam apresentadas evidências científicas mais relevantes, deve-se excluir, como sugerido por um autor, o aumento significativo das fibras musculares (hiperplasia), exceto nos casos em que as fibras necróticas são substituídas.

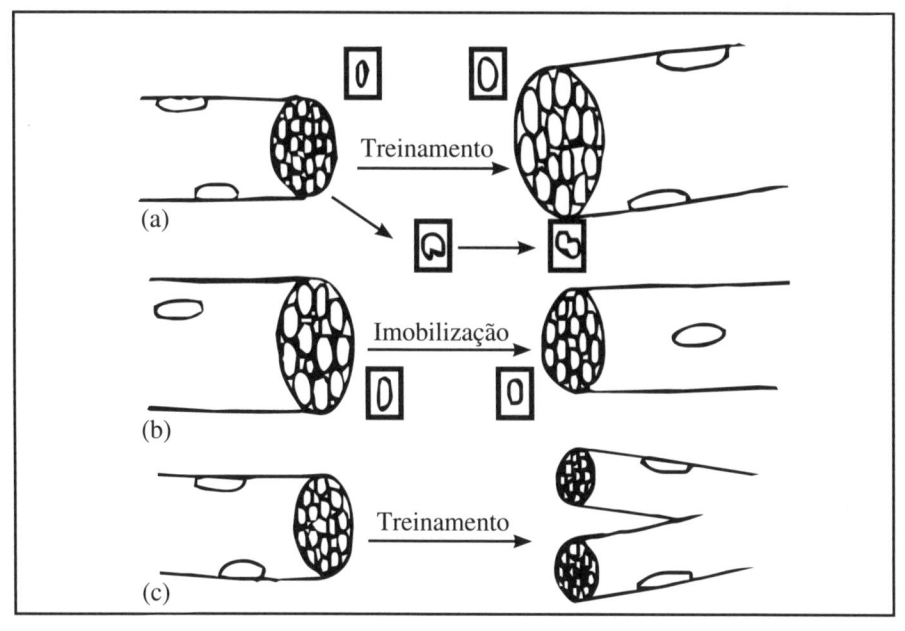

Figura 3.6 Modelo das variações morfológicas que ocorrem em resposta ao treino da força máxima e da imobilização. Com o treino, a secção transversa das miofibrilas aumenta em proporção direta ao aumento da dimensão e do número (a). Com a imobilização, a secção das fibras decresce em proporção à secção das miofibrilas (b). Foi sugerida uma multiplicação de fibras com base na adaptação em algumas espécies de animais; no entanto, no homem, isso é muito difícil de acontecer (c) (Mac Dougall, 1986).

Adaptações e modificações induzidas pelo treino da Força Máxima

Adaptações e modificações induzidas pelo treino de força máxima ou com cargas máximas são abundantemente encontradas na literatura internacional. Foram relatadas melhoras da força máxima utilizando-se métodos e princípios completamente diferentes entre si, e freqüentemente opostos. Geralmente, descrevem-se melhoras da força máxima da ordem de 0,1 até 3% por dia (ver Costill et al., 1979 vs Thorstensson et al., 1976), durante períodos de treinamento de 24 a 30 dias, com melhoras variantes entre 10-30% da força máxima. Além disso, não foi ainda cientificamente provado qual é o melhor regime de trabalho: concêntrico, excêntrico ou misto. Utilizando três regimes diferentes de treinamento, Häkkinen e Komi (1981) observaram melhoras parecidas depois de 12 semanas de treinamento (Figura 3.7). Em contraste, Komi e Burskik (1972) observaram que treinamentos em regime excêntrico produziam modificações mais acentuadas do que o regime isocinético. Considerando-se o enorme volume de resultados oferecidos pela literatura internacional, serão apresentados aqui apenas alguns em que ficaram evidenciadas modificações de origem neurogênica e miogênica, induzidas por treinamentos de força máxima. Antes de tudo, é preciso lembrar os clássicos estudos conduzidos por Moritani (1981), em que foi observado um aumento da força paralelo à atividade mioelétrica (Figura 3.8). Na figura, observa-se também (painel da direita) que os aumentos mais elevados tanto de força quanto de ativação mioelétrica foram

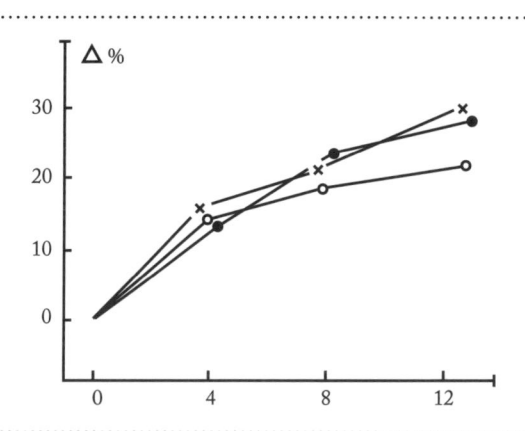

Figura 3.7 Variação em percentual da força máxima depois de 12 semanas de treinamento em regime de trabalho concêntrico (o), excêntrico-concêntrico (x) e excêntrico (•) (Häkkinen e Komi, 1981).

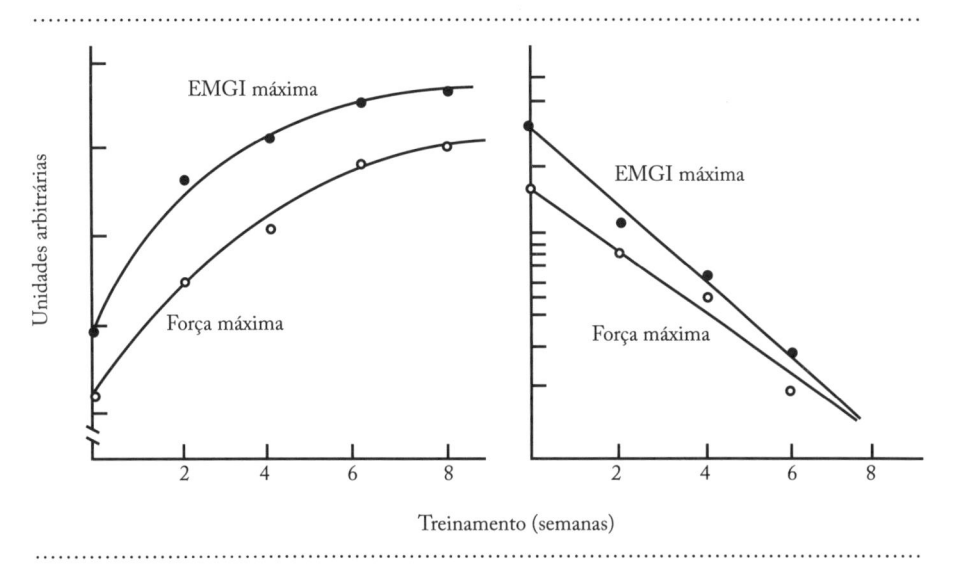

Figura 3.8 Variação temporal da força máxima e da atividade mioelétrica observada nos músculos flexores do braço. No painel da direita, os valores de força e de atividade mioelétrica são apresentados em função das semanas de treinamento (Moritani, 1981).

verificados durante as primeiras semanas de treinamento. Uma outra pesquisa interessante foi apresentada por Häkkinen (1986), que demonstra que o treinamento da força máxima havia induzido um aumento da secção das fibras velozes, e não das fibras lentas (músculo vasto lateral), depois de 12 semanas de trabalho executado por atletas homens (Figura 3.9). Prosseguindo-se por mais 12 semanas com o mesmo tipo de treinamento, não foram encontrados novos aumentos. A análise detalhada destes estudos nos sugere algumas reflexões de ordem teórica e prática. Antes de tudo, a melhora das propriedades neurogênicas é obtida somente durante as primeiras semanas de treinamento de força máxima. Ao continuar-se o trabalho, determinam-se modificações de natureza morfológica, especialmente nas fibras rápidas, apenas se forem utilizados sistemas de treinamento que prevêem poucas repetições e muitas séries, com recuperações completas entre as séries. No caso de indivíduos não treinados, as melhoras e as modificações de natureza neurogênica e miogênica são muito mais expressivas. Depois de oito semanas de treinamento de força máxima, desenvolvido por não atletas, foram encontrados aumentos elevados de atividade mioelétrica nos extensores do joelho. Prosseguindo-se com o treinamento por outras oito semanas, as melhoras de natureza neurogênica diminuíram, enquanto foram observados aumentos acentuados das secções transversas de fibras rápidas, e também de lentas (Häkkinen et al., 1981, ver Figura 3.10). Em indivíduos não

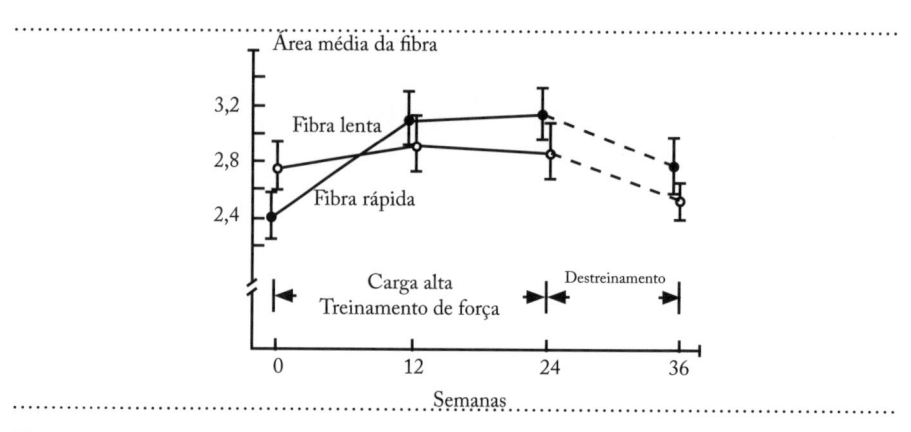

Figura 3.9 Valores médios das secções transversas das Fibras Lentas (FL) e Rápidas (FR) do músculo vasto lateral de atletas submetidos a 24 meses de treinamento de força máxima. Nota-se aumento da área da fibra rápida somente durante as primeiras 12 semanas, e em seguida ocorre estagnação. Não foram observadas modificações estruturais das fibras lentas (Häkkinen, 1986).

treinados (Figura 3.11), o treinamento de força máxima provoca melhoras muito maiores do que se verifica em atletas bem treinados (Häkkinen, 1985). Este fenômeno foi atribuído à melhora da coordenação inter e intramuscular que possibilita, aos indivíduos não treinados, uma melhor execução dos exercícios e dos testes (Rudford e Jones, 1986).

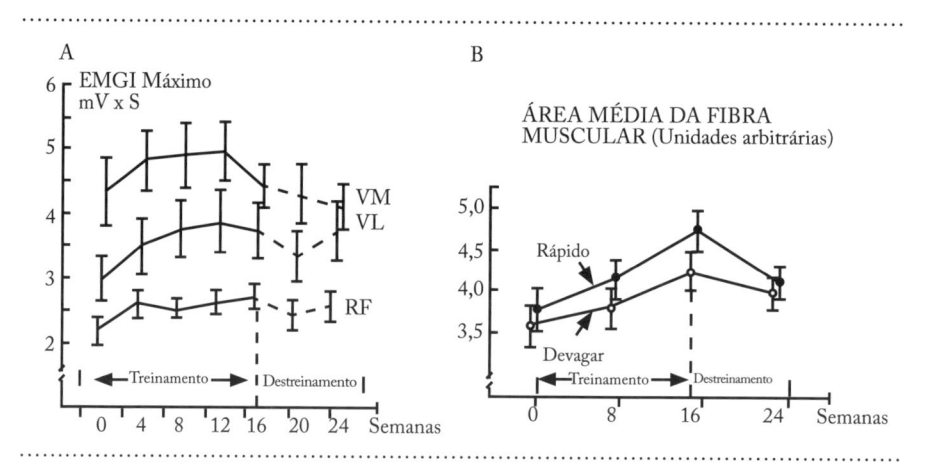

Figura 3.10 Variações da atividade mioelétrica depois de 16 semanas de treinamento. Nas primeiras 8 semanas, nota-se um aumento acentuado, seguido por uma drástica redução (A). Em B, observam-se variações da secção transversa das fibras lentas e rápidas do músculo vasto lateral. Durante as primeiras 8 semanas, o aumento da área não é muito acentuado. Prosseguindo-se com o treinamento, aumentos significativos são notados nos dois tipos de fibras (Häkkinen et al., 1981).

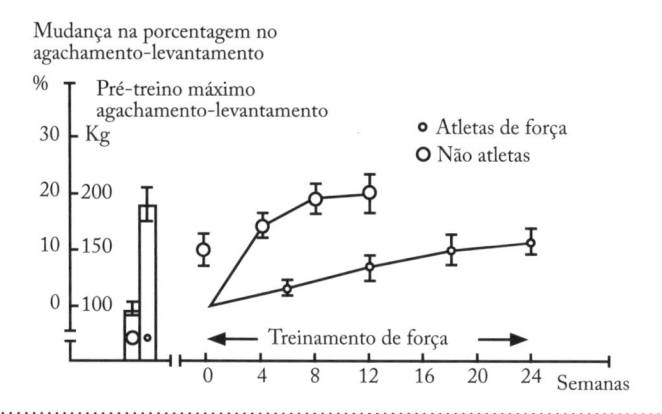

Figura 3.11 Aumento da força máxima observado em atletas (o) e não atletas (□) depois de 24 semanas de treinamento. A melhora obtida pelos não atletas foi muito maior do que a observada nos atletas (Häkkinen et al., 1985).

Efeitos do treinamento sobre força máxima

A literatura internacional é riquíssima em trabalhos que demonstram aumento da força depois de treinamentos realizados de forma sistemática. Estas melhoras não são uniformes para todos, e encontram-se valores completamente diferentes entre diversos autores. Além de depender das diferenças objetivas apresentadas pelos indivíduos estudados, depende dos métodos de trabalho, duração dos treinamentos, tipo de treinamento, e, enfim, dos testes utilizados para a verificação dessas melhoras, que nunca foram similares. Portanto, criou-se uma confusão tal que não é simples ter idéias claras sobre os fenômenos associados à melhora da força máxima. As melhoras obtidas mostraram valores diferentes, que vão aproximadamente de 4 a 70% (Berger, 1962; Costill, 1979; Wilson et al., 1993). Nas Tabelas 3.1, 3.2 e 3.3, são mostrados alguns destes tipos de experimentos.

Apesar da abundante literatura e do forte interesse demonstrado pela comunidade científica internacional sobre a questão, as conclusões que se podem tirar não estão entre as mais comprovadas ou claras. Saber que, depois de um período de treinamento, a força máxima sofre uma melhora, não ajuda a entender quais são as melhoras neuromusculares que realmente acontecem. Melhora da força máxima é sinônimo de melhora da força explosiva? Parece que não! Pelo contrário, em alguns casos ela pode até ser nociva. O estudo do modo como as metodologias

Força Muscular

Tabela 3.1 Síntese de alguns estudos sobre a força máxima (Kraemer et al., 1988)

Autor	Sexo	Tipo de treinamento	Período (semanas)	Freqüência de treinamento (dias/semanas)	Série/Repetições	Melhora em % do valor inicial
Brown e Wilmore, 1974	Feminino	Isotônico	24	3	8 séries= 1x10,8,7,6,5,4 16 séries = 1 x 10,6,5,4,3	38
Mayhew e Gross, 1974	Feminino	Isotônico	9	3	2x20	26
Wilmore, 1974	Feminino	Isotônico	10	2	2x7-16	29
Wilmore et al., 1978	Feminino	Isotônico	10	3	40%-55% de 1 RM pdt 30s	20
Berger, 1962	Masculino	Isotônico	12	3	3x6	30
Fahey e Brown, 1973	Masculino	Isotônico	9	3	5x5	12

Tabela 3.2 Síntese de alguns estudos sobre a força máxima (Fleck et al., 1987)

Autor	Sexo	Tipo de Treinamento	Período (semanas)	Freqüência de treinamento (dias/semanas)	Série/Repetições	Melhora em % do valor inicial
Wilmore, 1974	Masculino	Isotônico	10	2	2 x 6 – 16	16
Allen et al.,1976	Masculino	Isotônico	12	3	2x8,1 x impulso	44
Ariel,1977	Masculino	Isotônico	20	5	4 x 8 – 3	14
Wilmore et al.,1978	Masculino	Isotônico	10	3	40%-50% de 1 RM pdt 30s	8
Gettman et al., 1978	Masculino	Isotônico	20	3	50% 1 6 séries=2x10-20 14 séries=2x15	32
Coleman, 1977	Masculino	Isotônico	10	3	2x8-10 RM	12
Coleman, 1977	Masculino	Resistência variável	10	3	1x10-12 RM	
Ariel,1977	Masculino	Isocinético 60°s	20	3	4x8-3	
Gettman e Ayres, 1978	Masculino	Isocinético 60°s	10	3	3x10-15	
Gettman e Ayres, 1978	Masculino	Isocinético 120°s	10	3	3x10-15	
Gettman et al., 1979	Masculino	Isocinético	8	3	4 séries= 1x10 a 60°s 4 séries=1x15 a 90°	22

Força Muscular

Tabela 3.3 Síntese de alguns estudos sobre a força máxima (Fleck et al., 1987)

Autor	Sexo	Tipo de Treinamento	Período (semanas)	Freqüência de treinamento (dias/semanas)	Série/Repetições	Melhora em % do valor inicial
Mayhew e Gross	Feminino	Isotônico	9	3	2 x10	48
Brown e Wilmore, 1974	Feminino	Isotônico	24	3	8 séries = 1 x 10,8,7,6,5,4 16 séries = 1 x 10,6,5,4,3	29
Wilmore et al., 1978	Feminino	Isotônico	10	3	40%-50% de 1 RM pdt 30s	27
Allen et al., 1976	Masculino	Isotônico	12	3	2x8	71
Wilmore et al., 1978	Masculino	Isotônico	10	3	40%-55% de 1 RM pdt 30s	7
Gettman et al., 1978	Masculino	Isotônico	20	3	50% 1 RM 6 séries = 2 x 10-20 14 séries = 2 x 15	
Colleman, 1977	Masculino	Isotônico	10	3	2 x 8-10 RM	17
Coleman, 1977	Masculino	Resistência variável	10	3	1 x 10-12 RM	
Pipes, 1978	Masculino	Resistência variável	10	3	3x8	27
Gettman et al., 1980	Masculino	Resistência variável	20	3	3x8	18
Gettman et al., 1979	Masculino	Isocinético	8	3	4 séries = 1 x 10 a 60°s 4 séries = 1 x 15 a 90°s	38
Gettman et al., 1980	Masculino	Isocinético	20	3	2 x 12 a 60°s	42

de treinamento se desenvolveram poderia nos ajudar a entender porque estamos tão estagnados em relação aos outros campos da Fisiologia do esporte.

Métodos de treinamento

Sem dúvida, o primeiro a usar as cargas de trabalho de forma sistemática foi o Capitão Lê Lorm (1945). Efetivamente, ele introduziu o método Piramidal. O método tem o mérito de conseguir, mesmo que de maneira aproximada, identificar rapidamente a carga que deve ser usada. Por exemplo, utilizando-se uma carga igual a 75% do máximo, deve-se executar cinco repetições, e assim por diante (Figura 3.12). Posteriormente, este método foi melhorado com o sistema das repetições máximas. Este sistema indica a carga máxima que pode ser levantada por um determinado número de vezes. Por exemplo: com 1RM, define-se a magnitude da carga que pode ser levantada apenas uma vez. Com tal método, buscou-se estimar a carga máxima (carga máxima ou força máxima) que poderia ser levantada utilizando-se cargas submáximas. Isto é, escolhida a carga de qualquer magnitude, busca-se levantá-la o maior número de vezes possível: por exemplo, ao executarem-se 10 repetições, então, aquela carga corresponde a 61% da carga máxima. Na Tabela 3.4, são mostrados os valores submáximos para identificação da carga máxima (Mac Donagh e Davies, 1984).

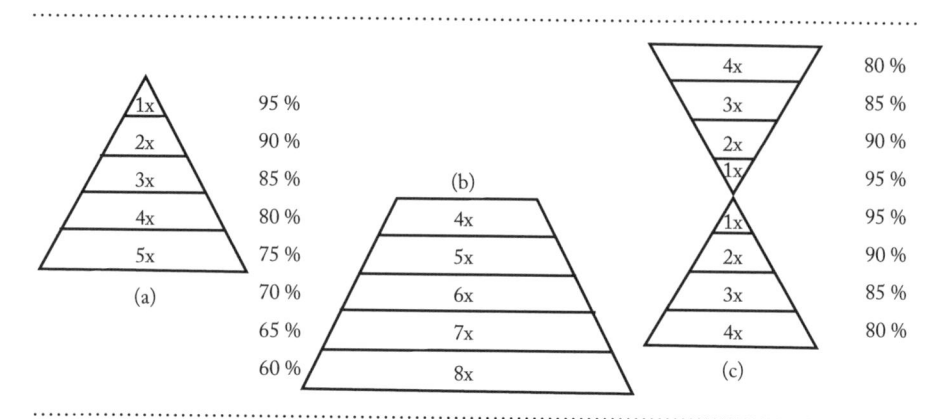

Figura 3.12 Exemplo de treinamento em pirâmide normal (a), em tronco de pirâmide (b) e em pirâmide dupla (c).

Tabela 3.4 Os valores correspondentes ao percentual da carga máxima (direita) são expressos em função do número de repetições (RM) (esquerda) que podem ser realizadas com aquela carga (Mac Donagh e Davies, 1984)

Número de repetições máximas que se pode executar em uma série	Percentual da carga máxima
1RM	100%
2RM	95 (2)%
3RM	90 (3) %
4RM	86 (4) %
5RM	82 (5) %
6RM	78 (6) %
7RM	74 (7) %
8RM	70 (8) %
9RM	65 (9) %
10RM	61 (10) %
11RM	57 (11) %
12RM	53 (12) %

Hipertrofia muscular

O aumento da secção do músculo (hipertrofia) é a manifestação visível e concreta do trabalho muscular executado de forma sistemática e repetido no tempo.

Cada exercício determina qual será o grau de atividade dos vários órgãos envolvidos, e quais músculos e unidades motoras serão recrutados. O percurso metabólico principal que se estabelece no interior de cada célula ativa para que o trabalho funcional requisitado seja cumprido também depende da natureza do exercício a ser desenvolvido; bem como da atividade de controle metabólico, em vários níveis, e da atividade do sistema que regula diretamente as funções corpóreas. Por conseqüência, a adaptação orgânica induzida carrega a marca dos vários tipos de exercícios sistematicamente empregados no treinamento (Figura 3.13).

No nível das fibras musculares, os dois tipos mais importantes de adaptação acontecem nas miofibrilas ou nas mitocôndrias. O primeiro tipo resulta do aumento na taxa de proteína miofibrilar, que conduz ao aumento da área de secção transversa das miofibrilas e, portanto, das fibras musculares (MacDougall et al., 1977; Viru A. e Viru M., 1993). O estímulo para gerar hipertrofia muscular depende da resistência à contração muscular e do número total de contrações executadas contra

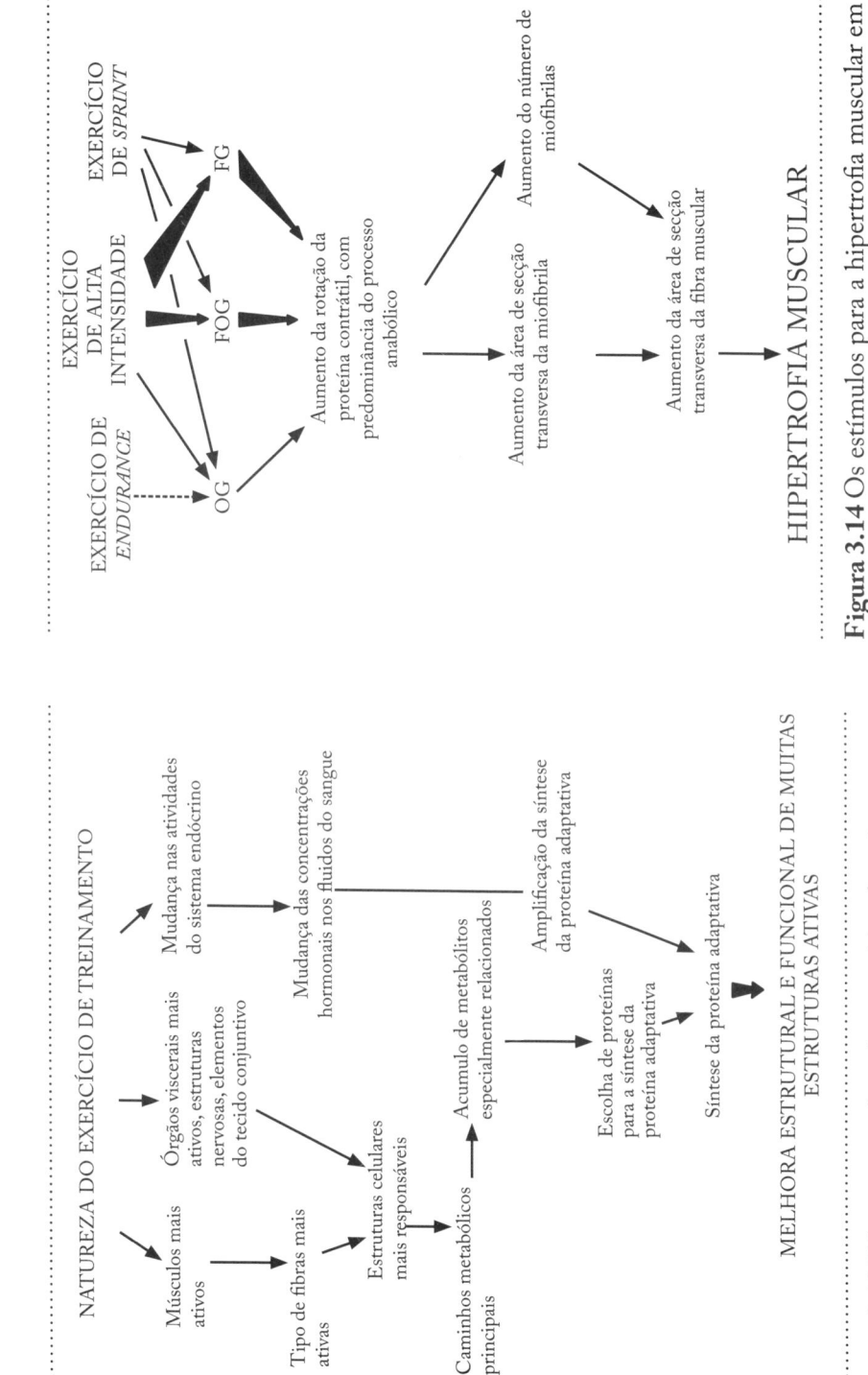

Figura 3.14 Os estímulos para a hipertrofia muscular em vários exercícios.

Figura 3.13 Efeitos específicos dos exercícios de treinamento.

uma resistência elevada. Por conseqüência, a condição principal para o surgimento de hipertrofia muscular é a execução de exercícios com resistência elevada (Figura 3.14). Os exercícios de velocidade ou de força rápida são os menos indicados para este objetivo, enquanto os exercícios de resistência aeróbia são totalmente ineficazes (Hoppeler H., 1986; Mackova et al., 1986). A hipertrofia muscular depende, antes de tudo, do aumento da secção transversa das fibras musculares rápidas (Costill et al., 1976; Saltin et al., 1976).

De acordo com o exercício executado, o treino da força provocará modificações na relação força-velocidade do músculo. Em resposta a um treinamento de alta intensidade, o aumento na máxima força voluntária será mais acentuado nas contrações em baixa velocidade. Depois de um exercício de força explosiva (potência), evidenciou-se uma melhora mais intensa na porção da curva relativa à velocidade (Coyle et al., 1981; Häkkinen, K., 1989). Estas alterações referem-se às modificações na regulação neural dos músculos esqueléticos. Será preciso, portanto, considerar também as modificações ocorridas nos filamentos miosínicos e na atividade do Ca^{2+} - ATPase miofibrilar. Estes últimos elementos são responsáveis principalmente pelo aumento do desempenho de força das fibras glicolíticas musculares rápidas. O efeito de um treinamento de velocista ou de treinamento intervalado é menos acentuado. Um treinamento prolongado de natação gera redução da atividade enzimática (Viru, 1993).

Vemos, assim, que o treinamento conduz a dois tipos diferentes de adaptação da ATPase miofibrilar: um deles consiste no aumento da atividade enzimática, que promove quebra rápida de energia para a contração muscular, com alto potencial de distribuição. A segunda adaptação é gerada após execução prolongada de exercícios de resistência aeróbia. A redução da ATPase pode ser considerada condição essencial para que o uso das reservas de ATP seja mais vantajoso.

Os métodos utilizados para favorecer a hipertrofia são numerosos e distintos entre si. Sumariamente, aqui são apresentados alguns, como propostas de um especialista da força (C. Gamberini, 1988):

- *Body building*: precursor das metodologias da cultura física; é um método dividido em estações, e tem como objetivo o aumento da força e da massa muscular. De um programa inicial de 40 exercícios, são selecionados de 8 a 12 ou até mais, em função das exigências do indivíduo; a carga é, normalmente, média-alta 65-75%, e o número de repetições atinge a "exaustão" a cada estação; o ritmo de execução é lento e controlado. Para os jovens, é recomendado utilizar uma carga média-baixa 55-65%. Recuperação de 2 min a 2 min e 30 seg.

- *Regressivo* (para aumento da massa muscular): depois de um aquecimento preliminar, utiliza-se uma carga de 95-100% do próprio máximo e efetua-se a única repetição possível; depois, procedendo como descrito, exercita-se até a exaustão com 80-90% do máximo, atingindo o número máximo de repetições; aconselha-se, para tanto, efetuar no máximo 3 "regressivos" por sessão de treinamento, com recuperação de 5 min entre as séries.
- *Repetições forçadas*: efetuam-se as séries com carga de 80-90% do máximo, executa-se o número máximo de repetições possíveis e mais outras 2-3 "forçadas", com ajuda de um parceiro que colaborará, apenas quando extremamente necessário, na execução das repetições adicionais. Executamos 3 séries com 3 min – 3 min 30 seg de recuperação entre si.
- *Piramidal médio*: indicado para atletas de nível mais avançado. Com essa metodologia, busca-se um elevado estímulo neuromuscular; e procede-se como se segue: 60% x 7 repetições (ressaltar que não se efetuam as repetições à exaustão); 70% x 6; 80% x 3; 90% x 1 ou 2; 100% x 1 repetições; eventualmente, também tenta-se atingir um novo recorde próprio, ou efetua-se uma "excêntrica" com 110%; depois, regride-se com os mesmos percentuais, mas efetuam-se as séries até a exaustão, ou seja, 90% x máx; 80% x máx; 70% x máx; 60% x máx.; recuperação entre as séries de 3 min – 3 min 30 seg.
- *Alternância das cargas*: com cargas variáveis de 70 a 100% do máximo, executam-se 5-10 séries até a exaustão, alterando-se, de acordo com a carga, o tempo de recuperação de 2 a 4 min. As cargas variam sem ordem pré-estabelecida. Exemplo: 70-100-90-75-95-80-100-70%. Trata-se de um bom método para massa e força.
- *Misto*: provavelmente é, sem dúvida, uma das melhores

metodologias para hipertrofia muscular. Atua-se com cargas variáveis de 75 a 100% em "concêntrico", e até 110% em "excêntrico"; executam-se 7-10 séries, com recuperação entre as séries de 2-4 min de acordo com a carga, as séries sempre seguem até a exaustão. Exemplo: 80-100-90-110-75-90-100-80-110-85%.

- **Super séries**: é uma metodologia tipicamente culturística para o aumento de massa; 48 exercícios são escolhidos para um único (grande) grupo muscular e executados com certa rapidez, efetuando-se 6-9 repetições, sem recuperação entre a primeira e as demais. Na última série, há recuperação de 3-4 min, acompanhada de 3-5 repetições; trabalhando-se apenas um grupo muscular a cada sessão.

Conclusões sobre o treinamento da força máxima e hipertrofia

Os treinamentos de força executados com cargas elevadas (70-100% carga máxima) servem tanto para melhorar a força máxima quanto para aumentar a massa muscular. Utilizando-se poucas repetições e cargas muito elevadas, 1 a 3 RM, são estimulados, sobretudo os sistemas ligados ao sistema nervoso, enquanto que, trabalhando-se cargas mais baixas (10 RM), os processos ligados à síntese protéica são enfatizados (Figura 3.15).

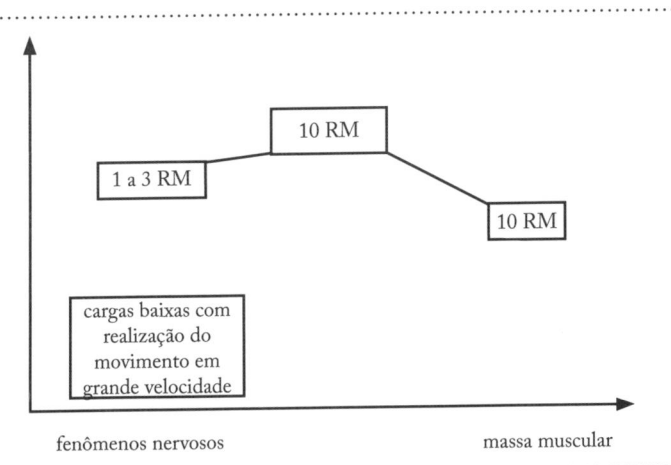

Figura 3.15 Representação das cargas e do número de repetição utilizadas para melhorar a força máxima ou a hipertrofia (Cometti, 1988).

Freqüentemente estes sistemas são utilizados de maneira que a fase hipertrófica preceda a de adaptação e melhora do componente neurogênico (Figura 3.16). Em todo caso, é preciso lembrar que as cargas utilizadas nunca devem ser inferiores a 50% da carga máxima, já que o trabalho com cargas inferiores estimula os processos neuromusculares e metabólicos associados à força explosiva e à resistência à força rápida.

Alongarmo-nos a respeito de métodos tradicionais não é oportuno, dado que nos capítulos seguintes será apresentado um novo método de treinamento, mais completo e eficaz, que leva em consideração não apenas o aspecto quantitativo da contração muscular, mas também o qualitativo. Em todo caso, na Tabela 3.5 são apresentados alguns dos métodos mais difundidos. As cargas de trabalho utilizadas não estão erradas, pelo contrário, encontram respaldo no comportamento neurogênico que caracteriza a contração muscular (ver este capítulo).

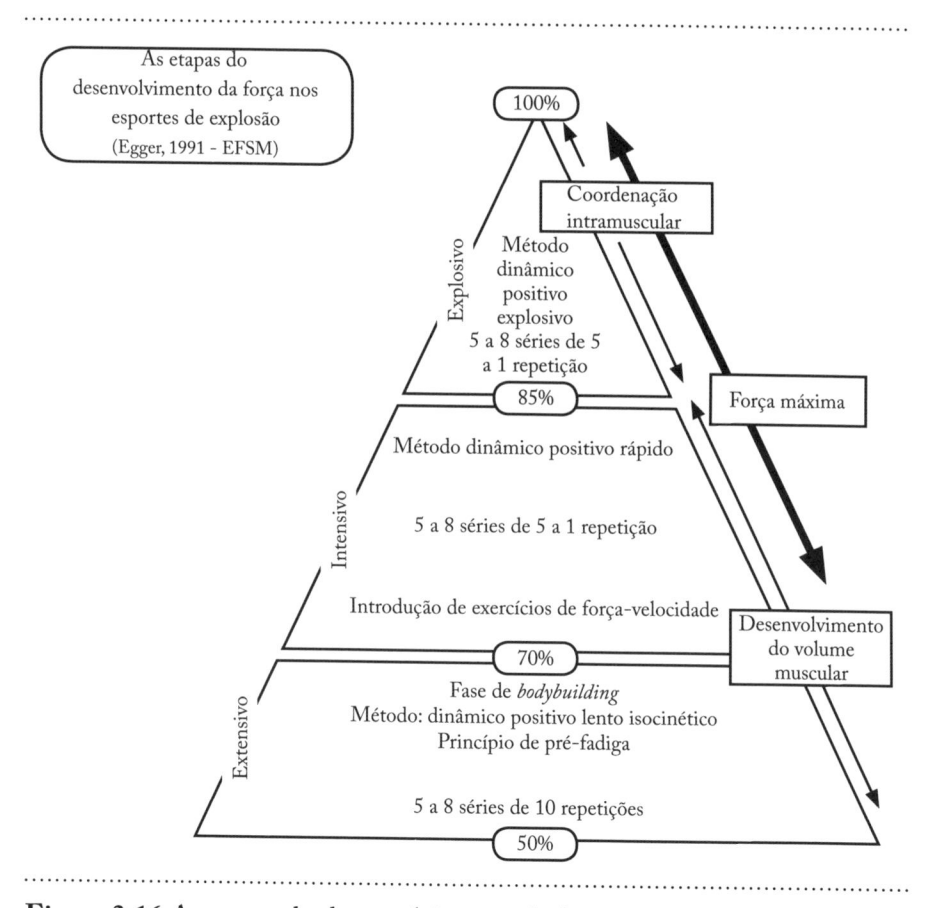

Figura 3.16 As etapas do desenvolvimento da força nos esportes de explosão (J. P. Egger, 1991).

Tabela 3.5 Esquema de alguns métodos utilizados para melhorar a força máxima

Método de DeLorme	Método de Berger	Método Oxford
1 x 10 x 30%	1 x 8 x 70%	1 x 10 x 60%
1 x 10 x 45%	1 x 6 x 78%	1 x 10 x 55%
1 x 10 x 60%	1 x 4 x 86%	1 x 10 x 50%

Método alemão
Pirâmide alemã
1 x isométrico máximo
1 x 1 x 100%
1 x 2 x 90%
1 x 3 x 80%
1 x 4 x 70%
1 x 5 x 60%
1 x 4 x 70%
1 x 3 x 80%
1 x 2 x 90%

Método búlgaro	
Aquecimento	Treinamento
2 x 3 x 50%	3 x 1 x 100%
1 x 2 x 60%	3 x 2-3 x 85-90%
1 x 1 x 70%	1 x 1 x 90%
1 x 1 x 80%	1 x 3 x 100%
1 x 1 x 90%	3 x 2-3 x 85-90% 1 x 1 x 90%
	1 x 1 x 90%
	3 x 1 x 100%
	3 x 3 x 85%

BIBLIOGRAFIA

Berger, R.A. Effect of varied weight training programs on strength. *Research Quaterly*. v. 33, p. 168-181, 1962.

Bosco, C.; Komi, P.V. Mechanical characteristics and fiber composition of human leg extensor muscle. *Eur J Appl Physiol*. v. 41, p. 275-284, 1979.

Bosco, C. et al. The influence of extra loads on the mechanical behaviour of skeletal muscle. *Eur J Appl Physiol*. v. 53, p. 149-154, 1982a.

Bosco, C. *Elasticità muscolare e forza esplosiva nelle attività fisico-sportive*. Roma: Società Stampa Sportiva, p. 1-36, 1985.

Costill, D.I. et al. Skeletal muscle enzymes and fiber composition in male and female track athletes. *J Appl Physiol*. v. 40, p. 149-154, 1976.

Costill, D.I. et al. Adaptation in skeletal muscle following strength training. *Journal of Applied Physiology*. v. 46, p. 96-99, 1979.

Coyle, E.; Feiring, C.; Rotkins, T. Specificity of power improvements throught slow and fast isokinetic training. *J Appl Physiol*. v. 51, p. 1437-1442, 1981.

Delorme, T.; Watkins, A. Technique of progressive resistance exercise. *Archiv Phys Med Rehabil*. v. 29, p. 263-273, 1948.

Fenn, W.O.; Marsh, B.S. Muscular force at different speeds of shortening. *J Physiol Lond*. v. 85, p. 277-297, 1935.

Gamberini, C. Rendimento energetico dei substrati utilizzati negli sport di forza esplosiva. Aspetti metodologici. In: *Progressi in Medicina dello Sport*. Bolonha: Gaggi Editore, p. 81-82, 1989.

Häkkinen, K. Neuromuscular and hormonal adaptation during strength and power training. *J Sport Med Phys Fitness*. v. 29, p. 9-26, 1989.

Häkkinen, K. Factors influencing trainability of muscular strength during short term and prolonged training. *National Strength and Conditioning Association Journal*. v. 2, p. 32-37, 1985.

Häkkinen, K. Training and detraining adaptations in electromyographic, muscle fibre and force production characteristics of human leg extensor muscles with special reference to prolonged heavy resistance and explosive type strength training. Studies in Sport. *Physical Education and Health*. v. 106, 1986.

Häkkinen, K.; Komi, P.V. Effect of different combined concentric and eccentric muscle work regimes on maximal strength development. *Journal of Human Movements Studies*. v. 7, p. 33-44, 1981.

Häkkinen, K.; Komi, P.V. Electromyographic changes during strength training and detraining. *Medicine and Science in Sports and Exercise*. v. 15, n. 6, p. 455-460, 1983.

Henneman, E.; Somjen, G.; Carpenter, D.O. Functional significance of cell size in spinal motoneurons. *J Neurophysiol*. v. 28, p. 560, 1965.

Hill, A.V. The heat of shortening and the dynamic constants of the muscle. *Proc Roy Soc B*. v. 126, p. 136-195, 1938.

HOPPELER, H. Exercise-induced changes in skeletal muscle. *Int J Sports Med.* v. 7, p.187-204, 1986.

KOMI, P.V.; BUSKIRK, E.R. Effect of eccentric and concentric muscle conditioning on tension and electrical activity of human muscle. *Ergonomics.* v. 15, p. 417-434, 1972.

McDONANGH, M.J.N.; DAVIES, C.T.M. Adaptive response of mammalian skeletal muscle to exercise with high loads. *European Journal of Applied Physiology.* v. 52, p. 139-155, 1984.

MACDOUGALL, J.D, WARD D, SALE G, SUTTON JR. Biochemical adaptation of human skeletal muscle to heavy resistance training and immobilization. *J Appl Physiol.* v. 43, p. 700-703, 1977.

MACDOUGALL, G.D. Morphological changes in human skeletal muscle following strength training and immobilization. In: JONES, N.L.; McCARTNEY, N.; McCOMAS. A.J. (eds). *Human Muscle Power.* Champaign, Illinois: Human Kinetics, 1986, p. 269-288

MACKOVÁ, E. et Skeletal muscle characteristics of sprint-cyclists and nonathletes. *Int J Sport Med.* v. 7, p. 295-297, 1986.

MORITANI, T.; DE VRIES, H.A. Potential for gross muscle hypertrophy in older men. *Journal of gerontology.* v. 35, p. 672-682.

MORITANI, T. Training adaptations in the muscles of older men. In: SMITH, E.L.; SERFASS, R.C. (eds). *Exercise and Aging*: The Scientific Basis. Nova Jersey: Enslow Publishers, p. 149-166, 1981.

SALE, D.G. Neural adaptation to resistance training. *Medicine and Science in Sports and Exercise.* v. 20 (supl): p. S135-S145, 1988.

SALTIN, B. The nature of the training response, peripheral and central adaptations to one-legged exercise. *Acta Physiol Scand.* v. 96, p. 289-305, 1976.

SMITH, A.T. Foundations of gravitational biology. In: F*oundation of Space Biology and Medicine.* v. 1, p. 141-176, 1975.

VIRU, A.; VIRU. M. The specific nature of training on muscle: a review. *Sports Med Training Rehab.* v. 4, p. 79-98, 1993.

VIRU, M. Differences in effects of various training regimens on metabolism of skeletal muscles. *J Sports Med Phys Fitness.* v. 34, p. 217-227, 1994.

WILKIE, D.R. The relation between force and velocity in human muscle. *J Physiol.* v. 110, p. 249-280, 1950.

WILSON, G.J. et al. The optimal training load for the development of dynamic athletic performance. *Med Sci Sports Exerc.* v. 25, n. 11, p. 1279-1286, 1983.

ZENKEVICH, L.A. Essay on evolution of the motor system of animals. *J Obshch Biol.* v. 5, n. 3, p. 129-145, 1944.

Capítulo 4

A Força Explosiva

Foto: Da esquerda: Bonomi, Bosco, Vittori, Vermeil (treinador dos Chicago Bulls).

A capacidade do músculo de desenvolver altíssimos gradientes de força em pouquíssimo tempo depende, antes de tudo, do tipo de movimento, das condições em que se encontra o músculo antes de executar o movimento (condições de repouso, pré-alongamento, estáticas), das estruturas morfológicas dos músculos envolvidos no movimento, das características neurogênicas, do grau de treinamento do indivíduo, das condições hormonais que ele apresenta naquele momento, etc. Sem dúvida, a força explosiva está ligada ao percentual de fibras rápidas que o indivíduo possui. A este respeito, a força explosiva, avaliada através do salto vertical, mostrou forte relação com as fibras rápidas (ver Capítulo 2, Figura 2.8). As capacidades de salto mostraram relações positivas com as capacidades de *sprint* (Figuras 4.1 e 4.2).

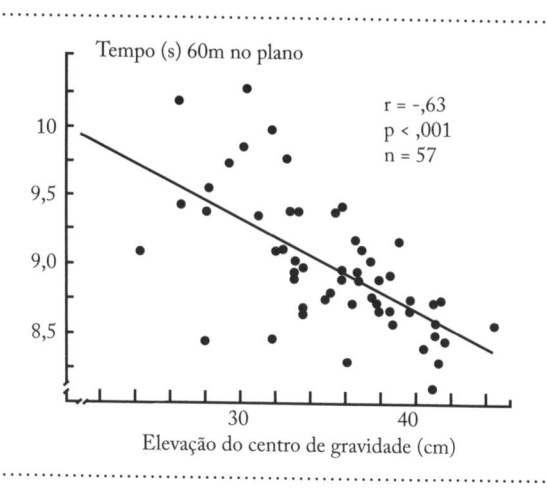

Figura 4.1 Relação entre salto com agachamento e o tempo nos 60m (Bosco, 1981).

Força Muscular

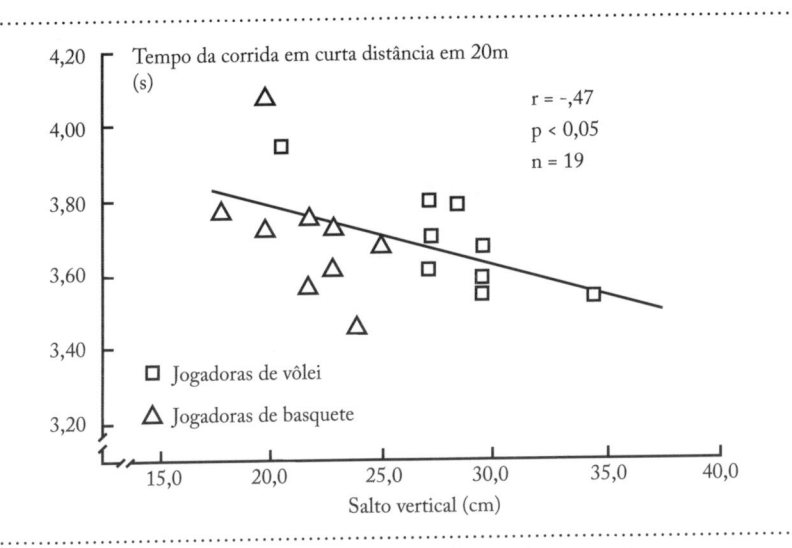

Figura 4.2 Relação entre salto vertical e o tempo nos 20m (Häkkinen, 1989).

Dar uma definição rigorosamente científica da força explosiva, que possa satisfazer todos aqueles que se interessam por este complexo fenômeno que o músculo esquelético é capaz de produzir, não é muito fácil. Apesar disso, do ponto de vista fisiológico, a força explosiva pode ser identificada e definida com base nos fatores e elementos que contribuem para sua exteriorização.

Características da força explosiva

Mesmo que a natureza exata do mecanismo que governa o desenvolvimento da força explosiva não esteja completamente clara, parece, contudo, que o que influencia o desenvolvimento da força em força explosiva são os seguintes fatores:

1. Freqüência dos impulsos nervosos enviados do cérebro aos músculos.
2. Número das fibras musculares que recebem as mensagens.
3. Influência da retroalimentação, das células de Renshawm dos proprioceptores (ou fusos musculares), dos órgãos tendinosos de Golgi, dos receptores articulares, etc., em nível espinhal ou supraespinhal.
4. Tipo de fibras musculares (Fibras Rápidas (FR), e/ou Lentas (FL), e Intermediárias (FI)), (ver capítulo 1, Figura 1.6).

5. Dimensão e tensão produzida por cada fibra muscular, que dependem, respectivamente, da massa e do peso molecular da estrutura protéica que constitui a fibra.
6. Condições fisiológicas da fibra muscular em que é desenvolvida a força explosiva (estado de repouso, ativo), isto é, se o trabalho concêntrico ou positivo é executado depois de um alongamento ativo do músculo (trabalho excêntrico) ou se é produzido a partir de condição de repouso.
7. Estado de treinamento em que se encontra a fibra muscular: isso interessa tanto ao comportamento neuromuscular quanto ao metabólico da própria fibra.

Fatores de natureza estrutural, mecânica e funcional produzem a força muscular e a velocidade no organismo. Para entender os princípios que governam estes mecanismos, é imprescindível ter uma visão global de como a força é produzida. Para tanto, busca-se tratar de forma simples os conceitos fundamentais que governam o músculo esquelético e o modo como sua máxima eficiência de contração se desenvolve.

Considerações teóricas e práticas sobre a força explosiva

Observando-se os movimentos fundamentais e basais de muitos esportes ou de atividades físicas em geral, logo percebemos que a expressão da força explosiva do tipo balístico extrínseco é a mais fisiológica e natural. Chutar uma bola, efetuar uma rebatida com o taco de beisebol, ou executar um salto à distância, são expressões comuns das práticas esportivas, e implicam a ativação muscular de tipo balístico e explosivo.

É interessante notar que, do ponto de vista fisiológico, a expressão da força explosiva coincide com a máxima potência muscular desenvolvida pelos músculos extensores das pernas (Bosco et al., 1982) (ver Capítulo 1, Figura 1.9).

A máxima potência muscular é obtida, geralmente, quando a força encontra-se em torno de 35-40% da máxima força isométrica e a velocidade de contração é de cerca de 35-45% da velocidade máxima (Hill, 1938).

Considerações fisiológicas sobre a força explosiva e a força dinâmica máxima

Contrariamente ao que se possa pensar, altos níveis de força máxima ou força dinâmica máxima não são pré-requisitos essenciais para obtenção de resultados esportivos de prestígio em muitas modalidades esportivas, com exceção de poucas especialidades agonísticas (por exemplo, levantamento de peso). Apesar disso, possuir um ótimo nível de força máxima ou de força dinâmica é fundamental para desenvolver gradientes elevados de força explosiva (força veloz, força rápida). Tudo isso é conhecido empiricamente, aplicado na prática por treinadores, e adotado por metodologias de treino para a composição de seus planos de treinamento. De fato, os programas de trabalho muscular prevêem, para o início do treino, o estímulo voltado para melhora dos processos biológicos que estão na base do desenvolvimento das forças máxima e dinâmica, e, em seguida, focalizam-se em particular o trabalho da força explosiva e da força específica à modalidade (especial). Em outras palavras, busca-se aumentar o nível da força máxima e da força dinâmica para estabilizar o rendimento, e, posteriormente, transformá-las em força explosiva (força veloz, etc.). Esses processos complexos, entre outros, são possíveis visto que as bases dos fenômenos que caracterizam biologicamente o desenvolvimento dessas forças não são diferentes das associadas ao desenvolvimento da força explosiva. Logicamente, muitos outros parâmetros e fenômenos biológicos envolvidos são completamente diferentes: por exemplo, a relação entre a força e a velocidade. A tarefa da ciência do treinamento é justamente tentar encontrar as melhores soluções, que permitam adequar e transferir as adaptações biológicas produzidas pelo treinamento da força máxima para o desenvolvimento de altos níveis de força explosiva.

A velha metodologia de treino previa, para o início da preparação, um período de treinamento dirigido exclusivamente à melhora da força máxima (2-3 meses) e, posteriormente, um período de transformação seguido de um outro treinamento de força especial. As novas proposições, com base em experiências de natureza empírica e experimental, prevêem trabalhos de força máxima e de força explosiva durante o mesmo período: no início da preparação, é priorizada a força máxima e, posteriormente, a explosiva e a específica (especialmente antes da estação agonística).

Uma análise dos processos biológicos que estão na base do desenvolvimento da força máxima e da força dinâmica máxima pode nos ajudar a entender como o treinamento planificado de forma racional produz estímulos e modificações complexas no sistema neuromuscular solicitado, de maneira tal que a partir de uma melhora dos níveis de força dinâmica máxima alcançam-se progressivas melhoras da força explosiva. A adaptação biológica de origem neural que ocorre como resposta inicial aos estímulos promovidos pelo treinamento da força máxima é um fenômeno já bem documentado (Moritani e de Vries, 1980). A essa, seguem-se complexas transformações e adaptações morfológicas, que conduzem à hipertrofia muscular. É possível que os fatores neurais atuem em diversos níveis do sistema nervoso central e periférico, determinando como resultado final a ativação máxima das várias unidades motoras envolvidas.

Aplicações práticas realizadas com saltadores da seleção italiana de atletismo

Fenômenos ligados tanto à força explosiva quanto à força máxima foram recentemente abordados por um estudo longitudinal realizado com alguns atletas da seleção de atletismo. Os atletas (6 saltadores) foram submetidos a controles de avaliação funcional com o teste de Bosco durante um período de 135 semanas. Estes atletas treinavam de 3 a 4 horas por dia de 8 a 10 vezes por semana, durante todo o ano. O treinamento baseava-se em exercícios de força máxima, força explosiva, força especial, técnica específica e velocidade (Locatelli, 1986). Na Figura 4.3, pode-se observar que os valores de salto com agachamento melhoraram concomitantemente aos de salto com agachamento e sobrecarga, com significância estatística de $P<0,01$, em 12 semanas. Posteriormente, a capacidade de desenvolver força explosiva sofreu uma redução tal que os valores permaneceram os mesmos ou sofreram pequenas quedas. Em contraste, a força dinâmica máxima continuou em aumento progressivo até o final do estudo.

Uma explicação plausível poderia ser dada pela influência positiva das adaptações neurogênicas tanto da força máxima quanto da força explosiva. O nivelamento da força explosiva poderia significar alcance do limite máximo desta propriedade fisiológica. Pelo contrário, a progressiva melhora da força dinâmica máxima poderia ter sido provocada por influência do aumento da secção transversa das miofibrilas que constituem as fibras dos músculos extensores das pernas. Tudo isso, de qualquer maneira, deve ser considerado e interpretado com a devida cautela, devido à falta de dados histológicos. Por outro lado, muitas pesquisas evidenciaram aumento da secção transversa das miofibrilas dos músculos de indivíduos submetidos a treinamentos intensos, tanto de força máxima quanto de força explosiva (por exemplo, Häkkinen, 1986, ver Figura 4.4).

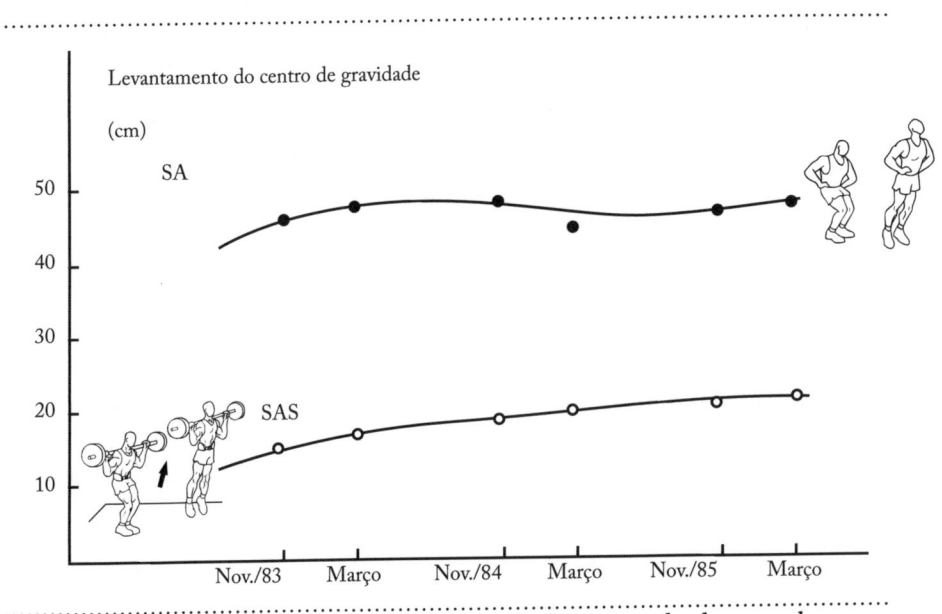

Figura 4.3 Levantamento do centro de gravidade registrado durante desempenho da seleção italiana de atletismo em Salto com Agachamento (SA) e Salto com Agachamento com Sobrecarga (SAS), durante o período de 135 semanas (Bosco, 1990, modificado).

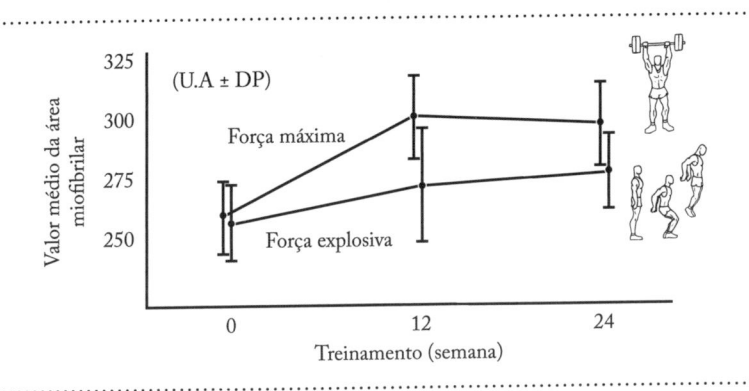

Figura 4.4 Área total das fibras lentas e rápidas do músculo vasto lateral de indivíduos submetidos a cargas de trabalho de força máxima, observados durante 24 meses de treinamento (70-100% do máx.) (n = 11) de força explosiva (n = 10) (Häkkinen, 1986).

Resultados diferentes foram apresentados por Komi et al. (1982), que evidenciaram um aumento da secção transversa das miofibrilas de Fibras Rápidas (FR) e Lentas (Fl) em indivíduos treinados apenas com cargas máximas de força, enquanto indivíduos submetidos exclusivamente a trabalhos intensos de força explosiva e exercícios pliométricos não mostraram nenhuma variação significativa das áreas miofibrilares. À luz destas considerações, parece razoável que seja feita uma escrupulosa avaliação das cargas de trabalho a serem administradas quando se quer melhorar a capacidade de força explosiva através do desenvolvimento da força dinâmica máxima. Cargas erradas, tanto no volume quanto na intensidade (número das repetições, valor da carga etc.), podem provocar adaptações morfológico-funcionais não desejadas ou prejudiciais para o desempenho (Bosco, 1985).

Levantamentos feitos na seleção finlandesa de vôlei

Estes fenômenos foram observados nos jogadores da seleção finlandesa de vôlei. Como se observa na Figura 4.5, as capacidades de força explosiva, expressas pelo salto com agachamento e no salto com arranque (simulação do arranque e salto que precede a cortada no vôlei), mostraram sensíveis melhoras após oito meses de treinamento específico (P<0,05 – 0,01) quando foram eliminados, entre outros, os treinamentos para a força máxima, e aumentados os de força explosiva. Ao mesmo tempo, encontrou-se uma diminuição da força isométrica máxima expressa em função do peso do corpo. Isso mostra que valores altos de força máxima nem sempre favorecem desenvolvimento elevado da força explosiva. Se, depois de um período de treinamento da força máxima (8-10 semanas), em que se supõe adaptação neurogênica e aumento da relação das secções transversas das fibras rápidas e lentas (Komi et al., 1982), continua-se o trabalho com cargas máximas, tem-se a possibilidade de provocar um alargamento da secção transversa das fibras lentas.

Um aumento da área das fibras lentas e um contínuo recrutamento das mesmas (condições criadas utilizando-se cargas elevadas e número elevado de repetições) podem determinar efeitos fisiológicos negativos para o desenvolvimento da força explosiva.

Ainda não é possível chegar a conclusões definitivas, contudo podem-se arriscar algumas hipóteses e, por isso, o exemplo que se segue ajuda a esclarecer o problema.

Consideremos dois indivíduos que tentam puxar um carro com rodas (Figura 4.6). Assumamos que ambos os indivíduos estejam ligados ao carro, e que um seja muito lento e o outro, muito veloz. Além disso, consideremos que os dois possuam diferentes velocidades máximas de corrida, o veloz corre $10 \text{ m} \times \text{s}^{-1}$, o lento $5 \text{ m} \times \text{s}^{-1}$.

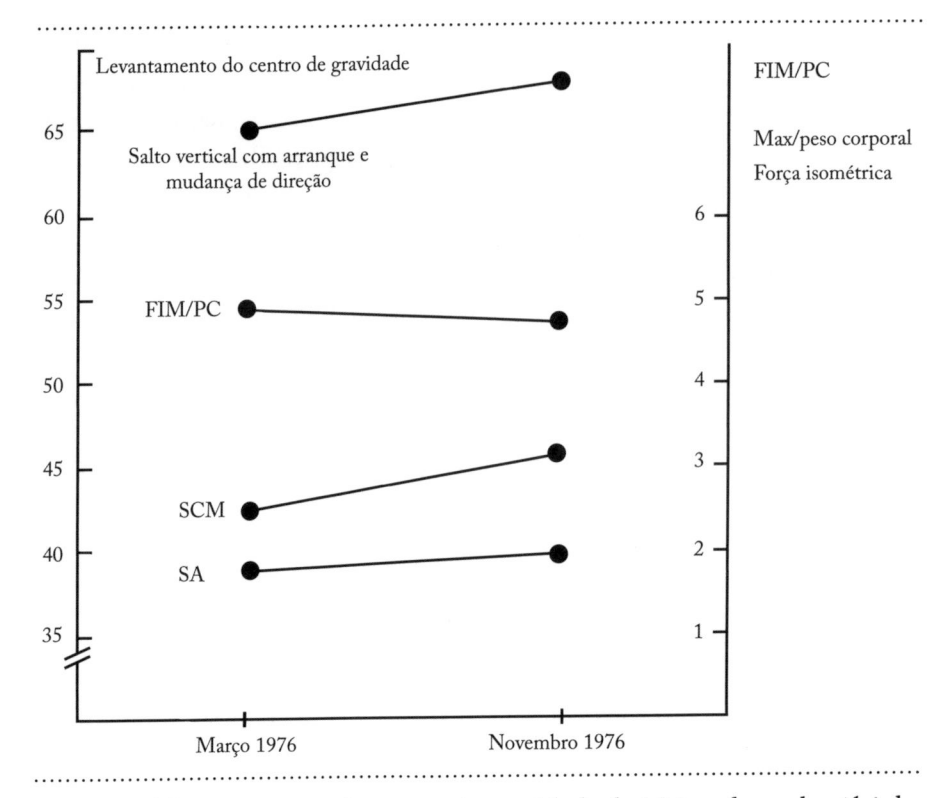

Figura 4.5 Levantamento do centro de gravidade de 12 jogadores de vôlei da seleção nacional finlandesa durante execução de salto vertical com arranque e mudança de direção, Salto com Agachamento (SA), Salto com Contra-Movimentos (SCM) e Força Isométrica Máxima expressa em função do Peso do Corpo (FIM/PC) (Bosco, 1983).

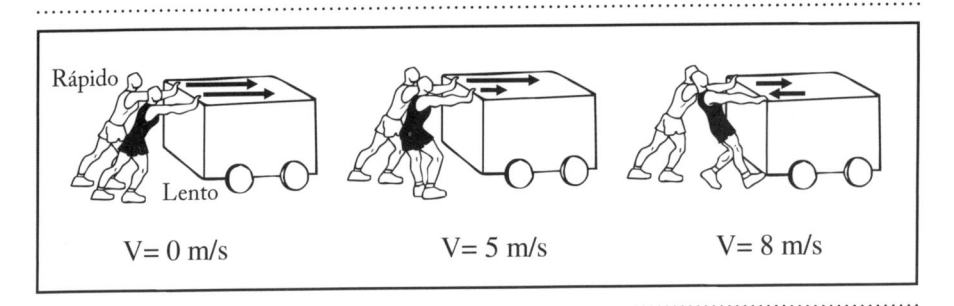

Figura 4.6 Exemplo de produção da força desenvolvida por fibras lentas e fibras rápidas durante o esforço dinâmico e estático. Supondo que dois indivíduos possuem velocidades máximas de corrida diferentes quando começam a empurrar, o veloz de 10m/s e o lento de 5m/s (condição A), ambos contribuem para a produção da força que realiza o deslocamento para frente (Bosco, 1983).

Quando começam a empurrar (condição A), ambos contribuem com a produção de força que desloca o carro para frente. Na condição B, ambos os indivíduos podem contribuir para a produção da força propulsora; no entanto, o indivíduo mais lento desenvolve menos força, uma vez que alcança a sua velocidade máxima. Na condição C, apenas o indivíduo veloz é capaz de produzir força propulsora, enquanto o indivíduo lento, nesta fase, está freando o movimento para frente e, por isso, causa desaceleração do carro.

Suponhamos agora que ambos os indivíduos tenham seu peso muscular aumentado, assim como acontece quando cargas pesadas são utilizadas em programas de treinamento para ampliação da área das fibras musculares. No momento em que começarem a empurrar, como se vê na condição A, os dois indivíduos deveriam produzir força propulsora maior; mas, contudo, na condição C, mesmo que de um lado o indivíduo veloz tenha maior possibilidade de desenvolver força e elevada velocidade, o indivíduo lento aumentaria o seu efeito negativo, pois o crescimento de sua massa corpórea aumentaria as sobrecargas que o indivíduo veloz acabará tendo de empurrar. Portanto, a velocidade máxima que pode ser desenvolvida por ambos os indivíduos antes e depois do treinamento não muda, pois o efeito positivo obtido pelo indivíduo veloz através do treinamento é anulado pela carga negativa suplementar representada pelo indivíduo lento.

A tese de Bosco é sustentada também por um famoso especialista russo, Verkhoshansky (1981), que declarou que, nas modalidades de força rápida, uma carga elevada de força prejudica a real capacidade de um indivíduo de produzir força explosiva, sua rapidez de movimento e o seu mecanismo de regulação. Tal prejuízo não é levado em consideração para a preparação multilateral de atletas de nível médio, mas torna-se importante nos atletas de nível elevado. Se não se consegue eliminá-lo ao longo dos anos, ele impede que melhoras sejam atingidas.

Do ponto de vista fisiológico, isso significa que se programas de treinamento com cargas pesadas são usados por um longo período, provoca-se um processo de adaptação tanto nas fibras rápidas como nas fibras lentas e, por isso, parece que toda vez que movimentos rápidos ou lentos são executados, ambos tipos de fibras são recrutados. E é provável que isso aconteça, já que, durante o programa com cargas pesadas, o trabalho é produzido com contribuição dos dois tipos de fibras. Portanto, o processo de adaptação dos tipos de fibras a um estímulo de treinamento de mesmo modelo de ativação possivelmente possui comportamento mecânico similar. Contudo, nenhum efeito negativo é provocado quando os dois tipos de fibras são recrutados para um movimento lento.

Infelizmente, o envolvimento das fibras lentas (FL) no movimento rápido parece ter efeito deletério sobre o desempenho. Por isso, não é improvável que aumentos da velocidade de contração determinem diminuição da velocidade ótima das fibras lentas, e a reação exatamente inversa é válida para as fibras rápidas (Figura 4.7).

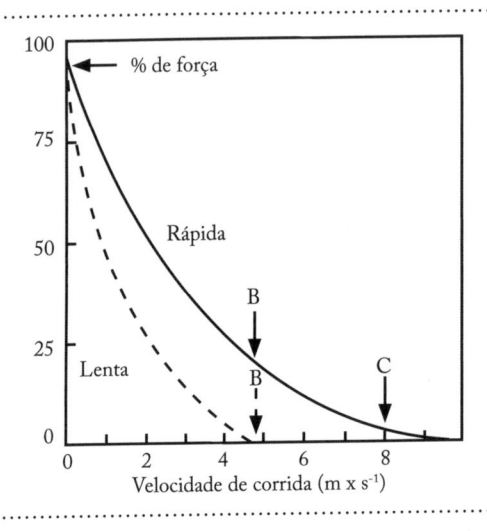

Figura 4.7 Exemplo da relação força-velocidade nos tipos lentos e rápidos (Bosco, 1983).

Uma explicação possível para o efeito deletério produzido pelas fibras lentas durante o movimento balístico veloz reside no fato de que o longo tempo de trabalho das pontes de actina-miosina das fibras lentas provoca contração mais lenta (Barany et al., 1967). As pontes de actina-miosina podem, portanto, oferecer resistência à contração continuada quando a velocidade de contração for tão elevada a ponto de não permitir a elas tempo suficiente para romperem-se antes que novas pontes se formem (Woledge, 1968).

À luz dessas considerações, antes de adotar um programa de treino com pesos, é aconselhável prestar muita atenção ao fato de que cargas pesadas representam estímulos intensos para o desenvolvimento e o alargamento de ambos os tipos de fibras. Portanto, se de um lado a melhora da estrutura morfológica das fibras rápidas pode representar a adaptação biológica ideal ao estímulo do treinamento, por outro, a melhora concomitante das fibras lentas e o alargamento de sua área provocariam um efeito de desaceleração durante a contração rápida do músculo, capaz de anular a contribuição positiva das fibras rápidas. Essa observação coloca em evidência o caráter de "especificidade" dos programas de treino, e sugere que os efeitos do treinamento deveriam não apenas melhorar as propriedades fisiológicas dos atletas, mas também evitar efeitos concomitantes que prejudiquem outras funções biológicas (Figura 4.8).

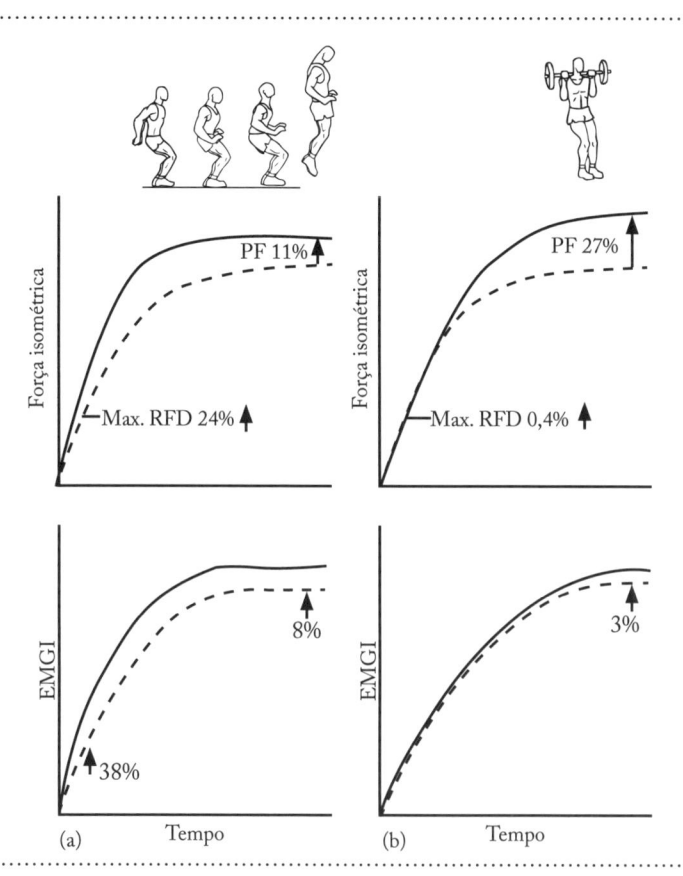

Figura 4.8 Relações entre a força e o tempo, registradas em condições de repouso em atletas treinados somente com força explosiva (esquerda) e força máxima (direita). O treinamento exclusivo de força explosiva provocou um acentuado aumento da atividade elétrica e da força na fase inicial. Em contraste, os atletas treinados com força máxima sofreram uma melhora da força e da atividade mioelétrica apenas na parte final da curva F-T (Häkkinen 1985a, b retomado por Sale, 1988).

Em todo caso, dentre todas as adaptações e modificações induzidas pelo treinamento com cargas máximas, aquelas que conduzem ao desenvolvimento das qualidades neuromusculares fundamentais para o desenvolvimento da força explosiva devem ser estudadas com atenção. De fato, as capacidades de desenvolvimento da força explosiva e da força máxima apresentam muitas características comuns. No Quadro 4.1, estão apresentados os fatores de base de todas as duas expressões de força. Os indicados por A, B, C, D, e E são compartilhados. Isto sugere que os fatores em comum, quando melhorados através de treinamentos de força máxima, podem influenciar positivamente no desenvolvimento da força explosiva.

Quadro 4.1 Principais fatores constituintes das características basais de funções neuromusculares que contribuem para o desenvolvimento da força explosiva e da força máxima. Os asteriscos (*) denotam o nível de importância (Bosco)

Fatores Musculares	Força explosiva (Salto com agachamento e Salto com contra-movimento)	Força máxima (Salto com agachamento executado com carga igual ao próprio peso corpóreo)
A) Sincronização das várias unidades motoras	***	***
B) Freqüência do impulso do cérebro para o músculo	***	**
C) Coordenação inter e intramuscular	***	***
D) Influência do *biofeedback* da célula de Renshaw	***	**
E) Influência inibitória do corpúsculo tendíneo de Golgi	*	***
F) Potência do reflexo de estiramento (miostático)	*	
G) Influência da seção transversa do músculo		***
H) Influência da estrutura morfológica (% de força-tempo)	***	

As propostas sugeridas por Bosco (1992), apresentadas no Quadro 4.1, são fortemente apoiadas pelas pesquisas de Häkkinen et al. 1985a-b, que demonstraram como treinamentos específicos de força explosiva determinaram a melhora da relação Força-Tempo, registrada em condições isométricas. Essas melhoras foram determinadas por um aumento acentuado da atividade elétrica na fase inicial. Em contraste, os registros da relação Força-Tempo em atletas treinados com força máxima evidenciaram aumento da força e da atividade elétrica apenas na parte final da curva F-T.

Observações sobre levantamentos realizados com atletas da seleção italiana de esqui alpino

A força dinâmica máxima e a força explosiva são a base para a construção do exercício técnico específico de muitas modalidades esportivas. Porém, nem sempre seu comportamento segue esquemas e modelos válidos para todas as modalidades. Resultados, pode-se dizer, pouco surpreendentes, foram recentemente observados estudando-se os atletas da seleção italiana de esqui alpino (Bosco, Cotelli, Mognoni, 1990).

Como evidenciado na Figura 4.9, as capacidades de força explosiva e força dinâmica máxima seguem um curso paralelo aos exercícios de força máxima e explosiva realizados durante a preparação estival no seco (na academia).

Durante o primeiro mês de treinamento, obteve-se uma acentuada melhora do salto com agachamento e do salto com agachamento com sobrecarga ($P<0,01-0,001$) (período junho-julho), seguido por um período de adaptação dessas capacidades físicas, que durou até o mês de novembro.

Posteriormente, isto é, no período que coincide com o período das competições (início da estação agonística no mês de novembro), em que cargas de trabalho máximas não são utilizadas sistematicamente, verificou-se uma surpreendente melhora nos dois tipos de salto. Na ausência de estímulos específicos de força máxima, apresentava-se um nivelamento, quando não uma queda, dos valores de salto com agachamento e com sobrecarga. Portanto, pode-se deduzir que os estímulos induzidos pelos exercícios de natureza técnica e de disputa são potentes o bastante para gerar adaptações biológicas que favoreçam a melhora da força dinâmica máxima e da força explosiva. Sem dúvida, as solicitações mecânicas às quais são submetidos os músculos extensores das pernas durante a competição são extremamente elevadas. Além disso, a duração e a intensidade dos estímulos provocados durante uma disputa são mais longas e mais acentuadas do que aquelas determinadas durante o trabalho de musculação máximo realizado na academia.

O período de tempo em que ocorrem fortíssimas solicitações neuromusculares durante uma disputa (90-120s) não é inferior à soma total do tempo necessário para levantar 150 vezes uma barra de 150kg (Bosco, 1985, 1992c).

Isso significa que os exercícios técnicos e as disputas, além de determinarem estímulos específicos (coordenação, equilíbrio etc.), conseguem gerar solicitações capazes de aumentar os níveis de força dinâmica total e de força explosiva.

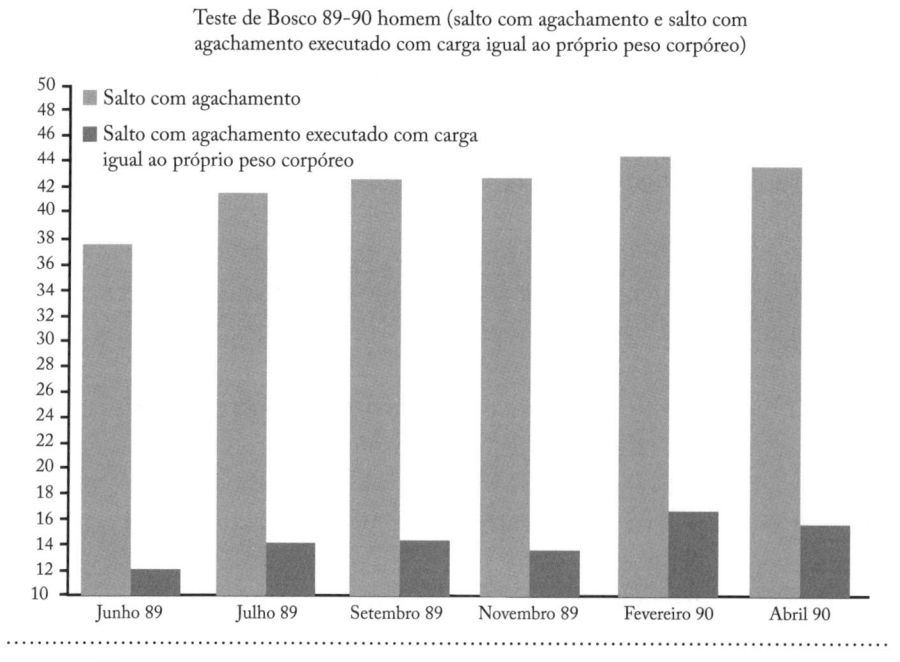

Figura 4.9 Levantamento do centro de gravidade do salto com agachamento e do medido durante uma estação agonística nos atletas da seleção italiana de esqui alpino (Bosco, Cotelli, Mognoni, 1990).

Aspectos fisiológicos e considerações práticas sobre o trabalho de força

Como já foi mencionado, é preciso lembrar que o tempo efetivo em que são solicitados os processos neuromusculares durante o trabalho de força máxima é muito breve. Medindo o tempo de execução de cada exercício muscular realizado com cargas que variam de 30 a 70% da força máxima, têm-se tempos que variam de 350 a 800-900ms (Fig. 4.10), o que em uma sessão completa não chega a 2-3 minutos de trabalho real.

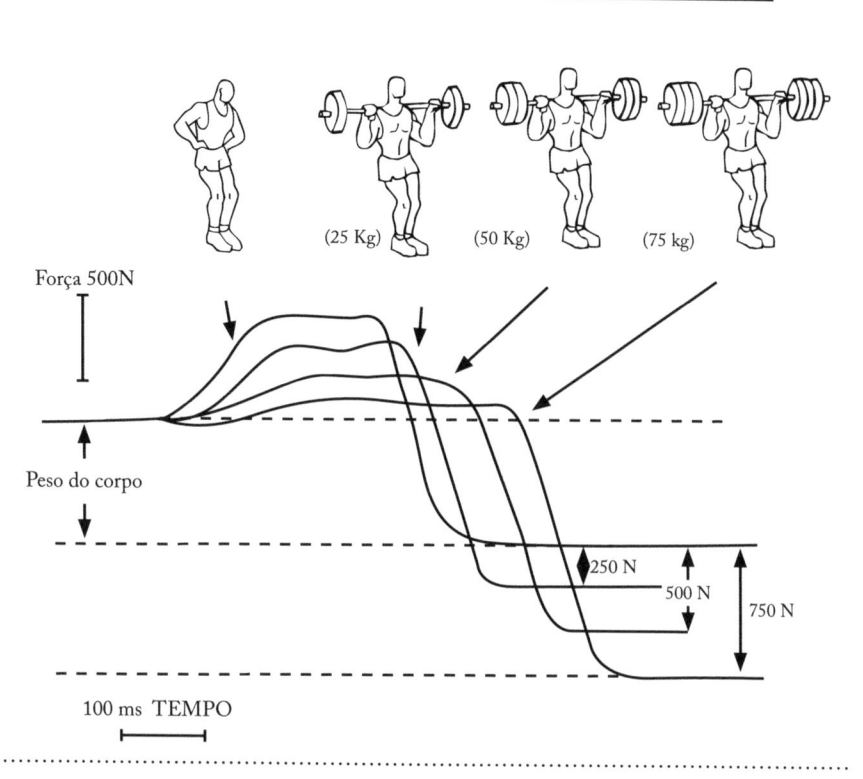

Figura 4.10 Variação temporal da força registrada em uma esteira dinamométrica (eixo vertical) durante a execução dos movimentos balísticos: ½ agachamento com e sem barra nas costas (Bosco, dados de laboratório não publicados, 1978-79).

Em todo caso, se os exercícios com cargas baixas (30-40% da força máxima) são executados com o máximo esforço, estimulam o sistema nervoso com a mesma intensidade empregada para se levantar uma carga de 100% da força máxima.

A única diferença que existe entre os dois exercícios não é a intensidade do estímulo, mas a duração. Usando força máxima, o tempo de estímulo pode alcançar 0,8-0,9 s, enquanto nos saltos alcança apenas 0,3 s (Figura 4.11).

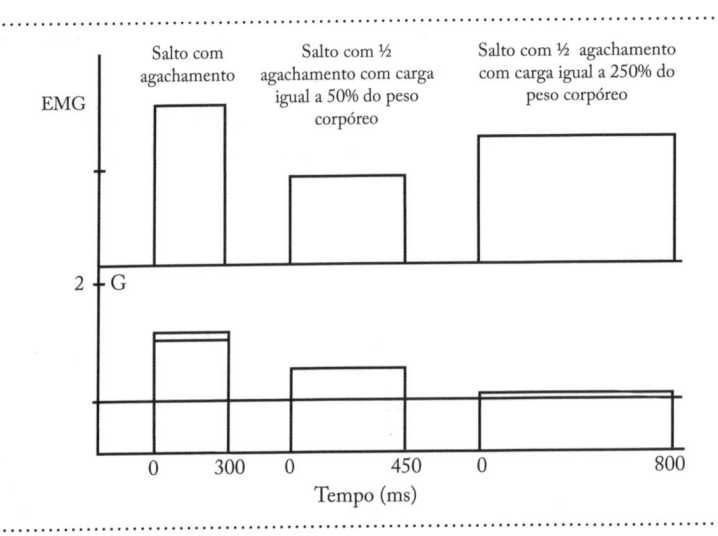

Figura 4.11 Atividade eletromiográfica dos músculos extensores do joelho (quadríceps femural) registrada durante a execução do salto com agachamento, ½ agachamento com carga igual a 50% e com carga igual a 250% do peso corpóreo. Evidencia-se como no salto com agachamento o valor da ativação mioelétrica é muito maior do que a obtida nas performances de ½ agachamento. Ao mesmo tempo, pode-se notar que a duração do estímulo, no salto com agachamento, é apenas 40% daquele registrado no ½ agachamento com sobrecarga de 250% do peso corpóreo (Bosco et al., 1996).

É justamente a solicitação prolongada que favorece processos de adaptação biológica mais duradouros e intensos. De fato, parece que o sistema nervoso não tem capacidade de sustentar, por longo tempo, emissão de elevadas freqüências de estímulo em altíssimas intensidades.

É preciso considerar que a melhora da força máxima ocorre somente se os seguintes princípios forem respeitados:

a) a carga de trabalho deve ser progressiva, não pode ser inferior a 70% da carga máxima e deve ser executada pelo menos de 2 a 3 vezes por semana, por, no mínimo, 6-8 semanas (Sale, 1988);

b) quando se utilizam cargas inferiores a 70% da carga máxima, são recrutadas de forma predominante as fibras lentas e, no caso da ativação de fibras rápidas, a freqüência de estímulo será baixa (Bosco et al., 1996);

c) um treinamento semanal não garante estímulo suficiente para modificações biológicas significativas e permanentes (Atha, 1981);

d) a melhora da força máxima provoca perda de elasticidade, que, por sua vez, é fortemente inibida durante a atividade muscular desenvolvida em gramados (ver jogadores de futebol, Bosco, 1993);

e) os efeitos induzidos pelo treinamento da força máxima são mais evidentes em indivíduos não treinados do que em atletas de alto nível. Para induzir melhoras efetivas nestes últimos, são necessários treinamentos específicos e precisos. Não respeitar os princípios (b-d) acima enunciados significa não obter adaptações biológicas significativas a ponto de poder classificar os exercícios executados como Treinamento de Força Máxima. Nesse caso, seria mais correto falar em Musculação Geral. Esta atividade, no entanto, é necessária para manter em equilíbrio os músculos envolvidos tanto na locomoção como no desenvolvimento de ações técnicas de jogo (adutores, abdutores, glúteos, dorsais, abdominais, etc.).

É preciso lembrar que a força e a velocidade são geradas pelas mesmas estruturas musculares. O estímulo nervoso que chega aos músculos ativa as pontes de actina-miosina que deslizam uma sobre a outra provocando a contração. Uma análise detalhada das várias expressões de força (ver Quadro 4.1) mostra-nos características neurogênicas comuns entre a força explosiva e a força máxima. De fato, é verossímil que as duas expressões de força, que apresentam fortíssimas ligações em termos de ativação nervosa, representem as bases da transferência da força máxima para a capacidade de produção de força explosiva.

A melhora da força máxima acontece inicialmente à custa de adaptações e modificações de origem nervosa e, posteriormente, ocorrem complexas transformações e mudanças morfológicas que conduzem à hipertrofia muscular. É possível que fatores neurais ajam em diversos níveis do sistema nervoso central e periférico. Como resultado final, isso determina ativação máxima de todas as fibras musculares. O que significa que há possibilidade de estimular, instantaneamente, um altíssimo número de fibras musculares que, em última instância, são aquelas que integram os processos determinantes da força explosiva. As adaptações neurogênicas, além disso, melhoram a coordenação intra e intermuscular, o que leva a uma economia de energia metabólica, além de aumentar a velocidade de execução de movimento. Estudos conduzidos com atletas haviam nos induzido a pensar que o treinamento da força máxima determina uma melhora do sistema de recrutamento das várias fibras musculares. Portanto, estando esse sistema ligado à força explosiva, haveria melhora. Essas conexões entre força máxima e explosiva foram, por muito tempo, consideradas suas únicas ligações biológicas. Por tal razão, em muitos esportes individuais em que a velocidade de execução torna-se fator indispensável para o alcance do bom desempenho (atletismo, esqui alpino, pugilismo, etc.), busca-se melhorar a força explosiva tanto com metodologias diretas quanto através da melhora da força máxima. A idéia de que a melhora da força explosiva esteja ligada apenas à melhora do componente neurogênico (ver Quadro 4.1) havia desencorajado a possibilidade de outras conexões, especialmente de natureza endócrina.

Apenas recentemente Bosco (1993) e Bosco et al. (1995), estudando o comportamento muscular de homens e mulheres, evidenciaram um fator de fundamental importância para o desenvolvimento da força explosiva. Esse fator está ligado ao efeito produzido pelo hormônio sexual masculino, a "testosterona", no comportamento do músculo esquelético do homem. Até então, pensava-se que a testosterona, além de possuir uma função determinante no mecanismo da puberdade, desenvolvesse também uma ação anabolizante. Ou seja, a testosterona foi considerada (erroneamente) um hormônio tipicamente anabolizante. De fato, mesmo que a testosterona favoreça o aumento da síntese protéica, os efeitos biologicamente mais importantes para acelerar os processos anabólicos são produzidos pela somatomedina e pelo hormônio do crescimento (por exemplo, Kramer, 1992; Bosco, 1993). Além disso, o efeito da testosterona é arbitrariamente associado ao desenvolvimento da força muscular. Tudo isso não só não é verdade, como leva muitos treinadores a conclusões completamente erradas. O efeito da testosterona não tem nenhuma relação com a força máxima, e isso é demonstrado pelo fato de que, quando essa é expressa em função do próprio peso, não se encontra nenhuma diferença entre homens e mulheres (Bosco et al., 1995, 1996), embora a concentração sérica do hormônio sexual masculino seja cerca de 10 vezes maior no homem em relação à mulher. Se a testosterona estivesse associada ao desenvolvimento da força, dever-se-iam observar diferenças acentuadas entre homens e mulheres, como são observadas para o desenvolvimento da velocidade e força explosiva. De fato, parece que a testosterona possui efeito biológico sobre a velocidade dos movimentos (ver capítulo: Hormônios).

Metodologias para o desenvolvimento da força explosiva

- Exercícios com cargas submáximas, 20-30% da carga máxima do tipo RM (Repetições Máximas), piramidal ou contraste à máxima velocidade.
- Exercícios com carga média não superior a 50% da máxima, sempre realizados na máxima velocidade permitida pela carga (não mais de 10-12 repetições), conforme a tendência à fadiga do indivíduo e seu percentual de fibras rápidas.
- Exercícios de tipo explosivo com carga natural ou com leve sobrecarga, salto à distância partindo do repouso, salto triplo partindo do repouso, breve corrida na subida (10-20m), corrida com obstáculos, saltos no mesmo lugar, etc.

A título de indicação geral, são apresentados alguns dos exercícios mais comuns utilizados para melhorar a força explosiva de construção geral (Figuras 4.12 e 4.22).

- *Saltos agachado* (Figura 4.12) com barra nas costas (40-50% do peso do corpo). O tronco permanece ereto e as pernas flexionadas (ângulo entre a coxa e a tíbia de 130º - 140º). O salto é executado com rápida e simultânea extensão de tornozelo e joelhos. A ênfase é na plena e ativa tensão dessas articulações.

Figura 4.12   **Figura 4.13**

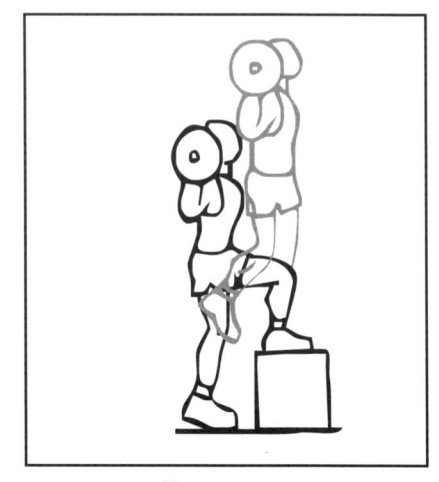

- *Subida com pernas alternadas* (Figura 4.13) (30-40% do peso corporal). O pé apóia-se sobre o degrau de maneira a formar um ângulo de 90° entre a tíbia e a coxa. A intensidade pode ser aumentada alterando-se a altura vertical do degrau, por exemplo, subindo-se degraus de uma escada (o ângulo entre a coxa e a tíbia é de 120°-130°). É essencial a completa extensão dos ângulos do tornozelo e do joelho.
- *Passadas com afundo* (Figura 4.14). São executadas erguendo-se sobre as pontas do pé da perna de sustentação (para frente e para cima). Esse exercício pode ser executado no lugar dos saltos com pernas alternadas.

Figura 4.14   Figura 4.15

- *Saltos em tesoura* (Figura 4.15) (20-30% do peso corporal). São executados empurrando-se, simultaneamente, os dois pés com vigorosa flexão e extensão dos extensores da perna. A atenção deverá concentrar-se no impulso com a ponta dos pés.
- *Saltos de ½ agachamento 3-5 vezes* (Figura 4.16) (40-50% do peso corporal). A partir do ½ agachamento, o atleta levanta-se rapidamente sobre a ponta dos pés com sucessivo salto para cima. Esforçar-se para assumir posição ereta do dorso e máxima extensão dos extensores da perna.

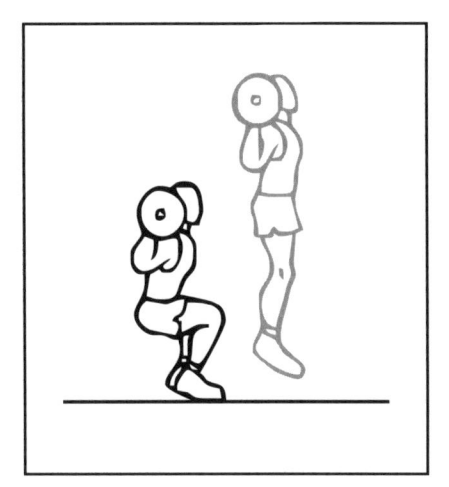

Figura 4.16    **Figura 4.17**

- *Saltos na vertical com a perna estendida* (Figura 4.17) (30-40% do peso corporal). Executados com impulso simultâneo de ambas as pernas com salto vigoroso para o alto. Tomar muito cuidado com a rápida extensão dos extensores da perna e do tríceps sural.

- *Corridas com a coxa levantada* (Figura 4.18). Deve ser executada com rápida e alternada mudança das pernas. Tomar cuidado com a completa extensão da perna de sustentação e a correta posição da pelve em relação à posição do ponto de impulso. O exercício é executado tanto da posição estática como com leve movimento para frente.

O número das repetições de um exercício com peso é determinado pela manifestação do cansaço. Se o exercício for executado em estado de fadiga, não haverá melhora do componente velocidade-força, mas da resistência.

Quando se executam os exercícios de base com pesos é necessário prestar atenção para manutenção da técnica correta.

Os exercícios para o desenvolvimento da velocidade de contração dos músculos compreendem:

Saltos à distância (Figura 4.19)

Figura 4.18

Força Muscular

Figura 4.19

Saltos múltiplos (Figura 4.20)

Figura 4.20

Saltos de obstáculos (Figura 4.21)

Figura 4.21

Saltos para tocar objetos suspensos (Figura 4.22)

Figura 4.22

Controle do treinamento da força máxima e da força explosiva (Índice de Bosco)

No espaço intracelular (sarcômero), a tensão desenvolvida é função da secção transversa, enquanto a velocidade depende do comprimento do próprio sarcômero. Se, pelo contrário, considera-se a ação muscular em sua atividade *in situ*, isto é, em seu complexo aspecto neuromuscular, os fatores e os fenômenos envolvidos no desenvolvimento da força e da velocidade são muito mais complexos, sendo também, principalmente, modulados e ativados pelo sistema nervoso central e periférico. Por tal motivo, é muito difícil avaliar todos os aspectos do músculo que trabalha *in situ* e, conseqüentemente, as várias expressões de força e velocidade. De fato, mesmo para o mais dedicado estudioso, coloca-se o problema de como confrontar a força expressa em (N) e a velocidade expressa em (m/s). Apesar disso, o problema foi resolvido (Bosco, 1986), confrontando-se a capacidade de salto (que pode muito bem representar, em condições naturais, a expressão máxima da velocidade de contração dos elementos contrácteis dos músculos extensores das pernas) com a atividade dos mesmos músculos ao levantarem uma carga igual ao peso do corpo do indivíduo. Avaliam-se as duas expressões do músculo: a) máxima velocidade, e b) força máxima, expressa de maneira dinâmica. Neste caso, as duas podem ser confrontadas já que os valores registrados apresentam a mesma unidade de medida, que pode ser a altura do levantamento ou a velocidade vertical, da qual não depende a altura de levantamento. Este sistema permitiu estabelecer as relações entre as expressões de força e velocidade de um mesmo grupo muscular ou de um único músculo. Tem-se, assim, a possibilidade de confrontar, e portanto avaliar, se os efeitos de um sistema qualquer de treinamento desenvolvem ou melhoram todas as expressões do músculo de maneira homogênea, ou uma propriedade é favorecida em detrimento de outra, por exemplo, força em detrimento à capacidade de velocidade. Tal fenômeno provocaria um desequilíbrio no interior do músculo, o que seria muito perigoso e exigiria seu rápido retorno às condições normais.

O equilíbrio, ou seja, a relação entre a força e a velocidade, é dado pela relação entre a capacidade do atleta no salto com carga sobre as costas e no salto vertical sem carga. Se, por exemplo, o valor do salto com agachamento é de 15,0cm e o do salto com agachamento é de 45,0cm, a relação força/velocidade é representada por salto com sobrecarga dividido pelo salto sem sobrecarga (isto é, 15/45 = 0,33). O que significa que o atleta com carga igual ao próprio peso corpóreo consegue desenvolver uma capacidade de salto igual a 33% da obtida em condições ideais, como no salto vertical com os pés unidos. Estas relações foram calculadas para muitos atletas praticantes de diversas modalidades esportivas e, portanto, foi possível estabelecer empiricamente quais são os equilíbrios mais satisfatórios no decorrer de um ano. Esse novo procedimento de controle oferece a possibilidade de estabelecer quando e como aumentar ou diminuir as cargas de trabalho relativas ao desenvolvimento da força máxima. De fato, se o equilíbrio de uma das duas componentes não é respeitado, ou seja, se o desenvolvimento de um músculo prevalece sobre outro, tal relação é rapidamente localizada pelo teste. Esse sugere onde o equilíbrio interno do músculo ou dos grupos musculares foi quebrado, equilíbrio que deve ser sempre respeitado a fim de que melhoras e progressos crescentemente significativos possam ser obtidos. De tal modo, não existe mais problema para decidir quando começar e parar de trabalhar com cargas elevadas, já que isso é automaticamente sugerido pelo teste. Portanto, começa-se a trabalhar em uma certa direção, conforme a propriedade que resulta deficitária, e suspende-se o trabalho sistemático uma vez atingido o equilíbrio. Nesse ponto, continua-se efetuando apenas as avaliações e controlando periodicamente a expressão de força e de velocidade.

Na Figura 4.23, são apresentados alguns valores medidos em homens (A) praticantes de atletismo, nota-se que, em absoluto, os triplistas são mais fortes, enquanto nos maratonistas as características de força quando comparadas com a velocidade são evidentemente baixas. Resultados semelhantes são encontrados em mulheres (B), as velocistas apresentam valores idênticos aos homens.

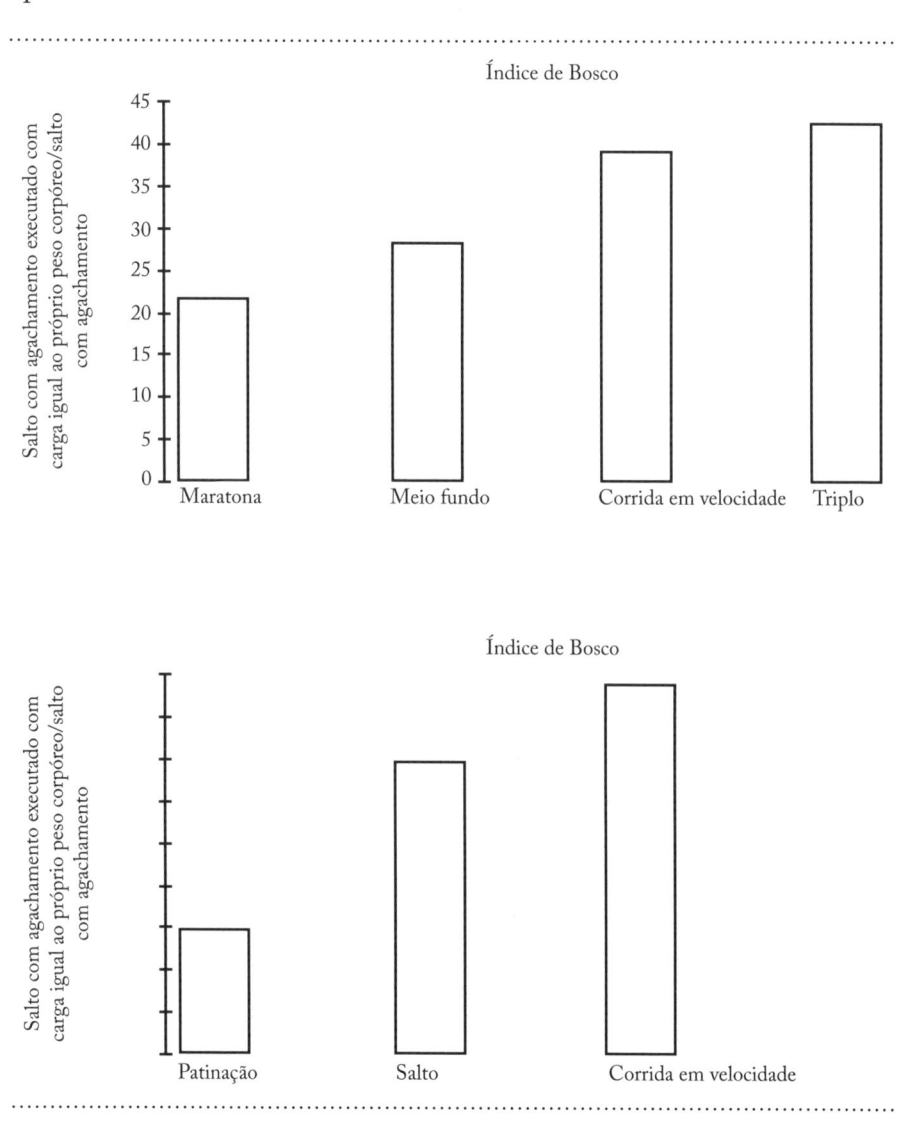

Figura 4.23 Índice de Bosco encontrado em homens praticantes de atletismo de nível internacional (A) e em mulheres praticantes de patinação no gelo e atletismo (saltos *sprint*) de nível nacional (B).

BIBLIOGRAFIA

ATHA, J. Strengthening. In: DI MILLER (Ed). Exercise and sport sciences reviews. *Philadelphia Franklin Institute.* v. 9, p. 1-73, 1981.

BARANY, M. ATP-ase activity and myosin correlated with speed of muscle shortening. *J. Gen. Physiol.* 50 supl. v. 2, p. 197-218, 1967.

BOSCO, C. New tests for measurement of anaerobic capacity in jumping and leg extensor muscle elasticity. Volleyball. I.F.V.B. *Official Magazine.* v. 1, p. 22-30, 1981.

BOSCO, C. Kontrolle des Krafttrainings durch das Kraft-geschwinagkeits verhaltnis. *Leistungssport.* v. 6, p. 23-28, 1983.

BOSCO, C. *Elasticità muscolare e forza esplosiva nelle attività fisico-sportive.* Roma: Società Stampa Sportiva, p. 1-36, 1985.

BOSCO, C. et al. Seasonal fluctuations of selected physiological characteristics of elite alpine skiers. *Eur J Appl Phys.* v. 69, p. 71-74, 1994.

BOSCO, C. Test di valutazione della donna nella pratica del giuoco del calcio. In: CAMBI, R.; PATERNI, S. (eds). *Il calcio femminile, aspetti medici e tecnici.* Roma Atti del Convegno Nazionale Figc Publisher, p. 219-230, 1993.

BOSCO, C. A dynamometer for evaluation of dynamic muscle work. *Eur J Appl Physiol.* v. 70, p. 379-386, 1995.

BOSCO, C.; TIHANYI, J.; VIRU, A. Relationships between field fitness test and basal serum testosterone and cortisol levels in soccer players. *Clinical Physiology.* v. 16, p. 317-322, 1996.

BOSCO, C.; COLLI, R.; BONOMI, R., et al. (1996, trabalho em andamento).

HÄKKINEN, K.; KOMI, P.V.; ALEN, M. Effect of explosive type strength training on isometric force and relaxation time, electromyographic and muscle fibre characteristics of leg extensor muscles. *Acta Physiologica Scandinavica.* v. 125, p. 587-600, 1985a.

HÄKKINEN, K.; ALEN, M.; KOMI, P.V. Changes in isometric force and relaxation time, electromyographic and muscle fibre characteristics of human skeletal muscle during strength training and detraining. *Acta Physiologica Scandinavica.* v. 125, p. 573-585, 1985a.

HÄKKINEN, K. *Training and detraining adaptations in electromyographic, muscle fibre and force production characteristics of human leg extensor muscles with special reference to prolonged heavy resistance and explosive type strength training.* Studies in Sport, Physical Education and Health, University of Jyväskylä, Jyväskylä, 1986.

HÄKKINEN, K. Maximal force, explosive strength and speed in female volleyball and basketball players. *Journ Of Hum Mov Studies.* v. 16, p. 291-303, 1989.

HILL, A.V. The heat shortening and the dynamic constants of the muscle. *Proc Roy Soc B.* v. 126, 136-195, 1938.

KOMI, P.V. et al. Effects of heavy resistance and explosive strength training methods on mechanical, functional and metabolic aspects of performance. In: KOMI. *Exercise and sport biology. International series on sports sciences.* v. 12, p. 90-102. Champaign: Human Kinetics, 1982.

KRAEMER, W.J. Hormonal mechanisms related to expression of muscular strength and power. In: KOMI, P.V. (ed). *Strength and power in sport.* Oxford: Scientific Publications, p. 64-67, 1992.

MORITANI, T.; DE VRIES, H.A. Potential for gross muscle hypertrophy in older men. *Journal of Gerontology.* v. 35, p. 672-682, 1980.

SALE, D.G. Neural adaptation to resistance training. *Medicine and Science in Sports and Exercise.* v. 20 (supl.), p. S135-S145, 1988.

VERKHOSHANSKY, Y. Principles of training high level T & F athletes. *Leygäyä Atletika.* v. 10, p. 6-9, 1981.

WOLEDGE, R.C. The energetic of tortoise muscle. *J Physiol.* v. 197, p. 685-707, 1968.

Capítulo 5

Pré-Alongamento e Força Explosiva

Foto: Lo Certo e Bosco.

O efeito do pré-alongamento no comportamento do músculo esquelético

Durante os movimentos naturais, o comprimento dos músculos, a extensão à qual são ativados e a tensão que exercitam mudam continuamente. A relação entre o comprimento do músculo, velocidade de alongamento e contração, e freqüência do estímulo que determina a tensão provoca interações que raramente são de fácil compreensão.

Normalmente, é mais fácil entender o comportamento do músculo quando todo o percurso de movimento é controlado, como acontece no estudo de preparados de músculos dos animais. Nos movimentos normais, contudo, o músculo raramente contrai-se em velocidade constante. Além disso, em estado de contração máxima voluntária, nem todas as unidades motoras podem ser ativadas simultaneamente, como acontece durante a estimulação do músculo isolado. É um tanto complexo compreender o comportamento mecânico do músculo esquelético controlado pelo sistema nervoso a partir das conclusões obtidas pela pesquisa direta dos preparados de músculos isolados. Apesar disso, a maior parte dos conhecimentos fundamentais, necessários para interpretar e explicar a função do músculo e de suas propriedades mecânicas, foi adquirido estudando-se o músculo *in vitro*.

Para confrontar as peculiares propriedades visco-elásticas do músculo e explicar a sua atividade mecânica, pensou-se em considerar o músculo como uma "unidade mecânica", composta por um oscilador amortecedor dotado de elementos viscosos e elásticos (Levin e Wyman, 1927; Hill, 1938). Hill (1949) propôs um modelo para o músculo esquelético que atribuía as propriedades mecânicas dos músculos a três elementos: um elemento contrátil ativo que representava os processos de resposta do músculo ao estímulo, e dois elementos elásticos – elementos elásticos em série e elementos elásticos em paralelo (passivos). Acredita-se que estes últimos residam no interior do sarcolema e dos feixes (endomísio, perimísio, epimísio), e que sejam submetidos a tensão quando o músculo (não eletricamente ativo) é estirado.

Os elementos elásticos em paralelo são responsáveis pela força medida em um músculo relaxado quando alongado além de seu comprimento de repouso.

Acreditava-se que os elementos elásticos em série residiam, principalmente, nos tendões e nos feixes dos tendões no interior do músculo. Mas Hill (1950) sugeriu que as propriedades dos elementos elásticos em série poderiam residir no interior da própria matéria contrátil.

A este propósito, Jewell e Wilkie (1958) descobriram que cerca de metade das propriedades elásticas em série do sartório da rã encontrava-se no tendão pélvico, e que a outra metade estava distribuída ao longo das fibras musculares.

Apenas recentemente, depois que Huxley (1957) elaborou a "teoria do deslizamento dos filamentos", Huxley e Simmons (1971) foram capazes de demonstrar que a maior parte das propriedades elásticas do músculo encontrava-se no interior das pontes entre a actina e a miosina.

Rüegg (1971), Rack e Westbury (1974) e Flitney e Hirst (1978) também demonstraram que uma parte das propriedades elásticas encontrava-se no componente contrátil do músculo.

Nos últimos tempos, dirigiu-se sempre maior atenção às propriedades elásticas dos músculos, responsáveis pelo importante papel de determinação do comportamento mecânico desses últimos.

Segundo Hill (1950), a energia mecânica armazenada no componente elástico em série podia ser utilizada para produzir velocidade final mais elevada do que a desenvolvida pela própria matéria contrátil durante a contração. Cavagna et al. (1965) observaram que o alongamento de um músculo ativado conduzia ao desenvolvimento de maior quantidade de trabalho, e também à maior exteriorização de potência durante a fase seguinte de contração muscular. Cavagna e Citterio (1974), analisando um preparado de músculo estriado isolado de rã, chegaram à conclusão de que o alongamento de um músculo ativo modificava temporariamente as propriedades elásticas, promovendo maior eficácia do músculo durante a sucessiva fase de trabalho positivo.

Portanto, parece que a energia elástica é armazenada durante a fase de trabalho negativo (excêntrico) e, depois, parcialmente recuperada durante a fase seguinte de trabalho positivo (concêntrico).

Essa energia potencial, contudo, pode ser dispersa sob a forma de calor (Fenn e Marsh, 1935) se à contração excêntrica não se seguir, imediatamente, a concêntrica (Hill, 1961; Cavagna et al., 1968).

Isso se deve ao caráter de transitoriedade das variações da elasticidade muscular, e faz que um movimento veloz seja mais vantajoso do que um lento (Cavagna e Citterio, 1974).

A potenciação do desempenho muscular, observada depois do pré-alongamento ativo do músculo, foi atribuída ao armazenamento e à utilização de energia elástica. Esse aumento do desempenho muscular foi analisado não apenas em estudos conduzidos com preparados musculares isolados, mas também no homem, durante exercícios de salto (Marey e Demeny, 1885; Cavagna et al., 1971; Asmussen e Bonde-Petersen, 1974a; Asmussen et al., 1976; Komi e Bosco, 1978a).

Também foi observado que tanto a eficiência mecânica pura quanto a aparente, calculadas com uma larga variedade de exercícios efetuados segundo o modelo do ciclo de alongamento-contração, foram maiores do que o previsto pela eficiência máxima de transformação de energia química em trabalho mecânico, durante a fase positiva. Por isso, assumiu-se que parte do trabalho positivo medido provém da reutilização de energia elástica armazenada nos elementos elásticos em série, precedentemente alongados sem a contribuição de energia bioquímica.

Foi sugerido que isso pode acontecer durante a marcha normal (Cavagna e Kaneko, 1977), a corrida (Cavagna et al., 1964, 1976; Cavagna e Kaneko, 1977; Ito et al., 1983), a execução de saltos duplos (Margaria et al., 1963; Thys et al., 1972, 1975; Asmussen e Bonde-Petersen, 1974b) e nos exercícios de corrida executados com sobrecarga (Pugh, 1971; Lloyd e Zachs, 1972; Asmussen e Bonde-Petersen, 1974b).

Nos estudos conduzidos com preparados de músculo isolado, as conexões nervosas são interrompidas, e por isso o aumento de desempenho do músculo esquelético, obtido através de pré-alongamento, pode ser atribuído apenas ao armazenamento e à reutilização de energia elástica e à sua influência sobre a componente contrátil do músculo.

Por outro lado, nos experimentos feitos com o homem, quando o sistema nervoso apresenta-se íntegro, parte desta "potência de execução" obtida através do pré-alongamento poderia ser atribuída a uma potenciação dos reflexos do alongamento. Foi demonstrado que o pré-alongamento veloz de um músculo ativado causa forte potenciação dos reflexos do alongamento através da via aferente dos fusos musculares (Prochazka et al., 1977; Gottlieb e Agarwal, 1979).

É possível que o alongamento do músculo ativado no homem cause também potenciação dos reflexos do alongamento através do arco cortical. Existem sinais que indicam como esse reflexo pode atuar por aproximadamente 40-70ms a partir do início do alongamento (Iles, 1977; Gottlieb e Agarwal, 1979; Chan et al., 1978).

Portanto, ao executar um gesto com um movimento muito amplo, a ação do reflexo cairia na fase excêntrica do ciclo de alongamento-contração. Por outro lado, se a amplitude do movimento fosse mínima e veloz, a reação miotática reflexa poderia ocorrer durante a fase de trabalho positivo. Segundo Nichols e Houk (1976), a ação dos reflexos miotáticos aumentaria pelo fato de que as unidades motoras neo-recrutadas desenvolveriam mais força, encontrando-se fibras musculares mais alongadas do que o observado em condições normais. Tudo isso nos leva a pensar que as contribuições à ação dos reflexos miotáticos nas propriedades mecânicas do músculo ativado podem ser diferentes. Portanto, as propriedades visco-elásticas dos músculos não são apenas capazes de enfrentar as perturbações externas (Grillner, 1972), parece que podem agir adequadamente em parceria com aquela parte do sistema nervoso da qual depende a modificação interna da produção de força muscular. O armazenamento de energia elástica e a sua reutilização foram estudados anteriormente no laboratório de Jyväskylä (Komi e Bosco, 1978a, b), aplicando-se a metodologia de Asmussen e Bonde-Petersen (1974a). Trata-se de efetuar saltos verticais máximos em uma plataforma de força, com ou sem prévio alongamento dos músculos extensores da perna.

Considerações fisiológicas sobre pliométricos, saltos com ou sem obstáculos e aplicações práticas de treinamento

No começo dos anos 1970, foram introduzidos exercícios específicos para o estímulo das propriedades neuromusculares, denominados exercícios "pliométricos" (Verkhoshansky, 1970). Os exercícios clássicos de pliometria e os saltos entre obstáculos prevêem amplitude limitada das variações angulares das articulações envolvidas. Essas condições biomecânicas solicitam fortemente a ativação mecânica do tipo alongamento-contração, estimulando tanto as estruturas neurogênicas quanto miogênicas. Talvez a ativação mais complexa e interessante seja a neurogênica, que solicita duas funções contrastantes entre si: uma inibitória e outra excitatória (reflexos de estiramento). O equilíbrio estabelecido entre os estímulos excitatórios e inibidores cria as condições de execução, que logicamente estão sempre sob o controle direto do sistema nervoso central (Figura 5.1). Os exercícios de pliometria devem ser previamente avaliados caindo-se de alturas diferentes, partindo-se de valores baixos até chegar a valores altos. Isto é, é preciso, antes de tudo, avaliar empiricamente qual é a altura ótima de queda para cada indivíduo. Por altura ótima de queda, entende-se a altura na qual o indivíduo apresenta a melhor resposta neuromuscular ao realizar o salto vertical mais alto, que geralmente corresponde à resposta mais elevada de potenciação do reflexo miotático, que deve superar os estímulos exercidos pelos órgãos tendinosos de Golgi (Figuras 5.2, 5.3a, b).

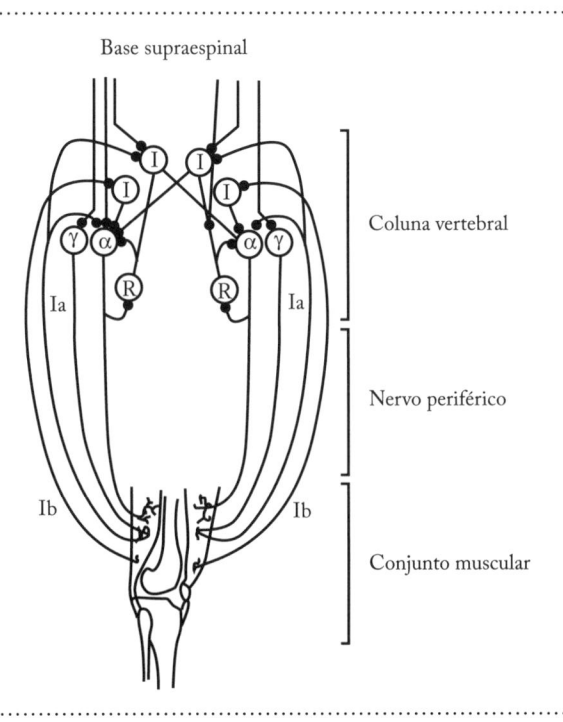

Figura 5.1 Representação esquemática das funções neuromusculares envolvidas no exercício pliométrico. O motoneurônio alfa (α), que forma a unidade motora juntamente com as miofibrilas às que se conecta, recebe informações diretamente do sistema nervoso central; em nível periférico, é influenciado por estímulos excitatórios provenientes das fibras aferentes (Ia) intrafusais, solicitadas durante a fase de alongamento e inibidas pelos dos órgãos tendinosos de Golgi através dos aferentes (Ib), que por meio dos corpúsculos situados dentro dos tendões, alcançam o motoneurônio alfa no nível do medula espinhal. Logo que o músculo desenvolve tensão em resposta à ativação concêntrica ou excêntrica (em que se pode desenvolver maior tensão), os orgãos tendinosos de Golgi começam a emitir impulsos inibidores para controlar o estado de excitação ao qual o sistema músculo-tendíneo é submetido, de maneira que danos e solicitações perigosas sejam evitados (Enoka, 1988).

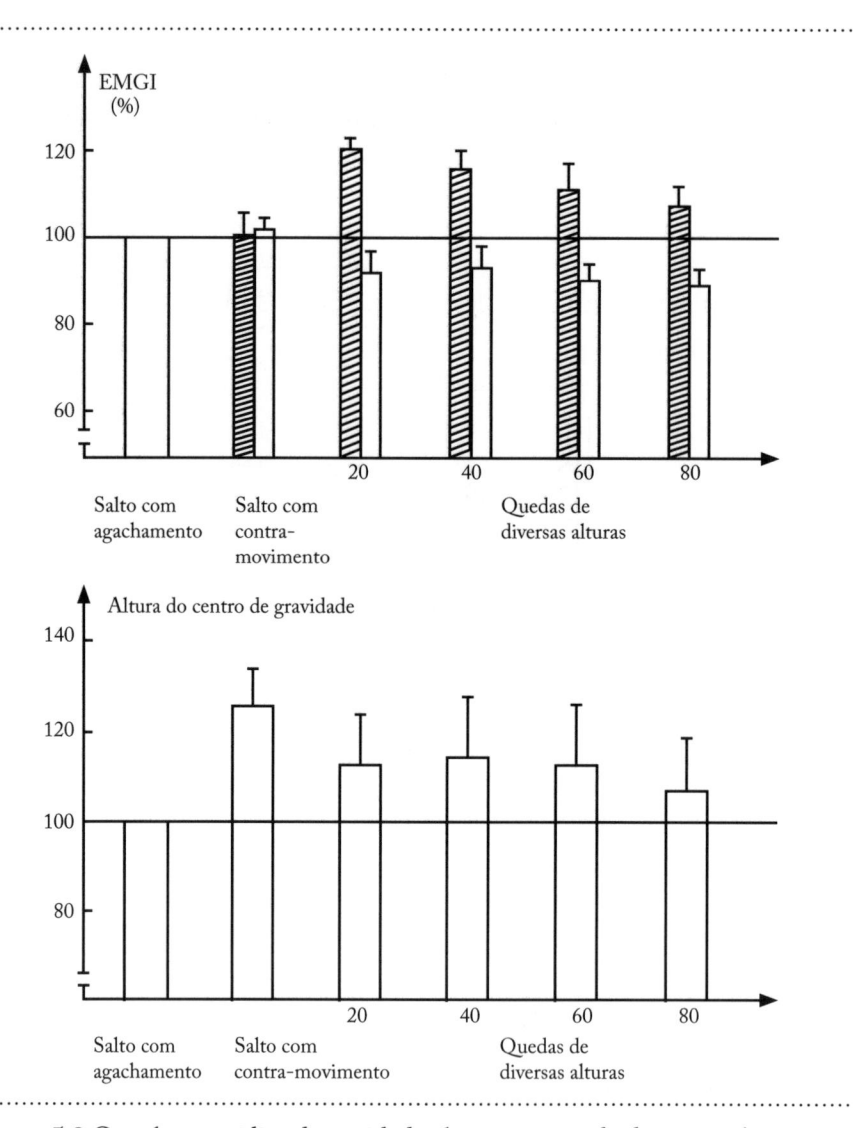

Figura 5.2 Os valores médios da atividade elétrica integrada dos músculos extensores da perna são apresentados tanto pelo trabalho excêntrico (zona traçada com linhas transversais) quanto pelo concêntrico (fase de estímulo □). A figura mostra os valores relativos ao salto a partir do repouso, salto com mudança de direção e sucessões de quedas de diversas alturas (pilométrico: 20-40-60-80cm). Observa-se uma potenciação da atividade elétrica relativa ao máximo representado pelo salto com agachamento na fase excêntrica dos pilométricos de 20-40cm. Sem dúvida, tais alturas criam os pressupostos neuromusculares que levam à melhora. Este aumento de atividade deve ser atribuído à intervenção dos reflexos de alongamento (reflexo miotático) (Bosco e Viitasalo, 1982; Viitasalo e Bosco, 1982). O levantamento do centro de gravidade é apresentado no painel inferior, em percentual do salto com agachamento.

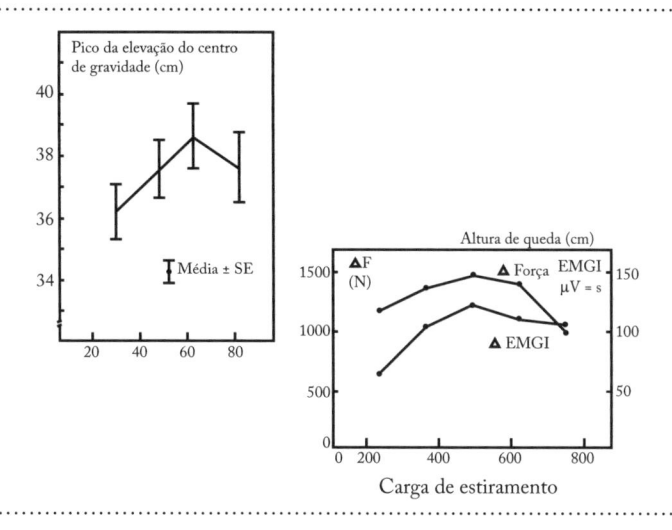

Figura 5.3 O levantamento do centro de gravidade (CG) é apresentado em função da altura da queda durante exercícios pliométricos (A). Aumentando a altura de queda de 20 até 60 cm, a resposta é positiva e tem-se uma melhora do desempenho. A carga além dos 60 cm é muito intensa. Portanto, há piora do salto. Isso nos indica que a altura ótima de queda é 60 cm. No painel inferior (B), são apresentados tanto a evolução da força quanto da atividade elétrica dos músculos extensores da perna. Um fenômeno interessante é fornecido pelo andamento paralelo dos dois parâmetros. Isso sugere que a diminuição de força depende do comportamento funcional do sistema nervoso central e periférico. De fato, cargas de até 400Nm (= 60 cm), a atividade mioelétrica dos extensores mostra melhora em relação ao máximo, sugerindo, portanto, que os reflexos de alongamento intervieram na potenciação do estímulo. Observando a atividade mioelétrica com cargas de 600-700Nm, que correspondem a alturas de queda de aproximadamente 80-100 cm, nota-se uma queda tanto dessa atividade quanto da força. Isso sugere que a potenciação nervosa provocada pelos reflexos de alongamento é diminuída. Isso poderia ter sido provocado pela ação dos processos inibidores, estimulados pela intervenção dos órgãos tendíneos de Golgi ao atingirem-se níveis relevantes de força, transmitida externamente através da conexão músculo-tendão-osso. Os órgãos tendinosos de Golgi moderam as forças exercidas sobre as articulações e ossos. Por isso, quando os níveis de guarda e proteção são ultrapassados, os órgãos tendíneos de Golgi entram em ação para inibir o desenvolvimento dessas forças (Bosco et al., 1979-1982a, b).

Estudos feitos com indivíduos treinados e não treinados evidenciaram que aqueles conseguem absorver melhor as cargas de estiramento em relação a estes (Figura 5.4). Pesquisas posteriores (Bosco e Komi, 1982) evidenciaram que para cada atleta existia uma altura de queda ótima que lhe permitia utilizar de maneira plena as próprias qualidades neuromusculares (Figura 5.5).

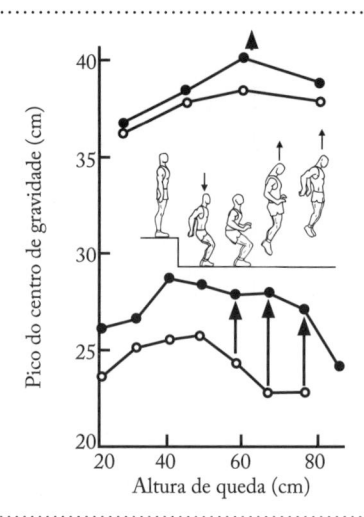

Figura 5.4 O levantamento do centro de gravidade é apresentado em função da altura da queda em homens (no alto) e em mulheres (abaixo). Pode-se facilmente reconhecer que a altura da queda para homens é muito mais elevada do que para mulheres. Além disso, o desempenho mais alto foi obtido por atletas bem treinados (jogadores de vôlei), em relação aos estudantes. O mesmo se observa para as mulheres: as ginastas obtiveram valores melhores que o grupo de não treinadas (Komi e Bosco, 1979; Komi, 1984).

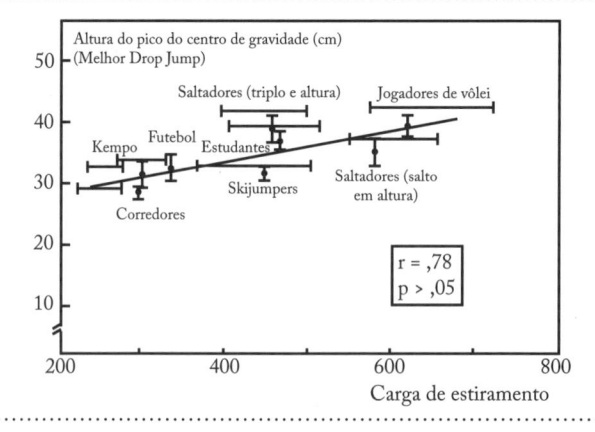

Figura 5.5 A altura ótima de queda de alguns grupos de atletas especializados em diversas modalidades esportivas é apresentada em função das cargas de trabalho. A carga de trabalho, ou a energia que o indivíduo deve amortecer no momento do impacto com o solo, não é outra senão a energia cinética que o corpo recebeu durante a queda. Esta energia cinética é igual à energia potencial do indivíduo no momento em que se encontra sobre a base da qual cai. Por exemplo, para um atleta que pesa 70kg e cai de uma altura de 60cm, a carga de trabalho ou a energia que deve amortecer é dada: 70kg x 0,60 x 9,81 = 412Nm ou Joules. Esse não é outro senão o valor da energia potencial (m.g.h) (Bosco e Komi, 1982).

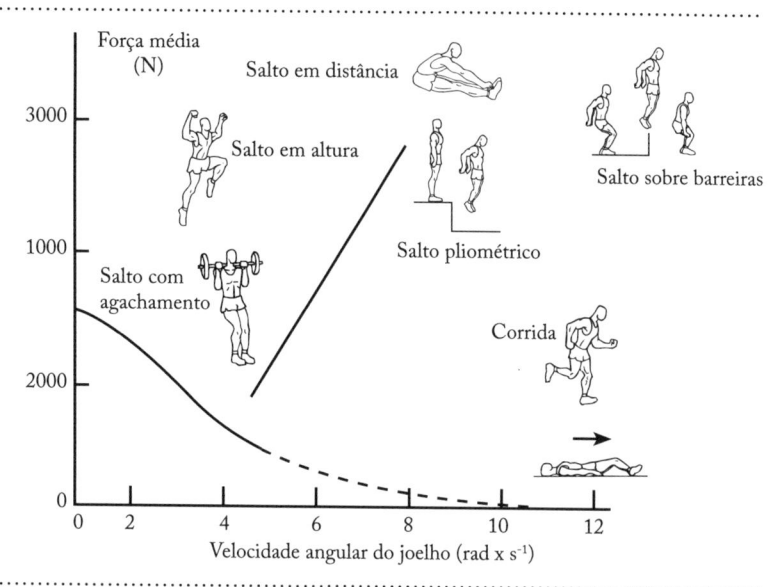

Figura 5.6 Relação força-velocidade representada por duas diferentes condições de salto vertical: salto de posição agachada e salto com queda pliométrico. Nas condições de salto com agachamento, pode-se assumir que a componente contrátil dos músculos extensores da perna seja responsável pelo desenvolvimento de força durante o afastamento. Nas condições de salto com queda, a energia elástica é armazenada nos músculos extensores da perna na fase excêntrica para atenuar a energia cinética durante o impacto, sendo posteriormente utilizada sob a forma de trabalho mecânico durante a fase concêntrica (positiva). Parece que desse fenômeno depende o afastamento para o alto e para direita da curva da relação F-V. Trata-se, contudo, de resultados experimentais (Bosco e Komi, 1979a). O gráfico contém também traçados de cálculos teóricos feitos para o salto em altura, salto à distância e para a corrida.

A função principal dos exercícios pliométricos é a de estimular as propriedades neuromusculares, provocando solicitações que desenvolvem, em tempos muito breves, elevadíssimos níveis de força, manifestados em altíssima velocidade. Tudo isso pode ser realizado graças à ativação do tipo alongamento-contração, que representa a atividade muscular de base para quase todas as modalidades esportivas. Na Figura 5.6, são apresentados os parâmetros de força e velocidade requeridos por algumas modalidades, e os que foram obtidos durante a execução de todas as provas que constituem o teste de Bosco. Aí incluí-se um vastíssimo espectro de exteriorização de força, manifestada com diferentes velocidades. Como se pode notar, a velocidade de execução de meio de treinamento, como, por exemplo, a de ½ agachamento, é muito inferior àquela com que se realiza a corrida.

Portanto, os exercícios de pliometria são fundamentais, já que podem criar adaptações fisiológicas que atendem às condições biomecânicas requeridas no desempenho. Percurso análogo manifesta-se observando a aceleração média (sinônimo de força média, dado que F = massa x aceleração, e a massa não varia por ser representada pelo peso do indivíduo) desenvolvida durante algumas expressões fundamentais do movimento, apresentada em função do tempo necessário para sua realização (Figura 5.7). Juntamente, são apresentados os valores registrados nas provas que constituem o teste de Bosco. Como se vê, por exemplo, a ativação muscular no velocista não se distancia daquela que ocorre no pliométrico, tanto qualitativa quanto quantitativamente. Essa semelhança de comportamento neuromuscular pode explicar, em parte, a correlação encontrada entre o pliométrico e a velocidade (Figuras 5.8, 5.9).

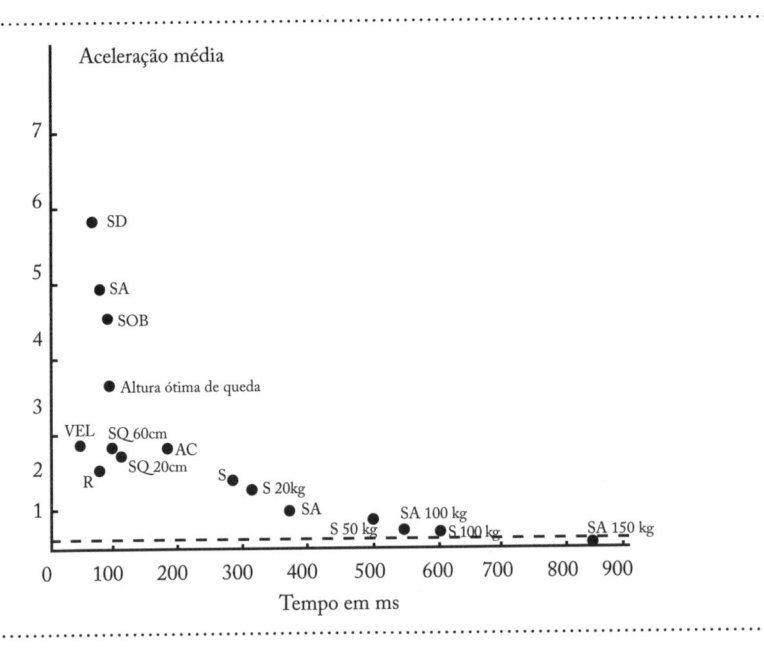

Figura 5.7 A aceleração média desenvolvida durante a execução das provas que constituem o teste de Bosco, e de alguns desempenhos fundamentais de movimento, é apresentada em função do tempo necessário para sua realização. Legenda dos símbolos: (SA) Salto com Agachamento executado com e sem sobrecarga sobre as costas (barra de 50-100kg) (S 100 kg). Salto executado com e sem sobrecarga de 100kg (SQ). Salto em queda de 20-60cm (R). Valores obtidos durante a execução de um passo correndo-se em velocidade média nos 10.000 metros (VEL), e durante um arranque (AC). Afastamento do salto executado antes de uma cortada no vôlei (AC). Saltos entre Obstáculos (SOB). Salto em Distância (SD), Salto em Altura (SA) (Bosco, 1992c).

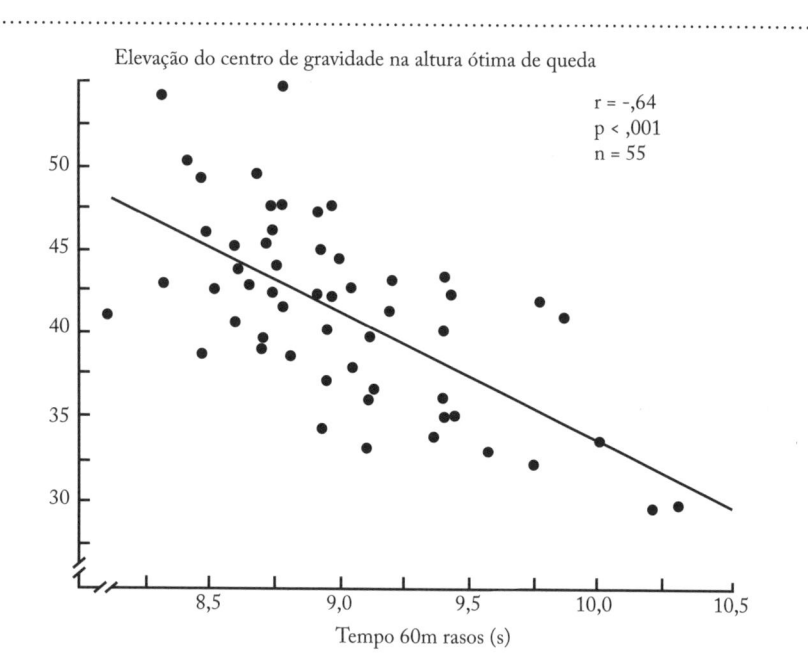

Figura 5.8 Relação entre a altura de queda ideal e o tempo para percorrer 60m, medido em jovens jogadores de vôlei (Bosco, 1981).

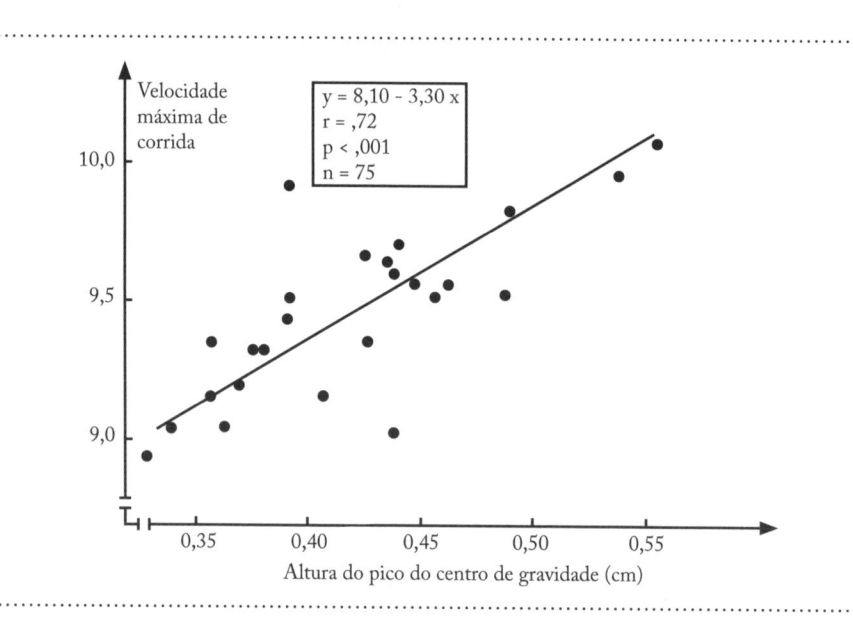

Figura 5.9 Relação entre a máxima velocidade e o levantamento do centro de gravidade em pliométrico de 50cm (Mero et al, 1981).

São apresentados, na Tabela 5.1, os valores indicativos relativos aos tempos de contato registrados (altura de queda ideal) nos exercícios pliométricos para homens, e durante os saltos executados com ou sem obstáculos para homens e mulheres.

Tabela 5.1 Valores indicativos dos tempos de contato registrados durante exercícios pliométricos ou saltos executados com ou sem obstáculos de 91cm

Exercícios pliométricos Tempos de contato (ms) Homens	Valor	Saltos com ou sem obstáculos Tempos de contato	
		Homens	Mulheres
145-160	Excelente	130-150	120-140
160-175	Bom	150-160	140-150
175-190	Regular	160-180	150-160
≥190	Insatisfatório	≥ 180	≥ 170

Antes de traçar os principais parâmetros a serem seguidos na aplicação de exercícios pliométricos, é preciso analisar as capacidades do homem de produzir o trabalho específico durante a execução de saltos e exercícios pliométricos em geral. A capacidade das crianças de tolerar grandes cargas de estiramento é muito baixa, enquanto cargas moderadas podem ser sustentadas por rapazes (10-15 anos) (Figura 5.10a); as condições ideais são alcançadas na idade de 20-25 anos (Figura 5.10b) para, depois, diminuírem com o passar do tempo.

Contudo, é relevante notar que as crianças, mesmo sendo capazes de desenvolver uma potência mecânica relativamente alta no salto de posição agachada, não foram capazes de suportar cargas de estiramento moderadas, o que reflete uma intervenção predominante de tipo concêntrico.

Esses resultados corroboram as conclusões de Komi et al. (1973), segundo as quais, indivíduos muito jovens não são capazes de alcançar valores semelhantes à própria força isométrica máxima na fase de trabalho excêntrico, o que é possível para os adultos.

Em alguns casos, de fato, a força excêntrica máxima foi menor do que a força isométrica máxima. Contudo, as atuais conclusões poderiam ser explicadas pelo fato do sistema nervoso central dos jovens ainda não estar completamente desenvolvido, e o limiar para a ativação dos órgãos tendíneos de Golgi ser baixo. Assim, o mecanismo de *feedback* proprioceptivo pode operar eficazmente de maneira a proteger o

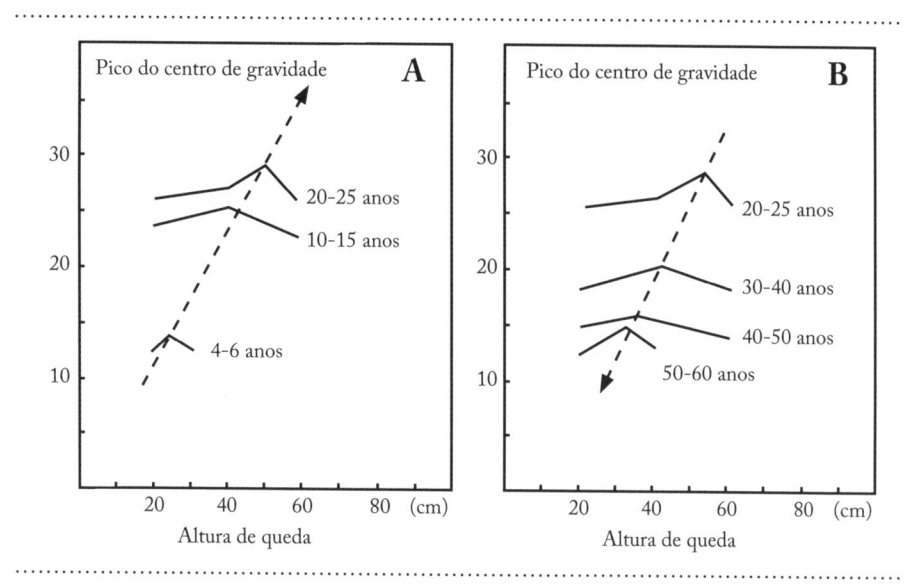

Figura 5.10 Avaliação da elevação do centro de gravidade do salto em relação à altura da queda (exercícios pliométricos). Cada faixa etária apresenta o valor médio para ambos os sexos.

corpo de cargas de estiramento elevadas, especialmente em uma idade em que os músculos, e em particular os ossos, ainda não alcançaram o desenvolvimento completo, bem como os processos de ossificação, que continuam durante a puberdade.

A capacidade diminuída dos indivíduos idosos em tolerar cargas de estiramento elevadas poderia dever-se a variações típicas que ocorrem no músculo esquelético com o passar dos anos, como a perda de massa muscular (Tzankoff e Norris, 1977) e o aumento de gordura e tecido conjuntivo (Bakermann, 1969; Gutmann, 1977). Isso significa que, paralelamente ao aumento da idade, há uma considerável diminuição de força, já que a força muscular depende do tipo e/ou da secção transversa do próprio músculo, e não do sexo ou do *status* de treinamento (Ikai e Fukunaga, 1968).

Foi demonstrado que os órgãos tendíneos de Golgi são receptores sensíveis à tensão, particularmente em resposta a numerosas unidades motoras, cujas fibras musculares inserem-se diretamente nos tendões (Houk e Hennemann, 1967; Houk e Simon, 1967; Stuart et al., 1972). Isso significa que, talvez, os órgãos tendíneos de Golgi sejam mais sensíveis à contração ativa do músculo do que ao seu alongamento passivo. Nesse caso, seria razoável assumir que, com o avançar dos anos, a diminuição da força e da atividade muscular, os órgãos tendíneos de

Golgi deveriam adaptar o seu limiar de excitação e a sua sensibilidade a um nível de tensão mais baixo.

A capacidade de sustentar altas cargas de estiramento determinadas pela altura da queda depende da idade, da puberdade e também do sexo (Figura 5.11). Portanto, a planificação sistemática dos exercícios pliométricos deve ser realizada em função das condições biológicas em que se encontram os indivíduos a serem treinados. O trabalho sistemático de pliometria é desaconselhado para crianças abaixo dos 12 anos. Depois desta idade, podem ser planejados exercícios de saltos, sempre de alturas inferiores ao ideal para o indivíduo. O número total de saltos por semana, subdivididos em duas sessões, não deve superar 80-100 saltos. Com idades superiores, pode-se começar a aumentar o volume, tendo sempre sob controle a intensidade, representada pela altura ideal para o indivíduo. Ou seja, é preciso aproximar-se gradativamente dos exercícios de intensidade máxima até alcançar a altura ideal de queda.

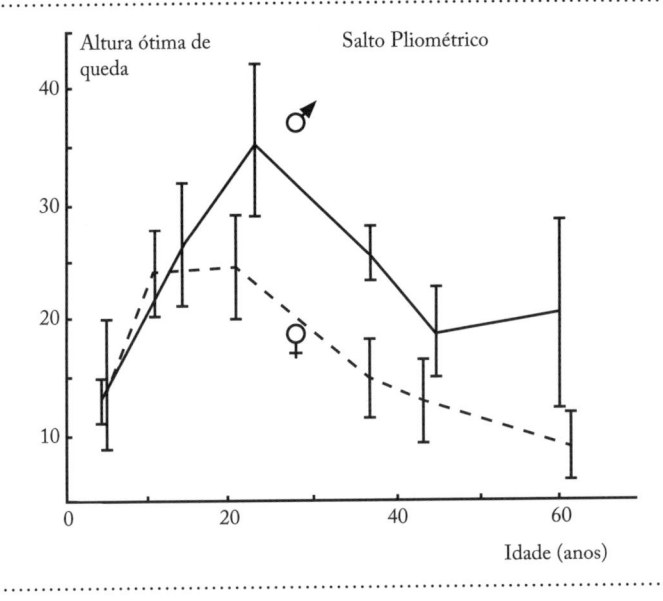

Figura 5.11 Levantamento do centro de gravidade de alturas de queda ideais, observado em indivíduos divididos por sexo e idade (Bosco e Komi, 1980).

É preciso lembrar que quando indivíduos não treinados executam exercícios de pliometria muito intensos, as primeiras respostas obtidas sobre o sistema muscular são inibitórias; enquanto em atletas de elite, manifestam-se claramente respostas de potenciação nervosa (Figura 5.12).

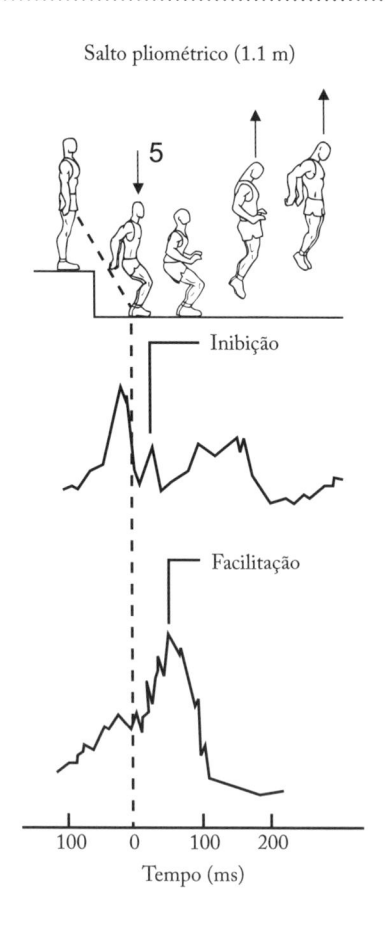

Figura 5.12 Registro eletromiográfico do gastrocnêmio durante um salto pliométrico caindo de 1,1m, em um indivíduo treinado (abaixo) e outro não treinado (acima). A atividade eletromiográfica do indivíduo treinado no momento do contato é constantemente crescente, enquanto o não treinado mostra uma depressão inicial devido à inibição (Schmidtbleicher e Gollhofer, 1982).

Em indivíduos não treinados, a intensidade do estímulo (altura da queda) não é o fator determinante da resposta biológica (Bosco et al., 1994). De fato, estudos recentes evidenciaram que dois grupos de indivíduos não treinados submetidos a estímulos completamente diferentes em intensidade (150 quedas pliométricas de alturas, respectivamente de 30 e 60cm) apresentaram respostas biológicas muito parecidas. A dor, que geralmente é manifestada por indivíduos não treinados em cerca de 12-24 horas depois da execução dos exercícios pliométricos, não foi diferente entre os dois grupos examinados (Figura 5.13).

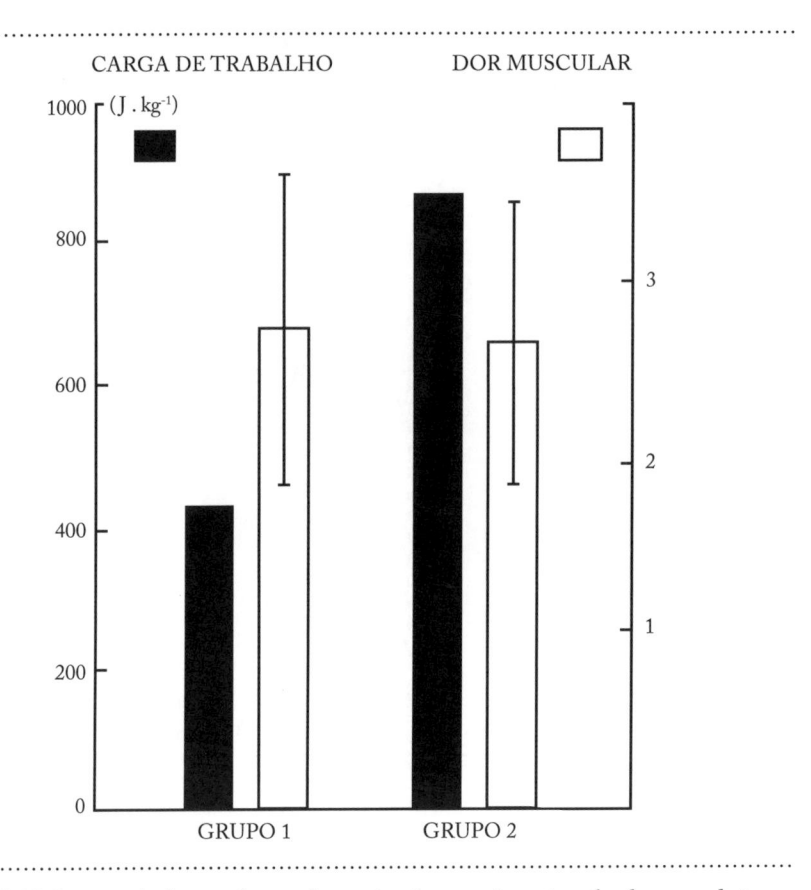

Figura 5.13 Intensidade e volume do estímulo e estimativa da dor em dois grupos de indivíduos (G1 e G2). Apesar do volume e da intensidade dos exercícios pliométricos serem completamente diferentes, as respostas com relação à dor foram semelhantes (Bosco et al., 1994).

Os valores plasmáticos da creatinaquinase (CK) examinados 24 horas depois da execução dos 150 saltos, mostraram um aumento estatisticamente significativo em relação aos valores iniciais (p<0,05), mas entre os dois grupos não foram observadas diferenças (Bosco et al., 1994). O aumento da concentração plasmática de creatinaquinase, observado depois de algumas horas (12-48) da execução de exercícios intensos, especialmente após o trabalho excêntrico-concêntrico, reflete a liberação dessa enzima pelas miofibrilas, dilaceradas durante o alongamento ativo do músculo (Frieden et al., 1983). Portanto, a ausência de diferença observada nos dois grupos em questão, submetidos a intensidades de estímulo completamente diferentes, sugere que não é a intensidade do estímulo a principal causa dos fenômenos biológicos observados após o trabalho, mas sim o tipo de ativação muscular desenvolvido (ciclo alongamento-contração). Essas observações, no entanto, não devem sugerir a utilização indiscriminada de cargas de trabalho intensas sem progressiva adaptação biológica ao estímulo racional.

É preciso lembrar que quando os exercícios pliométricos são praticados periodicamente, mas não freqüentemente (por exemplo, uma vez por semana), como acontece com os jogadores de futebol, o intervalo necessário entre os exercícios pliométricos e a competição deve ser relativamente longo, de pelo menos 4 dias (Bosco, 1992). Isso se deve ao fato de que a capacidade de recuperação em atletas não submetidos a elevadas cargas de trabalho muscular é mais demorada do que a de atletas que solicitam as propriedades visco-elásticas e neuromusculares com maior intensidade, como os saltadores por exemplo (Bosco, 1990). Trabalhos de pesquisa realizados com atletas da seleção de atletismo colocaram em evidência melhoras expressivas das capacidades de salto pliométrico depois de um período de treinamento específico (Figura 5.14) (Bosco et al., 1984; Bosco, 1985b).

Melhoras das capacidades neuromusculares, avaliadas durante a execução de saltos de obstáculos, observadas em oito velocistas da seleção italiana (ver Tabela 5.2).

Tabela 5.2 Levantamento do centro de gravidade durante saltos sobre obstáculos, tempo de contato e potência mecânica média registrados em oito velocistas italianos, antes e depois de um período especial de treinamento dirigido à melhora do sistema neuromuscular (Bosco, 1990)

	h (cm)	Tempo de contato	Potência watt/kg
Novembro 83	57,8 8,7 **	177,3 12,2 **	64,0 9,6 ***
Janeiro 84	63,5 165,3	7,9 11,9	75,4 13,4

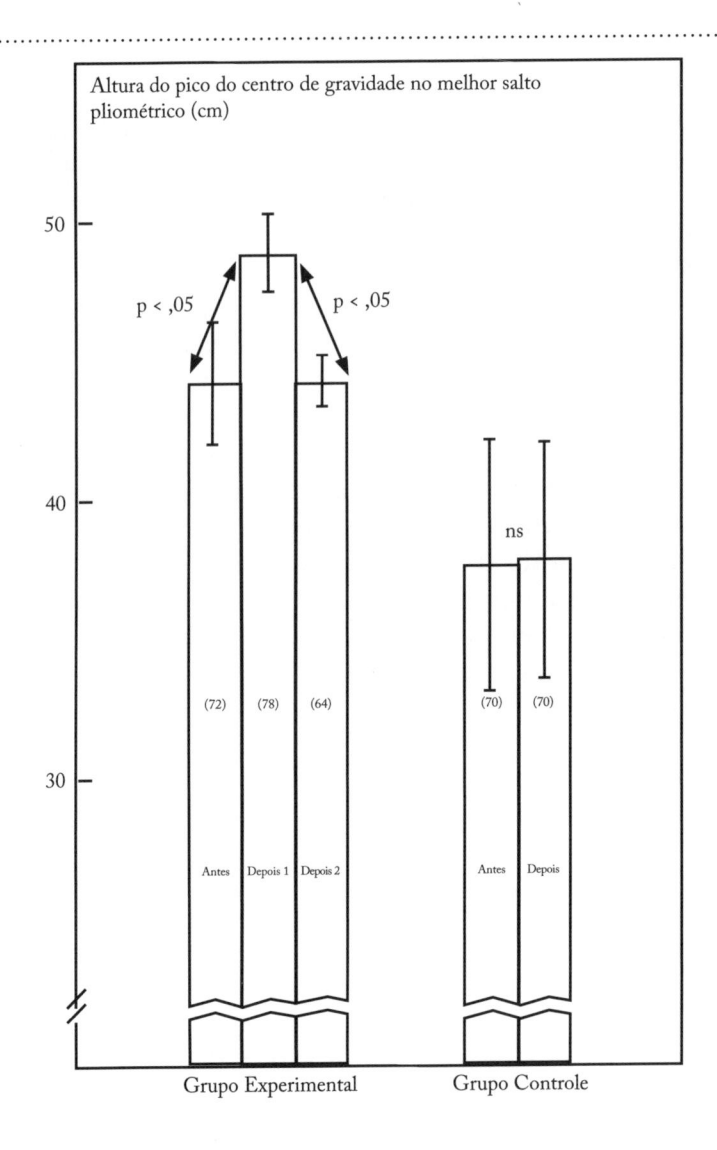

Figura 5.14 O levantamento do CG (média ±DP) medido durante o salto de altura ideal para atletas submetidos a treinamentos especiais e para atletas de grupo controle, é apresentado em função dos testes executados antes (pré), depois do treinamento (pós 1) e um mês depois (pós 2). Entre parênteses, são mostradas as alturas de queda em cm (Bosco et al., 1994).

Trabalhos científicos sobre os efeitos induzidos por treinamentos pliométricos administrados exclusivamente em treinamentos de força são apresentados na Tabela 5.3.

Tabela 5.3 Trabalhos publicados em revistas internacionais sobre o efeito induzido por exercícios pliométricos e de força sobre força explosiva (Bobbert, 1990)

Autor	Sexo	Tipo de Treinamento	Duração do treinamento (em semanas)	Freqüência semanal	Número total de saltos em uma sessão	Altura da queda	Melhora expressa em percentual do valor inicial
Gemar (1986)	(H)	TB	8	2	30-44	30-40	1,8
	(H)	TB	8	2			2,3
	(H)						0,2
Scoles (1978)	(H)	TP	8	2	20	75	2,0
	(H)	TA	8	2			0,7
	(H)						1,0
	(H)	TB	16	2			-1,0
Clutch ym. (1983)	(H)	TB+TP	16	2	40	75-110	3,7
	(H)	TB	16	2			-0,1
Clutch ym. (1983)	(H)	TB+TP	4	2	40	30	3,4
	(H)	TB+TP	4	2	40	75-110	3,0
	(H)	TB+TP	4	2	40		2,1
Ford ym. (1983)	(H)	TB+EPSL	9	2-3	45	60	4,5
	(H)	TB+EPSL	9	2-3	45	60	3,1
	(H)	TB	9	4			4,4
Keohane (1977)	(M)	TA+TP+TEP	6	2-3	45	30-54	4,7
	(M)	TA+TEP	6	2-3			0,4
Miller (1982)	(M)	TP	8	1	50		0

Tabela 5.3 (continuação) Trabalhos publicados em revistas internacionais sobre o efeito induzido por exercícios pliométricos e de força sobre força explosiva (Bobbert, 1990)

Autor	Sexo	Tipo de Treinamento	Duração do treinamento (em semanas)	Freqüência semanal	Número total de saltos em uma sessão	Altura da queda	Melhora expressa em percentual do valor inicial
Blattner e Noble (1979)	(M)						0
	(H)	EPSL	8	3	30	86	5,2
	(H)	TB	8	3			4,9
	(H)						0,7
Brown (1986)	(H)	TB+TP+TEP	12	2-3	30	45	7,1
	(H)	TB+TEP	12	2-3			3,8
Polhemus (1981)	(H)	TB+EPSL	6	3	30	46	8,1
	(H)	TB+TP	6	3			2,8
	(H)	TB	6	3			2,8
Steben e Steben (1981)	(H)	TP	7	5	12-15	25	10,0
	(H)	TA	7	5			1,5
Bartholomev (1985)	(H)	TP	8	2	23-62	50	10,2
	(H)	TP	8	2	23-62	80	8,4
	(H)	TPC	8	2	23-62		11,4
Clutch ym. (1983)	(H)	TB+TP+TEP	16	2	40	75-110	3,3
	(H)	TB+TEP	16	2			4,3
Bosco e Pittera (1982)	(H)	TBP+TP+TEP	8	3	100-170	50-100	9,4
	(H)	TBP+TEP	8	3			-2,6

Legenda:
H = homens;
M = mulheres;
TP = treinamentos pliométricos;
TB = treinamentos com barra;
TA = treinamentos gerais de pré-atletismo sem saltos;
TPC = treinamentos de pliometria clássica;
EPSL = exercícios pliométricos executados com sobrecargas leves (coletes lastrados);
TEP = treinamento geral que compreende também exercícios pliométricos;
TBP = treinamentos com barra e pliométricos.

Como se pode observar na Tabela 5.3, não são poucos estudos que abordam os efeitos provocados por exercícios de queda, em todas as suas formas e expressões. Entre esses, o que, segundo Bobbert, parece ser o mais eficaz e mais seguro do ponto de vista clínico, é o introduzido por Bosco e Pittera, em 1982.

O método Bosco-Pittera

Os exercícios pliométricos clássicos consistem na queda de determinadas alturas (40-50cm para jogadores de vôlei) com chegada em solo com as pernas quase estendidas (ângulo do joelho em 170° com as pernas retas o ângulo do joelho aproxima-se dos 180°); portanto, para efeito da energia cinética, que deve absorver o sistema de locomoção do indivíduo, é provocada uma leve flexão das pernas (o músculo quadríceps femural é ativamente alongado favorecendo o armazenamento de energia elástica e o desenvolvimento dos reflexos miotáticos) antes que um forte impulso máximo para o alto projete o indivíduo no ar. Além de tais exercícios, Bosco e Pittera (1982) introduziram novas técnicas que foram corroboradas por resultados práticos obtidos com os jogadores da seleção italiana de vôlei e com jogadores profissionais de futebol. Com o método introduzido por Bosco e Pittera, o atleta inicia o exercício de queda de uma determinada altura, partindo de uma posição agachada (pernas flexionadas, ângulo do joelho em 90°), toca o terreno mantendo a posição agachada (o ângulo do joelho pode variar de 90 a 110°) (ver Figura 5.15), e depois de uma fase de amortecimento (trabalho excêntrico), realiza o salto para o alto. Se nos perguntarmos qual é a razão pela qual esse modelo foi introduzido, deve-se dizer que os motivos são diversos e baseia-se, principalmente, em observações tanto empíricas como científicas.

Figura 5.15 Exemplo do novo tipo de salto com pernas flexionadas (Bosco e Pittera, 1982).

Geralmente, no campo da ciência do treinamento, o treinador prevê, com base em observações empíricas, fenômenos de caráter científico que, em seguida, são encontrados e verificados em laboratório. Nesse caso, aconteceu o contrário, já que as observações que levaram à formulação dessa nova técnica foram extraídas de experimentos de caráter puramente científico, posteriormente aplicados na prática, notando-se então não apenas seus benefícios de natureza preventiva, mas também específicos ao desempenho e à melhora de algumas qualidades neuromusculares. O salto da posição agachada apresenta um momento de alavanca no ponto de rotação do joelho, inferior a 30% em relação ao que se alcança quando o joelho encontra-se em uma posição semiflexionada (ângulo do joelho em 135º) (Smidt, 1973). Portanto, para poder amortecer na posição agachada a mesma energia cinética produzida no momento de contato com o solo, é requerida maior tensão muscular, que deve ser desenvolvida pelos músculos extensores da perna conforme as condições verificadas na queda com as pernas quase retas. Esse tipo de raciocínio poderia nos levar a conclusões erradas e, ao mesmo tempo, poderiam surgir interpretações perigosas sobre os fenômenos que ocorrem durante o salto de posição agachada. Efetivamente, tudo isso que acontece em nível muscular não é assim tão complicado. Na Figura 5.16, é mostrado o registro dinamométrico dos dois tipos de saltos. Pode-se muito bem notar que as tensões musculares desenvolvidas com o novo método introduzido por Bosco e Pittera são ligeiramente inferiores àquelas obtidas pelo método clássico. Além disso, os dois autores haviam sugerido (1982) que o novo método permitia às várias miofibrilas dos músculos extensores da perna serem solicitadas também quando se encontram a um certo comprimento de alongamento, o que dificilmente pode ser obtido utilizando-se a pliometria clássica. Essas observações impulsionaram os dois autores a supor também que um estímulo de tal tipo poderia aumentar a resposta de potenciação provocada pelo reflexo miotático presente durante os exercícios de pliometria clássica. O comportamento dos músculos extensores da perna durante esse tipo de exercício resulta muito próximo das condições em que, freqüentemente, encontram-se as pernas dos jogadores. Ou seja, as variações angulares das articulações do quadril, joelhos e tornozelos sofrem modificações contínuas, de largo espectro de amplitude, durante o desempenho, o que dificulta a composição de metodologias de treinamento específicas capazes de, efetivamente, melhorar todas as manifestações das propriedades neuromusculares de um jogador de futebol.

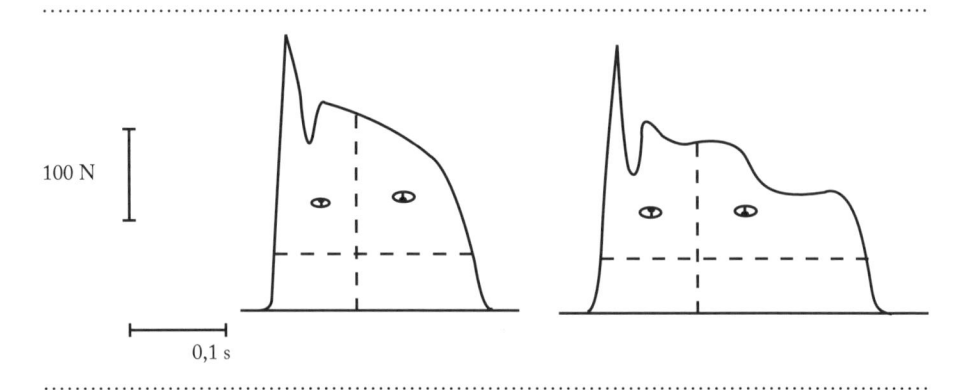

Figura 5.16 Relação força-tempo durante saltos executados na seqüência à uma queda da altura de 60cm, sem flexionar os joelhos (pliometria clássica), e flexionando os joelhos (à direita) (Bosco, 1985).

O novo método havia sido estudado e analisado somente sob a perspectiva mecânica (quadro dinamométrico para o registro da força) com ampla produção de documentação. Apesar disso, Hoster (1982), sem nunca ter analisado estes exercícios, criticava duramente o novo método. Hoster atribuía à posição agachada condições dinâmicas desfavoráveis e, portanto, perigosas para a segurança do sistema de locomoção do homem. Como acontece freqüentemente àqueles que se interessam por problemas específicos sobre os quais não tiveram uma educação acadêmica, a presunção de Hoster o levou a manifestar suposições de natureza teórica sem suporte científico nem empírico-prático. Infelizmente, suas críticas desorientaram muitos treinadores incapazes de julgar o novo método de maneira sensata. Felizmente, uma contribuição determinante e cientificamente autorizada foi, posteriormente, fornecida pelos estudos de Bobbert et al. (1987). Estes autores publicaram um trabalho na prestigiosa revista científica *Medicine and Science in Sport*, órgão oficial da Federação Americana de Medicina do Esporte. Os autores estudaram e confrontaram, através de análises eletromiográfica, cinematográfica e dinamométrica, os métodos clássicos da pliometria com os sugeridos por Bosco e Pittera (1982). Pelos resultados apresentados por Bobbert et al., evidencia-se que, com o método de Bosco e Pittera, as forças que agem no nível das articulações dos joelhos e tornozelos são muito menores do que as desenvolvidas com a pliometria clássica; o mesmo encontra-se para a potência mecânica e as duplas de força (ver Tabela 5.4 e 5.5 e a Figura 5.17 retomada pelo trabalho de Bobbert et al.). Além disso, como anteriormente sugerido por Bosco e Pittera, a atividade eletromiográfica é favorecida pela posição agachada em relação à posição normal da pliometria clássica (ver Tabela 5.6, retomado do trabalho de Bobbert et al.). Essas observações de caráter puramente científico sustentam a idéia de que as propriedades neuromusculares dos membros inferiores são melhor solicitadas e estimuladas pelo novo método. Os estímulos provocados pelos exercícios pliométricos e as adaptações que deles derivam não só promovem melhoras no desenvolvimento da força explosiva e reativa, mas ao mesmo tempo reforçam todo o sistema músculo tendíneo, protegendo-o, portanto, de solicitações perigosas que ocorrem durante o desenvolvimento dos movimentos técnicos. Dado que as variações angulares das articulações dos atletas durante o desempenho são continuamente modificadas, a fim de que os exercícios pliométricos possam trazer benefícios específicos, é preciso utilizar uma metodologia particular que leve em consideração as solicitações às quais são submetidos os sistemas de locomoção dos atletas (Figura 5.18).

Tabela 5.4 Valores médios (± DP) de alguns parâmetros biomecânicos relativos às articulações do quadril, dos joelhos e dos tornozelos, durante a execução de saltos com contra-movimento, com o método de joelhos flexionados de Bosco e Pittera e pliometria clássica

	Junções	Salto com contra-movimento	Método de joelhos flexionados de Bosco e Pittera	Pliometria clássica
θ_{min} (rad s^{-1})	Quadril	-5,6 ± 1,6	-5,2±1,6	-3,2±1,2**
	Joelhos	-4,9±0,5	-7,2±1,2*	-6,8±1,4*
	Tornozelo	-1,9±0,3	-9,5±1,4*	-11,4±1,0**
$\theta_{máx}$ (rad s^{-1})	Quadril	11,1±1,2	10,7±1,4	9,1±2,1**
	Joelhos	16,7±1,1	16,6±1,6	14,5±2,6**
	Tornozelos	16,1±2,7	17,5±2,7*	18,7±2,9**
θ_{spo} (rad)	Quadril	1,23±0,19	10,7±1,4	2,29±0,22**
	Joelhos	1,40±0,26	16,6±1,6	1,93±0,20**
	Tornozelos	1,23±0,12	17,5±2,7*	1,26±0,12
M_{spo} (num)	Quadril	403±63	326±109	287±109*
	Joelhos	314±92	473±160*	546±140**
	Tornozelos	263±67	349±84*	586±168**
$M_{máx}$ (Nm)	Quadril	422±56	367±78*	1,165±418
	Joelhos	366±64	488±151*	3,004±759**
	Tornozelos	310±50	361±81*	4,529±1,917**
$P_{máx}$ (W)	Quadril	1,524±345	1,255±401	1,165±418
	Joelhos	2,549±437	2,796±622	3,004±759**
	Tornozelos	2,449±672	2,482±945	4,529±1,917**

Legenda:
θ_{min} e $\theta_{máx}$: são os valores das velocidades angulares mínimas e máximas.
θ_{spo}: é o ângulo de partida no momento do impulso para o alto (início do trabalho concêntrico ou positivo).
M_{spo}: são os pares de força que agem no momento do impulso para o alto.
$M_{máx}$: é o valor máximo dos pares de força.
$P_{máx}$: é o valor máximo da potência mecânica desenvolvida nas três articulações (valores originais de Bobbert et al., 1987).

Tabela 5.5 Valores médios e desvio padrão (±) de alguns parâmetros registrados durante a execução de saltos com o contra-movimento por 10 indivíduos, com o método de Bosco e Pittera e o clássico

	Salto com contra-movimento	Método de joelhos flexionados de Bosco e Pittera	Pliometria clássica
$Y_{MCB, spo}$ (m)	-0,37±0,07	-0,25±0,06*	-0,13±0,004**
Y_{MCB} (m)	0,15±0,001	0,14±0,01*	0,14±0,001*
$Y_{MCB, máx.}$ (m)	0,54±0,006	0,52±0,06	0,48±0,008**
t *amortecimento* (s)	0,55±0,06	0,19±0,04	0,13±0,002**
t *impulso* (s)	0,29±0,04	0,21±0,03*	0,13±0,02**
Y_{MCB} (m·s-1)	2,78±0,21	2,17±0,29	2,52±0,26**
$F_{y, spo}$ (N)	2,012±207	2,612±464*	4,015±873**
$F_{y, máx.}$ (N)	2,094±2,18	2,649±499*	4,099±815**
$F_{y, mean}$ (N)	1,715±191	1,918±262*	2,561±377**

Símbolos da Tabela:

$Y_{MCB, spo}$ e Y_{MCB}: indicam a posição em que se encontra o Centro de Gravidade (no plano vertical), no início do impulso para o alto, e no ponto mais alto antes do arranque.

$Y_{MCB, máx.}$: indica a posição alcançada pelo centro de gravidade, no plano vertical, no ápice do salto (isto é, a altura alcançada durante o salto).

t *amortecimento* e t *impulso*: indicam o tempo de trabalho na fase de amortecimento e na fase de impulso.

Y_{MCB}: velocidade vertical do CG no arranque.

$F_{y, spo}$, $F_{y, máx.}$ e $F_{y, mean}$: indicam a força vertical de reação do terreno no início da fase de impulso e, respectivamente, o valor máximo e o valor médio durante a fase de impulso.

(Bobbert et al., 1987).

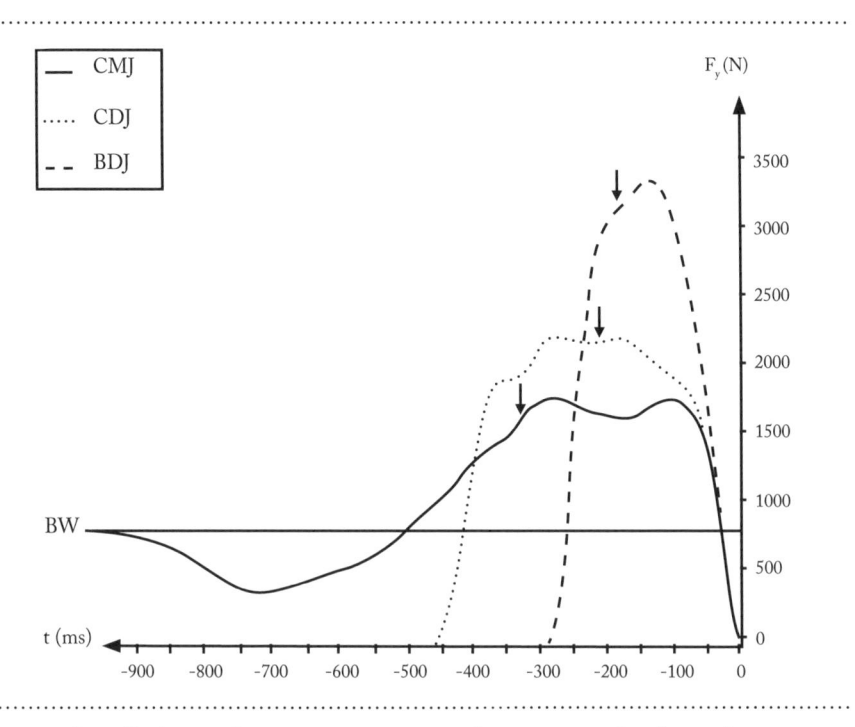

Figura 5.17 Relação força-tempo registrada em 10 indivíduos durante a execução de um salto com contra-movimento, pliometria clássica e com o método de Bosco e Pittera com joelhos flexionados. As flechas indicam o início da fase de impulso ou trabalho positivo (Bobbert et al., 1987).

Tabela 5.6 Atividade mioelétrica registrada nos músculos: reto femural, vasto medial, gastrocnêmio (cabeça medial) e sóleo, durante a execução de 10 saltos por atletas com contra-movimento, pliometria clássica e com o método de Bosco Pittera (CDJ). Os valores são expressos em percentual do valor máximo obtido no salto com contra-movimento (Bobbert et al., 1987)

	Salto com contra-movimento	Método de joelhos flexionados de Bosco e Pittera	Pliometria clássica
Músculo reto femural	100±0	102±21	92±35
Músculo vasto medial	100±0	121±25*	102±36**
Músculo gastrocnêmio	100±0	114±15*	114±20*
Músculo sóleo	100±0	144±34	108±30

Força Muscular

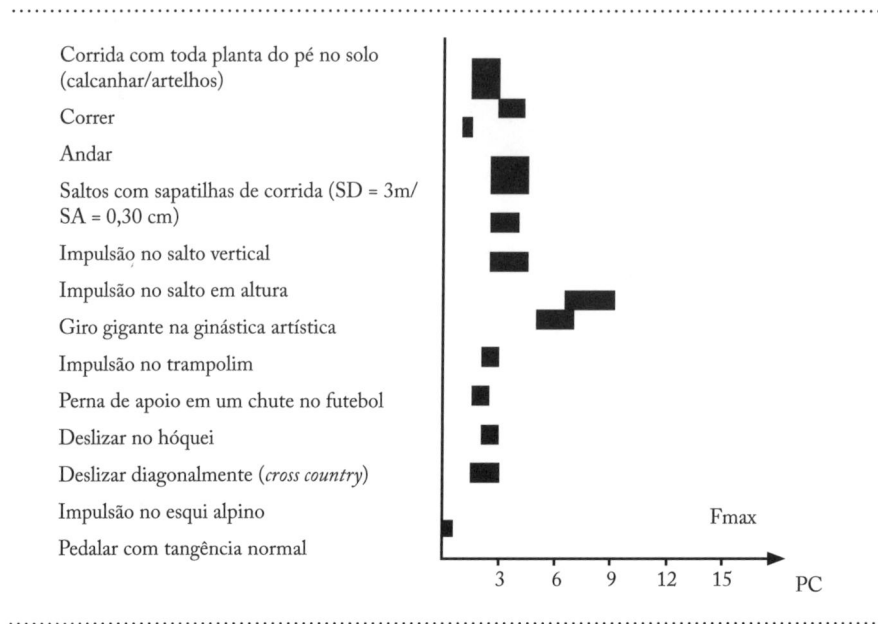

Atividade	Força
Corrida com toda planta do pé no solo (calcanhar/artelhos)	
Correr	
Andar	
Saltos com sapatilhas de corrida (SD = 3m/ SA = 0,30 cm)	
Impulsão no salto vertical	
Impulsão no salto em altura	
Giro gigante na ginástica artística	
Impulsão no trampolim	
Perna de apoio em um chute no futebol	
Deslizar no hóquei	
Deslizar diagonalmente (*cross country*)	
Impulsão no esqui alpino	
Pedalar com tangência normal	

Figura 5.18 Forças ativas máximas registradas durante medições experimentais. Os valores foram recolhidos por Nigg (1988) e provêm de diversos autores. O sinal PC significa peso corpóreo, isto é, a força expressa como múltiplo do peso corpóreo.

Portanto, aconselha-se o uso desta metodologia:

a) Exercícios de pliometria clássica: queda de 40-50cm chegando ao solo com as pernas retas (ângulo do joelho em 170º), amortecimento (trabalho excêntrico) e impulso para o alto.

b) Método de Bosco e Pittera: queda de 40-50cm partindo e chegando ao solo com os joelhos flexionados (ângulo do joelho em torno de 90-110º), amortecimento (trabalho excêntrico) e impulso para o alto.

c) Queda de altura de cerca de 20-30cm com pliometria clássica, chegando ao solo com apenas uma perna, amortecimento (trabalho excêntrico) e impulso (trabalho concêntrico) tanto para o alto como lateralmente.

d) Queda de altura de 20-30cm, chegada com uma só perna (flexionada, ângulo do joelho em 90º-110º), amortecimento e impulso para o alto ou lateral.

e) Corrida com saltos em pernas alternadas (não mais de 10-15m) e com desvios laterais.

Meios de treinamento para a potência muscular

A essas formas de treinamento pliométrico, podem ser acrescentadas inúmeras variações e modificações: tudo depende da fantasia do treinador. Entre os meios de treinamento mais eficazes e de aplicação prática que favorecem melhora segura dos processos metabólicos das vertentes anaeróbica alática e lática e, portanto, das funções neuromusculares, é preciso enumerar:

a) Exercícios de arranque de breves tiros (acelerações) 10-30 metros, por exemplo: 5x10m; 5x30m (recuperação completa).

b) Exercícios de aceleração em 10-20-30 metros; a cada disparo segue uma desaceleração repentina (paradas em espaços brevíssimos) (recuperações completas).

c) Trabalhos de arranque até 50 metros.

d) Corrida na subida em espaços breves (inferiores a 20-30 metros) (Figura 5.19).

Figura 5.19

f) Corrida com carga em espaços breves (20-30 metros) (Figura 5.20).

Figura 5.20

g) Capacidade de resistência à repetição nos 50 metros "vai e vem". O jogador, no fim de cada repetição, pára rapidamente e retorna para, depois, percorrer a mesma distância por 3/4 voltas seguidas. Podem ser executadas até três séries em velocidade elevada, ao redor de 90-95%. Respeitar uma pausa de pelo menos 8 minutos entre as séries. As distâncias podem ser tanto encurtadas quanto alongadas. Por exemplo, 50 metros são percorridos em uma direção e na volta são percorridos apenas 30 metros, depois 20 metros para frente e 60 na volta, e assim por diante.

h) Provas de aceleração com variação de velocidade. Percorrem-se 50m velozes e 50m lentos para um total de 6-8 repetições x 2-3 séries, respeitando-se uma pausa de 8 minutos de repouso ativo (trabalho muscular, pré-atletismo, etc.).

i) Série de arranques em 30-40m a 90-95% do máximo. O número das repetições que constituem uma série pode variar de 4 a 5. Entre as repetições, respeitar poucas dezenas de segundos, enquanto, entre as séries, uma pausa de repouso ativo de 8 minutos é suficiente.

Todas as pausas entre as repetições, ou as mais longas entre as séries, devem ser efetuadas com recuperação ativa. Portanto, terminada a prova, o jogador não deve esperar a prova posterior parado, mas buscar manter todo o corpo em estado de repouso ativo, especialmente durante as pausas longas (entre as séries). Isso favorece a rápida utilização do lactato e mantém o sistema nervoso em um limiar de ativação ideal para execução da prova posterior.

Os efeitos fisiológicos e as adaptações provocadas pelos exercícios acima descritos são múltiplos e de natureza complexa. Apesar disso, as propriedades e qualidades fundamentais que são estimuladas e, portanto, melhoradas, podem ser classificadas em amplos esquemas. É preciso lembrar que para tornar os exercícios dos pontos (a), (b), (c) mais complexos e mais ricos em estímulo, pode-se efetuá-los com mudanças de direção. A *força explosiva* é estimulada e solicitada, predominantemente, nos exercícios dos pontos (a), (b), (c), (d), (e). O *componente contrátil* do músculo e o metabolismo anaeróbico alático são solicitados pelos pontos (a), (b), (d), (e).

As propriedades neuromusculares são principalmente estimuladas pelos pontos (a), (b), (d), (e). A componente elástica é solicitada, predominantemente, pelos pontos (b), (f). O metabolismo anaeróbico alático é estimulado pelos exercícios (a), (b), (c), (d), (e), (f), (g), (h). Os metabolismos lático e aeróbico são estimulados pelos pontos (f), (g) e (h). Um esquema analítico das propriedades que são influenciadas pelos vários meios de treinamento descritos anteriormente é mostrado no Tabela 5.7.

Força Muscular

Tabela 5.7 Os meios de treinamento descritos nos pontos a-h são apresentados em relação aos estímulos de treino provocados nas propriedades e capacidades biológicas do organismo humano. Efeito: Bom (+), Ótimo (++), Excelente (+++). (Segundo Bosco)

Meios de treinamento	Força Explosiva	Elasticidade Muscular	Propriedades Neuromusculares	Metabolismo Anaeróbico Alático	Metabolismo Anaeróbico Lático	Metabolismo aeróbico
a	+++		+++	++		
b	+++	++	+++	+		
c	++	+	+	+++	+	
d	+++		++	++	+	
e	+++		++	++	+	
f	+	+	+	+	++	+
g		+		+	+	+
h	+		+	+	+	+

BIBLIOGRAFIA

ASMUSSEN, E.; BONDE-PETERSEN, F. Storage of elastic energy in skeletal muscles in man. *Acta Physiol Scand*. v. 91, p. 385-392, 1974a.

_____. Apparent efficiency and storage of elastic energy in human muscles during exercise. *Acta Physiol Scand*. v. 92, p. 537-545, 1974b.

ASMUSSEN, E.; BONDE-PETERSEN, F.; JÖRGENSEN. K. Mechano-elastic properties of human muscles at different temperature. *Acta Physiol Scand*. v. 96, p. 83-93, 1976.

BAKERMAN S. *Aging life processes*. Springfield II: Charles Thomas, 1969.

BOBBERT, M.F. et al. Drop Jump I: the influence of jumping technique on the biomechanics of jumping. *Med Sci Sports Exercise*. v. 19, n. 4, p. 332-338, 1987.

_____. Drop jumping as a training method for jumping ability. *Sports Med*. v. 9, n. 1, p. 7-22, 1990.

BOSCO, C. New tests for measurement of anaerobic capacity in jumping and leg extensor muscle elasticity. Volleyball I.F.V.B. *Official Magazine*. v. 1, p. 22-30, 1981a.

_____. Adaptive response of human skeletal muscle to simulated hipergravity condition. *Acta Physiol Scand*. 1985.

_____. Aspetti fisiologici della preparazione fisica del calciatore. Roma: Società Stampa Sportiva, 1990.

_____. Elasticità muscolare e forza esplosiva nelle attività físico-sportive. Roma: Società Stampa Sportiva, p. 1-36, 1985.

BOSCO, C.; KOMI, P.V.; LOCATELLI. E. Considerazioni sull'allenamento del potenziale elastico del musculo scheletrico umano. In: *Quaderni del Centro Studi di Coverciano*, 1979a.

_____. Physiologische Betrachtungen zum Tiefsprung-training. *Leistungssport*. v. 6, p. 434-439, 1979b.

BOSCO, C.; KOMI, P.V. Mechanical characteristics and fiber composition of human leg extensor muscle. *Eur J Appl Physiol*. v. 41, p. 275-284, 1979a.

_____. Potentiation of mechanical behaviour of the human skeletal muscle through prestretching. *Acta Physiol Scand*. v. 106, p. 467-472, 1979b.

_____. Influence of aging on mechanical behaviour of leg extensor muscles. *Eur J Appl Physiol*. v. 45, p. 209-219, 1980.

_____. Muscle elasticity in athletes. In: KOMI, P.V. (ed). *Exercise and Sports Biology*. Champaign: Human Kinetics, p. 109-117, 1982.

BOSCO, C.; VIITASALO, J.T. Potentiation of myoelectrical activity of human muscles in vertical jumps. Electromyogr. *Clin Neurophysiol*. v. 22, n. 7, p. 549-562, 1982.

BOSCO C, PITTERA C. Zur Trainingswirkung neuentwickelter Sprungübungen auf die explosive Kraft. *Leistungssport*. v. 12, n. 1, p. 36-39, 1982.

BOSCO, C.; TARKKA, I.; KOMI, P.V. The effect of elastic energy and myoelectrical potentiation of triceps surae during stretch-shortening cycle exercise. *Int J Sports Med*. v. 3, p. 137-140, 1982a.

Bosco, C. et al. Combined effect of elastic energy and myoelectrical potentiation during stretch-shortening cycle. *Acta Physiol Scand.* v. 114, p. 557-565, 1982b.

Bosco C. et al. The influence of extra Loads on the Mechanical Behaviour of skeletal Muscle. *Eur J Appl Physiol.* v. 53, p. 149-154, 1984.

Cavagna, G.A.; Saibene, F.P.; Margaria, R. Mechanical work in running. *J Appl Physiol.* v. 19, p. 249-252, 1964.

Cavagna, G.A.; Saibene, F.P.; Margaria, R. Effect of negative work on the amount of the positive work performed by an isolated muscle. *J Appl Physiol.* v. 20, p. 157-158, 1965.

Cavagna, G.A.; Dusman, B.; Margaria, R. Positive work done by a previously stretched muscle. *J. Appl. Physiol.* v. 24, p. 21-32, 1968.

Cavagna, G.A. et al. Power output of the previously stretched muscle. *Medicine and Sport.* v. 6, p. 159-167, 1971.

Cavagna, G.A.; Citterio, G. Effect of stretching on the elastic characteristics and the contractile component of frog striated muscle. *J Physiol Lond.* v. 239, p. 1-14, 1974.

Cavagna, G.A.; Thys, H.; Zamboni, A. The sources of external work in level walking and running. *J. Physiol. Lond.* v. 262, p. 639-657, 1976.

Cavagna, G.A. Storage and utilization of elastic energy in skeletal muscle. In: Hutton, R.S. (ed). *Exercise and Sport Sciences Reviews.* p. 89-129, 1977.

Cavagna, G.A.; Kaneko, M. Mechanical work and efficiency in level walking and running. *J Physiol Lond.* v. 268, p. 467-481, 1977.

Chan, C.W.Y.; Kearney, R.E.; Melville-Jones, G. Electromyographic responses to sudden ankle displacement in normal and parkinsonian subjects. *Soc Neurosci Abstr.* v. 4, p. 292, 1978.

Enoka, R. *Neuromechanical Basis of Kinesiology.* Champaign, Illinois: Human Kinetics, 1988.

Fenn, W.O.; Marsh, B.S. Muscular forces at different speeds of shortening. *J Physiol Lond.* v. 85, p. 277-297, 1935.

Flitney, F.W.; Hirst, D.G. Tension responses and sarcomere movements during length changes applied to contracting frogs muscle. *J Physiol.* v. 251, p. 66-68, 1975.

Flitney, F.W.; Hirst, D.G. Cross-bridge detachment and sarcomere give during stretch of active frog's muscle. *J Physiol Lond.* v. 276, p. 449-465, 1978.

Fridén, J. et al. Adaptive response in human skeletal muscle subjected to prolonged eccentric training. *International Journal of Sports Medicine.* v. 3, p. 177-183, 1983.

Gottlieb, G.L.; Agarwal, G.C. Response to sudden torques about ankle in man: myotatic reflex. *J Neurophysiol.* v. 42, p. 91-106, 1979.

Grillner, S. The role of muscle stiffness in meeting the changing postural and locomotor requirements for force development by the ankle extensors. *Acta Physiol Scand.* v. 86, p. 92-108, 1972.

Gutmann, E. Muscle. In: Flinch, C.E.; Hayflick (ed). *Handbook of the biology of aging.* Nova Iorque: Van Nostrand Company, p. 445-469, 1977.

HILL, A.V. The heat of shortening and the dynamic constants of muscle. *Proc Roy Soc B* v. 126, p. 136-195, 1938.

_____. The abrupt transition from rest to activity in muscle. *Proc Roy Soc B* v. 136, p. 399-419, 1949.

_____. The series elastic component of muscle. *Proc Roy Soc B.* v. 137, p. 273-280, 1950.

_____. The heat produced by a muscle after the last shock of a tetanus. *J Physiol. Lond.* v. 159, p. 518-545, 1961.

HOUK, J.C.; SIMON, W. Response to Golgi tendon organ to forces applied to muscle tendon. *J Neurophysiol.* v. 30, p. 1466-1481, 1967.

HOUK, J.C.; HENNEMAN, E. Responses to Golgi tendon organs to active contractions of the soleus muscle of the cat. *J Neurophysiol.* v. 30, p. 466-481, 1967.

HUXLEY, A.F. Muscle structure and theories of contraction. *Prog Biophys Chem.* v. 7, p. 25-318, 1957.

HUXLEY, A.F.; SIMMONS, R.M. Mechanical properties of the cross-bridges of frog striated muscle. *J Physiol Lond.* v. 218, p. 59-60P, 1971.

IKAI, M.; FUKUNAGA, T. Calculation of muscle strength per unit cross-sectional area of human muscle by means of ultrasonic measurement. In: *Z angew Physiol.* v. 26, p. 26-32, 1968.

ILES, J.F. Responses in human pretibial muscles to sudden stretch and to nerve stimulation. *Exp Brain Res.* v. 30, p. 451-470, 1977.

ITO, A. et al. Mechanical efficiency of positive work in running at different speeds. *Med Aci Sports Exerc.* v. 15, n. 4, p. 299-308, 1983.

KOMI, P.V. Measurement of force-velocity relationship in human muscle under concentric and eccentric contractions. In: CERQUIGLINI, S. (ed). *Biomechanics III*. Arger: Basel, p. 224-229, 1973.

_____. Physiological and biomechanical correlates of muscle function. Effects of muscle structure and stretch-shortening cycle on force and speed. In: TERJUNG. *Exercise and sport sciences reviews*. v. 12, p. 81-121. Lexington: Collamore, 1984.

KOMI, P.V.; BOSCO, C. Utilization of stored elastic energy in leg extensor muscles by men and women. *Med Sci Sports*. v. 10, n. 4, p. 261-265, 1978a.

KOMI, P.V.; BOSCO, C. Utilization of elastic energy in jumping and its relation to skeletal muscle fiber composition. In: ASMUSSEN, E.; JØRGENSEN, K. (eds) *Biomechanics VI* . Baltimore: University Park. p. 79-85, 1978b.

LEVIN, A.; WYMAN, J. The viscous elastic properties of muscle. *Proc Roy Soc.* v. 101, p. 218-243, 1927.

LLOYD, B.B.; ZACKS, R.M. The mechanical efficiency of treadmill running against a horizontal impeding force. *J Physiol Lond.* v. 223, p. 355-373, 1972.

MAREY, M. ; DEMENY, M.G. Locomotion humaine, mecanisme du saut. *Comptes Rendus Hebdomadaires des Séances de l'Académie des Sciences* (Paris). v. 101, p. 489-494, 1885.

MARGARIA, R.; CAVAGNA, G.A.; SAIBENE, F.P. Possibilita di sfruttamento dell'elasticità del muscolo contratto durante l'esercizio muscolare. *Bollettino della*

Società Italiana di Biologia Sperimentale. v. 39, p. 1815-1816, 1963.

MERO, A. et al. Relationships between the maximal running velocity, muscle fiber characteristics, force production and force relaxation of sprinters. *Scand J Sports Sci.* v. 3, n. 1, p. 16-22, 1981.

NICHOLS, T.R.; HOUK, J.C. Improvement in linearity and regulation of stiffness that results from actions of stretch reflex. *J Neurophysiol.* v. 39, p. 119-142, 1976.

NIGG, B.M. External force measurement with sport shoes and playing surfaces. In: NIGG, B.M.; KERR, B.A. (eds). *Biomechanical Aspects of Sports Shoes and Playing Surfaces.* Calgary: University Printing, 1983.

PROCHAZKA, A.; WESTERMAM, R.A.; ZICCONE, S.P. I a afferent activity during a variety of voluntary movements in the cat. *J Physiol.* v. 268, p. 423-448, 1977.

PUGH, G.C.E. The influence of wind resistance in running and walking and the mechanical efficiency of work against horizontal or vertical forces. *J Physiol Lond.* v. 213, p. 255-276, 1971.

RACK, P.M.H.; WESTBURY, D.R. The short range stiffness of active mammalian muscle and its effect on mechanical properties. *J Physiol Lond.* v. 240, p. 331-350, 1974.

Rüegg, R.E. Mechanochemical energy coupling. In: KEUL K. Stuttgart (ed). *Limiting factors of physical performance.* Alemanha: Georg Thieme Verlag, 1979.

SCHMIDTBLEICHER, D.; GOLLHOFER, A. Neuromuskulare Untersuchungen zur Bestimmung individueller Belastungsgrössen für ein Teifsprungtraining. *Leistungssport.* v. 12, p. 298-307, 1982.

SMIDT, G.I. Biomechanical analysis of knee flexion and extension. *J Biomechanics.* v. 6, p. 79-82, 1973.

THYS, H.; CAVAGNA, G.A.; MARGARIA, R. The role played by elasticity in an exercise involving movements of small amplitude. *Pflüg Arch.* v. 354, p. 281-286, 1975.

THYS, H.; FARAGGIANA, T.; MARGARIA, R. Utilization of muscle elasticity in exercise. *J Appl Physiol.* v. 32, p. 491-494, 1972.

TZANKOFF, S.P.; NORRIS, A.H. Effects of muscle mass decrease on agerelated BMR changes. *J Appl Physiol.* v. 43, n. 6, p. 1001-1006, 1977.

VERKHOSHANSKY, Y. Principles of training high level T & F athletes. *Leygkäyä Atletika.* v. 10, p. 6-9, 1981.

VIITASALO, J.; BOSCO, C. Electromechanical behaviour of human muscles in vertical jumps. *Eur J Appl Physiol.* v. 48, p. 253-261, 1982.

Capítulo 6

Resistência à Força Rápida

Foto: Bosco e Bianchetti.

Deve-se fazer uma grande distinção entre as características dos esportes coletivos, suas propriedades fisiológicas a serem melhoradas e as características dos esportes individuais. Nos esportes individuais, têm-se duas tipologias diferentes, em uma a força explosiva é notável (a força rápida), portanto, a velocidade está conectada à força; na outra, os processos metabólicos são importantíssimos (esqui de fundo, maratona, ciclismo em estrada, e assim por diante). Nos esportes individuais, além do componente técnico, distinguem-se dois componentes fundamentais: um metabólico e outro neuromuscular. No que diz respeito aos esportes coletivos, qual vertente dos dois componentes é preciso privilegiar? Quais são as características fundamentais para um atleta que deve jogar uma partida? Durante a competição nos esportes coletivos (handebol, pólo aquático, basquete, vôlei e futebol), o problema é sempre o mesmo: mover-se agilmente, enfrentar rapidamente o adversário, chegar antes do adversário e recuperar-se velozmente. Portanto, antes de tudo, a característica biológica fundamental destes esportes é o trabalho intermitente, isto é, uma ação é realizada rapidamente e depois, quase sempre, há tempo para se recuperar. O tempo de pausa, logicamente, não é classificado, codificado ou previsível, mas depende da situação tática e técnica do jogo. Utilizando sistemas tecnológicos sofisticados para medir os ritmos de jogo (D'Ottavio e Colli, 1996), foi possível codificar quais eram os intervalos de tempo entre frações rápidas, força explosiva, acelerações e fase de recuperação. O problema pode ser examinado de outro ponto de vista, ou seja, analisando-se os processos biológicos que estão na base da força explosiva, da rapidez e da resistência à força rápida, qualidades fundamentais para as características tanto do jogo coletivo quanto para qualquer uma das modalidades esportivas individuais (atletismo, esqui alpino, natação, ciclismo em pista, patinação, etc.).

Força Muscular

O movimento voluntário na locomoção humana, e, portanto, também nas atividades esportivas, deriva da intervenção voluntária da nossa área motora. O impulso inicial parte do cérebro e, através da medula e dos nervos, atinge os músculos, onde forma as unidades motoras. A ação motora que provém do sistema nervoso central liga-se a outras estruturas nervosas através de interações com as estruturas neurogênicas, que mediante a cessão de neuromoduladores, podem modificar, perturbar, melhorar e piorar o estímulo nervoso. No final das contas, o objetivo principal da atividade de movimento é vencer as forças de gravitação, que agem perenemente sobre nosso planeta e sistema muscular. A ação motora predominante dos mamíferos é a de superar a gravidade, enquanto os peixes usam sistemas de locomoção completamente diferentes. De fato, a locomoção dos peixes não é antigravitacional, mas ondulatória, já que, na água, as Leis de Arquimedes determinam a locomoção marinha. Na terra e, portanto, a encargo da estrutura morfológica funcional e muscular do mamífero, tudo deve se realizar para vencer a gravidade. Assim, para melhorar a locomoção, é preciso melhorar as características fisiológicas que favorecem a superação das forças de gravidade. Essas características são identificadas na tensão muscular que se exterioriza em força muscular. Melhorar as características da força significa aumentar a velocidade de execução de um determinado movimento, que, no fim, é o objetivo fundamental do treinamento. Portanto, se antes do treinamento o indivíduo era capaz de produzir uma certa velocidade com uma certa carga, por exemplo, 1,0m/s, depois do treinamento, o indivíduo deveria ser capaz de realizar o mesmo movimento a uma velocidade maior, por exemplo, 1,2m/s. Na base dessa melhora, existem mecanismos muito complexos de natureza neurogênica. Além disso, existem também aqueles de natureza metabólica, que não se relacionam a um só movimento, já que quando se deve realizar apenas uma contração muscular, a quantidade de ATP encontrada no músculo é suficiente. O problema nasce no momento em que se devem realizar de forma sistemática e não ao longo do tempo, ações de força explosiva ou de força rápida. Então, o fator limitante não é apenas de natureza neurogênica, mas também de natureza metabólica; isto é, o fator limitante poderia ser determinado pela impossibilidade de gerar elevados gradientes de energia bioquímica em brevíssimo tempo.

Como anteriormente descrito (ver Capítulo 1), a contração muscular acontece no sarcômero, no interior do qual, em repouso, há uma certa concentração de ATP e de creatina fosfato, que constituem os *pool* fosfóricos e representam reservas de energia de pronto emprego. A ativação muscular acontece através da hidrólise do ATP em ADP, que fornece energia para a contração. A quantidade de ATP no músculo é limitada, por isso após algumas contrações (3-5 no máximo), a ressíntese de energia é realizada através da creatina fosfato, que se encontra em quantidade quádrupla em relação ao ATP. A quebra da creatina fosfato determina diretamente a produção de ATP. Esse é um sistema muito importante! Por que? Antes de tudo, porque fornece energia de pronto emprego, e em segundo lugar, porque está intimamente ligado com a resistência à força rápida (capacidade de reiterar no tempo a força explosiva). De fato, quando se trabalha velozmente, depois de alguns segundos, exauridas as reservas de creatina fosfato, através da fosforilação da glicólise ou da quebra do glicogênio, produz-se energia (anaeróbica lática) que leva à formação de lactato. Os movimentos executados em alta velocidade são, predominantemente, realizados mediante o recrutamento das fibras rápidas, que têm como característica metabólica produzir lactato, mesmo em presença de oxigênio. O fator limitante ao desempenho não é a elevada concentração de lactato, mas o íon de hidrogênio liberado (H^+). Isso significa que ao se produzir lactato, automaticamente liberam-se íons de hidrogênio que abaixam o pH celular. A baixa do pH celular determina uma inibição na célula muscular que, imediatamente, fica impossibilitada de contrair-se. Portanto, quando são executados movimentos repetidos velozmente, a energia inicial é assegurada pelos *pool* fosfóricos, e depois de poucos segundos, serão os processos de quebra do glicogênio e a conseqüente formação de lactato que continuarão a fornecer energia de pronto emprego. A produção de lactato determina automaticamente a baixa do pH, tanto que, depois de algumas dezenas de segundos, a estrutura muscular envolvida não será mais capaz de continuar o trabalho. Neste ponto, o valor da creatina no sistema creatina fosfato-ATP-ADP é importantíssimo. No músculo em repouso, há uma concentração de creatina fosfato bastante elevada; no momento em que se produz trabalho muscular, a creatina fosfato quebra-se em creatina e fósforo, que dá lugar ao ADP. Sendo a creatina uma substância mais alcalina do que a creatina fosfato, instaura-se uma função amortecedora no sistema homeostático do músculo, isto é, a creatina funciona como "tampão". Quanto maior for a concentração de creatina fosfato, maior será a capacidade de produzir trabalho muscular através do sistema lático, dado que a creatina funcionará como amortecedor para o íon de hidrogênio. Esse é um processo muito sofisticado denominado "potência anaeróbica alática", que favorece e influencia a resistência lática. Estes processos metabólicos não podem ser observados e explicados em dissociação às características morfológicas das várias fibras. As fibras musculares do homem, e até mesmo do animal, não são homogêneas: raramente encontram-se no homem músculos que apresentem apenas percentuais de fibras lentas ou rápidas. Geralmente, os músculos do homem são constituídos por fibras mistas, isto é, um certo percentual de fibras lentas e um outro de fibras rápidas. As fibras musculares mistas são constituídas, geralmente, por fibras rápidas e lentas. Existe também um outro tipo de fibra, a intermediária: trata-se de fibras rápidas que possuem tanto metabolismo glicolítico quanto oxidativo. As fibras rápidas são caracterizadas pelo aumento rápido da força e por uma queda também veloz: isto é, em 80ms uma fibra estimulada alcança o pico de tensão e relaxa, enquanto o tempo de trabalho da fibra lenta é mais longo, a magnitude da força é mais baixa e a fadiga suportada é maior. Portanto, as fibras rápidas cansam-se rapidamente, enquanto as fibras lentas podem ser empregadas ao longo do tempo sem se cansarem. Além disso, as intermediárias possuem metabolismo glicolítico e oxidativo, são mais resistentes que as rápidas e menos do que as lentas. Do ponto de vista metabólico, são as mais suscetíveis aos efeitos do treinamento, isso significa que podem ser facilmente estimuladas e melhoradas em uma ou em outra direção. Através do treinamento, os processos metabólicos de regeneração da energia podem ser melhorados por meio do sistema aeróbico ou anaeróbico.

Nesse caso, fala-se de metabolismo, e não de cinética de contração. A cinética de contração raramente pode ser alterada, isto é, não se pode transformar uma fibra rápida em lenta ou vice-versa, a menos que manipulações de natureza fisiológica, anatômica, morfológica e estrutural sejam feitas. Que manipulações são essas? Existem estudos conduzidos pelo prêmio Nobel, John Eccles (1958), que executou uma inervação cruzada, isto é, trocou os nervos motores do sóleo com os do gastrocnêmio. O sóleo é, predominantemente, um músculo lento, enquanto que o gastrocnêmio possui alto percentual de fibras rápidas. Sobrepondo-se os nervos, não se fez nada além de modificar os estímulos do sóleo; portanto, com uma freqüência alta de estímulos o sóleo tornou-se mais rápido, enquanto o gastrocnêmio, recebendo estímulos em baixa freqüência, tornou-se mais lento. Pois bem, apenas nestas condições drásticas de manipulação e perturbação da estrutura podem ocorrer modificações. Até agora não foi observada modificação da cinética de contração de indivíduos submetidos ao treinamento puro.

Um outro tipo de perturbação forte, constante e contínua pode ser induzida pela estimulação elétrica prolongada. Estudos de Pette et al. (1980) demonstraram que, estimulando-se as fibras lentas em alta freqüência, e por um período de tempo muito longo, elas podem ser transformadas em fibras rápidas. Esses estudos foram realizados para observar as características fundamentais que governam a relação estímulo-adaptação. De fato, com relação à coordenação e ao modelo de recrutamento, a estimulação elétrica modifica completamente as interações espaciais e temporais dos vários músculos. Isso significa modificar o limiar de excitação e das intervenções temporais dos músculos, promotores das perturbações biológicas não naturais que mortificam a capacidade funcional do nosso sistema nervoso, que é excepcional. Uma das maiores habilidades motoras é a do violinista, que consegue modular a velocidade de movimento utilizando fibras rápidas e fibras lentas alternadamente, um padrão de ativação completamente oposto ao da estimulação elétrica. Com a estimulação elétrica, recrutam-se todas as várias unidades motoras ao mesmo tempo, ao contrário do que acontece ao tocar violino ou realizar qualquer movimento de tipo balístico, seja no vôlei, no handebol, no basquete e assim por diante. Essas modulações acontecem de acordo com o princípio de Henneman (1965). Portanto, para desenvolver uma tensão mínima, por exemplo, 20% da máxima força desenvolvida pelo músculo, predominantemente, são recrutadas fibras lentas e a freqüência de estímulo é baixa (ver Capítulo 1, Figura 1.7). Pouco a pouco, a carga é aumentada, e sucessivamente são recrutadas fibras rápidas com distribuição bimodal (fibras intermediárias), que possuem metabolismo tanto oxidativo quanto glicolítico. Aumentando-se posteriormente a carga até se atingir a máxima, são recrutadas as fibras rápidas. Portanto, esse modelo de recrutamento segue um padrão espacial e temporal, em que as várias fibras não são recrutadas simultaneamente, mas em função da quantidade de tensão a ser desenvolvida. Essa ativação refere-se somente ao movimento balístico. Que diferença existe entre um movimento balístico e um normal? O movimento normal é gradual, como quando se ergue progressivamente uma carga. No momento em que se realiza um movimento não gradual, mas balístico, a velocidade final é máxima (lançar e saltar são movimentos balísticos). Nesse tipo de movimento, o modelo de recrutamento não é o mesmo de antes, mas inverso. De fato, Bosco e Komi (1979) demonstraram que no movimento balístico, assim como no salto partindo do repouso, as fibras rápidas são aquelas que definem a qualidade do desempenho. Esses autores demonstraram que indivíduos ricos em fibras rápidas saltavam mais.

Análise da resistência à força rápida

O principal trabalho realizado nos jogos esportivos consiste em fortalecer as ações dinâmicas, rápidas, de força explosiva, que contam com intervalos de tempo não programados, definidos pelas ações táticas e técnicas. Os intervalos de repouso podem ser ativos ou passivos, isto é, os jogadores podem parar ou podem retornar lentamente às suas posições.

Portanto, as qualidades mais importantes são a força explosiva, a força rápida e a rapidez de movimento dos membros inferiores e superiores. É preciso evidenciar, no entanto, que esta força não é como a força explosiva do saltador, que realiza apenas um salto e, depois, tem dez minutos para recuperação. No caso dos jogos coletivos, o principal problema é conseguir expressar determinada força explosiva e conservá-la ao longo do tempo. Por exemplo, no handebol, busca-se superar certa distância tanto horizontal quanto vertical para vencer a altura dos adversários. Pois bem, seria bom que a capacidade de salto mantivesse-se a mesma até o fim do encontro. No entanto, por causa do cansaço isso não é possível e, portanto, o principal objetivo do treinamento é melhorar a capacidade de resistir ao cansaço. Como se faz para melhorar a força rápida? Existem esquemas de base que projetam melhoras em etapas ou blocos; segundo esses esquemas, os blocos de trabalho (metodologia com a qual estamos completamente em desacordo) prevêem: treinamento para a melhora do metabolismo aeróbico (desempenho aeróbico), com início no fim de setembro e começo de outubro, visando melhorar a capacidade aeróbica e a resistência (Figura 6.1). Depois, passa-se para a melhora da força máxima, busca-se melhorar a força explosiva e, no final, a resistência à força rápida. O conceito que está na base da melhora da potência aeróbica é muito simples, para não dizer simplista. De fato, não são poucos os que pensam que melhorando a potência aeróbica favorece-se, em primeiro lugar, a capacidade de trabalho de musculação e, em segundo, a capacidade do músculo de continuar o trabalho no tempo. Mas *está tudo errado!*

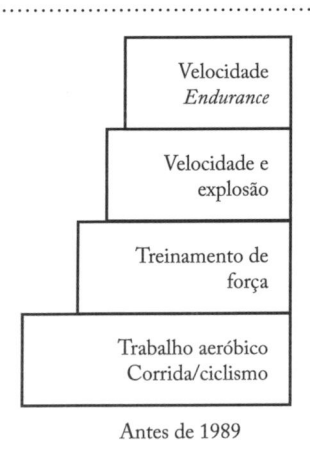

Figura 6.1 Representação esquemática do método clássico utilizado para melhorar a resistência à força rápida (Bosco, 1996, d).

Para poder analisar tudo isso de forma científica, é preciso, antes de tudo, perguntar-se o que é a resistência à força rápida. Até agora, foram pouquíssimos no mundo os que estudaram esses fenômenos. Comecei a utilizar o treinamento de resistência à força rápida em quatro modalidades: duas coletivas (vôlei e basquete) e duas individuais (atletismo e esqui alpino). A minha idéia relativa à melhora da resistência à força rápida parte de um treinamento específico dessas qualidades, isto é, da resistência à força rápida. Segundo essa teoria, a melhora da força máxima, da força explosiva e da resistência à força rápida não deve acontecer não por etapas, mas simultaneamente (Figura 6.2). Em um experimento realizado com atletas da seleção italiana de esqui alpino, buscou-se estudar as modificações provocadas pelo treinamento das características de força máxima, força explosiva, resistência à força rápida e potência aeróbica. Os atletas foram submetidos a provas de avaliação funcional antes e depois do treinamento. As provas utilizadas foram as seguintes: salto com agachamento (levantamento da força explosiva); salto com contra-movimento (levantamento para reutilização de energia elástica); saltos contínuos por 5s (5h, 5P) (levantamento da potência aeróbica alática); saltos contínuos por 30s (30h, 30P, 30BioP) (levantamentos da potência anaeróbica alática e lática com sobrecarga de 50% do peso corporal); saltos contínuos por 45s (45h, 45P) (levantamentos da potência e resistência lática). Posteriormente, pediu-se que os atletas percorressem duas vezes os 300m (potência e resistência lática) e foi considerado o melhor desempenho. No final das provas de 30s, 45s e 300m foram efetuados exames de sangue que permitiram saber a concentração de lactato (30L, 45L, TL). Enfim, foram medidas a potência aeróbica, através de uma modificação do método introduzida por Moritani, os 30m de arranque, a potência e a capacidade de salto com carga igual ao próprio peso. Foram escolhidas essas provas, já que, além de representarem as avaliações funcionais específicas, representam também os meios de treinamento. Portanto, buscou-se utilizar avaliações funcionais reprodutíveis e confiáveis. O que inspirou tal estudo foi a busca da resposta para a pergunta: que relação existe entre a força máxima e a potência aeróbica, entre a força máxima e a resistência à força rápida, entre a força máxima e a resistência muscular com carga, e assim por diante? (Figura 6.3). As setas indicam as conexões existentes entre os vários parâmetros estudados: evidencia-se que a Resistência à Força Rápida (RFR), representada pelos saltos contínuos executados por 45s, pelos 30s com sobrecarga igual à metade do peso corporal, e pelo melhor desempenho nos 300m, não mostrou correlação nenhuma com a eficiência do metabolismo aeróbico.

Força explosiva: saltos e saltitos
Saltos e saltitos com carga extra 5-1 bm
Saltos e saltitos com carga extra 8-10 repetições x 5 séries
Velocidade de *endurance*: aumento do número de repetições e diminuição do período de descanso – redução de cargas extras.
Corrida em velocidade-corrida com subida, etc. Total: 800-900 semanas
3-4 semanas

TREINAMENTO DE FORÇA

Leg Press: 70-100%
Arranque
Meio agachamento
Período: 2/3 semanas
Total de semanas: 250-300 repetições
5-6 semanas (junho) SJpc/SA: 0,33-35

VELOCIDADE DE *ENDURANCE*

Salto com carga (20-50 kg)
Saltito com carga (20-25 kg)
Corrida com subida/corrida de velocidade
Período: 3/4 vezes por semana
10-20 repetições por série para salto
15-25 repetições por série para saltito
Total de semanas: 600-700 J/B
3-4 semanas

Velocidade
Velocidade de *Endurance*

Poder explosivo
Velocidade de Endurance

Treinamento de força
Velocidade de Endurance

Depois de 1989

Velocidade: Corrida em velocidade, corrida com subida (20-30m) salto, saltitando, salto pliométrico, etc.

Força explosiva: salto com uma ou duas pernas 10 x 5
Velocidade de *endurance*: saltitos para frente ou no lugar
Com ou sem cargas extras
Saltos simples ou saltitos

TREINAMENTO DE FORÇA:

Leg Press 70-100% CM
Arranco 70-90% CM
Meio agachamento 80% CM

2-3/semana
Total=250-300

VELOCIDADE DE *ENDURANCE*:

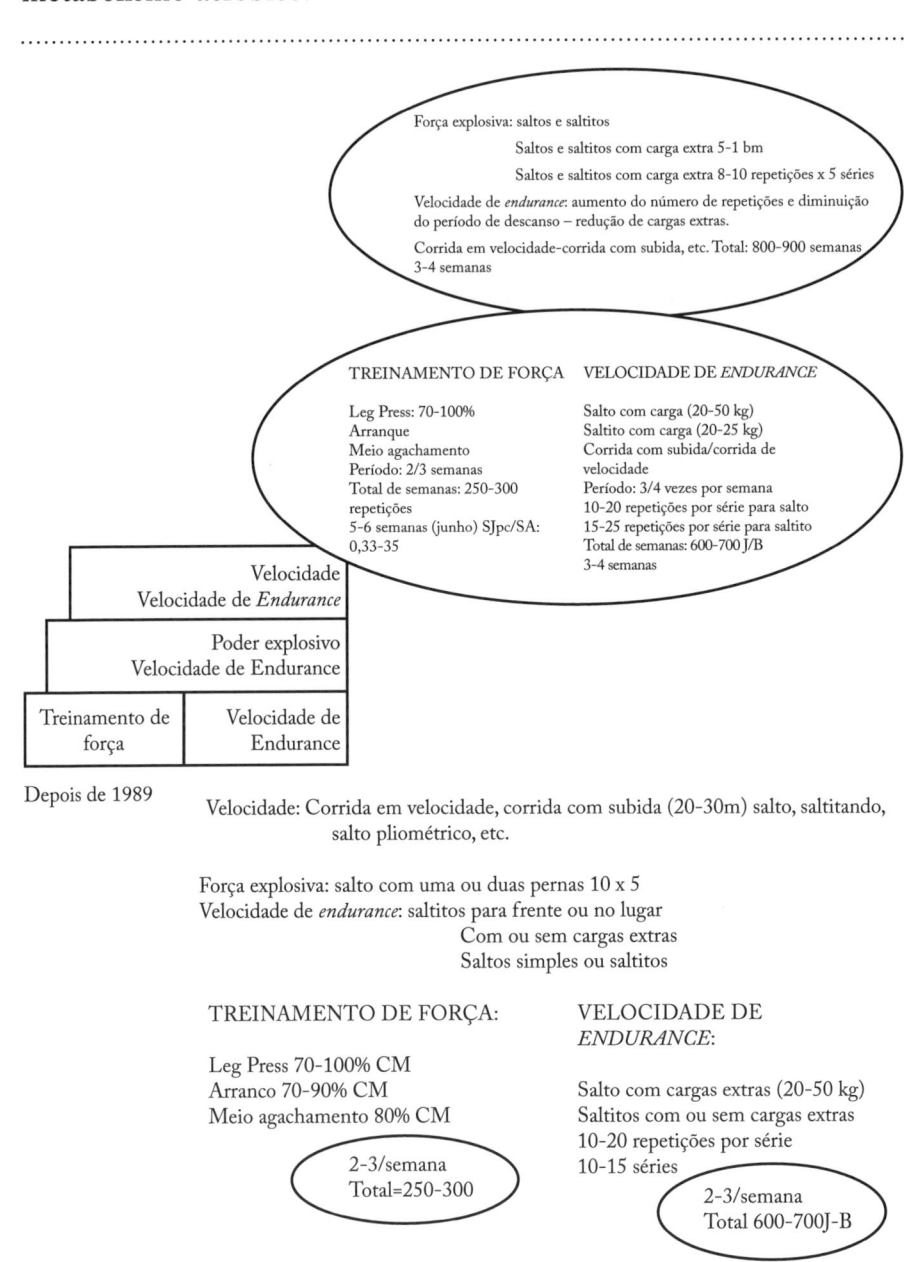

Salto com cargas extras (20-50 kg)
Saltitos com ou sem cargas extras
10-20 repetições por série
10-15 séries

2-3/semana
Total 600-700J-B

Figura 6.2 Representação esquemática do método introduzido por Bosco (1989) para melhora da resistência à força rápida (Bosco, 1996 d).

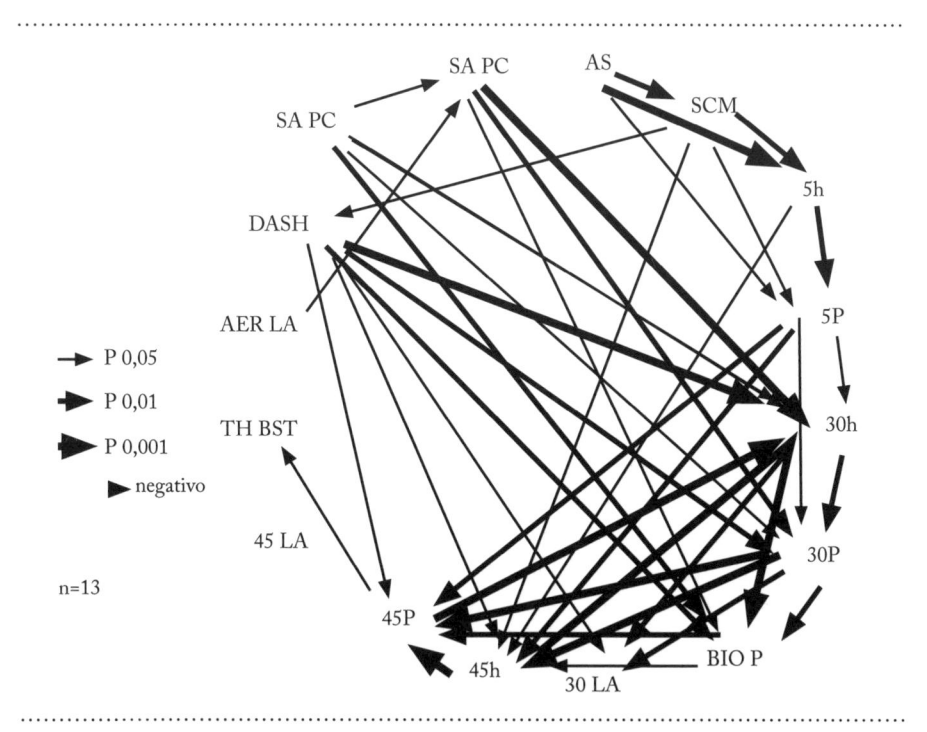

Figura 6.3 Correlação entre diferentes parâmetros fisiológicos medidos em 13 atletas da seleção italiana de esqui alpino. Símbolos: SA = Salto com Agachamento; SCM = Salto com Contra-Movimento. Execução de saltos contínuos realizados por 5 segundos: 5h = altura média do centro de gravidade; 5P = potência média. Execução de saltos contínuos realizados por 30s com sobrecarga igual a metade do peso corpóreo: 30h = altura média do levantamento do centro de gravidade; 30P = potência média desenvolvida, registrada com *Ergojump*; 30BIO P = potência média registrada com dinamômetro isotônico; 30LA = concentração sérica de lactato depois dos saltos. Execuções de saltos contínuos por 45s: 45h = altura média do levantamento do centro de gravidade; 45P = potência média, 45LA = concentração sérica de lactato depois dos saltos. TH BST = melhor tempo nas duas provas de trezentos metros executados com pausa de dois minutos. AER LA = concentração plasmática de lactato encontrada depois de uma corrida na esteira por 6 minutos à velocidade de 13km/h (teste de eficiência dos processos aeróbicos). TEPA = tempo para percorrer 30m de corrida. Salto com agachamento executado com uma sobrecarga igual ao próprio peso: PM = Potência Mecânica, LCG = Levantamento do Centro de Gravidade. A espessura da seta indica o nível de significância estatística. A seta tracejada representa correlação negativa.

Isso sugere que os processos de geração de energia bioquímica durante desempenhos máximos, que não duram mais que um minuto, são minimamente influenciados pela capacidade aeróbica do atleta. Isto é, esses processos não são o fator limitante para a execução do trabalho – os substratos metabólicos que sustentam esforços limitados desse tipo são os *pool* fosfóricos (ATP CP), os processos glicolíticos que levam à formação de lactato e os processos aeróbicos alimentados pelas reservas de oxigênio associadas à mioglobina. Os resultados apresentados na Figura 6.3 contradizem as velhas teorias de treinamento, que sugerem uma potência aeróbica elevada para sustentar a resistência da força rápida. Como se pode ver bem, a resistência de força rápida, expressa pelos saltos contínuos, está fortemente relacionada com a força dinâmica rápida e com as várias expressões de força explosiva.

Ao mesmo tempo, alguns processos biológicos envolvidos nas várias expressões de força explosiva são comuns à resistência de força rápida. Muito interessante, mesmo que aparentemente óbvia, é a relação entre a potência mecânica e os 30s com a metade do peso corporal. De fato, evidencia-se entre a força dinâmica máxima e os 30s uma forte relação que pressupõe estrutura biológica comum. Nesse caso, a sobrecarga é a mesma para as duas expressões de esforço. Portanto, os processos neuromusculares envolvidos na realização da força dinâmica rápida devem possuir características biofísicas e metabólicas próximas às envolvidas nos 30s. De outro lado, é interessante notar a falta de relação entre os 45s e a força dinâmica rápida. Isso não significa que para possuir elevada resistência de força rápida não seja preciso possuir elevada capacidade de força. Pelo contrário, a base fundamental da resistência de força rápida é a força dinâmica rápida. A falta de relação deve-se, antes de tudo, ao reduzido número de indivíduos examinados e também à homogeneidade do grupo.

Portanto, a obtenção de estatísticas significantes na comparação de alguns parâmetros demonstra a forte base biológica que une essas variáveis. A capacidade de aceleração representa ativação muscular e metabólica comuns tanto aos parâmetros de resistência de força rápida quanto aos de força explosiva.

Talvez o aspecto mais interessante deste trabalho nos seja fornecido sinteticamente pelos valores apresentados na Tabela 6.1. As modificações das variáveis, provocadas por dois meses de treino, foram relacionadas entre si. Isto é, buscou-se verificar se a melhora de uma propriedade fisiológica, por exemplo, a força explosiva, corresponde a uma melhora das outras propriedades fisiológicas estudadas. Nesse caso, foram observadas correlações positivas em relação às melhoras alcançadas na força explosiva, aceleração, 45s (potência mecânica) e 5s (altura e potência).

Tabela 6.1 Matriz das correlações entre modificações fisiológicas promovidas pelo período de treinamento sistemático, executado por 13 atletas de nível internacional, pertencentes à seleção italiana de esqui alpino. Nível de significância estatística encontrada com o teste de Pearson: ' = P<0,05; " = P<0,01; ns = não significante. A seta indica aumento (↑) ou queda (↓) ocorridos antes e depois do treinamento. Os valores foram analisados usando o teste t de Student. O nível de significância é indicado pelos números que seguem a seta. 1 = P<0,05; 2 = P<0,01; 3 = P< 0,001

	Aer AL ns	Cm cm ↑3	Das s ↓1	45h cm ↑1	45l AL ↓1	45p w/k ns	5h cm ↑2	5p w/k ↑2	Sj cm ↑1	Sjb cm ↑2	TH s ns	TH AL ↓3	30s cm ↑2	30s AL ns	30s w/k ↑1
Cm	ns	100													
Das	ns	54'	100												
45h	ns	ns	ns	100											
45l	ns	ns	ns	ns	100										
45p	ns	51'	71"	ns	ns	100									
5h	ns	69"	56'	ns	ns	71"	100								
5p	ns	57'	58'	ns	ns	86"	72"	100							
Sj	ns	77"	79"	ns	ns	65'	70"	69"	100						
Sjb	ns	ns	ns	ns	ns	ns	ns	ns	ns	100					
TB	ns	ns	ns	ns	ns	ns	ns	ns	ns	ns	100				
TL	ns	ns	ns	ns	ns	ns	ns	-51'	ns	ns	ns	100			
30h	ns	ns	ns	ns	60'	54'	ns	ns	ns	60'	ns	ns	100		
30L	ns	ns	ns	ns	ns	ns	72"	ns	ns	ns	ns	ns	ns	100	
30p	ns	ns	ns	ns	ns	55'	ns	ns	ns	ns	ns	ns	86"	ns	100

Uma outra observação interessante é fornecida pelo teste de 45s. De fato, observa-se um aumento estatisticamente significativo da altura média, que não se relaciona a nenhum outro aumento. Ao mesmo tempo, as variações da potência durante 45s, ainda que não tenham produzido significância estatística, mostraram forte relação com outros parâmetros, como: força explosiva, aceleração, 5s (h e potência), 30s (h e potência).

Em conclusão, exponho que este estudo representa o início de uma série de pesquisas. A nossa intenção é verificar se as modificações provocadas pelo treinamento de algumas propriedades podem influenciar outros componentes biológicos.

É preciso lembrar que o treinamento tradicional, adotado pelo grupo de controle, determinou apenas uma ligeira melhora da força explosiva. Todas as outras propriedades fisiológicas estudadas, inclusive as submetidas aos testes de resistência de força rápida, não sofreram melhora alguma. Apesar do grupo de controle e o experimental terem sido estudados desde o início da sua preparação física, com o primeiro teste em julho e o segundo em setembro, as condições de partida para o estudo não foram ideais.

É preciso, além disso, lembrar que, por tratar-se de atletas de seleções, submetidos por muitíssimos anos a treinamentos programados, não se pode excluir a possibilidade de que já tivessem alcançado os seus limites fisiológicos. O uso sistemático e prolongado dos mesmos meios de treinamento leva a uma redução do estímulo e, portanto, fica muito difícil produzir melhoras posteriores (Pollock, 1973). Em contraste com o grupo experimental, foram utilizados novos meios de treinamento. Esses foram programados em função das características individuais e, ao mesmo tempo, específicos e dirigidos.

A eliminação de efeitos negativos, determinados por estímulos produzidos em baixa freqüência (corrida lenta), também poderia ter influenciado positivamente a acentuada melhora das capacidades de força dinâmica máxima, resistência de força rápida e força explosiva, observadas no grupo experimental.

A modulação das cargas de trabalho, por nós ajustadas, foi a clássica. No início da preparação, o volume prevaleceu sobre a intensidade. Com a continuação do treinamento, a intensidade foi aumentada e o volume diminuído.

Infelizmente, não existem publicações claras a este respeito. Algumas levam facilmente o leitor a conclusões erradas e muito perigosas.

Determinação das cargas para o treinamento da resistência da força rápida

A melhora da resistência da força rápida é um dos problemas metodológicos mais difíceis de serem enfrentados. A metodologia tradicional prevê intervenções em forma de treinamento em etapas que, pressupõe-se, conduziriam a adaptações biológicas independentes, conforme as propriedades biológicas solicitadas, isto é, haveria treinamento de resistência primária, de força máxima, e enfim, de força explosiva. Em termos de conexões fisiológicas, resultados independentes dentro de uma evolução dinâmica de mesma base e estrutura funcional parecem ser artificiais (Bosco, 1992). Foi introduzida uma nova metodologia para a melhora da força explosiva e da resistência de força rápida (Bosco, 1985), baseada nos resultados de avaliação funcional obtidos durante a execução de saltos contínuos do tipo explosivo por um breve período de tempo (10-60s), e na estima indireta da porcentagem de fibras rápidas. O conceito na base do novo método é estimular simultaneamente mais propriedades biológicas, visando melhorar suas capacidades funcionais. Essas propriedades devem ser solicitadas em limite máximo, através de estímulos dirigidos, diretos e controlados. O número de repetições a ser executado não deve ser estabelecido previamente, mas automaticamente determinado pela análise do andamento do trabalho e da potência durante um período de tempo (30-60s) (Bosco, 1991). Um exemplo nos é fornecido por uma análise da Tabela 6.2. Para o indivíduo A, deduz-se que um trabalho muscular cansativo de resistência de força rápida, constituído por saltos contínuos do tipo explosivo, pode prosseguir por pelo menos 30s sem transtornos. Em contraste, o indivíduo D, apesar de ter iniciado a prova controlando muito seu esforço, depois de 30s de saltos já apresenta quedas muito acentuadas do trabalho e da potência. Esses princípios guiaram a programação do treinamento dos atletas pertencentes à seleção de esqui alpino. Determinar, para cada atleta, o número de repetições a serem executadas, significa desenvolver e administrar treinamentos específicos e dirigidos. Desse modo, solicitações de propriedades físicas não desejadas e suas conseqüentes adaptações biológicas podem ser evitadas (Bosco, 1990).

As Figuras 6.4 e 6.5 mostram os resultados obtidos com atletas homens e mulheres da seleção italiana de esqui alpino durante a execução de 60s de saltos contínuos. Depois de cerca de 11 saltos, as atletas mostraram uma queda superior a 10% do valor inicial (Figura 6.4); nos homens, isso se verificou depois de 16 saltos (Figura 6.5). Esses exemplos nos indicam como é relativamente fácil especificar para cada indivíduo ou grupo o número de saltos ideais que permitem exprimir as mais elevadas capacidades de trabalho e, portanto, de força explosiva. Utilizando-se este método, foi calculado o número de repetições ideais a serem executadas para melhorar a resistência de força rápida. Os homens, em média, executavam 16 repetições, enquanto entre as mulheres o número reduzia-se a apenas 10-12. As repetições de saltos eram realizadas tanto sem carga como com carga, que variava de 20 a 40% do peso corpóreo. O número total de saltos, em uma sessão, podia alcançar os 100-150. As pausas para repouso entre as séries eram longas (3-4 min).

Força Muscular

Tabela 6.2 Capacidade de resistência para desenvolver potência mecânica (P) e trabalho, expressa por valores médios da altura (h), obtida durante uma prova de 60s e calculada durante toda prova (0-60) a cada 15s. Os valores de salto com agachamento, salto com contramovimento, salto com agachamento executado com carga igual ao peso corpóreo e o índice de Bosco são apresentados para atletas homens da seleção de esqui alpino

Indivíduos Provas		A	B	C	D	E	F
Salto com agachamento (cm)		47,5	55	41,5	41,1	51,5	47,2
Salto com contra-movimento(cm)		51,2	56,3	44,5	50,3	54,8	52,2
Salto com agachamento executado com carga igual ao peso corpóreo (cm)		16,0	22,1	16,6	15,5	15,6	16,8
Índice de Bosco		0,31	0,39	0,37	0,31	0,28	0,32
60s salto							
0-15, cm	(h)	48	48	41	41	47	42
0-15, w	(P)	31,3	30,5	29,7	29,4	30	31,8
15s/cmj%		0,94	0,85	0,92	0,82	0,86	0,80
15-30, cm	(h)	43	39	33	33	38	38
15-30, w	(P)	28,7	24,9	23,4	23,7	24,8	28,6
15-30%		0,90	0,81	0,80	0,80	0,81	0,90
30-45, cm	(h)	37	28	28	24	27	28
30-45, w	(P)	24,8	18,6	20,5	17,4	18,2	21,1
30-45%		0,77	0,58	0,68	0,59	0,57	0,67
45-60, cm	(h)	29	15	23	16	18	21
45-60, w	(P)	19,3	9,3	17,6	11,6	12,7	15,2
45-60%		0,60	0,31	0,56	0,39	0,38	0,50
0-60, cm	(h)	39	33	31	28	32	32
0-60, w	(P)	26,1	20,8	22,8	20,5	21,4	24,2

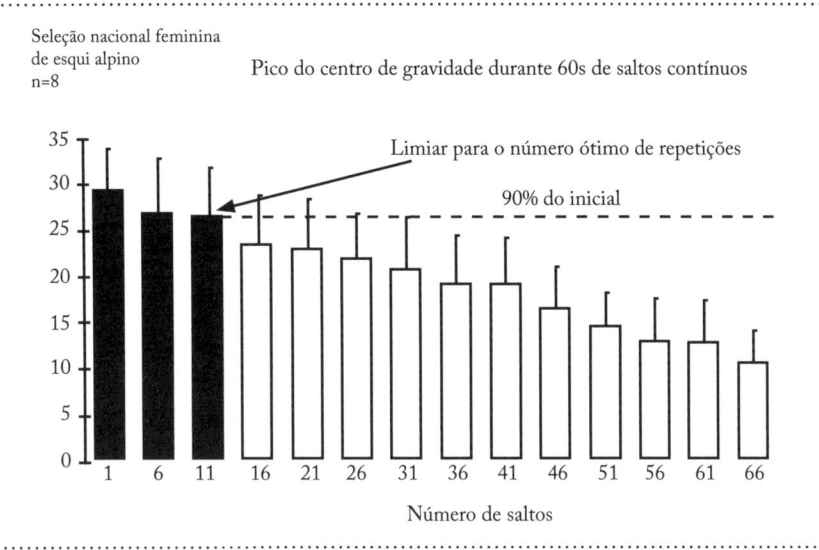

Figura 6.4 Valores médios e desvio padrão do levantamento do centro de gravidade durante o teste de 60s de saltos contínuos executado por atletas da seleção feminina italiana de esqui alpino. A seta indica o número ideal de saltos, que permitiam que o trabalho realizado alcançasse níveis superiores a 10% dos valores iniciais (Bosco e Cotelli, 1995).

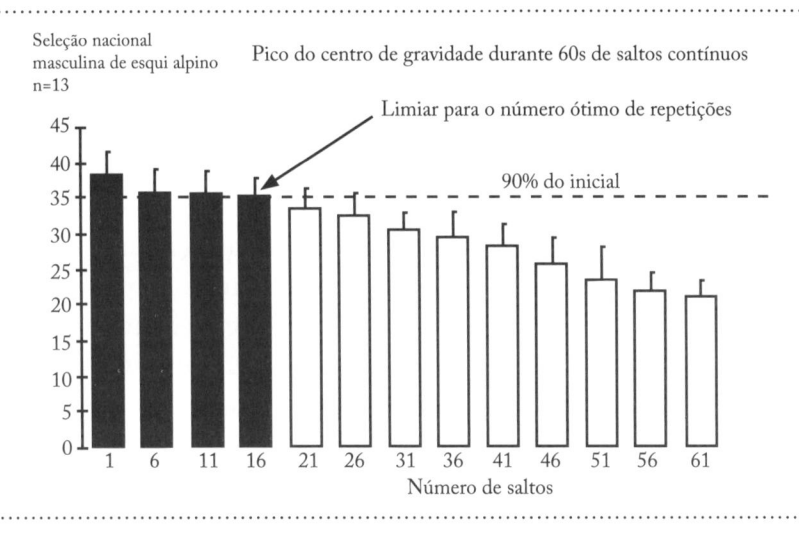

Figura 6.5 Valores médios e desvio padrão do levantamento do centro de gravidade durante o teste de 60s de saltos contínuos executado por atletas da seleção masculina italiana de esqui alpino. A seta indica o número ideal de saltos que permitia trabalho em níveis superiores a 10% dos valores iniciais (Bosco e Cotelli, 1995).

Confortados com os resultados obtidos com os atletas do esqui alpino, utilizamos este sistema em 1994-1995, com as atletas da seleção italiana de basquete. De fato, o programa de trabalho previa a administração de cargas específicas para a melhora da resistência de força rápida, sem treinamentos diretos para melhora da potência aeróbica. Antes de administrar as cargas de trabalho, as atletas foram submetidas a uma série de provas funcionais para determinar o nível de eficiência física e as características fisiológicas mais importantes. As provas às quais foram submetidas eram as seguintes: potência muscular elevada com *Biorobot/Ergopower*, durante um salto e 5s de saltos contínuos executados com carga igual à metade do peso corpóreo; medição da capacidade de salto durante a execução de saltos contínuos, executados com joelhos bloqueados (teste de Bosco-Vittori); salto com contra-movimento, aceleração de 18m; corrida de ida e volta (18m ida e 18m volta); saltos contínuos por 30s; potência aeróbica; cálculo da capacidade de desaceleração através da diferença de desempenho entre um tiro e uma corrida de ida e volta de mesma distância. As capacidades de salto foram controladas com *Ergojump-Bosco System* (MAGICA, Roma), o controle do consumo de oxigênio foi feito no Laboratório de Fisiologia e Biomecânica do Instituto de Ciência do Esporte (CONI-Roma). Os resultados obtidos foram muito positivos, tanto que as atletas se qualificaram para as Olimpíadas. As conexões entre os parâmetros estudados demonstraram a absoluta ausência de relação entre a potência aeróbica e os demais. Portanto, possuir máximo consumo de oxigênio elevado não era indispensável para possuir uma resistência de força rápida elevada (Figura 6.6). Em contraste, os 30m revelaram-se altamente relacionados à força explosiva, sugerindo que tipo de trabalho deve ser realizado para que se possa modificar e melhorar a resistência à força rápida. Mais uma vez, as pesquisas desenvolvidas com as jogadoras de basquete sugerem que a resistência de força rápida não está, absolutamente, ligada à potência aeróbica, e que existem fortes relações entre os vários parâmetros que representam o sistema neuromuscular. Os resultados observados tanto com os/as atletas da seleção de esqui alpino quanto com as atletas da seleção de basquete reforçaram as hipóteses de Bosco e as correlações mostradas anteriormente (ver Figura 6.7).

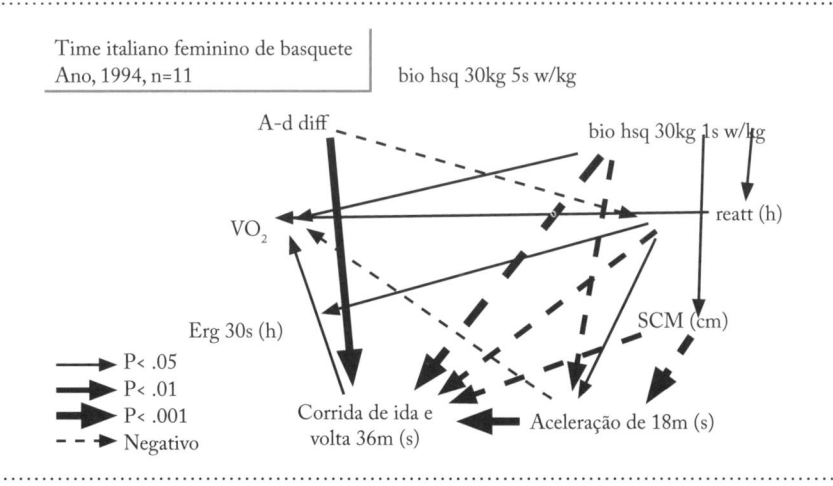

Figura 6.6 Correlação entre as provas de: potência muscular elevada com *Ergopower* durante um salto e 5s de saltos contínuos executados com carga igual a metade do peso corpóreo; medição da capacidade de salto durante a execução de saltos contínuos executados com os joelhos bloqueados (teste de Bosco-Vittori); salto com contra-movimento, aceleração de 18m; corrida de ida e volta (18m ida e 18m volta); saltos contínuos por 30s; potência aeróbica; cálculo da capacidade de desaceleração através da diferença de desempenho entre um arranque e uma corrida de ida e volta de mesma distância de tiro, realizados por 11 atletas da seleção italiana de basquete (Bosco, Amodio, Faina, 1995).

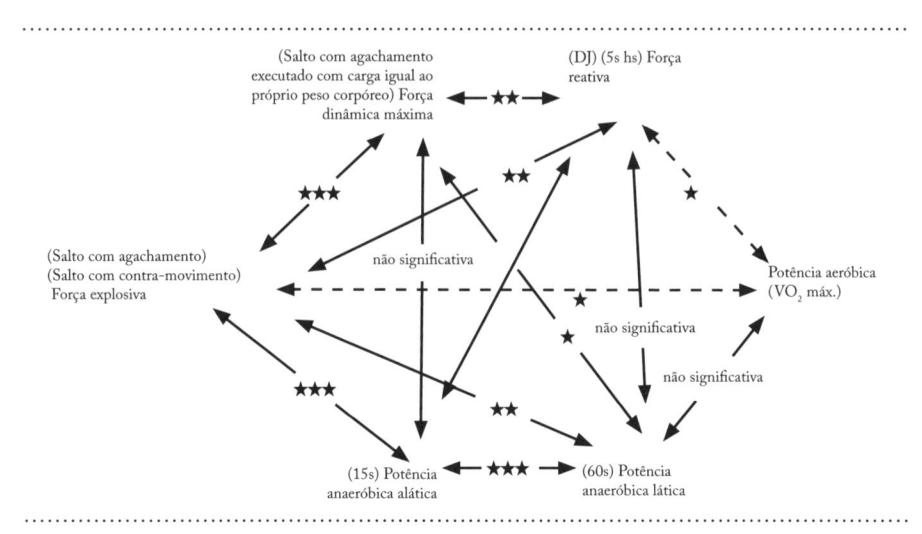

Figura 6.7 Relação entre os vários parâmetros que constituem o teste de Bosco e a potência aeróbica (VO_2 máx.). A linha contínua denota correlação positiva e a tracejada negativa. Os asteriscos mostram o nível de significância estatística: *$P<0,05$; **$P<0,01$; ***$P<0,001$; ns = não significativa.

BIBLIOGRAFIA

Bosco, C.; Komi, P.V. Mechanical characteristics and fiber composition of human leg extensor muscles. *Eur J Appl Physiol*. v. 41, p. 275-284, 1979.

Bosco, C. *Elasticità muscolare e forza esplosiva nelle attività fisico-sportive*. Roma: Società Stampa Sportiva, 1985.

Bosco, C. La fisiologia, pianificazione, valutazione e controllo della preparazione fisica nello sci alpino con il test di Bosco. In: D'urbano, G. (ed.). *Sci agonistico*. Milão: Sperling & Kupfer, p.1-22, 1990.

Bosco, C. et al. Seasonal fluctuations of selected physiological characteristics of elite alpine skiers. *Eur J Appl Physiol*. v. 69, p. 71-74, 1994.

Bosco, C. *Evaluation and planning condition training for alpine skiers*. Int. Congress Alpine Ski. St. Christoph, Áustria, p. 12-13, 1996d.

D'Ottavio, S.; Colli, R. (Comunicações pessoais).

Eccles, L.C.; Eccles, R.M.; Lundberg, A. The action potentials of the alpha motoneurones supplying fast and slow muscles. *J Physiol*. v. 142, p. 275-291, 1958.

Henneman, E.; Somjen, G.; Carpenter, D.O. Functional significance of cell size in spinal motoneurons. *J Neurophysiol*. v. 28, p. 560-580, 1965.

Pette, D.; Heilman, C.; Muller, W. Transformation of sarcoplasmic reticulum in fast rabbit muscles. *Muscle and Nerve*. v. 3, p. 276, 1980.

Pollock, M.L. Quantification of endurance training programs. In: Wilmore, J.H. (Ed.). *Exerc And Sport Science Review*. v. 1. Nova Iorque: Academic Press New York, 1973.

White, A.T.; Johnsonm S.C. Physiological comparison of international, national and regional alpine skiers. *Int J Sport Med*. v. 12, p. 374-378, 1991.

Capítulo 7

Considerações Fisiológicas sobre a Resistência à Força Rápida

Foto: Bosco e Cotelli.

Conhecer os fenômenos que estão na base da resistência de força rápida é árduo e difícil, apesar disso, não podemos nos eximir de fazer tentativas em busca dos aspectos fundamentais que governam os processos biológicos envolvidos. Se examinarmos, por exemplo, um esforço máximo e prolongado, como o que se realiza durante a execução de 60s de saltos contínuos, pode-se notar que no início do esforço todas as fibras são recrutadas, tanto as rápidas quanto as lentas. Com o prosseguimento do trabalho, as fibras que se cansam mais rapidamente são as fibras rápidas, enquanto as lentas continuam a produzir energia mecânica. Portanto, com o passar do tempo, as fibras rápidas se cansam, depois as intermediárias e ao final as lentas (Figura 7.1). Isso acontece se, no início do esforço, o indivíduo exercita o máximo empenho voluntário a fim de desenvolver a máxima potência possível. Se, pelo contrário, trabalha-se com cargas submáximas e o esforço inicial não é máximo, mas, voluntariamente, busca-se desenvolver potências inferiores àquelas que podem ser realizadas, o modelo de recrutamento é inverso. De fato, as fibras lentas são as primeiras a ser utilizadas; com a continuidade do trabalho, as lentas cansam-se e, portanto, as rápidas são recrutadas (Figura 7.2).

Esses dois exemplos são casos extremos, dado que não é possível utilizar em treinamento esforços tão prolongados, que não podem ser executados por mais de uma série.

Se o tempo de trabalho fosse menor, então poder-se-ia pensar em executar mais séries de trabalho, logicamente respeitando-se as pausas de recuperação. O problema nasce nesse ponto, do fato do tempo de recuperação ter de ser respeitado. Portanto, antes de começar uma segunda série, por quanto tempo o atleta deve se recuperar? Um minuto, três minutos, não se

Força Muscular

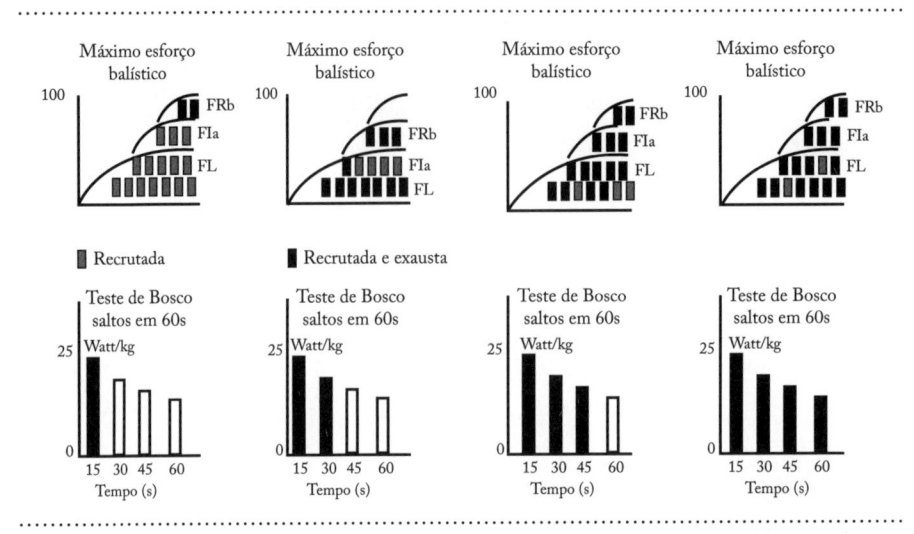

Figura 7.1 Representação esquemática do modelo de recrutamento muscular durante 60s de saltos contínuos. Durante os primeiros 15s de trabalho, as Fibras Rápidas (FR) são as que se cansam primeiro. Com a continuação do trabalho tanto as Fibras Intermediárias (FI) quanto as Lentas (FL) sofrem cansaço (Bosco et al., 1983, 1985).

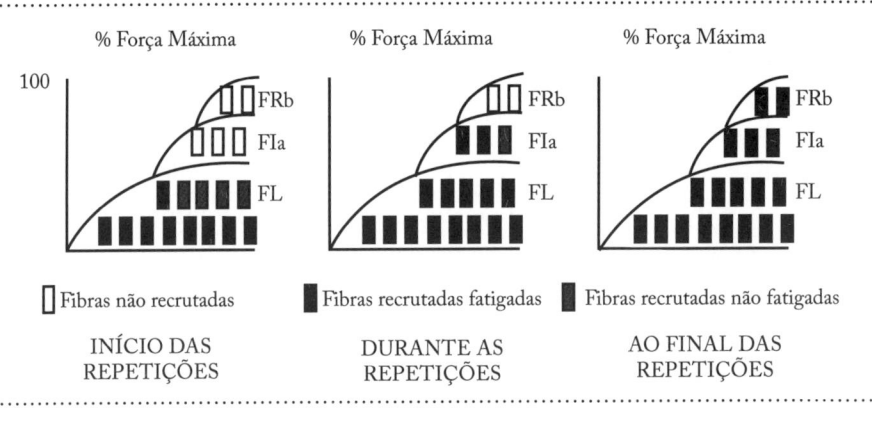

Figura 7.2 Representação esquemática do modelo de recrutamento muscular durante esforços submáximos. No início, o trabalho é realizado com o recrutamento de Fibras Lentas (FL). Em seguida, por efeito do cansaço, são recrutadas sucessivamente as Fibras Intermediárias (FI) e as Rápidas (FR) (modificado por: Costill, 1980; Zatsiorsky, 1992; Bosco 1992).

sabe! Se a pausa é breve, temos que as repetições seguintes serão realizadas, predominantemente, com a intervenção das fibras lentas, visto que essas se recuperam primeiro. Depois de executar algumas séries consecutivas com pausas breves, serão estimuladas, predominantemente, as fibras lentas, pois as rápidas não têm tempo para recuperação; ao respeitar-se um período de pausa mais longo, cria-se tempo para que as fibras rápidas recuperem-se e sejam recrutadas e estimuladas na série seguinte (Figura 7.3).

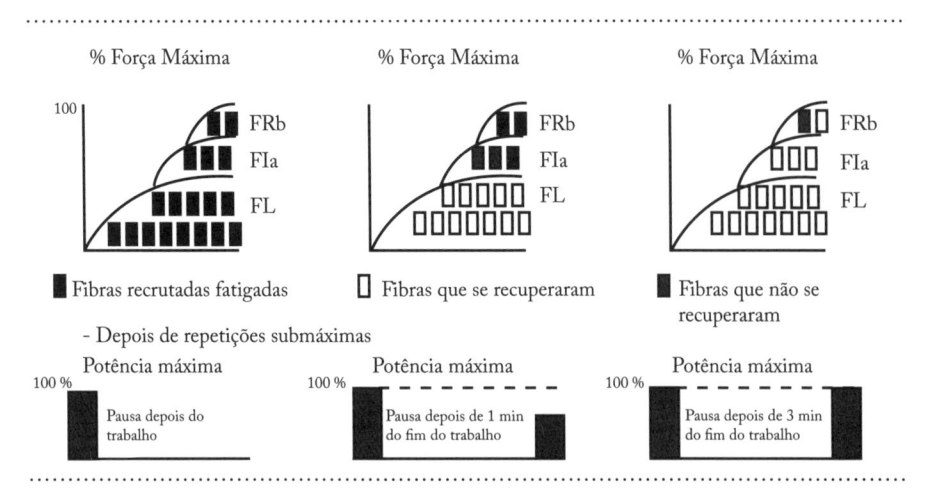

Figura 7.3 Representação esquemática do modelo de recrutamento muscular depois de esforços submáximos. Depois do esforço (1 min), as Fibras Lentas (FL) são as que se recuperam primeiro. Em seguida, recuperam-se as do tipo IIa e, enfim, as IIb (Bosco, 1992).

Um outro aspecto interessante que caracteriza a resistência à força rápida é fornecido pelo estudo das variações dos processos metabólicos verificados durante 60s de saltos contínuos. Analisando-se a evolução da potência muscular durante o desempenho de 60s de saltos, verifica-se, depois dos primeiros segundos, um aumento curvilíneo da potência. No início, a energia fornecida para produzir trabalho provém da quebra de ATP e creatina fosfato; na metade do período, instaura-se uma intensa ressíntese de energia através do metabolismo anaeróbico lático, enquanto a componente aeróbica tem participação reduzida (ver Capítulo 1, Figura 1.15). É preciso lembrar que a capacidade de desenvolver potências elevadas por 60s de esforço contínuo (saltos) não está ligada apenas aos processos metabólicos, mas a outros fatores de natureza mecânica (reutilização de energia elástica) e a fatores de origem hormonal (elevada concentração de testosterona) (Bosco et al., 1983, 1986, 1996b) que estão diretamente associados ao desempenho. Portanto, há uma interação muito complexa que vai das perturbações metabólicas às perturbações hormonais, neurogênicas, etc. A este propósito, gostaria de lembrar que a resistência à força veloz está intimamente ligada à força explosiva e à força rápida. Recentemente, descobrimos fenômenos muito interessantes em relação a estas últimas.

A força explosiva, base fundamental para os jogos coletivos, não é diferente entre homens e mulheres até a idade de 10-11 anos. Aos 12 anos, uma leve diferença começa a existir, e aos 14 já se nota acentuada superioridade dos jovens sobre as moças (Figura 7.4). Às variações de força explosiva encontradas nos dois sexos conforme a idade, seguem modificações paralelas da concentração plasmática de testosterona (Figura 7.5). De fato, na fase pré-puberdade (8-10 anos), a concentração de testosterona não é expressiva em nenhum dos sexos, tornando-se drasticamente mais alta nos homens no período da puberdade. São justamente nessas variações hormonais que se encontra a origem das variações da força explosiva nos dois sexos. Nesse sentido, conseguiu-se, pela primeira vez no mundo, demonstrar como a força explosiva de indivíduos adultos relaciona-se com a concentração plasmática de testosterona (Figura 7.6). Essas observações sugeriram que a testosterona estivesse diretamente ligada à força explosiva e não, como se pensava até aquele momento, à força máxima. É preciso lembrar que até agora, tanto na literatura nacional quanto na internacional, a testosterona estava relacionada à força máxima (hipertrofia, secção transversa), e não à força explosiva. Essas análises, no entanto, nos levaram a conclusões diferentes. Estudos feitos junto aos Professores Bonomi, Colli, Tranquilli, e colaboradores, com atletas homens e mulheres praticantes de atletismo de nível nacional, levaram-nos a descobertas muito interessantes. De fato, observamos que a potência expressa com uma carga submáxima (metade do peso do corpo), durante exercício de ½ agachamento, que permite desenvolver altas velocidades, era muito mais alta nos homens do que nas mulheres. No momento em que a carga era aumentada até valores máximos (250% do peso do corpo), a diferença entre os sexos desaparecia (Figura 7.7). Ao mesmo tempo, os homens mostravam valores muito mais altos que as mulheres no desempenho de tiro de 60m. Esses resultados sugeriam que a testosterona estaria relacionada com a velocidade, e não com a força máxima. Se essas observações estiverem corretas, então seria preciso encontrar relação entre a testosterona e a velocidade. Pois bem, pesquisas posteriores confirmaram o que havia sido sugerido. De fato, como mostrado na Figura 7.8, existe uma forte relação entre a testosterona plasmática e a velocidade de corrida nos 60m. É preciso observar esses resultados com cuidado, do contrário eles podem nos levar a conclusões completamente erradas. Se for verdade que existe uma conexão entre a testosterona e a velocidade pura, também seria verdade que, através do treinamento, muitas qualidades físicas e propriedades fisiológicas podem ser melhoradas.

Um exemplo muito claro nos é fornecido pelos resultados apresentados na Figura 7.9. De fato, confrontando-se a capacidade de arranque entre mulheres (velocistas) e homens (jogadores de futebol), apesar destes possuírem uma concentração sérica de testosterona 6 vezes mais alta do que as mulheres, a velocidade nos 60m foi igual. Isso sugere que, através do treinamento, as qualidades podem ser melhoradas sem que a influência hormonal seja determinante. Antes de tudo, analisando-se a concentração de testosterona nos jogadores e velocistas, estes apresentaram maior concentração. É muito provável que o tipo de treinamento adotado pudesse estar influenciando a concentração de testosterona. Enquanto os velocistas trabalham tanto a força como a velocidade, os jogadores dedicam muito tempo para melhorar o metabolismo oxidativo, portanto, a resistência. A esse propósito, recentemente foi observada uma ligação inversa entre potência aeróbica e concentração de testosterona (Bosco et al., 1996a). Isto é, nos atletas que possuíam melhor potência aeróbica, o nível de testosterona era mais baixo. Uma explicação desse fenômeno poderia ser dada pelo fato de que os treinamentos de resistência (potência aeróbica), para serem eficazes, devem necessariamente provocar adaptações de natureza bioquímica e hormonal. Entre as adaptações de natureza bioquímica, podem ser citadas as relacionadas aos processos oxidativos nas mitocôndrias (aumento das enzimas como: succinato c redutase, citocromo c oxidase, malato desidrogenase, etc.), a melhora do metabolismo das gorduras, etc. Entre as de natureza hormonal, o aumento das dopaminas e, de modo particular, das β-endorfinas, são as que mais poderiam influenciar as capacidades de força explosiva e a velocidade. É um fenômeno já bem conhecido o aumento das β-endorfinas em decorrência de corrida lenta e prolongada no tempo. De fato, uma concentração elevada desses hormônios permite suportar com maior facilidade o cansaço e o trabalho extenuante, a ponto de provocar um sentimento de bem-estar geral chamado "euforia do corredor". Ao mesmo tempo, uma concentração elevada de β-endorfinas inibiria o hormônio luteinizante (LH) que, por sua vez, pararia de estimular a produção de testosterona nas gônadas. Portanto, exercícios prolongados de corrida lenta determinam, no músculo, transmissão de impulsos em baixa freqüência, que inibem a capacidade de desenvolver movimentos que requerem altas freqüências de estimulação e acentuada ação inibidora da produção de testosterona, ligada à velocidade. Neste ponto, torna-se difícil conceber um tipo de treinamento que determine aumento da potência aeróbica sem causar efeitos negativos sobre a força explosiva e velocidade. Uma resposta a estes problemas é sugerida pelos exercícios introduzidos por Bosco em 1990: a corrida com variação de velocidade.

De fato, com a corrida de variação de velocidade, melhora-se a potência aeróbica sem provocar influências negativas na força explosiva e na velocidade. Pelo contrário, estudos realizados com jogadores profissionais juntamente com o professor Bianchetti, evidenciaram que ao aumento da capacidade aeróbica correspondia um aumento paralelo de força explosiva quando a corrida com variação de velocidade era utilizada junto de exercícios de saltos.

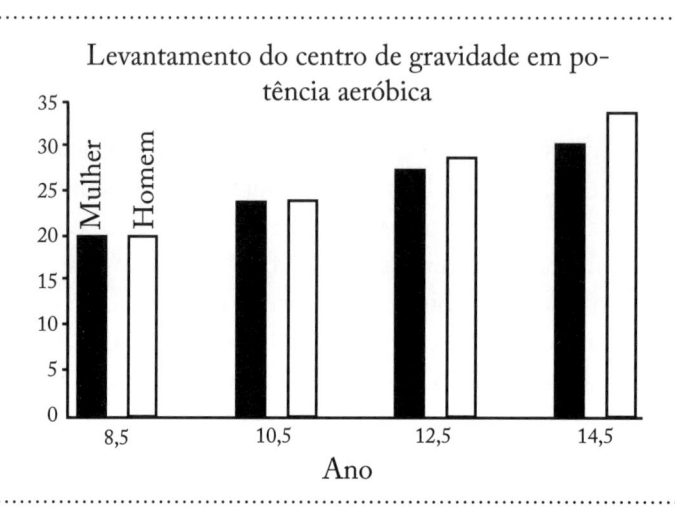

Figura 7.4 Levantamento do centro de gravidade em potência aeróbica, registrado em jovens na pré-puberdade e puberdade.

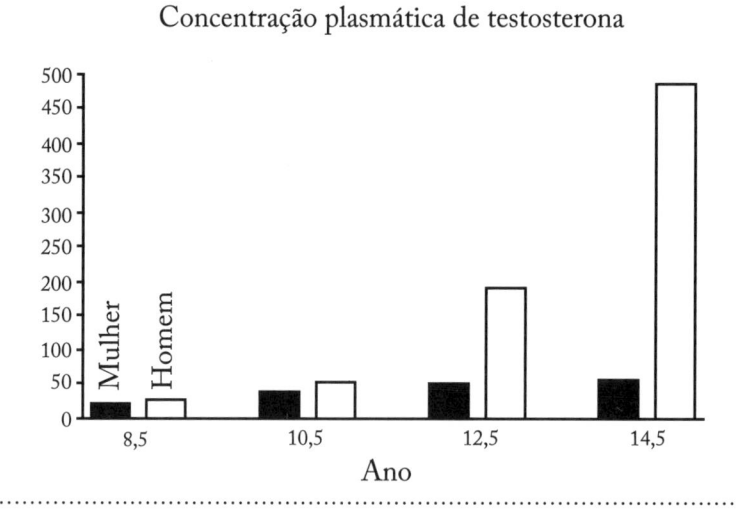

Figura 7.5 Concentração plasmática de testosterona medida em jovens de mesma idade (Reiter e Root, 1975).

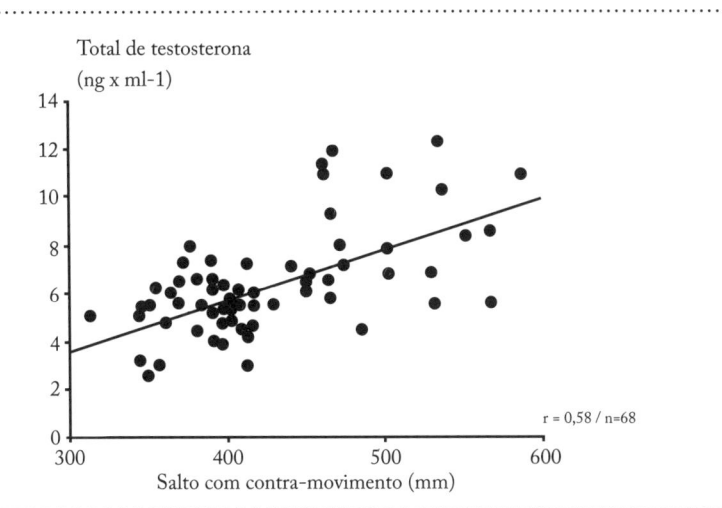

Figura 7.6 Correlação entre a concentração sérica de testosterona e a força explosiva medida com o contra-movimento, registrada em velocistas e jogadores de futebol profissionais. ***P<0,001.

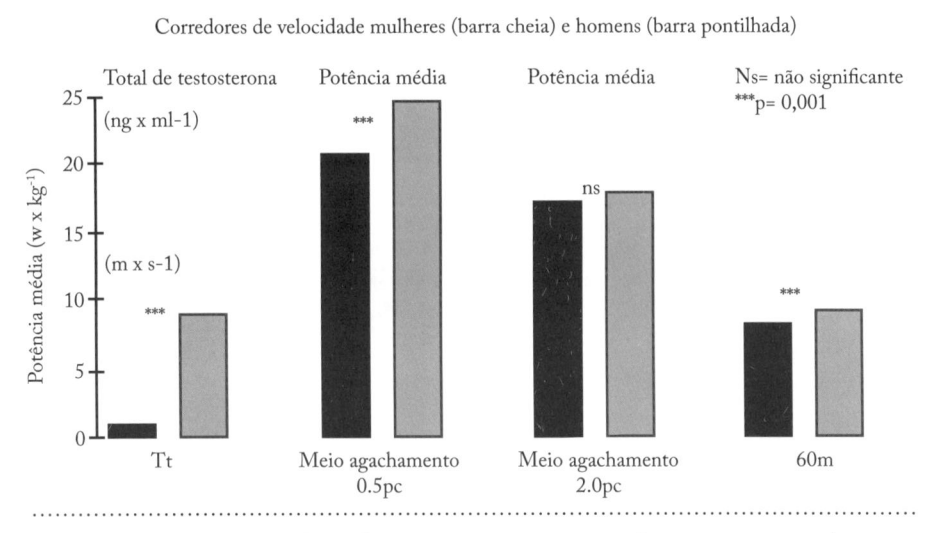

Figura 7.7 Valores médios da concentração sérica de testosterona observada em velocistas homens e mulheres da seleção italiana de atletismo. Além disso, os valores médios da potência mecânica calculada durante ½ agachamento, executado com uma carga igual à metade do peso do corpo e com uma carga igual a 250% do peso do corpo, são apresentados juntamente com a velocidade média registrada nos 60m. Os asteriscos denotam o nível de diferenças estatísticas (teste t de Student para valores independentes) encontradas entre os dois grupos (Bosco et al., 1996d).

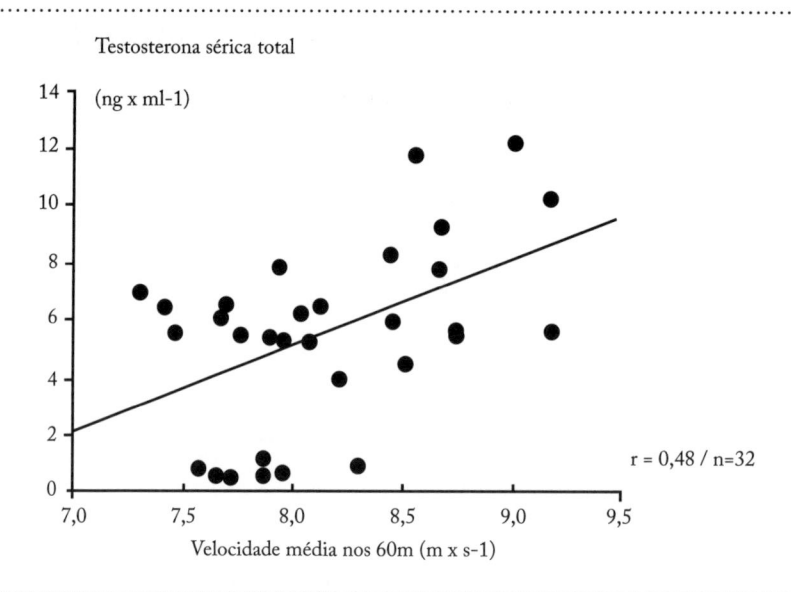

Figura 7.8 Correlação entre a concentração sérica de testosterona e a velocidade nos 60m, registradas em velocistas mulheres, velocistas homens e jogadores de futebol profissionais. ***P<0,001.

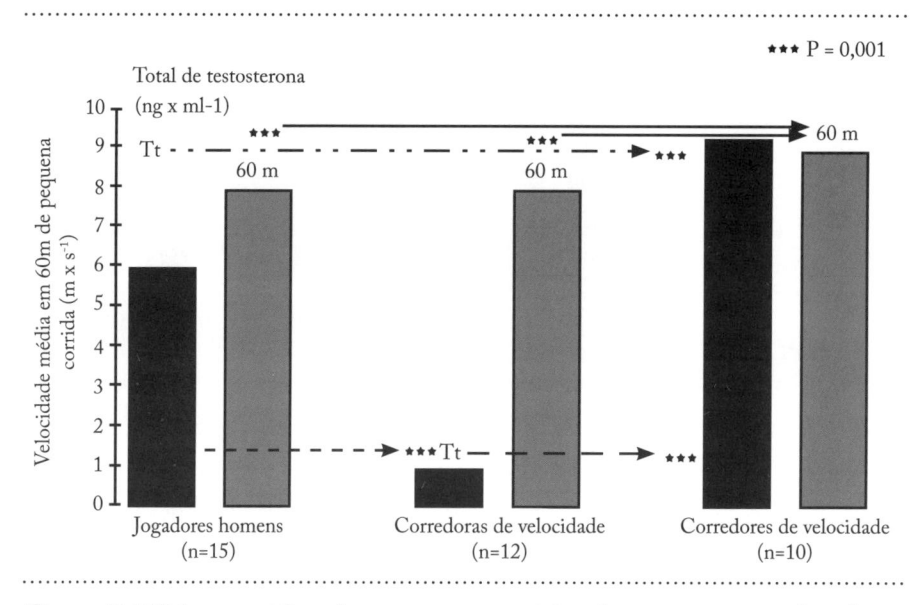

Figura 7.9 Valores médios da concentração sérica de testosterona e da velocidade nos 60m rasos observados em velocistas homens, velocistas mulheres e jogadores de futebol profissionais. Os asteriscos denotam o nível de diferença estatística (teste t de Student para valores independentes) encontradas entre os dois grupos (Bosco et al., 1996d).

Relação entre testosterona e resistência de força rápida

A testosterona é um hormônio indispensável para a força explosiva. Não só isso, é também indispensável para a resistência à força rápida. De fato, os estudos feitos por Bosco et al. (1995, 1996a, b) demonstraram, pela primeira vez no mundo, que a capacidade de reiterar a força explosiva está associada à quantidade de testosterona circulante (Figura 7.10a, b). Segundo a hipótese sugerida por Bosco et al. (1996c), a presença elevada de testosterona favoreceria, na célula, uma melhor função bioquímica e mecânica do músculo. É muito provável que a presença de testosterona em nível celular potenciaria a atividade do Ca^{2+} e esse, por sua vez, favoreceria o desenvolvimento de elevados gradientes de potência muscular. Se tudo isso for verdade, um dos objetivos fundamentais do treinamento deveria ser a utilização de cargas de trabalho apropriadas para estimular a secreção e, portanto, o aumento da testosterona endógena. Estudos realizados com atletas de nível internacional, praticantes de levantamento de peso, fisiculturismo e velocidade, demonstraram que através de treinamentos velozes executados com a barra (arremesso e arranque), exercícios típicos de levantadores de peso e velocistas, estimula-se a testosterona e determina-se seu aumento após o trabalho. É justamente esse aumento de testosterona que, depois, poderia ser utilizado na força explosiva e no tiro. É preciso lembrar que antes dessas descobertas, a única relação entre o treinamento de força máxima e a força explosiva referia-se à freqüência dos estímulos nervosos, que é altíssima nas duas expressões de força. No entanto, essas novas descobertas nos permitiram observar novas ligações entre a esfera hormonal, a bioquímica e a estrutural. Quando se trabalha para desenvolver a força rápida, começa-se primeiro com as cargas máximas. Mas por que trabalhamos com a força máxima? Segundo as nossas idéias, trabalha-se com a força máxima para que existam altas concentrações de testosterona circulante, já que com altas concentrações de testosterona circulante a fenotipização das fibras rápidas seria favorecida (Kraemer, 1992) e o indivíduo melhoraria sua velocidade. Melhorar a velocidade significa obter os resultados desejados, pois a resistência à velocidade está ligada à velocidade máxima. Quanto maior for a capacidade de força explosiva, melhor é a capacidade do indivíduo de resistir à força rápida e reiterá-la no tempo.

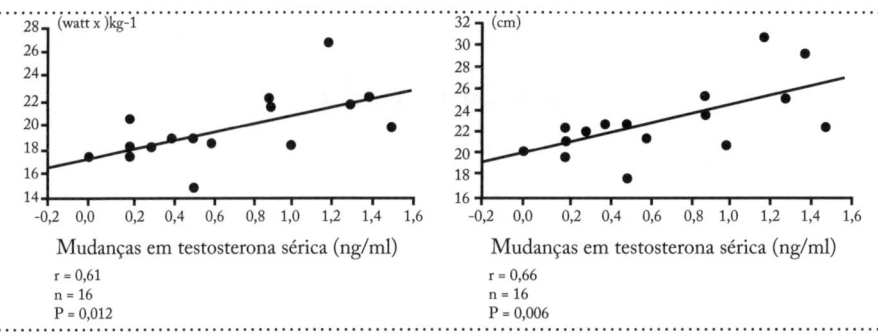

Figura 7.10 Correlação entre as variações das concentrações de testosterona com a potência média (A) e a altura média (B) durante 60s de saltos contínuos (Bosco et al., 1996b).

Efeitos do treinamento da resistência de força rápida

Estudos sobre as modificações provocadas pelo treinamento da potência aeróbica ou do limite aeróbico são facilmente encontrados na literatura internacional. No entanto, pouco se conhece ou foi publicado sobre os efeitos provocados pelo treinamento da resistência de força rápida. Parece bastante interessante o estudo longitudinal feito por nós (Bosco et al., 1989-1994) com os atletas homens e mulheres da seleção italiana de esqui alpino. As atletas e os atletas por nós estudados foram submetidos a provas periódicas de avaliação funcional com o teste de Bosco (1983) para controlar os efeitos das cargas de trabalho da resistência de força rápida. As mulheres foram submetidas a 45s de Saltos Contínuos (SC), enquanto os homens a 60s. Depois de cinco anos, as mulheres não demonstraram nenhuma melhora (Figura 7.11), e os homens registraram aumentos, estatisticamente significativos, apenas nos primeiros 30s de trabalho (Figura 7.12). Embora todos os atletas acompanhados por nós fossem de nível internacional e, portanto, submetidos a treinamentos sistemáticos cotidianos, apenas em dois atletas de elite, uma mulher (DC) e um homem (AT) (ambos vencedores olímpicos), observou-se melhora acentuada da resistência de força rápida (Figuras 7.11 e 7.12). Esses resultados demonstram claramente que em atletas de nível internacional, melhorar as qualidades físicas que podem efetivamente sustentar as características técnicas não é fácil. Além disso, toda vez que o treinamento sistemático consegue modificar e melhorar as propriedades fisiológicas específicas (isto é, requeridas na ergonomia do desempenho), essas melhoras contribuem para a eficácia da realização concreta das qualidades técnicas, que, no final, são as únicas características que distinguem um atleta excepcional de um atleta de nível internacional. Em todo caso, o estudo desses atletas demonstra que a resistência de força rápida é uma qualidade fisiológica que pode ser melhorada com o treinamento. Ou melhor, depois da força máxima, a resistência de força rápida é a propriedade fisiológica que mais facilmente pode ser melhorada, dado que as características biológicas sobre as quais se pode agir são muitas e diversas entre si.

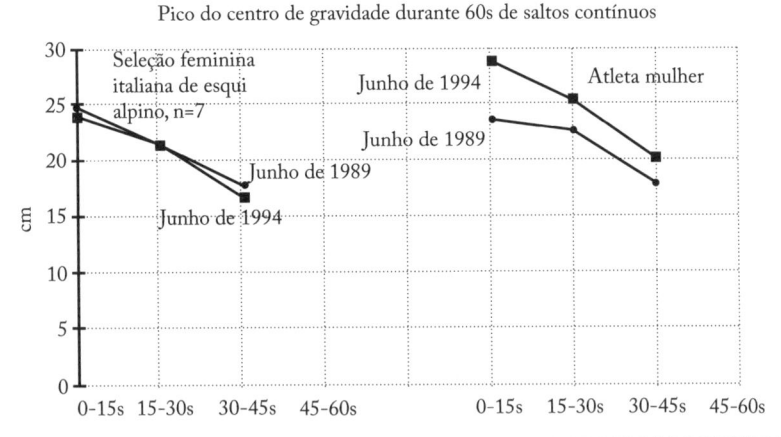

Figura 7.11 Modificações longitudinais da capacidade de salto desenvolvida durante 60s de saltos contínuos com o teste de Bosco. Os resultados representam os valores médios registrados em sete atletas da seleção italiana de esqui alpino, enquanto os valores apresentados à esquerda da figura foram registrados em um atleta de nível internacional (Bosco, 1996d; Bosco, Cotelli, D'Urbano).

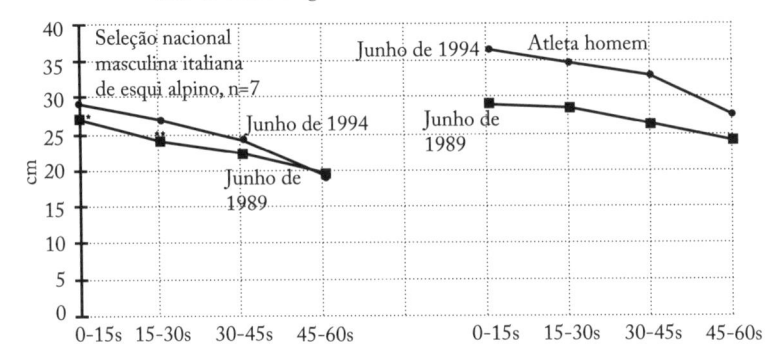

Figura 7.12 Modificações longitudinais da capacidade de salto desenvolvida durante 60s de saltos contínuos com o teste de Bosco. Os resultados representam os valores médios registrados em sete atletas da seleção italiana de esqui alpino, enquanto os valores apresentados à esquerda da figura foram registrados em um atleta de nível internacional (Bosco, 1996d; Bosco, Cotelli, D'Urbano).

Adaptações específicas da resistência de força rápida nos dois sexos

Confrontando-se os resultados das Figuras 7.11 e 7.12, nota-se facilmente que os homens possuem valores iniciais (primeiros 15s) enormemente mais elevados do que os observados nas mulheres (20%). Mas, ainda mais relevante, parece ser o fato de que, depois de 45s de trabalho, as mulheres apresentam uma queda mais acentuada do que a observada nos homens (30% x 20%, respectivamente). Esses resultados são corroborados por outras observações, todas realizadas com os atletas da seleção italiana de esqui alpino. De fato, como mostrado na Figura 7.13a, os níveis de desempenho nos 45s de saltos contínuos nos homens são 30% mais elevados do que em mulheres. Antes de tudo, é preciso perguntar por que os homens apresentam valores cerca de 30% maiores que os das mulheres. Além disso, por que o efeito do cansaço, durante desempenhos de força rápida, evidencia-se de maneira mais incisiva nas mulheres? Quais são os mecanismos biológicos que definem este comportamento diferente em que os homens se vêem mais favorecidos no reiterar da força explosiva no tempo? No capítulo precedente, os efeitos provocados pelas variações de pH na capacidade de trabalho do músculo e, portanto, na resistência de força rápida foram amplamente tratados. Estando a queda do pH relacionada biologicamente com o aumento do lactato, tudo isso poderia sugerir que, se a resistência de força rápida dependesse predominantemente de fatores de inibição, determinados pela perturbação do pH, as mulheres deveriam apresentar concentrações de lactato, em equivalência de trabalho e de potência com os homens, muito mais elevadas. Efetivamente, embora as concentrações de lactato nas mulheres durante 45s de saltos contínuos sejam inferiores aos dos homens (Figura 7.13b), no momento em que se leva em consideração tanto o trabalho como a potência desenvolvida (Figura 7.13a), a sua produção de lactato é mais elevada. Por qual motivo as mulheres apresentam esse comportamento? Maior percentual de fibras rápidas é algo a ser completamente excluído, mesmo que não se possa demonstrá-lo histologicamente, não tendo sido feitos exames de biótipos. De fato, se as mulheres possuíssem um percentual maior de fibras rápidas, automaticamente apresentariam valores iniciais muito mais elevados de força explosiva e de potência durante os 45s de salto contínuo. Portanto, outros fatores devem estar na base deste tipo tão particular de comportamento em que as mulheres cansam-se muito mais rapidamente do que os homens durante desempenhos de força rápida. Talvez uma maior concentração de testosterona circulante favoreça os homens em desempenhos de resistência de força rápida. Como anteriormente sugerido (Bosco, 1995, 1196a, b, c), durante desempenhos de reiteração de força rápida, parece que os indivíduos favorecidos são aqueles que possuem maior quantidade de testosterona e/ou aqueles que conseguem, durante o próprio desempenho (a execução de 60s de SC), estimular as gônadas a secretarem testosterona. Uma elevada concentração de testosterona, muito provavelmente, favoreceria a potencialização da bomba Ca^{2+} (Rolling et al., 1996) que, portanto, seria menos perturbada por uma queda de pH provocada por aumento de produção de lactato. Tudo isso favoreceria a resistência de força rápida, que está ligada à capacidade de recrutar um elevado número de fibras rápidas.

Força Muscular

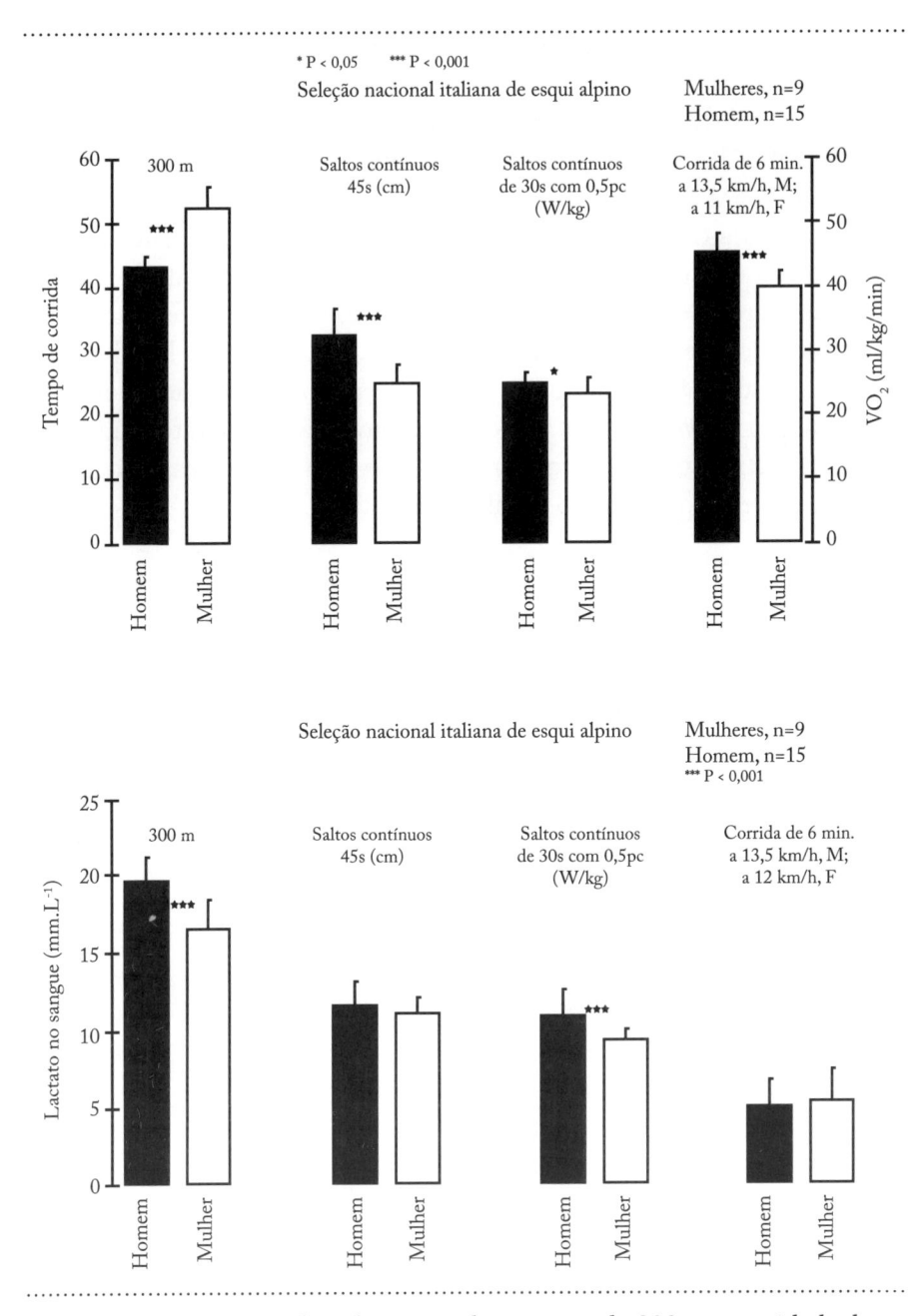

Figura 7.13 Valores médios do tempo de percurso de 300m, capacidade de salto durante 45s de saltos contínuos, potência média durante 30s de saltos contínuos executados com uma carga igual a 50% do peso do corpo, e consumo de oxigênio medido com o teste de Moritani (A). Concentração plasmática de lactato observada após o desempenho de cada prova (B). Os asteriscos denotam a significância estatística (teste t de Student para valores independentes). *P<0,05; ***P<0,001 (A) e ***P<0,001 (B).

BIBLIOGRAFIA

Bosco, C. *Aspetti fisiologici della preparazione fisica del calciatore*. Roma: Società Stampa Sportiva, 1990.

_____. *La fisiologia, pianificazione, valutazione e controllo della preparazione fisica nello sci alpino con il test di Bosco*. In: D'Urbano, G. (ed.). Sci agonistico. Milão: Sperling & Kupfer, p. 1-22, 1990.

Bosco, C. *Evaluation and planning condition training for alpine skiers*. Int. Congress Alpine Skii, St. Christoph, Austria, Abstract, p. 12-13, 1996d.

Bosco, C.; Luhtanen, P.; Komi, P.V. A simple method for measurement of mechanical power in jumping. *Eur J Appl Physiol*. v. 50, p. 273-282, 1983.

Bosco, C.; Rusko, H.; Hirvonen, J. The effect of extra load conditioning on muscle performance in athletes. *Med Sci Sports Exerc*. v. 18, n. 4, p. 415-419, 1986.

Bosco, C. et al. Seasonal fluctuations of selected physiological characteristics of elite alpine skiers. *Eur J Appl Physiol*. v. 69, p. 71-74, 1994.

Bosco, C.; Tihanyi, J.; Viru, A. Relationships between field fitness test and basal serum testosterone and cortisol levels in soccer players. *Clinical Physiol*. v. 16, p. 317-332, 1996a.

Bosco, C. et al. Hormonal responses in strenuous jumping effort. *Jpn J Physiol*. v. 46, n. 1, p. 1-7, 1996b.

Bosco, C. et al. Monitoring Strength Training Neuromuscular and Hormonal Profile. *Med Sci Sport Exec*. 1996c.

Kraemer, W.J. Hormonal mechanisms related to expression of muscular strength and power. In: Komi, P.V. (ed). *Strength and power in sport. Scientific Publications Oxford*. p. 64-67, 1992.

Rolling, J.L. et al. Effects of testosterone proprionate on strength and eccentric induced muscle damage. *Med Sci in Sports Exerc*. v. 28, p. 113, 1996.

Capítulo 8

Avaliação da Resistência à Força Rápida com o Teste de Bosco

Este teste, além de fornecer informações sobre as propriedades visco-elásticas dos músculos extensores das pernas, é utilizado para avaliar as características dos processos metabólicos que sustentam o trabalho muscular por um período que pode variar de 5 a 60s. O método de execução dos saltos é praticamente como o de força explosiva, a única diferença é que os saltos são executados em sucessão durante o tempo estabelecido. Como nas outras provas de salto, o indivíduo deve manter o tronco ereto e as mãos dispostas lateralmente. É preciso, além disso, prestar muita atenção à flexão dos joelhos, que deve alcançar o ângulo de 90º (Figura 8.1). Durante a execução de provas longas (30-60s), pode-se verificar que, ao final da prova, por causa do cansaço, não é possível flexionar os joelhos até o ângulo desejado (90º), e então são usadas variações angulares menos amplas. Se isso for verificado, a prova de avaliação de potência mecânica não pode ser considerada válida, já que, com variações angulares mínimas, são modificadas as condições de trabalho biomecânico dos membros inferiores. Durante a execução dessas provas, uma variação angular reduzida (por volta de 50º) (ver Figura 8.2a), provoca melhora do rendimento energético de cerca de 30% com relação a variações angulares amplas (por volta de 90º) (Figura 8.2b) (Bosco et al., 1982). Fatores ligados à reutilização de energia elástica, à ativação elétrica muscular e às condições biomecânicas criadas no nível da articulação do joelho (Smidt, 1973) parecem ser os maiores responsáveis pelas melhoras.

Figura 8.1 Exemplo de teste para a avaliação da potência anaeróbica. O indivíduo deve cumprir uma sucessão de saltos verticais por um período de tempo pré-determinado.

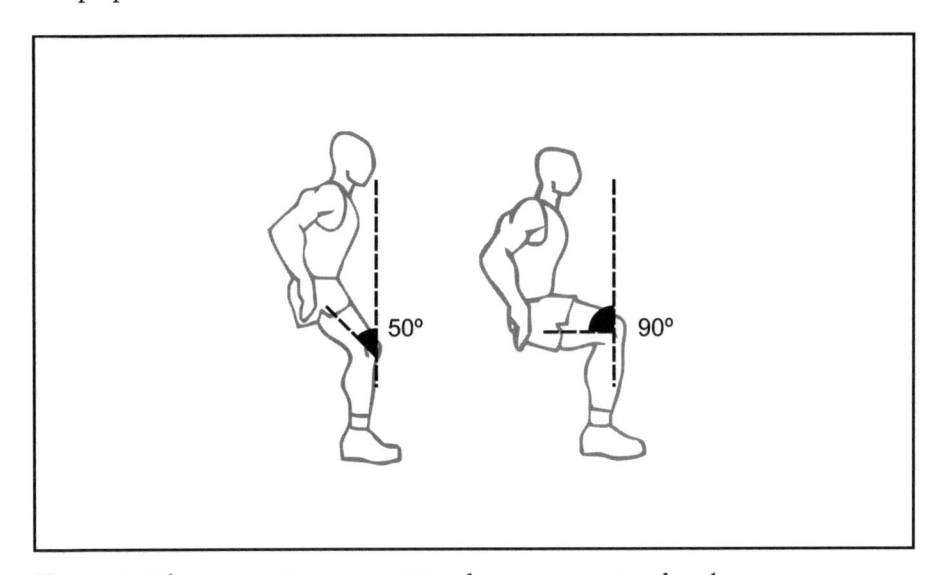

Figura 8.2 Apresentação esquemática de uma execução de salto com pequena variação angular do joelho (cerca de 50°) (A) e com variação angular ampla do joelho (cerca de 90°), como pedida pelo protocolo do teste (B).

Portanto, ao se verificarem execuções não ortodoxas das provas, que se distanciam muito das condições padronizadas requeridas, a avaliação pode ser sempre aceita com a condição de que o valor da potência não seja considerado, mas somente o da altura superada. De fato, uma variação angular reduzida não provoca melhoras da altura.

Para que o teste forneça informações precisas e confiáveis, o indivíduo deve empenhar-se ao máximo desde o início da prova, sem buscar distribuir o esforço ao longo do tempo estabelecido. Em média, dever-se-ia executar um ciclo completo (isto é, um salto) por segundo, portanto em 15s não deveriam ser executados mais que 15 saltos. Caso sejam executados mais saltos, significa que as variações angulares de 90º não foram respeitadas; flexionando menos os joelhos emprega-se menos tempo durante a fase de contato e, portanto, mais saltos são realizados. Em indivíduos altos, com cerca de 190cm, o número dos saltos em 15s pode variar de 13 a 14, no máximo 15, enquanto para aqueles que têm 180cm, o número médio será de 14-15; para indivíduos com 170cm, o número será 15-16 e, enfim, para quem tem 160cm, o número de saltos pode ser ligeiramente mais alto. O número de saltos não está ligado à potência mecânica desenvolvida e, se o atleta for pouco potente, empregará muito tempo no contato com o terreno e pouco na fase de vôo; o contrário se dá para indivíduos fortes. Portanto, o ciclo permanece mais ou menos invariado. Os distritos musculares mais empregados na prova são, respectivamente, o quadríceps femural, seguido dos glúteos, músculos extensores do tronco e, de maneira irrelevante, tríceps sural.

O programa do Psion foi ajustado de maneira que, observando-se tanto o número de saltos quanto o tempo de vôo, e de contato de cada salto, sejam calculadas automaticamente, utilizando-se a fórmula de Bosco et al., 1983a, com a potência mecânica expressa em watt/kg e a altura média dos saltos expressa diretamente em cm. Além disso, os tempos de contato e de vôo de cada salto podem ser visualizados no *display*. No caso de se escolher um período de trabalho qualquer, por exemplo 5s, o instrumento fornecerá logicamente tanto a potência quanto a altura. Ao efetuar-se uma prova de 60s, os dados parciais tanto de potência quanto de altura são fornecidos a cada 15s, além do dado final total, tudo isso aparece no *display* se o operador quiser.

Aplicações práticas do teste de Bosco

A introdução desta nova forma de avaliação oferece aos treinadores, médicos esportivos, fisiologistas e professores uma possibilidade diagnóstica tanto dos processos neuromusculares quanto dos metabólicos durante uma prova de curta duração e altíssima intensidade de trabalho. Provas de curta duração, 5-15s, tornam-se absolutamente necessárias para a avaliação dos atletas de modalidades em que a força explosiva é importante para a prática do esporte em nível agonístico. Para as crianças (5-10 anos), é aconselhável não prolongar o esforço por mais de 5s. Para os jovens (11-16 anos), podem ser usados tempos mais prolongados, de até 10-15s. A potência mecânica durante os saltos contínuos (5-15s) mostrou-se um parâmetro funcional muito sensível às qualidades e às características individuais, ou às adaptações provocadas pelo treinamento (Bosco et al., 1989).

Correlações estatisticamente significativas foram observadas com o teste de Margaria, com o teste de Abalakov, com o pico do momento de força medido no Cybex, com o tempo para percorrer os 60m, e com o teste Wingate (Bosco et al., 1983a, b, c).

Quando o teste é executado em um indivíduo, os valores encontrados devem ser avaliados em absoluto e também confrontados com as médias verificadas em população homogênea, isto é, com a média dos valores obtidos em atletas praticantes do mesmo esporte (ver *La valutazione della forza con il test di Bosco*, Società Stampa Sportiva, 1992). A avaliação do valor absoluto permite realizar estudo longitudinal, de maneira a verificar periodicamente se as qualidades diagnosticadas variam no tempo em função do treinamento ou da idade, por exemplo. O confronto com o grupo homogêneo permite observar o nível do indivíduo, e como as qualidades fisiológicas estimuladas variam em função das modificações dos demais membros do grupo.

Cálculo da capacidade de resistência à força rápida

Os valores fornecidos pelas provas de saltos contínuos são dois: a potência mecânica e a altura média realizadas durante os saltos. Este último valor, se confrontado com o do salto de potência, oferece a possibilidade de avaliar a resistência à força rápida. Atletas bem treinados que praticam modalidades em que a força explosiva é muito relevante para o desempenho (esqui alpino, corrida, hóquei no gelo, etc.) mostram capacidade de resistência à força rápida muito elevada. O valor da relação entre a altura média durante 15s (h_{15s}) e as do salto de potência (h_{15s}/h) deve aproximar-se de 1: no caso dos atletas de jogos coletivos, bons valores giram em torno de 0,90-0,95.

Uma outra possibilidade de avaliar a resistência à força rápida é dividir o valor médio da altura realizada nos últimos três saltos, na prova de 15s, por exemplo, pelo valor correspondente obtido no início da prova. O programa de trabalho operativo da *Ergojump-Fiber Counter* mostra em seu painel os valores em altura (h) de cada salto.

Também nesse caso, quanto mais o quociente se aproxima de 1, mais resistente à força rápida será o indivíduo. Tudo isso é válido se o indivíduo tiver expressado o máximo esforço durante toda a duração da prova. Para verificar se a prova foi executada com o máximo empenho, é preciso apenas confrontar a altura média dos primeiros três saltos (h_i) com a do salto de potência. Se os dois valores se aproximam, quer dizer que o indivíduo expressou o máximo esforço e, portanto, a prova pode ser considerada válida. Eis um exemplo prático de como se pode calcular a capacidade de resistência à força rápida em uma prova de 15s.

Sujeito A: Especialidade: esqui alpino; idade: 25 anos; classe: nacional – período da estação agonística: início da fase de preparação estiva.
Prova dos 15s Potência mecânica: 30,9 watt/kg; h_{15s} = 48,0cm
Valor do salto de potência: h = 56,9cm
Prova dos 15s: média dos primeiros três saltos: h_1 = 51,7cm
média dos últimos três saltos: h_f = 46,0cm.
Capacidade de resistência à força rápida: h_{15}/h_{CM} será dada por: 48,0/56,9 = 0,86

Segundo método de cálculo de resistência à força veloz: h_f/h_i que será dado por: 46,0/51,7 = 0,89.

Cálculo do empenho exercitado durante a prova: h_i/h do salto de potência que será obtido por: 51,7/56,9 = 0,90.

Análise dos dados: a falta de resistência à força veloz do indivíduo deve ser atribuída, principalmente, à falta de treinamento.

Análise do empenho durante a prova: o indivíduo manifestou fraco desempenho, já que o índice obtido está muito abaixo dos valores médios encontrados em atletas de sua classe e modalidade.

As potencialidades genéticas do atleta são boas, e evidenciadas pelos valores de potência e de salto de potência, que não se distanciam da média geral observada em uma população homogênea ampla (*La valutazione della forza con il test di Bosco*, Societá Stapa Sportiva, 1992). De fato, apesar do indivíduo não apresentar características de um atleta muito treinado (manifestação clara de pouca resistência e de pouco empenho, talvez por estar fora de forma) os valores em si são bons.

As provas diagnósticas realizadas com duração de 5 a 15s fornecem informações relativas à capacidade de desenvolver potência mecânica (contribuição energética e mecânica): essa exprime a velocidade de utilização dos *pool* fosfóricos (ATP e CP) e, parcialmente, a intervenção dos processos glicolíticos, além do comportamento funcional das características visco-elásticas dos músculos extensores das pernas e, enfim, a capacidade de coordenação inter e intramuscular, que intervêm fortemente na realização de uma boa prova. Na Tabela 8.1, são apresentados os valores indicativos da capacidade de resistência à força rápida, calculados com o método h_{15s}/h do salto de potência x 100, para atletas praticantes de esportes individuais e esportes coletivos, durante a prova de 15s de saltos.

Tabela 8.1 Valores de resistência à força rápida

$h_{15s}/h_{\text{de salto}}$ **de potência x 100 Individuais**	Nível	$h_{15s}/h_{\text{de salto de}}$ **potência x 100 Coletivos**
80	Fraco	70
90	Mediano	80
100	Bom	90

Aplicações práticas e considerações fisiológicas nas provas de saltos contínuos de duração de 30-60s

Como foi anteriormente apresentado, as provas de 15s de saltos contínuos podem ser empregadas para a avaliação das características funcionais dos atletas de atividades esportivas em que a força explosiva é uma componente determinante para a realização do desempenho ideal. Em certos casos, são necessárias avaliações de provas de esforço mais prolongadas, especialmente para atletas de modalidades que requerem esforço máximo de alguns minutos (60-300s) como, por exemplo, esqui alpino, canoagem, 400-800 metros no atletismo, patinação no gelo, etc. Para essas modalidades, provas de 30-60s de saltos contínuos representam avaliações específicas tanto para observação das condições particulares do atleta quanto para programação correta das cargas de trabalho, utilizadas para o treinamento de resistência à velocidade.

Nesse tipo de trabalho, as fontes energéticas, além de serem fornecidas pelos substratos metabólicos apresentados nos músculos (ATP e CP), são também asseguradas pela intervenção da glicólise, da conseqüente formação de lactato e, enfim, da contribuição, mesmo que modesta, dos processos aeróbicos (utilização da mioglobina), que, muito provavelmente, influenciam o esforço no fim da prova. A intervenção do metabolismo aeróbico, no entanto, não é determinante nem discriminante. De fato, não foi encontrada nenhuma relação entre o VO_2máx. e os valores de potência mecânica nos 60s (Bosco, 1980; White e Johnsson, 1991). Já boa relação foi encontrada entre a prova de saltos e o teste Wingate prolongado por 60s ($P<0,01$); também foi observada ausência de relação de lactato produzido durante a execução das duas provas, pelos mesmos indivíduos, em períodos diferentes. A quantidade de lactato plasmático encontrado após as duas provas foi, em média, duas vezes maior no Wingate do que nos 60s de saltos contínuos, apresentando valores respectivos de 15,4 x 8,1 mmol/L nos 12 jogadores de basquete examinados (Bosco et al., 1983a).

Nos esquiadores de fundo, o nível da concentração plasmática de lactato depois de 60s de saltos foi próximo ao observado nos mesmos atletas durante as provas do teste clássico Wingate de 30s, com valores respectivos de 8,5 x 9,5 mmol/L.

Observou-se redução de quase 50% na produção de lactato após o teste 60s de salto em comparação ao esforço prolongado pelo mesmo período no teste realizado em cicloergômetro, o que decorre de diferenças acentuadas na mecânica de ativação muscular, que depende do trabalho efetivamente realizado durante a prova de saltos. De fato, em 60s de duração, por volta de 30s são gastos no ar e, dos 30s restantes, em que o indivíduo está em contato com o terreno, por volta de 50% é gasto para executar o trabalho excêntrico. Como sabemos, o custo energético durante o trabalho excêntrico é muito baixo (Margaria, 1975; Cavagna, 1977); resta, portanto, apenas um período de 15s de trabalho positivo e ainda realizado com pré-alongamento. Tudo isso explica a quantidade não muito elevada de lactato que se encontra durante 60s de saltos, que só em raras ocasiões superou a média de 10mmol/L. Valores superiores a esses foram registrados durante provas executadas com as meninas da seleção italiana de esqui alpino em condições ambientais modificadas. De fato, um valor médio de 12,0 mmol/L foi medido em provas realizadas com mais de 3000m altitude, enquanto as mesmas atletas registraram, no mesmo período, valores por volta de 7,3 mmol/L durante prova feita no nível do mar (Bosco et al., 1990) (Figura 8.3). A ausência de elevadas quantidades de lactato plasmático não deve conduzir a conclusões erradas, isto é, não se deve pensar que a prova de 60s não requer esforço máximo e prolongado. A capacidade de desenvolver potência, assim como a de produzir trabalho, é drasticamente diminuída no decorrer da prova. Tudo isso pode ser notado também na Figura 8.3, em que a potência mecânica desenvolvida no final do trabalho realizado, tanto em condições normais quanto em condições ambientais perturbadas, não alcança nem mesmo 60% daquela desenvolvida no começo da prova.

Figura 8.3 Potência mecânica e concentração plasmática de lactato medido em 9 atletas da seleção italiana de esqui alpino durante a prova de 60s de saltos contínuos executados no nível do mar (colunas cinzas) e em altitude de 3190 (colunas brancas) (Bosco, Mognoni, Cotelli, Roi, 1989).

A prova de 60s demonstrou-se sensível ao percentual de fibras rápidas; indivíduos com maior porcentagem dessas fibras apresentaram maior potência do que indivíduos pobres nelas (Figura 8.4) durante os primeiros 15s de trabalho (significância estatística de $P<0,05$). Com o prosseguimento de trabalho, a diferença estatística desapareceu e os valores dos dois grupos foram parecidos no final da prova. O curso da perda da potência é semelhante ao mostrado por Tesch et al. (1978), que evidenciaram, durante a execução de 50 repetições em um dinamômetro isocinético, queda maior do pico do momento de força em indivíduos ricos em fibra rápida em relação a indivíduos que possuíam menor percentual dessas fibras.

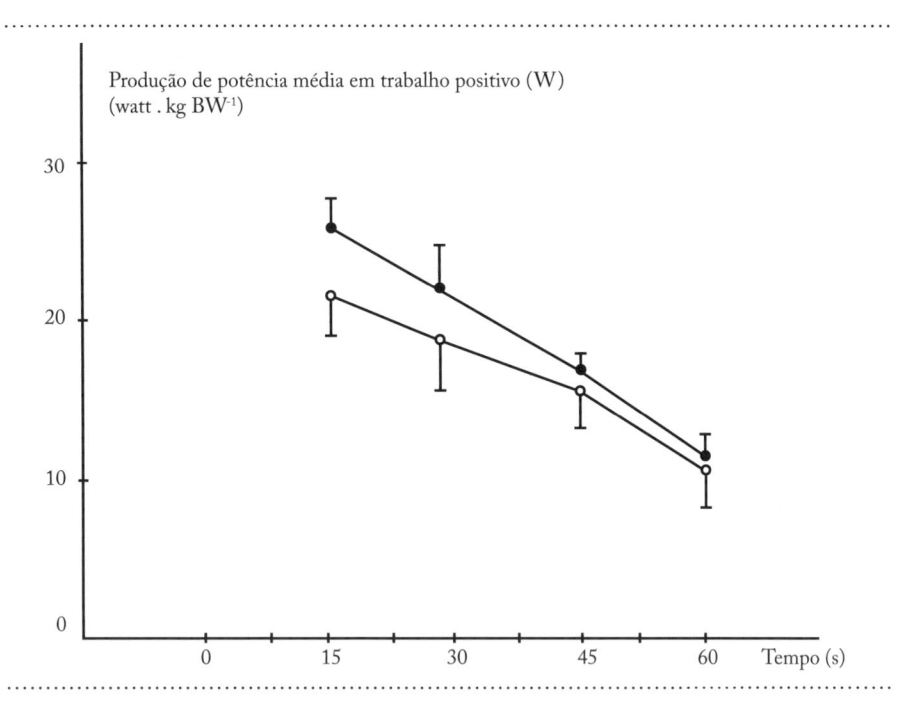

Figura 8.4 Potência mecânica desenvolvida por indivíduos ricos e pobres em fibras rápidas no músculo vasto lateral durante a execução de 60s de saltos contínuos. Nos primeiros 15s, nota-se significância de P<0,05; n.s. = não significativo estatisticamente (teste t de Student) (Bosco et al., 1983c).

Estudos recentes feitos com atletas norte americanos praticantes de esqui alpino de nível internacional, nacional e regional evidenciaram que entre todos os testes utilizados (Wingate, salto vertical, VO_2máx., 60s de saltos) o trabalho (h x número de saltos) total executado durante os 60s é parâmetro mais seletivo e discriminante para distinguir atletas de nível regional daqueles de nível nacional e internacional (White e Johnsson, 1991).

A potência mecânica durante 60s relaciona-se com a morfologia cardíaca e, em particular, com a hipertrofia miocárdica (Spataro e Notaristefano, 1989).

Cálculo da capacidade de resistência à força rápida durante provas de 30-60s de saltos contínuos

Os valores da potência mecânica e da altura média alcançadas durante as provas de 30-60s são parâmetros de forte poder discriminante, que permitem diagnosticar e evidenciar as capacidades de desenvolvimento da potência anaeróbica lática, mecânica e resistência ao cansaço.

O diagnóstico de um indivíduo é feito confrontando-se o seu valor com as médias encontradas no grupo a que pertence (modalidade esportiva, idade, sexo, nível agonístico). Na falta dos valores do grupo, podem ser tomados como referência os apresentados por Bosco (1992).

A avaliação da resistência à força rápida durante provas de 30-60s não se distancia do método usado para os 15s.

Os parâmetros que podem ser utilizados são dois: 1º) potência mecânica, e 2º) altura média (h). Tanto a potência quanto o nível da altura média alcançados são automaticamente medidos e calculados a cada 15s. O instrumento (Psion-CM) é programado de maneira que os dois parâmetros possam ser observados no painel, de acordo com a vontade do operador, na seguinte sucessão temporal: 0-15s; 15-30s; 30-45s; 45-60s, depois de terem sido assinalados no início os valores médios da prova completa de 0-60s. Além disso, para pesquisas mais profundas, podem ser necessários os valores individuais de cada salto executado em relação ao tempo de contato e vôo. Deve-se chamar a atenção sobre o fato de que o valor mostrado desse modo – 15-30s – é apenas o valor parcial calculado para o período que vai do 15º ao 30º segundo durante uma prova que pode durar até 60s. Já quando a duração total da prova é de 30s, essa será indicada no painel assim: 0-30 Potência (P) em watt/kg e altura (h) em cm. Além disso, serão assinalados os períodos parciais: 0-15 e 15-30s, em que 0-15s representa o início e 15-30 o fim da prova.

Eis como realizar cálculo da queda de potência durante uma prova de 60s:

Indivíduo A (esqui alpino, nível nacional, ☒)
Queda de potência = P_{45-60}/P_{0-15} (índice de cansaço)
Substituir com os valores reais obtidos em uma prova de 60s (Tabela 8.2).
O valor do salto de potência é de 51,2cm (avaliado antes de efetuar a prova de 60s).
Substituindo com os valores reais da Tabela 8.2 : P_{45-60} = 19,3 watt/kg; P_{0-15} = 31,3 watt/kg.
Queda de potência = 19,3/31,3 = 0,62.

Além desse método, pode-se adotar um outro sistema que nos fornece indicações sobre a capacidade de prolongar no tempo o trabalho muscular de alta intensidade. Nesse caso, levar-se-á em consideração a altura média medida a cada 15s, e ela será confrontada com o valor da altura obtida no salto de potência. O primeiro parâmetro a ser calculado é relativo à avaliação do empenho executado pelo indivíduo no início da prova. O nível de tal parâmetro nos indica o esforço e a intenção do indivíduo em dar o máximo desde o início, ou de programar uma distribuição uniforme do esforço para chegar ao fim da prova sem quedas drásticas.

Utilizando os dados do indivíduo A (Tabela 8.2), calcula-se:

- Empenho executado no início da prova: h_{0-15}/h do salto de potência = 48,0/51,2 = 0,94.
- Análise diagnóstica sobre o empenho executado: o indivíduo obteve um ótimo valor (0,94), que sugere a vontade do atleta em realizar o máximo esforço desde o início da prova.

Tabela 8.2 Parâmetros registrados durante 60s para indivíduo A

Período (s)	Potência (watt/kg)	Altura (h) (cm)	
0-15	31,3	48,0	valores parciais relativos ao período
15-30	28,7	43,0	" " " " "
30-45	24,8	37,0	" " " " "
45-60	19,3	29,0	" " " " "
0-60	26,1	39,0	valor absoluto para a prova de 60s

A prova pode ser considerada válida e, portanto, é possível proceder com o cálculo da queda do trabalho muscular utilizando-se dois métodos diferentes. O primeiro confronta a altura média alcançada durante toda a prova de 60s com o valor da altura do salto de potência. No caso do indivíduo A (Tabela 8.2), será dado por: 39,0/51,2 = 0,76.

No segundo método, confrontam-se os valores de altura obtidos no período 45-60 com a altura do primeiro período 0-15s; resultando para o indivíduo A (Tabela 8.2): 29,0/48 = 0,60. É necessário lembrar que o segundo método de cálculo fornece indicações muito precisas sobre os processos de fadiga, mas que, no entanto, só pode ser aplicado quando o desempenho do atleta for satisfatório. Caso contrário, é preciso usar o primeiro método. Na Tabela 8.3, são apresentadas algumas sugestões e indicações de como avaliar a queda do trabalho muscular usando o primeiro método, isto é, confrontando o valor médio da altura da prova completa com o valor da altura do salto de potência. As provas realizadas não precisam necessariamente durar 60s, em muitos casos, conforme a necessidade, podem ser utilizadas provas que duram apenas 30s ou 45s.

Tabela 8.3 Relação entre altura (h) média obtida durante a execução de uma única prova de duração de 30, 45 ou 60s e a altura atingida no salto de potência x 100. Valores de esportes individuais e coletivos são apresentados separadamente

Duração da prova (s)	Esportes individuais $h_{prova}/h_{de\ salto\ de\ potência} \times 100$	Nível	Esportes coletivos $h_{prova}/h_{de\ salto\ de\ potência} \times 100$
0-30	70	Fraco	55
	80	Medíocre	65
	90	Bom	75
0-45	60	Fraco	45
	70	Medíocre	55
	80	Bom	65
0-60	50	Fraco	40
	60	Mediano	45
	70	Bom	55

Cálculo do volume de trabalho (número de repetições) e da intensidade (nível do esforço) usando as provas de 15-60s de salto

A melhora da resistência à força rápida representa um dos problemas metodológicos mais difíceis de serem enfrentados e, portanto, resolvidos. As modalidades esportivas em que tal habilidade é de fundamental importância são muitíssimas e de natureza variada (canoagem, vôlei, hóquei no gelo, basquete, atletismo: 100-800m, handebol, esqui alpino, etc.). Os atletas que possuem maior percentual de força rápida são mais aptos a desenvolver e manter no tempo as forças rápidas, que podem ser notavelmente melhoradas com treinamentos específicos e dirigidos. Os fatores determinantes tanto no desenvolvimento da força rápida quanto na resistência de força rápida são de natureza neuromuscular e bioquímica, conforme a duração do desempenho. Utilizando como medida objetiva de comparação as provas de curta duração (5-15s) e de longa duração, pode-se identificar as intervenções metabólicas envolvidas.

A quantidade dos *pool* fosfóricos e a intervenção precoce dos processos glicolíticos caracterizam o desempenho de curta duração. Nas provas mais longas (30-60s), a capacidade de neutralizar com substâncias tampão o aumento de acidez, provocado pela formação de lactato, desempenha um papel determinante na manutenção do trabalho muscular estressante e veloz por longo tempo. Existem certas relações biológicas entre a capacidade de desenvolver a força rápida e a resistência de força rápida. O aumento dos *pool* fosfóricos (ATP e CP) e das respectivas enzimas envolvidas com o treinamento específico de força rápida já foi demonstrado (Karlson et al., 1974; Thostersson, 1976 et al., 1977).

Portanto, indivíduos velozes ou treinados para desenvolver velocidade terão maior possibilidade de fornecer energia bioquímica através da utilização da fosfocreatina durante ativações musculares máximas. Portanto, no início de um desempenho violento, uma maior quantidade de creatina será produzida por esses indivíduos em relação aos mais lentos e não treinados para a força rápida, proveniente da quebra da creatina fosfato. Por sua vez, sendo a creatina uma substância mais alcalina que a creatina fosfato, determina condições fisiológicas favoráveis para amortecer a acidez, que aumentará com o prosseguimento do trabalho, devido à formação de lactato e da liberação de H^+ (Mader et al., 1983).

BIBLIOGRAFIA

AYALON, A.; INBAR, O.; BAR-OR, O. Relationship among measurements of explosive strength and anaerobic power. In: NELSON, R.C.; MOREAHOUSE, C.A. (eds). *International series on sport sciences*. v.1.Biomechanic IV. Baltimore: University. 1974, 572-577.

BOSCO, C. et al. Neuromuscular functions and mechanical efficiency of human leg extensor muscles during jumping exercises. *Acta Physiol Scand*. v. 114:543-550, 1982.

BOSCO, C. et al. Mechanical power test and fiber composition of human leg extensor muscles. *Eur J Appl Physiol*. v. 51, p. 129-135, 1983b.

BOSCO, C.; LUHTANEN, P.; KOMI, P.V. A simple method for measurement of mechanical power in jumping. *Eur J Appl Physiol*. v. 50, p. 273-282, 1983a.

BOSCO, C.; MOGNONI, P.; LUHTANEN, P. Relationship between isokinetic performance and balistic movement. *European Journal of Applied Physiology*. v. 51, p. 357-364, 1983c.

BOSCO, C. *New test for training control of athletes*. Conference Proceedings, I International Conference "Tecniques in athletics", v. 1, p. 264-295, 1990.

CAVAGNA, G.A. Storage and utilization of elastic energy in skeletal muscle. *Exerc Sport Sci Rev*. v. 5, p. 89-127, 1977.

KARLSSON, J. et al. Distribution of LDH isozymes in human skeletal muscle. *Scand J Clin Ab Invest*. v. 33, p. 307-312, 1974.

MADER, A. et al. Simulative Borochnungen der dynamischen Anderungen von Phosphorylierungspotential. Laktatbildung und Laktatverteilung beim Sprint. *Deutsche Zeitschrift fur Sportmedizin*. v. 34, p. 14-22, 1983.

MARGARIA, R. *Fisiologia muscolare e meccanica del movimento*. Milão: Mondadori, p. 1-69, 1975.

THORSTENSSON, A. et al. Actomyosin ATP-ase, myokinase, CPK and LDH in human fast and slow twitch muscle fiber. *Acta Physiol Scand*. v. 99, p. 225-229, 1977.

WHITE, A.T.; JOHNSON, S.C. Physiological Comparison of International, National and Regional Alpine Skiers. *Int J Sport Med*. v. 12, n. 4, p. 374-378, 1991.

Capítulo 9

Confronto entre Avaliação Isocinética e Isotônica

Foto: Da esquerda: Marconnet (França), Nicol (França), Belli (França), Goubel (França), Saibene (Itália), Bosco (Itália), Komi (Finlândia).

Avaliações funcionais e diagnósticos clínicos do comportamento mecânico do músculo esquelético humano foram efetuados, predominantemente, com dinamômetros isométricos ou isocinéticos. Infelizmente, utilizando-se essas técnicas, nem sempre se tem a possibilidade de obter resultados diagnósticos válidos e objetivos, capazes de fornecer indicações úteis sobre o comportamento fisiológico do músculo esquelético humano. Mesmo que na clínica ortopédica e na reabilitação a avaliação isocinética ainda seja utilizada e apreciada, no campo da avaliação funcional do esportista, essa avaliação é limitante, redutiva e pouco funcional, com exceção de poucas modalidades (natação, canoagem, etc.). É preciso lembrar que, na natureza, não são realizados movimentos com velocidade constante. Além disso, em quase todas as manifestações de locomoção, os músculos são solicitados a trabalhar em pré-alongamento, isto é, o músculo é ativamente alongado antes de contrair-se (ciclo alongamento-encurtamento). Portanto, o sucesso de um método de avaliação e a sua validade dependem da especificidade com que é realizado o diagnóstico (Thorstensson et al., 1976; Sale, 1991). A aplicação de métodos não específicos impossibilita a obtenção de diagnósticos corretos. A análise da ativação neuromuscular durante um movimento natural (balístico ou antigravitacional) leva-nos a rejeitar de maneira categórica o diagnóstico realizado com instrumentação em velocidade constante. De fato, para executar movimentos naturais antigravitacionais, existe uma estratégia neuromuscular pré-programada em nosso sistema nervoso central.

O modelo de ativação neuromuscular do movimento balístico é completamente diferente daquele verificado no movimento isocinético. Nesta última ativação, a tensão muscular e, portanto, o estímulo proveniente do sistema nervoso central, são máximos durante o arco do movimento. No movimento balístico, o desenvolvimento da força no tempo muda tanto em função da carga quanto em função da velocidade com que se quer realizar o movimento. Portanto, tem-se uma ativação nervosa inicial máxima, seguida de uma redução de atividade, e posterior aumento na fase final. Sendo assim, a atividade mioelétrica que se realiza no movimento balístico é completamente diferente daquela que se verifica no movimento em velocidade constante (Figura 9.1). Não se pode, absolutamente, esquecer que os movimentos de tipo balístico são os movimentos mais naturais que o homem, ou o animal terrestre, executam durante a atividade normal de locomoção. As forças gravitacionais determinaram e criaram, nos seres vivos, adaptações específicas nos sistemas neuromusculares, que se estabeleceram e transmitiram-se filogeneticamente por meio de processos evolutivos de milhares de anos (Zankevich, 1944; Smith, 1975; Bosco et al., 1986). À luz dessas observações, a utilização de instrumentos em velocidade constante resulta muito redutiva. Logicamente, qualquer outro tipo de instrumentação genérica é capaz de diagnosticar e distinguir um indivíduo forte em relação a um fraco. Para que uma avaliação funcional tenha valor, é preciso que ela seja científica, prática, útil e eficaz, ou seja, o diagnóstico deve ser executado durante movimentos naturais e, portanto, não perturbados pelas condições externas não fisiológicas. Deve-se ressaltar que os diagnósticos mais sensíveis em relação ao processo de treinamento são aqueles em que se usa o mesmo instrumento, a mesma carga e o mesmo tipo de ativação muscular, tanto como meio de treinamento quanto como teste (Thorstensson et al., 1976; Sale, 1991). Por tal razão, freqüentemente, em muitos laboratórios de medicina do esporte, não se conseguem efetuar análises específicas que evidenciam as modificações provocadas pelo treinamento no sistema biológico. Apesar disso, a difusão dos dinamômetros isocinéticos ou isométricos foi favorecida pela facilidade com que esses instrumentos são encontrados no comércio, dado que dinamômetros mais sofisticados e eficazes foram utilizados apenas em pouquíssimos institutos de pesquisa (Kaneko, 1970; Komi, 1973; Tihanyi et al., 1982). À luz dessas considerações nasceu a necessidade de criar novos instrumentos capazes de diagnosticar o comportamento do músculo esquelético do homem durante movimentos naturais realizados de maneira es-

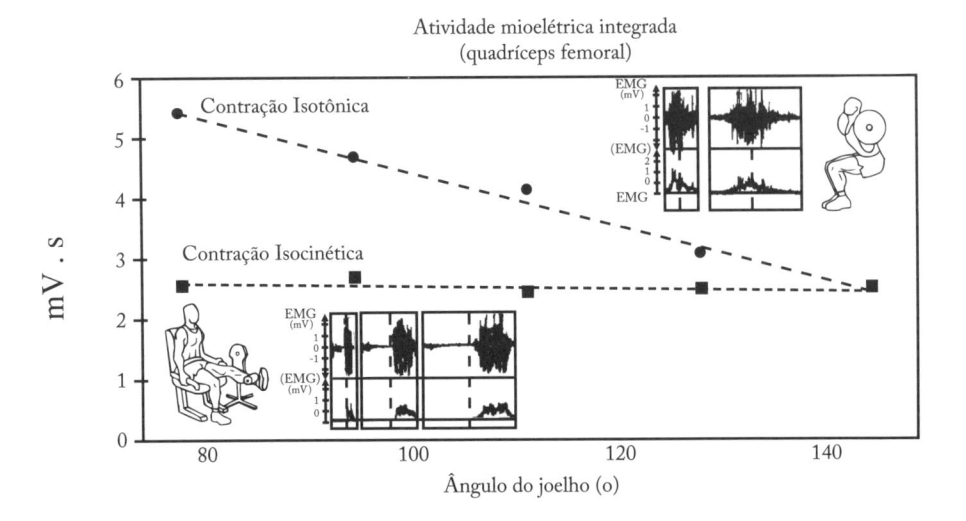

Figura 9.1 Atividade mioelétrica dos músculos extensores do joelho (quadríceps femoral) registrada durante uma contração isocinética e durante um movimento isotônico (½ agachamento com barra nas costas). É interessante notar que o nível de ativação eletromiográfica na contração isotônica registra níveis altíssimos no início e, com o decorrer do movimento, determina-se uma queda constante de atividade. Em contraste, durante o movimento isocinético, a ativação eletromiográfica começa em níveis mais baixos do que aqueles registrados na contração isotônica, mas se mantém constante durante todo o arco do movimento (Kunz e Unold, 1986).

pecífica à disciplina esportiva praticada. O instrumento denominado *Ergopower*® (pat. N. 01241671, MA.GI.CA., Roma: Newform srl, Ascoli Piceno) é constituído por um sensor (*encoder*, infra-vermelho, etc.) e por um microprocessador específico que pode ser ligado a um computador (Figura 9.2). O instrumento pode ser acoplado a qualquer aparelho de musculação que use a gravidade como resistência externa (*leg* extensor, *multipower ercolina, leg press,* etc.). Trabalhando com esses aparelhos, cada vez que a carga (pesos) é levantada ou abaixada, o instrumento registra o espaço percorrido em função do tempo empregado. Portanto, são calculados todos os parâmetros derivados, como: velocidade, aceleração, força, deslocamento, potência, trabalho, tempo, etc. Esse instrumento tem função operativa dupla, dado que pode ser utilizado tanto para executar uma avaliação diagnóstica quanto como guia de treinamento personalizado.

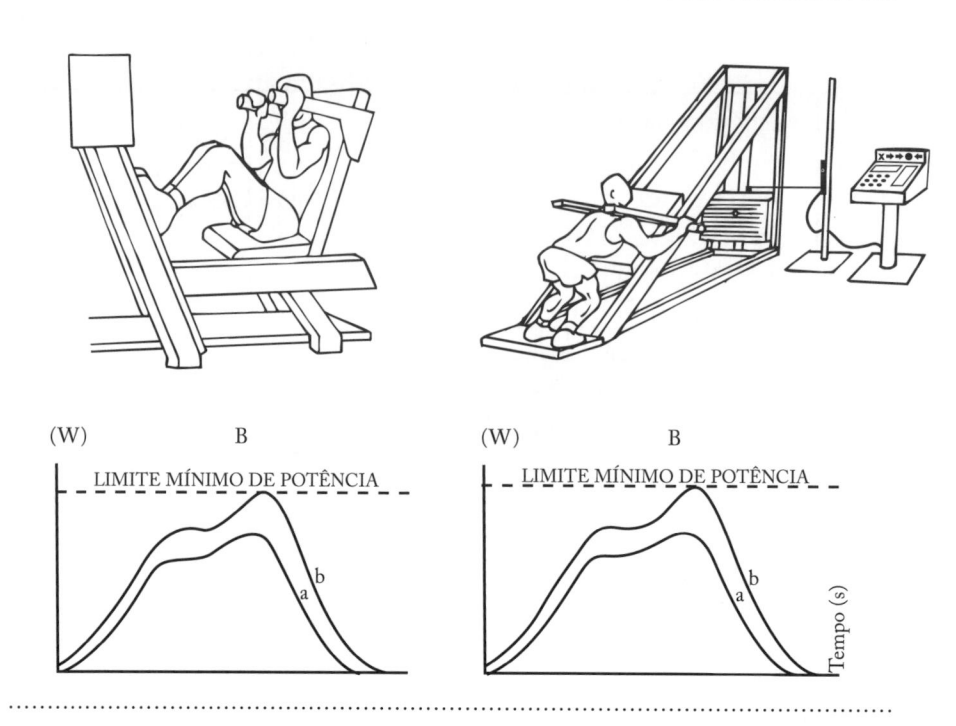

Figura 9.2 Representação esquemática do *Ergopower®* acoplado a dois aparelhos de musculação. Durante a contração, no interior do microprocessador (1) são confrontadas a potência desenvolvida (Ba) e a teórica pré-fixada (Bb), que deveria ter sido desenvolvida. Esse confronto é externamente indicado através de um sistema luminoso (3). Quando o indivíduo não consegue desenvolver por mais de duas vezes consecutivas o nível de potência prefixado, o sinal luminoso assim o informará, permitindo que ele pare e evite dar continuação a um trabalho muscular que não provocaria as modificações biológicas desejadas.

Como instrumento diagnóstico, é capaz de explicitar e amplificar os fenômenos fisiológicos musculares de maneira que informações geralmente difíceis de serem encontradas possam ser registradas e transcritas de forma rápida, reproduzível e precisa. Portanto, qualquer aparelho de musculação pode automaticamente ser transformado em um dinamômetro isotônico, propiciando assim uma grande quantidade de possibilidades logísticas, que vão desde a avaliação dos músculos do colo até os do braço, das pernas, do tronco, etc. Os primeiros experimentos científicos já foram realizados em algumas Universidades Européias: Jyväskylä (Finlândia), Lyon (França), Budapeste (Hungria), Roma e Chieti (Itália), Salônico (Grécia), Colônia (Alemanha), Estocolmo (Suécia), Lisboa (Portugal), Oslo (Noruega), etc., e seus resultados foram publicados em importantes revistas científicas internacionais (Bosco, 1991, 1995a). A reprodutibilidade dos resultados mensurados pelo instrumento, quando analisada através do coeficiente de correlação observado nos indivíduos avaliados por dois dias sucessivos (teste-reteste) mostrou valores de r = 0,88 e 0,95, para força, velocidade e potência dos músculos extensores da perna, respectivamente (Bosco et al., 1995a). As avaliações realizadas evidenciaram validade diagnóstica excepcional, dado que os parâmetros obtidos com o *Ergopower*® demonstraram fortíssimas relações com os movimentos específicos, fundamentalmente com o salto e a corrida veloz (Bosco et al., 1995a, b). O cálculo dos erros inerentes a esse sistema forneceu dados muito satisfatórios. Os erros instrumentais resultaram ser inferiores a 0,3%, 0,9% e 1,2%, respectivamente para a força, velocidade e potência mecânica (Bosco et al., 1995a). Diferentemente dos dinamômetros isocinéticos ou isométricos que requerem dos indivíduos fortíssimas tensões musculares, utilizando-se o *Ergopower*® nada disso é preciso. De fato, os mais sofisticados dinamômetros não permitem velocidade angular maior que $8\text{rad} \times \text{s}^{-1}$, que não representa nem mesmo 50% da máxima velocidade angular (Bosco et al., 1982). Para efeito da relação força-velocidade, isso significa trabalhar com tensões musculares altas. Portanto, utilizar instrumentações com velocidade constante nas avaliações pós-operatórias é tecnicamente impossível. O surgimento da dor e de mecanismos de proteção de natureza proprioceptiva intervêm em defesa das estruturas funcionais envolvidas, negando o diagnóstico. Em contraste, utilizando-se aparelhos de musculação de uso comum, tem-se a possibilidade de trabalhar com cargas baixíssimas (5-10kg) e, portanto, obter diagnósticos funcionais pouquíssimo tempo após a intervenção cirúrgica, dado que, nesse caso, podemos medir diretamente a velocidade e, assim, calcular a potência mecânica. O *Ergopower*®, além de avaliar o trabalho dinâmico, pode executar o registro simultâneo da atividade eletromiográfica, com quatro canais de EMG sincronizados. A atividade eletromiográfica é apresentada como sinal RMS do valor real do sinal. Além disso, o valor médio do sinal EMGrms é apresentado também em função do tempo de trabalho. Desse modo, os resultados eletromiográficos podem ser confrontados antes ou depois de um determinado período, ou através de comparação do membro direito com o esquerdo. A Figura 9.3 mostra os parâmetros funcionais, registrados e calculados, como são observados no computador. Os diagramas apresentados no painel superior mostram o percurso da velocidade, força e potência, durante um trabalho executado de forma concêntrica-excêntrica. No painel inferior, é mostrada a atividade eletromiográfica de quatro músculos diferentes (quadríceps femoral).

Resultado do teste

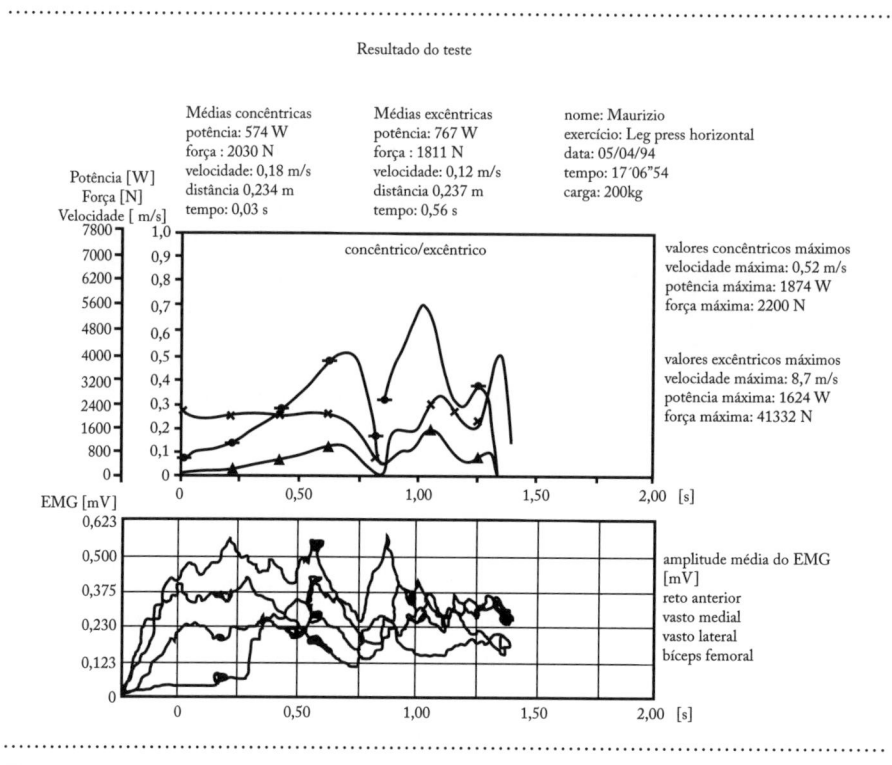

Médias concêntricas
potência: 574 W
força : 2030 N
velocidade: 0,18 m/s
distância 0,234 m
tempo: 0,03 s

Médias excêntricas
potência: 767 W
força : 1811 N
velocidade: 0,12 m/s
distância 0,237 m
tempo: 0,56 s

nome: Maurizio
exercício: Leg press horizontal
data: 05/04/94
tempo: 17´06"54
carga: 200kg

valores concêntricos máximos
velocidade máxima: 0,52 m/s
potência máxima: 1874 W
força máxima: 2200 N

valores excêntricos máximos
velocidade máxima: 8,7 m/s
potência máxima: 1624 W
força máxima: 41332 N

amplitude média do EMG [mV]
reto anterior
vasto medial
vasto lateral
bíceps femoral

Figura 9.3 Potência, força e velocidade registradas durante o movimento são mostradas em sincronia com a atividade mioelétrica.

Aplicando-se essa instrumentação a um castelo (barra guiada), foram recentemente estudados os velocistas da seleção italiana de atletismo (11 homens e 9 mulheres). Cada atleta foi submetido a exercícios de ½ agachamento executados com cargas de torno de 39 a 92% da força isométrica máxima (Fmáx), correspondentes a 50-350% do peso corpóreo. Dos resultados obtidos, foi possível construir a relação força, potência e velocidade, para os dois sexos (Figura 9.4). Os valores da força nos dois sexos não se diferenciam tão drasticamente como os da velocidade. Esse fenômeno foi atribuído à influência da testosterona, que favoreceria a fenotipização das fibras rápidas e agiria como neuromodulador (Bosco, 1993, 1995a, b). Portanto, contrariamente ao que se supunha, um nível alto de testosterona favorece a velocidade de contração, e não a força muscular (Bosco et al., 1995 a, b).

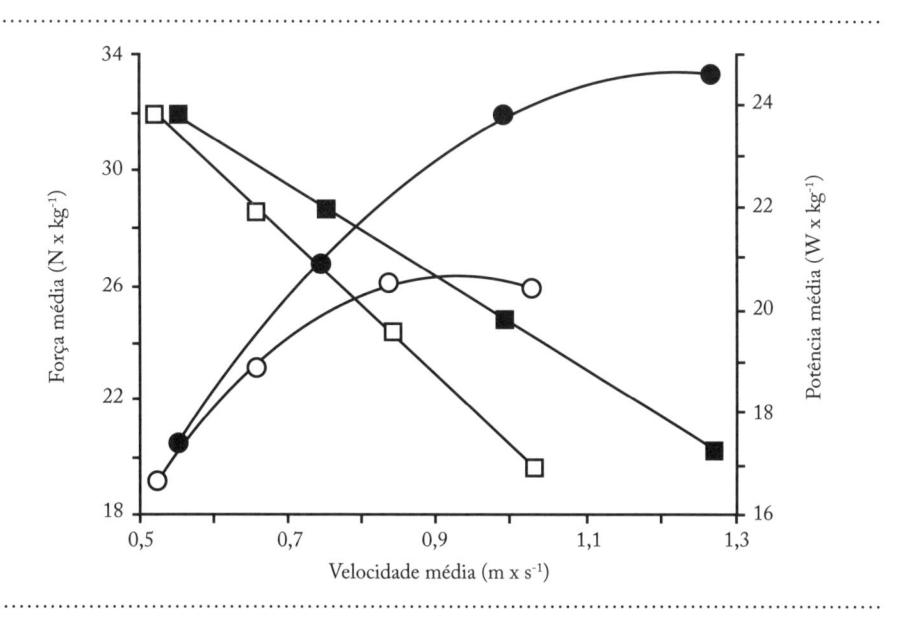

Figura 9.4 Relação entre força e velocidade, e potência e velocidade, em velocistas de nível internacional, pertencentes à seleção italiana de atletismo masculina (símbolos cheios) e feminina (símbolos vazios). É interessante notar que, com cargas altas e velocidade baixa, a diferença entre os sexos é quase nula, enquanto com cargas baixas e velocidade de execução alta, a diferença observada é altíssima (Bosco et al., 1995b).

A atividade eletromiográfica registrada nos extensores das pernas (quadríceps femoral) durante diferentes atividades musculares evidenciou fenômenos muito interessantes. Além das provas de ½ agachamento, os atletas executaram também esforços isométricos (sempre com as mesmas cargas) e exercícios de salto com agachamento, executados sem e com cargas (50 e 100% do peso corpóreo). Aumentando-se a quantidade de carga de 39 para 92% da força máxima, a atividade mioelétrica aumenta linearmente (Figura 9.5) durante a contração isométrica (velocidade = 0). Mantendo-se a carga constante (39% da força máxima), nota-se um aumento drástico dos níveis de EMGrms, conforme o aumento da velocidade. De fato, passa-se de valores baixos em velocidade zero (contração isométrica), a níveis definitivamente mais elevados durante as provas de ½ agachamento, executadas com empenho submáximo (velocidade = 0,7 m x s^{-1}) e máximo (velocidade = 1,2 m x s^{-1}). Ainda mais acentuada é a ativação mioelétrica durante os desempenhos de ½ agachamento com salto. Com certeza, a ativação mioelétrica EMGrms é quadruplicada em relação à registrada durante a contração isométrica.

Essas observações sugerem que o agachamento deve ser, muito provavelmente, realizado com a contribuição maciça das unidades motoras fásicas (Bosco e Komi, 1979; Stuart e Enoka, 1983). Como se pode ver, o novo dinamômetro oferece muitas possibilidades para estudar o comportamento muscular ao vivo, durante atividades naturais que não podem ser diagnosticadas com outros sistemas e métodos.

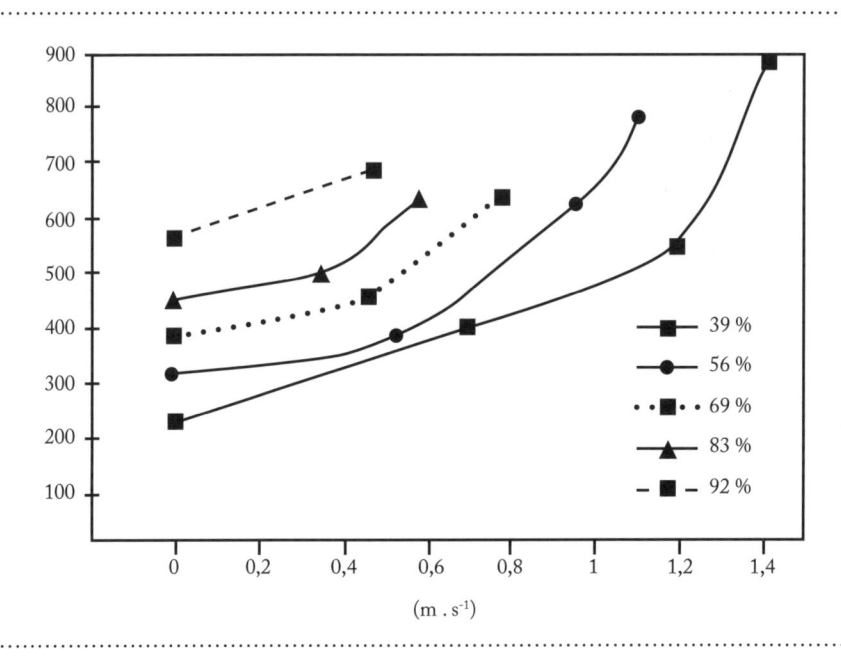

Figura 9.5 Atividade mioelétrica (EMGrms) registrada durante exercícios de ½ agachamento realizados com sobrecargas (50-350% do peso corpóreo) por velocistas homens e mulheres da seleção italiana de atletismo. As provas são executadas com empenho máximo e submáximo, além da condição isométrica. Além disso, provas de ½ agachamento com salto foram realizadas com sobrecarga igual a 50-100% do peso corpóreo (Bosco et al., 1995b).

BIBLIOGRAFIA

Bosco, C. *Nuovo metodo di valutazione dell'esercizio dinamico.* 1st International Isokinetic Congress, Siena 17-18 may, Abstract book, p. 9, 1991.

Bosco, C. Eine neu Methodik zur Einschatzung und Programraings Des Trainings. *Leistungssport.* v. 5, p. 21-28, 1992.

Bosco, C. Test di valutazione della donna nella pratica del giuoco del calcio. In: Cambi, R., Paterni, S. (eds). *Il calcio femminile, aspetti medici e tecnici.* Atti del Convegno Nazionale Figc Publisher, Roma, p. 219-230, 1993.

Bosco, C.; Komi, P.V. Mechanical characteristics and fiber composition of human leg extensor muscle. *Eur J Appl Physiol.* v. 41, p. 275-284, 1979.

Bosco, C. et al. Combined effect of elastic energy and myoelectrical potentiation during stretch-shortening cycle exercise. *Acta Physiol Scand.* v. 114, p. 543-550, 1982.

Bosco, C.; Rusko, H.; Hirvonen, J. The effect of extra loads conditioning on muscle performance in athletes. *Med Sci Sports Exerc.* v. 18, p. 415-419, 1986.

Bosco, C. et al. A dynamometer for evaluation of dynamic muscle work. *Eur J Appl Physiol.* v. 70, p. 379-386, 1995.

Bosco, C.; Colli, R.; Bonomi, R. et al. (trabalho em andamento 1995b).

Kaneko, M. The relation between force, velocity and mechanical power in human muscle. *Research J of Physical Education.* v. 14, n. 3, p. 143-147, 1970.

Komi, P.V. *A new electromechanical ergometer.* 3º International Seminar for Ergometrie, Berlim, 1973.

Kunz, H.; Unold, E. *Zielgerichtetes Krafttraining.* Magglingen, TLG, ETS. Trainer Information, v. 20, 1986.

Sale, D.G. Testing strength and power. In: MacDougall, D.; Wenger, H.A.; Green. H.G; (Eds). *Physiological testing of high performance athlete.* Champaign: Human Kinetics, p. 21-106, 1991.

Smith, A.T. Foundation of gravitational biology. In: *Foundation of Space Biology and Medicine.* Moscou: Nauka (II), v. 1, p. 141-176, 1975.

Stuart, D.G.; Enoka, R.M. Motoneurons, motor units and size principle. In: Wills, W.D. Jr. (ed). *The clinical neurosciences*: Sec. 5. Neurobiology, Nova Iorque: Churchill Livingstone, p. 471-517, 1983.

Thorstensson, A. Muscle strength, fiber types and enzymes activities in man. *Acta Physiol Scand.* supl. 443, 1976.

Tihanyi, J.; Apor, P.; Fekete, G. Force-velocity power characteristics and fiber composition in human knee extensor muscles. *Eur Appl Physiol.* v. 50, p. 413-419, 1982.

Zenkevich, L.A. Essay on evolution of motor system of animals. *J Obshch Biol.* v. 5, n. 3, p. 129-145, 1944.

Capítulo 10

Controle e Planejamento do Treinamento com o Método de Bosco

Foto: Kellis (Grécia) e Bosco (Itália).

Desenvolvimento da força e treinamento com *Ergopower*

A tensão desenvolvida pelo músculo esquelético é uma propriedade fisiológica que se adapta facilmente às solicitações externas, tanto às criadas propositalmente como às que devem ser enfrentadas naturalmente. É um fenômeno conhecido há centenas de anos a relativa melhora da força obtida através do uso de cargas crescentes (Milo de Croton). Cargas de trabalho administradas com intensidade progressiva foram utilizadas por programas que, em sua maioria, baseavam-se mais em experiências empíricas do que em noções verdadeiramente científicas. Portanto, metodologias que visam à melhora da força máxima, da força explosiva, da resistência à força rápida, da resistência muscular e ao aumento da massa muscular, através de processos de hipertrofia, baseiam-se somente na quantidade de carga a ser levantada. Os princípios fundamentais do treinamento da força, em todas as suas manifestações e expressões, levaram em consideração apenas um aspecto das propriedades fisiológicas do músculo, isto é, a força, negligenciando de maneira gritante outro aspecto fundamental, que é a velocidade com que a força é exteriorizada. Outro aspecto muito criticável é a universalidade de aplicações das cargas, do número de repetições a serem realizadas, do número de séries a serem executadas e do tempo de pausa a ser respeitado. Infelizmente, nem todos os que realizam as mesmas provas obtêm desempenhos, adaptações e modificações biológicas adequados. De fato, o critério mais importante a ser observado, constituído pela especificidade individual das cargas de trabalho, até agora não encontrou justa colocação na metodologia para a melhora da força. A esse propósito, é preciso evidenciar que o planejamento das cargas de trabalho não é realizado de acordo com as necessidades ou as características individuais que existem em cada um de nós. De fato, diferentemente do que se observa no mundo animal, entre os seres humanos existem diferenças morfológico-funcionais muito significativas.

Portanto, mesmo que fosse possível encontrar e estudar uma metodologia perfeita, essa poderia ser ideal para um indivíduo e não para outro; e não só isso, mas para o mesmo indivíduo, as cargas de trabalho, a intensidade e o volume ideais podem mudar drasticamente no decorrer de alguns meses. Fenômenos associados ao surgimento da fadiga, aos equilíbrios hormonais, às condições metabólicas, às adaptações fisiológicas gerais e periféricas, e às características morfológicas musculares diferenciam-se fortemente entre indivíduos. Atletas que praticam a mesma especialidade esportiva dificilmente conseguem realizar o mesmo tipo de trabalho muscular respeitando as mesmas pausas entre uma carga e outra.

À luz desses fenômenos, e depois de muitos anos de pesquisas e experimentos, foram encontradas soluções que contribuem para a programação racional das cargas de trabalho, levando em consideração as características musculares de cada indivíduo.

A tal propósito, recentemente foi elaborado um sistema capaz de medir e avaliar, momento por momento, as condições fisiológicas em que se encontram os grupos musculares submetidos ao trabalho (Brevetto nº 1241671; Bosco, 1990). Esse sistema é constituído de sensores conectados a aparelhos de musculação e ligados a um microprocessador. Portanto, os aparelhos de musculação que utilizam as forças gravitacionais como resistência externa (pesos a serem levantados), podem muito bem ser monitorados de maneira que, durante a execução de um desempenho, tanto de treino quanto de avaliação diagnóstica, cada vez que se levanta um peso, o deslocamento que o peso sofre, por ação da ativação dos grupos musculares que trabalham, é registrado em função do tempo empregado para levantá-lo.

Os valores registrados são adequadamente trabalhados para que forneçam a quantidade de esforço realizado. De fato, a potência mecânica desenvolvida, transmitida por um sistema de retroalimentação visual e acústica, é instantaneamente calculada.

O conhecimento instantâneo do comportamento fisiológico do músculo permite ao indivíduo que trabalha dosar com equilíbrio os próprios esforços, realizando a ativação muscular ideal, já que o sistema computadorizado sugere a intensidade do trabalho (aconselhando a diminuir ou a aumentar a velocidade de execução).

Tais sistemas evitam que o indivíduo canse-se inutilmente ou estimule processos biológicos não desejados. De fato, se não são registrados os valores relativos à potência desenvolvida, cada vez que se executa um programa de trabalho, por exemplo, 5 repetições com uma carga igual a 90% da carga máxima, nunca se está seguro de que os efeitos do treino serão os desejados. Recentemente, foi demonstrado que durante a execução de um tipo de trabalho parecido, já na terceira repetição a potência desenvolvida diminui 5%, e na quinta 10% (Bosco, 1991) (Figura 10.1).

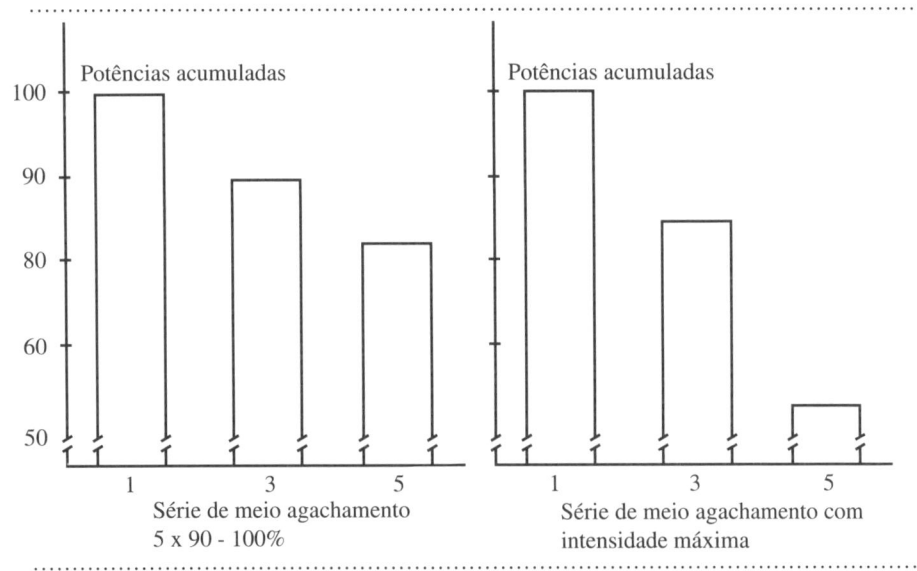

Figura 10.1 Variação da potência mecânica desenvolvida pelos músculos extensores do joelho durante a execução de uma série de cinco repetições de ½ agachamento com barra nas costas igual a uma carga de 90-100%, executadas em máxima intensidade (Bosco, dados de laboratório não publicados, 1978-79).

Portanto, é evidente que se não se conhece a velocidade de execução e, assim, a potência desenvolvida, cargas de trabalho planejadas previamente, segundo esquemas empíricos, nunca poderão produzir os efeitos fisiológicos desejados. Com a nova metodologia introduzida por Bosco (1991), tudo isso é automaticamente evitado, já que o instrumento será capaz de informar *on line*, isto é, instantaneamente, as condições biológicas do músculo, representadas pela capacidade de desenvolver potência mecânica. Quem pensa que a nova metodologia rejeita os sistemas tradicionais comete um erro conceitual. As cargas estabelecidas através de métodos empíricos representam meios de treino reais e não errôneos.

O que se quer melhorar está relacionado com a intensidade do exercício e com o número de repetições, que não podem se basear em noções teóricas, mas devem ser sugeridos pelas condições dos grupos musculares no momento do trabalho.

Este método oferece a possibilidade de estimular as características fisiológicas desejadas, eliminando o trabalho não específico e favorecendo a economia de energia, tornando-a disponível para as ativações musculares específicas requeridas. Portanto, guia-se o indivíduo para realização de uma atividade física programada pelas condições fisiológicas em que se encontram, naquele momento, os músculos ou os grupos musculares envolvidos no movimento.

Diferentemente dos métodos tradicionais, que têm como ponto de referência a carga máxima levantada, o método introduzido por Bosco (1991) vale-se do cálculo automático de toda força expressa (massa peso + carga x aceleração) e, portanto, da velocidade com que a carga foi movida. Com o velho sistema, consegue-se conhecer não mais que 30-35% dos processos neuromusculares exteriorizados pelo músculo, enquanto o novo oferece a possibilidade de medir tanto a força necessária para produzir os deslocamentos da carga, quanto a velocidade do próprio músculo, isto é, 100% do comportamento mecânico. O desconhecimento da velocidade de execução representa um obstáculo intransponível para adaptações específicas e concretas, já que é justamente a velocidade com que é realizado o movimento que favorece a melhora e, portanto, a adaptação de um processo biológico em específico e não de outro.

À parte de casos específicos de treinos mistos, em que diversos componentes neuromusculares e metabólicos são treinados simultaneamente, mesmo que tenham características completamente diferentes (resistência à força, força isométrica e força explosiva que são úteis, por exemplo, a um lutador), as qualidades fundamentais passíveis de serem melhoradas através de treinos específicos podem ser classificadas como a seguir:

1. Aumento da força máxima.
2. Aumento da massa muscular mediante hipertrofia.
3. Aumento da força explosiva.
4. Melhora da resistência à força rápida.
5. Resistência muscular.

Como treinar com *Ergopower*

Treino para a força máxima

- As cargas de trabalho encontram-se entre 70-100% da carga máxima (Figura 10.2).

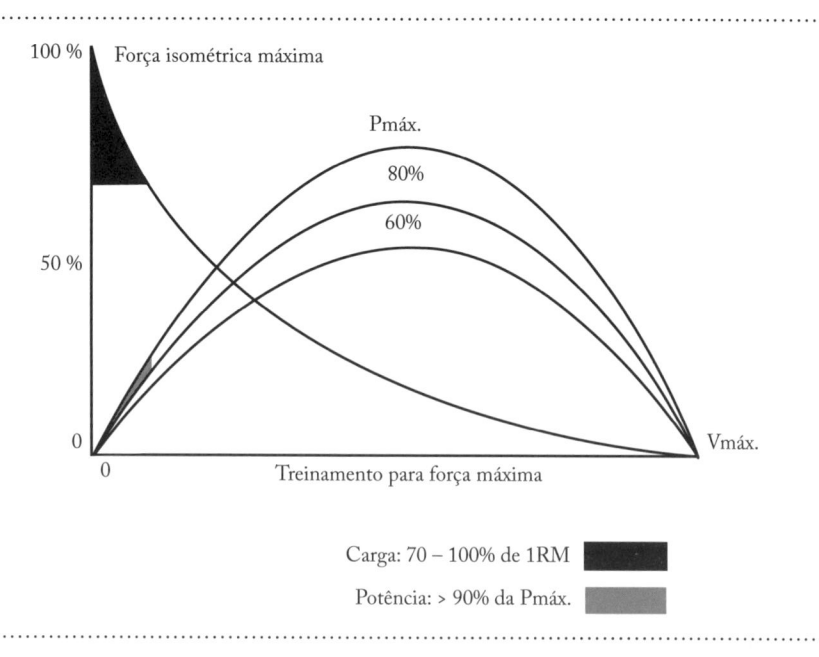

Gráfico:
- 100% — Força isométrica máxima
- Pmáx.
- 80%
- 60%
- 50%
- Vmáx.
- Treinamento para força máxima
- Carga: 70 – 100% de 1RM
- Potência: > 90% da Pmáx.

Figura 10.2

- O número das repetições não é previamente determinado.
- Para determinar o número das repetições é preciso, antes, efetuar um teste de esforço máximo com a carga com que se deseja trabalhar, por exemplo, 80% da carga máxima.
- O teste nos permite conhecer a potência máxima desenvolvida com a carga, por exemplo, 1200 watt (Figura 10.3a).
- O atleta deve se esforçar para executar o maior número de repetições e deve completar a série logo que a potência desenvolvida alcance valores inferiores a 90% da potência máxima (Figura 10.3b).
- O nível de potência é visualizado a cada repetição executada através de um sistema de retroalimentação, portanto, logo que se alcançam valores inferiores, finaliza-se automaticamente o trabalho.

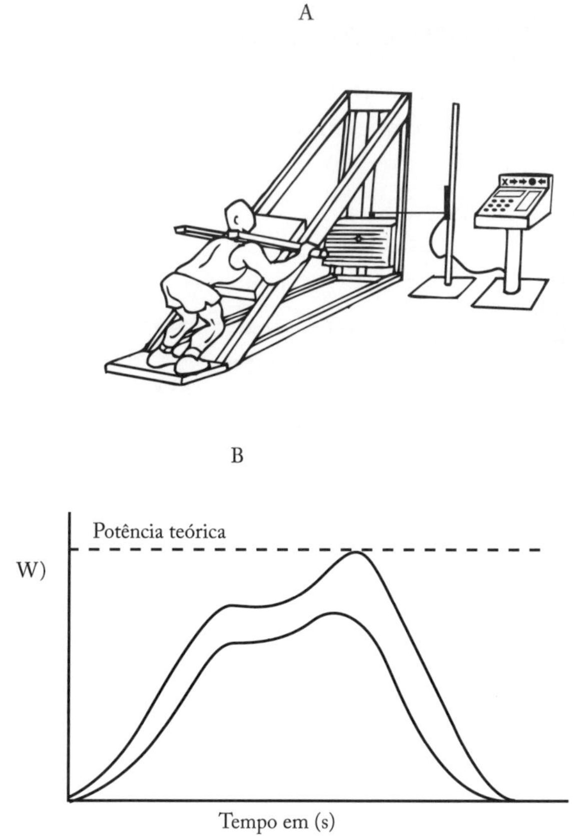

Força Muscular

A

B

Potência teórica

W)

Tempo em (s)

Figura 10.3 Representação esquemática do funcionamento do *Ergopower*. O instrumento é composto por um microprocessador (1) que emite sinais luminosos (ver particular na figura), um sensor em barra infravermelho ou com fio (*encoder*) conectado à carga a ser levantada (L) no aparelho de musculação (A). Antes de começar o treino, o atleta executa algumas provas máximas para permitir ao *Ergopower* calcular a potência máxima que ele consegue realizar com aquela determinada carga (d). Durante o treino, o atleta deve tentar desenvolver potências superiores à apresentada (b). Cada vez que o atleta realizar um exercício, sinais luminosos indicarão a sua intensidade. Logo que potência expressa não alcançar o limite mínimo (b) por duas vezes consecutivas, o atleta deve finalizar aquela série de trabalho.

- A duração da pausa entre as séries a ser respeitada é determinada executando-se provas de esforço máximo a cada minuto. Logo que são obtidos valores próximos a

100% da potência máxima, pode-se começar a executar a série seguinte.

- A determinação da pausa a ser respeitada é feita a cada 3-4 semanas.
- O número de repetições que pode ser realizado com valores de potência superiores a 90% é baixo.
- Solicitações fortíssimas do sistema nervoso não podem ser prolongadas por muito tempo.
- O limite de 90% da potência máxima é sugerido pelo fato de que, para realizar o máximo desenvolvimento de potência com uma carga máxima ou próxima à máxima, tanto a força quanto a velocidade desenvolvidas devem alcançar os valores máximos para aquela carga (Joyce e Rack, 1969; Bosco et al., 1982).
- A ativação eletromiográfica dos músculos extensores do joelho alcança valores máximos com cargas que vão de 40 a 100% da carga máxima. Portanto, com cargas em torno de 70-100%, é completamente seguro que todas as unidades motoras possíveis sejam solicitadas.
- Abaixo de 90% da potência máxima, a freqüência de estímulos ou a quantidade de unidades motoras recrutadas pode diminuir e, portanto, não é possível obter os efeitos desejados.
- As cargas máximas ou próximas às máximas permitem estimular com fortes solicitações o sistema neuromuscular por períodos de tempo relativamente longos, de 600 a 1000ms.
- Utilizar cargas de 40-60% da carga máxima por um lado permite o recrutamento neural máximo, por outro determina um tempo de trabalho muito reduzido em comparação às cargas máximas. O efeito do treino consiste justamente na máxima estimulação mantida por um longo tempo.
- É fácil respeitar esses princípios através do uso das metodologias introduzidas por Bosco, dado que o sistema computadorizado é voltado para tal objetivo.

Treino para aumentar a massa muscular (hipertrofia)

- Cargas de trabalho igual a 70-90% da carga máxima.
- O número de repetições é determinado pela capacidade de produzir trabalho antes que valores de potência inferiores a 80% da potência máxima obtida com a carga sejam alcançados (Figura 10.4).

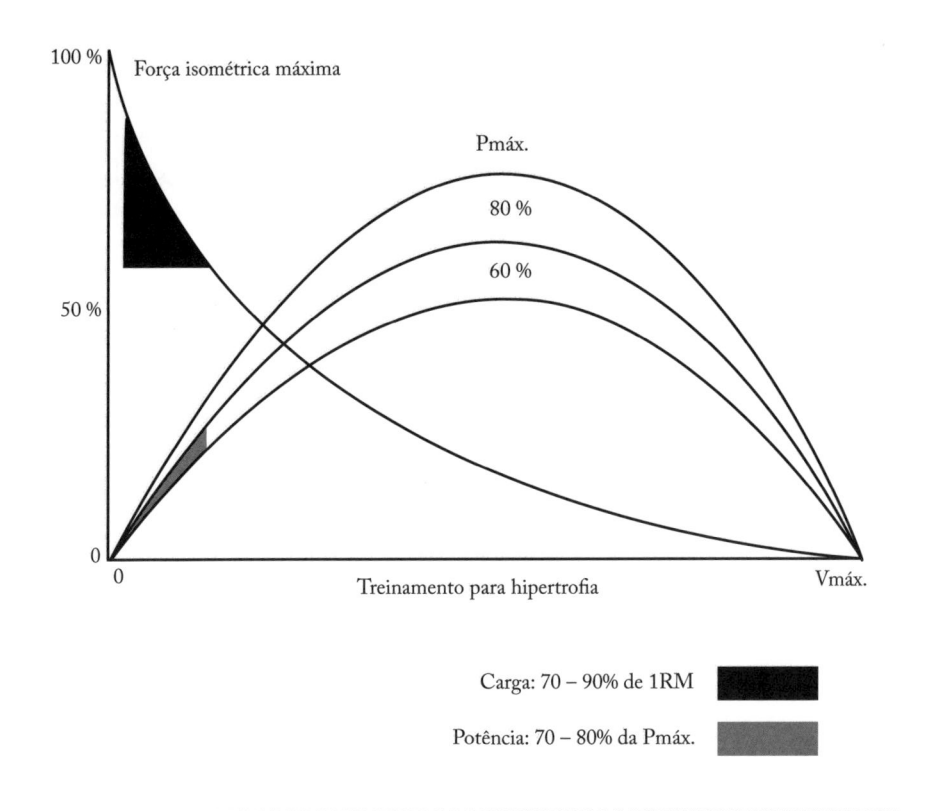

Figura 10.4

- O atleta é automaticamente informado sobre a qualidade do trabalho executado. Se forem desenvolvidos valores de potência superiores a 90%, eles serão assinalados de maneira que fortes solicitações no sistema nervoso central, que provocariam condições favoráveis à instalação da fadiga nervosa e a interrupção precoce do trabalho, sejam evitadas.

- A quantidade de carga (70-90% da carga máxima) é definida pela necessidade de estimular todas as unidades motoras disponíveis, ou seja, maior número de fibras. O limite no nível da potência é estipulado pelo fato de que valores de potência mais altos impedem o alcance do número de provas capazes de gerar condições metabólicas ácidas, isto é, produção de lactato; a esse propósito, parece que as condições metabólicas ácidas favorecem os processos hormonais e, conseqüentemente, o *turnover* protéico.
- Utilizar cargas mais baixas limita a possibilidade de recrutamento das diversas unidades motoras, já que as várias fibras musculares são empregadas em alternância (princípio de Henneman) e, portanto, enquanto uma parte está envolvida na ativação muscular, a outra parte não e, conseqüentemente, não recebe os estímulos que provocam as adaptações.
- O limite mínimo de potência a ser desenvolvida (80% da potência máxima) depende do fato de que a velocidade baixa de movimento corresponde a valores de potência inferiores, e, portanto, ao recrutamento predominante de fibras lentas (Henneman et al., 1965). O recrutamento de fibras lentas não produz aumento substancial de massa muscular. De fato, as fibras que sofrem maior aumento de massa são as rápidas (Mac Dougall et al., 1977).

Treino da força rápida (força explosiva)

- As cargas a serem utilizadas variam de 20 a 70% da carga máxima.
- Dado que devem ser envolvidas, predominantemente, fibras rápidas, a execução do movimento deve ser a mais rápida possível e, portanto, deve-se desenvolver a máxima potência executável com aquela carga.
- Valores inferiores a 90% da potência máxima não são tidos como possíveis para treino. Portanto, o instrumento estará programado a acusá-los com um sinal (Figura 10.5).

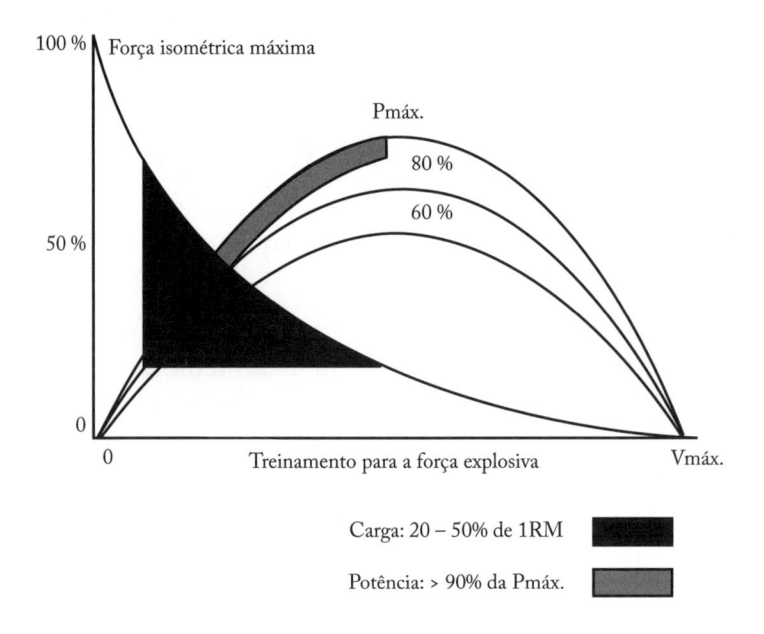

Figura 10.5

- O número de repetições executado ao máximo do rendimento depende da exatidão com que se seguem as indicações. Indivíduos velozes realizarão poucas repetições e indivíduos ricos em fibras lentas, muitas.
- Antes de começar uma nova série, é preciso ter se recuperado ao máximo.

Treino de resistência à força rápida

- As cargas de trabalho variam entre 20 e 50% da carga máxima.
- O número de repetições deve ser mantido até que não se atinja diminuição de 20% da potência máxima (Figura 10.6).
- Não é aconselhável desenvolver, no início da série, potências superiores a 90% da potência máxima. Dessa forma, evita-se a fadiga.

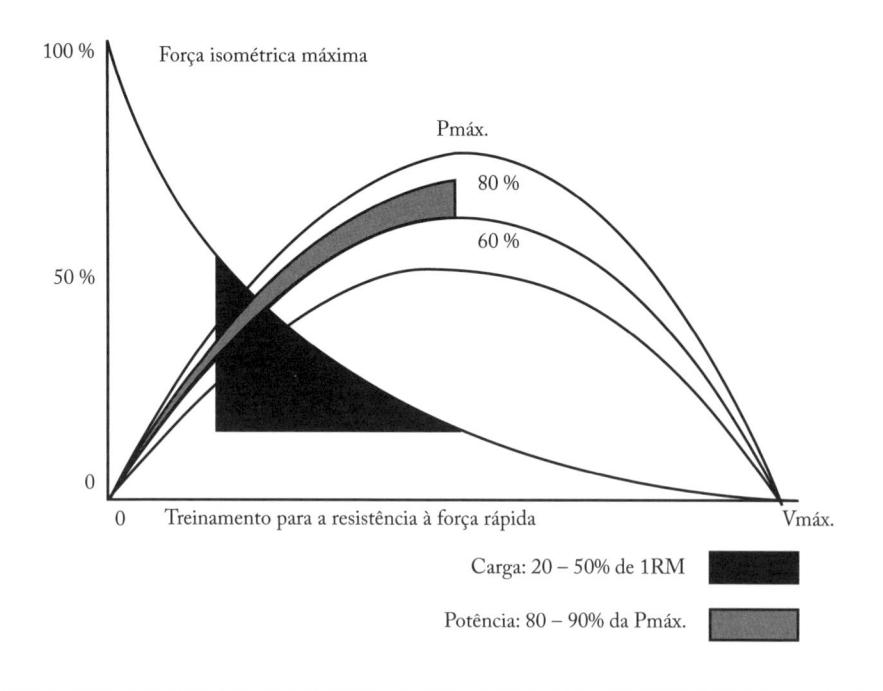

Figura 10.6

- Recentes estudos (Bosco et al., 1993) evidenciaram que, trabalhando-se em níveis de 80% da potência máxima, com cargas de 50% da carga máxima, podem ser realizadas até 50 repetições, produzindo-se uma quantidade de lactato de cerca de 8 a 10mmol/l, com uso dos extensores do joelho no *leg press*.

Resistência muscular

- As cargas de trabalho variam entre 20 e 50% da carga máxima.
- A potência de trabalho deve ser de aproximadamente 60 a 80% da potência máxima realizada com determinada carga (Figura 10.7).
- Potências superiores podem provocar fadiga precoce, enquanto potências inferiores estimulariam as fibras musculares de maneira insuficiente.

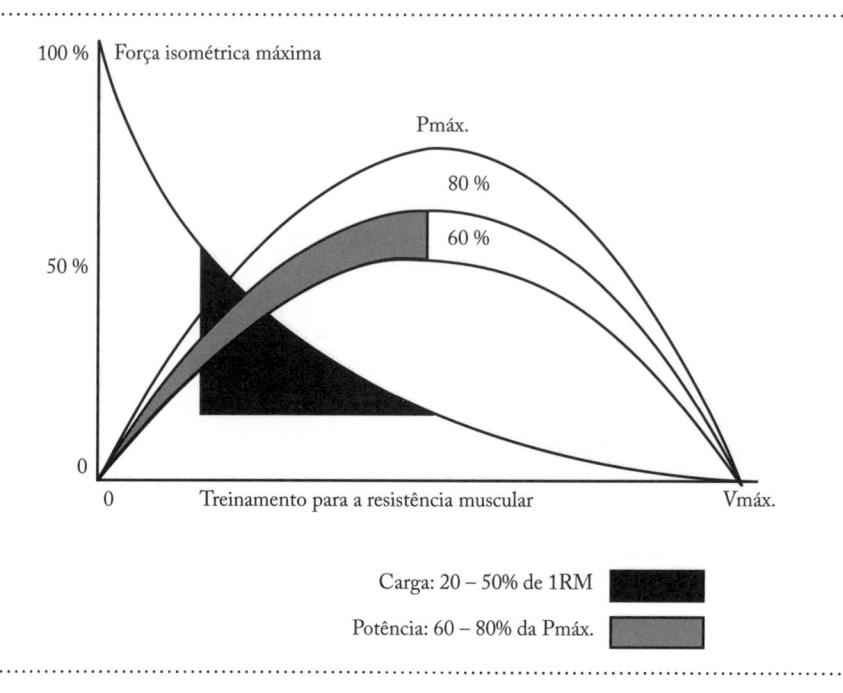

Figura 10.7

Considerações Finais

Como ocorre com qualquer inovação científica, as primeiras reações a este novo método não foram sempre favoráveis. Isso normalmente é verificado quando novas teorias se opõem aos procedimentos empíricos que, de alguma maneira, produziram resultados úteis e evidentes.

O novo método introduzido por Bosco (1991) não renega os métodos tradicionais de treino, pelo contrário, vale-se de seus princípios gerais de carga progressiva e variação de estímulo. Mas a novidade do sistema está no aperfeiçoamento do número de repetições a serem realizadas, com volume personalizado através do sistema automático, que notifica as condições fisiológicas dos grupos musculares no momento da contração. Portanto, têm-se cargas de trabalho dosadas que solicitam adaptações biológicas adequadas. Além disso, o sistema permite avaliação instantânea da duração da pausa a ser respeitada entre uma série e outra. De certo modo, busca-se acompanhar as adaptações e os ajustes determinados pelas cargas de trabalho sem utilizar meios de pesquisa invasivos ou análises biológicas sofisticadas. Através do comportamento biomecânico, busca-se produzir respostas fisiológicas, dado que as condições hormonais, metabólicas e neurofisiológicas influenciam fortemente a exteriorização mecânica do comportamento muscular.

Capítulo 11

Bases Científicas do Método de Bosco para Melhorar a Força Muscular

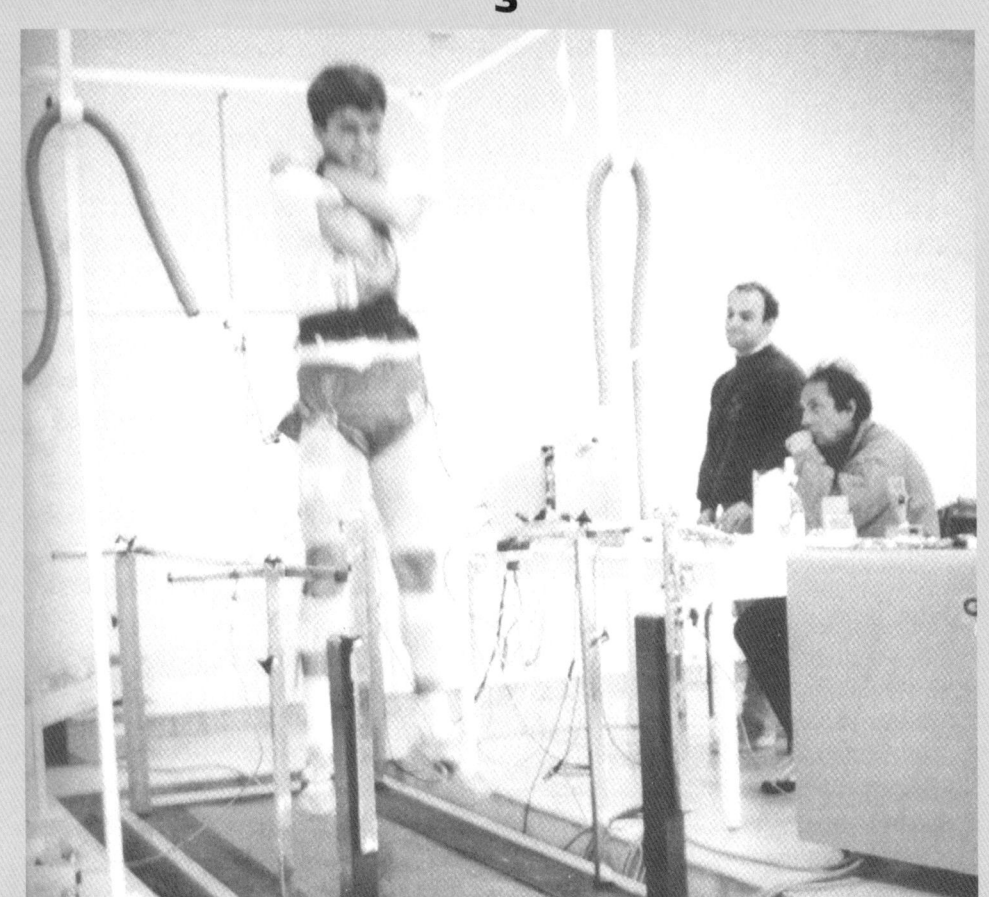

Foto: Belli (França) e Bosco (Itália).

A força máxima

O método de Bosco, em conformidade com os métodos de treino tradicionais, prevê cargas que variam de 70 a 100% de 1RM para treinar a força máxima. A escolha de cargas tão elevadas é sugerida por princípios científicos testados e experimentalmente comprovados. A este propósito foram estudados cerca de 30 atletas durante provas de força executadas tanto em forma isométrica (em posição semi-agachada = ½ agachamento), quanto em forma dinâmica, através da execução de ½ agachamento normal, e forma balística, mediante o ½ agachamento com salto. Além de registrar a potência e, portanto, a velocidade do levantamento da carga, foi registrada a atividade eletromiográfica (EMGIrms) dos músculos extensores das pernas utilizando-se o eletromiógrafo *Muscle lab-Bosco system®* (*Ergotest Tecnology – MA.GI.CA. srl,* Roma). As cargas utilizadas variavam de 26 a 91% de 1RM.

Tensão Isométrica

Os valores da atividade EMGIrms registrados durante a ativação isométrica dos músculos extensores das pernas com cargas progressivas (barra nas costas) são mostrados na Figura 11.1. Nela, nota-se que, com o aumento da carga, a atividade mioelétrica aumenta quase linearmente. Esses resultados podem ser explicados segundo o princípio de Henneman (1965), que sugere emprego das fibras lentas durante o uso de cargas leves, e, com aumento da carga, recrutamento progressivo, primeiro de fibras IIa, e depois IIb, durante ativações isométricas ou isotônicas realizadas de forma gradual (ver Capítulo 15, Figura 15.5). Na contração isométrica com cargas próximas a 1RM, mesmo que sejam recrutadas quase todas as fibras presentes em um músculo ou grupo muscular, a freqüência de estímulo das várias unidades motoras não alcança solicitações muito intensas. De fato, a freqüência dos estímulos nervosos que se propaga da área motora (área 4 do cérebro) para a periferia dos músculos através dos nervos motores (α motoneurônios), além de depender da quantidade da resistência externa (carga a ser vencida), depende também do envolvimento das fibras rápidas, que possuem altíssimas freqüências de ativação (até 100Hz) e potencial de ação muito elevado (ver Capítulo 1).

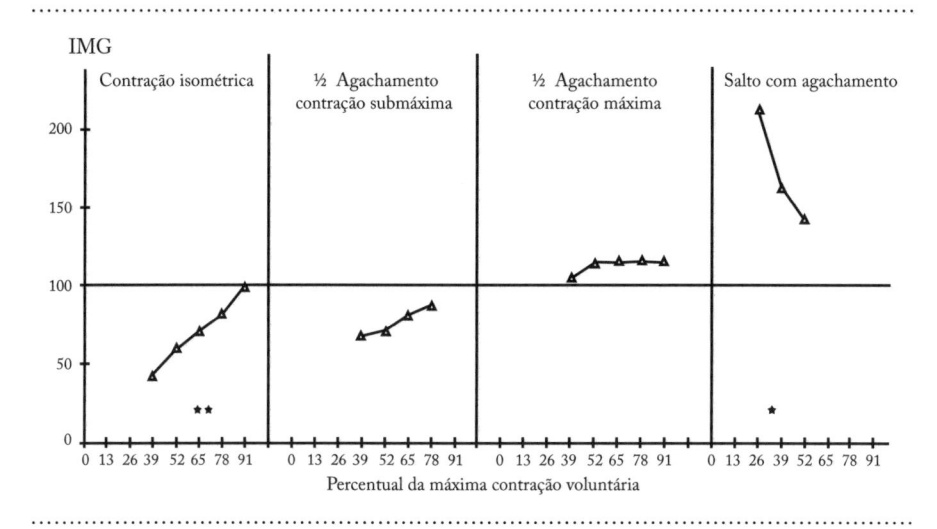

Figura 11.1 Os valores da atividade EMGIrms dos músculos extensores das pernas, registrados durante a ativação isométrica, ½ agachamento com esforço submáximo, ½ agachamento com esforço máximo e salto com agachamento, são apresentados em função das cargas progressivas utilizadas (barra sobre as costas), que variam entre 30 e 91% de 1RM (Bosco, Colli e Bonomi, 1995).

Modulação da tensão com esforço submáximo

Durante contrações isotônicas, duas modalidades de ativação podem ser realizadas: uma prevê a ativação voluntária com esforço submáximo e a outra com esforço máximo. Nas provas de ½ agachamento, as duas modalidades foram executadas. Como mostrado na Figura 11.1, com a carga de 39% de 1RM a atividade eletromiográfica é fortemente influenciada pela gradação voluntária do esforço e, portanto, pela velocidade de contração. No caso de esforço submáximo, a velocidade desenvolvida durante o levantamento da carga resultou ser 60% daquela alcançada durante o esforço máximo. Ao mesmo tempo, a atividade EMGIrms resultou, no esforço submáximo, ser cerca de 70% daquela observada durante a máxima prova isométrica (como referência para a normalização dos levantamentos eletromiográficos, foi tomada a carga máxima levantada pelos atletas, de aproximadamente 91% de 1RM). Durante a ativação submáxima, nota-se um progressivo aumento da EMGIrms em função do aumento de cargas. Portanto, quando se produzem tensões voluntariamente moduladas com ativação submáxima, e as Unidades Motoras (UM) não são utilizadas em sua totalidade, tem-se a possibilidade de desativar as várias unidades motoras anteriormente solicitadas e, portanto, substituí-las por unidades motoras ainda não fadigadas. Isso permite a recuperação das unidades motoras desativadas, que encontram condições favoráveis para sustentar posteriores esforços na fase final do trabalho.

Modulação da tensão realizada com o esforço voluntário máximo

Contrariamente às contrações submáximas, durante esforços máximos executados de forma isotônica, nota-se (ver Figura 11.1) um progressivo aumento da atividade EMGIrms, paralelo ao aumento de força até carga iguais a 50-60% de 1RM. Alcançados esses níveis de tensão, encontra-se um achatamento dos valores de EMGIrms até a carga máxima (91% de 1RM, neste caso). Isso significa que com cargas variantes entre 50-60% de 1RM, todas as unidades motoras disponíveis naquele músculo ou grupo muscular já são recrutadas. Portanto, recrutadas todas as unidades motoras disponíveis para obter a tensão de 60% de 1RM, posteriores aumentos de tensão seriam assegurados por um acentuado aumento da freqüência de estímulo. Isso significa que as várias unidades motoras seriam solicitadas com freqüências altíssimas e, assim, os fatores limitantes da fadiga não seriam somente de origem metabólica, mas estariam ligados também a fenômenos biofísicos e neurogênicos. Um exemplo de tais fenômenos é fornecido pela atividade EMGIrms registrada com 78% de 1RM.

De fato, evidenciam-se valores completamente diferentes se o exercício for realizado com esforço submáximo ou máximo (ver Figura 11.1). No primeiro caso, a quantidade de EMGIrms não alcança 80% do nível máximo (nível de referência 91% de 1RM em contração estática), enquanto no segundo são superados níveis de 120%. Essas observações explicam como é possível trabalhar com cargas elevadas (por exemplo: 80% de 1RM) com intensidade submáxima e executar facilmente de 6 a 8 repetições. Em contraste, utilizando-se a mesma carga com esforços máximos não se consegue alcançar as 5 repetições (ver Capítulo 10). No caso de esforços submáximos, o número conveniente de repetições é assegurado pela alternância das várias fibras musculares recrutadas. No início, as fibras lentas são recrutadas e, posteriormente, as fibras rápidas (Figura 11.2). Um fenômeno parecido verifica-se durante exercícios de resistência à força rápida (Capítulo 7). Para poder manter os gradientes de potência sempre elevados, que, no início, são assegurados predominantemente pelo recrutamento de fibras lentas e rápidas IIa, durante e ao final das repetições são utilizadas as fibras IIb. Essas hipóteses são sustentadas pelos resultados apresentados na Figura 11.3, em que se nota que um acentuado crescimento da atividade EMGIrms evidencia-se com o aumento das repetições. De fato, depois de um certo número de repetições, a atividade eletromiográfica manifesta aumento acentuado, sugerindo maciço recrutamento de fibras rápidas, que possuem elevado potencial de ação.

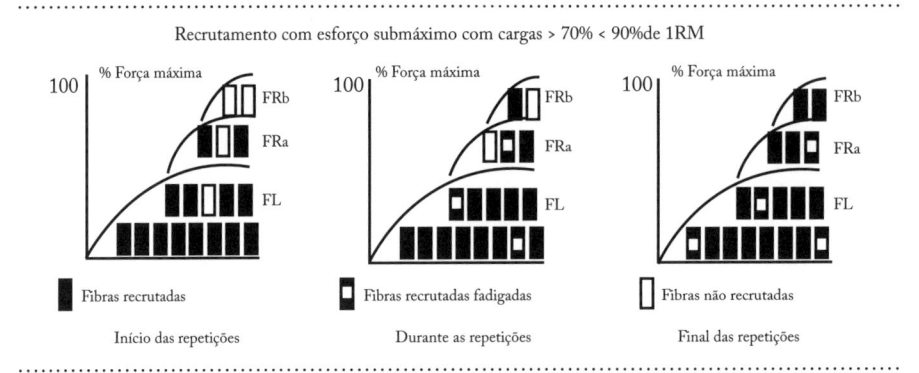

Figura 11.2 Representação esquemática do recrutamento muscular durante esforços submáximos executados com cargas que variam entre 70 e 90% de 1RM. No início das repetições, são predominantemente recrutadas fibras Lentas (FL) e com o prosseguimento das repetições são empregadas as Fibras Rápidas (FRa, FRb) (Bosco, 1979, 1993; Costill, 1980; Zatziorsky, 1992).

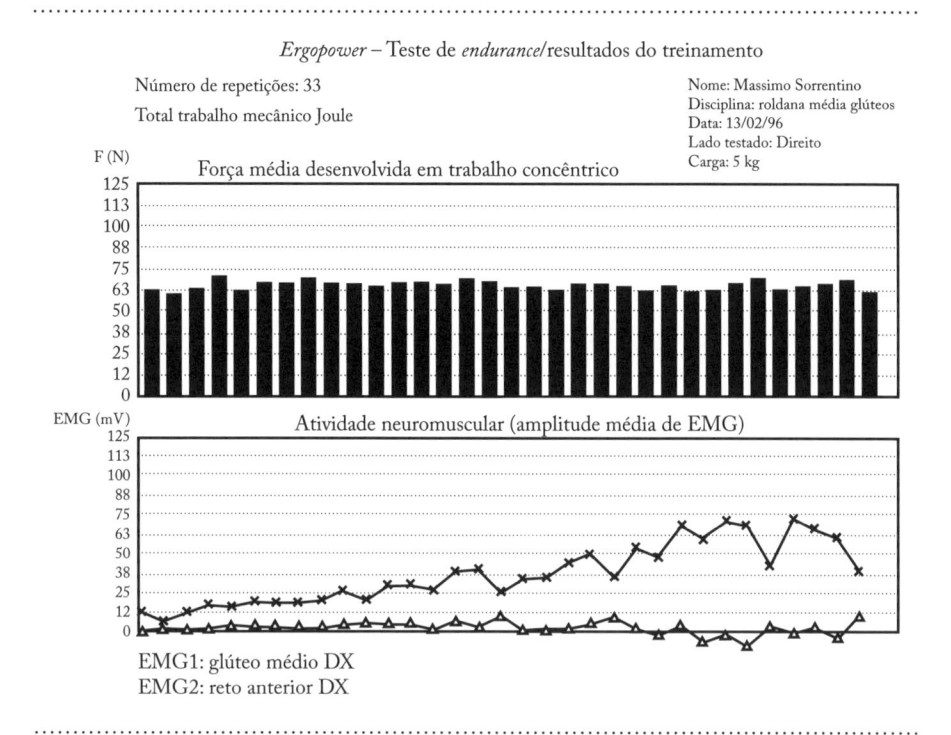

Figura 11.3 A potência mecânica média e a atividade eletromiográfica do músculo glúteo médio e reto anterior são apresentadas em função das repetições executadas. É preciso notar que, com o aumento das repetições, verifica-se uma leve queda da potência e um acentuado aumento da EMGIrms (Foti C, 1996).

Durante desempenhos executados com cargas elevadas (80% de 1RM) e contrações voluntárias máximas, no início das repetições, todas as unidades motoras disponíveis no músculo ativado são solicitadas. Com o prosseguimento das repetições, as fibras rápidas, por não serem muito resistentes à fadiga, exaurem-se rapidamente, e a continuação do trabalho é assegurada pelo recrutamento maciço de fibras lentas (Figura 11.4). Nesse caso, nota-se queda gradual da potência desenvolvida (Figura 11.1) e diminuição da atividade eletromiográfica (ver Capítulo 13, Figura 13.1a, b).

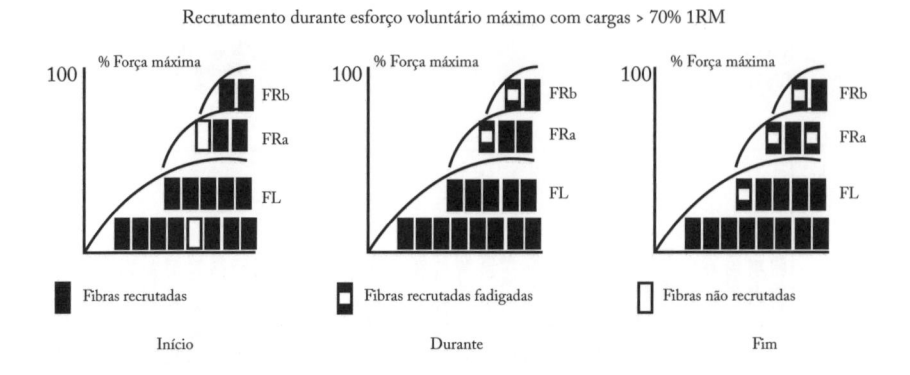

Figura 11.4 Representação esquemática do recrutamento muscular durante esforços máximos executados com cargas superiores a 70% 1RM. No início das repetições, tanto as Fibras Lentas (FL) quanto as Rápidas (FRa, FRb) são recrutadas, depois de algumas repetições, nota-se que as fibras rápidas se cansam rapidamente (Bosco, 1979, 1993; Costill, 1980; Zatziorsky, 1992).

BIBLIOGRAFIA

HENNEMAN, E.; SOMJEN, G.; CARPENTER, D.O. Functional significance of cell size in spinal motoneurons. *J Neurophysiol*. v. 28, p. 560-580, 1965.

Capítulo 12

Aplicações do Método de Bosco

A programação de cargas de trabalho muscular, assim como a avaliação das várias expressões da força, até pouco tempo atrás, podiam ser realizadas apenas em pouquíssimos institutos especializados em fisiologia aplicada ao esporte. As metodologias de programação do trabalho muscular, sem dúvida, remontam aos primeiros estudos científicos realizados por Delorme e Watkins, 1948 (Método Piramidal), e aos trabalhos seguintes desenvolvidos por Hettinger e Müller (1953).

Apenas nos anos 1980 foram introduzidos métodos de treinamento mais específicos (método de contraste de Spassov, ou método búlgaro, 1980; 1985). Um planejamento racional e personalizado das cargas de trabalho nunca foi desenvolvido com bases científicas, excluindo-se a programação de treino dos músculos extensores dos membros inferiores introduzida por Bosco (1980; 1991), realizada com o *Ergojump-Fiber Counter* de Bosco. Com esse aparelho, é possível estimar indiretamente o percentual de fibras rápidas do músculo vasto lateral e, portanto, personalizar o treino conforme as características morfológicas dos atletas. As metodologias utilizadas até pouco tempo atrás fundavam-se, em sua maioria, em bases empíricas e experiências pessoais que, mesmo que sustentadas por conhecimentos científicos específicos, não garantiam segurança total de um estímulo de treino adequado e adaptação específica desejada. Conseguir programar trabalhos personalizados e específicos não era possível até que as novas metodologias de Bosco (1991) foram introduzidas. De fato, o desenvolvimento dos métodos idealizados por Bosco representa a evolução natural do treinamento por basear-se apenas em princípios científicos comprovados e ser sustentado por instrumentos eletrônicos sofisticados.

Força Muscular

Utilizando-se esses instrumentos e os novos métodos introduzidos por Bosco (1991), recentemente, alguns atletas de altíssimo nível, praticantes de atletismo, foram acompanhados. Como exemplo de aplicação operativa da nova metodologia, são apresentados os dados registrados durante um período de treinamento intensivo da força de um arremessador de pesos de nível internacional.

As avaliações foram feitas durante a realização de dois exercícios muito específicos: supino e agachamento (coxa paralela ao solo, ângulo interno do joelho a cerca de 70º). Na Tabela 12.1, são apresentados os valores da força, velocidade e potência mecânica médias, registrados durante as avaliações realizadas em três períodos diferentes do exercício de agachamento. O valor máximo de potência mecânica observado no primeiro teste foi de 1473 watt, obtido com a carga de 180kg. Depois de aproximadamente duas semanas de intenso trabalho de força, o valor máximo de potência registrado foi de 1696 watt, com carga de 200kg (2º teste).

Tabela 12.1 Força, velocidade e potência mecânica médias, calculadas durante a execução do exercício de agachamento (coxa paralela ao solo com ângulo do joelho por volta dos 70º) com cargas crescentes, em três diferentes períodos

NOME: W.G					TESTE: Agachamento		
Data	**Carga(kg)**	**120**	**140**	**160**	**180**	**200**	**220**
24/4/92	Força (N)	1368	1568	1744	1926	2100	2250
	Potência (W)	1264	1385	1437	1473	1471	1386
	Velocidade (m/s)	1.07	1.01	0.91	0.83	0.75	0.64
Data	**Carga(kg)**	**120**	**140**	**160**	**180**	**200**	**220**
11/5/92	Força (N)	1404	1610	1792	1962	2160	2330
	Potência (W)	1375	1532	1632	1638	1696	1600
	Velocidade (m/s)	1.18	1.12	1.05	0.94	0.86	0.75
Data	**Carga(kg)**	**120**	**140**	**160**	**180**	**200**	**220**
5/6/92	Força (N)	1416	1610	1840	2034	2180	2370
	Potência (W)	1431	1539	1693	1713	1676	1737
	Velocidade (m/s)	1.22	1.14	1.09	0.97	0.86	0.8

Verificou-se, portanto, acentuada melhora da potência máxima e aumento da carga com que essa potência é desenvolvida. Na terceira avaliação, o valor de potência máxima foi posteriormente melhorado, alcançando-se 1737 watt, com uma carga de 220kg. Um exame atento dos valores de força e velocidade revelou que as melhoras obtidas com a força foram ligeiramente superiores às da velocidade (21,4% *versus* 16,4%), e estiveram ligadas ao aumento da carga. Ou seja, os valores de cargas altas (160-220kg) sofreram maiores melhoras em relação aos de cargas inferiores. Esse comportamento reflete o tipo de trabalho desenvolvido no período em que foi observado um regime de treinamento máximo de força intensiva.

Com os valores apresentados na Tabela 12.1, foi possível construir as relações Força-Velocidade (F-V) e Potência-Velocidade (P-V) dos músculos extensores das pernas durante o exercício de ½ agachamento para os três diferentes períodos analisados (Figura 12.1). A relação F-V, depois do primeiro teste, distancia-se em direção à direita e, de maneira particular, a zona da força máxima demonstrou melhoras mais acentuadas e significativas. Mediante a análise das relações F-V e F-P, foi possível acompanhar a evolução dos processos neuromusculares envolvidos no treino. De fato, depois de uma melhora inicial da área da força, obteve-se uma melhora posterior do desempenho na área da velocidade. Essas observações sugerem que as adaptações biológicas iniciais aos estímulos de treino foram de natureza tanto neurogênica quanto morfológica estrutural. Com o prosseguimento do treino, e em função da modulação das cargas de trabalho, adaptadas de maneira específica, ao aproximar-se a estação agonística, foram encontradas melhoras predominante de natureza neurogênica, ligadas à velocidade de execução e à rapidez.

Contrariamente ao que foi encontrado nas avaliações do ½ agachamento, as relações F-V e F-P, construídas com os valores registrados no teste de supino, mostraram duração temporal completamente diferente (Figura 12.2).

Os valores de força, velocidade e potência média registrados durante o exercício de supino (100-200kg) são mostrados na Tabela 12.2. O valor de máxima potência é observado no primeiro teste com a carga de 120kg. No segundo, verificou-se aumento tanto da potência máxima quanto da carga com que é desenvolvida (130kg). Na terceira avaliação, registrou-se um posterior aumento de potência e de carga (140kg).

Força Muscular

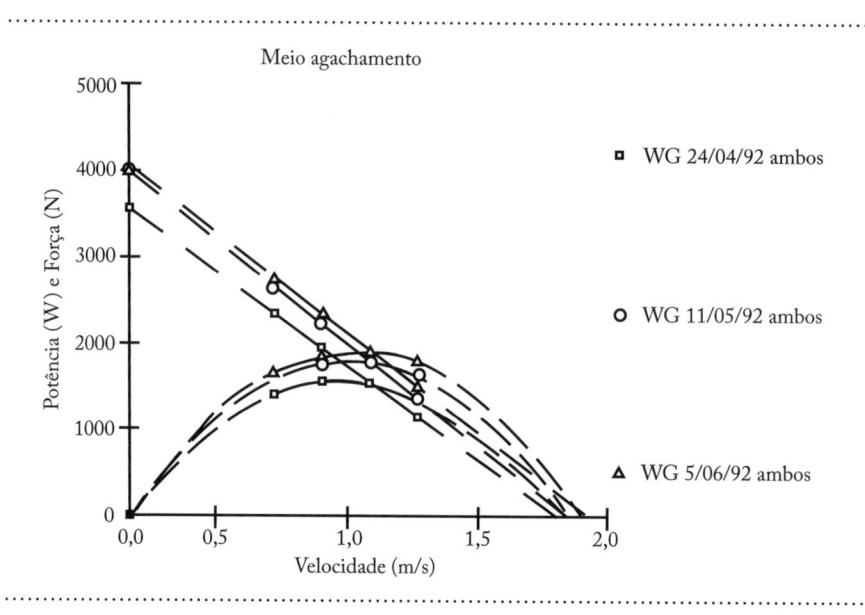

Figura 12.1 Relações Força-Velocidade e Força-Potência construídas com os dados registrados durante os desempenhos de ½ agachamento executado por um atleta (WG) de classe internacional (Campeão Olímpico), com cargas crescentes em três diferentes períodos (Egger-Bosco, 1992).

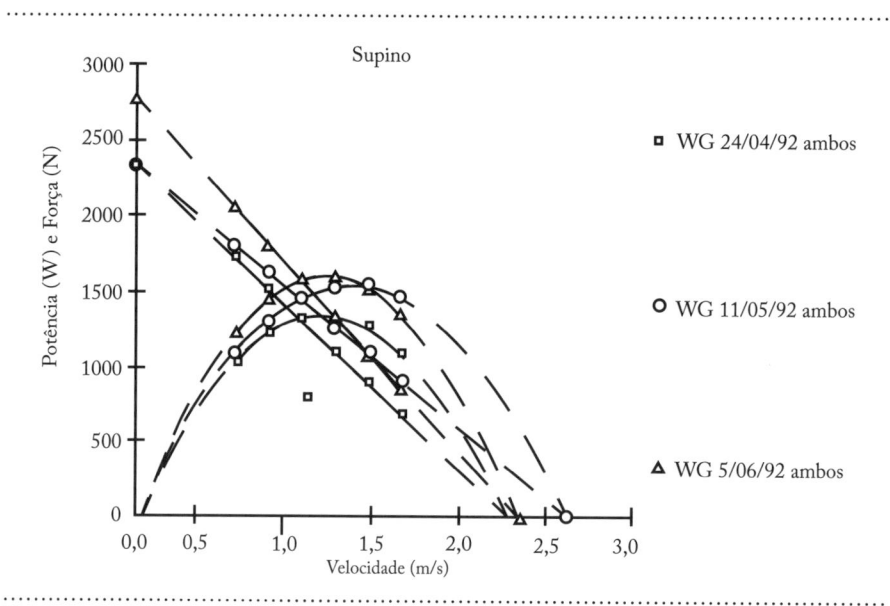

Figura 12.2 Relações Força-Velocidade e Força-Potência construídas com os dados registrados durante os desempenhos de supino, executados por um atleta (WG) de categoria internacional (Campeão Olímpico), com cargas crescentes, em três diferentes períodos (Egger-Bosco, 1992).

Tabela 12.2 Força, velocidade e potência mecânica médias, calculadas durante a execução do exercício de supino com cargas crescentes, em três períodos diferentes

NOME: W.G.   TESTE: Supino

Data	Carga (kg)	100	120	130	140	150	160	170	180	200
24/4/92	Força (N)	1190	1368	1469	1540	1620	1696	1785	1836	—
	Potência (W)	1046	1111	1104	1088	1071	1007	978	819	—
	Velocidade (m/s)	1,09	0,96	0,87	0,81	0,73	0,64	0,6	0,47	
Data	**Carga (kg)**	**100**	**120**	**130**	**140**	**150**	**160**	**170**	**180**	**200**
11/5/92	Força (N)	1230	1416	1495	1554	1635	1728	1802	1890	2000
	Potência (W)	1179	1221	1260	1141	1096	1127	1075	1043	650
	Velocidade (m/s)	1,21	1,04	0,99	0,85	0,76	0,72	0,65	0,6	0,33
Data	**Carga (kg)**	**100**	**120**	**130**	**140**	**150**	**160**	**170**	**180**	**200**
5/6/92	Força (N)	1240	1416	1508	1610	1710	1792	1836	1926	2080
	Potência (W)	1235	1247	1286	1377	1349	1354	1274	1211	1134
	Velocidade (m/s)	1,27	1,08	1,01	1,02	0,92	0,88	0,76	0,69	0,58

A análise dos valores de força mostra uma leve melhora com cargas leves em relação a cargas máximas depois das primeiras duas semanas de observação (teste 2). Em contraste, na terceira avaliação, os maiores aumentos, mesmo que em nível modesto, foram registrados com cargas mais altas.

Os valores de velocidade registraram melhoras constantes com todas as cargas utilizadas na segunda avaliação, enquanto no terceiro teste, os maiores aumentos foram registrados com cargas altas (140-180kg). Esse tipo de observação nos permitiu constatar o desenvolvimento das características funcionais do atleta, examinadas com exatidão e precisão diagnósticas até então nunca realizadas em campo. Em definitivo, os instrumentos utilizados e a metodologia introduzida (Bosco, 1991) forneceram a possibilidade de avaliar e acompanhar, ao longo do tempo, os efeitos provocados pelo treinamento, e as modificações produzidas tanto no desenvolvimento da força quanto na velocidade. De fato, atingiu-se a possibilidade de fazer uma análise qualitativa e quantitativa do trabalho executado durante exercícios desenvolvidos com aparelhos de musculação para treino.

Controle do treino de um velocista de nível internacional

As modificações provocadas, durante um ano, pela aplicação sistemática do treino de força, foram monitoradas com o *Ergopower® Bosco-System*. O comportamento mecânico dos músculos extensores das pernas durante provas executadas com o ½ agachamento e cargas crescentes, registrado em dois períodos diferentes com intervalo de um ano, é apresentado na Figura 12.3, sob a forma da relação Potência-Carga. A potência muscular registrada com cargas elevadas (200-250kg) demonstrou enorme melhora depois de um ano de treino. Tudo isso não deve, absolutamente, surpreender; pelo contrário, trata-se de resultados bastante previsíveis. O que resultou ser uma surpresa, entre outras coisas não programadas, e portanto não desejadas, foi a queda da potência encontrada com cargas leve, ou seja, na área da velocidade. Sem dúvida, um dos objetivos do treino da força máxima é a posterior melhora da força explosiva: nada disso aconteceu, como mostrado na Figura 12.3, e, assim, o treino da força máxima tornou-se pouco eficaz. A análise tão específica e detalhada do comportamento muscular do atleta examinado permitiu-nos encontrar as reais modificações provocadas pelo treino em seu complexo biológico e nas características peculiares que o músculo esquelético apresenta. Se não fossem avaliadas as expressões de potência no espectro amplo da relação F-V, e se fossem utilizados, para controlar os efeitos do treino, os meios tradicionais de avaliação (1RM), as conclusões as quais se teria chegado seriam completamente opostas às condições reais. Esse é um outro exemplo de como o método introduzido por Bosco (1991) pode, de maneira inequívoca, contribuir eficazmente para planejar e controlar os programas de treino através de meios simples e ao mesmo tempo sofisticados, que permitem uma avaliação não apenas quantitativa do trabalho muscular, mas, sobretudo, qualitativa.

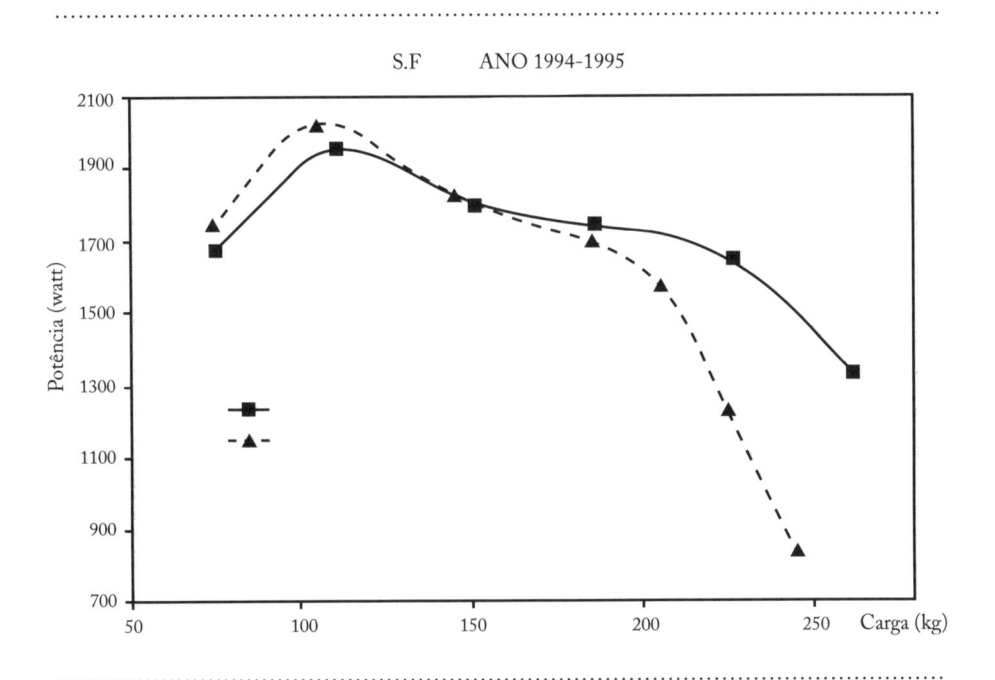

Figura 12.3 Relações Potência-Carga construídas com os dados registrados durante os desempenhos de um velocista de categoria internacional com cargas crescentes, em dois períodos diferentes (Bosco e Colli, 1995).

Controle do treino de jogadores de vôlei

Enfim, gostaria de apresentar um belíssimo trabalho realizado por Colli (1995) com seis jogadoras de vôlei que foram avaliadas com o *Ergopower® Bosco-System* em quatro diferentes ocasiões (setembro, outubro, novembro e dezembro). As cargas utilizadas foram as seguintes: 15-35-55-75 e 85kg, o teste empregado foi o ½ agachamento. As análises das relações Potência-Carga, em quatro diferentes períodos (Figura 12.4), sugerem que depois de apenas um mês de treino, as jogadoras

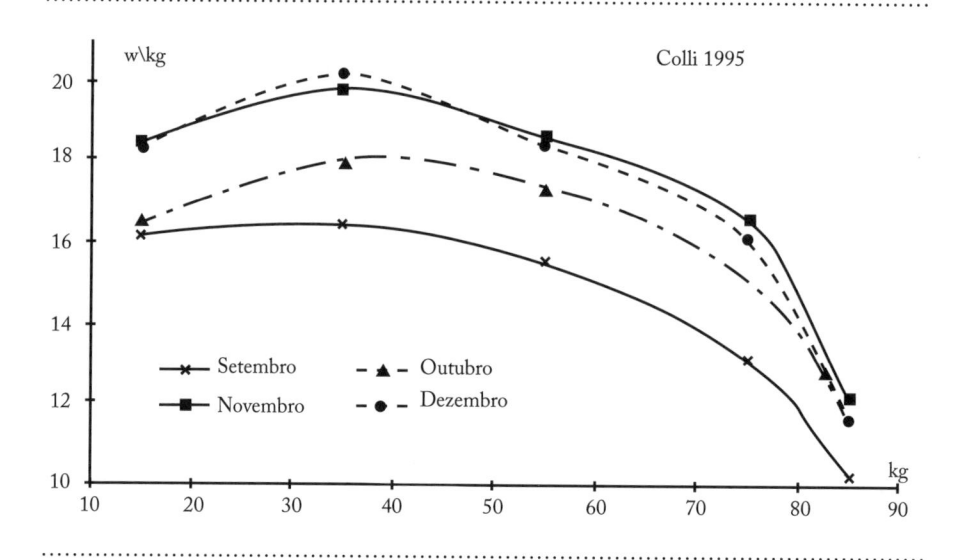

Figura 12.4 Relações Potência-Carga construídas com os dados registrados durante os desempenhos de ½ agachamento, executados com cargas crescentes (15/85kg), em quatro períodos diferentes (Setembro– Outubro – Novembro – Dezembro) por seis jogadoras de vôlei (Colli, 1995).

de vôlei aumentaram, de maneira significativa, os valores de potência mecânica com cargas médio-altas (55-85kg igual a 60-90% de 1RM). Durante o mesmo período, os valores de potência, registrados com cargas baixas (15-35kg igual a 15-35% de 1RM), não mostraram nenhuma melhora. Depois de dois meses de treino, foi registrada melhora estatisticamente significativa da potência com quase todas as cargas utilizadas, à exceção da máxima (85kg). No terceiro mês, os valores observados não foram diferentes daqueles já alcançados após o segundo mês de treino. Isso significa que, depois de atingidos os aumentos e as modificações biológicas dos primeiros dois meses, instaurou-se nas jogadoras um processo de consolidação dessas propriedades e, possivelmente, houve achatamento tanto do estímulo quanto da resposta. Tudo isso, no entanto, não pode ser considerado um fenômeno negativo, pelo contrário, reflete e espelha tempos e modos de estímulo e adaptação próprios das qualidades de força. Além das modificações observadas nas relações

Força-Carga, foram observadas modificações das outras expressões de força, como a explosiva (avaliada com o salto executado com o contra-movimento), explosiva depois de pré-alongamento (avaliada com o teste de Bosco-Vittori) e resistência à força veloz (avaliada com 15s de saltos contínuos). As variações sofridas por essas expressões de força seguiram, quase de modo linear, as modificações e a melhora da potência expressas com cargas baixas. De fato, depois de um mês de treino, não se registrou melhora alguma dos parâmetros examinados, já para a capacidade de força explosiva realizada depois de pré-alongamento, notou-se uma queda estatisticamente significativa (Figura 12.5). Depois de dois meses de treino, justamente quando a potência realizada com carga máxima estabilizou-se, todas as outras expressões de força sofreram melhoras estatisticamente significativas. Sem dúvida, a resistência de força rápida (15s de saltos contínuos) no mês seguinte (dezembro) mostrou aumentos significativos. Esses não são resultados surpreendentes, pelo contrário, estão de acordo com as observações anteriores de Bosco et al. (1981) sobre as jogadoras de vôlei da seleção finlandesa, e reforçam-as. O que atrai, neste trabalho, é a progressiva evolução dos vários parâmetros que conduziram à melhora de algumas qualidades físicas específicas para o jogo de vôlei, como a melhora da força explosiva e da resistência de força rápida, que são, em última análise, os objetivos do treino do jogador de vôlei. As cargas de trabalho administradas por Colli foram as seguintes:

1º MÊS – 8 sessões de 12 séries de trabalho com os membros inferiores, das quais 4 séries a 75-85% alternadas com 2 séries a 40-50% da máxima, e 6 séries de trabalho excêntrico de 100 a 120% da carga máxima. O trabalho técnico previa baixo número de saltos e grande quantidade de trabalho intermitente específico com a bola por intermédio dos princípios da terra.

2º MÊS – 8 sessões de 12 séries de trabalho, das quais 6/8 séries de ½ agachamento (80%) alternado na série a ¼ agachamento; 4/6 séries de Bosco Pittera. O trabalho técnico previa um maior número de saltos nos exercícios específicos, alguns trabalhos técnicos explosivos, e mantinha grande quantidade de trabalho intermitente específico, com maiores elementos de jogo parcial.

3º MÊS – 6 sessões de 8 a 10 séries de trabalho, das quais 4-6 séries dedicadas a ½ agachamento concêntrico máximo a 60% da carga e a ½ agachamento com saltos de degraus (30-40% carga máxima), alternadas com 6-4 séries de saltos reativo-elásticos, com hiper-impulso e queda de 40-60cm. O trabalho técnico previa um elevado número de saltos nos exercícios específicos, e aumentava ainda mais as sessões técnicas dedicadas à componente explosiva, ao mesmo tempo em que diminuía em 30% os exercícios de intermitência específica.

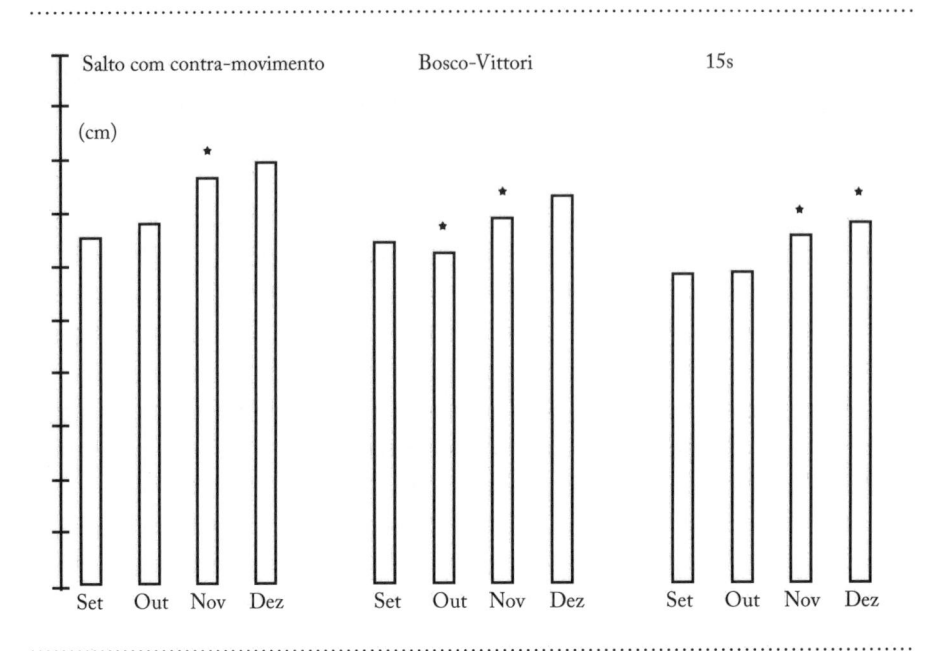

Figura 12.5 Valores médios do levantamento do centro de gravidade medido com o contra-movimento pelo teste de Bosco-Vittori (série de 5-7 saltos contínuos realizados com os joelhos firmes), e 15s de saltos contínuos, realizados por seis jogadoras de vôlei em quatro diferentes períodos (Setembro, Outubro, Novembro, Dezembro). Os asteriscos denotam diferenças estatisticamente significativas (*P >= 05, teste t Student para valores independentes) (Colli, 1995).

Notas: Antes de começar o trabalho detalhado, foram efetuadas 8 sessões em 16 dias para a potenciação da musculatura fixatória do dorso, e exercícios com carga leve para aprendizagem técnica dos gestos dos membros inferiores.
Foram desenvolvidos muitos exercícios (inclusive na piscina) para a prevenção das patologias das costas. Concomitantemente ao trabalho durante os três meses, descrito minuciosamente, foram desenvolvidos outros exercícios subsidiários para a melhora da força de toda a musculatura superior e abdominal.
Cada sessão, em média, durava 90' com 35/40 séries de trabalho de musculação nos primeiros dois meses, e depois houve uma redução de 30% do tempo de trabalho.
Os testes foram efetuados depois de 6-8 dias da última sessão com sobrecargas.
Em tal semana de descarga não foram efetuados trabalhos com sobrecarga, mas apenas trabalhos técnico-táticos e partidas amigáveis ou torneios.

Conclusões

As modificações provocadas pelo treino da força máxima, anteriores aos exercícios de força explosiva, geralmente, obedecem tempos de adaptação biológica relativos às estruturas e modificações específicas.

Depois de algumas semanas (4-8) de treino da força máxima, nota-se uma rápida queda dessas propriedades neuromusculares. Posteriormente, as melhoras da força máxima detêm-se para se consolidarem com o tempo. Concomitantemente, quase todas as expressões de força (força explosiva, resistência da força explosiva, força explosiva com pré-alongamento) permanecem invariáveis durante as primeiras 4-6 semanas de trabalho. Podem até ser verificadas quedas (ver Bosco, 1981; Colli, 1995) (Figura 12.6); sucessivamente, observam-se melhoras intensas, geralmente, em função tanto das cargas de trabalho quanto da duração dos treinos desenvolvidos com a força máxima. Com cargas elevadas de força máxima e prolongadas por muito tempo, é preciso um período relativamente longo antes que se verifiquem melhoras na área da força explosiva, mesmo que treinos específicos sejam utilizados de forma maciça e sistemática. Essas adaptações progressivas estão ligadas às manifestações de força, que dependem de fenômenos predominantemente temporais. De fato, as primeiras adaptações e melhoras acontecem nas expressões de força que requerem tempos longos (700-900ms) para sua exteriorização, e que correspondem à força máxima (Figura 12.7). Com o prosseguimento do trabalho, são solicitadas e melhoradas as expressões de força que requerem tempo de expressão mais breve e que, geralmente, são representadas pela força dinâmica máxima ou pela força explosiva realizada com cargas leves, cujos tempos de trabalho limitam-se a períodos que variam entre 200-400ms. Normalmente, esses tipos de trabalho são executados de forma concêntrica, com pouca ênfase no efeito do pré-alongamento, que, em todo caso, é sempre realizado tanto como determinação específica do tipo de trabalho executado quanto como exercício imposto pela presença da gravidade. Posteriormente, seguem modificações e adaptações das expressões de força que requerem tempos mais breves (150-250ms), como aqueles encontrados na força explosiva clássica, em que o efeito do pré-alongamento pode ou não ser fortemente empregado, e nas variações angulares amplas, mesmo que o movimento seja executado em velocidades elevadíssimas. Enfim, encontramos as expressões de força explosiva em que o efeito do pré-alongamento exerce um papel fundamental, tanto por favorecer a utilização da energia elástica quanto por ser fortemente potenciado pelo sistema nervoso, através do reflexo do alongamento. Essas expressões de força são realizadas em tempos de trabalho brevíssimos (100-150ms), com variações angulares mínimas, e velocidade de pré-alongamento muito elevada.

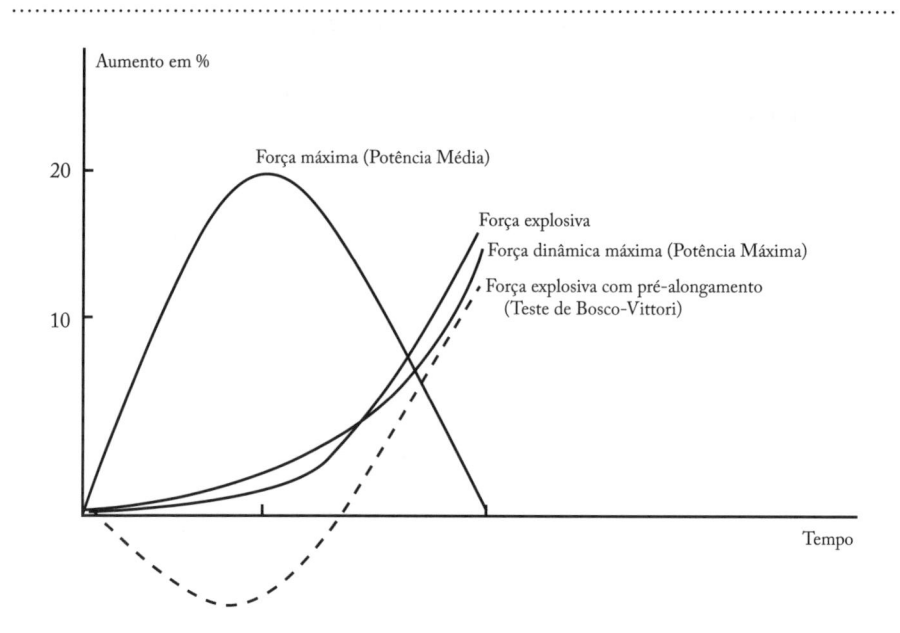

Figura 12.6 Representação esquemática da evolução e das modificações temporais que são verificadas em resposta ao treinamento de Força máxima e de Força explosiva, realizados sem e com pré-alongamento (Bosco, 1981; Colli, 1995).

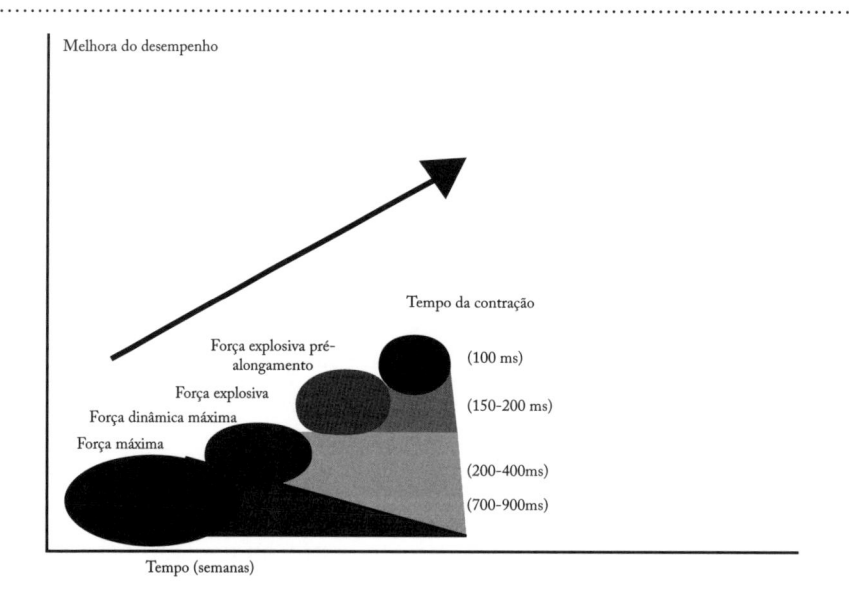

Figura 12.7 Representação esquemática das várias expressões de força caracterizadas por tempos de execução menores, que se modificam e melhoram em função do estímulo (modificado por Bosco, 1992).

BIBLIOGRAFIA

Bosco, C. *La valutazione della forza con il test di Bosco*. Roma: Società Stampa Sportiva, 1992.

_____. New tests for measurement of anaerobic capacity in jumping and leg extensor muscle elasticity. *Volleyball, I.F.V.B, Official Magazine*. v. 1, p. 22-30, 1981.

_____. Sei un grande atleta: vediamo cosa dice l'Ergojump. *Pallavolo*. v. 5, p. 34-36, 1980.

_____. Nuove metodologie per la valutazione e la programmazione dell'allenamento. SdS – *Rivista di cultura sportiva* X. v. 22, p. 13-22, 1991.

COLLI, R. 1995 (comunicações pessoais).

EGGER, J.P.; BOSCO. C. 1992 (Dados pessoais).

DE LORME, T.; WATKINS, A. Technics of progressive resistance exercise. *Arch Phys Med*. v. 29, p. 263-273, 1948.

HETTINGER, T.; MÜLLER, E. Muskelleistung und Muskeltraining. *Int Z angew Physiol Einschl Arbeitphysiol*. v. 15, p. 111-126, 1953.

Capítulo 13

O Método de Bosco Realizado por Roberto Colli

(R. Colli)

Foto: Colli (Itália).

Movimentos com amplitudes angulares diversas

O desenvolvimento da tensão muscular, transmitida para as estruturas ósseas através das articulações e dos tendões, é influenciado pela alavanca criada no momento da contração. Esta alavanca é caracterizada pelo valor de seu ângulo (ver capítulo precedente). Portanto, estando a tensão desenvolvida pela estrutura protéica do músculo em paridade com a ativação neurogênica, a força transmitida não se configura apenas em função da tensão, mas depende fortemente do valor do ângulo que se forma em uma determinada articulação antes que o movimento se inicie. De fato, a análise biomecânica (estudo da potência, força e eletromiografia com *Muscle Lab-Bosco System-Ergotest Tecnology*, Langensund, Noruega) ofereceu a possibilidade de observar fenômenos interessantes. Em relação ao comportamento dos músculos extensores das pernas (quadríceps femural), durante os exercícios de ¼ de agachamento e agachamento total, a potência mecânica desenvolvida aumenta em função da abertura do ângulo de partida do movimento (Figura 13.1a). Isso é determinado pelas condições mecânicas que se instauram durante a flexão do joelho. Como já amplamente tratado nos capítulos precedentes, no ¼ agachamento realiza-se uma alavanca mais favorável (Smidt, 1973; Viitasalo, 1985). Portanto, em paridade de ativação neurogênica (ver Capítulo 15), a resposta biomecânica é mais favorável (Bosco et al., 1980). Essas condições biomecânicas favoráveis

Força Muscular

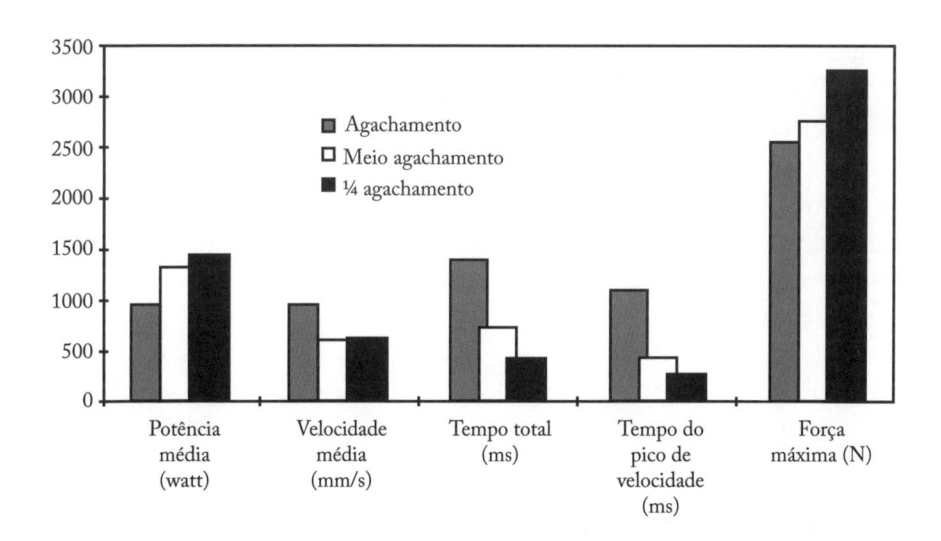

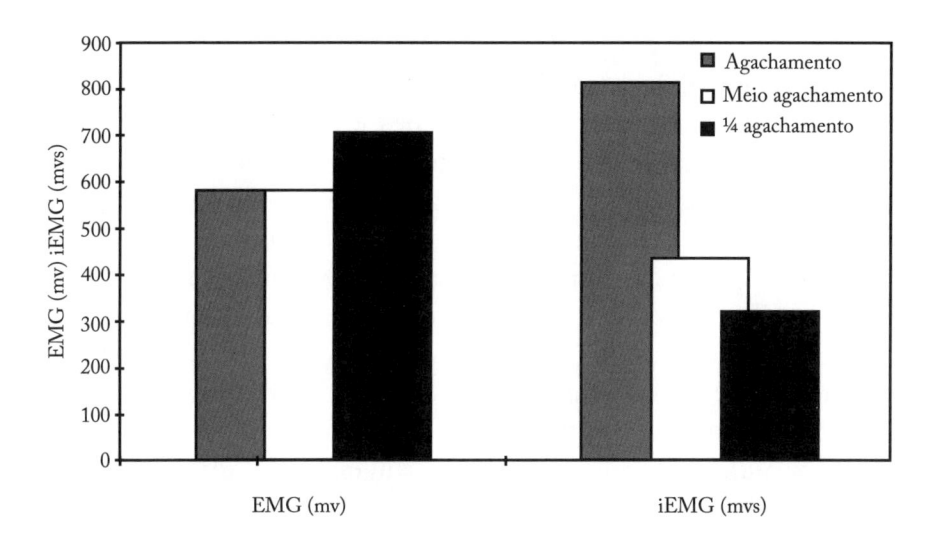

Figura 13.1 Parâmetros biomecânicos registrados com *Muscle Lab-Bosco System* durante a execução de três movimentos (agachamento, ½ agachamento e ¼ agachamento concêntricos) no *Multipower*. A potência mais elevada é observada no movimento de ¼ agachamento, juntamente com o pico de potência. O tempo mais longo de trabalho foi observado no agachamento completo (A). Atividade elétrica (EMG) registrada nos extensores das pernas (quadríceps femural) durante a execução dos três exercícios no *Multipower*. O valor mais elevado foi registrado durante a execução do ¼ agachamento. Pelo contrário, a atividade eletromiográfica desenvolvida durante o trabalho total (IEMG) foi observada no agachamento total (B) (Colli, 1995).

produzem uma maior aceleração a partir do ¼ agachamento. Isso se deduz tanto dos estudos feitos por Bosco et al. (1995, 1996) com muitos indivíduos (ver Capítulo 15) quanto pela observação de um indivíduo, como mostrado na Figura 13.1b. Portanto, os exercícios de agachamento total produzem uma ativação neurogênica prolongada no tempo (Bosco et al., 1996; ver Capítulo 15 deste livro). Como sugerido por Bosco (1995), somente condições de ativação neurogênica prolongada produzem os estímulos necessários para provocar perturbações hormonais (hormônio do crescimento e testosterona). Portanto, movimentos que requerem tempo de trabalho prolongado (agachamento total) diferenciam-se substancialmente daqueles que se realizam em tempo breve (¼ agachamento). No primeiro caso, são provocadas adaptações predominantemente miogênicas, enquanto no segundo há predominância neurogênica (Bosco, 1993; Bosco et al., 1995, 1997).

Contrações musculares realizadas no supino inclinado

Nas contrações musculares executadas no supino inclinado (inclinação em 45º), o tempo de trabalho do movimento que se inicia de um ângulo aberto é inferior ao do movimento que é executado a partir de um ângulo fechado. Nada disso deve surpreender, dado que o espaço a ser percorrido é menor. O que, no entanto, é preciso sublinhar é o fato de que a velocidade de movimento obtida com ângulo fechado é inferior à alcançada com ângulo aberto. Enquanto a atividade eletromiográfica é muito mais elevada no primeiro caso do que no segundo (Tabela 13.1). Movimentos iniciados com ângulos abertos determinam baixas ativações eletromiográficas do músculo vasto lateral, mais intensas nos músculos vasto medial e reto femural. Movimentos executados a partir de ângulos fechados caracterizam-se por forte intervenção do músculo vasto lateral (por volta de 500%). Tudo isso sugere que, variando-se o ângulo inicial do movimento, podem ser selecionadas intervenções específicas dos vários músculos que formam o quadríceps femural.

Tabela 13.1 Parâmetros biomecânicos e eletromiográficos registrados durante trabalho concêntrico executado a partir do joelho fechado (110º)

Supino Inclinado	V (m/s)	T (s)	V. Mediais S (mv)	Reto Femoral (mv)	V. lateral (mv)
2g ângulo aberto 100kg	0,57	0,38	1,11	0,42	0,2
2g ângulo fechado 100kg	0,48	0,58	1,25	0,72	1,56

Características biomecânicas registradas durante exercícios com apenas um membro e confrontadas com as realizadas com ambos os membros

Uma interessante observação é fornecida confrontando-se os parâmetros biomecânicos e eletromiográficos durante movimentos realizados no supino inclinado (Newform S.p.A. Ascoli Piceno) com um e dois membros, respectivamente. Em paridade de carga, a velocidade do movimento é muito mais baixa quando se trabalha com um só membro (Tabela e Figura 13.2). Ao mesmo tempo, a atividade eletromiográfica é semelhante àquela registrada durante movimentos realizados simultaneamente por ambos os membros. Tudo isso, muito provavelmente, depende da inusual forma de ativação de um só membro. Portanto, fatores associados à coordenação inter e intramuscular poderiam ser a causa da acentuada diferença observada nos desempenhos de um ou dois membros simultaneamente. Um outro exemplo do comportamento distinto da ativação de um ou dois membros, é fornecido pela análise dos movimentos executados em prensa horizontal. Em paridade de carga, a ativação simultânea de dois membros determina uma maior velocidade (por volta de 15%) em relação à ativação de apenas um membro. Enquanto no último caso, registra-se uma ativação eletromiográfica mais intensa. Muito provavelmente, isso se deve à falta de inibição provocada pela ativação dos músculos contralaterais (Bosco 1985, 1995).

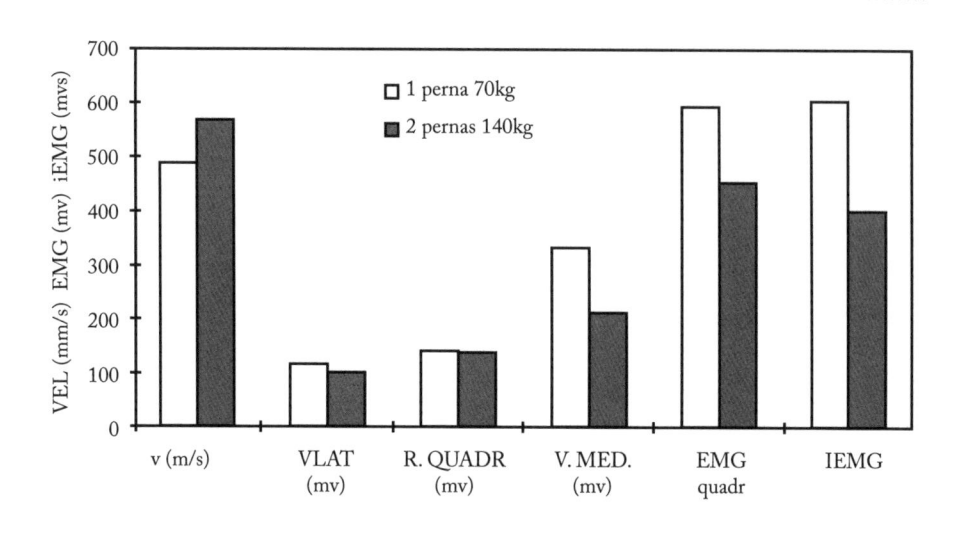

Figura 13.2 Os parâmetros biomecânicos e eletromiográficos registrados pelo *Muscle lab-Bosco-System* durante a execução de dois movimentos no supino inclinado. Nota-se que todos os parâmetros eletromiográficos são mais altos no movimento com uma perna (Colli, 1996).

Tabela 13.2 Parâmetros biomecânicos e eletromiográficos registrados durante trabalho concêntrico executado com uma perna só e com duas pernas (com carga redobrada), em um supino horizontal. Nota-se que o atleta que apresenta atividades elétricas semelhantes, é muito mais lento na execução com uma perna só

Supino Inclinado	V (m/s)	T (s)	V. Mediais S (mv)	Reto Femoral (mv)	V. lateral (mv)
1 perna ângulo fechado 40kg	0,38	1,23	3,75	1,13	1,24
2 pernas ângulo fechado 80kg	0,63	0,81	4,17	1,02	1,09

Ativação muscular submáxima

Como já amplamente descrito nos capítulos precedentes, a ativação voluntária executada com esforços submáximos é determinada por ativação eletromiográfica diminuída (Bosco, 1988). Na Tabela 13.3, são confrontados os parâmetros mecânicos, e de eletromiografia, de exercícios executados em uma *Vertical Track* (*Newform S.p.A. de Ascoli Piceno*), com carga de 70% de 1RM, com esforço máximo e submáximo. Entre os dois movimentos, não são encontradas diferenças eletromiográficas. A análise desses resultados nos leva a formular hipóteses. Trata-se de um tipo de contração da musculatura flexora e devemos nos lembrar que nesse tipo de ação a maior dificuldade não está na fase de partida, mas na fase de chegada, isto é, quando a sobrecarga se aproxima do corpo, e isso acontece por um simples problema de alavancas.

Tabela 13.3 Parâmetros biomecânicos e eletromiográficos registrados durante trabalho concêntrico executado com dois movimentos diferentes na *Vertical Traction*. O primeiro em máxima velocidade permitida pela carga, e o segundo em velocidade submáxima. Pode-se notar que a atividade elétrica do grande dorsal e do peitoral são ligeiramente mais elevadas no trabalho de velocidade mais baixa

Tração Vertical	V (m/s)	T (s)	G. Dorsal (mv)	Peitoral (mv)	Trapézio (mv)
Concêntrica máxima velocidade	0,61	1.07	1.72	1.39	0,72
Concêntrica média velocidade	0,29	1.91	2.19	1.63	1,6

Enquanto no ½ agachamento e nos exercícios na prancha a dificuldade limitante máxima encontra-se na fase inicial, tanto que não se consegue levantar o peso mas basta superar o ponto crítico inicial com alguma ajuda que, depois, o peso move-se mais rápido, nas trações acontece exatamente o contrário; quando devemos mover o peso, não há problemas, mas, depois, quando temos que aproximá-lo do busto, os problemas começam. Se efetuamos o movimento em alta velocidade, utilizamos a inércia dos músculos na fase terminal. Se efetuamos o movimento em velocidade baixa, somos levados a sustentar intervenção muscular constante para vencer a gravidade e, então, obter força para continuar a mover o peso.

Eis o que acontece quando se contrai o músculo das pernas (quadríceps femural – o atleta submetido a esta prova é um fisiculturista de alto nível – Figura 13.3). Pela Figura 13.3, nota-se que o atleta está em condição de efetuar contrações em baixíssima velocidade, mesmo com cargas muito elevadas. Na prática, com uma carga que corresponde a 94% de 1RM, consegue-se desenvolver velocidade igual a 50% da velocidade máxima realizada com a mesma carga. Pode-se notar que o registro eletromiográfico é mais baixo apenas cerca de 20%-25%, a despeito da diminuição de cerca de 50% da potência. O desenvolvimento da potência máxima realizada com uma determinada carga está em função da atividade eletromiográfica dos músculos envolvidos (Bosco, 1988), tudo isso é corroborado pelos resultados apresentados na Figura 13.4. Isso nos sugere que, para poder recrutar as fibras rápidas, é preciso trabalhar com uma potência não inferior a 80% da força máxima (Bosco, 1993). Daí surge a noção de que para hipertrofiar as fibras rápidas (que, de qualquer modo, são as mais hipertrofiáveis), deve-se desenvolver velocidades de execução não inferiores a 80%, pelo menos durante as primeiras repetições. Depois, com a sucessão das séries, serão recrutadas todas as demais fibras que constituem aquele músculo. Isso permite produzir estímulos que possibilitarão o aumento da síntese protéica através de estimulação endócrina específica à hipertrofia (ver Bosco e Viru, 1996).

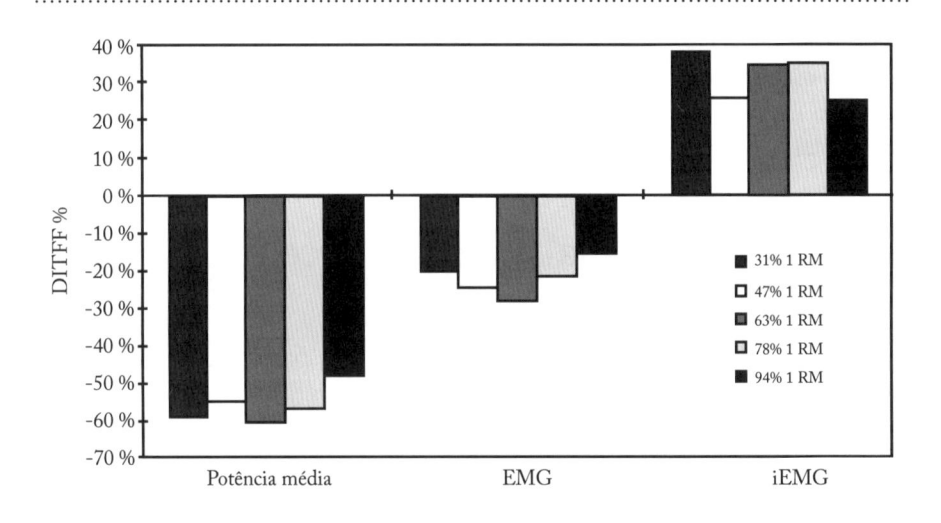

Figura 13.3 Valores percentuais da máxima velocidade permitida pela carga (31-94% de 1RM) utilizando-se velocidades submáximas. A potência média mostra que o movimento em velocidade submáxima, mesmo com cargas diferentes, é sempre desenvolvido em torno de 50% da potência máxima da carga. Concomitantemente, a eletromiografia do exercício em velocidade submáxima apresenta valores apenas 20-30% inferiores aos encontrados em velocidade máxima. Pelo contrário, a iEMG (mvs) indica que o movimento em velocidade submáxima provoca um tráfego neurogênico mais elevado, dado que o tempo de trabalho é, automaticamente, aumentado em função da redução da velocidade de contração (Colli, Cigniti e Baggio, 1995).

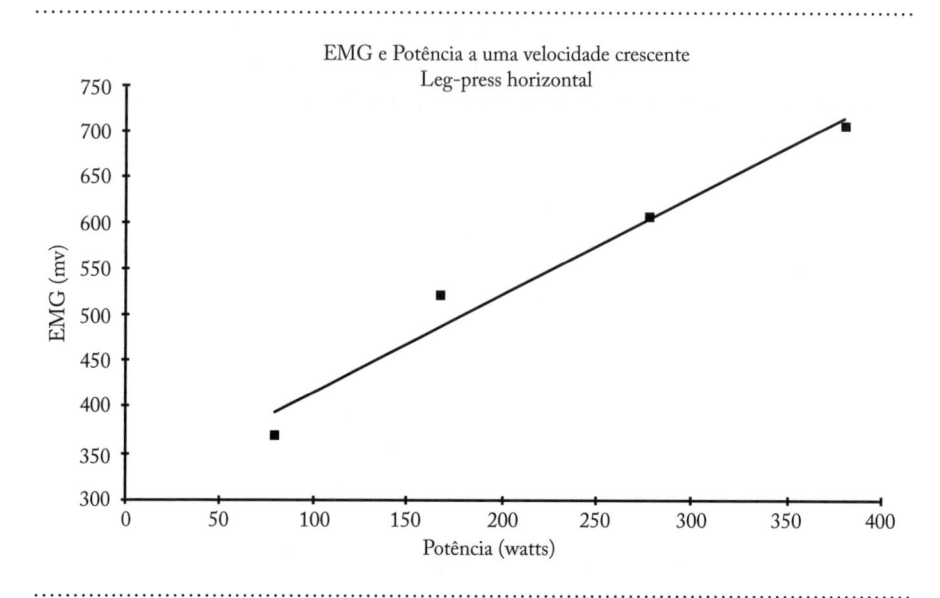

Figura 13.4 Relação entre a atividade eletromiográfica (EMGrms) dos músculos extensores das pernas e a potência desenvolvida, com carga constante, durante provas executadas com esforços máximos e submáximos. Com o aumento da atividade eletromiográfica, nota-se aumento paralelo da potência desenvolvida (Bosco e Colli, 1996).

Trabalho excêntrico

Como descrito nos capítulos anteriores, a atividade eletromiográfica durante a fase isométrica é inferior, em paridade de força desenvolvida, àquela que se alcança durante o trabalho concêntrico puro (Bosco et al., 1982; Viitasalo, 1984). Ao mesmo tempo, o nível da eletromiografia durante a fase excêntrica do salto com o contra-movimento é muito mais baixo do que o obtido durante a fase de impulso do salto (Bosco e Viitasalo, 1982). Essas observações são corroboradas pelos dados apresentados na Figura 13.5. Estes resultados são muito úteis para poder programar um plano de treinamento baseado em conhecimentos científicos, e não apenas em experiências empíricas. De fato, isso significa que durante o trabalho excêntrico todas as fibras são recrutadas e, portanto, submetidas ao estresse de longa duração, mais elevado do que o imposto às fibras recrutadas durante o trabalho concêntrico (Bosco et al., 1982). Essas afirmações são corroboradas pelo estudo realizado com seis atletas submetidos a treinos tanto de trabalho excêntrico quanto de trabalho concêntrico. Como apresentado na Figura 13.6, depois de seis séries de trabalho excêntrico, a potência desenvolvida mostrou uma drástica queda (10-15%). A isso, seguiu-se uma recuperação relevante, determinada pela execução de seis séries de trabalho concêntrico. Em contraste, a execução inicial de seis séries de trabalho concêntrico determinou, no fim do trabalho, uma melhora da potência (cerca de 3-4%); e após a realização de seis séries de trabalho excêntrico, ocorreu queda de potência de cerca de 3-5% (Figura 13.7). Essas observações possuem interessante relevo prático, visto que corroboram as descobertas de Frieden (1982), que mostrou que, depois do trabalho excêntrico, a forte solicitação pode facilmente provocar laceração das miofibrilas envolvidas na ativação muscular e posterior (dentro de 12-48 horas) ressentimento doloroso.

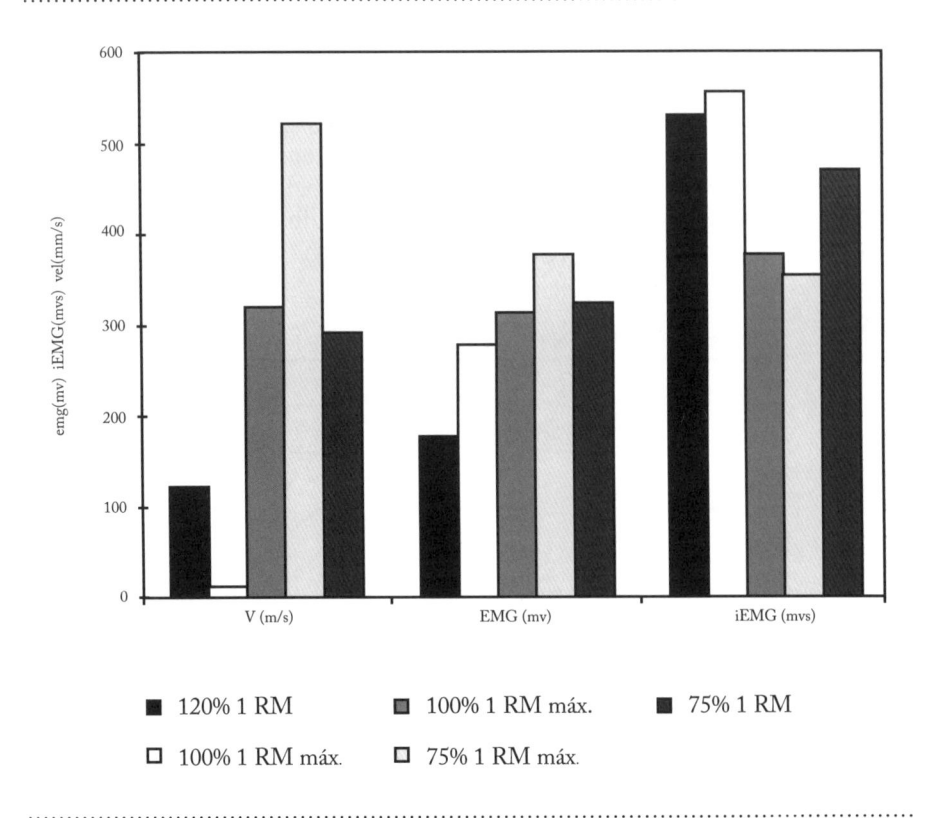

Figura 13.5 Os registros biomecânicos e eletromiográficos de diversas formas de contração executadas pelo mesmo indivíduo no mesmo aparelho. Nota-se que a atividade eletromiográfica durante trabalho excêntrico com carga submáxima alcança valores absolutos mais baixos (Colli, 1996).

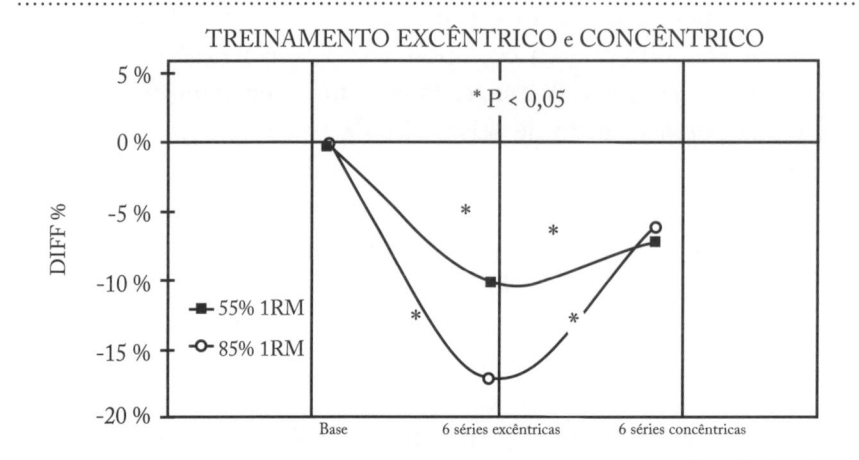

Figura 13.6 Variações da potência durante provas realizadas na *Vertical Row*, com duas cargas diferentes (55% e 88% de 1RM). Depois do primeiro teste, foram realizadas 6 séries (6 repetições para cada série) de trabalho excêntrico, com uma carga igual a 120% de 1RM e 3 minutos de recuperação entre cada série. No final do trabalho, foi efetuado um segundo teste. Posteriormente, efetuaram-se 6 séries de trabalho concêntrico com o sistema piramidal de 15-10-6-6-10-15 repetições, realizadas respectivamente com cargas de 70%-80%-85%-85%-80%-70% de 1RM. No final do trabalho concêntrico, foi efetuado um terceiro teste. Depois das 6 séries de trabalho excêntrico, notou-se acentuada queda da potência (Colli e Introini, 1996).

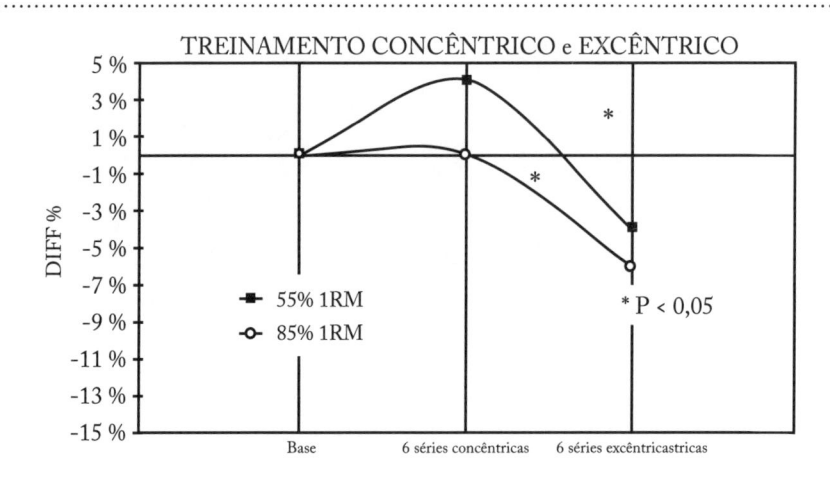

Figura 13.7 A figura reporta os testes efetuados antes, durante e depois de um treino que previa a mesma carga da Figura 13.6, mas com protocolo invertido. Isto é, o trabalho concêntrico era efetuado antes (6 séries de pirâmide) e, depois, 6 séries de trabalho excêntrico. Como se nota, aqui também ocorreu uma queda estatisticamente significativa após o trabalho excêntrico (Colli e Introini, 1996).

Contração excêntrica com cargas submáximas

Estudos anteriores haviam afirmado que o trabalho excêntrico voluntariamente prolongado é caracterizado pela baixa ativação eletromiográfica (Bosco et al., 1982; Bosco Pittera, 1982), ver também capítulos precedentes. Esses estudos foram realizados predominantemente com membros inferiores (saltitos e saltos). Na Tabela 13.4, são apresentados os resultados obtidos durante uma *Vertical Traction*, que demonstram que, mesmo solicitando grupos musculares diferentes, o fenômeno observado é semelhante ao encontrado para os músculos extensores das pernas.

Tabela 13.4 Parâmetros biomecânicos e eletromiográficos registrados durante alguns exercícios no *Vertical Traction*. O atleta, no primeiro caso, efetuava trabalho excêntrico e concêntrico com velocidades iguais nas duas fases. No segundo caso, efetuava a fase excêntrica em velocidades reduzidas pela metade em relação à posterior fase concêntrica. A fase excêntrica é caracterizada por reduzida atividade EMG, em confronto com a fase concêntrica, nos dois casos

Tipo de Exercício	Fase	V (m/s)	T (s)	EMG (mv)	iEMG (mvs)
Velocidade EXC=CONC.	Concêntrica	0,37	1,68	3,88	6,52
	Excêntrica	0,35	1,77	2,96	5,24
Velocidade EXC=50% DA CONC.	Concêntrica	0,32	1,92	3,66	7,03
	Excêntrica	0,17	3,61	2,6	9,39

Treino controlando potência e atividade mioelétrica

Treino com contraste entre as séries e nas séries

Um método amplamente utilizado nos treinos de força é o chamado método búlgaro. Ele prevê a alternância de séries com cargas elevadas (ex: 80% 1RM) e séries de cargas reduzidas pela metade (40% 1RM). Ou seja, alternam-se as cargas na mesma série. Na Figura 13.8, é mostrada a variação da potência durante um treino de 4 atletas através do método de contraste. Tal método consiste em efetuar uma série de 10 repetições de ½ agachamento dinâmico com carga de 80% 1RM. A recuperação de 3 minutos consiste em desenvolver exercícios que envolvam outros distritos musculares. Posteriormente, são efetuadas 10 repetições de ½ agachamento dinâmico com carga reduzida pela metade em relação à primeira (portanto, carga de 40%). A melhora de potência é encontrada apenas nas séries com carga de 80% 1RM (de 12 a 18%) (Tabela 13.5), enquanto nas séries com carga de 40%, não são observadas melhoras. Como podemos notar pela Tabela 13.5, a correlação entre melhora da potência com cargas elevadas está ligada à diminuição do tempo necessário para alcançar o pico de velocidade. O indivíduo consegue acelerar a carga de maneira ideal alternando séries pesadas e séries leves.

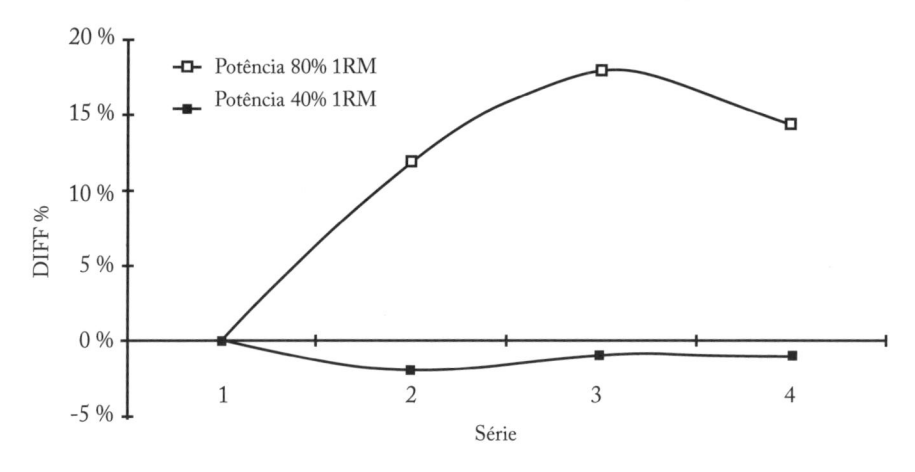

Figura 13.8 Variações da potência média durante a execução de quatro séries de trabalho em contraste, executadas por quatro atletas. Os testes foram realizados tanto com a carga de 80% de 1RM quanto com a carga de 40% de 1RM (Colli, 1995).

Na Figura 13.9, são apresentados os resultados de um treino de contraste com alternância a cada série: repetição de ½ alongamento com carga em torno de 80% e repetição de ¼ de alongamento. Sabe-se que o máximo que se obtém com ¼ agachamento é claramente superior ao que se obtém com o ½ alongamento, portanto, quando se desenvolve o ¼ agachamento

Tabela 13.5 Na primeira coluna, são apresentados os aumentos obtidos nas séries com carga de 80% 1RM, durante o trabalho de contraste entre as séries. No quadrinho "corr. aumentos", são evidenciadas as correlações entre esses parâmetros. Em negrito, são indicadas as correlações altamente significativas (Colli, 1995)

TOTAIS	Potência	Força	Displ.	Velocidade	Pico de velocidade	Tempo de pico de velocidade	Tempo total
aumento 1-2 séries	12%	1%	3%	10%	11%	-7%	-7%
aumento 1-3 séries	18%	2%	1%	15%	13%	-11%	-12%
aumento 1-4 séries	14%	2%	2%	12%	11%	-10%	-9%
Corr. aumentos	potência	força	displ.	velocidade	pico de velocidade	tempo do pico de velocidade	tempo total
POTÊNCIA	1,00	0,95	-0,44	0,99	-0,05	-0,74	-0,89
FORÇA	0,95	1,00	-0,59	0,95	-0,30	-0,72	-0,92
DISPL.	-0,44	-0,59	1,00	-0,50	0,54	0,68	0,78
VELOCIDADE MÉDIA	0,99	0,95	-0,50	1,00	-0,09	-0,77	-0,91
PICO DE VELOCIDADE	-0,05	-0,30	0,54	-0,09	1,00	0,03	0,30
TEMPO DO PICO DE VELOCIDADE	-0,74	-0,72	0,68	-0,77	0,03	1,00	0,86
TEMPO TOTAL	-0,89	-0,92	0,78	-0,91	0,30	0,86	1,00

com 80% do máximo do ½ agachamento, efetua-se um trabalho de cerca de 50% do máximo do ¼ agachamento. Como já foi demonstrado nos capítulos precedentes, no ¼ agachamento "leva" ao desenvolvimento de um pico de força explicitamente superior ao obtido com o ½ agachamento, enquanto o tempo de trabalho é inferior. É útil lembrar que através do ½ agachamento, geralmente, a força máxima é desenvolvida, e o ¼ agachamento permite desenvolver predominantemente a força explosiva. Como mostrado na Figura 13.9, também neste caso as mais amplas melhoras são obtidas através do ½ agachamento, com um aumento de 19% da potência média desenvolvida com 80% da carga. As melhoras de potências no ¼ de agachamento são mais modestas, de no máximo 8%. Isso indica que quando se utilizam metodologias de contraste com moças, a vantagem parece estar sempre na força máxima, enquanto a componente explosiva mantém-se inalterada.

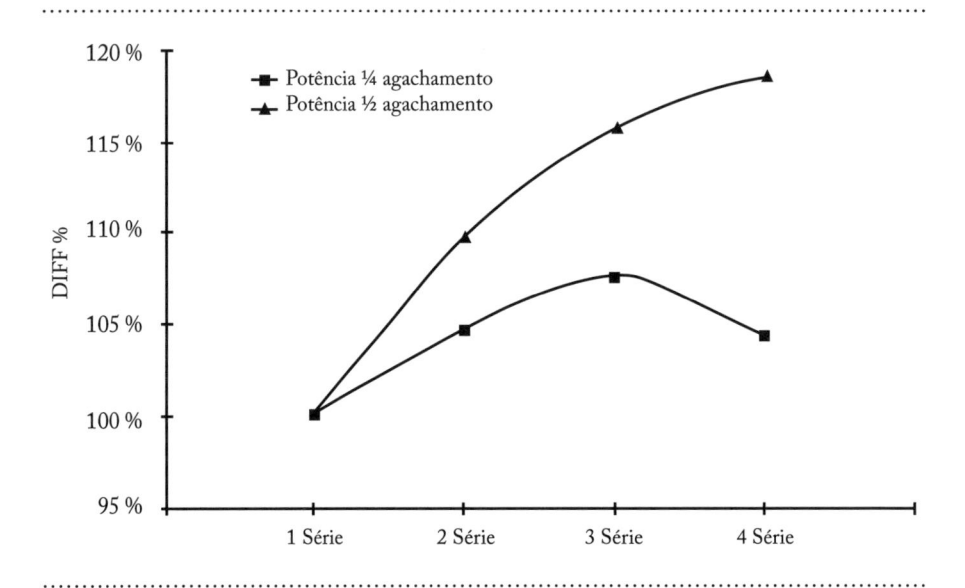

Figura 13.9 Variações de potência registradas durante um treino de contraste na série (½ agachamento e ¼ de agachamento). Evidencia-se desenvolvimento mais acentuado da potência no exercício de ½ agachamento.

Avaliação dos efeitos imediatos e crônicos do treino por meio do controle da potência

A avaliação da potência e da atividade mioelétrica sincronizada permite entender melhor porque certos exercícios são efetuados e, sobretudo, quais seus efeitos no contexto da sessão de treino. Na Figura 13.10, é mostrado o percurso da potência durante a execução de quatro séries no agachamento no *hack*, com uma carga igual a 75% de 1RM e recuperação de 90s entre séries, até a exaustão. A velocidade de execução foi livremente escolhida pelo atleta. Como se nota na Figura 13.10, o atleta desenvolveu potências sempre inferiores conforme o aumento das séries. Até cinco repetições, as potências mostravam valores semelhantes. Os valores de potência alcançados durante o treinamento oscilavam entre 60 e 70% da potência máxima. Na Figura 13.11, é apresentada a atividade mioelétrica dos músculos extensores das pernas em destaque durante cada repetição. Com a sucessão das repetições, houve um leve aumento da eletromiografia e, sobretudo, no prosseguimento de cada série a eletromiografia foi crescente. Na Figura 13.12, é apresentada a eletromiografia expressa durante toda a duração do tempo de trabalho. O fenômeno de aumento da atividade eletromiográfica conforme a sucessão das séries é visível. Além disso, evidencia-se crescimento nas últimas duas repetições de cada série. Na Figura 13.13, é resumido o rendimento muscular do atleta (valor arbitrário), que se obtém dividindo-se a potência pela eletromiografia, isto é, a atividade elétrica média expressa para desenvolver aquela potência. Na prática, uma queda de rendimento tanto durante as repetições quanto durante as séries é visível. Como descrito por Bosco et al. (1996) (ver também Capítulo 15), com o aumento da fadiga, é requerido um maior número de unidades motoras para poder desenvolver a mesma potência.

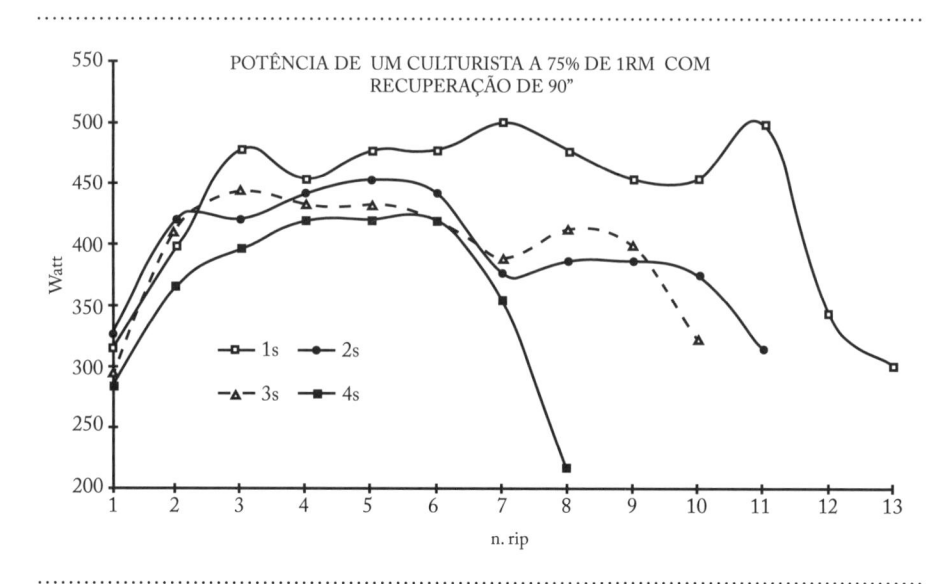

Figura 13.10 Variações de potência registradas durante treinamento realizado com quatro séries de agachamento no *hack* (recuperação de 90s), desenvolvido por um fisiculturista de alto nível. Com o aumento das séries, o número das repetições diminui e, assim, também a potência desenvolvida.

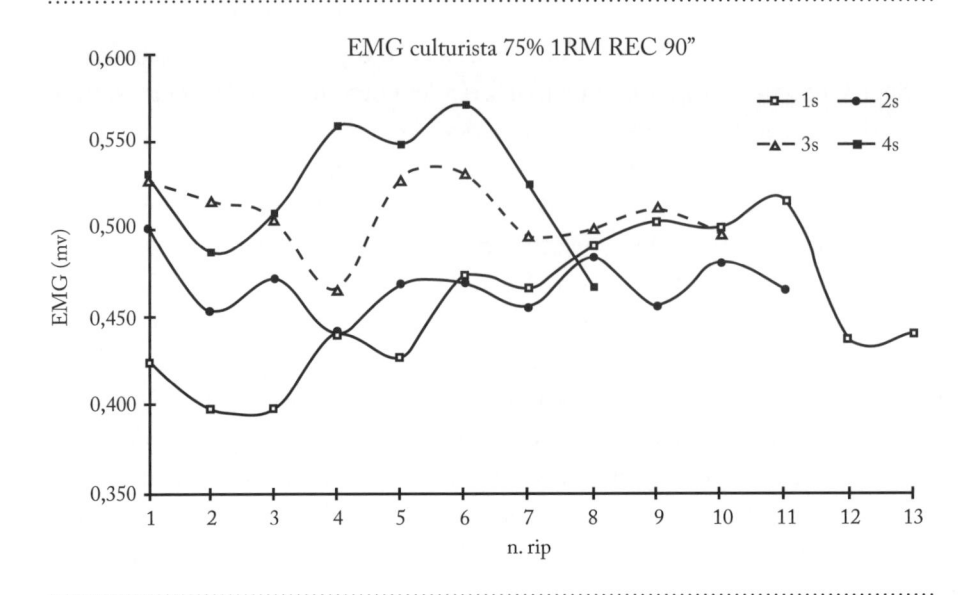

Figura 13.11 Variações da atividade eletromiográfica dos músculos extensores das pernas durante o desempenho descrito na Figura 13.10. Durante as quatro séries de agachamento no *hack* (recuperação 90s) a atividade eletromiográfica aumenta conforme o aumento das repetições (Colli, 1996).

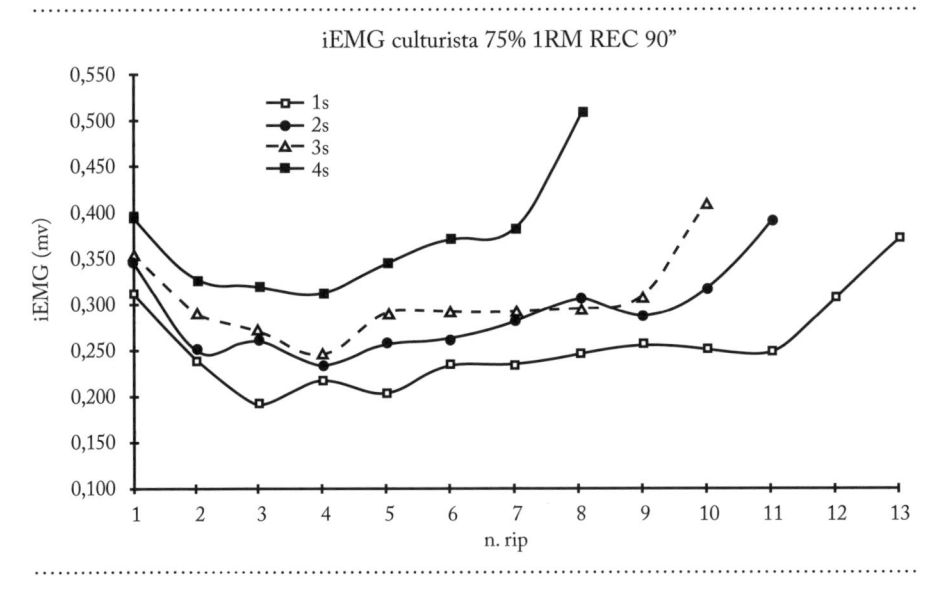

Figura 13.12 Variação da atividade eletromiográfica expressa pelo tempo de trabalho total (eletromiográfica *versus* tempo) durante os desempenhos descritos na Figura 13.10. Evidencia-se o aumento de atividade conforme o aumento das repetições e das séries (Colli, 1996).

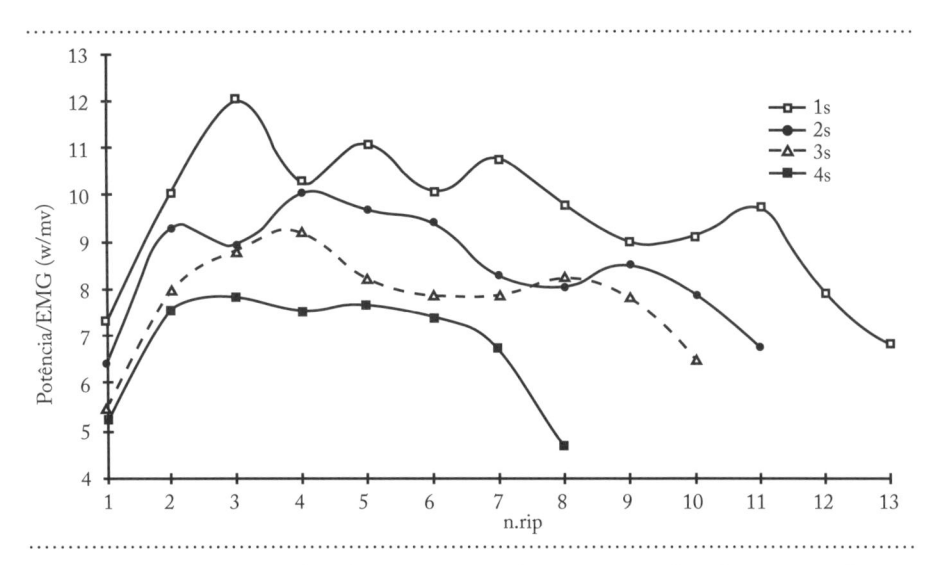

Figura 13.13 Variação da relação potência/eletromiográfica durante os desempenhos descritos na Figura 13.10. Evidencia-se queda de rendimento conforme o progresso das séries (Colli, 1995).

Treino para o desenvolvimento da hipertrofia

São muitas as revistas para fisiculturistas que propõem várias metodologias para o desenvolvimento da massa muscular. Mediante o controle da atividade elétrica e potência com o *Muscle Lab-Bosco System*, pode-se conhecer e verificar o que acontece quando se desenvolvem treinos com metodologias clássicas para a hipertrofia. Com tal objetivo, seis fisiculturistas de grande experiência e alto nível desenvolveram o seguinte protocolo:

- Teste curva da potência velocidade com atividade eletromiográfica no agachamento no *hack*.
- 12 séries com carga de 80% 1RM, a serem desenvolvidas em velocidade individual (como era desenvolvida em seus treinos) com repetições até a exaustão; a recuperação foi de 90s. Tal trabalho foi desenvolvido em 3 aparelhos (4 séries por aparelho): agachamento no *hack*, leg a 45°, e cadeira extensora.
- No fim do treino, o atleta efetuava novamente o teste para a determinação da curva potência velocidade.

Os resultados recolhidos estão na Figura 13.14, na qual se nota uma queda de 20 a 25% da potência com todas as cargas.

Força Muscular

A atividade elétrica e a potência desenvolvida no teste e no exercício no *hack squat* são mostrados na Figura 13.15.

Antes de tudo, a primeira série do trabalho hipertrófico foi desenvolvida com 68% da potência máxima. Essa velocidade de execução foi livremente escolhida conforme experiência dos fisiculturistas participantes.

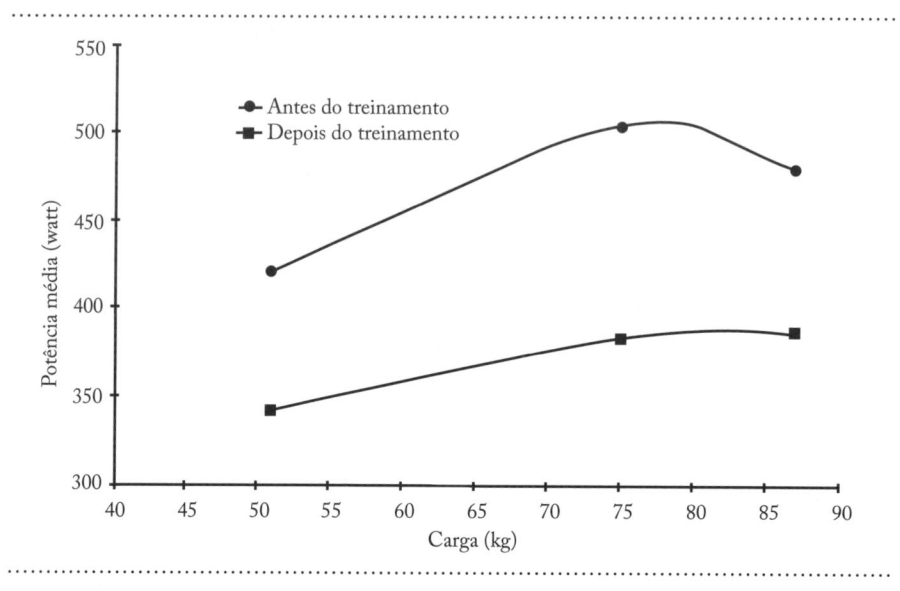

Figura 13.14 Valores médios de potência medida antes e depois de uma sessão de treino com seis fisiculturistas. Depois do treino, nota-se uma queda estatisticamente significativa da potência medida com as três cargas (Colli, Cignitti, Baggio, 1995).

A atividade elétrica também demonstra que, na primeira série, a atividade é submáxima; de fato, a eletromiografia em relação ao teste máximo é de apenas 77%. Com o progresso das séries (a partir da 3ª), nota-se que para manter este nível de potência os atletas são obrigados a aumentar o empenho observado na atividade mioelétrica. Deduz-se que, desde as primeiras repetições, sejam recrutadas todas as fibras disponíveis, com rendimentos cada vez mais baixos (watt/EMG). Na prática, mesmo reduzindo-se o número das repetições, as fibras rápidas não conseguem recuperar-se completamente com pausas de apenas 90s. A análise da curva potência velocidade demonstra que as fibras rápidas dos fisiculturistas examinados cansaram-se bastante. De fato, mesmo conseguindo ativá-las quase em sua totalidade (atividade eletromiográfica em 94% do teste de início), as fibras apresentam condições de produzir apenas 73% da potência inicial.

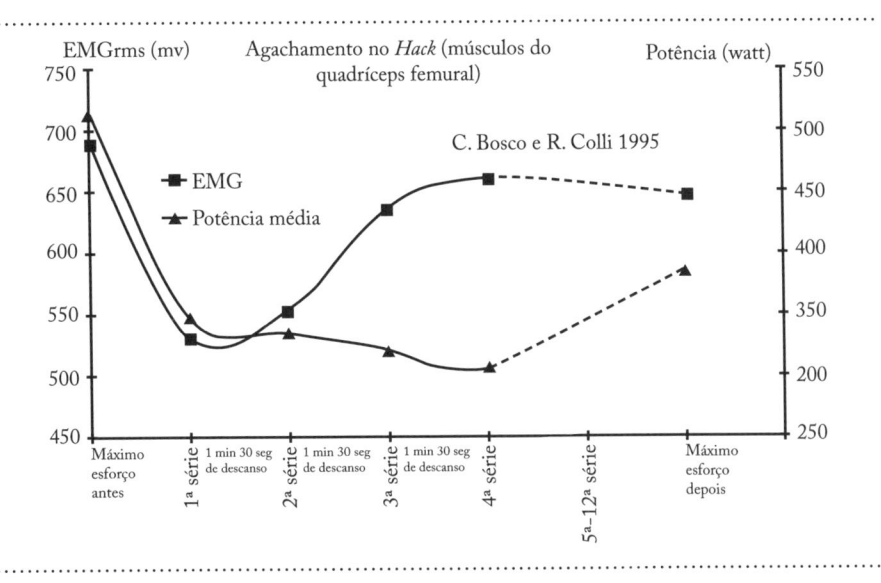

Figura 13.15 Variações da potência muscular dos extensores das pernas e respectiva atividade eletromiográfica, registrada em seis fisiculturistas antes, durante e depois de uma sessão de treino. A potência média durante o exercício submáximo (68% na 1ª série) sofre leve queda no decorrer das séries. Em contraste, a eletromiografia encontra-se a 77% do máximo na primeira série, para depois chegar ao máximo na 4ª série. Depois de outras 8 séries, realizadas em outros aparelhos de musculação para os membros inferiores, os atletas apresentaram no teste máximo uma queda de potência de mais de 20%, enquanto a atividade eletromiografia permaneceu invariável (Bosco e Colli, 1995).

Controle do macrociclo (vôlei)

Reportamos um treino de três meses para desenvolvimento da força específica, controlado com o *Ergopower* e realizado com seis jogadoras de vôlei, e seus respectivos resultados, que indicam a direção efetiva do treino.

PROTOCOLO DE TRABALHO

a) 8 sessões de 12 séries de trabalho com os membros inferiores durante três semanas, das quais 4 séries em 75-85% da carga máxima, alternadas com 2 séries em 40-50% de 1RM; 6 séries de trabalho excêntrico de 100 a 120% de 1RM.
b) 8 sessões de 12 séries de trabalho com os membros inferiores durante três semanas, das quais 8-6 séries de ½ agachamento (80%), alternado na série com ¼ de agachamento; 4-6 séries de pliometria com métodos diversificados.
c) 6 sessões de 8-10 séries de trabalho com os membros inferiores durante três semanas, das quais 4-6 séries dedicadas a: ½ agachamento concêntrico com 60% 1RM, ½ agachamento sentado e salto de degraus com carga de 30-40% de 1RM; o último alternado com 4-6 séries de saltos reativo-elásticos com hiper impulso e quedas de 40-60cm.

Na Figura 13.16, são apresentados os resultados (curva potência-carga executada com ângulos de partida diferentes: 90° (a) e 120° (b)) das avaliações realizadas no início da preparação, depois de 15 dias de trabalhos introdutórios (setembro), depois de um mês de trabalho com o protocolo A (outubro), depois de um mês de trabalho com o protocolo B (novembro), e depois de um mês de trabalho com o protocolo C (dezembro).

As provas executadas com o Teste de Bosco são: salto com agachamento, salto com contra-movimento com banco de 20cm, *stiffness* (média da altura em 10 saltos consecutivos com leve flexão dos joelhos), e 15s de saltos contínuos. Nota-se como, depois do primeiro período de treino, foi observado aumento de maior importância (+16%) com a carga máxima, enquanto os valores de força explosiva mostraram aumento moderado (+4%), e o comportamento muscular depois do pré-alongamento apresentou até mesmo queda (-3%). No âmbito da curva potência/carga (Figura 13.16a), a melhora foi evidente (12-16%) com cargas elevadas (>50% de 1RM). Com cargas inferiores a 50% de 1RM houve melhoras muito reduzidas (2%). É também notado que, com ângulo de flexão amplo (90°), a melhora é mais elevada em relação ao ângulo de flexão inferior (120°), cuja evolução é mostrada na Figura 13.16b e na Tabela 13.6. A melhora predominante das características de força máxima e de potência com cargas elevadas parece dever-se à tipologia de trabalho, que prevê exercícios tanto concêntricos como excêntricos com ângulos do joelho muito amplos. Essa tipologia de treino não produz efeitos imediatos no desempenho explosivo e reativo; e, inclusive, o desempenho reativo parece ser prejudicado pelo trabalho.

Depois do segundo período de treino (B), ocorre notável melhora nos saltos com contra-movimentos associada a boa recuperação da forma muscular; a melhora da potência prossegue, mas desta vez com todas as cargas e ângulo do joelho mais amplo que 120°. A melhora das características velozes da estrutura muscular envolvida parece ser clara. Isso pode ser explicado pela maior execução de trabalho com cargas baixas (elevada força explosiva) e com pré-alongamento. A atividade esportiva praticada (vôlei) também contribuiu influenciando a força explosiva, pois, de fato, inumeráveis saltos e saltitos eram realizados.

Depois do terceiro período de treino (C), nota-se uma total estabilização da carga máxima e da potência de altas cargas, enquanto melhoras da potência com cargas baixas e, sobretudo, da forma muscular, ainda ocorrem. Isso se verifica em função do fato de que neste período

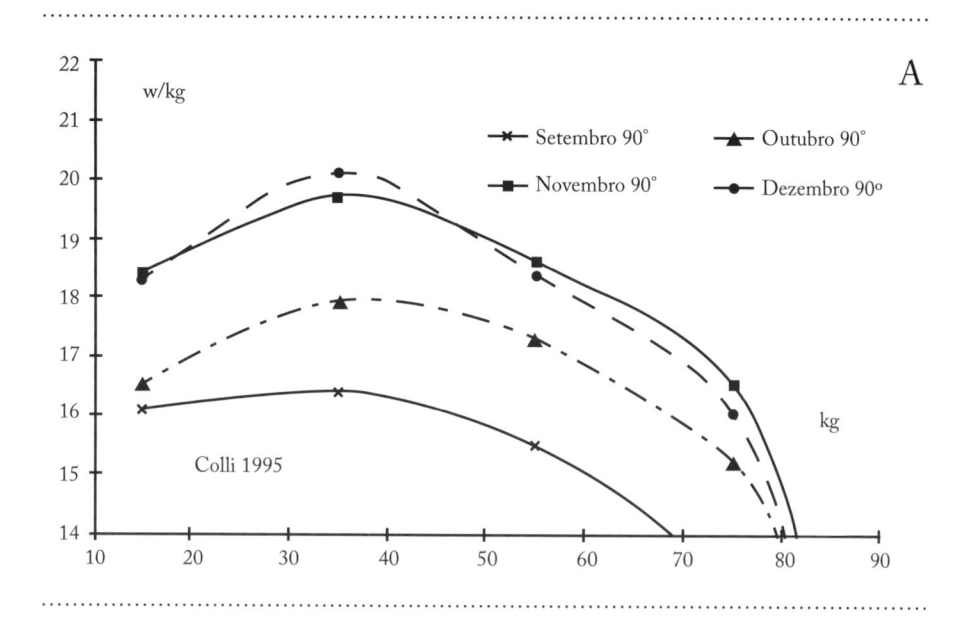

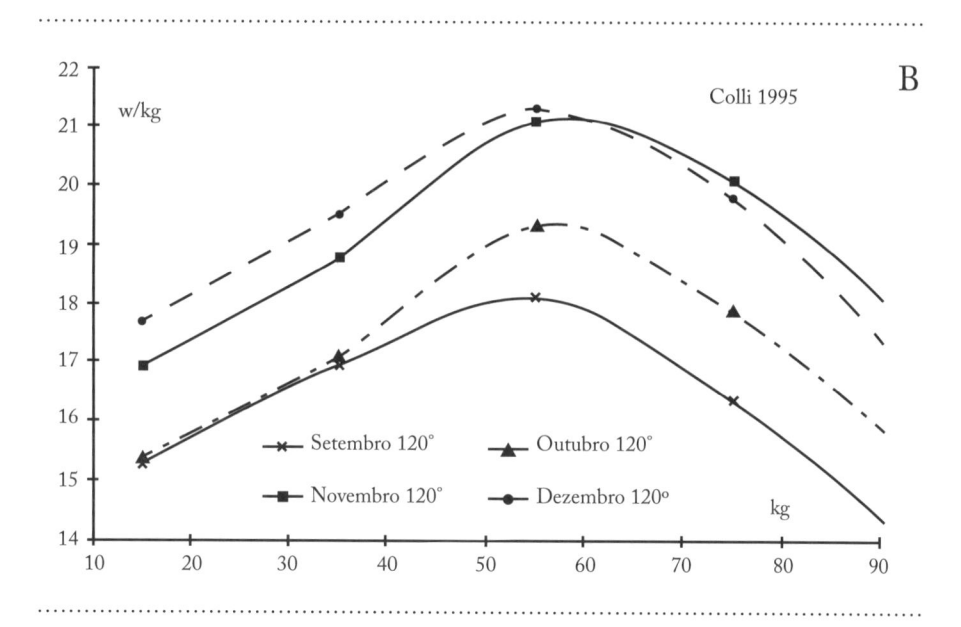

Figura 13.16 Variação longitudinal da potência obtida com cargas diferentes (15-80kg), registrada em seis jogadoras de vôlei, durante provas de ½ agachamento desenvolvido em quatro períodos diferentes. Os valores de potência foram registrados com ângulos iniciais do joelho de 90° (A) e 120° (B), respectivamente.

Força Muscular

Tabela 13.6 A tabela mostra a evolução de parâmetros (calculados por meio do Ergopower e do Ergojump) durante três meses de treino de força com jogadoras de vôlei de alto nível. Nas duas primeiras tabelas, são reportados os parâmetros relativos ao ½ agachamento (90°) e ao ¼ agachamento (120°). Na última tabela, foram reportados os parâmetros dos Testes de Bosco
Números em negrito e sublinhados P<0,05.
Os dados são expressos em watt/kg

	Set/90°	Out/90°	Nov/90°	Dez/90°	Diferença %	1-2 Teste	2-3 Teste	3-4 Teste	1-2 Teste	1-3 Teste	1-4 Teste
15	16,1	16,5	18,4	18,3		2%	12%	-1%	2%	14%	14%
35	16,4	17,9	19,7	20,1		9%	10%	2%	9%	20%	23%
55	15,5	17,3	18,6	18,4		12%	8%	-1%	12%	20%	19%
75	13,1	15,19	16,56	16,06		16%	9%	-3%	16%	26%	23%
85	10,2	12,1	12,1	11,6		19%	0%	-4%	19%	19%	14%

Kg	Set/120°	Out/120°	Nov/120°	Dez/120°	Diferença %	1-2 Teste	2-3 Teste	3-4 Teste	1-2 Teste	1-3 Teste	1-4 Teste
15	15,3	15,4	17	17,7		1%	10%	4%	1%	11%	16%
35	17	17,1	18,8	19,5		1%	10%	4%	1%	11%	15%
55	18,1	19,3	21,1	21,3		7%	9%	1%	7%	17%	18%
75	16,4	17,9	20,1	19,8		9%	12%	-1%	9%	23%	21%
95	13,7	15,2	17,4	16,6		11%	14%	-5%	11%	27%	21%

Tabela 13.6 (continuação) A tabela mostra a evolução de parâmetros (calculados por meio do Ergopower e do Ergojump) durante três meses de treino de força com jogadoras de vôlei de alto nível. Nas duas primeiras tabelas, são reportados os parâmetros relativos ao ½ agachamento (90°) e ao ¼ agachamento (120°). Na última tabela, foram reportados os parâmetros dos Testes de Bosco.
Números em negrito e sublinhados P<0,05.
Os dados são expressos em watt/kg.

Cmáx kg	97	113	113	111	16%	0%	-2%	16%	16%	14%
Cmj	32,9	34,1	38,37	38,7	4%	13%	1%	4%	17%	18%
Hstifn cm	32,2	31,2	34,35	36,4	-3%	10%	6%	-3%	7%	13%
h15 cm	29,1	29,3	32,07	33,99	1%	9%	6%	1%	10%	17%
h15/cmj%	88	86	84	88	-3%	-3%	5%	-3%	-6%	-1%

são eliminados os trabalhos com cargas elevadas, e o desenvolvimento de trabalhos de saltos com cargas baixas e pliometria permite as melhoras acima descritas. Para obter tais melhoras, são necessários três meses de trabalho, em acréscimo aos 15 dias de retomada da atividade muscular. Portanto, antes de cerca de dois meses, o atleta ainda não se encontra em perfeita condição. Além disso, deve ser dito que a união de tal trabalho com a atividade técnica torna-se importante. Em todo caso, o sistema experimentalmente realizado nos demonstra que força não é sinônimo de velocidade. A força pode ser uma base sólida para preparação da melhora da velocidade e da componente reativo-elástica, mas trabalhando-se com sobrecargas, dificilmente obtemos melhoras de velocidade: essas são obtidas através de treinamentos específicos.

Controle do macrociclo (caiaque)

Para avaliar as diferenças dos volumes de carga, um grupo de seis praticantes de caiaque foi submetido ao controle de potência com o *Ergopower* durante o exercício de remadas em três diferentes momentos da preparação de inverno. Em tal exercício, foram empregados principalmente os músculos grande dorsal, trapézio, deltóide e bíceps braquial, que apresentam leve predominância de fibras do tipo lenta (Bosco e Viru, 1996).

O trabalho foi dividido em três mesociclos de seis semanas:

1º mesociclo: trabalho excêntrico com carga de 100-120% de 1RM, e 80% de 1RM concêntrico com controle de manutenção de 90% de potência máxima durante o treino.
2º mesociclo: volume de carga igual ao primeiro, mas com sistemas de contraste (sempre com controle da potência máxima) e algumas séries com carga de 90% de 1RM.
3º mesociclo: o volume de carga é duplicado e adota-se uma metodologia intermitente.

Foram executadas repetições com carga de 60-70% de 1RM até ser possível manter uma potência igual a 70-80% da potência máxima. A seguir, foi respeitado um período de recuperação de 20s. O volume total de trabalho alcançou as 300 repetições, divididas em três séries de 100 repetições. Na Figura 13.17, são apresentados os valores de potência encontrados para três cargas diferentes de trabalho (40-60 e 80% de 1RM). Depois do *1º mesociclo*, nota-se melhora da potência nas provas com cargas elevadas (60-80% de 1RM). Em contraste, no *2º mesociclo*, o desempenho da potência melhorou apenas nas provas com cargas baixas (40% de 1RM). No *3º mesociclo*, apesar do treino ter sido realizado com exercícios desenvolvidos em potência máxima, foi observada uma melhora da potência com cargas máximas (60-80% de 1RM). Tudo isso poderia ter sido provocado pelo aumento do volume desenvolvido. A este propósito, podem ser feitas as seguintes hipóteses:

a) O trabalho excêntrico da primeira fase, unido ao trabalho concêntrico, permite uma melhora da potência máxima com cargas médias e elevadas.

b) Se o volume mantém-se inalterado, mesmo mudando-se as metodologias de treino, não se produz melhoras com as cargas elevadas, ainda que se trabalhe com potências máximas.

c) Um notável aumento do volume parece ser o estímulo suficiente para aumentar de maneira definitiva a potência máxima dos músculos estudados utilizando-se cargas médias e elevadas. Isso ocorre mesmo se houver variação das modalidades de exercício.

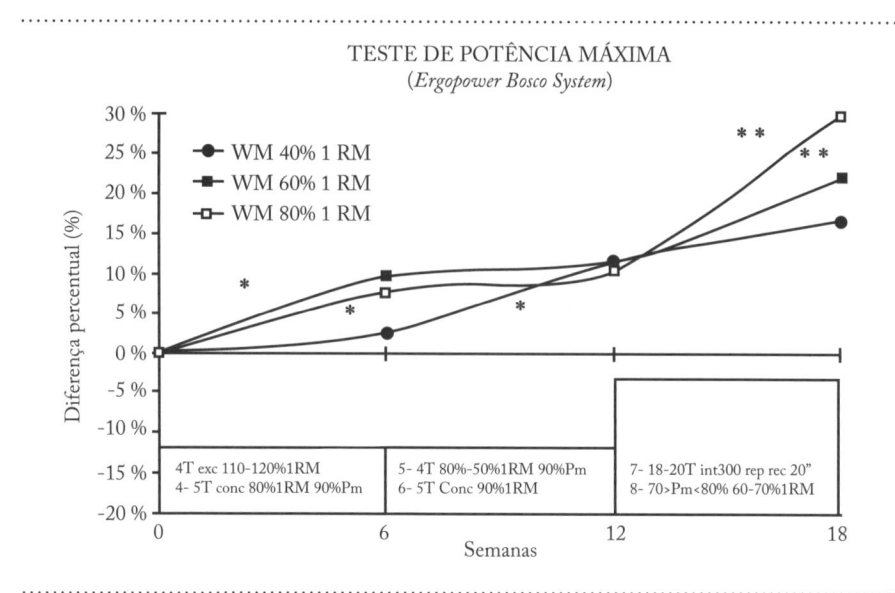

Figura 13.17 Variação percentual dos valores iniciais da potência calculada a cada seis semanas, por um período de 18 semanas. O período é dividido em três fases distintas de trabalho. Os asteriscos indicam a significância estatística.

BIBLIOGRAFIA

Bosco, C. Eine neu Methodik zur Einschätzung und Programmierung des Trainings. *Leistungssport*. v. 5, p. 21-28, 1992.

_____. *Studies in sport physical education and health*. Jyväskylä: University of Jyväskylä, v. 15, p. 1-64, 1982.

_____. Aspetti fisiologici dell'allenamento della forza esplosiva negli sport di squadra. *Atleticastudi*. v. 1, p. 27-32, 1996.

_____. L'allenamento della forza nel pallavolo. *SDS-Rivista di cultura sportiva*. v. 13, p. 18-22, 1988.

_____. Test di valutazione della donna nella pratica del calcio. In: Atti del Convegno Nazionale il Calcio Femminile. *Aspetti Medici e Tecnici*. FIGC, Florença, p. 219-230, 1993.

_____. *Allenamento e condizionamento muscolare*. Considerazione fisiologiche sulla forza. Roma: Società Stampa Sportiva, p. 24-49, 1993.

Bosco, C.; Pittera, C. Zur Trainingswirkung neuentwickelter Sprungubungen auf die explosive Kraft. *Leistungssport*. v. 12, n. 1, p. 36-39, 1982.

Bosco, C.; Komi, P.V.; Ito, A. Prestretch potentiation of human skeletal muscle during balistic movement. *Acta Physiol Scand*. v. 111, p. 135-140, 1981.

Bosco, C.; Viitasalo, J.T. Potentiation of myoelectrical activity of human muscles in vertical jumps. *Electromyogr Clin Neurophysiol*. v. 22, p. 549-562, 1982.

Bosco, C. et al. Dynamometer for evaluation of dynamic muscle work. *Eur J Appl Physiol*. v. 70, p. 379-386, 1995.

Bosco, C. et al. Hormonal responses in strenuous jumping effort. *Jpn J Physiol*. v. 46, p. 93-98, 1996.

Bosco, C.; Tihanyi, J.; Viru, A. Relationship between field fitness test and basal serum testosterone and cortisol levels in soccer players. *Clin Physiol*. v. 16, p. 317-322, 1996.

Bosco, C. et al. Combined effect of elastic energy and myoelectrical potentiation during stretch-shortening cycle exercises. *Acta Physiol Scand*. v. 114, p. 557-565, 1982.

Bosco, C.; Viru, A. *Biologia dell'allenamento*. Roma: Società Stampa Sportiva, p. 155, 1996.

Bosco, C.; Colli, R. (comunicação pessoal).

Bosco, C.; Tsarpela, O.; Cotelli, F. (trabalho não publicado).

Colli, R.; Cignitti, L.; Baggio, M. (trabalho não publicado).

Smidt, G.I. Biomechanical analysis of knee flexion and extension. *J Biomechanics*. v. 6, p. 79-82, 1973.

Viitasalo, J.T. Electromechanical behaviour of the knee extensor musculature in maximal isometric and concentric contractions. *Electromyogr Clin Neurophysiol*. v. 24, p. 293-303, 1984.

Viitasalo, J.T. *Voima-harjoittelu*. Finntrainer OU, Jyväskylä, 1985.

Capítulo 14

Relação entre Testosterona e Comportamento Muscular em Velocistas Homens e Mulheres

(C. Bosco, R. Bonomi, R. Colli, R. Pozzo, G. Pulvirenti, O. Tsarpela, C. Tranquilli, J. Tihånyi, A. Viru, 1996)

Foto: Locatelli, Vittori, Bosco.

A diferença dos dois sexos nos desempenhos de força máxima foi examinada em função do comportamento neuromuscular, da coordenação das dimensões corpóreas (Wilmore, 1974), do tipo de contração muscular: isométrica, isocinética ou dinâmica (Anderson et al., 1979; Bosco et al., 1986; Kaneko, 1994), do estado de treino (Morrow e Hosler, 1981), etc. Em todo caso, existe uma opinião comum sobre o fato de que a força dos membros inferiores nas mulheres alcança apenas cerca de 70% daquela apresentada pelos homens. Apesar dessa diferença poder estar associada à maior concentração de testosterona (T) presente no homem, que é 10 vezes maior do que nas mulheres, a força dos membros inferiores nas mulheres não se diferencia muito da dos homens quando o peso do corpo é levado em consideração (Wilmore, 1974), ou quando a força é expressa em função da secção transversa do músculo (Figura 14.1). O efeito da testosterona no crescimento e desenvolvimento das células musculares foi demonstrado tanto em experimentos *in vivo* quanto *in vitro* (Florini, 1985). Em todo caso, não foi encontrada uma relação clara entre a força máxima e a concentração sérica de testosterona. A este propósito, foi sugerido que a testosterona poderia estar ligada a fatores neurogênicos (Kraemer, 1992). Isso, por sua vez, poderia explicar a correlação positiva observada entre a testosterona e o desempenho de velocidade (Bosco et al., 1996a) (Figura 14.2) e a força explosiva (Bosco et al., 1996a, b) (Figura 14.3). À luz dessas considerações, o presente trabalho foi projetado para estudar as relações entre concentração sérica de testosterona e velocidade, e força e potência dos músculos extensores das pernas de atletas dos dois sexos, pertencentes à seleção italiana de atletismo.

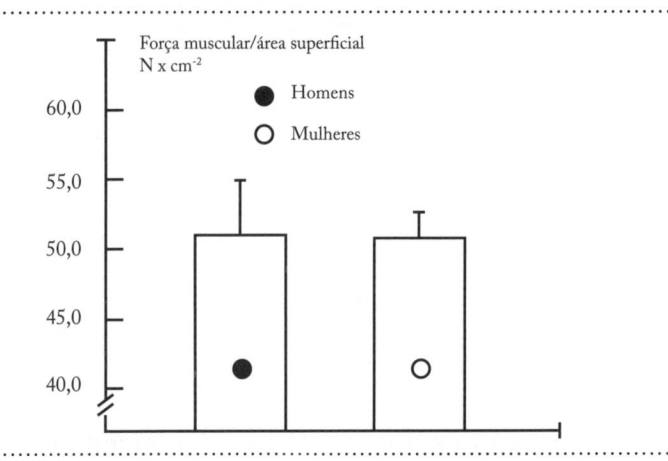

Figura 14.1 Força dos extensores das pernas em função da secção transversa dos músculos examinados. O símbolo cheio refere-se aos homens e o vazio às mulheres (Häkkinen, 1989). Nesta figura, parece evidente que não se encontra nenhuma diferença nos dois sexos quando a força é expressa em função da secção transversa dos músculos.

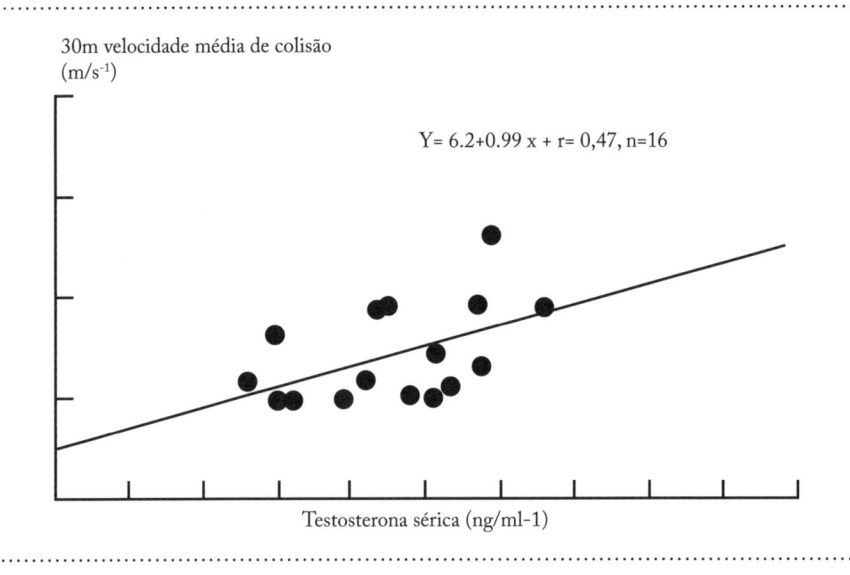

Figura 14.2 Velocidade média durante 30m rasos (*sprint*), apresentada em função da concentração sérica de testosterona (Bosco et al., 1996a).

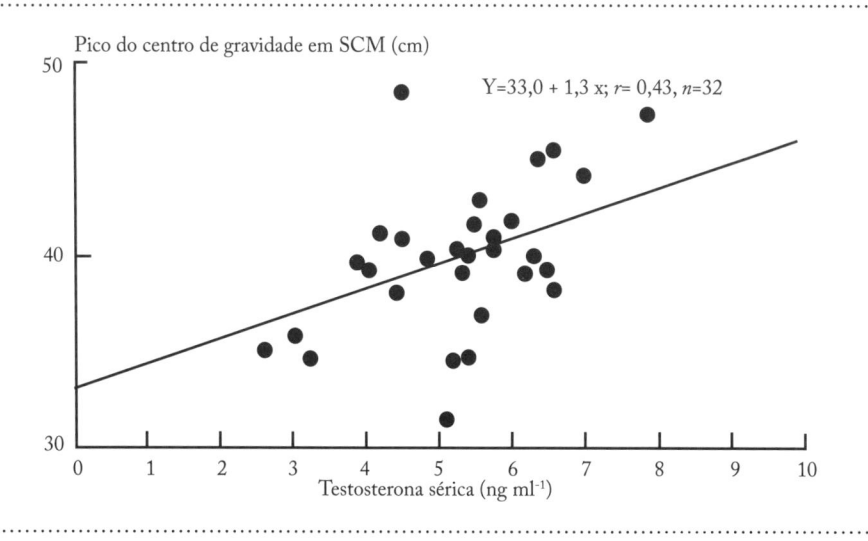

Figura 14.3 Levantamento do centro de gravidade, medido durante um salto vertical executado com contra-movimento (SCM), apresentado em função da concentração sérica de testosterona (Bosco et al., 1996a).

Vinte e oito atletas especialistas em velocidade (G1) foram estudados durante um encontro colegial realizado em Formia. Todos os atletas haviam praticado sua modalidade esportiva por diversos anos e participado sistematicamente de treinos de força máxima e explosiva. Na Tabela 14.1, são mostrados os dados antropométricos dos atletas estudados. Todos os indivíduos do grupo G1 foram submetidos aos testes de avaliação que, geralmente, são usados nos encontros colegiais. Essas avaliações compreendiam a medição do tempo nos 60m rasos e em uma série de saltos (Teste de Bosco, 1983). Os atletas do grupo G1 executaram as seguintes provas em uma plataforma de contato ligada a um *timer* eletrônico (±0,001s) (Ergojump®, Psion® XP, MA.Gi.CA. Roma): salto com agachamento, executado sem e com uma carga extra (barra nas costas com uma carga igual ao peso do corpo), e salto com contra-movimento. A bateria de testes incluía também uma série de saltos contínuos executados com os joelhos bloqueados por 5s (CJ) (Bosco-Vittori, 1990). Entre todos os atletas do grupo G1, nove homens e outras tantas mulheres executaram provas posteriores (G2) de força com cargas máximas e submáximas (de 50% a 200% da massa corpórea), durante exercícios de ½ agachamento. Foram avaliadas a potência mecânica (P), além da força (F) e da velocidade (v) (para eventuais detalhes, ver Bosco et al., 1995). Antes das provas funcionais, foi extraída uma amostra de sangue para a avaliação da concentração sérica de testosterona.

Força Muscular

Tabela 14.1 Características antropométricas dos indivíduos estudados

Grupo dos indivíduos		Idade (anos)	Peso (kg)	Altura (cm)
(G1) Velocistas	homens (n=16)	73.4±5.7	23.9±3.1	182.6±4.8
	mulheres (n=12)	22.3±3.2	56.5±5.5	169.3±5.4
(G2) Velocistas	homens (n=9)	24.2±2.9	76.1±5.3	185.0±4.7
	mulheres (n=9)	22.1±2.9	55.8±5.7	169.0±5.8

A concentração sérica total de testosterona encontrada nas mulheres, como se poderia esperar, foi muito inferior à dos homens (Tabela14.2). Na mesma tabela, nota-se que a velocidade das mulheres nos 60m foi 12% inferior à dos homens, demonstrando diferenças estatisticamente significativas bastante elevadas. O mesmo foi observado para os desempenhos de saltos. Embora o valor nos homens fosse maior do que nas mulheres, não se alcançou significatividade estatística. Quando a relação salto contra-movimeto/salto com agachamento, e salto contínuo/ salto com agachamento foi confrontada entre os dois grupos, as mulheres demonstram valores estatisticamente significativos mais elevados do que os homens (P<0,05 e P<0,01) (Tabela 14.2). Em todos os indivíduos estudados, como era de se esperar, foi encontrada uma correlação positiva entre a concentração de testosterona total e a força explosiva (Tabela 14.3). O mesmo foi notado entre a testosterona e 60m (r=0,81, P<0,001). Em contraste, nenhuma correlação foi observada entre a testosterona e F, V e P desenvolvidas no ½ agachamento executado com 200% do peso corporal. A relação homens/mulheres da velocidade vertical desenvolvida durante ½ agachamento executado com diferentes cargas (de 50% a 200% do peso corporal) é apresentada em relação ao tempo requerido para levantar a carga, Figura 14.4.

Tabela 14.2 Valores (média±DP) do levantamento do centro de gravidade durante o salto com agachamento para o grupo **G1**. Salto com agachamento com sobrecarga (100% do peso do corpo do atleta), salto com contra-movimento e saltos contínuos por 5s. Para os saltos contínuos por 5s, são indicados também os valores de potência mecânica, expressos em função do peso do corpo. As relações do levantamento do centro de gravidade entre salto com contra-movimento e salto com agachamento, saltos contínuos seguidos por 5s e salto com agachameto, velocidade média durante 60m de *sprint* e concentração sérica de testosterona (TT), também são apresentadas. A relação homens/mulheres e os resultados estatísticos (teste de Student para valores independentes) entre os dois sexos também são apresentados junto ao nível de significância estatística; ns=não significativo. *P<0,05; **P<0,01; ***P<0,001.

Variável *Teste de salto*	Homens	Mulheres	teste-t	Homens/ Mulheres x 100
Salto com agachamento (cm)	43,1±4,5	34,4±3,4	5,8***	125
Salto com agachamento com sobrecarga (cm)	15,8±2,3	13,8±2,5	1,9ns	114
Salto com contra-movimento (cm)	50,6±4,9	42,4±4,2	4,8***	119
Valores de potência mecânica h (cm)	55,7±5,9	47,7±4,9	3,8***	117
Valores de potência mecânica p (W · kgpc^{-1})	85,9±14,9	76,1±12,0	1,8ns	113
Salto com contra-movimento Salto com agachamento^{-1} · 100	115,6±7,4	124,3±9,6	2,62*	93
Salto contínuos seguidos por 5s Salto com agachamento^{-1} · 100	127.6±12,6	142,6±13,8	2,86**	89
60m (m·s^{-1})	8,79±2,7	7,84±2,4	7,55***	112
Testosterona (ng·ml^{-1})	9,11±2,26	0,83±0,24	15,0***	1097

Tabela 14.3 Valores (média±DP) e matriz de correlação de alguns parâmetros selecionados de teste de saltos (levantamento do centro de gravidade durante o salto com agachamento e saltos contínuos por 5s), ½ agachamento executado com sobrecarga igual a 200% do peso corpóreo (força média, velocidade média, potência média), velocidade média durante 60m de corrida e concentração sérica de testosterona total. Em parênteses, estão indicados os números correspondentes aos seis indivíduos avaliados

Parâmetros	Média±DP		Matriz de correlação				
			Salto com agachamento	Saltos contínuos seguidos por 5s	Força	Potência	Velocidade	Sprint
Salto com agachamento (cm)	39,4 ± 6,1	(28)					
Saltos contínuos (cm)	52,2 ± 6,7	(26)	,64***				
Força (N.kg-1)	31,9 ± 0,7	(18)	01	-,04			
Potência (W.kg-1)	17,3 ± 2,9	(18)	,50*	,31	,67**		
Velocidade (m.s-1)	0,54 + 0,07	(18)	,55*	,35	,58	,99***	
60m (m.s-1)	8,40 ± 0,54	(17)	,86***	,54*	,06	,55	,61*
Testosterona (ng.ml-1)	68 ± 4,49	(27)	,71***	,58*	-,05	,21	,28	81***

* P<0,05; ** P<0,01; ***P<0,001

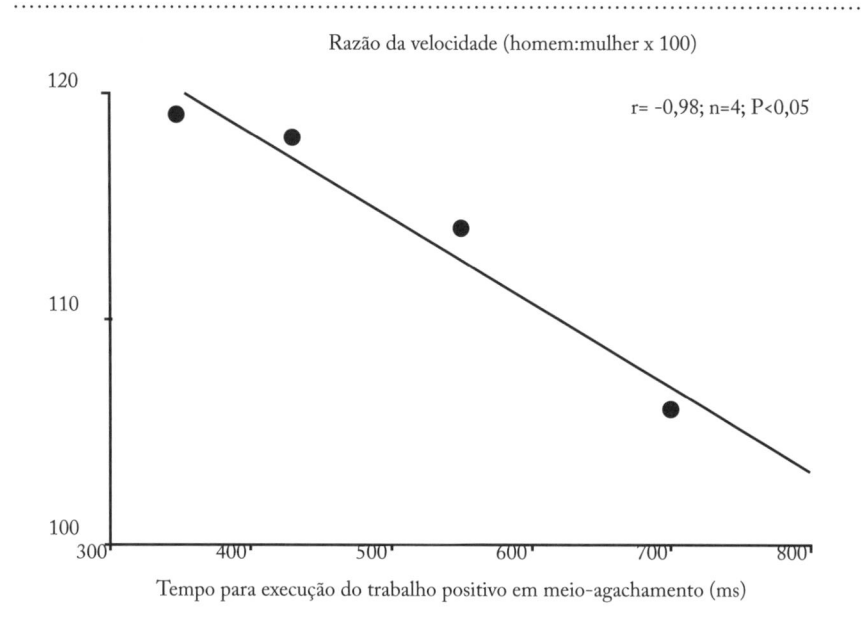

Figura 14.4 A relação da velocidade de movimento entre homens e mulheres, registrada durante exercícios de ½ agachamento executados com cargas entre 50 e 200% do peso corpóreo, é apresentada em função do tempo de trabalho concêntrico necessário para levantar as cargas nos exercícios de ½ agachamento.

Relação entre a força e a velocidade: os valores médios de força, potência e velocidade obtidos durante as provas de ½ agachamento com as diferentes cargas (de 50% a 200% peso corporal) são apresentados, tanto para os homens (n=9) quanto para as mulheres pertencentes ao grupo G2, na Tabela 14.4. A força desenvolvida pelas mulheres foi semelhante à desenvolvida pelos homens. A potência muscular (P) e a velocidade (v) desenvolvidas com cargas baixas nos homens mostraram um nível de significância estatística mais elevado do que o desenvolvido pelas mulheres ($P<0,01$ de 50% a 100% do peso corporal). Em contraste, a potência e a velocidade desenvolvidas com cargas altas (150% a 200% do peso corporal) foram semelhantes nos dois sexos. Quando a força, a potência e a velocidade medidas nos atletas do G2 foram relacionadas à testosterona, não foram encontradas correlações entre força e testosterona. Em contraste, a potência e a velocidade desenvolvidos com cargas baixas e médias (50% e 100% do peso corporal) demonstraram correlações positivas e estatisticamente significativas com a testosterona. Usando-se as mesmas variáveis foi possível construir as relações força-velocidade e velocidade-potência para os grupos de homens e mulheres (Figura 14.5).

Tabela 14.4 Valores (média±DP) da força média (de F50 e F200), velocidade média (de V50 a V200) e potência média (de P50 a P200) encontrados nos indivíduos do grupo **G2** durante exercícios de ½ agachamento, realizados com sobrecargas que variavam entre 50% e 200% do peso do corpo dos atletas examinados. Os resultados da análise estatística (teste t de Student para valores independentes) do confronto entre homens e mulheres são apresentados com o relativo nível de significância, ns=não significativo

Variável	Homens (n=9)	Mulheres (n=9)	teste-t
Força Média (N.kg^{-1})			
F50	20,3±0,5	19,7±0,9	1,75ns
F100	24,8±0,4	24,4±1,4	0,60ns
F150	28,6±1,7	28,6±0,9	0,10ns
F200	32,0±2,9	31,9±1,0	0,10ns
Velocidade Média (m.s^{-1})			
V50	1,27±0,09	1,03±0,11	5,06***
V100	0,99±0,10	0,84±0,01	3,84**
V150	0,75±0,11	0,66±0,08	2,01ns
V200	0,55±0,11	0,52±0,06	0,48ns
Potência Média (W.kg^{-1})			
P50	25,2±2,9	20,4±2,8	3,50**
P100	23,8±2,8	20,5±1,6	3,07**
P150	20,9±3,6	18,9±2,8	1,31ns
P200	17,5±3,8	16,7±2,4	0,53ns

**P<0,01; ***P<0,001

Relação entre a Velocidade e Testosterona: as linhas de regressão e os coeficientes de regressão entre as velocidades (V50, V100, V150 e V200) registradas durante os quatro desempenhos de ½ agachamento (50% a 200% do peso corporal), e a concentração sérica de testosterona são apresentados na Figura 14.6. A significatividade estatística é encontrada apenas com cargas baixas (50% e 100% do peso corporal), e, com o aumento das cargas, os coeficientes de correlação diminuíram, perdendo sua significatividade.

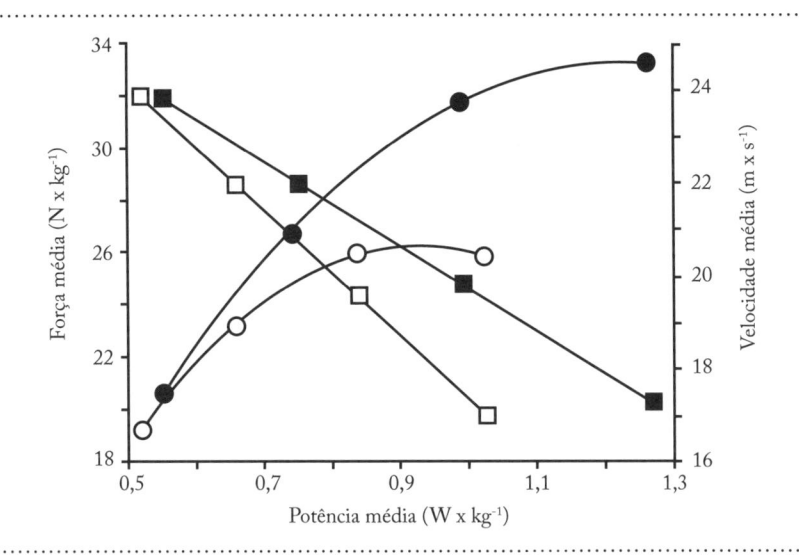

Figura 14.5 A força média F (símbolos quadrados) e a potência P (símbolos redondos), durante exercícios de ½ agachamento executados com cargas que variavam entre 50-200% do peso corpóreo, são apresentadas na Tabela 14.4 em função da velocidade vertical média (v), respectivamente para velocistas homens (símbolos cheios) e mulheres (símbolos vazios), nos desempenhos com diferentes cargas.

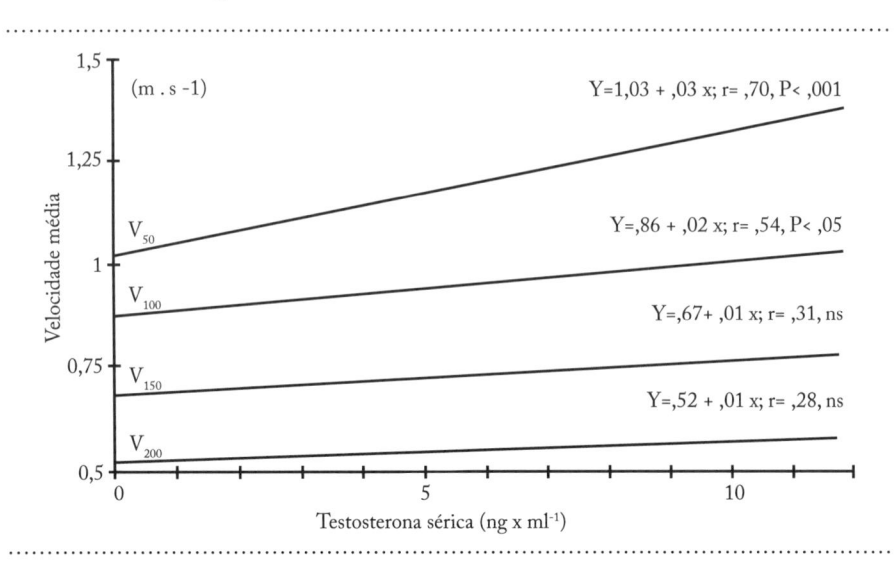

Figura 14.6 As linhas de regressão e o coeficiente de correlação da velocidade vertical média (v) desenvolvida durante exercícios de ½ agachamento, executados com cargas que variam entre 50 e 200% da testosterona total sérica medida nos atletas homens e mulheres pertencentes ao grupo **G2**.

Força Muscular

A quantidade da força máxima, expressa tanto em função da massa corpórea quanto da secção transversa do músculo, é influenciada pelas condições de treino, como ficou demonstrado (Sale, 1988). Em todo caso, estudos precedentes sobre a diferença da força dos membros inferiores nos dois sexos, expressa em função da secção transversa dos músculos, não são totalmente concordantes ($F \cdot PC^{-1}$ ou $F \cdot CSA^{-1}$). Um autor encontrou diferenças significativas (Young et al., 1985), mas outros não (Ikai e Fukunaga, 1968). Os resultados do presente trabalho foram corroborados por observações precedentes (Kanehisa et al., 1994), em que a força é expressa em função do peso corpóreo. De fato, analisando-se os valores da força no ½ agachamento com cargas máximas, não se encontram diferenças estatísticas entre os dois sexos. Esses resultados poderiam ser explicados pelas adaptações específicas que ocorrem no sistema neuromuscular dos atletas de ambos os sexos em resposta a estímulos semelhantes de treino. Que o efeito do treino induz a fortes modificações biológicas não é novidade. Em alguns casos, tal efeito pode ser mais poderoso do que a própria estrutura morfológica do músculo esquelético (Thortensson, 1976; Bosco et al., 1994). Foi sugerido que a melhora do comportamento neuromuscular induzida pelo treino de força máxima é determinada pelo aumento das várias unidades motoras recrutadas e/ou da freqüência de descarga e/ou pela possível adaptação do modelo de recrutamento das unidades motoras (Milner-Brown et al., 1975; Sale, 1988). Mesmo se assumisse-se forte adaptação neurogênica nos velocistas dos dois sexos por nós estudados, é muito difícil explicar os resultados referentes à relação entre força-velocidade. De fato, a análise detalhada dessa relação (Figura 14.5 e Tabela 14.4) revelou que a diferença de sexo mostrou-se relevante no que concerne à velocidade de contração. Os homens foram mais velozes do que as mulheres quando cargas leves eram utilizadas. Observações precedentes evidenciaram que, em contrações isométricas ou isocinéticas de baixa velocidade (Anderson et al., 1979), ou em condições isotônicas (Bosco et al., 1995), os valores de força e de velocidade nas mulheres foram semelhantes aos observados nos homens. Em contraste, em velocidade constante de π rad/segundo ou com cargas leves, os homens foram, respectivamente, mais fortes (Anderson et al., 1979) e mais velozes (Bosco et al., 1995) do que as mulheres. É muito difícil dar uma explicação plausível sobre porque a diferença de sexo influencia apenas a velocidade e não a força.

A este propósito, Bosco et al. (1995) sugeriram que o efeito do treino de força máxima, por aumentar a concentração sérica de testosterona, poderia ser um fator essencial para explicar os diferentes desempenhos musculares dos dois sexos. Foi observado que o aumento da concentração sérica de testosterona é mais intensa nos homens em relação às mulheres, tanto em reposta às adaptações de treinos de força prolongados no tempo (Häkkinen et al., 1988; 1990) quanto depois de uma única sessão (Weiss et al., 1983; Kraemer et al., 1990). Esses estudos corroboram os resultados do presente trabalho. De fato, as concentrações séricas de testosterona encontradas nos velocistas homens foram muito mais elevadas do que as observadas em atletas homens (Bonifazi et al., 1994), ou em atletas mulheres fisicamente muito ativas (Weiss et al., 1983; Kraemer et al., 1990) mas não envolvidas com programas de treinos de força máxima. Porém, a concentração de testosterona nas mulheres velocistas foi muito próxima (Häkkinen et al., 1990), ou até mesmo mais elevada (Weiss et al., 1983), do que aquela observada em mulheres praticantes de atividades físicas intensas. Além disso, os resultados apresentados para ambos os sexos na Figura 14.6 demonstram que a testosterona sérica está relacionada com desempenhos musculares de altas velocidade de contração (cargas leves), e não com esforços máximos, que permitem apenas contrações musculares em baixa velocidade. Estudos recentes, que indicam correlações positivas entre os desempenhos isocinéticos e a concentração de testosterona, nos quais notou-se um aumento do coeficiente de correlação em função da velocidade de execução (Kraemer et al., 1995), confirmam e corroboram os resultados observados no presente trabalho. A este respeito, foi sugerido que, mais do que uma substância anabólica, a testosterona poderia causar drástica potenciação do sistema nervoso, além de favorecer a fenotipização de fibras rápidas para um perfil glicolítico mais acentuado (ver Kraemer, 1992). É preciso lembrar, como anteriormente mencionado, que recentes estudos evidenciaram correlações positivas entre testosterona total, velocidade de corrida em breves períodos (Bosco et al., 1996a) e força explosiva (Bosco et al., 1996a, b). Estas últimas observações são corroboradas pelos resultados na Tabela 14.3. Além disso, as relações positivas encontradas entre força explosiva (Bosco e Komi, 1979), desempenho de corrida (Mero et al., 1981) e percentual de fibras rápidas nos músculos extensores da perna, sugerem íntima conexão entre a estrutura morfológica, a testosterona e a ativação explosiva da contração muscular.

Em estudos realizados com animais, foi demonstrado que a castração elimina a possibilidade de desenvolver as fibras rápidas, e que a administração de testosterona pode compensar os efeitos deletérios provocados pela castração (Dux et al., 1992). Recentemente, foi observado, em estudos feitos com ratos, que o efeito da testosterona pode estar ligado às funções mecânicas e biofísicas exercida pelo Ca^{2+} sobre o comportamento muscular (Rolling et al., 1996). Além disso, foi também sugerido que a testosterona poderia regularizar o número de receptores de acetilcolina nos músculos (Bleisch et al., 1984). Em todo caso, poder-se-ia argumentar que a correlação positiva encontrada entre a testosterona e a velocidade, desenvolvida com cargas baixas (½ agachamento executado com 50% do peso corporal), poderia ter sido determinada pela diferença de sexo, e não influenciada pela concentração sérica de testosterona. Se isso estivesse certo, seria preciso notar também uma correlação positiva entre a testosterona e a velocidade desenvolvida durante exercícios executados com cargas máximas. Nada disso é observado: de fato, como indicado na Tabela 14.3 e mostrado na Figura 14.6, a significância estatística entre os dois parâmetros desaparece com o aumento das cargas a serem levantadas. Na verdade, a superioridade mostrada pelos homens ao desenvolver velocidades mais elevadas do que as mulheres com cargas baixas (½ agachamento com 50% do peso corporal) confirma os resultados apresentados por Komi e Karlsson (1978). Esses autores observaram que as mulheres levavam o dobro do tempo para alcançar 70% da força isométrica máxima em comparação aos homens. Além disso, foi evidenciado que, em confronto com os homens, as mulheres demonstravam menor ativação neural durante a flexão veloz do antebraço (Ives et al., 1993). Foi sugerido então, que a concentração elevada de testosterona sérica poderia favorecer um acentuado comportamento de agressividade (Olweus et al., 1980; Worthman e Konner, 1987) e induzir ao aumento da atividade nervosa durante manifestações de força explosiva (Ryushi et al., 1988). Portanto, parece que o homem, em comparação à mulher, é favorecido para desenvolver elevados gradientes de força durante desempenhos musculares que requeiram tempos curtos de contração. À luz dessas considerações, corroboradas pelos resultados do presente trabalho, parece que uma concentração elevada de testosterona sérica promove a ativação de um elevado número de unidades motoras, que alcançariam rapidamente a máxima freqüência de estímulo durante ativações musculares que requerem tempos de contração breves. Em todo caso, dado que no presente estudo não foram realizados registros eletromiográficos, as diferenças do comportamento neuromuscular entre sexos não puderam ser identificadas. Portanto, tais descobertas não permitem nenhuma generalização, e são necessários estudos mais aprofundados para esclarecer essas observações que são, no mínimo, surpreendentes. Dessa forma, esses resultados confirmam, mais uma vez, as observações precedentes em que foi notado um comportamento diferente entre homens e mulheres em relação às características mecânicas do músculo (Davies et al., 1986; Thomas e Marzke, 1991).

As diferenças observadas nos desempenhos de força explosiva dos dois sexos talvez sejam os resultados mais excitantes e interessantes do presente trabalho (Tabela 14.1). Mesmo que os três exercícios sejam de natureza balística, o seu mecanismo intrínseco de ativação muscular é completamente diferente. Uma contração de trabalho concêntrico puro é representada pelo salto com partida do repouso (salto com agachamento), enquanto um exemplo clássico do ciclo alongamento-contração é fornecido pelos desempenhos de saltos com contra-movimento e contínuos. Quando os desempenhos realizados com o ciclo alongamento-contração são confrontados com exercícios semelhantes, mas realizados sem alongamento, nota-se aumento tanto do trabalho quanto da potência desenvolvida (Cavagna et al., 1968; Asmussen e Bonde-Petersen, 1974). Como já mencionado nos capítulos anteriores, o aumento do desempenho é atribuído tanto à reutilização de energia elástica previamente armazenada no sistema músculo-tendíneo durante a fase de alongamento, quanto à potenciação da atividade neurogênica provocada pelo reflexo do alongamento ou miotático, demonstrado por Bosco et al., 1982 e Schmidtbleicher e Golhofer, 1982. A relação entre saltos verticais executados com o ciclo alongamento-contração e salto vertical realizado com partida do repouso foi utilizada como índice avaliativo do efeito do pré-alongamento no comportamento mecânico do músculo esquelético humano (Cavagna et al., 1968; Asmussen e Bonde-Petersen, 1974). No presente trabalho, o benefício provocado pelo pré-alongamento nas mulheres foi mais elevado do que o encontrado nos homens (Quadro 14.2). Essas observações não devem ser consideradas descobertas, dado que resultados semelhantes foram anteriormente encontrados por Komi e Bosco (1978). Esses autores, no entanto, não deram nenhuma explicação plausível sobre o estranho fenômeno observado. Em todo caso, até agora, não foi apresentada nenhuma evidência científica que demonstrasse porque o músculo esquelético das mulheres deveria possuir uma resistência maior do que o dos homens, como sugerido por Komi e Bosco (1978). Talvez, uma explicação dos resultados obtidos poderia ser fornecida analisando-se o sistema de cálculo utilizado. De fato, quando os exercícios realizados com o pré-alongamento foram confrontados por sexo, os homens mostraram valores muito mais elevados do que as mulheres (Tabela 14.2). Nestas, a melhora provocada pelo pré-alongamento evidencia-se apenas quando os exercícios realizados mediante ciclo alongamento-contração são confrontados com o desempenho de salto executado com partida do repouso. Se considerarmos os valores absolutos do salto das mulheres, esses foram relativamente inferiores àqueles observados nos saltos executados com o pré-alongamento por homens. Portanto, ao fazer a relação salto contra-movimento/salto com agachamento, e saltos contínuos/salto com agachamento, as mulheres automaticamente apresentam valores sempre maiores que os homens.

Foram demonstradas evidências de que a atividade elétrica observada no quadríceps femural, durante exercícios realizados com o pré-alongamento, alcançou o nível máximo no início do trabalho concêntrico (Bosco e Viitasalo, 1982; Schmidtbleicher e Gollhofer, 1982) (ver Figura 14.7). Na corrida e no salto, os músculos extensores do joelho, antes de entrarem em contato com o solo, são voluntariamente ativados por programas neurais centralizados (Melvin-Jones e Watt, 1971; Dietz et al., 1979; Moritani et al., 1991). Assim, durante a fase inicial do trabalho concêntrico, um elevado número de unidades motoras é recrutado através da ativação nervosa programada no sistema nervoso central e/ou da potenciação provocada pelo reflexo do alongamento ou miotático (ver Dietz, 1992). Portanto, as possíveis facilitações neurais e/ou potenciação da ativação muscular, que poderiam ser provocadas por um elevado nível de testosterona total, muito provavelmente tornar-se-iam ineficientes em movimentos executados com o pré-alongamento. Portanto, por causa do efeito de saturação das várias unidades motoras recrutadas, que, normalmente, verifica-se no início do trabalho concêntrico durante exercícios executados com o pré-alongamento, a atividade neurogênica torna-se menos sensível à influência do hormônio sexual masculino. Neste ponto, é válido supor que, durante desempenhos musculares realizados com o pré-alongamento, o modelo de recrutamento de ambos sexos seja normalizado pela atividade de pré-alongamento. Evidências indiretas sustentam essa tese, dado que os homens, que possuíam valor de testosterona muito maior do que as mulheres, demonstraram potenciação provocada pelo pré-alongamento inferior à observada nas mulheres, quando os desempenhos de saltos com contra-movimento e de saltos contínuos foram confrontados com os valores de salto com agachamento. Obviamente, esse fenômeno é amplo, pois as mulheres obtiveram valores baixos no salto com agachamento. É também demonstrado na Figura 14.1 que a diferença entre os dois sexos é ampla em relação aos desempenhos musculares que requerem tempo breve de contração. Em todo caso, é preciso lembrar que a diferença de desempenho entre homens e mulheres desaparece com o aumento do tempo de contração muscular. Esse fenômeno poderia ser explicado pelo fato da máxima atividade neurogênica ser obtida antes dos 600ms (Gydikov et al., 1987). Portanto, como apresentado na Figura 14.1, poder-se-ia sugerir que os exercícios de força explosiva que requerem tempo de contração reduzido, realizados sem pré-alongamento, são potencializados pelo alto nível de testosterona circulante.

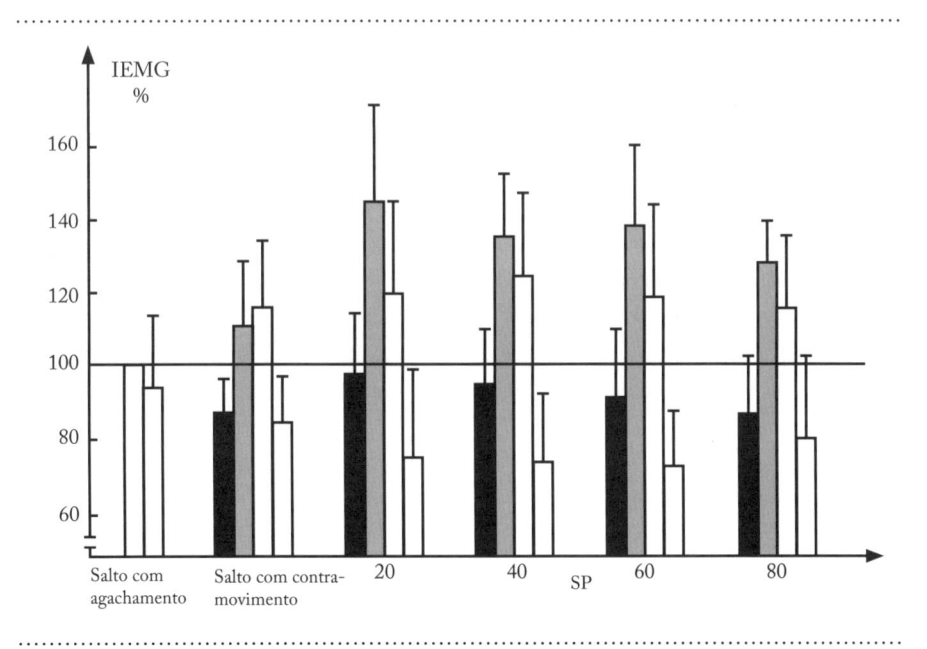

Figura 14.7 Valores médios (±DP) da atividade eletromiográfica dos músculos extensores da perna apresentados para a primeira e segunda fases do trabalho excêntrico (colunas listradas) e do trabalho concêntrico (colunas em branco), para diversas modalidades de salto, expressas em percentual da atividade eletromiográfica registrada na primeira fase do salto com agachamento, salto com contra-movimento e exercícios pliométricos (SP) executados depois de quedas de 20 a 80cm (Bosco e Viitasalo, 1982).

BIBLIOGRAFIA

Anderson, M. et al. Leg power, muscle strength, and peak EMG activity in physically active college men and women. *Med Sci Sports Exerc.* v. 15, p. 199-207, 1971.

Asmussen, E.; Bonde-Petersen, F. Storage of elastic energy in skeletal muscle in man. *Acta Physiol Scand.* v. 91, p. 385-392, 1974.

Bleisch, W.; Lunie, V.N.; Nottebohm, F. Modification of synapses in androgen-sensitive muscle. Hormonal regulation of acetylcholine receptor number in the songbird syrinx. *Journal of Neuroscience.* v. 4, p. 786-793, 1984.

Bonifazi, M.; Bela, E.; Carli, G. Hormone predictors of sympathetic and parasympathetic overtraining: an evaluation. *Functional Neurology.* v. 9, n. 3, p. 13-19, 1994.

Bosco, C. Evaluation of athletes and ergometry. In: Berme, N.; Cappozzo, A. (eds). *Biomechanics of Human Movement.* Worthington: Bertec Corporation, p. 413-423, 1993.

Bosco, C.; Komi, P.V. Mechanical characteristics and fiber composition of human leg extensor muscles. *Eur J Appl Physiol.* v. 41, p. 275-284, 1979.

Bosco, C.; Viitasalo, J. Potentiation of myoelectrical activity of human muscles in vertical jumps. *Electromyogr Clin Neurophysiol.* v. 22, p. 549-562, 1982.

Bosco, C.; Tarkka, I.; Komi, P.V. The effect of elastic energy and myoelectrical potentiation of triceps surae during stretch-shortening cycle exercises. *Int J Sports Med.* v. 3, p. 137-140, 1982.

Bosco, C.; Luhtanen, P.; Komi, P.V. A simple method for measurement of mechanical power in jumping. *Eur J Appl Physiol.* v. 50, p. 273-282, 1983.

Bosco, C.; Rusko, H.; Hirvonen, J. The effect of extra loads conditioning on muscle performance in athletes. *Med Sci Sports Exerc.* v.18, p. 415-419, 1986.

Bosco, C.; Tihanyi, J.; Viru, A. Relationships between field fitness test and basal serum testosterone and cortisol levels in soccer players. *Clinical Physiol.* v. 16, p. 317-332, 1996a.

Bosco, C. et al. Influence of training on mechanical and biomechanical profiles of athletes's muscles. *Coaching & Sport Science Journal.* v. 1, p. 8-13, 1994.

Bosco, C. et al. A dynamometer for evaluation of dynamic muscle work. *Eur J Appl Physiol.* v. 70, p. 379-386, 1995.

Bosco, C. et al. Hormonal responses in strenuous jumping effort. *Jpn J Physiol.* v. 46, n.1, p. 1-6, 1996b.

Cavagna, G.A.; Dusman, B.; Margaria, R. Positive work done by a previously stretched muscle. *J Appl Physiol.* v. 24, p. 21-32, 1968.

Davies, C.T.M.; Thomas, D.O.; White, M.G. Mechanical properties of young and elderly human muscle. In: Astrand, P.O.; Grimby, G. (eds). *Physical activity in health and desease. Acta Medica Scand.* Symposium Series nº 2, Almquist & Wiksell, pp. 219-226, Estocolmo, 1986.

Dietz, V. Human neural control of automatic functional movements: interaction between central programs and afferent input. *Physiol Ver.* v. 72, p. 33-69, 1992.

DIETZ, V., SCHMIDTBLEICHER, D., NOTH, J. Neural mechanism of human locomotion. *J Neurophysiol*. v. 42, p. 1212-1222, 1979.

DUX, L.; DUX, E.; GUBA, F. Further data on the androgenic dependence of the skeletal musculature: effect of pubertal castration on the structural development of the skeletal muscle. *Horm Metab Res*. v. 14, p. 191-194, 1982.

GYDIKOV, A.A. et al. Investigation of single motor units firing during movement against elastic resistance. In: JONSSON, B. (ed). *Biomechanics X-A*. Champaign, Illinois: Human Kinetics Publishers, p. 227-232, 1987.

FLORINI, J.R. Hormonal control of muscle cell growth. *J Anim Sci*. v. 61, p. 21-37, 1985.

HÄKKINEN, K. et al. Neuromucular and hormonal adaptations in athletes to strength training in two years. *J Appl Physiol*. v. 65, p. 2406-12, 1988.

HÄKKINEN, K. et al. Neuromuscular adaptations and serum hormones in females during prolonged power training. *Int J Sports Med*. v. 11, n. 2, p. 91-98, 1990.

IKAI, M., FUKUNAGA, T. Calculation of muscle strength per unit cross sectional area of human muscle by means of ultrasonic measurements. *In Z angew Physiol*. v. 26, p. 26-32, 1968.

IVES, J.C.; KROLL, W.P.; BULTMAN, L,L. Rapid movement kinematic and electromyographic control characteristics in males and females. *Research Quarterly for Exercise and Sport*. v. 64, n. 3, p. 274-283, 1993.

KANEHISA, H.; IKEGAWA, S.; FUKUNAGA, T. Comparison of muscle cross-sectional area and strength between untrained women and men. *Eur J Appl Physiol*. v. 68, p. 148-154, 1994.

KANEKO, M. The relation between force, velocity and mechanical power in human muscle. *Research J of Physical Education*. v. 4, n. 3, p. 143-147, 1970.

KOMI, P.V.; BOSCO, C. Utilization of stored elastic energy in leg extensor muscles by men and women. *Med Sc Sports*. v. 10, p. 261-265, 1978.

KOMI, P.V.; KARLSSON, J. Skeletal fibre types, enzyme activities and physical performance in young males and females. *Acta Physiol Scand*. v. 103, p. 210-218, 1978.

KRAEMER, W.J. et al. Factors in various strength and power performances in men. In: Proc. XVth *Congress of the International Society of Biomechanics*. Jyväskylä: University of Jyväskylä, 1995, p. 508-509.

KRAEMER, W.J. Hormonal and growth factor responses to heavy resistance exercise protocols. *J Appl Physiol*. v. 69, n. 4, p. 1442-1450, 1990.

KRAEMER, W.J. Hormonal mechanisms related to expression of muscular strength and power. In: *Strength and power in sport*. Scientific Publications: Oxford, 1992, p. 64-67

MAUGHAN, R.J., WATSON, J.S., WEI, J. Relationship between muscle strength and muscle cross-sectional area in male sprinters and endurance runners. *Eur J Appl Physiol*. v. 50, p. 309-318, 1983.

MELVILL-JONES, G.; WATT, D.G.D. Observations on the control of stepping and hopping movements in man. *J. Physiol*. v. 219, p. 709-727, 1971.

MERO, A. et al. Relationship between the maximal running velocity, muscle fiber characteristics, for production of force relaxation of sprinters. *Scand J Sports Sci*. v. 3, p. 16-22, 1981.

MILNER-BROWN, H.S.; STEIN, R.B.; LEE, R,G. Synchronisation of human motor units: possible roles of exercises and supraspinal reflex. *Electroencephalography and Clinical Neurophysiology*. v. 38, n. 245-254, 1975.

MORITANI, T.; ODDSON, L.; THORSTENSSON, A. Phase dependent preferential activation of the soleus and gastrocnemius muscles during hopping in humans. *J Electromyogr Kinesiol*. v. 1, p. 34-40, 1991.

MORROW, J.R.; HOSLER, W.W. Strength comparison in untrained men and trained women athletes. *Med Sci Sport Exerc*. v. 13, p. 194-198, 1981.

OLWEUS, D. et al. Testosterone, aggression, physical, and personality dimensions normal adolescent males. *Psycosomatic Med*. v. 42, p. 253-269, 1980.

ROLLING, J.L. et al. Effects of testosterone propionate on strength and eccentric induced muscle damage. *Med Sci Sports exerc*. v. 28, supl. 5 , p. 113, 1996.

RYUSHI, T. et al. Muscle fiber characteristics, muscle cross-sectional area and force production in strength athletes, physically active males and females. *Scand J Sports Sci*. v. 10, n. 1, p. 7-15, 1988.

SALE, D.G. Neural adaptation to resistance training. *Med Sci Sports exerc*. v. 20, p. 135-145, 1988.

SCHMIDTBLEICHER, D.; GOLLHOFER, A. Neurumuskulare Untersuchungen zur Bestimmung individueller Belastungfsgrossen fur ein Teifsprung-training. *Leistungssport*. v. 12, p. 298-307, 1982.

THOMAS, J.R.; MARZKE, M.W. The development of gender differences in throwing: Is human evolution a factor? In: *Enhancing human performance in sport*: New concepts and developments. Champaign, Illinois: Human Kinetics, American Academy of Physical Education, v. 25, p. 60-76, , 1991.

THORSTENSSON, A. Muscle strength fiber types and enzyme activities in man. *Acta Physiol Scand Suppl*. 443, 1976.

WEISS, L.W.; CURETON, K.J.; THOMPSON, F.N. Comparison of serum testosterone and androstenedione responses to weight lifting in men and women. *Eur J Appl Physiol*. v. 50, p. 413-419, 1983.

WILMORE, J.H. Alterations in strength, body composition, and anthropometric measurements consequent to a 10-week weight training program. *Med Sci Sport*. v. 6, p. 133-138, 1974.

WORTHMAN, C.M.; KONNER, M.J. Testosterone levels changes with subsistence hunting effort in Kung San Men. *Psychoneuroendocrinology*. v. 12, n. 6, p. 449-458, 1987.

Capítulo 15

Efeitos de uma Sessão de Treino de Força no Comportamento Neuromuscular e Hormonal em Atletas dos dois Sexos

(C. Bosco, R. Colli, R. Bonomi, S.P. von Duvillard, A. Viru, 1996)

Foto: Da esquerda: intérprete turco, assistente da Universidade de Ankara, Bosco (Itália) e Liesen (Alemanha).

Treinos prolongados de força provocam adaptações neuromusculares específicas (Sale, 1981) e hormonais (Kraemer, 1992) no corpo humano. Em ambos casos, conhece-se muito pouco sobre as respostas e modificações hormonais, e sobre os efeitos alcançados em uma única sessão de treino de força máxima (Guezennec et al., 1986). Além disso, ainda menos conhecidos são os fenômenos associados à fadiga, à perda de força relativa e às variações hormonais durante a execução de exercícios estressantes administrados em atletas dos dois sexos (Häkkinen e Pakarinen, 1995). Enfim, controles não específicos da intensidade e da duração dos treinos contribuíram para resultados divergentes entre si, que apresentam espectro de amplitude muito variável. Deve-se lembrar que, dentre os conceitos clássicos que estão na base da teoria do treino, o conceito de intensidade foi utilizado de maneira errada e inoportuna. De fato, o termo intensidade é empregado para definir a quantidade da carga utilizada, ao invés de indicar a velocidade com que o trabalho é executado (Bosco, 1992). Além disso, quando se estudaram os efeitos de uma sessão intensa de treino de força máxima, não foram utilizados meios de avaliação específica do funcionamento e comportamento muscular. Portanto, ao invés de empregar o mesmo tipo de aparelho muscular tanto para o treino quanto para o teste de avaliação (Sale e MacDougall, 1981), as avaliações do comportamento muscular foram realizadas com base em desempenhos que requeriam atividades neuromusculares completamente diferentes (isométrica e isocinética) daquela realizada durante a sessão de treino (isotônica) (ver Häkkinen e Pakarinen, 1995). À luz dessas considerações, buscou-se estudar, de maneira sistemática, as variações e as mudanças provocadas por uma sessão de treino de força máxima no sistema neuromuscular e endócrino de atletas bem treinados, utilizando-se os mesmos exercícios para o trabalho e para as provas de avaliação funcional. Além disso, os atletas estudados eram informados durante o treino, através de um sistema de retroalimentação audiovisual, sobre a quantidade da potência desenvolvida durante cada repetição e durante toda a sessão de treino. Com tal objetivo, foram selecionados 26 atletas de diversas disciplinas esportivas, com experiência de vários anos em treinos sistemáticos. Os atletas foram divididos em diferentes grupos de acordo com o esporte praticado: homens velocistas do atletismo (HV, n=6), mulheres velocistas do atletismo (MV, n=6), fisiculturistas (FC, n=6), levantadores de peso que executam número limitado de repetições (LPL, n=4), e levantadores de peso que executam o dobro de repetições (LPD, n=4). As suas características pessoais e o tipo de treino executado são apresentados na Tabela 15.1.

Monitoração efetuada durante o treino. Todos os atletas pertencentes aos grupos HV e MV foram submetidos à monitoração durante a sessão de treino da força máxima, que durou cerca de 2 horas e meia e foi efetuada regularmente 2 vezes por semana. Os atletas executaram exercícios de ½ agachamento em torre com corrediças laterais, com carga igual a 200% do peso do corpo (pc) de cada atleta e carga total sobre as pernas de cerca de 3 vezes o peso do corpo (3pc); exercício de agachamento total com carga extra igual a 100% do pc e carga total de 200% do peso corporal sobre as pernas. A melhor das três provas foi escolhida para análise estatística. Para os atletas do grupo fisiculturistas (FC) foram efetuadas também monitorações durante a sessão de treino. A potência mecânica e a atividade eletromiográfica dos extensores das pernas foram registradas com o instrumento *Muscle Lab-Bosco System*® (*Ergotest Technology* A.S., Langensund, Noruega, distribuído na Itália pela MAGICA, Roma e pela Società Stampa Sportiva, Roma), durante toda a sessão de treino. Além dos parâmetros neuromusculares, foi analisado o perfil hormonal, mediante amostra de sangue colhida pela manhã (8 horas), antes do treino e imediatamente após. Os hormônios estudados foram os seguintes: concentração sérica de testosterona total (TT), cortisol (C), hormônio luteinizante (LH), prolatina (PRL) e hormônio do crescimento (hGH). O coeficiente de variação foi, respectivamente, de 3,5% para TT, de 5,6% para C, de 3,5% para LH, de 4,9% para PRL e de 2% para hGH. A concentração sérica de T foi analisada nos cinco grupos estudados, enquanto o hGH foi medido para os atletas dos grupos FC, LPL e LPD. Além disso, nos grupos HV e MV foram analisadas as concentrações séricas de PRL e LH.

Tabela 15.1 Características físicas dos indivíduos estudados e tipo de treino de força executado durante uma sessão de treino monitorado com *Muscle Lab-Bosco System*®. Os atletas são divididos de acordo com a modalidade esportiva praticada: Homens Velocistas (HV), Mulheres Velocistas (MV), Fisiculturistas (FC), Levantadores de peso de poucas repetições (LPL) e levantadores de peso que executam o dobro de repetições (LPD). O número de indivíduos pertencentes a cada grupo é indicado entre parênteses. O tipo de exercício é também indicado: ½ agachamento (MA), Agachamento Completo (AC), Cadeira Extensora (CE), Leg Extensor (LE), Puxada (P), Supino (S), Salto (Sa)

Atividade (n)	Idade (anos)	Altura (cm)	Massa (kg)	Repouso	Séries	Pausa entre as séries (m)	% 1RM	% Potência	Tipo de exercício
HV (6)	23,3 ± 2,4	183,8 ± 7,3	76,0 ± 6,2	6 + 6 + 4	6	8	80	100	MA - AC
MV (6)	23,0 ± 2,7	169,3 ± 4,7	55,5 ± 4,8	6 + 6 + 4	6	8	80	100	MA - AC
FC (6)	30,2 ± 6,2	175,0 ± 2,5	80,0 ± 2,3	8-12	12	1-2	70-75	65-75	MA-LP-CE
LPL (4)	24,8 ± 2,4	159,8 ± 3,4	62,8 ± 1,7	2-3	10	3-5	60-80	100	P-S-Sa
LPD (4)	22,3 ± 2,6	173,3 ± 2,5	74,3 ± 1,7	2-4	20	2-3	50-70	100	P-S-As

Protocolo de treino de força máxima. Diversos métodos e meios de treino foram adotados pelos atletas por nós estudados, conforme as modalidades esportivas por eles praticadas. Os atletas dos grupos HV e MV executaram 6 séries (para um total de 16 repetições por série, divididos em três grupos: 6 + 6 + 4, repouso de 3 minutos); o método foi sugerido pelo Prof. R. Bonomi (comunicações pessoais). Os FC executaram 12 séries, com cerca de 8 a 12 repetições por série. Os atletas do grupo LPD executaram 20 séries, com cerca de 2 a 4 repetições por série. As sessões de treinamento dos cinco grupos iniciavam-se pela manhã, por volta das 10 horas, e terminavam por volta de meio-dia e meia. No presente protocolo de treino, a intensidade de trabalho executado não corresponde ao percentual de carga máxima levantada uma vez (1RM). Dada a possibilidade de monitorar com o *Ergopower* a velocidade de execução de cada repetição, foi calculada a relativa potência mecânica desenvolvida pelos músculos extensores das pernas. Portanto, houve a possibilidade de monitorar uma função mais completa do comportamento mecânico dos músculos.

Comportamento neuromuscular. Nos atletas do grupo HV, a sessão de treino levou à queda de cerca de 55% (P<0,01) da potência desenvolvida durante o exercício de agachamento completo, enquanto nenhuma variação estatisticamente significativa foi observada para a potência desenvolvida pelas atletas do grupo MV (Figura 15.1a). A atividade eletromiográfica dos músculos extensores das pernas dos dois grupos de velocistas, HV e MV, registrada durante o mesmo desempenho, não demonstrou mudanças estatisticamente significativas após a sessão de treino. Conseqüentemente, a relação entre atividade eletromiográfica e potência (índice de eficiência neuromuscular) aumentou nos dois grupos, HV e MV, apesar de somente o último grupo apresentar diferença estatisticamente significativa (P<0,05). A potência média desenvolvida e calculada antes e imediatamente depois da sessão de treino, durante os exercícios de ½ agachamento, demonstrou uma queda de 10% no grupo HV, enquanto nenhuma variação foi notada nas atletas do grupo MV (Figura 15.1b). Em contraste, a atividade eletromiográfica representada pelos valores de EMGrms registrou, depois do treino, queda estatisticamente significativa em ambos os grupos, HV e MV (P<0,05). Assim, a relação EMG/Potência calculada nas provas de ½ agachamento diminuiu em ambos os grupos, apesar de uma diferença estatisticamente significativa ter sido observada somente no grupo MV (p<0,05) (Figura 15.1b). Uma monitoração contínua do comportamento neuromuscular dos músculos extensores das pernas foi executada durante as primeiras 50 repetições dos atletas do grupo FC. Depois de 50 repetições, embora não se tenham notado mudanças estatisticamente significativas, encontrou-se uma queda da potência média desenvolvida durante o exercício de ½ agachamento. Em contraste, a atividade eletromiográfica demonstrou uma queda notável (25%), que alcançou nível de significância estatística de P<0,01 após 50 repetições. Conseqüentemente, também a relação atividade eletromiográfica/potência durante o exercício de ½ agachamento mostrou queda estatisticamente significativa (P<0,01).

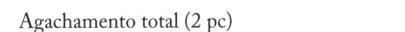

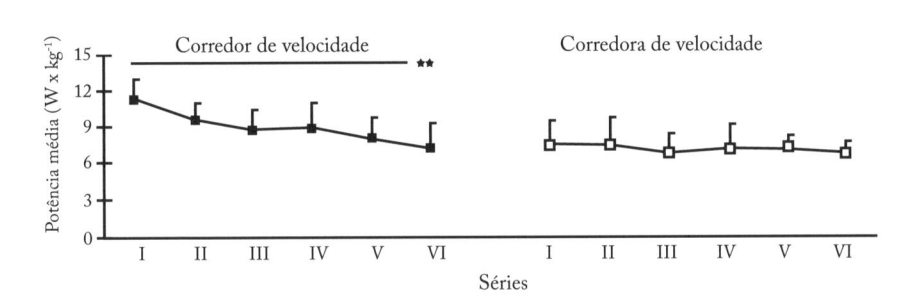

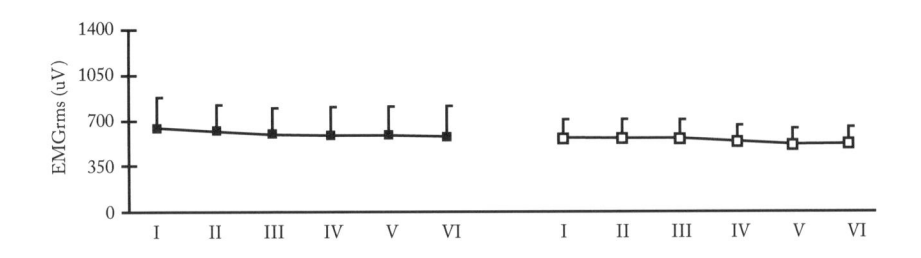

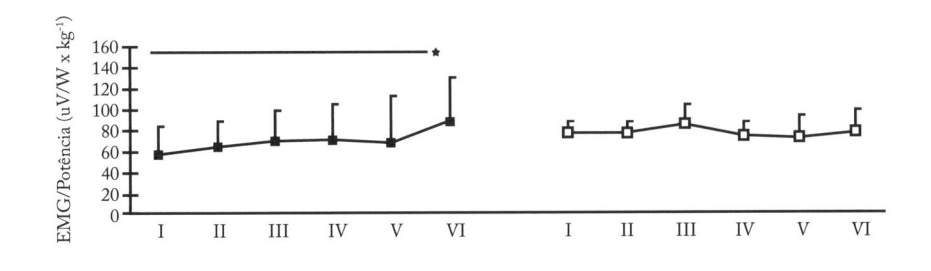

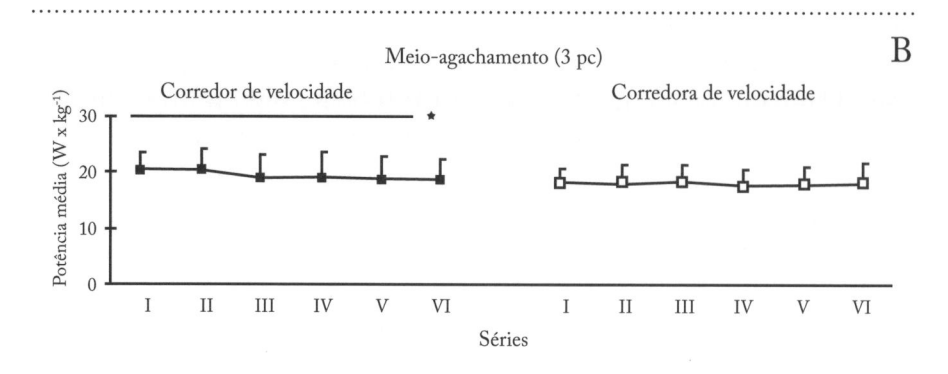

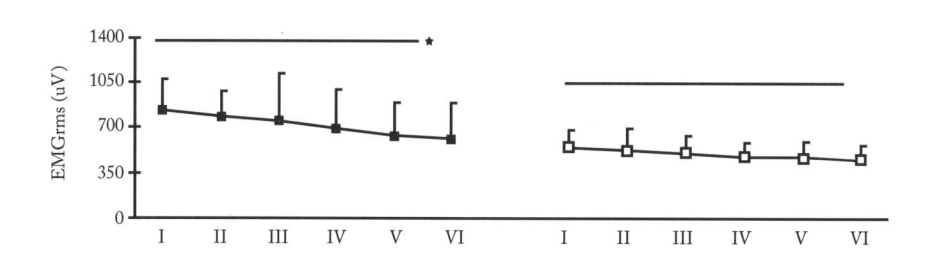

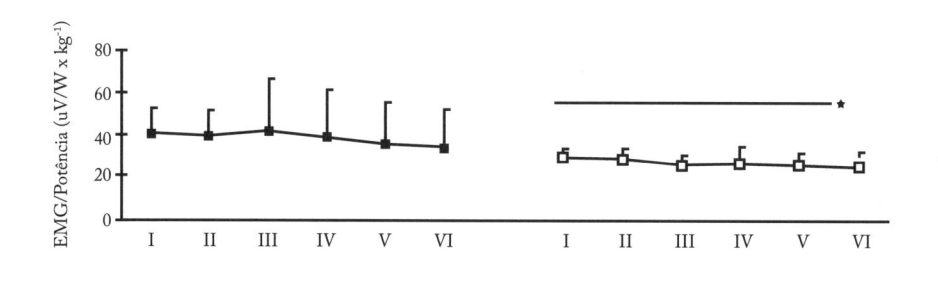

Figura 15.1 a-b Valores médios (±DP) da potência mecânica desenvolvida durante exercícios de agachamento completo com uma carga total igual a 2 vezes o peso do corpo (A), e ½ agachamento executado com uma carga total de 3 vezes o peso corpóreo (B), registrada no início de cada série em ambos os grupos de velocistas, homens (HV) e mulheres (MV). Também são mostradas as atividades eletromiográficas registradas nos músculos extensores das pernas e em relação à potência. Os asteriscos mostram o nível de significância estatística (ANOVA e teste de Sheffè, *P<0,05; **P<0,01).

Perfil hormonal. Nos atletas do grupo HV, imediatamente após a sessão de trabalho, as concentrações de cortisol, testosterona e LH mostraram valores estatisticamente significativos mais baixos (p<0,05) (Figura 15.2), enquanto mudanças reduzidas e significativas foram observadas para os valores de prolactina. Nas atletas do grupo MV, depois da sessão

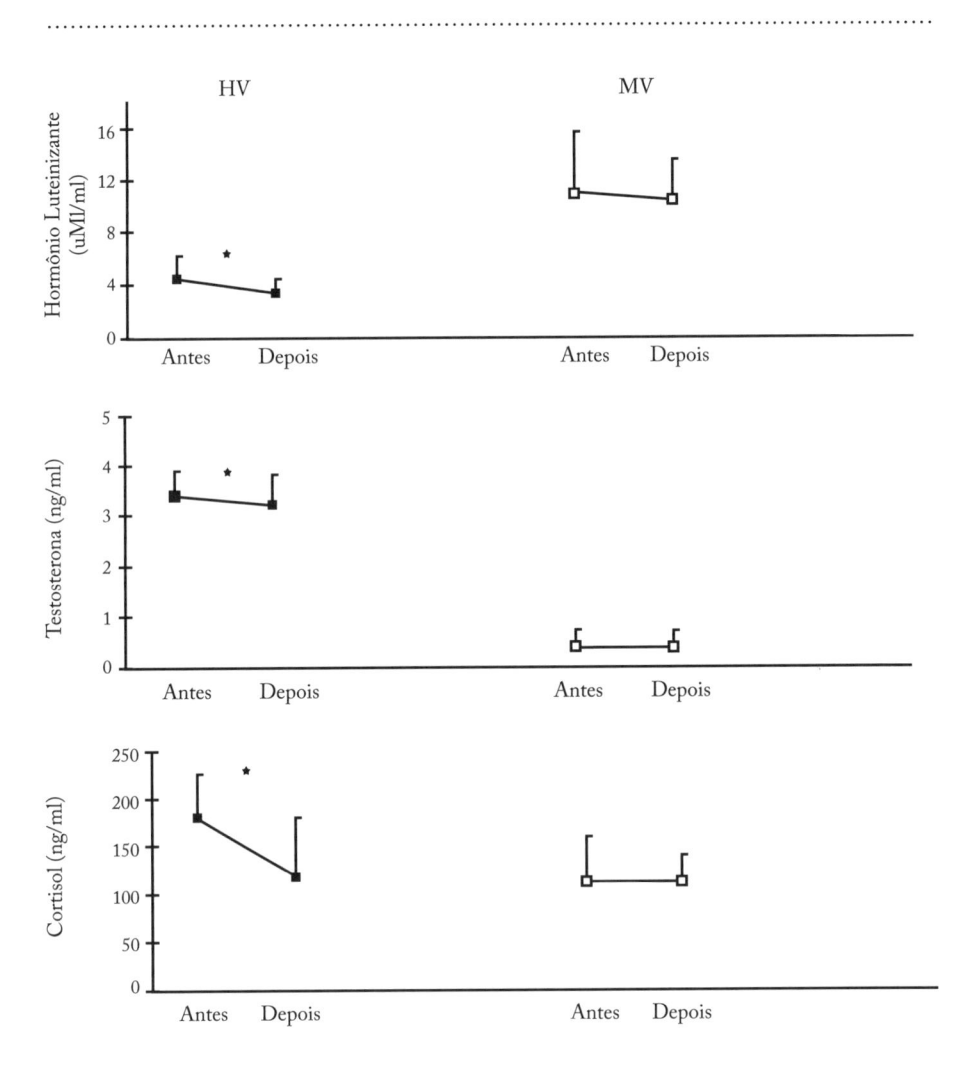

Figura 15.2 Valores médios (±DP) da concentração sérica do hormônio luteinizante (LH), testosterona (T) e cortisol (C) para homens (HV) e mulheres (MV) praticantes da especialidade de velocidade (atletismo), antes e imediatamente depois de uma sessão de treino de força máxima. Os asteriscos indicam a significância estatística das variações ocorridas (Teste t de Student, para observações emparelhadas, *P<0,05).

de treino, as concentrações séricas de testosterona, cortisol, LH e prolactina, não mostraram nenhuma variação estatisticamente significativa. As quedas das concentrações de cortisol e testosterona, provocadas pela sessão de treino nos atletas dos grupos HV e MV, mostraram correlação estatisticamente significativa (r = 0,59; P<,05). Em ambos os grupos de HV e MV, foi observada uma correlação negativa, estatisticamente significativa, entre as variações da concentração sérica de testosterona e a relação entre atividade eletromiográfica e potência calculada durante os exercícios de ½ agachamento (r = -0,61; P<0,05) (Tabela 15.2).

Tabela 15.2 Matriz das correlações das variações provocadas por uma sessão de treino de força, dos parâmetros neuromusculares e hormonais (r<,56; P<0,05, n = 12)

	1	2	3	4	5	6	7	8
1- Agachamento completo (watts)	1							
2- Agachamento completo (EMG/watts)	-,88	2						
3- Meio agachamento (watts)	,37	-,56	3					
4- Meio agachamento (EMG/watts)	-,19	,42	-,64	4				
5- Testosterona	,29	-,23	,27	-,61	5			
6- Cortisol	,33	-,09	-,05	-,06	,59	6		
7- Prolactina	-,33	,06	,13	-,34	,30	,15	7	
8- Hormônio Luteinizante	,25	-,07	-,03	,20	,23	,18	,15	

Nos atletas do grupo LPD (Figura 15.3), a sessão de treino de força máxima não provocou variações estatisticamente significativas da concentração de hGH, mas causou uma queda da concentração sérica de testosterona (de 2,56±1,03 a 3,65±0,66ng/ml, p<0,01). Em contraste, nos atletas do grupo LPL, as concentrações séricas de tetosterona e hGH permaneceram invariados depois da sessão de treino. Nos FC, depois da sessão de treino, a concentração sérica de testosterona diminuiu (p<0,001) e o de hGH aumentou (p<0,05). A variação da relação entre atividade eletromiográfica e potência causada pela sessão de treino nos atletas de FC, calculada durante o desempenho de ½ agachamento (Figura 15.4), mostrou uma correlação positiva com a queda da concentração sérica de testosterona.

Os efeitos dos treinos clássicos de força máxima sobre as funções neuromusculares são fenômenos já bem conhecidos por meio da instauração de fenômenos de fadiga aguda, em atletas dos dois sexos (Kraemer et al., 1991). Foi demonstrado que a dimensão das perturbações neuromusculares depende do volume, da quantidade de carga em % da carga máxima, do tipo de exercício realizado, das pausas respeitadas entre as séries e do currículo (anos de trabalho, idade, sexo) do atleta examinado (Häkkinen e Pakarinen, 1995; Kraemer et al., 1991). Surpreendentemente, os resultados deste estudo evidenciaram que os efeitos provocados por uma sessão de treino de força máxima eram completamente diferentes nos dois sexos. No fim da sessão de treino, somente os homens (velocistas) demonstraram ter sido fortemente instigados pela fadiga provocada pelo trabalho muscular executado. Em contraste, as atletas (velocistas) apresentaram menores efeitos da fadiga nas funções neuromusculares estudadas. De fato, apenas para os homens velocistas foi observada queda acentuada (P<0,05) da potência

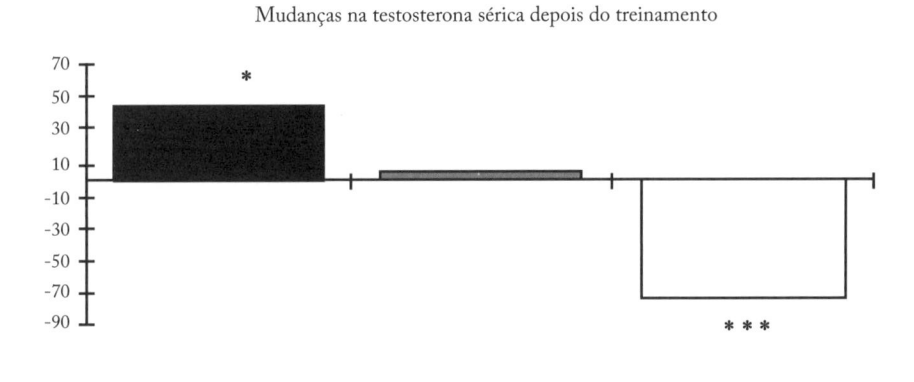

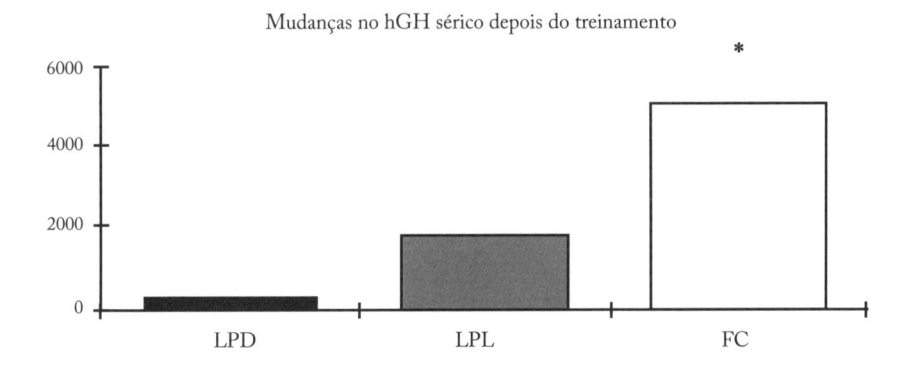

Figura 15.3 Média das variações de concentração sérica de testosterona (T) e hormônio do crescimento (hGH), em resposta à sessão de treinamento de força máxima executada pelo grupo de atletas levantadores de peso que realizaram número elevado de repetições (LPD), grupo com número reduzido de repetições (LPL) e grupo de atletas praticantes de fisiculturismo (FC). Os asteriscos indicam as variações estatísticas ocorridas (Teste t de Student, para observações emparelhadas. *P<0,05, ***P<0,001).

$Y = -1{,}09 + 2{,}09\, x$
$r = 0{,}90$
$P = 0{,}014$
$n = 6$

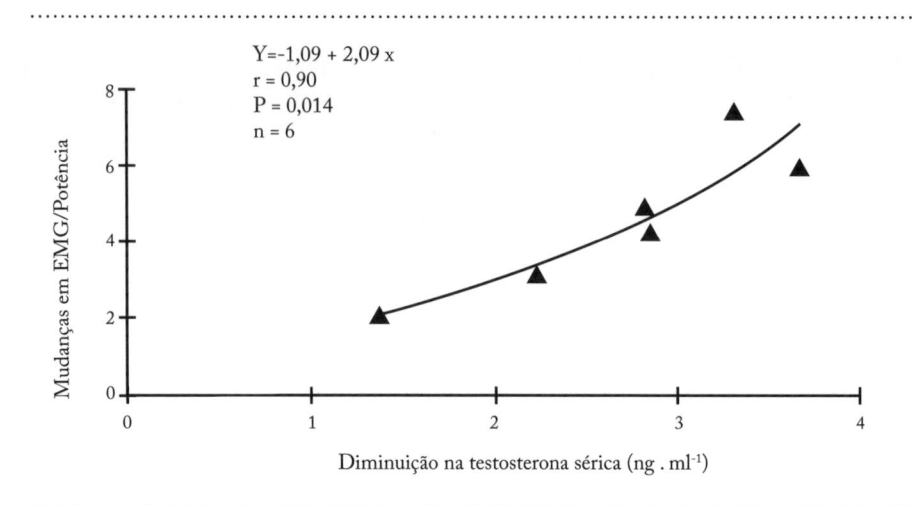

Eixo Y: Mudanças em EMG/Potência
Eixo X: Diminuição na testosterona sérica (ng . ml^{-1})

Figura 15.4 Relação entre as variações da relação entre atividade eletromiográfica e potência, registrada durante os exercícios de ½ agachamento, executados por atletas pertencentes ao grupo FC; e queda da concentração sérica de testosterona registrada depois da sessão de treinamento.

muscular durante os testes de ½ agachamento e agachamento completo. Ao contrário, nas mulheres velocistas, o comportamento mecânico dos músculos extensores das pernas permaneceu inalterado depois da pesada sessão de treino. Deve-se observar, além disso, que os registros eletromiográficos, efetuados nos músculos extensores das pernas de ambos os grupos de velocistas, homens e mulheres, evidenciaram uma substancial perturbação das funções neuromusculares durante os testes de ½ agachamento. Em contraste, nas avaliações de agachamento completo, não foram notadas variações significativas depois do treino. A queda da atividade eletromiográfica dos músculos extensores dos joelhos (quadríceps femural) durante as avaliações de ½ agachamento, observada em ambos os grupos de velocistas depois do treino, poderia sugerir que no início da sessão este tipo de exercício (½ agachamento) tivesse sido executado, predominantemente, com intervenção de unidades motoras fásicas, isto é, mediante recrutamento de fibras rápidas. Muito provavelmente, no fim do treino e por efeito do cansaço das fibras rápidas, o trabalho muscular poderia ter sido sustentado, predominantemente, pelo recrutamento de fibras lentas, cujo baixo potencial de ação (13) seria evidenciado na atividade eletromiográfica diminuída ao final do trabalho. A este propósito, na Figura 15.5, é apresentada esquematicamente a dinâmica do recrutamento temporal dos dois tipos de fibras durante uma atividade muscular, em que se presume o recrutamento de fibras rápidas no início do treino e posterior recrutamento maciço de fibras lentas, substitutas daquelas ao final da sessão de treino (Bosco, 1995). É preciso, além disso, lembrar que foi anteriormente demonstrado, através de registros intramusculares do potencial de ação em fibras musculares do músculo gastrocnêmio (gêmeos), uma queda muito maior tanto da amplitude do sinal quanto do tempo de condução em relação aos observados no músculo sóleo (músculo constituído, predominantemente, por fibras lentas), durante contrações máximas simuladas mediante estimulação elétrica de alta freqüência (Moritani et al., 1985). Além disso, foi demonstrado que o valor da redução da atividade eletromiográfica das várias unidades motoras dependia das características morfológicas das fibras musculares, que determinavam a queda da amplitude do sinal e da freqüência registrada com a atividade eletromiográfica de superfície (Moritani et al., 1986). Portanto, existem todas as premissas para se supor que a diminuição significativa da potência muscular durante os exercícios de ½ agachamento poderia ser em parte explicada pela progressiva redução da atividade das unidades motoras fásicas, que visa a minimizar os efeitos da fadiga, evitando, assim, queda ou deterioramento das transmissões neuromusculares (Bigland-Ritchie et al., 1979; Moritani et al., 1985). Em contraste, as variações após o treino, durante as provas de agachamento completo, muito provavelmente, podem ter sido causadas pelos efeitos da fadiga, que se manifestaram em diferentes estruturas biológicas.

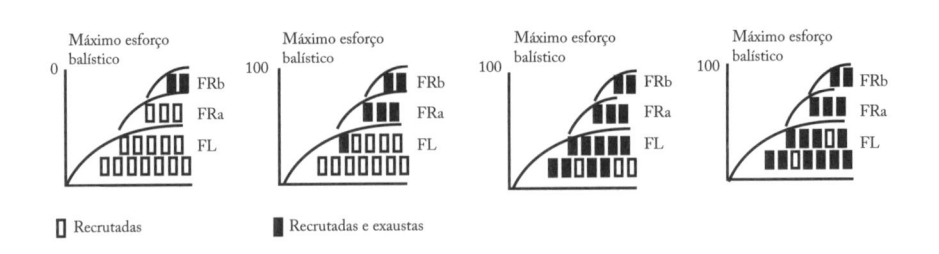

Figura 15.5 Representação esquemática do recrutamento dos vários tipos de fibras durante a execução de exercícios de ½ agachamento repetidos no tempo com cargas muito elevadas e próximas à máxima. No início do desempenho, o trabalho muscular, muito provavelmente, parece ser sustentado por um recrutamento maciço de Fibras Rápidas (FR), dada a velocidade de execução com que é realizado o desempenho de ½ agachamento. Com o prosseguimento do trabalho, as fibras rápidas empregadas no início da sessão de trabalho exaurem-se gradualmente e, então, perdem a sua capacidade de produzir tensão. Essas são substituídas pelas Fibras Lentas (FL), que parecem contribuir de maneira importante para a produção da tensão no final da sessão.

Nesse caso, é provável que os efeitos provocados pela fadiga estejam localizados em nível mais periférico do que central. Essa afirmação é corroborada pelo fato de que a queda da potência mecânica não se associa à queda da atividade neural. De fato, a relação entre a atividade eletromiográfica e a potência mecânica (índice de eficiência neuromuscular) demonstrou que, para manter um certo nível de potência mecânica, torna-se necessário um aumento da ativação nervosa (Figura 15.1a). Essas observações poderiam sugerir que os exercícios de agachamento completo foram executados, predominantemente, através do recrutamento de fibras lentas, que possuem baixo potencial de ação (Freund, 1983). Portanto, os efeitos da fadiga causados por uma sessão árdua de treinamentos poderiam ser, muito provavelmente, provocados por um elevado acúmulo de lactato dentro das células musculares, e pela conseguinte diminuição do nível do pH. A depressão no transporte de Ca^{2+}, ocorrida após a execução de exercícios cansativos, poderia levar à queda das características contráteis (Sahlin, 1978), e também a perturbações do fenômeno excitação-contração, em que menos tensão é gerada para cada feixe muscular estimulado (Edwards, 1981). Por isso, os exercícios de ½ agachamento e agachamento completo parecem ser caracterizados pelo envolvimento de tipos de fibras musculares diferentes. Evidências indiretas corroboram essas afirmações, dado que as fibras rápidas são capazes de desenvolver tensões musculares elevadas em pouquíssimo tempo. Em contraste, as contrações musculares lentas recrutam, predominantemente, fibras lentas. A este propósito, deve-se notar que no presente estudo, o tempo médio de trabalho necessário para executar um exercício de ½ agachamento foi muito mais curto (518±92ms) do que aquele requerido para realizar o exercício de agachamento completo, cerca de 1671±263ms, em média. Essas observações, mais uma vez, corroboram o conceito de que os exercícios de ½ agachamento foram executados mediante desenvolvimento de elevadas tensões iniciais, dado que o tempo total de trabalho foi de cerca de 50ms (Secher, 1987). Por outro lado, dado que os exercícios de agachamento completo foram caracterizados por um tempo de contração muito longo, provavelmente as fibras lentas foram solicitadas de maneira maciça e contínua. Portanto, pode-se afirmar que os efeitos da fadiga, causados pela execução de uma sessão de treino de força máxima, variam de acordo com o tipo de fibra muscular estimulada durante a execução dos vários exercícios utilizados. Os efeitos da fadiga, normalmente, são mais acentuados e evidentes nas fibras rápidas do que nas fibras lentas, já que estas últimas são mais refratárias a esse tipo de perturbação (Garnett et al., 1979). Além disso, não se deve esquecer que os efeitos determinados pela sessão de treinamento de força máxima, além de deteriorarem o comportamento neuromuscular do atleta, promovem fortes perturbações do perfil hormonal, como aconteceu nos velocistas homens pesquisados no presente trabalho. De fato, a sessão de trabalho provocou nos indivíduos do grupo HV a supressão da atividade dos eixos hipófise-adrenal e hipófise-gônadas, indicada pela queda da concentração sérica de cortisol, testosterona e LH, observada depois do treinamento.

Uma resposta completamente diferente, em todo caso, foi observada nas mulheres do grupo de velocistas (MV), dado que depois do treinamento intenso não foram registradas modificações significativas nas concentrações séricas dos hormônios examinados (Figura 15.2). As variações do perfil hormonal causadas pelo treinamento nos indivíduos pertencentes aos grupos HV e MV foram relacionadas aos desempenhos neuromusculares. De fato, foi observada uma correlação negativa entre as variações das concentrações de testosterona, causadas pelo treinamento, e a relação entre atividade eletromiográfica e potência. Isso significa que, nos indivíduos em que se verificou queda de testosterona, para manter o nível de potência muscular inicial até o final do treinamento, tornou-se indispensável a intervenção de uma elevada atividade mioelétrica. Como anteriormente assinalado, nos exercícios de ½ agachamento, a contribuição das fibras rápidas foi mais acentuada do que a requerida pelos exercícios de agachamento completo. De tal modo, a correspondência observada entre testosterona e a relação atividade eletromiográfica e potência, poderia estar ligada à possibilidade da testosterona influenciar, predominantemente, a atividade das fibras rápidas. Em experimentos realizados com animais, foi demonstrado que o papel da testosterona na maturação das fibras rápidas, isto é, na fenotipização de seu genótipo, é muito importante (Dux et al., 1982). Em experimentos realizados com o homem, foi demonstrada (ver Capítulo 14) uma correlação positiva entre o nível basal de testorona sérica e os desempenhos de corrida e força explosiva (Bosco et al., 1996b). Além disso, tanto a potência quanto o trabalho muscular desenvolvidos durante 60s de saltos contínuos, estão positivamente correlacionados às variações da concentração de testosterona ocorridas durante o minuto de saltos (Bosco et al., 1996a) (ver Figura 15.6). Observações anteriores haviam indicado uma relação positiva entre a força explosiva e a concentração sérica de testosterona em pré-adolescentes (Mero et al., 1981) e em atletas adultos (Bosco et al., 1996b). A explicação asociada a essas descobertas foi a influência positiva que poderia ser provocada por uma concentração elevada de testosterona no desenvolvimento e na maturação das fibras rápidas (Bosco et al., 1996b; Kraemer, 1992). Portanto, se essas observações estiverem corretas, sugerem-nos que uma concentração adequada de testosterona poderia compensar os efeitos negativos provocados pela fadiga, assegurando melhor eficiência neuromuscular das fibras rápidas, que são as mais sensíveis a esse tipo de perturbação. De fato, não se pode excluir a possibilidade de que um dos efeitos causados pela fadiga seja a redução da sensibilidade dos componentes contráteis do músculo à ação do Ca^{2+} (Schadler, 1967). Uma elevada concentração de testosterona poderia compensar a desordem provocada pela fadiga no sistema excitação-contração, que se determina predominantemente a encargo das fibras rápidas, aumentando o efeito do Ca^{2+} na contração muscular, como foi recentemente evidenciado (Rolling et al., 1996). Em todo caso, deve-se demonstrar, ainda, como a testosterona pode exercer influência imediata sobre as fibras rápidas em nível molecular durante esforços agudos e de intensidade elevada, dado que todos os estudos mencionados demonstraram efeito geral em todo organismo, tanto no homem quanto no animal, sem fornecer informação nenhuma sobre o que acontece em nível molecular.

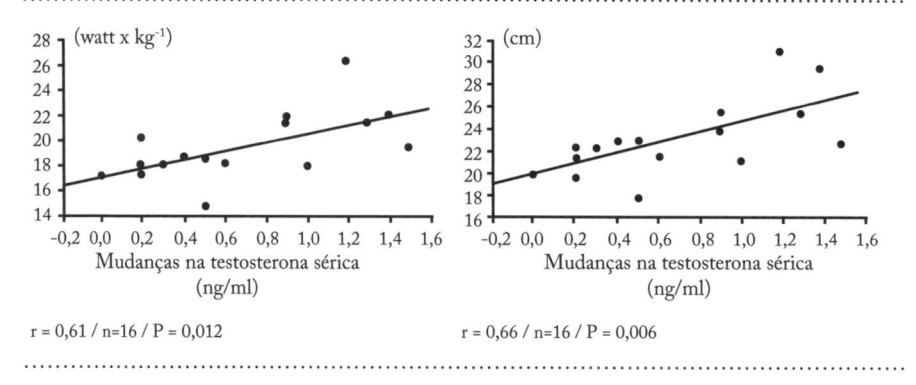

r = 0,61 / n=16 / P = 0,012   r = 0,66 / n=16 / P = 0,006

Figura 15.6 Relações entre a potência mecânica (A) e a altura média (B) desenvolvidas durante 60s de saltos contínuos (B), e as variações séricas de testosterona observadas em 16 jogadores de futebol profissionais (Bosco et al., 1996a).

Os resultados obtidos com os indivíduos praticantes de fisiculturismo, mais uma vez, corroboram o fato de que uma concentração adequada de testosterona pode favorecer a eficiência neuromuscular. De fato, a relação apresentada na Figura 15.4 demonstra que a queda das concentrações séricas de testosterona durante o treinamento pode levar a uma maior atividade mioelétrica, de modo a manter o mesmo nível de potência alcançada em condições normais, e não de fadiga.

Confrontando-se os resultados obtidos pelos atletas do grupo LPD com os do grupo FC, pode-se ressaltar que para provocar os estímulos adequados e as adaptações biológicas específicas almejadas, o conteúdo dos treinamentos é de fundamental importância. Os atletas do grupo LPD caracterizam-se por aumento estatisticamente significativo da concentração sérica de testosterona, determinado pela sessão de treinamento. Por outro lado, nos mesmos atletas, a concentração de hGH permaneceu inalterada depois do treinamento. Em contraste, os atletas do grupo FC, depois do treinamento, exibiram uma drástica queda de testosterona e um notável aumento de hGH. Portanto, embora as respostas hormonais dos dois grupos fossem completamente opostas, a quantidade de carga de trabalho com que ambos se exercitaram foi praticamente a mesma (aproximadamente 60-70% de 1RM, ver Tabela 15.1). Completamente diferente foi o volume de trabalho realizado. De fato, os atletas FC utilizaram aproximadamente o dobro do volume adotado pelos atletas do grupo LPD. Ao mesmo tempo, a intensidade do trabalho executado (nível da potência mecânica desenvolvida) pelos atletas do grupo LPD foi acentuadamente maior do que a desenvolvida pelos atletas do grupo FC (100% da potência máxima desenvolvida com determinada carga contra 70%, respectivamente, para os atletas do grupo LPD e do grupo FC). Portanto, quando são utilizadas cargas de trabalho muito elevadas (60-100% de 1RM), parece que as respostas e as adaptações hormonais refletem e se encaixam no valor percentual de potência desenvolvida, logicamente respeitando o mesmo volume de trabalho. Portanto, quando são utilizadas cargas elevadas (60-100% de 1RM), desenvolvidas com níveis de potência máxima (90-100%), durante cada uma das repetições, favorece-se o aumento da concentração sérica de testosterona. Pelo contrário, executando-se repetições com cargas altas, mas com potência mecânica submáxima (70% da potência máxima que se pode desenvolver com aquela determinada carga), o aumento da concentração sérica de hGH seria favorecido.

É preciso lembrar que quantidades completamente diferentes de hGH foram obtidas variando-se apenas o tempo de recuperação entre as séries e mantendo-se constante o volume e a quantidade da carga (Kraemer et al., 1990). Um volume muito elevado de trabalho muscular poderia causar forte inibição da testosterona (Figura 15.3). Nesse caso, a situação assemelha-se muito à de indivíduos submetidos a treinamentos prolongados de *endurance* (resistência) (Dessyprisis et al., 1976). Além disso, deve-se lembrar que as perturbações hormonais e conseguintes respostas biológicas não são determinadas apenas pelo valor da carga utilizada (% de 1RM) ou pela intensidade de trabalho com que se executa o exercício (% de potência mecânica desenvolvida para aquela determinada carga). O volume total de trabalho, desenvolvido durante a sessão de treinamento, parece exercer papel fundamental na determinação de respostas hormonais adequadas. De fato, ao se confrontarem as respostas hormonais dos atletas do grupo LPD com as do grupo LPL, nota-se que apenas no primeiro verificam-se variações hormonais estatisticamente significativas relativas à concentração sérica de testosterona. Nos atletas pertencentes ao grupo LPL, não se nota nenhuma variação do perfil hormonal estudado. Essas observações sugerem que, para que uma sessão de treinamento de força máxima provoque estímulos biológicos que promovam respostas hormonais adequadas, é preciso executar um certo número de repetições. No caso dos atletas do grupo LPL, o número total de 25 repetições não foi suficiente para provocar adaptações e respostas hormonais adequadas. Com relação à regulagem hormonal provocada pela fadiga, deve-se prestar atenção à supressão da testosterona, que pode ser provocada por alta ou baixa concentração de prolactina circulante (Bardin, 1978), alta concentração sérica de cortisol ou elevada concentração do peptídeo opióide (Cumming et al., 1989). Em todo caso, nenhum desses fatores pode explicar completamente a queda de testosterona sérica observada nos atletas pertencentes aos grupos HV e FC. Pelo contrário, a concentração de prolactina permaneceu substancialmente invariada após a sessão de treinamento, enquanto as variações observadas no cortisol sérico correlacionaram-se positivamente com as variações observadas para a testosterona ($r = 0,50$, $P<0,05$, ver Tabela 15.2). Até que a produção de β-endorfina e corticotropina na adenohipófise seja estimulada pelo mesmo neurohormônio, e ambos sejam gerados pelos mesmos precursores, deveria ser invalidada a teoria que associa o nível elevado de β-endorfina à baixa concentração de cortisol no sangue. De tal modo, no lugar de uma possível ação hormonal direta sobre as células de Leyding, seria preciso prestar atenção à queda da concentração sérica de LH. Evidências já antigas sugerem que a supressão das funções adrenocorticais verificada durante a fadiga muscular esteja ligada à influência inibitória provocada pelo hipocampo nas células neurosecretórias que produzem o fator liberador de corticotropina (ver Viru, 1985). Ao mesmo tempo, pode-se assumir que inibições centrais das funções gonadotropinas podem ocorrer em resposta à fadiga, determinando automática supressão de testosterona.

Concluindo, a fadiga provocada pela sessão de treinamento de força máxima poderia produzir respostas diferentes tanto do comportamento neuromuscular quanto da atividade dos sistemas hormonais. Portanto, dever-se-ia enfatizar a supressão paralela dos eixos hipófise-adrenal e hipófise-gônadas. Além disso, parece que uma adequada concentração de testosterona sérica pode favorecer a eficiência neuromuscular, especialmente das fibras rápidas.

Agradecimentos. Este trabalho foi financiado pelo centro de Estudos e Pesquisas da Federação Italiana de Atletismo – F.I.D.A.L., Roma, e pela Divisão de Pesquisa e Experimentação da Escola do Esporte – C.O.N.I., Roma. Além disso, agradecemos a colaboração do professor Bruno Cacchi e de seus assistentes, M. Baggio e L. Cignitti, por terem contribuído na coleta dos dados.

BIBLIOGRAFIA

Bardin, C.W. Pituitary-testicular axis. In: Yen, S.S.C.; Jaff,. R.B. (eds). *Reproductive Endocrinology*: Physiology, Paratophysiology and Clinical Management. Toronto: Saunders WB, p. 110-125, 1978.

Bigland-Rirchie, B.; Jones, D.A.; Wood, J.J. Excitation frequency and muscle fatigue: electrical responses during human voluntary and stimulated contractions. *Exp Neurol.* v. 64, p. 414-427, 1979.

Bosco, C. Eine neu Methodik zur Einschätzung und Programmierung des Trainings. *Leistungssport.* v. 5, p. 21-28, 1992.

Bosco, C. et al. Dynamometer for evaluation of dynamic muscle work. *Eur J Appl Physiol.* v. 70, p. 379-386, 1995.

Bosco, C. et al. Hormonal responses in strenuous jumping effort. *Jpn J Physiol.* v. 46, p. 93-98, 1996a.

Bosco, C.; Tihanyi, J.; Viru, A. Relationship between field fitness test and basal serum testosterone and cortisol levels in soccer players. *Clin Physiol.* v. 16, p. 317-322, 1996b.

Bosco, C. et al. Combined effect of elastic energy and myoelectrical potentiation during stretch-shortening cycle exercises. *Acta Physiol Scand.* v. 114, p. 557-565, 1982.

Cumming, D.C.; Wheeler, G.D.; McColl, E. The effects of exercise on reproductive function men. *Sport Med.* v. 7, p. 1-17, 1989.

Dessyprisis, A.; Kuoppasalmi, K.; Adlercreutz, H. Plasma cortisol, testosterone, androstenedione and luteinizing hormone (LH) in a non-competitive marathon run. *J Steroid Biochem.* v. 7, p. 3-37, 1976.

Duchene, J.; Goubel, F. Surface electromyogram during voluntary contraction: processing tools and relation to physiological events. *Crit Ver Biomed Eng.* v. 21, p. 123-136, 1993.

Dux, L.; Dux, E.; Guba, F. Further data on the androgenic dependence of the skeletal musculature: effect of pubertal castration on the structural development of the skeletal muscle. *Horm Metab Res.* v. 14, p. 191-194, 1982.

Edwards, R.H.T. Human muscle function and fatigue. In: *Human muscle fatigue*: physiological mechanism. Ciba foundation symposium, Pitman medical, Londres, p. 1-18, 1981.

Freund, H.J. Motor units and muscle activity in voluntary motor control. *Physiological Rev.* v. 63, p. 387-346, 1983.

Garnett, R.A.F.; O'Donovan, M.J.; Taylor, J.A. Motor units organization of human medial gastrocnemius. *J Physiol.* v. 287, p. 33-43, 1979.

Guezennec, Y. et al. Hormone and metabolic response to weight-lifting training sessions. *Int J Sport Med.* v. 7, p. 100-105, 1986.

Häkkinen, H.; Pakarinen, A. Acute hormonal responses to heavy resistance exercise in men and women at different ages. *Int J Sport Med.* v. 16, p. 507-513, 1995.

KRAEMER, W.J. Hormonal mechanism related to expression of muscular strength and power. In: KOMI, P.V. (ed). *Strength and power in sport*. Londres: Oxford Scientific, p. 64-67, 1992.

KRAEMER, W.J. et al. Endogenuous anabolic hormonal and growth factor responses to heavy resistance exercise in males and females. *Int J Sports Med*. v. 12, p. 228-235, 1991.

KRAEMER, W.J. et al. Factors in various strength and power performances in men. In: HÄKKINEN, K.; KESKINEN, K.L.; KOMI, P.V.; MERO, A. (eds). *Book of Abstracts, XV th Congress of the ISB*. Finlândia: Gummerus, p. 508-509, 1995.

KRAEMER, W.J. et al. Hormonal and growth factor responses to heavy resistance exercise protocols. *J. Appl. Physiol*. v. 69, p. 1442-1450, 1990.

MERO, A. et al. Relationship between the maximal running velocity, muscle fiber characteristics for production of force relaxation of sprinters. *Scand J Sports Sci*. v. 3, p. 16-22, 1981.

MORITANI, T.; MURO, M.; KIJIMA, A. Electromechanical changes during electrically induced and maximal voluntary contractions: electrophysiological responses of different muscle fiber types during stimulated contractions. *Exp Neurol*. v. 88, p. 471-483, 1985.

MORITANI, T.; MURO, M.; NAGATA, A. Intramuscular and surface electromyogram changes during fatigue. *J Appl Physiol*. v. 60, p. 1179-1185, 1986.

ROLLING, G.L. et al. Effects of testosterone proprionate on strength and eccentric induced muscle damage. *Med Sci Sports Exerc*. v. 28, p. 113, 1996.

SAHLIN, K. Intracellular pH and energy metabolism in skeletal muscle of man. *Acta Physiol Scand Suppl*. v. 445, 1978.

SALE, D.G. Neural adaptation to resistance training. *Med Sci Sports Exerc*. v. 20, p. 135-145, 1988.

SALE, D.G.; MACDOUGALL, J.D. Specificity in strength training: a review for the coach and athlete. *Canadian Journal of Applied Sports Science*. v. 6, p. 87-92, 1981.

SCHÄDLER, M. Propoertionale Aktivierung von ATP-ase-Aktivität und Kontraktionsspannung durch Calciumionen in isolierten contractilen strukturen verschiedener Muskelarten. *Pflügers Arch*. v. 296, p. 70-90, 1967.

SECHER, N.H. Motor units recruitment. In: Hebbelinck, M.; Shepard, R.J. (eds) Muscular Function in Exercise and Training. *Medicine and Sport Science*. v. 26, p. 152-162, 1987.

VIRU, A. Hormones in Muscular Activity. v. 2. *Adaptive Effects of Hormones*. Boca Raton: CRC Press, 1985.

Capítulo 16

A Influência da Testosterona na Força

C. Bosco, Atletica Studi 4/95

Foto: Da esquerda: Cacchi, Manno e Bosco.

A força explosiva

Em todas as especialidades de atletismo e em muitas modalidades esportivas (esgrima, esqui alpino, tênis, etc.), a melhora do desempenho está diretamente ligada à melhora da potência muscular. A potência muscular, por sua vez, depende de dois fatores fundamentais: um energético e outro neuromuscular. As capacidades dos sistemas energéticos em produzir energia bioquímica em quantidades elevadas caracteriza as modalidades de corrida (dos 100m à maratona). Nas provas de corrida veloz (100-400m), além dos sistemas bioenergéticos (potência anaeróbica alática e láctica, e resistência à força rápida), um papel muito importante cabe às propriedades neuromusculares. Essas características fisiológicas são responsáveis pela capacidade de desenvolver, em brevíssimo tempo, elevados gradientes de força (Figura 16.1).

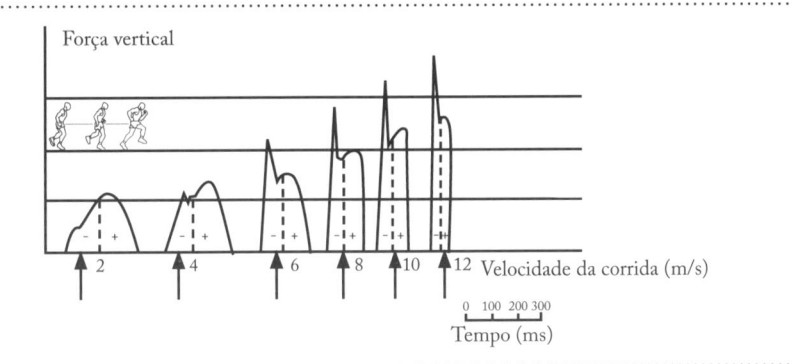

Figura 16.1 Força de reação do atleta ao solo na direção vertical durante diferentes velocidades. Passando-se da velocidade baixa (2-4 m/s) à altíssima velocidade (10-12 m/s), o tempo de contato é cada vez menor, e a força cada vez mais elevada (Bosco, 1992).

Força Muscular

A capacidade de desenvolver gradientes de força máxima de forma balística caracteriza todas as especialidades de saltos e lançamentos, além da corrida (Figura 16.2).

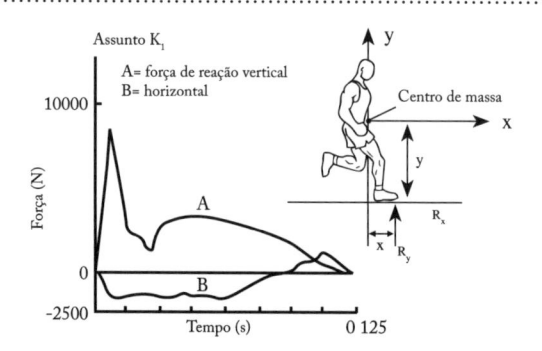

Figura 16.2 Força de reação do atleta ao solo na direção vertical (A) e horizontal (B) durante espaço do salto à distância (Bosco, Luhtanen, Komi, 1976).

Portanto, a Força Explosiva (FE) é a qualidade muscular fundamental para muitas modalidades esportivas. Uma definição completa e cientificamente exata da FE não é fácil de ser encontrada. Apesar disso, teve-se a possibilidade de identificar os fatores e os elementos que contribuem para sua manifestação. Os fatores que foram especificados como estreitamente ligados à FE são os seguintes:

1. Freqüência dos impulsos nervosos que chegam do encéfalo aos músculos.
2. Número das fibras musculares às quais são enviadas as mensagens.
3. Influência da retroalimantação, das células de Renshaw, dos proprioceptores (ou fusos musculares), dos órgãos tendíneos de Golgi, dos receptores articulares, etc., em nível espinhal e/ou supraespinhal.
4. Tipo de fibras musculares (Fibras Rápidas (FR), e/ou Lentas (FL), e Intermediárias (FI)).
5. Tamanho de cada fibra muscular e tensão produzida, que dependem respectivamente da massa e do peso molecular da estrutura protéica que constitui a fibra.

6. Condições fisiológicas em que se encontra a fibra muscular antes que a força explosiva seja desenvolvida (estado de repouso, ativo), isto é, se o trabalho concêntrico ou positivo é executado depois de alongamento ativo do músculo (trabalho excêntrico) ou se é produzido a partir do repouso.
7. Estado de treinamento em que se encontra a fibra muscular: isso interessa tanto ao comportamento neuromuscular quanto ao metabólico da própria fibra.
8. Nível da concentração de testosterona em circulação.

A força muscular e a velocidade desenvolvidas pelo trabalho são difíceis de ser diferenciadas uma da outra. Ambas são produzidas pelo mesmo mecanismo de controle e guia do sistema neuromuscular. A velocidade de contração de um músculo depende do valor da carga externa; com cargas altas, obtêm-se velocidades baixas e vice-versa (Hill, 1938). O produto da força exteriorizada e da velocidade desenvolvida determina a potência mecânica que o músculo pode realizar com determinada carga. A potência máxima (Pmáx.) que um músculo desenvolve é obtida, normalmente, quando a força alcança 35-45% da força máxima (Fmáx.) e 35-45% da máxima velocidade de contração (Vo); isso se verifica tanto no músculo isolado (Hill, 1938) quanto *in vivo* (Bosco et al., 1982). A força explosiva pode identificar-se com a potência máxima pois representa a expressão mais elevada de produção de trabalho em brevíssimo tempo, que envolve tanto mecanismos neuromusculares quanto morfológicos e estruturais.

A força máxima e a força dinâmica máxima

A força máxima, medida, normalmente, com uma RM ou com um agachamento completo, e a força dinâmica máxima, que descreve a capacidade de erguer carga igual ao peso do corpo durante a execução de ½ agachamento (Bosco, 1984), contrariamente ao que se pensa, não são pré-requisitos essenciais para poder sobressair em muitas modalidades esportivas. Apesar disso, possuir elevado nível de força máxima e de força dinâmica máxima é fundamental para poder desenvolver gradientes elevados de força explosiva (força veloz, força rápida). Tudo isso é conhecido empiricamente e aplicado na prática por treinadores em metodologias de treinamento de seus planos de trabalho. De fato, os programas de trabalho muscular prevêem estímulo de treino inicial dirigido à melhora dos processos biológicos, que estão na base do desenvolvimento da força máxima e da força dinâmica máxima e, posteriormente, focalização do trabalho sobre a força explosiva e força específica em especial. Em outras palavras, busca-se aumentar o nível de força máxima e de força dinâmica máxima, estabilizar o seu rendimento, e transformá-las, posteriormente, em força explosiva (força rápida, etc). Esses complexos processos podem ser realizados na prática, já que as bases dos fenômenos biológicos que caracterizam o desenvolvimento de força máxima e de força dinâmica máxima não são diferentes daqueles ligados ao desenvolvimento da força explosiva. Logicamente, existem parâmetros e fenômenos biológicos completamente diferentes, por exemplo, a relação entre a força e a velocidade, mas a tarefa da ciência do treinamento é justamente encontrar as melhores soluções para transformar e transferir as adaptações biológicas produzidas pelo treinamento da força máxima ao desenvolvimento de níveis elevados de força explosiva.

A velha metodologia de treinamento previa, para o início da preparação, um período de treinamento exclusivamente dirigido à melhora da força máxima (2-3 meses) e, posteriormente, um período de transformação seguido de treinamento de força especial. As novas concepções, baseadas em experiências de natureza empírica e experimental, prevêem trabalhos de força máxima e força explosiva durante o mesmo período. No início da preparação, é enfatizada a força máxima, posteriormente a explosiva, e em seguida a força especial (sobretudo antes da estação agonística).

Um exame minucioso dos processos biológicos que estão na base do desenvolvimento da força máxima e força dinâmica máxima pode nos ajudar a entender como o treinamento planejado de maneira racional pode induzir estímulos e modificações complexas do sistema neuromuscular, de maneira que, a partir da melhora dos níveis de força dinâmica máxima, possam-se alcançar melhoras progressivas da força explosiva.

É um fenômeno já bem documentado a adaptação biológica inicial aos estímulos provocados pelo treinamento da força máxima, que é de origem neural (Moritani e Vries, 1980). A essa, seguem-se complexas transformações e adaptações morfológicas, que levam à hipertrofia muscular (Figural 16.3).

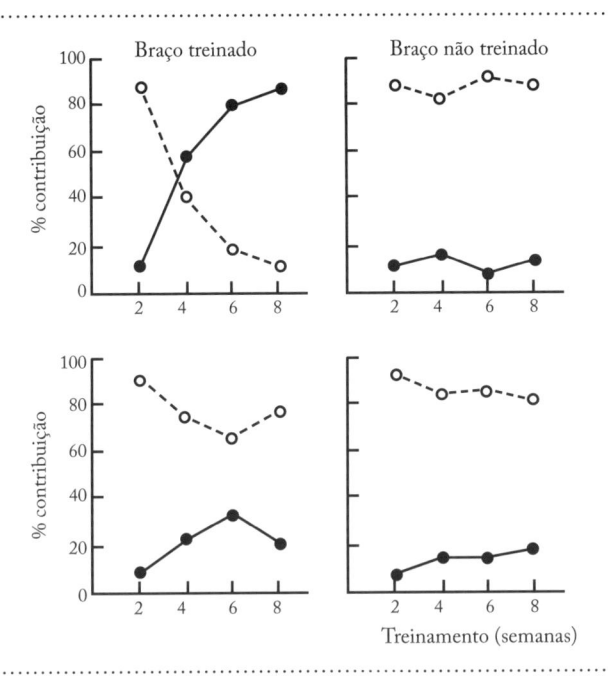

Figura 16.3 O aumento de força máxima obtida durante o treinamento é apresentado em função do percentual de contribuição dada pelos fatores neurogênicos (O) e pelas modificações morfológicas "hipertrofia" (●) em braços treinados, e em contralaterais não treinados de jovens (a) e idosos (b) (Moritani e Vries, 1980).

É possível que os fatores neurais ajam em diversos níveis do sistema nervoso central e periférico, determinando, como resultado final, a ativação máxima das várias unidades motoras envolvidas. A importância da influência do sistema nervoso é também demonstrada, indiretamente, por estudos realizados sobre os efeitos produzidos pela estimulação elétrica (ver Mac Donagh e Davies, 1984; Davies et al., 1984). Os seus resultados demonstraram que a administração de 80 contrações tetânicas, de duração de 10s cada, produzidas por estimulação elétrica, não levou a nenhuma melhora da força, indicando que a ativação voluntária do sistema nervoso central deve estar presente para que ocorram melhoras substanciais do desenvolvimento da máxima força voluntária.

É preciso lembrar que, entre os fatores de natureza neurogênica, aquele que sofre as primeiras adaptações ao treinamento de força máxima é o recrutamento de novas unidades motoras. Posteriormente, há melhora da capacidade de recrutamento temporal, isto é, são recrutadas ao mesmo tempo um número cada vez maior de unidades motoras, e, enfim, melhora-se a capacidade de emissão de impulsos de estímulo em alta freqüência. Esta última adaptação, em contraste com o fato de que um período de tempo muito longo é necessário antes que se produzam adaptações estáveis, é rapidamente perdida com a falta de treinamento (Sale, 1988). Portanto, depois do período inicial em que se verifica melhora da força máxima, devido a fatores neurogênicos, o que inclui melhora da coordenação inter e intramuscular, ocorrem processos de transformação e adaptação morfológica. De fato, a posterior melhora é sustentada pelo aumento da secção transversa do músculo (Hipertrofia) (ver Figura 16.4; Sale, 1988).

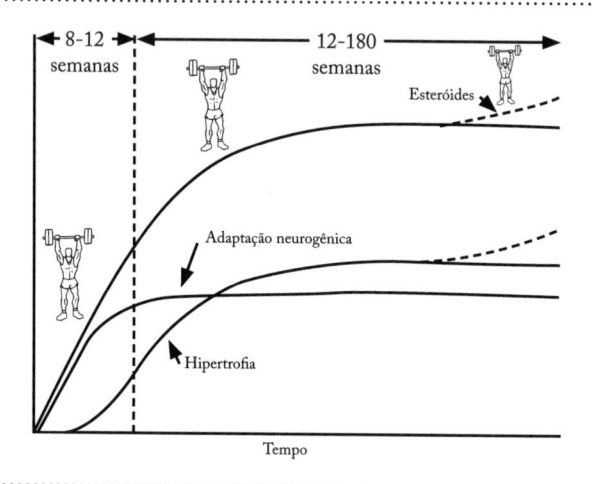

Figura 16.4 Representação esquemática dos papéis de adaptação neural e morfológica em resposta ao treinamento de força máxima. Essa fase foi encontrada na maior parte das pesquisas publicadas na literatura internacional. Trabalhos experimentais que foram prolongados por muito tempo mostram subseqüente adaptação miogênica e respectiva hipertrofia (modificado por Sale, 1988)

Alcançado o cume do desenvolvimento natural da força, apenas procedimentos muito perigosos à saúde (câncer no fígado, na vesícula, etc.) podem melhorar os níveis já alcançados, como o uso de hormônios esteróides. O aumento da secção transversa do músculo, que se verifica, normalmente, no homem que treina com meios normais e tradicionais (barras, pesos, etc.) é determinado somente pelo aumento da componente contrátil do músculo e aumento do tecido conjuntivo intersticial (Mac Dougall, 1986) (Figura 16.5). Portanto, enquanto não forem apresentadas evidências mais relevantes, deve-se excluir, como sugerido por um autor, significativo aumento das fibras musculares (hiperplasia), exceto nos casos em que fibras necróticas são substituídas.

Relação entre a força máxima, a força explosiva e a testosterona sérica

Como anteriormente descrito, a melhora da força máxima ocorre primeiro por meio de adaptações e modificações de origem nervosa e, posteriormente, ocorrem complexas transformações e mutações morfológicas que levam à hipertrofia muscular. É possível que os fatores neurais ajam em diversos níveis do sistema nervoso central e periférico. Isso determina como resultado final a ativação máxima de todas as fibras musculares (Milner-Brown et al., 1975). O que significa ter a possibilidade de estimular instantaneamente um altíssimo número de fibras musculares que, em definitivo, configura o processo que determinam a força explosiva. A adaptação neurogênica implica, além disso, melhora da coordenação intra e intermuscular, o que leva a uma economia de energia metabólica, além de promover aumento da velocidade de execução de um movimento. Estudos feitos com atletas levaram a pensar que o treinamento da Força Máxima determinasse uma melhora do sistema de recrutamento das várias fibras musculares e, estando este sistema ligado à Força Explosiva (FE), favoreceria sua melhora. As interações entre a força explosiva e a máxima foram, por muito tempo, consideradas as únicas ligações biológicas entre as duas expressões de força. De fato, essas mostram entre si bases comuns de natureza metabólica, estrutural e neurogênica (Tabela 16.1). Entre essas, as últimas parecem possuir maiores ligações funcionais (Tabela 16.2). Por tal razão, em muitos esportes individuais em que a velocidade de execução torna-se fator indispensável para a realização do bom desempenho (atletismo, esqui alpino, pugilismo, etc.) busca-se melhorar a força explosiva tanto com metodologias diretas quanto através da melhora da força máxima. Pensar que a melhora da força explosiva está ligada apenas à melhora da componente neurogênica havia desencorajado a idéia de que outras conexões, especialmente de natureza endócrina, pudessem influenciar as duas expressões de força.

Apenas recentemente (Bosco, 1993a; Bosco et al., 1995), estudando o comportamento muscular de homens e mulheres, foi evidenciado um fator de fundamental importância para o desenvolvimento da força explosiva. Esse fator está ligado ao efeito produzido pelo hormônio sexual masculino, a testosterona, no comportamento do músculo esquelético humano. Até ontem, pensava-se que a testosterona, além de possuir função determinante no mecanismo da

Tabela 16.1 Processos metabólicos, enzimáticos e neuromusculares envolvidos em algumas expressões de força (Bosco 1992, modificado). Legenda: SA = Salto com Agachamento; SCM = Salto com Contra Movimento; SApc = Salto com Agachamento executado com carga Igual ao próprio peso corpóreo, RN = Recrutamento Nervoso; PR = Potenciamento por Reflexo miotático; EC = Elasticidade e Coordenação; FR = Fibras Rápidas, FL = Fibras Lentas; CM = Carga Máxima. Os asteriscos denotam o nível de intervenção (Bosco, 1992)

Expressão de força	ATP	ATPase	RN	PR	EC	FR	FL	CM%
Explosiva (SA) e (SCM)	*	***	***	*	***	***		20-70
Força Dinâmica Máxima (SApc)	*	**	**			***	***	50-60
Força Máxima (Fmax)	*	**	***			***	***	10-100

Tabela 16.2 Principais fatores que constituem as características basilares das funções neuromusculares que precedem o desenvolvimento da força explosiva e da força máxima. Os asteriscos (*) denotam o nível de importância (Bosco)

Fatores neuromusculares	Força explosiva (SA e SCM)	Força-max (SApc)
A) Sincronização das várias unidades motoras	***	***
B) Freqüência dos impulsos que do encéfalo chegam aos músculos	***	**
C) Coordenação inter e intramuscular	***	***
D) Influência do retroalimentação das células de Renshaw	***	**
E) Influência inibitória dos órgãos tendíneos de Golgi	*	***
F) Potenciamento do reflexo por alongamento (miotático)	*	
G) Influência da secção transversa dos músculos		***
H) Influência da estrutura morfológica (% de FR)	***	

puberdade, desenvolvia também ação anabolizante. Isto é, a testosterona foi considerada (erroneamente) um hormônio tipicamente anabolizante. De fato, mesmo que a testosterona favoreça o aumento da síntese protéica, os efeitos biologicamente mais importantes para acelerar os processos anabólicos são produzidos pelas somatomedinas e pelo hormônio do crescimento (Kraemer, 1992). Além disso, o efeito da testosterona é arbitrariamente associado ao desenvolvimento da força muscular. Tudo isso não apenas não corresponde à verdade, mas também induz muitos treinadores a conclusões completamente erradas. O efeito da testosterona não possui nenhuma relação com a força máxima, isso é demonstrado pelo fato de que quando essa força é expressa em função do próprio peso, não se encontra diferença entre homens e mulheres, apesar da concentração sérica do hormônio sexual masculino ser cerca de 10 vezes maior no homem do que na mulher. Se estivesse ligada ao desenvolvimento da força, dever-se-iam observar diferenças acentuadas entre homens e mulheres, como se observam para o desenvolvimento da velocidade e da força explosiva. De fato, parece que o efeito biológico da testosterona se dá, predominantemente, sobre a velocidade dos movimentos. Observações anteriores (Bosco 1993a, 1995) haviam evidenciado a correlação entre o percentual de fibras rápidas, estimado com o teste de Bosco (trampolim, a condutância ligado a um microprocessador portátil *Psion* XP, *Ergojump-Bosco System*, MAGICA, Roma) e a concentração sérica de testosterona. De fato, foi notada em 33 jogadores de futebol uma correlação significativa entre a capacidade de força explosiva (teste de Bosco) e a concentração sérica de testosterona. Essas observações nos haviam levado a pensar que a testosterona não exerce nenhum papel fundamental no desenvolvimento da força máxima, mas deveria desenvolver um papel indispensável para o desenvolvimento da força explosiva e da velocidade de movimento. Recentíssimos estudos por nós conduzidos (com velocistas homens e mulheres da seleção italiana de atletismo) confirmaram amplamente o que havia sido suposto anteriormente. Com tal objetivo, deseja-se lembrar que não foi encontrada correlação nenhuma, em 20 velocistas dos dois sexos, entre a força máxima expressa em função do próprio peso corpóreo e a concentração sérica de testosterona. Ao mesmo tempo, notou-se uma fortíssima correlação entre a concentração de testosterona, a capacidade de desenvolver força explosiva e a máxima velocidade de corrida (Figura 16.5a-b).

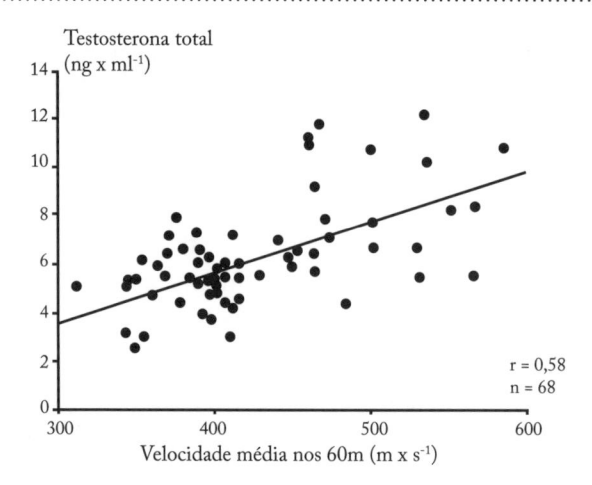

Figura 16.5 a Correlação entre a concentração sérica da testosterona e a força explosiva, mensurada com o contra-movimento, registrada em velocistas e jogadores profissionais de futebol.
*** P < 0,001.

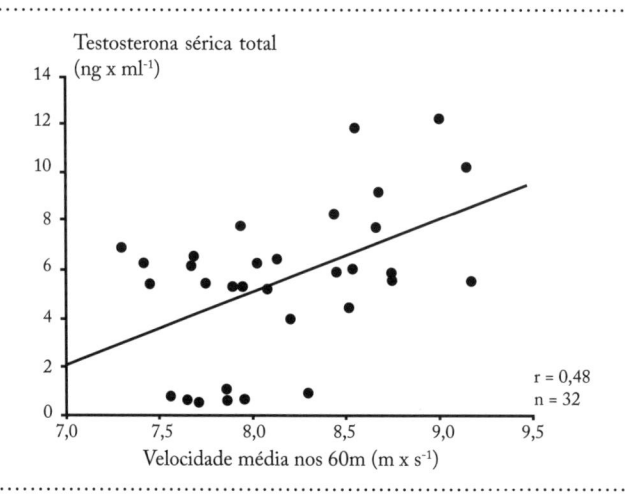

Figura 16.5b Correlação entre a concentração sérica da testosterona e a velocidade nos 60m, registrada em velocistas e jogadores profissionais de futebol. *** P< 0,001.

Essas descobertas, que à primeira vista poderiam parecer irrelevantes, forneceram indicações de essencial importância para entender, antes de tudo, o papel fundamental que a testosterona possui no comportamento muscular. Finalmente, depois de tantos anos de estudos e investigações, parece que se conseguiu estabelecer a ligação biológica e hormonal existente entre a melhora da força máxima e a da explosiva. Isso é sugerido pelo fato de que treinamentos de cerca de três meses de força máxima provocam aumento da testosterona (Häkkinen et al., 1988). Uma elevada concentração de testosterona favoreceria a fenotipização das fibras rápidas e, portanto, criaria os pré-requisitos para realização de expressões elevadas de força, fortemente correlacionadas com as fibras rápidas (Bosco e Komi, 1979). Além disso, o efeito da testosterona está ligado ao sistema nervoso central. A esse hormônio, foi atribuído um efeito neuromodulador, que favoreceria a transmissão nervosa dos impulsos que partem do cérebro para as fibras musculares (Kraemer, 1992). Em conclusão, dado que as concentrações de todos os outros hormônios são semelhantes tanto nas mulheres quanto nos homens, e apenas a concentração de testosterona varia, é fácil imaginar que essa seja a origem das diferenças encontradas para os diferentes níveis de força explosiva e de velocidade entre homens e mulheres, e não de força máxima. Essas novas descobertas, além de explicarem as conexões existentes entre a melhora da força máxima e a explosiva, sugerem-nos outros aspectos fundamentais do papel que o hormônio sexual masculino teve na história do homem. Durante os primeiros anos de presença do homem na terra, apenas quem possuía uma elevada concentração de testosterona podia reagir rapidamente aos perigos que se apresentavam de repente. O homem tinha de estar sempre pronto para enfrentar qualquer eventualidade que se apresentasse, de perturbações ambientais a perturbações geográficas. As variações hormonais, provocadas pelas condições hostis continuamente enfrentadas pelo homem, parecem ter sido transmitidas filogeneticamente. De fato, é preciso lembrar que existe uma forte correlação entre a agressividade e a concentração de testosterona. Portanto, parece que há uma conexão direta entre agressividade-velocidade e testosterona, e essa conexão não veste roupas femininas.

As descobertas científicas freqüentemente ajudam a esclarecer os segredos que a natureza esconde com zelo, mas nem sempre podem ser postas em prática para melhorar as nossas condições de vida. No caso presente, as descobertas relativas à influência que a testosterona possui na força explosiva permitiram não apenas esclarecer muitas dúvidas, mas também sugerir métodos de treinamento mais objetivos. Os estímulos provocados pelo treinamento da força máxima, segundo os métodos tradicionais (volume, intensidade, repetições, série e pausas) podem influenciar tanto os eixos hipotálamo-hipófise quanto os eixos hipófise-gônadas (Figura 16.6).

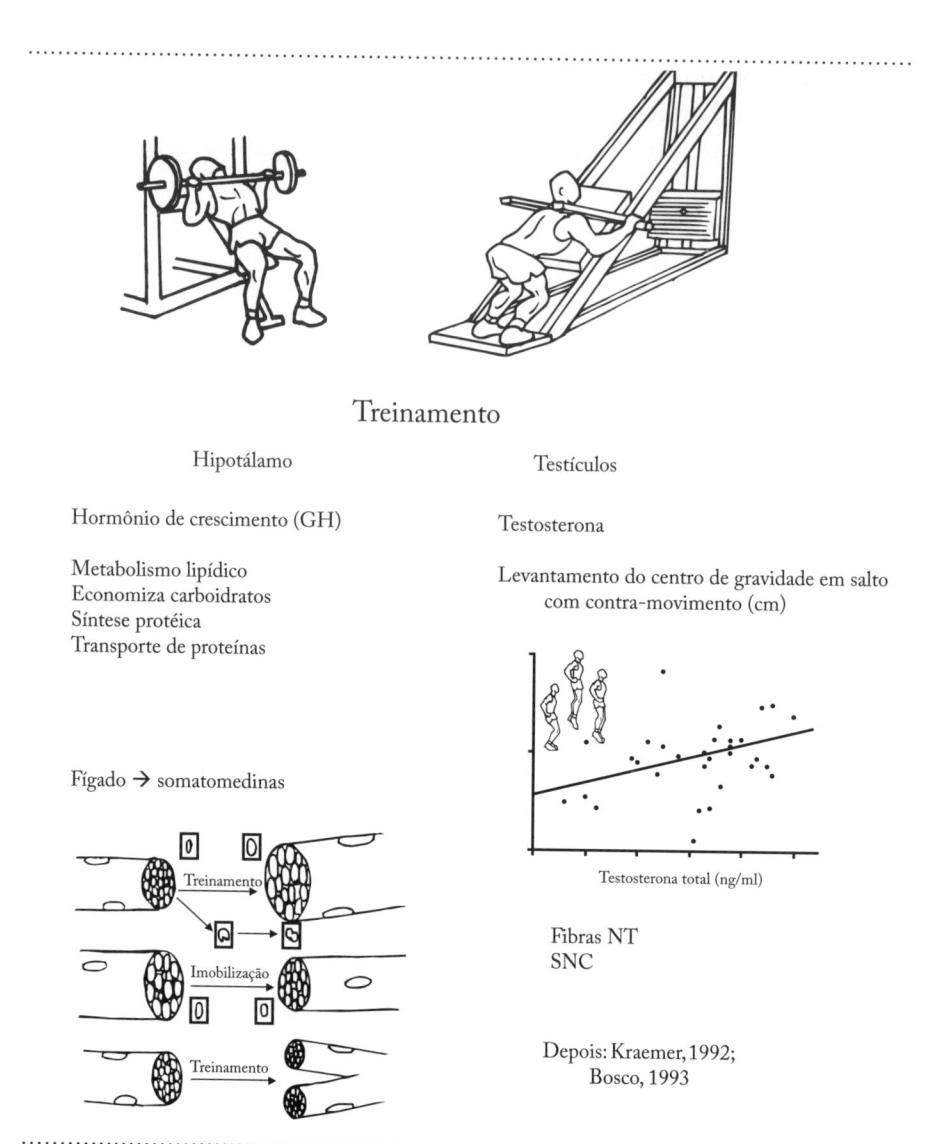

Figura 16.6 Representação esquemática dos efeitos provocados pelo treinamento de força máxima. Utilizando-se pausas curtas entre as séries favorecer-se-ia o aumento do hormônio do crescimento e, assim, o aumento do *turnover* protéico (Kraemer et al., 1990). Portanto, a secção transversa das miofibrilas aumentaria em proporção direta ao aumento das dimensões e número (a). Com a imobilização, a secção das fibras diminui em proporção à secção das miofibrilas (b). Foi sugerida uma multiplicação de fibras provocada pelo treinamento em algumas espécies de animais; no entanto, no homem, isso é muito difícil de acontecer (c) (MacDougall, 1986). Com pausas mais prolongadas, favorecer-se-ia um aumento da testosterona, que beneficiaria, por sua vez, a melhora da força explosiva e da velocidade (Bosco, 1993, 1995). Isso é sugerido pela influência exercida pela testosterona sobre as fibras rápidas e o sistema nervoso central (Kramer, 1992)

Estimulando-se os eixos hipotálamo-hipófise, favorece-se a secreção do hormônio do crescimento (GH). Isso determina aumento do metabolismo dos lipídios, redução do metabolismo dos glicídios e, através do efeito combinado com as somatomedinas (hormônios secretados pelo fígado), aumento maciço do *turnover* protéico. Em contraste, treinamentos de força máxima realizados com metodologias diferentes poderiam favorecer o aumento da testosterona. Uma alta concentração de testosterona facilitaria, segundo a hipótese de Bosco (1993a, 1995), a melhora da força explosiva e da velocidade. Essas duas características fisiológicas estão ligadas aos efeitos determinados pela testosterona, que causa a fenotipização das fibras rápidas e a potenciação da atividade do sistema nervoso (Kraemer 1992). É preciso notar que, para provocar aumentos de testosterona ou de GH, não só o volume e a intensidade de trabalho são importantes, mas também as pausas respeitadas entre as séries. Durante esforços máximos, segundo o princípio de Henneman (1965), todas as fibras presentes no músculo ativado são recrutadas (Figura 16.7).

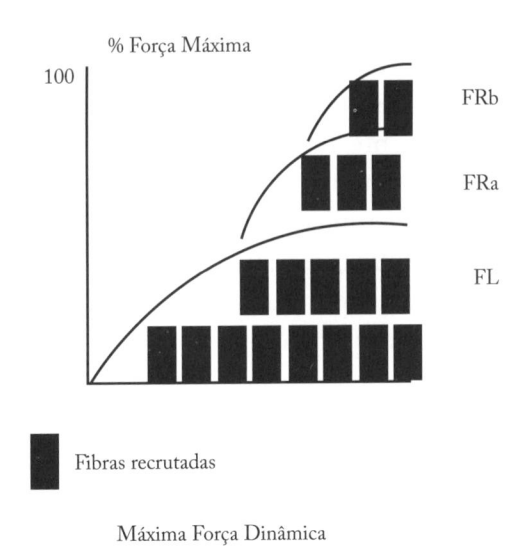

Figura 16.7 Segundo o princípio de Henneman (1965), a concentração máxima é caracterizada pelo recrutamento de todas as fibras no músculo.

Isso significa que, depois da execução de algumas repetições máximas, todas as fibras ficam exaustas. Portanto, a potência mecânica dos músculos ativados diminui com o aumento das repetições máximas executadas (Figura 16.8).

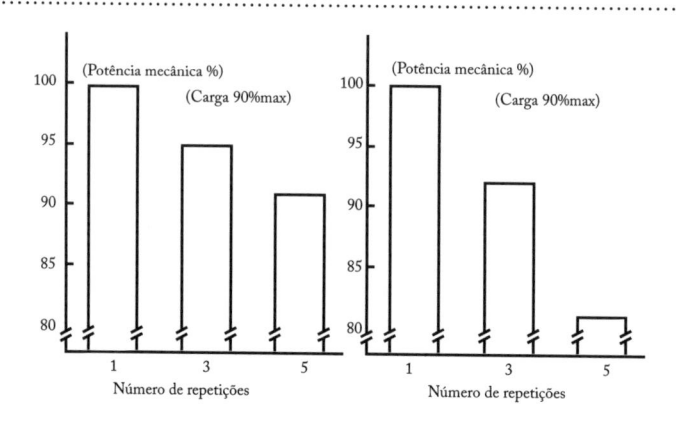

Figura 16.8 Variação da potência mecânica dos músculos extensores do joelho durante a execução de uma série de cinco repetições de ½ agachamento com barra nas costas com cargas de 90% e 100%, em máxima intensidade (Bosco, dados de laboratório não publicados, 1978-79).

Uma vez completada uma série, têm-se diversas possibilidades de recuperação. No caso de pausa de 1 min entre as séries, a atividade muscular no início da nova série poderia ser fortemente limitada. A potência muscular dificilmente alcançaria os níveis ideais manifestados no início do treinamento (Figura 16.9).

Isso poderia ser determinado, provavelmente, pela impossibilidade de recrutar todas as fibras rápidas que, exaustas por efeito do trabalho precedente, precisam de períodos mais longos para se recuperar. No caso da recuperação entre as séries ser prolongada (3 min), a possibilidade das fibras rápidas se recuperarem é maior e, portanto, essas contribuem para a realização do esforço, desenvolvendo a máxima potência no início da nova série. No caso de uma pausa de recuperação curta, acentua-se o aumento do GH (Kraemer et al., 1990). Supôs-se que uma recuperação mais demorada e execução de poucas repetições na potência máxima favoreceria o aumento da testosterona (Bosco, 1995). Os primeiros resultados obtidos com levantadores de pesos e fisiculturistas confirmaram essa hipótese (Bosco e Colli, 1995). É preciso lembrar que esses fenômenos podem ser verificados no uso de cargas máximas e submáximas, desde que o trabalho seja prolongando até a fadiga (Figura 16.10).

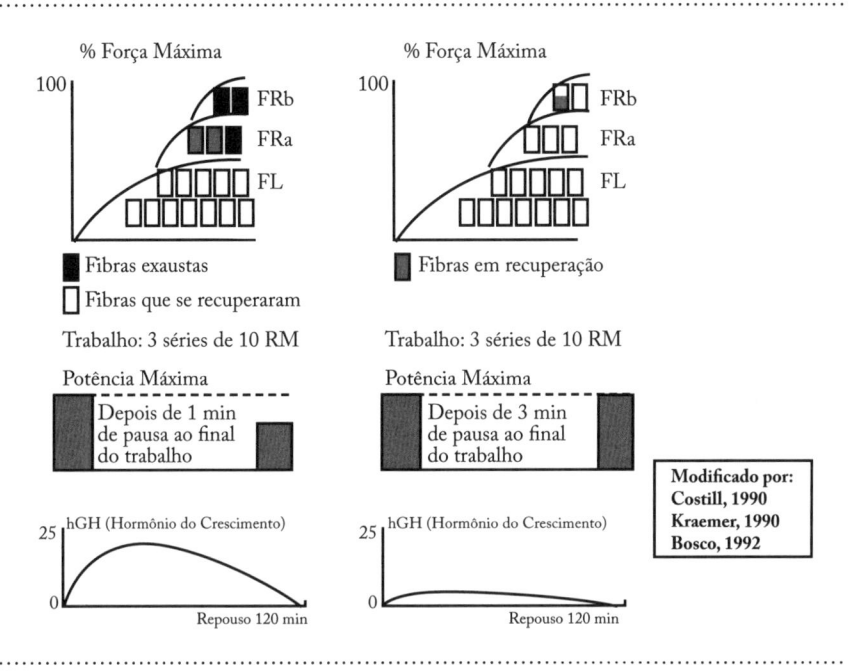

Figura 16.9 Representação esquemática das condições musculares determinadas depois de um minuto de recuperação ao final de uma série de 10RM. As Fibras Lentas (FL) se recuperam primeiro, enquanto as Rápidas (FR) precisam de uma pausa mais longa. Respeitando-se pausas curtas, estimula-se a produção do hormônio do crescimento (Kramer et al., 1990), enquanto recuperações mais longas favorecem o restabelecimento das fibras rápidas e o aumento da produção de testosterona (Bosco, 1995).

O que foi exposto não é mais do que uma mera exemplificação dos complexos fenômenos que ocorrem em resposta ao treinamento da força máxima. Em conclusão, nossa opinião é que o treinamento da força máxima, além de melhorar as características neurogênicas, determina um aumento da secreção de testosterona. Portanto, as duas expressões de força não se relacionam somente através das suas características neurogênicas comuns, como a freqüência de estímulo, o recrutamento e a sincronização das unidades motoras, mas também através da influência da testosterona em nível nervoso e miogênico. Infelizmente, os efeitos temporais e espaciais da testosterona e da potenciação neurogênica não são claros. De fato, mesmo que tenha sido demonstrado que o aumento da força ocorre inicialmente através de uma melhora neurogênica e, posteriormente, por meio de adaptações morfológicas (Sale, 1988), não se sabe ainda se a potenciação neurogênica é favorecida por concentrações altas de testosterona circulante. Esses fenômenos serão, sem dúvida, motivos de pesquisa no futuro.

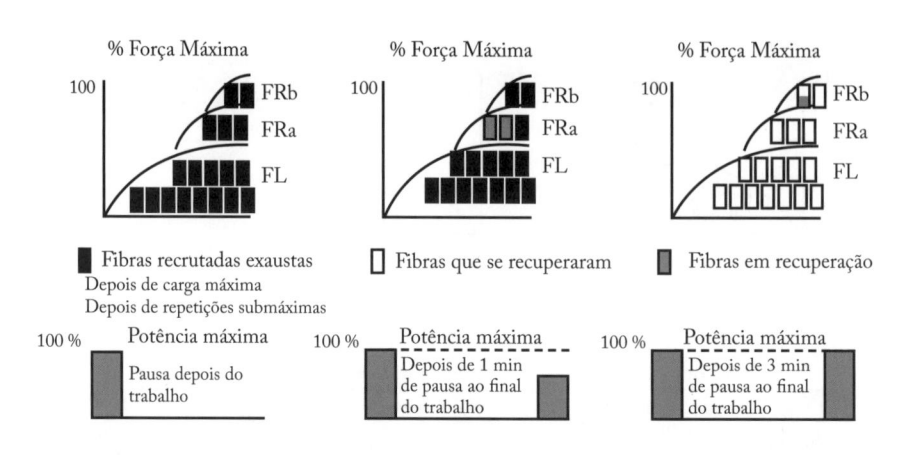

Figura 16.10 Como na Figura 16.9, com a diferença que, neste caso, além da carga máxima, o cansaço pode ser determinado por repetições executadas com cargas submáximas.

Planejamento personalizado do treinamento com os novos métodos de Bosco mediante o uso do *Ergopower*®

Como já mencionado no Capítulo 3, as modernas metodologias de treinamento que visam à melhora das funções musculares nas várias expressões de força (força máxima, força rápida, resistência à força rápida, hipertrofia e resistência de força) foram planejadas de maneira racional apenas no final da Segunda Guerra Mundial, pelo capitão dos *marines* T.L. De Lorm (1945). A sugestão de uma programação planejada das cargas de trabalho ocorreu devido ao conflito bélico, que ocasionou um dramático aumento de homens deficientes e feridos, com necessidade de cuidados e de planos específicos de reabilitação neuromuscular. Foi De Lorm que introduziu o sistema piramidal, que é o método mais veloz para determinar empiricamente o número de repetições adequado em função da carga utilizada. De fato, o método sugere que, com cargas altas, é preciso executar poucas repetições, que aumentam conforme a carga a ser levantada diminui. Por exemplo, com uma carga de 95% da carga máxima (CM), aconselha-se uma repetição, enquanto com 70% da Carga Máxima as repetições chegam a oito (Figura 16.11).

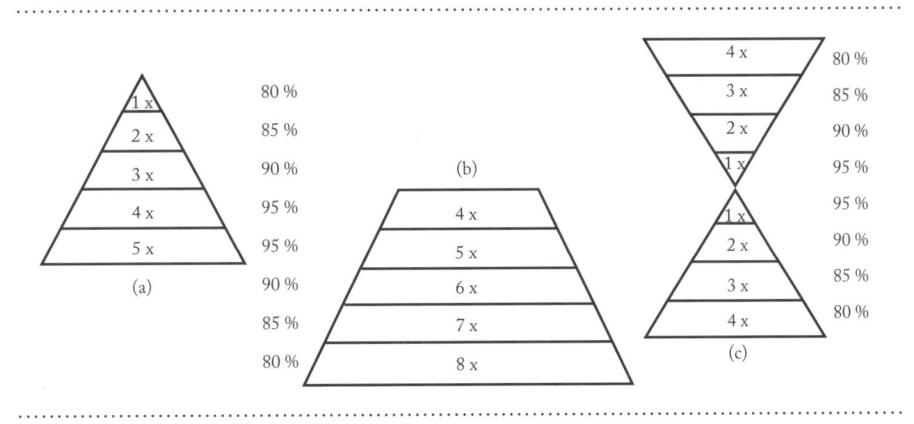

Figura 16.11 Exemplos de treinamento em pirâmide normal (a), em pirâmide-tronco (b) e em pirâmide dupla (c).

Este sistema, mesmo que modificado ou variado de alguma maneira (ver o método de contraste introduzido por A. Spassov ou das repetições máximas), foi, e ainda é, utilizado para a reabilitação, mas também, e sobretudo, para a preparação de atletas especializados nas mais diversas disciplinas esportivas. Portanto, com tal método, o número de repetições, séries e pausas de repouso a serem respeitadas entre as séries, é estabelecido, *a priori*, igualmente para todos, sem considerarem-se as condições biológicas e as características morfológico-funcionais do atleta. Tudo isso está em claro contraste com o princípio da especificidade do treinamento, que sugere exercícios planejados conforme a modalidade praticada e cargas personalizadas conforme as características biológicas do atleta (Faulkner, 1927). De fato, raramente dois atletas, mesmo que praticantes da mesma modalidade esportiva, apresentam características morfológico funcionais semelhantes, para não falar das propriedades biológicas que freqüentemente são transmitidas geneticamente (Komi et al., 1973). Além disso, é preciso lembrar que o treinamento da força, além de estimular os processos bioquímicos e provocar determinadas adaptações morfológicas, ativa também respostas neurogênicas específicas. O sistema nervoso exerce papel fundamental de controle e ativação não apenas dos fenômenos diretamente ligados à contração muscular, mas, sobretudo, determina e coordena as respostas adequadas ao evento estressante. Portanto, a primeira resposta, que depende da intensidade do estímulo, observa-se na ativação dos eixos hipotálamo-hipófise-adrenal (medular). Posteriormente, estimula-se a ativação da vasopressina e a liberação de catecolaminas. A essa fase inicial de resposta ao estímulo, definida como fase autônoma, segue-se uma outra resposta hormonal, muito mais complexa, definida como fase metabólica. As respostas hormonais diretas aos estímulos provocados pelo treinamento da força estão ligadas aos processos de aumento da síntese protéica, que age não apenas sobre o *turnover* protéico das células musculares, mas sobre todos os processos biológicos em geral (substratos, enzimas, tecido conjuntivo, células nervosas, etc.). A mobilização do sistema biológico ao estímulo externo manifesta-se principalmente mediante a resposta do hormônio do crescimento (hGH), das somatomedinas (IGF), dos hormônios da tireóide, além do ACTH, testosterona e cortisol, etc. Como é evidenciado por esses complexos fenômenos, não é fácil realizar uma programação racional das cargas de trabalho baseando-se apenas em experiências empíricas. Além disso, é preciso lembrar que treinamentos muito intensos da força máxima provocam fortíssimas perturbações homeostáticas. Portanto, torna-se de extrema importância não apenas controlar e estudar qual é o período de recuperação ótima entre duas séries de exercícios, mas verificar, antes de se iniciar uma nova sessão de treinamento, se o atleta recuperou-se completamente do trabalho precedente. De fato, na ausência de uma regeneração ótima, as condições biológicas do atleta poderiam ser prejudicadas de maneira irremediável. Se, ao estresse de natureza biológica adiciona-se o estresse de natureza psíquica, podem-se determinar fortíssimos estímulos negativos no sistema imunológico, limitando suas funções de proteção. Tudo isso é notado no momento em que o atleta começa a adoecer continuamente (resfriado, gripe, etc.), com maior freqüência que os sedentários. Segundo esses ensinamentos, além do teste de avaliação funcional, os atletas devem, periodicamente, ter seus perfis imunológico e hormonal analisados (Bosco, 1992). À luz dessas considerações, uma programação racional e personalizada, capaz de estimular processos biológicos adequados, não pode, absolutamente, ser adotada baseando-se em experiências empíricas. De fato, a determinação *a priori* de cargas de trabalho muscular não leva em consideração as condições biológicas em que se encontra o atleta naquele momento. Essas condições são caracterizadas pelo andamento do ritmo circadiano e pela influência dos estímulos psicofisiológicos anteriormente recebidos. Além disso, é preciso lembrar que, como acontece na corrida, também no treinamento muscular o que determina estímulos biológicos específicos é a velocidade de execução. Por isso, normalmente se verifica que, durante o trabalho muscular constituído de mais repetições, a potência muscular se desenvolve no início; e com o aumento do número de repetições, por efeito do cansaço, diminui (Figura 16.8) (Bosco, 1991). Portanto, se no início do treinamento o trabalho muscular provoca os estímulos de treino desejados, depois das primeiras repetições é impossível saber quais propriedades biológicas estão sendo estimuladas. Por exemplo, ao trabalhar-se com uma carga igual a 30% da carga máxima, podem ser solicitadas adaptações e estimuladas características fisiológicas completamente diferentes. Trabalhando-se com a máxima velocidade que a carga a ser levantada permite, desenvolve-se a potência mecânica máxima. Nesse caso, o número de repetições é limitado por fenômenos associados ao cansaço, que não possuem origem metabólica, mas nervosa, e, nesse caso, a característica melhorada é a força explosiva. Se, pelo contrário, deseja-se treinar a resistência à força rápida utilizando-se a mesma carga, a potência que deve ser desenvolvida não deve ser superior a 90% nem inferior a 75-80% da potência mecânica máxima. Superando-se esses valores, determinam-se condições de cansaço muito repentino, o que limita a possibilidade de continuar o trabalho de maneira a estressar adequadamente o metabolismo anaeróbico alático e lático, e enquanto níveis de ativação inferiores a 75% da potência máxima são mais específicos à melhora da resistência de força. Assim, não conhecer a velocidade de execução representa um obstáculo irremovível para a obtenção de adaptações específicas e concretas, já que é justamente a velocidade com que é realizado o movimento que favorece e determina a adaptação de um processo biológico e não de outro.

À luz dessas observações, e depois de cerca de sete anos de estudo, foram encontradas algumas soluções capazes de auxiliar na programação racional das cargas de trabalho musculares; estas soluções levam em consideração as características fisiológicas de cada indivíduo no momento em que se efetua o treinamento. De fato, as novas metodologias introduzidas por Bosco (1991, 1992a, b, c, 1993b, 1994a, b, 1995) baseiam-se no registro dos fenômenos mecânicos, derivados da ativação fisiológica da contração muscular, por meio de instrumentos eletrônicos capazes de medir o deslocamento da carga levantada em função do tempo (*Ergopower*®). Esse instrumento, além de poder ser utilizado como dinamômetro, encontra fácil e muito útil aplicação para guiar e personalizar a carga de trabalho durante o treinamento. Recentemente, esse instrumento foi incorporado aos aparelhos de musculação *Newform* (Ascoli Piceno), que utilizam os métodos de Bosco. O sistema operativo é muito simples, assim como as metodologias de treinamento. De fato, escolhida uma determinada carga a ser levantada, segundo os estímulos que se deseja provocar, executa-se, com aquela determinada carga, um teste de esforço máximo e registra-se a potência mecânica desenvolvida. Quando o atleta treina, o instrumento assinala o valor do esforço realizado, confrontando automaticamente os níveis de potência desenvolvida com os máximos obtidos durante o teste inicial (Figura 16.12).

Desse modo, quando ocorre qualquer desvio no desenvolvimento de potência, em relação aos níveis desejados, um aviso é dado ao indivíduo (com retroalimentação visual e acústica), de maneira que o valor do esforço possa ser diminuído ou aumentado, conforme as características musculares específicas requeridas naquele momento. O conhecimento imediato de seu comportamento neuromuscular permite ao indivíduo

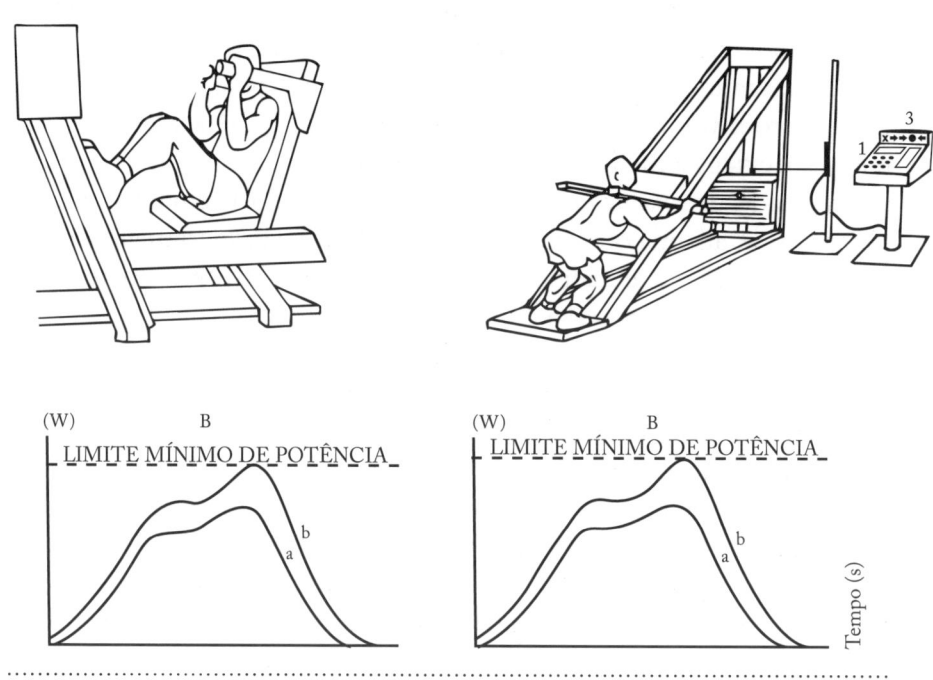

Figura 16.12 Representação esquemática do *Ergopower*® conectado a dois aparelhos de musculação: *leg press* (*Newform* S.p.A. Ascoli Piceno à esquerda) em castelo (à direita). Para cada exercício executado, a potência mecânica desenvolvida, Ba, é calculada pelo microprocessador (1) e confrontada com o limite mínimo de potência Bb. O confronto entre a potência efetivamente desenvolvida e a teoricamente prevista é instantaneamente fornecido através de um sistema visual de retroalimentação (3). O sistema visual indica se o exercício foi executado com intensidade ótima ou não.

que trabalha dosar de maneira equilibrada os próprios esforços, realizando uma ativação muscular ótima, guiada pelas condições fisiológicas momentâneas. Logo que, por efeito da fadiga, o atleta não consiga desenvolver o nível mínimo de potência, o instrumento avisará para que o trabalho seja imediatamente interrompido. Tais sistemas evitam a produção de esforços inúteis e adaptações biológicas indesejadas, economizando energias psico-físicas, que podem ser utilizadas, posteriormente, para realizar esforços dirigidos e específicos. Como qualquer inovação, as interpretações válidas sobre os novos métodos e teorias são normalmente de difícil assimilação, especialmente se as novas idéias desbancam idéias e procedimentos empíricos, que, de alguma maneira, produziram efeitos positivos e concretos. As novas metodologias de Bosco (1991) não renegam os métodos tradicionais de treinamento (método piramidal, método de contraste de A. Spassov, ou o sistema das RM), pois usam seus princípios gerais de carga progressiva e variação do estímulo. A novidade do sistema está na personalização do volume e da intensidade das cargas de trabalho, sugerida pelas condições fisiológicas em que se encontra o atleta no momento. Além disso, esses métodos baseados em princípios rigidamente científicos, permitem calcular a pausa de repouso a ser respeitada entre uma série e outra. Em outras palavras, busca-se, através da observação e do registro do comportamento mecânico dos músculos ativados, seguir e prever as variações biológicas provocadas pelo estímulo de treino naquele momento. Tudo isso é facilitado pelo fato de que as variações hormonais, metabólicas e neurogênicas influenciam fortemente o comportamento mecânico do músculo. Isso significa ter a possibilidade de verificar a velocidade de recuperação de cada atleta através da análise dos vários parâmetros biomecânicos registrados com o Ergopower®, sem recorrer continuamente a análises endócrinas e do perfil imunológico. De fato, mesmo sendo de grande utilidade, as condições técnicas oferecidas pelos laboratórios onde essas análises são realizadas não permitem leitura instantânea. Portanto, muito tempo se passa antes de se obter uma resposta completa e, assim, a possibilidade de intervir rapidamente variando a carga ou o tipo de trabalho fica excluída. Um exemplo prático pode ser, para nós, de grande ajuda para empreender os novos métodos diagnósticos introduzidos por Bosco (1991-1995). No início da temporada (outubro), geralmente trabalha-se com duas/três sessões semanais de força máxima. Neste ponto, é indispensável registrar, com o Ergopower®, no início da temporada, a potência máxima realizada com uma determinada carga (por exemplo, durante o exercício de ½ agachamento executado com sobrecarga igual ao peso do corpo do atleta). Depois da primeira semana de trabalho, no início de cada sessão de treinamento, deve ser feita uma avaliação prévia da potência realizada com o mesmo exercício.

No caso de não se alcançarem valores próximos a 95-98% da potência, e o atleta não se recuperar, é inútil seguir o programa de trabalho pré-fixado. Evidentemente, isso é válido quando se trata de trabalho muscular que visa à melhora das características neurogênicas ou ao aumento da secreção de testosterona. Se, ao contrário, o treinamento de força visa ao aumento de massa muscular (hipertrofia), então não é preciso respeitar a regeneração completa. Periodicamente (todo mês), um teste de verificação deve ser realizado para atualizar os valores máximos de potência, que devem, logicamente, melhorar com o avanço do treinamento.

BIBLIOGRAFIA

Bosco, C. Nuove metodologie per la valutazione e la programmazione dell'allenamento. *Rivista di cultura sportiva*. v. 22, p. 13-22, 1991.

_____. Nuovi metodi di pianificazione dei carichi di lavoro. In: *Riabilitazione del traumatizzato e riabilitazione física dello sportivo*. Atti del V Convegno, Centro Residenziale. p. 109-123, 1991.

_____. *Nuovo metodo di valutazione dell'esercizio dinamico*. 1st International Isokinetic Congress. Siena, 17-18 de maio de 1991. Abstract Book, p. 9, 1991.

_____. Eine neu Methodik zur Einschätzung und programraings Des Trainings. *Leistungssport*. v. 5, p. 21-28, 1992c.

_____. Evolution and control of basic and specific muscle behaviour in: NACAC Technical Bulletin (Ed. IAAF-NACAC, V. Lopez). *Proceedings of International work-shop held in Albergue Olimpico*, Porto Rico, outubro de 1992, 7-27, 1993.

_____. Metabolic and neuromuscular aspect of muscle activation. In: *Abstract book of the Vth Scandinavian Manual Medicine and manual Therapy Congress*, Marina Congress Center, Helsinque, 1-3 de setembro de 1994b, pp.24-25.

_____. *Elasticità muscolare e forza esplosiva nelle attività físico-sportive*. Roma: Societá Stampa Sportiva, 1985.

_____. Test di valutazione della donna nella pratica del gioco del cálcio. In: Cambi, R.; Paterni, S. (eds). Il cálcio femminile, aspetti medici e tecnici. *Atti del Convegno Nazionale Figc Publisher*, Roma, pp. 219-230, 1993.

_____. Evoluzione nella valutazione strumentale della funzione muscolare. In: Muscolo e Riabilitazione. *Atti del XXI Congresso Naz.* v. 1, p. 83-104, 1993.

Bosco, C. et al. A new apparatus for measurement of dynamic muscular work during eccentric and concentric activity. In: *Abstract book of the First Scandinavian Congress in Sports Medicine*, Holmenkollen, 5-8 de novembro de 1992, p.70, 1992a.

Bosco, C. et al Um metodo originale dei carichi di lavoro nell'esercizio terapêutico. In: *Metodologie per la riabilitazione cognitiva e motoria*. Atti del IV Convegno, Centro Residenziale S. Lucia, 69-81, 1992b.

Bosco, C.; De Angelis, M.; Saggini, R. Lavoro isotônico e isocinetico a confronto. In: Attività físico-sportiva: analisi del movimento. *Atti Congresso Nazionale* (ANSMDS, G. d'Annunzio), p. 189-190, 1994.

Bosco, C. et al. Planning and control strength training with a new apparatus for measurement of muscular electrical activity and dynamic work. In: *Abstract book*, XII International Symposium on Biomechanic in Sports, Budapeste-Sifok, 2-6 de julho, p.35, 1994.

Bosco, C. et al A dynamometer for evaluation of dynamic muscle work. *Eur J Appl Physiol*. v. 70, p. 379-386, 1995.

Bosco, C.; Komi, P.V. Mechanical characteristics and fiber composition of human leg extensor muscles. *Eur J Appl Physiol*. v. 41, p. 275-284, 1979.

Bosco, C. et al. Combined effect of elastic energy and myoelectrical potentation during stretch-shortening cycle. *Acta Physiol Scand.* v. 114, p. 557-566, 1982.

Bosco, C.; Colli, R. *Anotações não publicadas* (1995).

Davies, C.T. et al Adaptation of mechanical properties of muscle to high force training in man. *J of Physiol.* v. 365, p. 277-284, 1985.

De Lorm, T.L. Restoration of muscle power by heavy resistance exercises. *Journal of Bone and Joint Surgery.* v. 27, p. 645-667, 1945.

Häkkinen, K. et al. Neuromuscular and hormonal adaptations in athletes to strength training in two years. *J Appl Physiol.* v. 65, p. 2406-2412, 1988.

Henneman, E.; Somjen, G.; Carpenter, D.O. Functional significance of cell size in spinal motoneurons. *J Neurophysiol.* v. 28, p. 560-580, 1965.

Hill, A.V. The heat of shortening and dynamic constants of muscle. *Proc Roy Soc.* v. 126, p. 136-195, 1938.

Komi, P.; Klissuras, V.; Karvinen, E. Genetic variation in Neuromuscular Performance. *Int Z angew Physiol.* v. 31, p. 289-304, 1973.

Kraemer, W.J. et al. Hormonal and growth factor responses to heavy resistance exercise. *J Appl Physiol.* v. 69, p. 1442-1450, 1990.

Kraemer, W.J. Hormonal mechanisms related to expression of muscular strength and power. In: Komi, P.V. (ed). *Strength and power in sport.* Oxford: Scientific Publications, p. 64-67, 1992.

Mac Dougall, J.D. Morphological changes in human skeletal following strength training and immobilization. In: Jones, N.L.; McCartney, N.; McComas, A.J (eds). *Human Muscle Power.* Champaign, Illinois: Human Kinetics, p. 269-288, 1986.

McDonagh, M.J.N.; Davies, C.T.M. Adaptive response of mammalian skeletal muscle to exercise with high loads. *Eur J Appl Physiol.* v. 53, p. 139-155, 1984.

Milner-Brown, H.S.; Stein, R.B.; Lee, R.G. Synchronization of human motor units: possible roles of exercises and supraspinal reflex. *Electroencephalography and Clinical Neurophysiology.* v. 38, p. 245-254, 1975.

Moritani, M.; De Vries, H.A. Potential for gross muscle hypertrophy in older men. *J of Gerontology.* v. 35, p .672-682, 1980.

Sale, D.G. Neural adaptation to resistance training. *Med Sci Sports Exerc.* v. 20, p. 135-145, 1988.

Capítulo 17

Controle Bioquímico do Treinamento

A. Viru, C. Bosco

Foto: A partir do quarto da esquerda para a direita: Viru (Estônia); em seguida, Tihanyi (Hungria), Tihanyi Agnes (Hungria), Musumeci (Itália), Bosco (Itália), Kraaijenhof (Holanda), Tesch (Suécia), Pulvirenti (Itália), Bianchetti (Itália), um intérprete, Tranquilli (Itália), Rando (Itália).

Objetivo do controle bioquímico do treinamento

De um ponto de vista biológico, o treinamento esportivo representa a adaptação do organismo ao estímulo provocado pelo aumento da atividade física. A adaptação pode ser alcançada através de diversas modificações do organismo, que se estendem das estruturas celulares e dos processos metabólicos ao nível integral de atividade e modelamento de todo o corpo. O conjunto dessas modificações conduz a um aumento seguro da capacidade de desenvolvimento do tônus muscular e à melhora do desempenho físico, favorecendo o desenvolvimento harmonioso da criança e do adolescente, garantindo a melhora do estado de saúde e ajudando a manter boa qualidade de vida dos idosos. As mudanças mencionadas dependem dos exercícios executados, de sua intensidade e duração, e da relação trabalho/recuperação durante a fase de exercício. Por conseqüência, a essência do treinamento esportivo consiste, em última instância, em estimular modificações no organismo com o auxílio de exercícios apropriados (Viru, 1995; Bosco e Viru, 1996).

A base para esta abordagem de treinamento funda-se nos resultados de estudos fisiológicos e bioquímicos indicados a seguir:

> a) Um certo número de mudanças e características específicas do organismo distingue o atleta de ponta, "homo olympicus", da pessoa sedentária, "homo sedentarius". Modificações e peculiaridades foram

estabelecidas em nível de estrutura celular, recursos e processos metabólicos, funções e características morfológicas de vários órgãos e coordenação das atividades do organismo. Foram especificadas, em alguns casos, várias relações entre mudança e avaliação de performance (Jakowlev, 1977; Saltin e Gollnick, 1983; Viru, 1995).

b) Os experimentos que dizem respeito ao treinamento, assim como os estudos transversais, indicam que algumas mudanças necessárias à melhora da capacidade física são provocadas por exercícios metódicos (Jakowlew, 1977; Fox e Mathews, 1981; Saltin e Gollnick, 1983; Viru, 1995).

c) O caráter, a intensidade e a duração dos exercícios de treinamento, assim como as peculiaridades de recrutamento dos vários músculos e unidades motoras determinam adaptação do organismo se o exercício for sistematicamente repetido (Hollman e Hettinger, 1976; Jakowlew, 1977; Viru, 1995).

d) O fundamento da dependência específica das mudanças no organismo, com base nos estímulos provocados pelos exercícios realizados, é constituído pela síntese das proteínas de adaptação provocada pelo trabalho físico (Hollman e Hettinger, 1976; Jakowlew, 1977; Poortmans, 1988; Mader, 1989; Booth e Thamason, 1991). Supôs-se que o acúmulo metabólico e as modificações hormonais durante e depois do exercício induzem à síntese de proteínas específicas. Esta permite aumento da maior parte das estruturas celulares ativas e aumento de moléculas enzimáticas que catalisam as principais vias metabólicas (Viru, 1984, 1994).

Portanto, cada exercício de treinamento produz mudanças específicas no organismo, necessárias ao objetivo do treinamento. Além disso, as mudanças causadas pelos vários exercícios levam a um avanço de nível do desempenho esportivo. Na organização prática do treinamento, as maiores vantagens que esse comporta são: (1) cada exercício é executado de maneira a obter um resultado concreto, isto é, certa modificação no organismo, e (2) os resultados obtidos permitem examinar a eficácia de cada exercício (ou pelo menos de um grupo de exercícios). Desse modo, é evitada a realização de exercícios às cegas, e o treinamento torna-se um processo bem controlado. As modificações que acontecem no organismo não devem ser consideradas o único objetivo do treinamento. Elas servem como meio para o controle operativo retroativo da eficácia do treinamento. Essa é uma retroalimentação específica que permite a avaliação dos efeitos dos exercícios realizados na prática esportiva. Em muitos casos, a verificação dos efeitos específicos do treinamento requer avaliação das mudanças do metabolismo através de um controle hormonal. Todavia, esse não é o único objetivo da monitoração bioquímica do treinamento. Na realidade, o verdadeiro objetivo dessa inclui a verificação das mudanças provocadas pelo treinamento: (a) avaliação da carga da sessão de treinamento; (b) avaliação da dinâmica dos processos de recuperação; (c) controle dos efeitos de um microciclo de treinamento; (d) verificação das mudanças de adaptação no organismo durante os períodos de treinamento e em um ano inteiro de treinamentos; (e) diagnóstico do desempenho de ponta; (f) diagnóstico do supertreinamento.

Metabólitos e substratos como instrumentos de controle bioquímico do treinamento

Os principais meios de controle bioquímico do treinamento são os metabólitos e os substratos que podem ser avaliados no sangue (Quadro 17.1). O valor das informações úteis aumentará ao acrescentar-se a ele o cálculo dos hormônios presentes no sangue. Em diversos casos, os levantamentos realizados no sangue podem ser substituídos pela análise da saliva ou da urina. Em alguns estudos sobre o equilíbrio eletrolítico, é necessário também o cálculo dos eletrólitos no soro plasmático, na urina e no suor.

Biópsia do músculo

Uma das informações válidas sobre as reservas de energia e os processos metabólicos pode ser obtida utilizando-se o método da biópsia muscular e sucessivo cálculo dos metabólitos, substratos e/ou eletrolíticos presentes no tecido muscular. Esse método consiste no uso de uma agulha para biópsia percutânea no tecido muscular. O uso da agulha foi introduzido por Bergs-

Força Muscular

Quadro 17.1 Metabólitos usados no controle bioquímico do treinamento

Metabólitos	Origem	Possível área de controle do treinamento
Lactato	Produto final da quebra anaeróbica de glicose ou glicogênio	• Verificação do limite anaeróbico • Índice de intensidade dos exercícios anaeróbico-glicolítico ou anaeróbico-aeróbico • Índice de utilização da capacidade de trabalho anaeróbico
Amônia	Resultado da degradação das fibras rápidas glicolíticas em AMP. Possível fonte adicional de oxidação de aminoácidos ramificados.	• Índice de ressíntese de ATP através da combinação de dois ATPs e formação de AMP • Índice indireto de atividade das fibras rápidas glicolíticas
Uréia	Produto final da quebra das proteínas (aminoácidos).	• Índice da influência dos exercícios aeróbicos prolongados • Índice dos processos de recuperação
Tirosina	Degradação das proteínas, principalmente, no tecido muscular.	• Índice de intensidade do catabolismo protéico dos músculos
3-Metil-Histidina	Produto de degradação das proteínas miofibrilares (miosina, actina)	• Índice do *turnover* das proteínas contrácteis • Verificação do efeito de treino em sessões de treinamento de força e potência
Alanina	Produto de combinação dos grupos NH_3 (liberados na oxidação de aminoácidos em cadeia ramificada e piruvato nos músculos)	• Verificação do percentual de glicose-alanina que serve de ligação entre o metabolismo de proteínas e carboidratos na produção de energia da atividade muscular
Leucina	Aminoácido em cadeia ramificada oxidável nos músculos	• Índice do metabolismo dos aminoácidos de cadeia ramificada
Triptofano	Precursor da síntese do neurotransmissor serotonina	• Diagnóstico da fadiga central e de um mecanismo central correlacionado ao supertreinamento
Glutamina	Aminoácido essencial tanto para o ótimo funcionamento de vários tecidos quanto para atividade imunológica normal	• Diagnóstico de fadiga e supertreinamento, utilizado principalmente para especificar possíveis informações sobre a mudança da atividade imunológica
Ácidos graxos livres	Produto da lipólise (quebra dos triglicerídios do tecido adiposo) Usado nos músculos como substrato para a oxidação	• Verificação do valor de utilização dos lipídios como substrato oxidativo (a concentração plasmática de ácidos graxos livres é proporcional ao seu uso na oxidação)
Glicerol	Produto da lipólise Usado pelo fígado na gliconeogênese	• Verificação da intensidade de lipólise no tecido adiposo
Glicose	Constituinte normal do sangue Fornecido pelo fígado ao sangue	• Índice da utilização dos carboidratos • Fator de controle metabólico

trom (1962). Hoje esse é o método mais comumente utilizado na Fisiologia do exercício físico e em Medicina do esporte. Uma grande contribuição a este propósito foi dada pelos estudos de Hultman (1967/1971), que estendeu esse método tanto para a Fisiologia do exercício quanto para a Bioquímica. Muitas informações a respeito da avaliação da composição da fibra muscular, a área de secção da fibra e sobre os depósitos de energia, conforme a adaptação aos vários tipos de exercício, tanto agudos como crônicos, provêm de estudos cujas amostras de músculos eram obtidas pela biópsia com agulha. Novas tendências no uso da biópsia muscular são representadas pelas combinações de tal método com outros, como a separação de fibras musculares individuais por amostra de biópsia, o uso combinado de biópsia muscular e administração de isotópos para averiguação do metabolismo protéico, e a função da bomba de sódio e potássio da membrana plasmática das fibras musculares ou dos receptores hormonais (ver Viru, 1994; Jansson, 1994). Em todo caso, o método até agora indicado fornece oportunidades limitadas de uso na monitoração bioquímica do treinamento. O motivo principal é o caráter invasivo do método, juntamente com suas conseqüentes implicações psicológicas e éticas. Além disso, existem complicações metodológicas que só podem ser solucionadas no interior de um laboratório bioquímico moderno de alto nível.

Lactato plasmático

No controle bioquímico do treinamento, o lactato é o metabólito mais amplamente adotado. O uso desse está relacionado, essencialmente, à distinção entre exercício anaeróbico e exercício aeróbico. O cálculo da presença de lactato tem a finalidade de definir a contribuição da glicólise anaeróbica na produção de energia durante o exercício. E o lactato constitui o produto final da glicólise anaeróbica. Contudo, a concentração de lactato oferece apenas a possibilidade de definir o andamento do metabolismo energético, e não permite uma medição quantitativa precisa para o cálculo da contribuição da glicólise anaeróbica na formação de energia. Na tentativa de estabelecer a contribuição da produção de energia anaeróbica, o que podemos obter da concentração de lactato é apenas uma avaliação semiquantitativa. A razão disso são as condições que levam à formação do lactato e guiam-o ao seu destino. O lactato forma-se através do piruvato produzido pela degradação de glicogênio ou glicose (ver também Capítulo 1). Uma parte do piruvato é sempre oxidada enquanto outra parte é transformada em lactato. Além disso, uma parte do piruvato é utilizada para a síntese de alanina (Figura 17.1). Esta origina-se do acréscimo de um grupo amino à molécula de piruvato. O grupo amínico, muito necessário ao músculo, é fornecido pela desaminização dos aminoácidos de cadeia ramificada, que precede a oxidação dos seus resíduos livres de nitrogênio. Assim, quanto maior for a oxidação de aminoácidos de cadeia ramificada, maior será a utilização de piruvato na síntese de alanina. Quando a intensidade do exercício é baixa e moderada, os percentuais de formação e oxidação do piruvato estão em equilíbrio. Por isso, a quantidade de piruvato que se transforma em lactato permanece constante. Entretanto, uma certa quantia (superior a 8-12% dos substratos de oxidação total) de aminoácidos de cadeia ramificada é oxidada. Além disso, uma quantidade equivalente de grupos amino é liberada e forma-se alanina. Uma outra situação configura-se quando a intensidade do exercício ultrapassa o nível do limiar anaeróbico. Nesse caso, o percentual de formação de piruvato supera o de oxidação. Portanto, a relação entre piruvato oxidado e piruvato transformado em lactato é modificada pela predominância do último. A parcela de piruvato utilizada na síntese de alanina pode ser a mesma do exercício aeróbico, ou até menor. Contudo, mesmo nos exercícios anaeróbicos, o lactato acumulado não estabelece relação quantitativa exata com o acúmulo de energia produzida pela glicólise anaeróbica. Isso se deve ao fato de que não está excluída a oxidação de uma quantidade limitada de lactato dentro do mesmo músculo por fibras que possuem elevado metabolismo oxidativo (I ou II). Existem diferenças acentuadas entre as fibras glicolíticas rápidas (II) e as fibras oxidativas lentas (I) nas atividades de enzimas que catalisam processos oxidativos ou na degradação anaeróbica de glicogênio e glicose. Conseqüentemente, o percentual de glicólise anaeróbica é mais alto nas fibras glicolíticas rápidas, mas a capacidade de oxidação das fibras lentas é maior. Como resultado, as fibras rápidas produzem mais lactato, mas as fibras lentas podem oxidar mais lactato (ver Capítulo 1).

Na realidade, a concentração plasmática de lactato exprime a relação entre lactato que sai dos músculos em direção ao fluxo sangüíneo e quantidade de lactato que sai do sangue em direção ao seu local de utilização metabólica no processo de oxidação (principalmente nas fibras lentas de músculos em repouso ou moderadamente ativados e no miocárdio), na ressíntese de glicogênio (sempre em músculos em repouso) ou na glicogênese (no fígado). Estudos com radioisotópicos demonstraram como a relação entre o aparecimento e desaparecimento de lactato no sangue permanece constante durante o exercício de intensidade inferior ao limite anaeróbico. Em exercícios de intensidade mais alta, o aparecimento de lactato supera o desaparecimento de maneira curvilínea (Brooks, 1984). Por conseqüência, o lactato plasmático pode ser usado para a produção de energia anaeróbica no trabalho muscular, mas

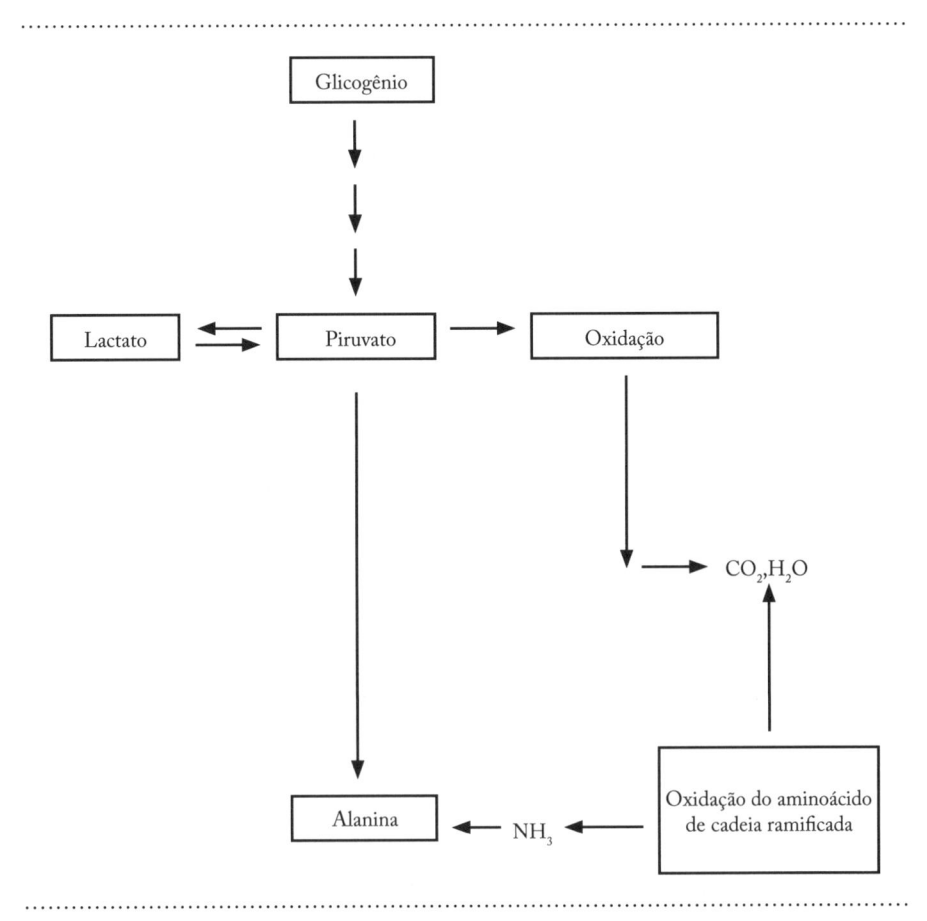

```
        Glicogênio
            │
            ▼
            ▼
            ▼
Lactato ⇌ Piruvato ──► Oxidação
            │              │
            │              ▼
            │           CO₂,H₂O
            │              ▲
            ▼              │
        Alanina ◄── NH₃ ◄── Oxidação do aminoácido
                                 de cadeia ramificada
```

Figura 17.1 Destino do ácido pirúvico no músculo ativado.

quanto ao cálculo quantitativo deve haver certa cautela na elaboração de conclusões.

Além disso, quando um exercício é executado por músculos privados de glicogênio, por causa de exercícios prévios prolongados ou de uma dieta pobre em carboidratos, a concentração de lactato é reduzida em relação à mesma carga de trabalho submáxima, enquanto o máximo desempenho e a produção de lactato são reduzidos (Yoshida, 1989). Isso leva a uma baixa estimativa da capacidade de resistência anaeróbica, se considerada através do cálculo do limiar anaeróbico sobre valores fixos do lactato (4mml • L^{-1}), ou a uma avaliação inferior da intensidade do exercício no controle do treinamento (Urhausen e Kindermann, 1992). Apesar desta cautela, a medição do lactato plasmático é um ponto necessário na avaliação do limite anaeróbico.

Recentemente, foi delineada a perspectiva de utilização do lactato salivar no estudo do exercício. O lactato salivar e o plasmático apresentam dinâmica paralela depois de uma corrida de 400 e de 3000 metros (Figura 17.8). O lactato salivar pode servir como importante indicador para determinar a contribuição de glicólise anaeróbica (Ohkuwa et al., 1995).

Amônia

Durante um exercício físico, a principal fonte de amônia plasmática é a degradação de AMP em IMP. Por isso, o aumento de amônia no sangue está ligado ao percurso de emergência na ressíntese de

$$ATP: 2ADP \rightarrow ATP + AMP$$

O acúmulo de amônia e, obviamente, o uso desse percurso para a ressíntese de ATP, estão relacionados à intensidade do exercício (Urhausen, Kindermann, 1992). Já que se considera o aumento da produção de amônia como estreitamente ligado às fibras rápidas, a medição de amônia realizada durante o treinamento poderia buscar indícios para os tipos de fibras predominantemente recrutadas (Meyer, Terjung, 1979; Dudley et al., 1983).

Uréia

A uréia, o ácido úrico e a creatinina são os produtos finais do metabolismo protéico (degradação dos aminoácidos). A sede de formação da uréia é o fígado. Um outro lugar possível para formação da uréia foi encontrado nos músculos (Pardridge et al., 1982) e também nos rins. A síntese da uréia está associada à desaminização dos aminoácidos. Enquanto nos músculos a desaminização dos aminoácidos de cadeia ramificada substituí a síntese de alanina através de grupos amínicos, no fígado, a desaminização de alanina e de outros aminoácidos no processo de glicogênese está de acordo com a síntese da uréia.

Foi demonstrado como os exercícios prolongados são a causa do aumento da concentração de uréia no sangue, no fígado, nos músculos esqueléticos, na urina e no suor (ver Lorenz e Gerber, 1979; Poortmans, 1988; Viru, 1987). Isto é, considera-se que o desempenho de resistência aeróbia reflete uma produção aumentada de uréia. Em contraste, o cálculo do percentual de uréia produzido pelos indivíduos que ingeriram isótopos estáveis não serviu para demonstrar nenhum aumento durante o exercício prolongado (Carraro et al., 1993; Wolfe et al., 1982, 1984). Neste caso, no entanto, o exercício executado não aumentava nem mesmo a concentração plamática da uréia (Carraro et al., 1993; Wolfe et al., 1984). Assim, esses resultados descreveram a situação metabólica encontrada por experimentos que utilizavam exercícios de longa duração e verificavam aumento da concentração plasmática de uréia. Em experimentos com ratos Wistar, o percentual de produção de uréia foi avaliado por meio da uréia C_{14}, contida no tecido hepático depois da administração de $NaH_{14}CO_3$. Em ratos saudáveis, a natação causou aumento do conteúdo de uréia C_{14} no fígado (cerca de 35% depois de 3 horas de natação e 103% depois de 10 horas). Em ratos que sofreram ectomia da supra-renal, nadar por 3 horas resultou em uma queda de uréia C_{14} no fígado (cerca de 24%). Portanto, os resultados confirmam o aumento da produção de uréia provocado pelo exercício e indicam o papel essencial dos hormônios supra-renais neste tipo de resposta (Litvinova e Viru, 1995). A possibilidade de aumento da produção de uréia nos músculos esqueléticos é indicada pela ativação da arginase induzida pelo exercício, uma enzima que catalisa a síntese da uréia (Jakwlew, 1977).

Existe uma tendência muito difundida de usar a uréia plasmática para avaliação da carga de uma sessão de treinamento e dos processos de recuperação (Lorenz e Gerber, 1979; Urhausen e Kindermann, 1992). Pensa-se que um aumento notável da concentração de uréia indica o efeito estressante de uma sessão de treinamento. Em contraste, a normalização da concentração de uréia no sangue é considerada um sinal que permite recomeçar a execução de cargas de trabalho máximas e cansativas. A utilização da uréia como indicador da intensidade da carga de trabalho é limitada quando exercícios que produzem elevadas concentrações de lactato são executados, dado que a sua produção é suprimida nessas condições (Litvinova e Viru, 1996). Tem-se, então, que a eliminação alterada da uréia, durante e depois do exercício, possa influenciar a concentração de uréia no sangue. Assim, a retenção de uréia no nível da excreção renal pode facilitar ou provocar o aumento da concentração de uréia plasmática promovida pelo exercício. Em contraste, a fase seguinte ao exercício é caracterizada pelo aumento da depuração renal da uréia em ratos depois de períodos longos de natação. Somente após 10 horas de natação, e com atraso superior a 12 horas, ocorriam o aumento da excreção uréica e a elevação do percentual de *clearance* renal. O aumento da eliminação de uréia renal na fase posterior ao exercício depende dos glicocorticóides: de fato, nos ratos que sofreram ectomia da supra-renal, isso não acontece (Litvinova et al., 1989).

Tirosina

Nos experimentos de bioquímica, a liberação de tirosina é utilizada como um índice do catabolismo protéico dos músculos. O músculo não pode, por si, metabolizar esse aminoácido. Portanto, durante o exercício físico, o aumento de catabolismo protéico está associado ao aumento de tirosina livre contida nos músculos (Eller e Viru, 1983) e à sua liberação no fluxo plasmático (Ahlborg et al., 1974). Assim, o exercício comporta um aumento da concentraçã de tirosina livre no soro (Haralembie e Berg, 1976), na urina e no suor (Haralambie, 1964). Contudo, as complicações metodológicas não permitem a utilização da concentração de tirosina livre contida no sangue e na urina para o controle do treinamento.

Metil-histidina

A excreção de 3-metil-histidina é um índice específico do catabolismo das proteínas contrácteis musculares. Nas últimas fases da síntese das moléculas de actina e miosina, a istidina é metilada. Quando a actina e a miosina são degradadas, é liberada a 3-metil-histidina. Esse aminoácido não é reutilizável, sendo excretado com a urina. Por isso, a excreção da 3-metil-histidina é uma medida quantitativa da degradação das proteínas contrácteis (Young e Munro, 1978). Um limite substancial consiste na contribuição protéica na excreção de 3-metil-histidina: essa é liberada durante a digestão dos produtos da carne. É absorvida pelo sangue e excretada com a urina. Portanto, a utilização da análise da 3-metil-histidina é válida somente no caso de dieta isenta de carne ou quando a quantidade dos produtos da carne consumida for anotada para que se calcule a contribuição exógena de 3-metil-histidina. A real excreção de 3-metil-histidina deve ser corrigida pela subtração de metil-histidina exógena do valor total. Uma pesquisa especial demonstrou que, durante sessões de treinamento para melhora da força, as mudanças na excreção de 3-metil-histidina corrigida (3-metil-histidina exógena dietética subtraída da excreção total) eram semelhantes às obtidas depois da mesma sessão de treinamento executada por pessoas que haviam seguido uma dieta isenta de carne durante 5 dias (Viru e Seli, 1992).

Tanto nos períodos precedentes à dieta de carne como quando a excreção foi corrigida da contribuição exógena, o exercício muscular pode ter tido efeito na excreção da 3-metil-histidina. Apesar da grande variabilidade de modificações que aparecem na excreção da 3-metil-histidina durante o exercício, o aumento de excreção é um fenômeno típico do pós-exercício (ver Dohm et al., 1987; Viru, 1987). O aumento na liberação de 3- metil-histidina posterior ao exercício revela também a resposta de 3- metil-histidina no sangue (Dohm et al., 1985) e o acúmulo metabolítico nos músculos esqueléticos (Varrik et al., 1992).

Um outro limite para o uso da excreção da 3-metil-histidina é a liberação desse aminoácido não só pelos músculos, mas também pelos tecidos, que, da mesma forma, contêm miosina e actina (musculatura lisa do aparelho digestivo, da pele e do miocárdio). Os cálculos mostraram que, pelo menos com relação aos ratos, a reserva de 3-metil-histidina músculo-esquelética contribui com apenas 50% da excreção de 3-metil-histidina. O *pool* intestinal contribui com 20% e os outros tecidos com 30% (Millward e Bates, 1983).

Para verificar a importância do *pool* intestinal na elevada excreção de 3-metil-histidina durante o exercício, o conteúdo no intestino, no músculo esquelético e na urina foi simultaneamente medido em ratos após 10 horas de natação. O conteúdo de 3-metil-histidina músculo-esquelético aumentou depois de 2 a 24 horas do fim do exercício. Sendo acompanhado por um aumento significativo da excreção de 3-metil-histidina durante o segundo dia do período de recuperação. A concentração de 3-metil-histidina no intestino aumentou apenas por um breve período, durante as primeiras horas de recuperação. Isso, obviamente, não contribui para o aumento retardado da excreção (Viru et al., 1984). Não foram encontradas grandes quantidades de 3-metil-histidina no suor durante o exercício (Dohm et al., 1984).

Alanina

A função metabólica da alanina é encerrar o ciclo glicose-alanina, abastecendo, assim, o fígado com substrato glicogênico (Felig, 1973), e transportando grupos amino do tecido muscular ao fígado para a síntese da uréia (Figura 17.2). Durante o exercício, a produção de alanina nos músculos em atividade aumenta concomitantemente ao crescimento da concentração plasmática de alanina e à utilização de alanina no fígado, para a gliconeogênese e para a formação de uréia (Felig, 1977; Viru, 1987). A síntese de alanina nos músculos esqueléticos, como também o seu metabolismo no fígado, é catalisada pela alanina-aminotrasferase. Essa enzima depende do cortisol. A insulina inibe a enzima (Felig, 1973). Por conseqüência, durante o exercício muscular, a produção de alanina e o seu metabolismo são controlados pelo efeito do cortisol sobre a alanina aminotrasferase, tanto no músculo esquelético quanto no fígado. A falta de glicocorticóides nos ratos que sofreram ectomia da supra-renal previne as altas, provocadas pelas três horas de natação, nas concentrações de alanina do plasma nas fibras II e no fígado. O aumento de atividade da alanina amino-trasferase normalmente encontrado nos músculos não ocorreu, e durante o exercício foi substituído pela atividade suprimida no fígado de ratos que sofreram ectomia da supra-renal (Viru et al., 1994).

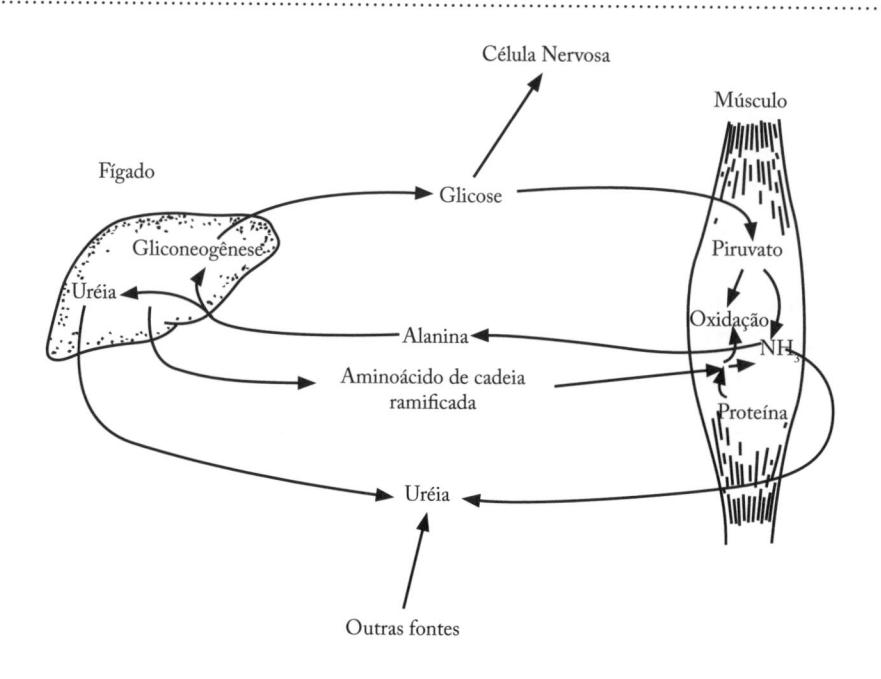

Figura 17.2 Dinâmica do aminoácido. A alanina formada dentro do músculo é transformada no fígado. O carbono da alanina chega envolto no glicogênio, e o aminoácido liberado é utilizado para a síntese da uréia. O aminoácido transformado da cadeia ramificada é transportado do fígado ao músculo ativado para ser oxidado.

A concentração de alanina no sangue aumenta com a duração do exercício (Berg e Keul, 1980). Ela exprime a atividade do ciclo glicose-alanina, que une metabolismos de proteínas e carboidratos ao obter energia para o organismo durante o exercício.

Leucina

Os aminoácidos em cadeia ramificada (leucina, isoleucina e valina) e, sobretudo, a leucina, fornecem substrato adicional para oxidação no trabalho muscular (Lemon e Nagle, 1981; Dohm, 1988). Portanto, a concentração plasmática de leucina indica a relação entre a oxidação e a liberação dos aminoácidos em cadeia ramificada.

Triptófano

Este aminoácido é o precursor para a síntese do neurotransmissor 5-hidrossitriptamina (serotonina). Durante o exercício, a queda de concentração de aminoácidos em cadeia ramificada no sangue e/ou o aumento da concentração de triptófano livre facilita o ingresso de triptófano no tecido cerebral. O aumento de concentração de triptófano no cérebro determina formação de serotonina. Uma concentração elevada de serotonina no cérebro favorece o desenvolvimento do cansaço (tanto percepção psicológica de fadiga como também manifestação de fadiga na função neuromuscular e na regulação hormonal) (Newsholme et al., 1991; Krieder et al., 1993).

Glutamina

A glutamina é um aminoácido essencial para o funcionamento ideal de muitos tecidos do corpo humano. Ela é particularmente importante para o sistema imunológico. A concentração de glutamina plasmática aumenta durante exercícios prolongados ou de alta intensidade, e é seguida por uma queda significativa de várias horas durante o período de recuperação. O treinamento com sobrecarga e, sobretudo, o supertreinamento, estão associados a uma baixa concentração de glutamina no plasma (Rowbottom et al., 1996).

Ácidos graxos livres e glicerol

O tecido adiposo representa um depósito de energia considerável. Para poder desfrutar desse depósito, os triglicerídios armazenados devem ser degradados em ácidos graxos livres e glicerol. Os primeiros são utilizados na atividade muscular durante trabalho oxidativo. O glicerol é um substrato para a gliconeogênese (formação de glicose) no fígado. A mobilização da reserva lipídica é estimulada pela adrenalina, pelo glucagon, pela somatotropina e pela tirosina; e inibida pela insulina, pela glicose e pelo lactato. O aumento da concentração plasmática de ácidos graxos livres e de glicerol acontece durante exercícios prolongados e está relacionado à elevação, na concentração sangüínea, dos hormônios lipolíticos mencionados acima, e ao decréscimo da concentração de insulina (Bulow, 1988).

Dado que a mobilização dos lipídios determina utilização reduzida dos carboidratos e auxilia na manutenção da glicose plasmática, a concentração de ácidos graxos livres e glicerol fornecem informações a respeito dessa importante mudança na obtenção de energia durante exercícios prolongados.

Uma parte dos ácidos graxos livres liberados na hidrólise dos triglicerídios é reutilizada para ressíntese desses. Por isso, a concentração plasmástica de glicerol oferece uma melhor estimativa da quantidade de lipídios mobilizados.

Glicose

Este não é apenas um substrato oxidativo, mas também uma substância fundamental para o controle da regulação metabólica e um indispensável nutriente das células nervosas. Em condições de repouso, assim como durante a atividade muscular, um mecanismo homeostático especial trabalha de maneira a manter estável a concentração de glicose no sangue. Isso é obtido através de um equilíbrio preciso entre a utilização de glicose e sua produção em nível hepático. A produção é controlada por meio da relação entre as concentrações plasmáticas de insulina e glucagon. Quando a utilização da glicose aumenta (por exemplo: durante o exercício muscular), sua possível queda de concentração é evitada pelo aumento de produção em nível hepático. O que foi dito se dá por meio da queda de concentração de insulina e aumento de concentração da glicose no sangue. Pelo contrário, o aumento da glicose (por exemplo: após consumo de carboidratos) estimula a secreção de insulina e inibe a secreção de glucagon. Portanto, a insulina determina supressão da produção de glicose e estimula a liberação de glicose plasmática pelo fígado (Wolfe et al., 1986). Simultaneamente, ocorre uma dupla regulagem através do efeito direto do sistema simpático e parasimpático; o simpático estimula a produção de glicose, o parasimpático a sua liberação através do fígado (Shimazu, 1987). Além disso, o hormônio do crescimento e o cortisol controlam a utilização da glicose em vários tecidos: o hormônio do crescimento estimula e o cortisol inibe a utilização da glicose. O controle de concentração da glicose plasmática estende-se a outras funções endócrinas por meio da regulagem da glicemia (Nazar, 1981). O aumento da glicose plasmática suprime as respostas dos hormônios que estimulam a mobilização dos depósitos de energia, enquanto a queda da mesma as amplifica. Portanto, grandes mudanças nas concentrações de glicemia plasmática indicam sérios distúrbios do metabolismo. Durante o exercício, uma queda acentuada de glicose plasmática (hipoglicemia) normalmente está associada à exaustão das reservas de carboidratos. Sendo assim, isso acontece quando se extinguem as possibilidades de glicogênese e de utilização dos carboidratos ao invés dos lipídios nos processos oxidativos. Um aumento intenso da concentração de glicose plasmática (hiperglicemia) é, freqüentemente, resultado indireto de uma dieta com excesso de carboidratos. Neste caso, seria preciso voltar a atenção para a mudança global do controle hormonal do metabolismo. O conseqüente aumento das concentrações de insulina e a supressão da resposta da adrenalina inibem a utilização dos depósitos lipídicos e, por isso, intensifica a utilização dos carboidratos. O resultado poderia ser o aumento do percentual de consumo do depósito de carboidratos.

Quando a hipo ou a hiperglicemia ocorrem sem mudanças evidentes da disponibilidade de carboidratos no organismo, significa que existem sérias desordens na regulação metabólica.

Água e balanço eletrolítico

Semelhantemente à homeostase da glicose, a quantidade de água e a concentração de sódio, potássio, cálcio e alguns outros íons, deve ser mantida constante. Na atividade muscular, o problema pode surgir por causa da intensa transpiração, que determina perda de água e também de sódio. Foi ressaltado que a perda de água (desidratação) em quantidade superior a 2% da massa corpórea causa diminuição da capacidade de trabalho. Os principais distúrbios acontecem em nível cardiovascular e, portanto, interferem na potência aeróbica. Existe a possibilidade de que a transpiração excessiva possa causar uma diminuição da concentração de íons no plasma e no fluido extracelular. O motivo dessa mudança não está claro, dado que a concentração de sódio no suor é menor do que no plasma. Uma real contra-regulagem é feita pela ação supressora da aldosterona na excreção renal de sódio. Portanto, a possibilidade da concentração de sódio ser reduzida torna-se real se: (a) o exercício é executado com grande produção de suor (devido à alta temperatura ambiental ou à longa duração do próprio exercício), (b) a desidratação é compensada com água com poucos sais, o que determina queda da concentração de sódio. Qualquer concentração muscular, assim como a excitação de toda célula, começa com um afluxo de íons sódio no seu interior. Assim, uma queda da concentração de sódio no fluido extracelular reduz a capacidade de trabalho.

Uma outra situação diz respeito à concentração no plasma e no fluido extracelular. O potássio é perdido através do suor, mas em menor proporção do que o sódio, devido à sua menor concentração no plasma. Além disso, a perda de potássio é compensada pela sua liberação na degradação de glicogênio e proteínas. Ao mesmo tempo, a aldosterona controla também a concentração de potássio no plasma, estimulando a excreção renal de íons potássio. Durante o exercício intenso, a concentração de potássio plasmático pode, até mesmo, aumentar ao invés de diminuir. A principal causa da hipercalemia (aumento da concentração plasmática de potássio) é o baixo funcionamento das bombas de sódio e potássio na membrana plasmática das fibras musculares. O início da contração está relacionado ao afluxo de sódio no interior das células e ao defluxo do potássio pelas próprias células. Em seguida, a bomba de sódio e potássio deve reintegrar o compartimento iônico inicial no interior da fibra muscular: bombear sódio para fora da célula e potássio para o interior da célula. Nas contrações máximas executadas com alta freqüência, a bomba não pode reintegrar completamente o compartimento iônico inicial: portanto, a concentração de sódio no interior das células e a de potássio no fluido extracelular permanecem elevadas. Essa situação é expressa pela maior concentração de potássio plasmático encontrada imediatamente após exercícios intensos (Sjogaard et al., 1985).

O cálcio é um elemento essencial na regulagem da função muscular e na atividade de várias glândulas endócrinas. Assim, a manutenção da concentração plasmática de cálcio é também um pré-requisito para um bom desempenho.

Elementos como o cobre (Cu), o ferro (Fe) e o zinco (Zn) são minerais reintroduzidos em pequenas quantidades por meio da dieta, necessários para a vida e capazes de influenciar, também, o desempenho do exercício (Haymes, 1994). O ferro é necessário para a formação de proteínas associadas ao oxigênio (hemoglobina, mioglobina) e, portanto, evita a anemia do esporte. Através da determinação da concentração de ferritina (uma proteína responsável pelo transporte de ferro), é possível extrair indícios sobre os depósitos corpóreos de ferro. O cobre, importante componente do sistema dos citocromos (cadeia oxidativa), é necessário para a utilização do ferro e para a proteção contra danos causados pela oxidação dos radicais livres (Mason, 1979). O zinco está associado a muitas enzimas, incluindo as que são perigosas para o metabolismo energético durante o exercício (Chesters, 1978). O magnésio exerce um papel fundamental em muitas reações celulares, entre as quais o transporte de energia (Golfe et al., 1993).

A verificação da quantidade de elementos presentes no sangue tem validade para a análise da qualidade da nutrição do atleta (ver Anderson, Guttman, 1988).

Enzimas plasmáticas

No diagnóstico clínico, o aumento da atividade das enzimas no plasma é utilizado para verificar distúrbios da membrana celular. A maior parte das enzimas plasmáticas não é sintetizada no sangue. Origina-se, na realidade, em vários tecidos. A razão para que fluam no plasma deve-se ao aumento da permeabilidade da membrana celular ou à sua danificação. A sede do distúrbio é localizada através: (1) das diferenças das moléculas enzimáticas nas células de vários tecidos, (2) das isoenzimas específicas dos tecidos. Tal abordagem é usada para diagnósticos de distúrbios relacionados ao *overeaching* ou ao supertreinamento (ver Hortobagyi e Denahan, 1989). A relação entre a dor muscular e o aumento da atividade da creatinafosfoquinase, da lactato desidrogenase e da aspartatoaminotransferase no soro foi encontrada depois do trabalho muscular (Tiidus e Ianuzzo, 1983; Bosco et al., 1995). Certos danos musculares são a causa de uma excessiva oxidação dos radicais livres, ou seja, um estresse oxidativo (Sjodin et al., 1990; Witt et al., 1992; Alessio, 1993).

O diagnóstico do dano da membrana celular através da atividade da enzima plasmática é limitado, pois exercícios intensos podem aumentar a permeabilidade da mesma como resposta fisiológica à atividade de nível. Não se exclui que o aumento de concentração de várias enzimas provocado pelo treinamento em muitas células ativas favoreça o defluxo enzimático pelas células, visto que exercícios intensos aumentam a permeabilidade da membrana celular. Portanto, a respeito da monitoração bioquímica do treinamento, o diagnóstico da enzima plasmática requer posteriores pesquisas e aprofundamentos, que especifiquem um percentual quantitativo para distinção entre as causas do aumento da atividade enzimática no plasma: dano ou aumento fisiológico da permeabilidade da membrana.

Os hormônios como instrumento para o controle bioquímico do treinamento

Uma tarefa essencial dos hormônios no controle metabólico é intervir na autoregulagem celular e assegurar ampla mobilização dos recursos do corpo. Do contrário, seria impossível realizar as capacidades potenciais do organismo. Portanto, o desempenho depende do efeito dos hormônios nos processos metabólicos. Assim, a amplitude das respostas hormonais durante os exercícios, mesmo em desempenhos competitivos, assim como as suas inter-relações, permitem compreender a verdadeira mobilização dos vários recursos metabólicos. Contudo, na monitoração bioquímica do treinamento, os estudos sobre hormônios não se limitaram somente a isso. O levantamento dos hormônios pode fornecer informações sobre a adaptação à intensidade e à duração de certos exercícios, e também sobre distúrbios de adaptação, incluindo a exaustão da capacidade de adaptação do organismo e fenômenos do supertreinamento. As respostas hormonais podem ser usadas no exame dos efeitos das sessões de treinamento e para o controle do período de recuperação.

Para obter, verdadeiramente, informações válidas e evitar equívocos e descrições erradas, é indispensável ter consciência de algumas limitações.

Fluidos presentes no corpo e levantamentos hormonais

Na maior parte dos casos, os hormônios são estudados no sangue extraído da veia. Em muitos outros casos, o levantamento é efetuado com sangue extraído do dedo, urina, saliva e suor. Obviamente, os dados mais confiáveis provêm da análise dos hormônios contidos no sangue. É o lugar em que a glândula endócrina secreta os hormônios. Graças ao sangue, os hormônios são transportados para os tecidos do corpo. No sangue, a maior parte das moléculas hormonais está ligada por proteínas específicas relacionadas aos hormônios. É um meio de transporte hormonal. Ao mesmo tempo, os hormônios ligados às proteínas do plasma são protegidos pelo efeito da enzima que catalisa a degradação hormonal. Na maior parte dos casos, os hormônios ligados são, metabolicamente, inativos. Esses não podem passar através da parede capilar e alcançar o compartimento intersticial. Por isso, em diversos casos, tanto os hormônios conjugados quanto os livres são colhidos simultaneamente. Tem-se que é possível obter dados sobre o real efeito biológico dos hormônios por meio da fração de hormônio não conjugado, isto é, livre. Todavia, tal suposição não é completamente justificada. Para dizer a verdade, no sangue ocorre uma rápida troca entre a fração conjugada e a livre. Esse fato permite entender que a quantidade de hormônio livre, que passa pelo interior do fluido intersticial, é rapidamente substituída pela liberação de porção equivalente de hormônio da fração conjugada. Assim, a disponibilidade de hormônio para os tecidos está relacionada à quantidade total de hormônio no sangue. Além disso, em situações de estresse, como durante o exercício, a secreção hormonal da glândula endócrina aumenta e, freqüentemente, a concentração total de hormônios supera a capacidade relacionada às proteínas plasmáticas. E mais, o total da concentração hormonal aumenta paralelamente ao crescimento da fração livre. Por conseqüência, em situações de estresse, a quantidade total de hormônios no sangue fornece informações suficientes sobre a disponibilidade de hormônios para os tecidos.

Na urina, é possível encontrar tanto os hormônios quanto os seus metabólicos. Muitos métodos medem a quantidade de ambos na urina. Portanto, os hormônios contidos na urina podem ser usados para a avaliação do estado geral, mas não apresentam as mesmas características quantitativas encontradas na concentração sérica de hormônios. Além disso, existem pelo menos três condições que devem ser levadas em conta: (a) a excreção renal dos hormônios depende, antes de tudo, da concentração da fração livre não conjugada no sangue; (b) a maioria das moléculas de hormônios ou de seus metabólicos está ligada aos ácidos glucurônico e sulfórico antes de sua excreção renal; por isso, o valor encontrado pelo levantamento dos hormônios depende do método (são determinadas apenas frações livres ou tanto livres quanto conjugadas); (c) a excreção renal hormonal depende da contribuição dos rins e do percentual de urina produzida (diurese), que são reduzidas durante o exercício.

Esta condição torna necessário usar não a concentração de hormônios na urina, mas a quantidade de hormônios excretada por unidade de tempo (normalmente em uma hora). Para o cálculo da excreção hormonal, a concentração medida deve ser multiplicada pelo volume da urina excretada durante o período de tempo analisado, e dividida pelo tempo de coleta da urina. Uma outra abordagem consiste em usar a concentração de creatinina na urina como valor de referência para a avaliação da concentração hormonal. Com base nesse método, as concentrações são expressas pela relação entre a excreção hormonal e a de creatinina. Portanto, esse tipo de abordagem não pode ser aplicada ao estudo do desempenho físico, já que as modificações provocadas no metabolismo protéico podem alterar a produção de creatinina e o percentual de sua excreção. Assim, durante o exercício, não se pode ter certeza de que a excreção de creatinina seja a expressão do real estado funcional do rim e de sua contribuição plasmática.

Dado que durante o exercício seja possível uma retenção renal de hormônios, devido à contribuição plasmática reduzida do rim e à queda do percentual de diurese, é importante levar em conta o tempo de coleta da urina. Normalmente, na clínica, o tempo necessário para a medição da excreção hormonal é de 24 horas. Para os estudos do trabalho muscular, esse tempo não é apropriado, pois inclui tanto o tempo de trabalho quanto o período de recuperação. Visto que ocorrem mudanças opostas na secreção hormonal durante e depois do exercício, o total de 24 horas soma o aumento e a queda, anula-os, e obtém como resultado uma excreção hormonal inalterada. Portanto, ao colher uma amostra de urina apenas durante o tempo de trabalho muscular, o volume da amostra é reduzido e comete-se um erro metodológico, pois a relação entre urina excretada e volume de urina retida na vesícula também é reduzido. Um outro problema é a possibilidade de que os hormônios produzidos durante o desempenho físico não sejam excretados por causa de uma retenção renal. Em conclusão, o período mínimo para a coleta da urina não deve ser inferior a três horas.

A análise dos hormônios na urina é possível no que diz respeito aos hormônios esteróides e às catecolaminas, mas não aos hormônios protéicos, já que a sua grande molécula só pode ser filtrada na urina se a permeabilidade da membrana capilar renal for aumentada.

Em vários estudos, foram feitas tentativas de analisar os hormônios esteróides contidos na saliva (Cook et al., 1986; Port, 1991; Stupnicki e Obminski, 1992). Desse tipo de amostragem deriva uma grande vantagem, dado que é possível extrair saliva com maior facilidade e freqüência. Além disso, a extração não é invasiva, e assim evita-se a dor e o conseqüente estresse emocional. Na saliva, encontram-se esteróides livres não conjugados, difundidos através das células das glândulas salivares. Os esteróides salivares estão relacionados com a concentração de esteróides livres presentes no soro (Vining et al., 1983; Cook et al., 1986). Alguns resultados indicam que a concentração de esteróide salivar não é influenciada pelas variações normais do percentual de produção da saliva (Fergusson et al., 1980; Vinning et al., 1983). Todavia, essa conclusão é revista no caso de situações relacionadas à forte inibição da produção de saliva em resposta ao intenso estresse emocional ou à forte desidratação. Ambas as situações podem ser verificadas nos atletas.

As desvantagens da avaliação hormonal através da saliva consistem no fato de que a mucosa presente na saliva pode artificialmente aumentar a concentração de esteróide salivar, e no fato de que foi encontrada uma enzima na glândula salivar que metaboliza os esteróides (ver Tremblay et al., 1995). Foram encontrados numerosos hormônios em baixas concentrações no suor. A sua dosagem não tem nenhum peso na monitoração bioquímica do treinamento. O mesmo pode-se dizer sobre o levantamento do hormônio no homogenato, obtido por amostra de tecido muscular. De um lado, existem elevadas possibilidades de um grave erro metodológico. De outro, a medição da concentração hormonal no tecido muscular assume significado quando, na mesma amostra, são avaliados os receptores hormonais celulares. Para esta operação avaliativa, é preciso aumentar a quantidade de amostra do tecido muscular. Todavia, o risco de erro metodológico permanece em virtude do dano provocado pela amostragem por biopsia na membrana celular.

Exame de sangue

O sangue para a análise hormonal pode ser extraído das veias, artérias ou dos capilares. O sangue venoso é a amostra preferida. Portanto, a oclusão venosa provocada pela ligadura hemostática causará, no fluido plasmático, uma perda de componentes com baixo peso molecular por seu extravasamento ocorrer, através da parede capilar, em direção ao fluido intersticial. Se o uso da ligadura hemostática for inferior a um minuto, pequenas variações ocorrem na concentração plasmática da substância, mas depois de três minutos mudanças acentuadas são observadas. Depois de três minutos de estase, encontra-se um aumento de cerca de 15% dos hormônios associados a proteínas. Assim, deve-se adotar um procedimento uniforme para a coleta do sangue, que verifique e torne mínimos os efeitos da estase (ver Tremblay et al., 1995).

Existem várias possibilidades de erro metodológico se o sangue capilar for colhido. Primeiro, para obter a quantidade necessária de plasma (normalmente é preciso 0,2µl para a determinação de um hormônio), é preciso picar, suficientemente, o lóbulo da orelha ou a ponta do dedo. Do contrário, torna-se necessária uma pressão adicional para obter o bastante. Quando essa exigência é satisfeita surge uma pergunta, se é preferível a dor causada pela picadura do dedo ou pela injeção venosa. Além disso, a pressão adicional para obter o volume requerido de sangue capilar determina dois possíveis efeitos que influenciam a concentração do hormônio na amostra. Um efeito é a estase, semelhante à ação da ligadura hemostática na amostragem venosa. O outro está ligado à possibilidade de que o fluido intersticial dilua a amostra sangüínea. E os resultados desses erros metodológicos são opostos: o primeiro pode causar um aumento e o segundo uma diminuição da concentração, tanto dos hormônios ligado à proteína, quanto dos hormônios protéicos. Um erro metodológico na amostra de sangue capilar é influência da hemólise sobre a concentração hormonal. Em algumas pesquisas, todo o sangue foi usado para determinação dos hormônios na amostra capilar. Os resultados usualmente obtidos indicam concentrações hormonais no mesmo *range* obtido no sangue venoso. O pressuposto de igual concentração hormonal no plasma e em todo o sangue se justifica pelo fato de que existe um equilíbrio entre o nível hormonal no plasma e nos eritrócitos. Portanto, restam dúvidas sobre se o equilíbrio persiste durante o exercício físico e quanto tempo é necessário para restabelecer o equilíbrio depois de modificações acentuadas na concentração plasmática hormonal. Aliás, dever-se-ia levar em consideração o fato de que os eritrócitos metabolizam os hormônios esteróides. Existe uma outra possibilidade de erro metodológico no caso da hemólise ocorrer antes ou durante a separação do plasma.

Condições que influenciam a concentração hormonal no sangue

Os protocolos convencionais tanto para o teste de exercício clínico quanto para teste aplicado recomendam que as condições avaliativas padrão sejam observadas (ACSM, 1991). Por conseqüência, quando possível, os pesquisadores deveriam assegurar-se de que o teste seja executado a 22ºC ou menos, a um nível de umidade de 60% ou inferior, pelo menos duas horas depois que o indivíduo examinado tenha comido, fumado ou ingerido cafeína, pelo menos seis horas depois que tenha comsumido álcool, e sempre seis horas depois de qualquer outro exercício físico anterior (*Ministry of Fitness and Amateur Sport*, 1986).

Outras condições levadas em consideração e possivelmente padronizadas dizem respeito ao estado nutricional (por exemplo, uma dieta com baixo ou elevado consumo de carboidratos, ver Galbo, 1983), cansaço emocional (Kreuz et al., 1972; Pequignot et al., 1979; Vaernes et al., 1982), privação de sono (ver Vanhelder, Radomski, 1989), ritmo circadiano, estação e postura. Durante o dia, muitos hormônios apresentam variações cíclicas. Por exemplo, as concentrações plasmáticas de ACTH e cortisol são mais altos pela manhã e mais baixos por volta da meia-noite. A diferença entre o máximo e o mínimo pode ultrapassar 5 vezes (Weitzman, 1976). Foi também estabelecida uma variação de estação (circanual) das concentrações hormonais. Por exemplo, a testosterona plasmática apresenta picos elevados no verão e um diminuição proporcional no inverno (Smals et al., 1976). As respostas hormonais ao exercício variam de acordo com as várias fases do ciclo ovariano (Bonen, Belcastro, 1978).

Em posição ereta, o volume de sangue circulante em um indivíduo é 600 a 700ml menor do que o encontrado em posição supina. Quando um indivíduo passa da posição supina para a ereta, a água e as substâncias filtráveis distanciam-se do espaço intravascular em direção ao compartimento intersticial, provocando uma redução de 10% do volume de sangue. Já que só o fluido transpirado atravessa os capilares rumo ao compartimento intersticial, as concentrações plasmáticas das substâncias não filtráveis, como as proteínas e os hormônios ligados a proteínas, sofrem aumento (de aproximadamente 10%). A diminuição normal do volume sangüíneo na passagem da posição supina para a ortostática se completa em 10 minutos, enquanto o aumento do volume sangüíneo da posição ereta para a supina se completa em cerca de 30 minutos (ver Tremblay et al., 1995).

O efeito da postura sobre o volume sangüíneo também se relaciona com a regulagem do tônus vascular, de maneira que a circulação permaneça estável. Com esse objetivo, a passagem da posição supina para a ereta provoca aumentos acentuados das concentrações de noradrenalina, aldosterona, angiotensina II, renina e vasopressina.

Nos atletas, o problema fundamental é constituído pelas perturbações causadas pela atividade desenvolvida durante uma sessão de treinamento. Os estudos sobre os hormônios não devem ser feitos um dia depois de uma sessão de treinamento de elevado volume ou intensidade, ou depois de uma competição difícil. O melhor período para a pesquisa de hormônios é pela manhã, depois de um ou dois dias de repouso. De qualquer modo, também nesse caso é preciso ter certeza de que a recuperação do treinamento intenso precedente tenha se completado.

Coleta da amostra

A separação dos eritrócitos da amostra é importante dado que os eritrócitos em temperatura ambiente podem alterar a concentração de hormônios esteróides no plasma. Os eritrócitos degradam o estradiol da estrona e o cortisol da cortisona, e absorvem testosterona. O plasma possui uma vantagem em relação ao soro, dado que pode ter seus eritrócitos removidos mais rapidamente e, portanto, ser conservado em ambiente frio. Para o plasma, a heparina é melhor anticoagulante do que o ácido etilendiaminotetracético (EDTA), visto que provoca menos interferência na maioria dos testes. O EDTA pode comportar uma diminuição dos níveis de tireotropina, luteotropina e estradiol em um intervalo que vai de 10 a 25%. As amostras recolhidas com o EDTA têm como resultado altas concentrações de testosterona livre. Muitos hormônios são termicamente sensíveis, e as amostras do soro ou do plasma devem ser congeladas. A separação do plasma do soro deve acontecer a 4ºC. Deve-se evitar congelamentos e descongelamentos sucessivos das amostras de soro, plasma ou urina.

Análises hormonais

O método mais válido para a dosagem hormonal é o radioimunoensaio (RIE). Esse método possui especificidade e sensibilidade elevada. Para evitar o uso de radioisótopos, recomenda-se o fluorimunoensaio, o enzimaimunoensaio e a quimioluminescência. Esta última está se tornando a técnica favorita para a dosagem hormonal, em substituição ao RIE. No que concerne ao levantamento das monoaminas (adrenalina, noradrenalina, serotonina, etc.), o ensaio em cromatógrafo líquido de alta pressão demonstrou-se válido.

Interpretação dos resultados

Antes de tudo, é preciso considerar que a regulagem hormonal atuou em dois níveis: (1) o nível de produção das moléculas sinais (síntese e secreção dos hormônios por parte das células endócrinas) e (2) o nível de recepção das moléculas sinais (receptores protéicos celulares, que se ligam aos hormônios especificamente no plasmalema, citoplasma ou núcleo). Ambos os níveis são regulados com base nas exigências metabólicas, homeostáticas e de adaptação. Portanto, a concentração hormonal no sangue não contém todas as informações sobre os efeitos da regulagem hormonal. As concentrações plasmáticas hormonais não coincidem com a quantidade de hormônio excretada, porque, na realidade, exprimem a relação entre o hormônio secretado no sangue (secreção por parte da glândula endócrina) e passagem do sangue aos tecidos (depende do equilíbrio dinâmico entre a fração conjugada e a fração livre, como também da intensidade da degradação hormonal nos tecidos). De qualquer maneira, o fator determinante para o refornecimento hormonal ao tecido é a sua concentração no sangue. A quantidade de hormônios que chega aos tecidos é dividida entre vários sítios (Figura 17.3). A maior parte das moléculas hormonais está ligada por proteínas celulares. Existe um equilíbrio dinâmico entre o hormônio livre contido pelo compartimento extracelular e o conteúdo hormonal conjugado às proteínas celulares. Uma parte do conteúdo hormonal está ligada a sítios que unem o hormônio às enzimas catalisadoras para sua degradação metabólica. Isso representa uma perda hormonal. Além da degradação metabólica, acontecem biotransformações hormonais mais ativas, menos ativas e inativas. O resto do conteúdo hormonal ativo é dividido entre a fração conjugada a receptores celulares específicos ao hormônio e o conteúdo hormonal associado, não especificamente, a outras proteínas. A quantidade ligada aos seus receptores celulares correspondentes é o fator determinante do efeito hormonal. Esse depende de duas circunstâncias. De um lado, quando há aumento de hormônio nos tecidos, mais hormônios ativos alcançam os receptores específicos, e, por isso, mais hormônios podem ser conjugados aos seus receptores específicos. De outro lado, quando se aumenta o número de receptores hormonais, a relação entre sítios de vínculos específicos e não-específicos cresce. Isso significa que uma alta porção de hormônio associa-se a receptores, apesar do conteúdo hormonal tecidual permanecer inalterado. Nesse caso, é relevante discriminar "regulação oculta" e "regulação evidente" (Viru, 1991).

A primeira consiste no controle da produção de moléculas de sinais (hormônios). O segundo tipo de regulação consiste em: (1) modular a influência sobre o número de receptores (seus sítios de ligação), a afinidade das proteínas receptoras com os hormônios e os processos metabólicos pós-receptores; (2) regular o estado metabólico da célula através de outros receptores do metabolismo celular, o que altera a ação da regulação oculta; (3) regular a síntese protéica, isto é, a síntese das proteínas estruturais e enzimáticas que participa da ação da regulação oculta.

Através da regulação do metabolismo da célula, assim como por meio da regulação da síntese protéica, o efeito sobre o hormônio combina-se à ação de outros hormônios e substâncias biotivas dos tecidos. Em alguns casos, outros hormônios sustentam a ação regulativa oculta de um hormônio, preparando assim o terreno metabólico para as células. Em outros casos, outros hormônios agravam a ação regulativa hormonal oculta. Existe também a possibilidade de um bloco completo para atuação dessa. Isso pode acontecer por causa da competição entre proteínas de ligação e receptores protéicos, ou por causa da inibição dos processos metabólicos pós-receptores.

Por exemplo, considerando-se a competição entre proteínas de ligação e receptores protéicos, pode-se evidenciar a interação entre o cortisol e testosterona no tecido muscular. Quando as moléculas de tes-

```
                    ┌─────────────────────────┐
                    │ Afluxo de hormônio no tecido │
                    └─────────────────────────┘
```

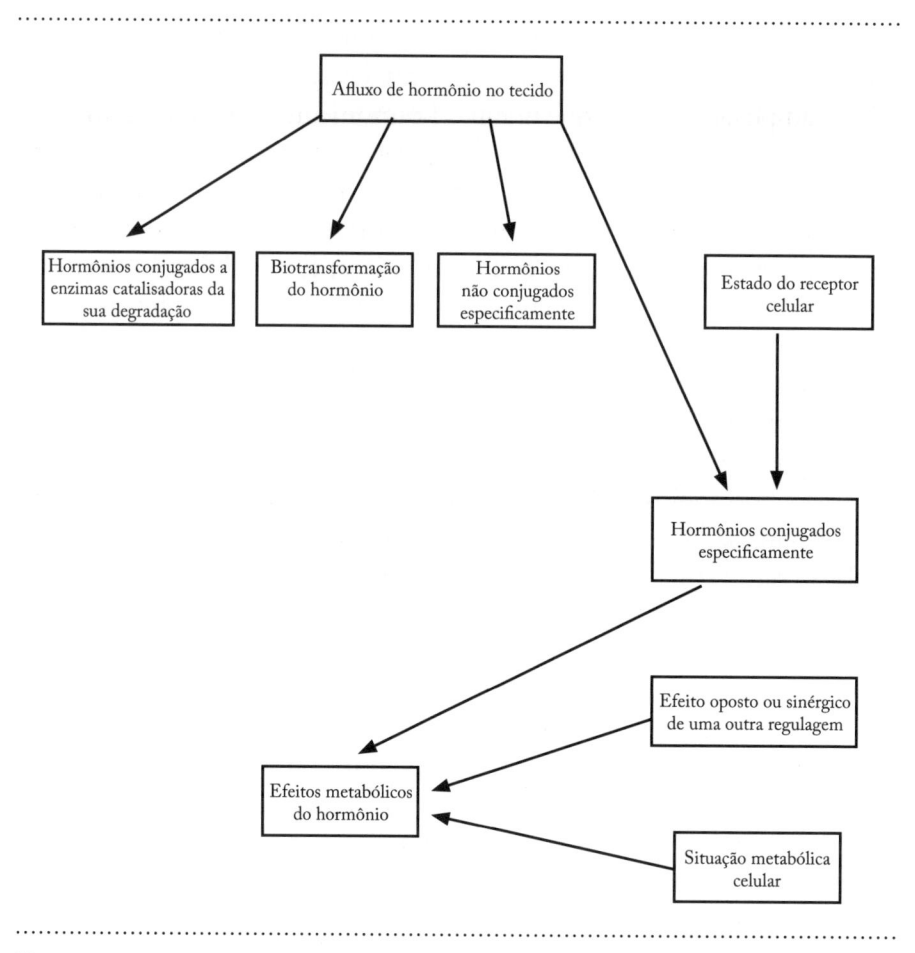

Figura 17.3 Fatores que determinam os efeitos metabólicos dos hormônios.

tosterona ocupam os sítios específicos de ligação, esses exercem um efeito anti-catabólico sobre o cortisol, reduzindo sua ação na degradação protéica. Contudo, quando o cortisol ocupa os receptores, exerce uma ação anti-anabólica sobre a testosterona, reduzindo a indução da síntese protéica muscular por parte desse hormônio (Mayer, Rosen, 1977). Um outro exemplo consiste na competição por receptor entre o cortisol e a progesterona. Foi descoberto que os glicocorticóides restabelecem a capacidade de trabalho em ratos que sofreram ectomia da supra-renal, induzindo à síntese de uma ou mais proteínas reguladoras. Contudo, quando junto ao glicocorticóide dexametazona era administrada uma grande dose de progesterona, o efeito do glicocorticóide era inibido por causa da capacidade da progesterona em ligar os receptores do próprio glicocorticóide (Viru e Smirnova, 1985).

A insulina bloqueia a ação dos hormônios lipolíticos (adrenalina, hormônio do crescimento, glucagon) na hidrólise dos triglicerídios das células adiposas. Esta ação está relacionada à influência da insulina nos processos pós-receptores. A insulina ativa a cíclico AMP-fosfodiesterase e estimula, por isso, a degradação de AMP cíclico. Pelo contrário, o acúmulo de AMP cíclico é um elo essencial entre os processos pós-receptores e a ação dos hormônios lipolíticos. Em contraste, o cortisol potencializa os efeitos metabólicos da adrenalina através de uma inversão nas substituições intracelulares do Ca^{2+} e inibição da ação da cíclico AMP- fosfodiesterase (Fain, 1979). Este efeito do cortisol é chamado "ação permissiva do glicorticóide".

Em conclusão, ao examinar o aumento de concentração de um hormônio, não podemos assumir a existência de conseqüências metabólicas, observadas do ponto de vista da influência hormonal, se não conhecermos as inter-relações desse hormônio com os demais e o estado dos receptores hormonais celulares. Essa consideração é verdadeiramente fundamental no caso de exercício físico que modifique significativamente o estado metabólico das células e a atividade das glândulas endócrinas. Sem examinar a real influência metabólica do hormônio durante o desempenho esportivo, as conclusões fundadas na modificação do nível de apenas um hormônio são meras conjecturas injustificadas.

Semelhantes conjecturas são, freqüentemente, feitas a propósito das conseqüências do aumento da concentração plasmática de cortisol provocado pelo exercício. Em muitos casos, o aumento da concentração de cortisol é considerado um indício de intensificação da degradação protéica, um sinal de catabolismo geral. Contudo, diversos estudos colocaram em evidência como a atividade muscular inibe a ação metabólica dos glicorticóides (Hickson e Davis, 1981; Seene e Viru, 1982). Portanto, durante a atividade física, a relação entre nível aumentado de cortisol no sangue e ativação dos processos catabólicos não é a mesma que em condições de repouso. Ao mesmo tempo, não podemos dizer que durante o exercício o cortisol perca completamente a sua ação catabólica. Obviamente, está-se próximo da verdade ao se considerar que durante a performance o efeito catabólico é limitado e depende da ação vinculada a vários outros reguladores. Na realidade, durante o exercício físico, o nível de degradação protéica é elevado, sobretudo nos músculos menos ativos (Varrik et al., 1992).

Alguns experimentos feitos com ratos provam que o aumento nas concentrações de alanina no plasma, nas fibras lentas e no fígado, provocado pela atividade física, depende da ação do glicocorticóide sobre a atividade da amina-aminotransferase. A suprarrenalectomia exclui tanto o aumento das concentrações de alanina quanto o aumento da atividade enzimática, mas uma terapia substitutiva em ratos "suprarrenalectomizados" de glicocorticóides reestabelece as modificações provocadas pelo exercício (Viru et al., 1994). De qualquer forma, a secreção de testosterona inverte os efeitos do exercício sobre as concentrações de alanina (Guezennec et al., 1984). Por conseqüência, quando o exercício é executado em condições em que haja alta concentração de testosterona no sangue, o cortisol deixa de aumentar a produção alanínica.

O hormônio do crescimento é conhecido por estimular a lipólise (hidrólise dos triglicerídios) nas células adiposas. Contudo, experimentos com células adiposas isoladas indicaram que o início do efeito do hormônio do crescimento requer, pelo menos, 2 horas (Fain et al., 1965). Por isso, quando é localizado um aumento na concentração do hormônio do crescimento provocado pelo exercício, seu efeito se dará apenas duas horas depois. Em conformidade com o que foi afirmado, durante duas horas de ciclismo, a administração exógena de hormônio do crescimento humano causou aumento acentuado da concentração de hormônio no sangue, mas não da concentração dos ácidos graxos livres (Figura 17.4; Toode et al., 1993). Em conclusão, os indícios a respeito dos efeitos metabólicos do hormônio devem ser encontrados durante o tempo de influência hormonal sobre o processo metabólico. Até mesmo se for encontrada uma correlação entre resposta hormonal e modificação metabólica durante o desempenho, a relação causal pode ser aceita apenas se o tempo torna a atuação do efeito hormonal possível. É possível que, em alguns casos, a correlação entre a concentração do hormônio e o desempenho, ou as características metabólicas, una-se a efeitos hormonais precedentes no tecido muscular. Recentemente foi descoberto que a concentração basal de testosterona no soro tem relação significativa com a força explosiva (salto com o contra-movimento) (Figura 17.5a) e a velocidade de corrida nos 30 metros rasos (Figura 17.5b). Isso foi interpretado através da relação causal entre desenvolvimento de fibras rápidas e concentração de testosterona (Bosco et al., 1996). O efeito da testosterona sobre o desenvolvimento das fibras rápidas foi colocado em evidência em experimentos com animais (Dux et al., 1982). Por conseqüência, é possível crer que existam certas peculiaridades genotípicas (ou fenotípicas), caracterizadas pela elevada concentração de testosterona. Este hormônio favoreceria o desenvolvimento das fibras rápidas no período da puberdade.

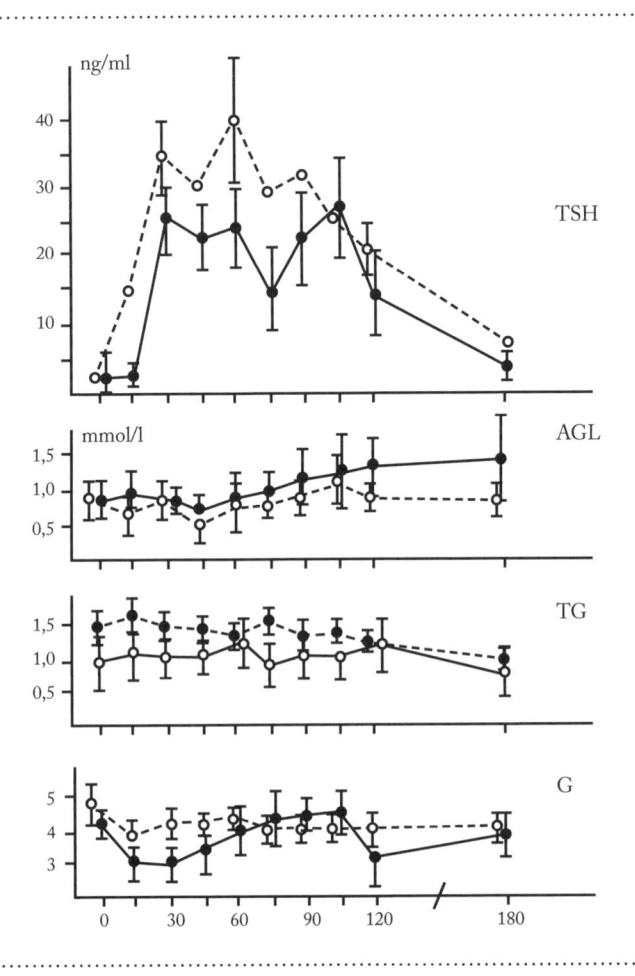

Figura 17.4 Variações de alguns parâmetros metabólicos durante duas horas de cicloergômetro (60% da VO$_2$ máx.) seguido da administração de hormônio do crescimento (linha tracejada) e placebo (linha contínua) (Toode et al., 1993).

Outras fontes de interpretações errôneas sobre resultados de estudos com hormônios

Como mencionado antes, a concentração plasmática hormonal exprime a relação entre a produção e a eliminação/degradação hormonal. Foi afirmado que a resposta da testosterona (Sutton et al., 1978), assim como dos estrogênios (Keiser et al., 1981) ao exercício físico está relacionada com a inibição da degradação do hormônio. Um outro fator que pode aumentar a concentração hormonal sem aumento da secreção é a diminuição do volume plasmático, causada pelo extravasamento do plasma. Cerca de apenas 1 minuto de atividade física pode fazer diminuir o volume plasmático em quase 15-20% (Sejersted et al., 1986). Assim, é bom calcular as modificações do volume plasmático no mínimo através da concentração de hemoglobina e do valor do hematócrito nos estudos hormonais.

Uma posterior causa de aumento da concentração de hormônio sem modificação da secreção é a "lavagem" dos hormônios da glândula, causada pelo aumento do percentual de fluxo sangüíneo. Durante o exercício prolongado, a desidratação e a reidratação podem, ambas, ter efeito sobre a concentração hormonal. Contudo, quando a concentração plasmática aumenta, a despeito do mecanismo, uma maior interação com os receptores é possível, já que esta depende da verdadeira concentração de hormônio no compartimento extracelular. Cada resposta hormonal possui dinâmica própria. Ao se medir a concentração de hormônio apenas uma vez durante ou depois do exercício físico, não se pode obter a real dimensão da resposta. Existem respostas velozes, respostas com progressão moderada e também respostas interrompidas por um período de intervalo (ver Viru, 1992). Além disso, se o exercício não requer mobilização máxima de uma função endócrina, a variabilidade individual pode aparecer no modelo de resposta hormonal, como foi descrito para as respostas do cortisol (Viru et al., 1992) e da beta-endorfina (Viru et al., 1990). A atividade dos sistemas endócrinos é controlada por retroalimentação inibitória. Portanto, a concentração hormonal inicial pode suprimir ou favorecer as respostas hormonais. Por conseqüência, a concentração plasmática de cortisol, inicialmente alta, diminui ou não sofre nenhuma modificação durante exercício (Brandenburger et al., 1982; Few et al., 1975).

Muitos hormônios são liberados no sangue em intervalos irregulares, separados por períodos de repouso que vão dos 5 aos 30 minutos (ou até mais). Essa peculiaridade da função endócrina é levada em consideração quando se avalia a concentração hormonal basal.

Fatores determinantes das respostas hormonais nos exercícios físicos

A variabilidade das respostas hormonais é freqüentemente causada pela influência de diversos fatores. Erros de avaliação das respostas hormonais podem ser evitados se, para interpretação das respostas hormonais à atividade física, os fatores determinantes e moduladores forem levados em consideração. Os principais fatores determinantes são a intensidade e a duração do exercício, a adaptação do indivíduo a ambas, e as suas necessidades homeostáticas (ver Viru et al., 1996). É possível definir o limite de intensidade do exercício como a intensidade mínima necessária capaz de provocar modificações hormonais no sangue. Foi também demonstrada a

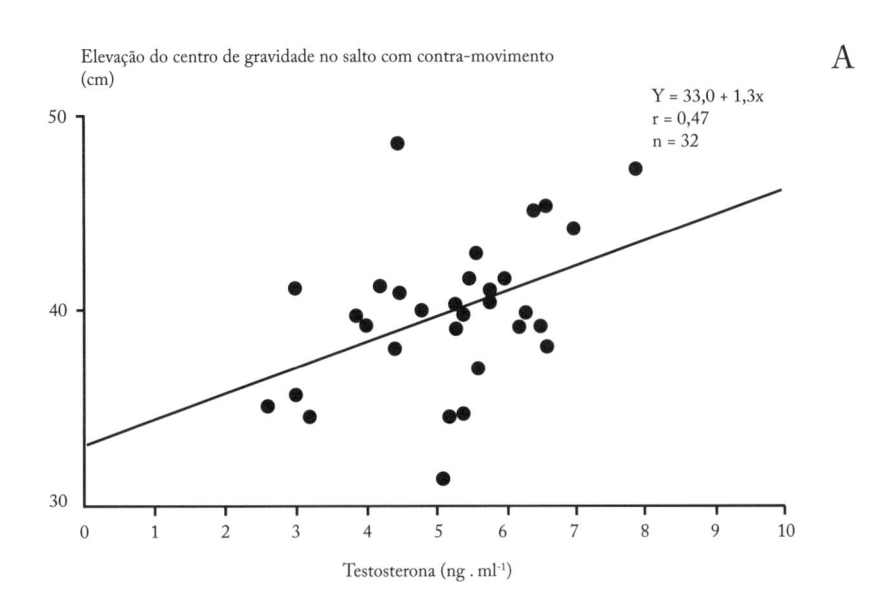

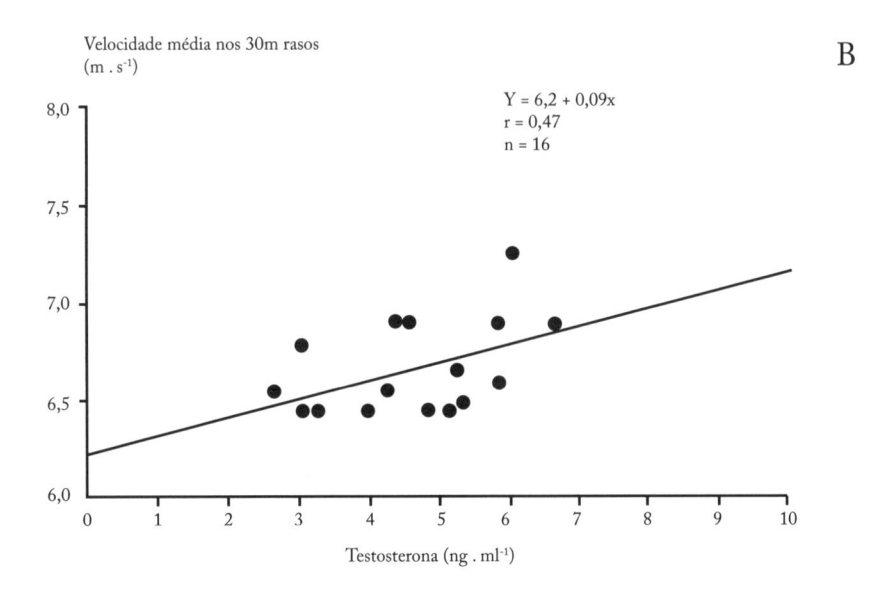

Figura 17.5 O levantamento do centro de gravidade no contra-movimento (acima) e a velocidade média nos 30m rasos (abaixo) são apresentados em função da concentração sérica de testosterona (Bosco et al., 1996).

dependência da amplitude das respostas hormonais à duração do exercício. Portanto, também o limite de duração é colocado à prova. O exercício de intensidade subliminar pode provocar respostas hormonais quando uma certa quantidade de trabalho é executada. Para intensidade acima do limite, o máximo de duração é expresso pelo aumento da resposta hormonal ou pela ativação secundária do sistema endócrino. A adaptação sistemática ao exercício (treinamento) induz:

1. Aumento do limite de intensidade em termos de potência desenvolvida; de tal maneira o treinamento reduz, parcialmente ou totalmente, as respostas hormonais anteriormente observadas.
2. Elevada capacidade funcional do sistema endócrino, tornando possíveis respostas hormonais muitos evidentes em exercícios extremos. A importância da intensidade e do tipo de exercício revela-se, antes de tudo, na atividade do sistema endócrino responsável pela rápida mobilização das reservas de energia e dos recursos protéicos. A atividade hormonal que controla o equilíbrio água/eletrólitos depende, principalmente, das modificações que ocorrem nesse equilíbrio. O efeito dos principais fatores determinantes depende de várias condições, entre as quais a influência do estado emocional, as condições ambientais, a dieta (disponibilidade de carboidratos) e os biorritmos. Também é possível que as respostas hormonais sejam influenciadas pela fadiga.

Avaliação da carga da sessão de treinamento

A monitoração bioquímica é capaz de dispensar as seguintes tarefas de avaliação da carga da sessão de treino:

a) caracterizar a especificidade da influência metabólica da sessão de treinamento;
b) avaliar a carga total da sessão de treino;
c) assegurar o efeito de treino da sessão;
d) avaliar a fadiga.

Especificidade da influência do treinamento

As sessões de treinamento contêm muitos exercícios que podem ser diferenciados pela duração e intensidade, modos de trabalho muscular e regime de trabalho/repouso. A intensidade do exercício em combinação com a duração necessária para mantê-la, é o fator que determina o caminho para a produção de energia (ressíntese do ATP) (ver Figura 17.6). Por conseqüência, é preciso distinguir quatro grupos de exercícios cíclicos:

- exercícios aeróbicos;
- exercícios aeróbico-anaeróbicos;
- exercícios anaeróbico-glicolíticos;
- exercícios anaeróbico-aláticos.

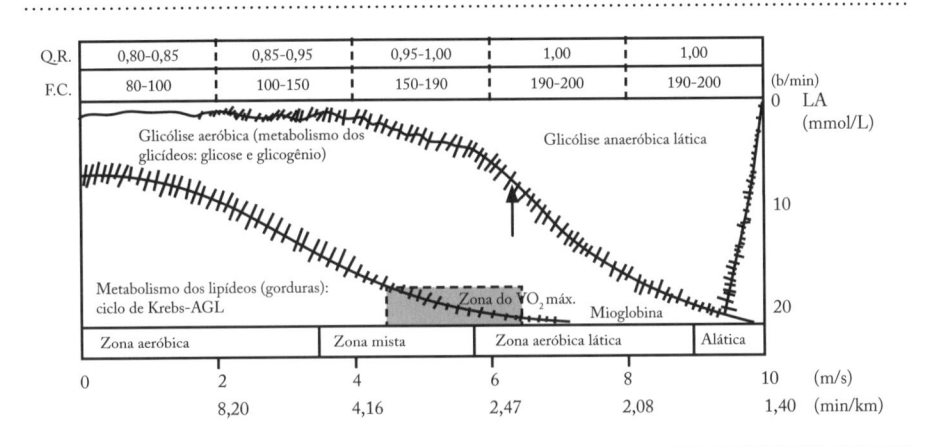

Figura 17.6 Contribuição dos três sistemas metabólicos (anaeróbico-alático; ATP-CP); anaeróbico-lático: lactato (LA); e oxidativo; metabolismo dos lipídios e dos glicídios (VO_2) que intervém nas diversas velocidades de corrida (Bosco, 1990, modificado). Símbolos: QR = Quociente Respiratório; FC = Freqüência Cardíaca; LA = lactato plasmático; LA = Limiar Aeróbico; LAN = limiar anaeróbico; IL = inibição da lipólise (Bosco e Luhtanen, 1992).

As características destes grupos de exercícios cíclicos são ilustradas na Tabela 17.1 e 17.2. O limiar anaeróbico estabelece a fronteira entre os exercícios aeróbicos e os aeróbico-anaeróbicos. Nos aeróbico-anaeróbicos e anaeróbico-glicolíticos, a intensidade é proporcional ao aumento da concentração de ácido lático plasmático. Contudo, no grupo de intensidade mais elevada (anaeróbico-lática), o caminho principal para a ressíntese do ATP é a quebra da fosfocreatina e, por isso, não proporcional ao aumento da concentração de lactato. Não existem modos de avaliação do percentual de quebra da fosfocreatina utilizáveis em campo durante o treinamento e a competição. Assim, tem-se que a velocidade do movimento (na corrida, no ciclismo, etc.) possa ser usada como indicador. Por exemplo, nos corredores, essa abordagem deve ser aplicada à velocidade da corrida dos 400m (a mais alta intensidade às custas da glicólise anaeróbica). O aumento da velocidade de corrida superior à velocidade dos 400m exprime o grau de utilização da fosfocreatina.

Tabela 17.1 Características de exercícios cíclicos de intensidade variada

Características	Grupos de Exercícios			
	Aeróbico	Aeróbico-anaeróbico	Anaeróbico-glicolítico	Anaeróbico-alático
Principal caminho para a ressíntese de ATP	Fosforilação oxidativa	Fosforilação oxidativa	Glicólise anaeróbica	Quebra da fosfocreatina
Caminho auxiliar para a ressíntese de ATP	—	Glicólise anaeróbica	Fosforilação oxidativa Quebra da fosfocreatina	Glicólise anaeróbica
VO_2 (l . min^{-1})	2,0 – 2,5	2,5 – 3,0	> 3.0	—
VO_2 (ml . min-1 . kg^{-1})	28 – 35	35 – 42	> 42	—
Gasto energético (Kcal . min^{-1})	10,0 – 12,5	12,5 – 15	15 – 62,0	~ 300
Gasto energético (METs)	8 - 10	10 – 12	12 - 48	~ 240
FC (bpm)	140 - 160	160 - 180	180 – 200	150 – 170
Aumento da concentração de lactato no sangue	1,5 – 2X	2 – 6X	> 6X	2 - 3X
Duração máxima possível	> 40 min	5 – 4 min	0,5 – 5 min	10 – 20s

Como acima assinalado, os exercícios de alta intensidade provocam acúmulo de amônia no sangue. Isso reflete o uso de um caminho de emergência (2ADP → ATP + AMP), e não do processo principal da ressíntese do ATP.

Tabela 17.2 Contribuição energética dos três sistemas metabólicos (anaeróbico alático (ATP-CP); anaeróbico lático (lactato); e oxidativo (VO_2), que intervêm na produção de trabalho durante a corrida (Bosco, 1990)

Corrida lenta	Contribuição percentual dos sistemas			Potência dos três sistemas			Capacidade dos três sistemas			Limite Aeróbico-Anaeróbico
	ATP-CP	AL	VO_2	ATP-CP	AL	VO_2	ATP-CP	AL	VO_2	
100	55	45	—	100	100	—	100	50	—	
200	25	60	10-15	80	75	10	50	90	10	
400	10-12	70	20-25	70	20	40	25	100	20	
800	5-10	55-60	30-35	35	10	95	10	100	40	> Limite anaeróbico
1500	5	20-25	60-70	15	5	100	5	100	80	> Limite anaeróbico
3000 (obstáculos)	2	15-20	80-85	1	1	100	2	100	90	> Limite anaeróbico
5000	1	10-15	85-90	—	—	100	1	80	95	> Limite anaeróbico
10000	—	5	95	—	—	100	—	50	98	≥ Limite aeróbico-anaeróbico
Maratona	—	—	99	—	—	85	—	20	80-90	< Limite aeróbico

O aumento da concentração de lactato plasmático, útil para a avaliação da intensidade do desempenho nos exercícios aeróbico-anaeróbicos e anaeróbico-glicolíticos, depende também do número de repetições dos ciclos de exercício e da duração dos intervalos de repouso entre os vários ciclos. Foi descoberto que a concentração mais alta de lactato plasmático (27mmol . l^{-1}) é encontrada nos corredores de média distância altamente qualificados, quando uma série de 4x400m é realizada com intervalos de repouso de 4-6, 3-4 e 2 minutos, respectivamente, entre a primeira e a segunda, a segunda e a terceira, e a terceira e a quarta repetição (Volkov, 1963). Tudo isso pode ser comparado com a concentração de lactato de cerca de 25mmol . l^{-1} no sangue, e de 30-35mmol . kg^{-1} no tecido muscular, encontradas nos atletas de alto nível no final de disputas de 400 e 800m. Ao mesmo tempo, o pH era de 6,9 no sangue (em alguns casos 6,8) e de 6,4 no tecido muscular (Kindermann, Keul, 1977). Certamente, esses valores não exprimem tão bem a intensidade do exercício quanto a capacidade real de trabalho anaeróbico, encontrada na glicólise anaeróbica. Nas nossas considerações, a capacidade anaeróbica é definida como "a quantidade máxima de ATP ressintetizada através do metabolismo anaeróbico" (Medbo et al., 1988; Green, 1994). No treinamento intervalado, a concentração de lactato plasmático aumenta de maneira contínua. Semelhantemente, encontra-se uma queda constante do glicogênio muscular. O lactato muscular aumenta a cada ciclo de exercício. Durante os intervalos de repouso há queda, mas, considerando-se a totalidade do ciclo, os valores de lactato aumentam sempre. Uma tendência oposta foi relevada pelo modelo da fosfocreatina (Figura 17.7). O aumento contínuo do lactato plasmático, na verdade, exprime o grau de utilização da capacidade de trabalho anaeróbico.

Durante o intervalo do treino, o caminho para ressíntese de ATP depende de vários fatores. Apenas conhecendo a estrutura dos fatores implicados nos intervalos entre as provas é possível assumir quando a concentração de lactato plasmático exprime a intensidade do exercício e quando indica a utilização global da capacidade anaeróbica. A intensidade do treinamento pode ser avaliada por meio do lactato apenas se a via principal para ressíntese do ATP for a glicogenólise anaeróbica, acrescida em pequena medida pela energia da quebra da fosfocreatina. Contudo, até mesmo nesse caso, a concentração de lactato final exprime melhor a utilização da capacidade de trabalho anaeróbico do que a intensidade. Quanto maior é a contribuição da fosforilação oxidativa, menores são as possibilidades de determinar a intensidade do exercício através do lactato plasmático. Novamente, nesses casos, o lactato plasmático representa o nível de utilização da capacidade de trabalho anaeróbico. De qualquer modo, o lactato é o principal fator de estímulo do desenvolvimento dessa capacidade. Portanto, a sua concentração torna-se índice do efeito de treino sobre ela.

Quando os principais caminhos de ressíntese de ATP são a quebra da fosfocretina ou a fosforilação oxidativa, a medição do lactato não tem significado.

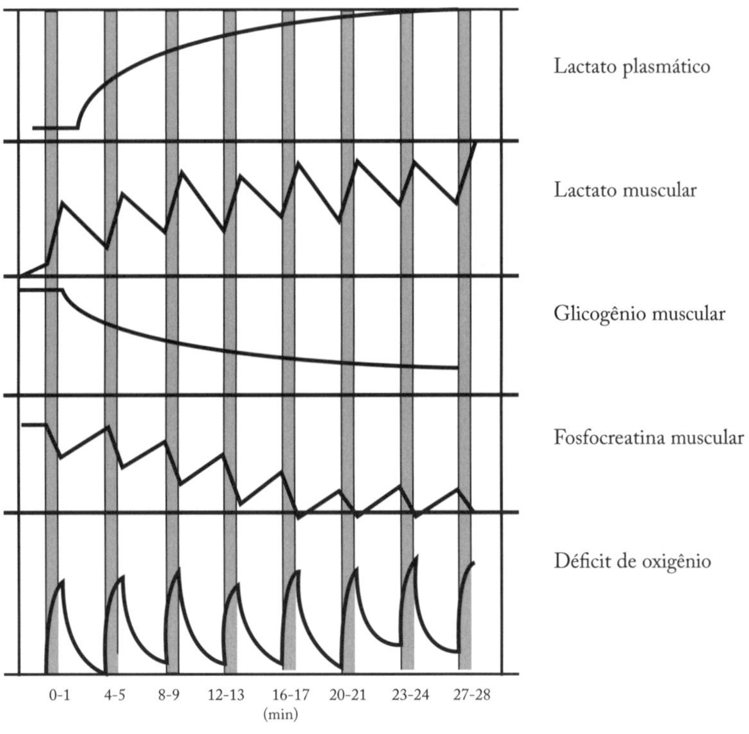

Figura 17.7 Variações dos lactatos muscular e plasmático, do glicogênio muscular, da concentração muscular de creatinafosfato e déficit de oxigênio durante uma sessão intensa de treinamento intervalado (Lamb, 1978).

Força Muscular

O grau de utilização da capacidade de trabalho anaeróbico ganha significado com a análise do lactato plasmático depois das sessões de treinamento. Mas não é correto interpretar o valor do lactato encontrado ao final da sessão como índice da intensidade total da sessão. A concentração de lactato plasmático dessa fase depende da seqüência de exercícios executados (Figura 17.8). Quando a última parte da sessão é constituída por exercícios aeróbicos, uma certa parte de lactato acumulado no sangue pode ser eliminada. Portanto, a concentração de lactato está bem longe dos valores que efetivamente aparecem depois dos exercícios mais intensos. A análise do lactato plasmático oferece informações erradas sobre a intensidade total da sessão, mesmo quando essa é encerrada com alguns exercícios de tipo anaeróbico. Neste caso, a intensidade da sessão é superestimada.

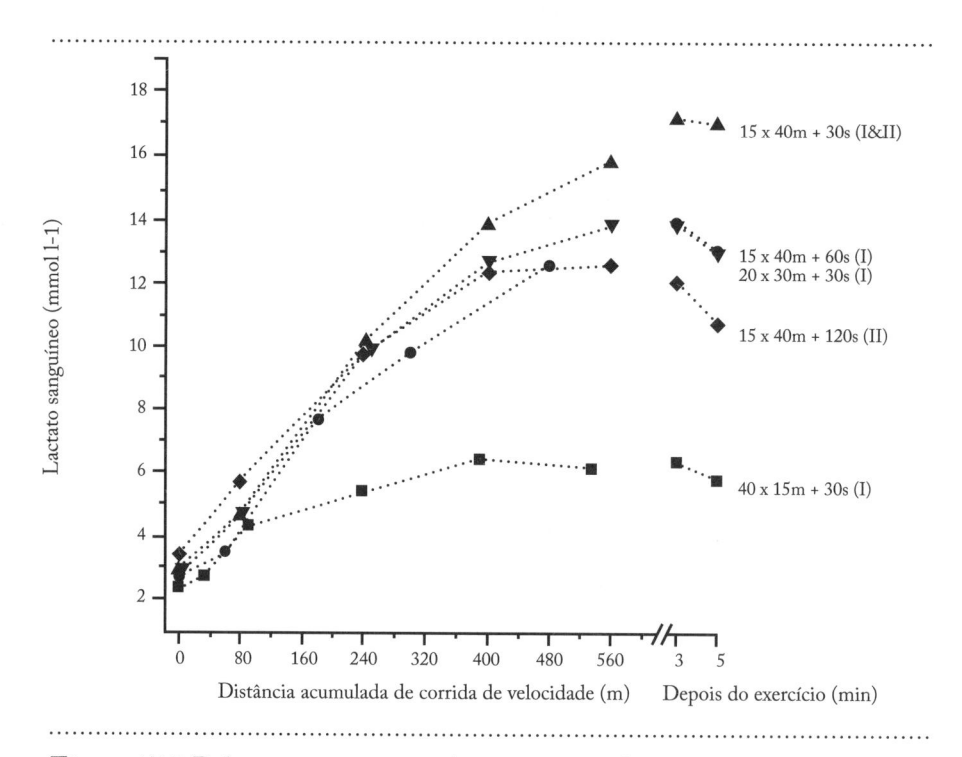

Figura 17.8 Relação entre o acúmulo progressivo da distância percorrida, o número das repetições realizadas para cada distância e o lactato produzido (Balsom, 1995).

Nos exercícios para a melhora da velocidade, da força rápida (potência) ou da força, o grau de intensidade não pode ser avaliado através da análise dos mecanismos de ressíntese de ATP, mas, do incentivo a outras capacidades associadas ao aumento da velocidade, da potência e da força. Assim, nestes casos, a variação do lactato plasmático indica a intensidade do regime do exercício, mas não o efeito de melhora dos exercícios executados.

De qualquer forma, foram mencionados anteriormente os limites da estimativa quantitativa da glicólise anaeróbica baseada no acúmulo de lactato plasmático. Estas limitações deveriam ser respeitadas também na avaliação do grau de utilização da capacidade de trabalho anaeróbico. Uma avaliação semelhante pode ser apenas aproximativa, já que não é possível calcular a porção exata de uso.

Em conclusão, diremos que a intensidade da sessão de treinamento é melhor avaliada observando-se as características dos exercícios executados ao invés da concentração de lactato plasmático. A intensidade da sessão de treinamento é expressa também pelas modificações dos níveis plasmáticos de catecolamina. Quando um desempenho de corrida lenta é executado no nível do chamado limiar aeróbico (exercício totalmente aeróbico), as modificações são modestas e verifica-se, predominantemente, aumento do nível de noradrenalina. A corrida no limiar anaeróbico individual causa aumento significativo tanto da concentração de adrenalina quanto de noradrenalina. O aumento mais acentuado do nível plasmático de catecolamina é encontrado depois da corrida anaeróbica de alta intensidade (Urhausen, Kindermann, 1992).

A carga da sessão de treinamento

A carga global da sessão de treinamento pode ser distinguida entre: (1) carga excessiva, que ultrapassa a capacidade funcional do organismo, originando fenômenos de superfadiga, (2) carga de treino, que causa, de maneira específica, adaptações da síntese protéica e assim induz aos efeitos de treino, (3) carga de manutenção, que parece insuficiente para estimular a síntese protéica de adaptação, mas é útil para evitar o destreino, (4) carga de restabelecimento, insuficiente para evitar o efeito de destreino, mas favorável aos processos de recuperação após utilização da carga de treino, e (5) carga inútil (Figura 17.9). Levando em consideração esses diferentes níveis de carga, são necessários, pelo menos, três grupos de critérios para a análise detalhada do efeito da sessão de treinamento: (a) um critério para a carga de treino mais alta possível, (b) um critério para o efeito de treino (treinamento) da sessão, e (c) mais um para a carga mínima que possua efeito de manutenção. Na literatura da Medicina Esportiva, podem ser encontrados numerosos métodos de análise dos fenômenos de superfadiga. Nos últimos anos, foram publicadas hipóteses sobre o uso dos critérios bioquímicos-metabólicos e hormonais. A maior carga que não causa manifestações de superfadiga é a carga de treino mais elevada possível. Contudo, na prática, isso significa que somente as conseqüências negativas oferecem informações válidas aos esportistas. Naturalmente, seria bom que existisse um método para encontrar a carga mais elevada imediatamente antes do cansaço. Infelizmente, ainda não foram elaborados métodos semelhantes, em todo caso, o nosso grupo de trabalho (Bosco et al., 1995-1997) propôs um método de levantamento (eletromiografia, dinamometria, análises hormonais e bioquímicas) que fornece informações úteis sobre o tipo de estresse causado por uma sessão de treinamento. Não conseguimos nem mesmo encontrar na literatura existente sistemas de medição precisos para a avaliação da carga de manutenção mínima. Na maior parte dos casos, a decisão a respeito da carga mais elevada de treino e da mínima carga de manutenção se baseia na experiência e na percepção dos esportistas. A análise da experiência prática levou às seguintes sugestões: para os nadadores foi recomendado como critério de localização da maior carga possível, a perda da coordenação na habilidade natatória (técnica) (Platonov e Vaitzenhovsky, 1985). Nas Tabelas 17.1 e 17.2, estão representados os critérios propostos a todas cargas, para nadadores e corredores. Quando os esquiadores de fundo usam o método de treinamento contínuo a uma velocidade de 87% da mantida durante as competições, a carga mais alta de treino é indicada por uma queda substancial da velocidade ao esquiar. A carga de manutenção é constituída por 40 - 75% dessa. Obteve-se que, nos esquiadores de fundo, a carga de treino começa no momento em que a velocidade do esqui pode ser mantida apenas graças à freqüência aumentada do passo (Baikov, 1975).

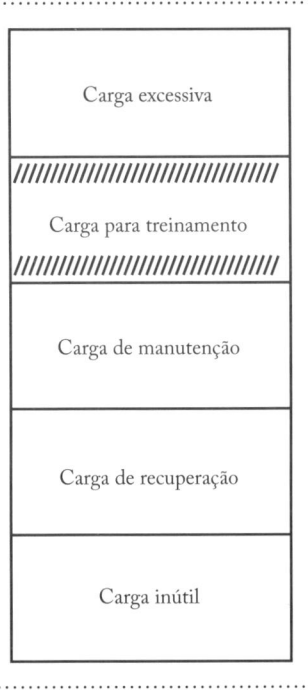

```
┌─────────────────────────┐
│   Carga excessiva       │
├─////////////////////////┤
│   Carga para treinamento│
├─////////////////////////┤
│   Carga de manutenção   │
├─────────────────────────┤
│   Carga de recuperação  │
├─────────────────────────┤
│   Carga inútil          │
└─────────────────────────┘
```

Figura 17.9 Carga da sessão de treinamento.

Avaliação do efeito de treino na sessão de treinamento

Em essência, a coisa mais importante é saber se a sessão de treinamento garante efeitos de treino ou não.

Esses se fundam nas modificações em nível celular. Por sua vez, tais modificações são o resultado da síntese das proteínas estruturais e enzimáticas (Booth e Thomason, 1991), que assegura o aumento das estruturas celulares, predominantemente as ativas, e o aumento das moléculas enzimáticas catalisantes das vias metabólicas mais importantes. A chamada síntese protéica de adaptação é controlada no nível da indução, translação e pós-translação (Booth e Thomason, 1991). No nível da indução da síntese protéica de adaptação, os metabólitos que se acumulam no interior das células ativas durante a execução do exercício determinam quais proteínas terão sua síntese intensificada. Os hormônios, cuja secreção aumenta em resposta à carga da sessão de treinamento, amplificam o efeito indutor dos metabólitos (Viru, 1984, 1994, 1995). No nível da translação, o controle é assegurado pela influência tanto dos metabólitos quanto dos hormônios (Booth e Thomason, 1991; Viru, 1994, 1995). Assim, os exercícios executados influenciam, por

Força Muscular

Quadro 17.2 Distinção entre os vários níveis de carga para sessões de treinamento com nadadores (Platonov, Vitsekhovsky, 1985)

Carga	Principais características	Ação
Leve	15-20% da quantidade de exercícios até a queda da capacidade de trabalho	Carga de Recuperação
Moderada	40-60% da quantidade de exercícios até a queda da capacidade de trabalho	Carga de Manutenção
Intensa	60-70% da quantidade de exercícios até a queda da capacidade de trabalho	Carga de Treino
Muito intensa	Causa notável fadiga (queda da capacidade de trabalho)	Carga de Treino

Tabela 17.3 Fase de intensidade da carga durante a sessão de treino dos corredores de longa distância (Doroshenko, 1976)

Fase de carga	Tempo para percorrer km (min:s) durante uma corrida prolongada	Freqüência cardíaca	Velocidade de corrida em relação ao melhor resultado individual
I – Carga de recuperação	4:30 – 5:00	130	
II - Carga de manutenção	4:00 – 4:30	130 – 150	
III – Carga de treino	3:30 – 4:00	150 – 170	
IV – Carga de treino alta	3:00 ou menos	170 – 190	80%
V – *Sprint*, acelerações, corridas na subida			81- 95%
VI – Saltos, corrida competitiva			100%

meio dos metabólitos acumulados, a escolha específica das proteínas para a síntese de adaptação, enquanto a carga total da sessão de treinamento possui efeito sobre as funções endócrinas. Entre os hormônios secretados durante ou após a sessão, existem alguns capazes de amplificar a ação dos metabólitos na síntese protéica adaptativa.

Assim, a verificação do efeito de treino pode se basear no acúmulo intracelular dos metabólitos ou nas modificações hormonais ocorridas durante e depois da sessão (Figura 17.10). A respeito dos indícios correspondentes, surgem problemas. Entre eles, o mais sério é constituído por complicações metodológicas, pela necessidade de obter amostras de fluido corpóreo ou de tecido para a análise, como também a necessidade de usar métodos bioquímicos complicados. As modificações metabólicas que controlam os eventos de translação e de transcrição são intracelulares. Nem mesmo o uso do método por biópsia, que distingue as modificações intracelulares e do tecido total nos processos metabólicos, é uma tarefa fácil.

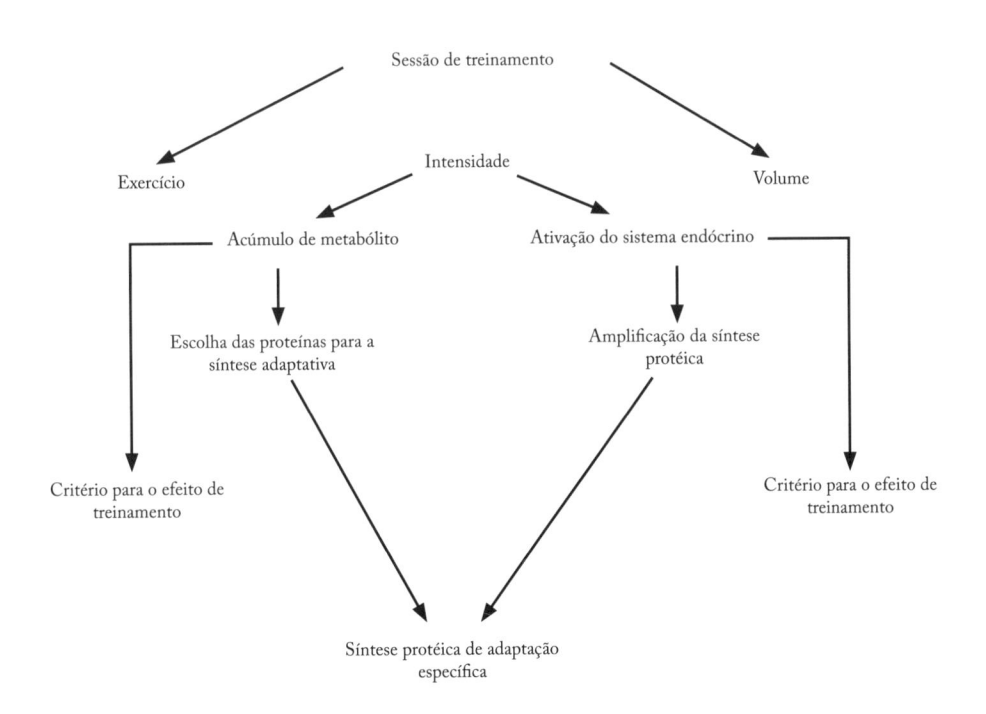

Figura 17.10 Variações hormonais e metabólicas provocadas pelo treinamento.

Metabólitos

O principal meio é examinar as modificações metabólicas nas análises de sangue e de urina. Neste caso, é possível avaliar as alterações gerais do estado metabólico e o acúmulo dos metabólitos expulsos do compartimento intracelular. Infelizmente, ainda não se sabe quais são os verdadeiros indutores metabólicos responsáveis pelos principais efeitos do treinamento. Nem mesmo se sabe o quão grande deve ser o acúmulo de metabólicos para que ocorram efeitos. Existe também a questão sobre como o acúmulo suficiente de metabólicos está relacionado com a sua expulsão do compartimento intracelular. Por conseqüência, os índices metabólicos, até então, são úteis apenas para descobrir as alterações gerais do estado metabólico.

Anteriormente, discutiu-se sobre o uso da concentração de lactato plasmático na avaliação da intensidade do exercício físico e a utilização da capacidade anaeróbica. Durante exercícios anaeróbicos intensos, o aumento da concentração de lactato plasmático é tão acentuado que não há razão para colocar em dúvida o valor semiquantitativo da avaliação da capacidade anaeróbica através dele. Contudo, não sabemos exatamente o quão alta deve ser a concentração de lactato ou por quanto tempo ela deve se manter elevada para obter-se um estímulo efetivo na melhora da capacidade anaeróbica. Nos trabalhos de metodologia do treinamento, são encontradas sugestões sobre o fato de que doses mínimas de exercícios, para estimulação da capacidade anaeróbica podem causar uma concentração de lactato plasmático superior a 4mmol · l^{-1}. Entretanto, as doses mínimas são eficazes apenas para indivíduos não treinados. Para os esportistas qualificados, a dose mínima de exercícios eficaz parece ser caracterizada por um aumento das concentrações de lactato plasmático superior a 11 mmol · l^{-1}. Para os esportistas de alto nível, é necessário um aumento de lactato plasmático entre 19-22 mmol · l^{-1}. Em todos estes casos, o efeito de treino aumenta em relação à duração do período em que a concentração de lactato se mantém nos níveis indicados ou supera-os. Neste ponto, poder-se-ia perguntar se esses altos níveis de lactato são, verdadeiramente, necessários para estimular a capacidade anaeróbica também nos esportistas de elite. Existem três principais modos de obter uma grande demanda de glicólise anaeróbica. Quando são executados exercícios intensos, podem-se ter aumentos de lactato plasmático, mas apenas por um breve espaço de tempo. Quando a mesma quantidade de exercícios é executada usando-se o método de intervalos, a concentração de lactato aumenta. A concentração final pode ser a mesma ou até mais alta, mas o tempo de duração do aumento é mais prolongado. Existe também a possibilidade de que, utilizando-se o método de intervalos, a concentração de lactato plasmático estabilize-se em um valor comparativo alto e mantenha-se por maior tempo do que nos casos acima mencionados. Os efeitos de treino das variantes de sessões de treinamento mencionadas são os mesmos ou é possível, através dessas variantes, melhorar diversas formas do uso da capacidade anaeróbica (uso rápido durante tempo breve ou uso gradual por tempo prolongado)? Para encontrar uma resposta, são necessárias pesquisas específicas.

Existe uma grande tendência de utilizar a uréia plasmática na avaliação da carga de uma sessão de treinamento e do processo de recuperação. Acredita-se que um aumento evidente na concentração de uréia plasmática indique forte influência da sessão de treinamento e, assim, sugira um efeito de treino. A normalização da concentração de uréia no sangue é utilizada como índice do tempo empregado para executar sessões sucessivas de treinamento intenso. Contudo, ainda não está estabelecida a ligação entre as modificações da uréia plasmática, provocadas pelos exercícios físicos, e a estimulação da síntese protéica de adaptação. Nos experimentos com ratos, emergiu uma discordância entre as modificações da concentração de uréia no sangue e outros índices do metabolismo protéico durante um breve ciclo de treinamento. Portanto, a uréia não pode exprimir exatamente as reais alterações do estado do metabolismo protéico em fase de treinamento (Ööpik et al., 1988). Como foi dito anteriormente, a produção de uréia é suprimida quando a carga de trabalho leva a elevadas concentrações de lactato. A concentração de uréia na fase posterior ao exercício físico fornece a informação mais válida sobre a carga de treinamento nos exercícios físicos aeróbicos contínuos.

Um índice específico do catabolismo das proteínas contrácteis musculares é a excreção de 3-metilhistidina. Esse metabolismo pode ser usado como índice somente em caso de dieta livre de carne ou quando a excreção de 3-metilhistidina é corrigida em relação ao consumo de produtos de carne. Os dados obtidos pelas pesquisas com a espécie humana (Dohm et al., 1982, 1985), assim como com ratos (Dohm et al., 1982; Varrik e Viru, 1988), indicaram que, depois de uma carga de trabalho muscular, a excreção de 3-metilhistidina aumenta gradualmente. A mais elevada concentração de excreção de 3-metilhistidina foi observada na urina coletada entre 12 e 24 horas após o exercício (Viru e Seli, 1992), tanto em esportistas quanto em indivíduos não-treinados. Portanto, se a sessão de treinamento efetua-se antes do meio-dia, a urina coletada durante a noite seguinte exprime a maior intensidade de excreção de 3-metilhistidina causada pelo treinamento. A excreção corrigida durante a noite posterior à sessão correlaciona-se significativamente tanto ao nível mais elevado de excreção corrigida, quanto ao total de 3-metilhistidina corrigida 48 horas depois. Por isso, a utilização da excreção noturna de 3-metilhistidina é válida para os estudos sobre o efeito do treinamento serial sobre a própria excreção.

Para descobrir a relação entre os efeitos do treinamento e a excreção de 3-metilhistidina, mediu-se o nível da última em indivíduos jovens, durante um período de 8 semanas de treinamento para a melhora da potência e da força. Em ambos os casos, um grupo de pessoas executou exercícios de treino a 70% de uma repetição máxima (1RM), e o outro grupo a 50% de 1RM. O treinamento de potência causou uma melhora significativa nos 30 metros rasos, no salto vertical, no salto à longa distância partindo do repouso, no salto triplo partindo do repouso e no ½ agachamento, quando a carga do exercício era de 70% de 1RM. No exercício com carga igual a 50% de 1RM, o efeito foi menos pronunciado. O treinamento de força máxima melhorou os resultados do salto vertical, do salto triplo partindo do repouso e, sobretudo, do ½ agachamento. Um aumento verdadeiramente expressivo da secção transversa do músculo da coxa (avaliada através de exame radiográfico) deu-se depois do treinamento de força máxima executado com carga de 70% de 1RM. Em todos os grupos foi observado um notável aumento da excreção de 3-metilhistidina corrigida na urina da noite, durante as três primeiras semanas de treinamento (Figura 17.11). A resposta foi mais intensa e duradoura no grupo de treinamento de força máxima que realizou exercícios de 70% de 1RM. Em outros grupos, o grau de hipertrofia muscular e a duração do aumento da excreção de 3-metilhistidina foram mais baixos. No treinamento de potência com exercícios físicos a 70% de 1RM, a resposta média de 3-metilhistidina alcançou a observada no treinamento da força máxima, com exceção de duas pessoas que não demonstraram aumento na secção transversa do músculo da coxa. Por conseqüência, pode-se supor uma relação entre a hipertrofia muscular provocada pelo treinamento e a excreção de 3-metilhistidina (Viru e Seli, 1992). O aumento de excreção de 3-metilhistidina durante o período de treinamento corrobora os resultados de Hickson e de seus colaboradores (Pivornik et al., 1989), que encontraram aumentos significativos na excreção de metabolítico a partir do terceiro dia após o treinamento de força máxima. Existem pelo menos dois modos de compreender esta relação. Primeiro, o aumento de excreção de 3-metilhistidina no período de recuperação pós-exercício exprime um *turnover* maior das proteínas contrácteis. Isso representa uma condição indispensável para o crescimento muscular. Assim, o aumento de 3-metilhistidina excretada está relacionado com as condições globais do anabolismo protéico muscular que conduzem à hipertrofia. Por outro lado, a maior produção de 3-metilhistidina pode muito bem descrever a condição em que os metabólitos indutores da síntese de proteínas miofibrilares se acumulam. E, segundo, uma elevada concentração de excreção de 3-metilhistidina pode ser utilizada como índice para a eficácia do treinamento na estimulação da hipertrofia muscular.

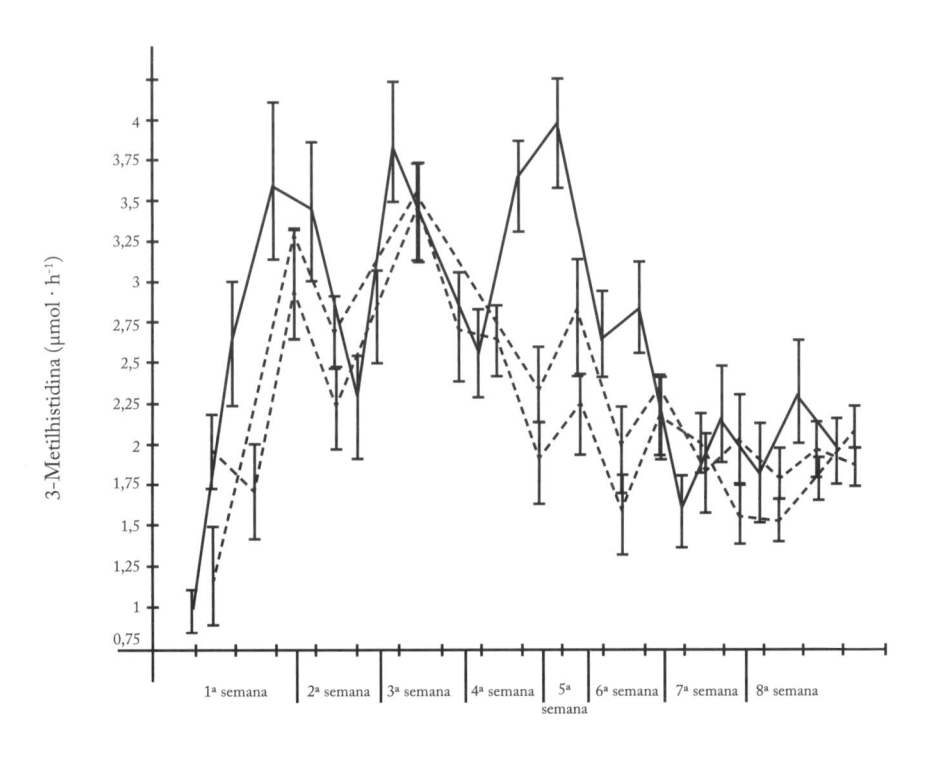

Figura 17.11 Excreção de 3-metilhistidina ($\mu mol \cdot h^{-1}$) durante um período de treinamento para melhora da força máxima (média ± DP). A linha contínua indica o valor de um grupo que treinava com 70% de 1RM, a linha tracejada de um grupo que treinava com 50% de 1RM, com exceção de duas pessoas que obtiveram aumento da secção transversa dos músculos das coxas. Na abscissa, são indicados os tempos de amostragem utilizados: 1ts (noite após um dia de repouso); 2rd (depois de dois dias de treinamento) (Viru e Seli, 1992).

Durante a última fase de treinamento, a excreção aumentada de 3-metilhistidina desapareceu (Figura 17.11). Muito provavelmente, isso se deve à adaptação ao estímulo dado pelo exercício. Sendo assim, no fim do período de treinamento, o estímulo torna-se insuficiente para provocar resposta anabólica e, portanto, deve ser aumentado. Visto que a 3-metilhistidina deriva das proteínas contrácteis, a sua estimativa pode ter significado na avaliação do efeito de treino, sobretudo para os exercícios de força máxima ou de potência, que agem sobre a quantidade das miofibrilas.

Hormônios

A propósito dos indutores hormonais, é preciso estar atento às modificações provocadas pelos exercícios na testosterona, e nos níveis de tirosina + tri-iodotironina, durante sessões de treinamento para melhora da força e da resistência, respectivamente. A razão está no fato de que esses hormônios exercem forte influência indutora, estimulando intensa síntese de proteínas miofibrilares (ambos os hormônios) e de proteínas mitocondriais (hormônios tireóideos). A estimulação da síntese das proteínas miofibrilares e da atividade de indução (Rogozkin e Feldkoren, 1979) nos músculos esqueléticos, através de esteróides anabolizantes, torna possível crer que, em condições normais, a síntese protéica miofibrilar é amplificada pelos androgênios endógenos. Para sustentar essa afirmação, é necessário provar que os exercícios de força, que causam a hipertrofia miofibrilar, estimulam também a produção de androgênios endógenos. Existem modificações variáveis de testosterona no sangue durante e após os exercícios físicos para melhora da força. De qualquer maneira, o fator mais relevante é constituído pela dinâmica dos androgênios durante o período de recuperação. Foi descoberto que uma característica geral da dinâmica da testosterona é o seu baixo nível durante as primeiras horas após o exercício. Contudo, à parte dos exercícios de resistência, no caso dos exercícios de força, há uma tendência para aumento da produção de testosterona. Tal mudança está associada ao aumento de testosterona e de androstenediona, e também ao aumento do número de sítios de ligação androgênicos no músculo esquelético. Semelhantemente ao efeito do exercício físico, uma única injeção de testosterona, ou de 10-nortestosterona, causa queda dos receptores androgênicos citoplasmáticos no músculo esquelético uma hora depois do tratamento, seguido por aumento de 2 vezes 5-6 horas depois (Tchaikovsky et al., 1986).

Uma notável evidência do papel da testosterona na hipertrofia provocada pelo treinamento foi provada por uma pesquisa de Inoue e outros co-autores (1994). Junto ao treinamento dos músculos gastrocnêmios, através de eletroestimulação diária, durante duas semanas, foi administrado, a ratos machos, o antagonista do receptor andrógeno, a oxendolona. O conseqüente efeito da testosterona fez diminuir a massa prostática (órgão alvo dos androgênios). O resultado mais evidente foi que a hipertrofia muscular provocada pela eletroestimulação foi, de fato, suprimida pelo receptor andrógeno. Assim, foi demonstrado, de maneira persuasiva, o papel da testosterona endógena na hipertrofia provocada pelo treinamento. De acordo com tais resultados, foram encontradas correlações estatisticamente significativas entre a concentração de testosterona, ou o percentual de testosterona/cortisol, e as modificações da força e da potência durante períodos de treinamento de até um ano (Häkkinen et al., 1987). Apesar das baixas concentrações de testosterona, nas mulheres foi encontrada uma boa correlação entre a concentração de testosterona sérica e a mudança individual da força máxima (Häkkinen et al., 1990). Tal correlação poderia estar fundada no aumento da sensibilidade ao efeito anabólico da testosterona, que depende do estradiol no organismo feminino (Danhaive e Rousseau, 1988). Uma outra possibilidade para compensar a baixa concentração de testosterona, é a resposta aumentada da somatomedina-C e de outros fatores de crescimento no exercício para a melhora da força (Kraemer et al., 1991).

A natureza específica da amplificação da síntese protéica no músculo esquelético, por parte da testosterona, foi confirmada pelos resultados obtidos por Saborido et al. (1991). O treinamento aumentava a atividade da succinato-desidrogenase nas mitocôndrias das fibras rápidas. Esse efeito não era amplificado quando esteróides anabolizantes eram administrados durante o treinamento. Além disso, o seu efeito na enzima mitocondrial não era relevante para o músculo sóleo. Assim, o efeito típico dos treinamentos de capacidade aeróbica sobre as mitocôndrias dos músculos oxidativos (músculos lentos) não era nem reproduzido nem ampliado pela administração dos esteróides.

Depois de exercícios de força, o percentual acrescido de síntese protéica foi encontrado sobretudo nas mitocôndrias das fibras I e IIa. O percentual mais alto de proteínas mitocondriais e miofibrilares foi encontrado 24 horas depois do exercício. Nas fibras IIb, a síntese protéica foi suprimida entre as 24-48 horas posteriores aos exercícios de força

(Viru e Ööpik, 1989). O principal resultado deste trabalho de pesquisa foi confirmado graças à ajuda de um estudo auto-radiográfico. O aumento do nível de tri-iodotironina e de tirosina coincidia com o aumento da incorporação de fT-3-tirosina em todos os tipos de fibras musculares de ratos normais. O maior aumento na incorporação do marcador foi encontrado nas fibras lentas, 24 horas após o exercício físico. Em ratos com hipotireoidismo, não foi encontrado nenhum aumento desse tipo durante um período de recuperação de 48 horas após 30 minutos de corrida. Nestes ratos, durante o período de recuperação, foi encontrado um baixo nível demarcador na mitocôndria, assim como em todas as regiões do sarcoplasma e nas miofibrilas (Konovalova et al., 1997).

Esses resultados podem ser considerados uma justificativa para a hipótese a respeito da ampliação hormonal da síntese protéica de adaptação causada pelos indutores metabólicos. Obviamente, depois de exercícios físicos de força, os hormônios tireóideos favorecem ampliações hormonais desse tipo, semelhantemente ao efeito da testosterona após exercícios de força máxima.

Um efeito estimulante na síntese protéica (provavelmente no nível de translação) é produzido pela insulina e pela somatotropina. Nos adultos com déficit somatotropínico, o tratamento de alguns meses à base de hormônio de crescimento aumentava o tecido magro, a secção transversa do músculo da coxa por completo, a força dos músculos flexores do quadril e da cintura, mas não a de outros músculos (Cuneo et al., 1991). Nos ratos, injeções diárias de somatotropinas, por mais de 36 dias, resultaram em um notável aumento do diâmetro de ambos os tipos de fibras (rápidas e lentas) no extensor ao longo dos dedos e no músculo sóleo. A relação DNA/proteínas e o número de células satélites por fibra muscular na área de secção transversa também aumentaram (Ullman e Oldsfors, 1986).

A perfusão de insulina a 200 $\mu U \cdot ml^{-1}$ na pata posterior estimulava a síntese protéica no gastrocnêmio branco. Depois de exercícios de corrida, o efeito da insulina parecia não aumentar (Balon et al., 1987). Todos esses resultados juntos sugerem que o efeito de treino pode ser obtido durante a sessão de treinamento, haja vista as respostas da testosterona, dos hormônios tireóideos, do hormônio do crescimento e da insulina. Contudo, existe uma possibilidade de aumento, pós-exercício físico, da concentração de testosterona (Tchaikowsky et al., 1986), de hormônios tireóideos (Konovalova et al., 1997) e de insulina (Pruett, 1985). Foi encontrado um aumento da concentração de somatotropina durante a noite posterior ao desempenho esportivo (Adamson et al., 1974). Sendo assim, o controle do treinamento não tem significado nenhum para as respostas registradas durante a sessão, mas para a dinâmica posterior a elas. Contudo, para estabelecer a dinâmica e registrar o aumento da concentração hormonal, são necessárias verificações freqüentes, que podem provocar incômodos ao atleta, que deverá ser submetido a várias picadas. Além disso, os métodos para a avaliação hormonal são caros e necessitam de laboratórios aparelhados. Assim, esse tipo de avaliação não atinge o uso comum.

Em contraste, a determinação dos 17-hidroxicorticosteróide (cortisol e seus metabólitos) na urina é muito simples. A resposta do cortisol ao exercício físico é indispensável para obtenção da melhora da capacidade de trabalho (Viru, 1976). Além disso, a resposta do cortisol indica a ativação do mecanismo da adaptação geral, requerido quando ocorre a transição, de aguda para estável e permanente, de uma adaptação do sistema biológico estimulado. Em algumas estudantes, um programa de treinamento de oito semanas na bicicleta ergométrica induziu a um aumento do PWC170. Concomitantemente, foi registrado aumento da excreção de 17-hidroxicorticosteróide como resposta às sessões de treinamento, tanto na primeira quanto na última semana (Viru et al., 1979). Em esquiadores de 15 a 17 anos, as sessões de treinamento causaram aumento da excreção de 17- hidroxicorticosteróide, quando esses esquiavam a uma velocidade de 87-90% da velocidade agonística. Quando a velocidade do esqui usada nas sessões de treinamento abaixava para 81-83% da velocidade agonística, o aumento da excreção de 17-hidroxicorticosteróide tornava-se expressiva somente ao final do microciclo de treinamento. A melhora do desempenho parecia evidente apenas nos esquiadores que haviam desenvolvido velocidade mais elevada nos esquis (Alev e Viru, 1982).

Nos jogadores de basquete de nível nacional ou internacional, a excreção de 17-hidroxicorticosteróide foi determinada no primeiro e no quarto dia do microciclo de treinamento. Foram registradas quatro variantes de resposta: (a) ativação da função corticoadrenal apenas no final de um microciclo de 4 dias, (b) ativação tanto no primeiro quanto no último dia do microciclo, (c) ativação no primeiro dia, mas supressão no último, (d) interrupção da função corticoadrenal durante o microciclo. Nos esportistas em que se manifestara, durante o microciclo, a ativação da função corticoadrenal, o VO_2 máx., o PWC170, como também a eficácia de jogo, aumentaram durante a fase de treinamento correspondente. Naqueles em que se evidenciou ativação corticoadrenal, foram encontradas manifestações de descréscimo do VO_2 máx. e do PWC170, como também da eficácia da capacidade de jogo. Nos casos em que a mencionada interrupção persistia, o VO_2 máx. não mudava, o PWC170 abaixava, era observada uma depressão do segmento ST no ECG e da linha isoelétrica T (Jalak e Viru, 1983).

Critério simplificado

Um modo simples de levantamento do efeito de treino baseia-se em verificar se o desempenho de exercícios físicos agonísticos provocam estímulo para a melhora das capacidades dos atletas. Tal propósito é inegavelmente correto em relação às modalidades de força, mas não de potência e velocidade. É improvável que 6 saltos à distância, 6 lançamentos de discos ao máximo, ou 1-2 corridas de 100 metros rasos produzam efeito de treino. Para modalidades de força, pode-se sugerir que o efeito de treino apareça um pouco antes do final, quando a velocidade de competição é usada no treinamento. O efeito aumenta quando essa velocidade é mantida constante e a competição continua mesmo depois da meta estipulada ter sido atingida. Contudo, as possibilidades de prosseguir a competição nessa velocidade são um tanto limitadas. Por isso é recomendado aos esquiadores que mantenham uma velocidade igual a 87-90% da alcançada em competição, e a conservem pelo maior tempo possível (Baikov, 1975). Do ponto de vista fisiológico, isso significa manter um certo percentual de gasto energético durante tempo necessário para alcançar o gasto global mais elevado possível. O critério, tanto para o percentual quanto para o gasto energético total, origina-se da demanda real do exercício competitivo.

Podem ser extraídos mais critérios para a verificação do esforço funcional do organismo. Nos exercícios de resistência (mais os de potência e de força), o mais simples e suficientemente objetivo é a freqüência cardíaca. O fundamento para a utilização desta é o fato de que existe uma relação linear entre o percentual de gasto energético e o batimento cardíaco. Contudo, essa relação existe apenas até que o limite aeróbico seja atingido. Então, o contexto mais indicado para utilização da freqüência cardíaca no controle da carga de treinamento é o dos exercícios físicos para melhora da resistência aeróbica.

Nesses exercícios, o estímulo de treino está relacionado tanto com a intensidade do desempenho quanto com a sua duração: quanto maior é a intensidade, menor será o tempo necessário para obtenção do estímulo que induz melhora da capacidade aeróbica. Entretanto, tal relação diferencia-se de pessoa para pessoa. Para obter o estímulo de melhora, juntamente a um maior bem-estar, é necessário que a mesma freqüência cardíaca seja mantida durante o exercício físico prolongado.

Sabe-se que a intensidade mínima do desempenho para que haja aumento da resistência aeróbica corresponde à freqüência cardíaca de 130 batimentos por minuto. Tal dado baseia-se no fato de que, a uma freqüência cardíaca de 120-140 batimentos por minuto, o bombeamento sistólico atinge o seu máximo. Posteriores aumentos da intensidade da atividade física não levam o bombeamento sistólico à chamada "freqüência cardíaca crítica", que pode ser reduzida. Parece que, para estimular a capacidade funcional do coração, ele deve se contrair com o máximo bombeamento sistólico por tempo prolongado (Reindell et al., 1962). Enquanto isso, seria bastante provável no que diz respeito à melhora da funcionalidade cardíaca, um posterior aprofundamento é requerido para o aumento dos depósitos de energia, da atividade enzimática oxidativa, da estabilidade funcional, etc.

Avaliação da fadiga causada por uma única sessão de exercício físico ou por um microciclo de treinamento

No treinamento esportivo, o cansaço é considerado um fenômeno normal e usual. É preciso concordar com a afirmação de que não se pode estimular a melhora da capacidade de trabalho e o nível do desempenho sem causar fadiga. Várias manifestações periféricas de fadiga estão relacionadas às modificações dos processos metabólicos (acidose, ressíntese incompleta de ATP, depleção do glicogênio muscular e/ou da fosfocreatina, percentual insuficiente da função da bomba Na/K no citoplasma, e da bomba de Ca^{++} nas estruturas celulares (Korge e Campbell, 1995)). Por exemplo, queda da função da bomba de Ca^{++} na membrana do retículo sarcoplasmático, queda da atividade enzimática, inibição do processo contrátil por causa do acúmulo de lactato e de fosfato inorgânico, queda da utilização de ATP disponível para a contração, etc. (Hultman et al., 1990). Foram publicados dados que evidenciam que a fadiga central depende das mudanças ocorridas no *status* metabólico neural, que, por sua vez, possuem relação de causa-efeito com o acúmulo de serotonina (Newsholme et al., 1988, Blomstrand et al., 1988). A maior parte dessas modificações é intracelular. Apenas algumas delas são refletidas no plasma. Além disso, as modificações metabólicas do completo *pool* intracelular não foram indicadas como significativas, e sim as do microambiente ao redor das estruturas celulares (Korge e Campbell, 1995). Por exemplo, uma queda da função da bomba de Ca^{++} é causada pelas modificações das concentrações substrato/produto apenas do microambiente da ATPase.

Metabolíticos

Uma das modificações intracelulares associadas ao cansaço é a acidose. Dado que seu aparecimento deve-se à intensa glicólise anaeróbica, o seu significado limita-se aos exercícios anaeróbico-glicolíticos e, de um certo modo, também aos aeróbico-anaeróbicos. Além disso, a acidose, normalmente, é compensada muitos minutos depois do desempenho esportivo. Portanto, é difícil usar a redução do pH como índice de fadiga. A mesma informação é fornecida pelas modificações do lactato, mais prolongadas em relação às mudanças do pH.

Um outro reflexo das modificações intracelulares é o aumento do potássio plasmático, que está relacionado ao funcionamento insuficiente da bomba de sódio e potássio. Na verdade, esse é um índice muito significativo de fadiga, causada ou por uma determinada atividade física ou por uma sessão de treinamento, dado que o desempenho muscular diminuído está diretamente relacionado ao defeito de funcionamento da própria bomba (Clausen e Evarts, 1991).

A concentração da uréia plasmática depois do treinamento é usada para a avaliação da carga da sessão de treinamento e, portanto, do grau de fadiga. Foram encontradas diversas relações entre as concentrações de uréia plasmática pós-exercício e a quantidade total dos exercícios efetuados (Haralambie e Berg, 1976; Steinacker et al., 1993). Um vasto número de resultados colhidos por Mosca foi utilizado para a elaboração de uma escala avaliativa da carga de treinamento por meio das respostas da uréia em casos de exercícios prolongados contínuos. Na manhã seguinte, as concentrações de uréia inferiores a 7,5 $mmol \cdot l^{-1}$ foram consideradas índice de uma recuperação ideal, e concentrações matutinas de uréia mais altas, pelo contrário, índice de um processo de recuperação inadequado. Nos atletas de resistência, com a melhora do nível do desempenho, o organismo responde a um mesmo volume de treinamento com reduzido aumento da concentração de uréia. Além disso, o seu tempo para retorno à concentração inicial diminui.

Segundo a hipótese de fadiga central, a manifestação da seretonina nos centros cerebrais depende fundamentalmente do aumento da sua concentração (Newsholme et al., 1987). Experimentos com ratos demonstraram como a concentração de serotonina cerebral é maior nos animais não-treinados em relação aos previamente treinados. Essas modificações dependem da região cerebral estudada. Aumentos acentuados foram encontrados no corpo estriado do encéfalo, no hipocampo, no mesencéfalo. Tal aumento está ligado às modificações da síntese e degradação de serotonina (para referências, ver Meeuser e de Meirleir, 1995). A síntese de serotonina cerebral depende da concentração plasmática de triptófano (Chaouloff, 1989), dado que a atividade da triptófano-hidrolase (enzima que limita a síntese de serotonina) aumenta com a disponibilidade de triptófano livre (Chaouloff, 1993). O triptófano e os muitos aminoácidos neurais de cadeia ramificada (leucina, isoleucina e valina) usam os mesmos transportadores para entrar no tecido cerebral, e por isso são concorrentes no transporte através da barreira hemato-encefálica. Portanto, a relação entre triptófano livre e os vários aminoácidos neurais é um importante parâmetro para avaliar esta condição (Fernstrom, 1983). A concentração total de triptófano livre circulante no plasma e a relação indicada depende de diversos fatores, como o percentual de lipólise, a atividade do triptófano hepático, a pirrolase, a fixação nos tecidos periféricos e centrais (Chaoufoll, 1993). Contudo, com relação à nossa discussão, a tese principal é que exercícios físicos prolongados aumentam tanto a concentração de triptófano livre quanto a sua relação com os aminoácidos de cadeia ramificada (Kreider et al., 1993). Por conseqüência, a determinação dessas modificações no plasma indica a condição que favorece a fadiga de tipo central. Essa parece estar ligada também à dinâmica de concentração da glutamina plasmática, cujas respostas ao exercício, tanto à atividade elevada quanto prolongada, são caracterizadas pelo aumento dos níveis durante o exercício, seguido por notável descréscimo durante o período de recuperação pós-exercício. São necessárias várias horas para que se estabeleçam os níveis pré-exercício. O descréscimo da concentração de glutamina pós-exercício é típico da "situação de sobrecarga no treinamento" (Rowbottom et al., 1996).

Tabela 17.4 Avaliação da carga em exercícios prolongados contínuos através das concentrações de uréia plasmática, segundo Hnokina (1983) e Tsarjeva et al. (1987)

Carga	Concentração plasmática de uréia ($mmol \cdot l^{-1}$)
Carga de treino intensa	9,0 – 10,0
Carga de treino média	7,5 – 8,5
Carga de treino moderada	< 7,5

Hormônios

Foi sugerido que a fadiga pode agir como fator modulador das respostas provocadas pelo exercício físico (Viru, 1992, 1995). O fundamento para tal tese é constituído por muitos resultados obtidos com atletas que apresentaram diminuição da excreção urinária de corticosteróides e catecolamina durante estados agudos de fadiga (para referência, ver Viru, 1985).

A ação da fadiga no sistema hormonal pode ser avaliada tanto pelas concentrações hormonais basais quanto pelas respostas hormonais às provas de avaliação. Um recente estudo piloto confirmou que a fadiga causada por sessões de treinamento de elevado volume podem alterar as respostas do cortisol, da somatropina e da testosterona, após sessão de bicicleta de 10 minutos a 70% do VO_2 máx. A prova de avaliação executada depois da sessão de treinamento apresentou descréscimo da concentração de insulina mais acentuado do que a resposta de insulina obtida antes do treinamento (Viru et al., 1996).

A perspectiva de estudos hormonais no diagnóstico da fadiga aguda foi confirmada também pela análise das concentrações hormonais basais. Durante uma sessão de treinamento de força em alto volume, as concentrações de hormônio sérico aumentaram antes e depois da sessão; a EMG foi monitorada em nove velocistas do sexo masculino e nove do sexo feminino (ver também Capítulo 15).

A fadiga causada pela sessão de treinamento nos homens foi expressa pelo descréscimo de potência no agachamento total, enquanto no grupo feminino não foi notada nenhuma modificação. A atividade EMG dos músculos extensores da perna permaneceu constante durante toda a sessão. A relação EMG/potência aumentou significativamente nos homens. Nos atletas do sexo masculino, imediatamente após a sessão, as concentrações de cortisol, de testosterona e de prolactina foram muito mais baixas do que as encontradas antes. Nas atletas, não foram encontradas modificações das concentrações hormonais. Uma correlação negativa significativa foi encontrada entre as modificações causadas pela sessão de treinamento na concentração de testosterona e na relação EMG/potência. Assim, é provável que uma concentração adequada de testosterona possa compensar o efeito da fadiga nas fibras rápidas (fibras que determinam a potência da contração muscular e, ao mesmo tempo, dependem da testosterona), assegurando melhor eficiência neuromuscular (Bosco et al., 1996).

A perspectiva dos estudos hormonais foi confirmada também pelo diagnóstico de fadiga desenvolvido durante um período de treinamento de duas semanas de duração. Foram estudados 22 corredores de média distância, de alto nível, dos sexos masculino e feminino. O volume da sessão de treinamento constituía 105-120% do normal para qualquer atleta. Foram encontradas quatro variantes de modificações hormonais: (a) moderado aumento do cortisol plasmático e da concentração do hormônio do crescimento durante a sessão, sem nenhuma mudança nas concentrações hormonais basais, (b) aumento da concentração de cortisol em condição de repouso, juntamente com um acentuado aumento da concentração de cortisol e do hormônio do crescimento durante o treinamento, (c) aumento acentuado da concentração de cortisol em repouso, em associação ao decréscimo da concentração de cortisol e ao aumento intenso da concentração do hormônio do crescimento durante as sessões de treinamento, (d) elevada concentração basal de cortisol juntamente com baixas concentrções de cortisol e hormônio do crescimento após as sessões de treinamento. A primeira variante foi encontrada exclusivamente durante a primeira semana, na maior parte dos casos no primeiro e no segundo dia, enquanto a quarta foi evidente ao final das duas semanas. A segunda e a terceira variantes ocorreram no meio do treinamento (Viru et al., 1988). Resultados semelhantes foram obtidos quando o treinamento foi executado com ratos. Estes foram submetidos a 30 minutos de natação diários durante 5 dias; no primeiro dia, a atividade corticoadrenal aumentou em resposta ao exercício físico. Nas repetições seguintes, uma elevada atividade corticoadrenal manteve-se constante durante a fase de repouso, assim como depois do exercício. Foram, portanto, observados sinais de exaustão quase total da reserva corticoadrenal (diminuição do conteúdo de corticosterona na glândula adrenal e baixo nível de produção do mesmo *in vitro*). No quinto dia, foi observado restabelecimento do nível normal de atividade sem resposta à mesma carga de exercício. A ativação da função corticoadrenal foi observada novamente quando se aumentou a carga de treino e a mesma dinâmica foi repetida durante as semanas sucessivas. Esses resultados sugerem que a adaptação, em um nível concreto de carga de trabalho físico, é alcançada através de uma fase de exaustão quase total dos recursos do córtex de adrenal. Obviamente, foi necessária uma melhora do aparato da biosíntese do corticosteróide para que a adaptação ocorresse. Na terceira semana, foi observada uma elevada produção de corticosteróide *in vitro*. Isso sugere que o mecanismo da síntese de corticosteróide havia alcançado um nível superior (Viru et al., 1988).

Esse experimento foi repetido utilizando-se 90 minutos de natação ao invés de 30. A partir do segundo dia após o exercício, a concentração de corticosteróide nas glândulas adrenais aumentou significativamente durante dois dias, em resposta ao *set* de natação de nível mais alto. No terceiro e no quarto dias, o aumento foi irrelevante. No período de recuperação pós-exercício, a concentração de corticosteróide diminuiu, à exceção do segundo dia. Somente no quinto dia foi registrado um decréscimo da concentração de corticosteróide. A concentração de corticosteróide plasmático aumentou em resposta à natação no primeiro, no segundo, no terceiro e no quinto dia. No quarto dia, no entanto, diminuiu. O quarto e o quinto dias do período de recuperação pós-exercício foram caracterizados por uma queda das concentrações hormonais em relação às iniciais. Durante os cinco dias de treinamento, o nível basal da produção de corticosteróide *in vitro*, assim como a resposta ao aumento da corticotropina, diminuíram. Esses resultados indicaram que as repetições diárias dos exercícios durante 5 dias causaram exaustão subtotal da reserva adrenal (Ööpik et al., 1991).

O problema da estimativa para alcançar o pico do desempenho

O treinamento esportivo tem como objetivo assegurar que os atletas alcancem o melhor resultado possível. Contudo, o pico de desempenho correspondente revela-se durante as competições mais importantes. Assim, é preciso distinguir duas tarefas do treinamento: (1) a produção do potencial motor, (2) conseguir realizar (mobilizar) o potencial motor ao máximo (Viru, 1993). A análise da dinâmica individual dos resultados esportivos nos atletas de ponta indica que, durante o período de competições, há uma fase de tempo limitada em que o nível do desempenho é máximo. Portanto, surge um problema metodológico para encontrar o momento exato de pico do desempenho. A solução prática para isso é obter as informações a respeito do estado do organismo, o que possibilita a mais elevada mobilização do potencial motor possível. Disto nasce uma tarefa especial para a monitoração do treinamento, o controle bioquímico.

Nos corredores de longa distância e, particularmente, nos maratonistas, o nível de desempenho esportivo pode ser previsto pela velocidade de corrida executada quando a concentração do lactato plasmático é de 2,5, 3,0 ou 4,0 mmol·l^{-1} ou pela velocidade na fase estável com máxima concentração de lactato (Föhrenbach et al., 1987; Mader, 1991). Para os corredores de média distância, a capacidade de trabalho anaeróbico possui o mesmo valor de informação. O alcance do nível de pico da capacidade de trabalho anaeróbico é expresso pela resposta aumentada do lactato à corrida com provas intercaladas de 6x400m (Gerassimova et al., 1984). Nos remadores, um estudo longitudinal prolongado por um ano indicou que as concentrações de cortisol e somatotropina aumentam em estado de repouso e crescem paralelamente ao nível do desempenho depois de um teste de remada de 7 minutos para produção da máxima potência (Snegovskaya e Viru, 1993). Além disso, nos corredores, as respostas do cortisol e da somatotropina plasmáticos aumentaram durante o período de junho a julho (Kostina et al., 1986). Nos nadadores, a concentração de cortisol durante um microciclo de treinamento atingiu um nível mais alto no período de competição, em comparação à fase preparatória (Port e Viru, 1987). Também foi descoberto que nas mulheres praticantes da modalidade esportiva, mas não nos homens, o período da competição era caracterizado por um notável aumento da concentração plasmática de cortisol (Tsai et al., 1991). Vários outros estudos indicam que a concentração de cortisol plasmático dos atletas de elite aumenta durante o período de um ano de treinamento. Essa mudança, normalmente, é encontrada também nos atletas de resistência aeróbia (Häkkinen et al., 1989; Stupnicki et al., 1992; Vervoorn et al., 1991, 1992), mas não nos levantadores de peso (Häkkinen et al., 1989). Entre os atiradores que mostraram alto nível de desempenho, a competição levava a um aumento acentuado da excreção de cortisol. A resposta inversa foi encontrada nos atiradores, depois de desempenhos fracos (Sharov, 1986).

Esses dados fragmentários confirmam a possibilidade de que mudanças hormonais ocorram associadas à obtenção da melhor performance. Contudo, não são suficientes para compor um quadro geral de conhecimento. As informações sobre os hormônios como a catecolamina e a testosterona são fundamentais. As catecolaminas são particularmente essenciais para a mobilização dos recursos metabólicos durante a atividade física. O seu valor para a capacidade anaeróbica é indubitável (ver Viru, 1995). A importância da testosterona é convalidada por vários fatos: (a) nos exercícios físicos que requerem potência e velocidade elevadas, o nível do desempenho está relacionado com a concentração basal de testosterona plasmática (Bosco et al., 1996a, b); (b) depois de partidas de tênis (Booth et al., 1989) ou lutas de judô (Elias, 1981), os vencedores mostravam uma concentração de testosterona mais alta do que os perdedores; (c) a agressividade humana depende da concentração de testosterona (Olweus et al., 1980; Worthman e Konner, 1987). Tsai et al. (1991) demonstraram que, no início da competição, os esquiadores e os atletas praticantes de orientação esportiva possuíam uma concentração de testosterona plasmática mais elevada do que fora da temporada ou ao final dela. De qualquer maneira, as diferenças não foram estatisticamente significativas.

Em conclusão, os estudos sobre os hormônios abrem uma nova perspectiva para a monitoração bioquímica do pico do desempenho. Contudo, ainda são necessários aprofundamentos para estabelecer um sistema de controle bem equilibrado.

Monitoração da adaptabilidade do organismo

Estímulo e adaptação

A adaptação ao estímulo produzido pelo treinamento pode ser definida como a capacidade do organismo em utilizar adequadamente a adaptação, assegurando: (1) uma vida normal, apesar das mudanças no ambiente externo e no interior do corpo; (2) mudanças de adaptação nas estruturas celulares e produção de moléculas enzimáticas específicas para a obtenção da adaptação estável (resistência) frente à influência de fatores constantes. A adaptabilidade é o fator determinante do efeito do treinamento com exercícios repetitivos. Nos atletas, o seu real nível é determinado pela relação entre a sua utilização e o seu restabelecimento (Viru, 1996). Durante o treinamento, há um aumento geral da adaptabilidade. Isso pode ser explicado através das modificações que são, ao mesmo tempo, essenciais tanto para os desempenhos desenvolvidos quanto para a melhora das possibilidades do mecanismo de adaptação geral. A razão da exaustão temporária da adaptabilidade do organismo não está bem clara. Uma possibilidade é que ocorra uma mudança no nível da indução e/ou expressão do gene, que permite supor o aparecimento da fadiga no aparato genético celular (Viru, 1995). Não está excluído que exista um mecanismo regulador que elimine a síntese protéica de adaptação uniforme depois de tê-la estimulado um pouco. Existe também a possibilidade alternativa de que o desaparecimento da eficiência do treinamento esteja relacionado com o processo de exaustão do sistema nervoso central ou do endócrino. De qualquer maneira, nos atletas, o treinamento com carga elevada requer a utilização máxima da adaptabilidade do organismo. Justamente por isso, a obtenção do pico de desempenho está relacionada a uma queda da adaptabilidade do organismo. Assim, a organização do treinamento deve prever o restabelecimento da própria adaptabilidade. Com esse objetivo, utilizam-se: (a) inserção de sessões de treinamento com cargas de manutenção e recuperação, entre outras, com cargas de treino nos microciclos; (b) microciclos de recuperação após blocos de treinamento unidirecionais indiretos e competições; (c) intervalo de repouso depois de período de competição. A arte do treinamento consiste em garantir tanto a utilização quanto a recuperação da adaptabilidade. Portanto, a monitoração desta é um componente essencial na orientação do treinamento. De tal modo, pode-se evitar o supertreinamento. Durante um ano de programação, é possível identificar o esforço nos processos de adaptação em atletas de elite através de um aumento da concentração de cortisol plasmático (Häkkinen et al., 1989; Vervoon et al., 1991, 1992; Stupnicki et al., 1992; Snegovskaya e Viru, 1993). A maior concentração de cortisol em repouso estava associada à concentração extremamente elevada do próprio cortisol e de somatotropina depois de um teste simulado de 7 min de canoagem (Snegovskaya e Viru, 1992). Afirmou-se anteriormente que as concentrações elevadas de cortisol poderiam estar relacionadas com o estado corpóreo de alta mobilização dos recursos metabólicos. De qualquer modo, há associação à utilização intensa da adaptabilidade.

Respostas aumentadas de cortisol e somatotropina foram encontradas no quarto, quinto e sexto dias dos microciclos de período de treinamento altamente intensivo com remadores de elite (Snegovskaya e Viru, 1992). A concentração matutina de cortisol plasmático aumentou durante as primeiras quatro semanas de treinamento de resistência aeróbia em alta intensidade, e diminuiu nas 3 semanas seguintes de treinamento reduzido (Tabata et al., 1989). Em patinadores de velocidade de elite, foram encontradas baixas concentrações de cortisol depois de 2 semanas de treinamento em altitude, e depois de treinamento muito intenso no gelo antes do período agonístico (Banfi et al., 1993). Pensa-se que o supertreinamento está relacionado com um descréscimo da relação entre a testosterona livre e o cortisol, o que sugere a predominância do catabolismo sobre o anabolismo no organismo do atleta. Durante sete semanas de período competitivo, foi observado nos remadores uma diminuição da concentração de testosterona sérica e também da relação testosterona/cortisol. Uma semana de recuperação no meio do período de competição reduziu essas mudanças (Urhausen et al., 1987). Modificações análogas foram observadas em outros estudos com atletas de resistência aeróbia (Häkkinen et al., 1989; Urhausen et al., 1987; Urhausen e Kindermann, 1992). Nos levantadores de peso, nem o cortisol e nem a testosterona livre aumentaram durante o período de treinamento (Vervorn et al., 1991). H. Adlercreutz et al. (1986) consideraram a relação testosterona livre/cortisol plasmática como meio para, efetivamente, monitorar o treinamento. Além disso, propuseram estabelecer a diminuição de 30% em tal relação, ou a queda abaixo de $0,35 \times 10^{-3}$, como critério para avaliar o estado de supertreinamento ligado à predominância absoluta de catabolismo. Um estudo com patinadores de velocidade de alto nível confirmou a relevância do critério proposto por Adlercreutz e por seus colaboradores. Pelos resultados obtidos, a queda de 30% ou mais da relação testosterona livre/ cortisol indica recuperação temporária incompleta de um treinamento intenso e existência de resíduos de cansaço, por conseqüência, a eficiência competitiva fica reduzida (Banfi et al., 1993).

A ligação entre testosterona e mudanças anabólicas no organismo são indicadas pela correlação entre as modificações da concentração de testosterona e a eficiência do treinamento nos levantadores de peso de elite. Tal correlação foi usada por um modelo prognóstico que utilizou a concentração de testosterona plasmática para prever os progressos na melhora da força (Busso et al., 1990). Contudo, a elevada concentração de cortisol pode ter diversas funções. No processo de treinamento, ela aparece não apenas como resultado de cargas de treinamento pesadas. Pode também aparecer após a redução das cargas de treino. Nos jovens remadores (com idade média de 17,6 anos), durante treinamentos com volume muito elevado, o conteúdo de uréia sérica e a atividade da creatinaquinase aumentavam, a testosterona livre diminuía e o cortisol permanecia constante. Depois da redução do volume de treinamento, a uréia e a creatinaquinase normalizavam-se e a testosterona livre atingia uma concentração superior à inicial. Também foi notado um aumento da concentração de cortisol (Steinacker et al., 1993).

Mesmo do ponto de vista teórico, não se pode considerar toda diminuição da relação testosterona livre/cortisol como sinal de supertreinamento dos processos de adaptação do organismo. Provavelmente,

Adlercreutz et al. (1986), defensores desta idéia, enfatizaram qual deve ser a amplitude da mudança que caracteriza supertreinamento.

A utilização intensa da adaptabilidade do organismo se expressa, também, por outros indícios bioquímicos, além da concentração de cortisol. Foram registradas mudanças acentuadas em esportistas durante o treinamento com carga elevada. Nos nadadores, dez dias consecutivos de treinamento intenso resultaram no aumento do cortisol e da creatinaquinase séricos (Kirwan et al., 1988). Em corredores experientes de longa e média distância, um aumento agudo do volume de treinamento durante quatro semanas causou aumento da resposta da noradrenalina plasmática ao exercício submáximo (oposto ao efeito normal do treinamento) e diminuição da excreção noturna de adrenalina, noradrenalina, dopamina e cortisol (Lehmann et al., 1991).

Um outro sinal de alteração do equilíbrio entre a exaustão e o restabelecimento da adaptabilidade é a diminuição da eficiência dos processos imunológicos. O treinamento altera muitos aspectos das funções imunológicas, tanto positivos como negativos (McKinnon, 1992). Além dos dados averiguados sobre a maior eficiência da imunoregulação (Nieman et al., 1985; Nehlsen-Cannarella et al., 1991; Pedersen et al., 1989; Nieman, 1994), outros resultados obtidos indicam diminuição acentuada da imunoatividade dos atletas durante o período de competição (Chogovadze et al., 1988; Levando et al., 1988), em associação à defesa imunitária antiviral baixa e a ineficiência da vacinação antigripe (Levando et al., 1988). Um extenso estudo realizado com 350 atletas permitiu distinguir quatro fases do sistema imunológico (ativação, compensação, descompensação e recuperação) durante um ano de treinamento (Pershin et al., 1988). Por isso, a supressão da imunoatividade encontrada em atletas altamente qualificados é um fenômeno transitório. Provavelmente, este fenômeno está relacionado com a exaustão da adaptabilidade, que ocorre quando os atletas utilizam uma carga elevada de treino para a realização do melhor desempenho.

Supertreinamento

Quando o organismo perde a adaptabilidade, o treinamento posterior pode levar ao supertreinamento. Essa possibilidade torna-se realidade quando se continua o treinamento com exercícios de elevado volume e/ou grande intensidade. Com base nas observações dos atletas em situações de supertreinamento, e de seus respectivos quadros clínicos, o supertreinamento foi identificado como síndrome de Addison e Basedow (Israel, 1976). Posteriormente, essa hipótese foi aceita (Kruipers e Keizer, 1988). Podem ser distinguidos os tipos parassimpático e simpático de supertreinamento (Israel, 1976; Kuiper e Keizer, 1988; Stone et al., 1991; Lehman et al., 1993; Hooper e Mackinnon, 1995). Alguns autores consideram a síndrome Addisoniana como sinônimo de supertreinamento de tipo parassimpático, enquanto a de Basedow como sinônimo de supertreinamento de tipo simpático (Urhausen et al., 1995). Além disso, a disfunção hipotalâmica foi descrita como a essência do supertreinamento (Barron, 1985).

Na síndrome de Addison, encontra-se uma baixa concentração de cortisol, que volta ao normal quando a doença é erradicada. Na realidade, existem dados na literatura que indicam que, em casos de exaustão, inclusive de supertreinamento, a excreção urinária dos corticosteróides e dos seus metabólitos é suprimida (Viru, 1985). Como procedimento para o diagnóstico do supertreinamento, são recomendadas medições repetitivas da concentração de cortisol (Urhausen et al., 1995). Contudo, o comportamento da concentração de cortisol plasmático pode ser diferente. Alguns autores reportam concentrações aumentadas de cortisol durante o repouso (Barron et al., 1985; Stray-Gunderson et al., 1986). Outros descrevem que o aumento provocado pelo exercício sofre um decréscimo durante o supertreinamento (Urhausen e Kindermann, 1994; Baron et al., 1985; Lehmann et al., 1992). Conseqüentemente, o supertreinamento pode se refletir na maior concentração basal de cortisol e na menor resposta ao exercício físico. Por isso, para tornar válido o estudo do cortisol plasmático no diagnóstico do supertreinamento, esse hormônio deveria ser medido não apenas durante o repouso, mas também depois de uma determinada prova de esforço. Em conformidade, foram encontradas respostas da corticotropina, do hormônio do crescimento e da insulina aos exercícios (Urhausen, Kindermann, 1987). Nos maratonistas supertreinados, o aumento de corticotropina, do hormônio do crescimento e de cortisol, em resposta à hipoglicemia provocada pela insulina, foi reduzido (Barron et al., 1985). Esses resultados indicam que se o supertreinamento está associado à disfunção do córtex da adrenal, a origem desse estado não se relaciona a suas prórpias mudanças (recordando a doença de Addison), mas às disfunções hipotalâmicas e hipofisárias. A primeira é evidenciada também pela resposta reduzida do hormônio do crescimento ao exercício máximo nos atletas supertreinados (Urhausen e Kindermann, 1987). No atletismo, foi evidenciado uma baixa concentração de somatotropina quando os atletas estavam próximos ao estado de supertreinamento (Beyer et al., 1990).

Segundo Adlercreutz et al. (1986), o supertreinamento deve ser relacionado à diminuição da concentração de testosterona ou, pelo menos, à diminuição da relação testosterona livre/cortisol. Contudo, em vários estudos sobre supertreinamento não foram encontradas mudanças substanciais nem na concentração de testosterona nem de cortisol (Fry et al., 1992; Urhausen e Kindermann, 1994). Provavelmente, o comportamento da testosterona total e livre, assim como o do cortisol, é um indicador psicológico da carga de treino corrente, mas não indica necessariamente o supertreinamento (Urhausen et al., 1995).

A síndrome de Basedow pressupõe que as concentrações dos hormônios tireoidanos aumentem. Na realidade, a função do sistema hipofisário nunca foi estudada com relação ao supertreinamento. O quadro clínico de vários atletas supertreinados, que lembra o da doença de Basedow, seria mais bem definido como supertreinamento de tipo simpático. Esta sugestão justifica-se pelo aumento da concentração de catecolaminas plasmáticas (Lehmann et al., 1992, 1993; Urhausen e Kindermann, 1994).

O supertreinamento de tipo parassimpático é caracterizado pela mobilização energética glicolítica de distúrbio, com concentrações máximas de lactato plasmático reduzidos (Kindermann, 1986), bradicardia, baixa pressão arterial (Kuipers e Keizer, 1988; Lehmann et al., 1993) e valores plasmáticos reduzidos, e, durante os exercícios extras, diminuição das concentrações de adrenalina livre e noradrenalina (Lehmann et al., 1993; Urhausen et al., 1995). Durante o supertreinamento de tipo parassimpático, foi identificada hipoglicemia nos atletas (Kuipers e Keizer, 1988). No supertreinamento de tipo simpático, a queda da concentração de insulina provocada pelo exercício é muito acentuada, mas não há alterações da glicose plasmática (Urhausen e Kindermann, 1994).

Em conclusão, os hormônios plasmáticos não fornecem evidências claras sobre a existência ou ausência de supertreinamento. Contudo, quanto à queda do desempenho, a alteração da função cardiovascular e a mudança de humor comprovam a existência do supertreinamento, e os estudos hormonais tornam possível estabelecer as características do estado de supertreinamento e localizar possíveis distúrbios metabólicos. A maior concentração de serotonina fornece informações (Newsholme et al., 1991) sobre os mecanismos do decréscimo do desempenho e as mudanças de humor. Por sua vez, a relação alterada entre triptófano livre/aminoácidos em cadeia ramificada indica maior ação da serotonina. A queda da concentração de glutamina plasmática serve para o estudo do mecanismo da imunoatividade reduzida nos atletas supertreinados (Rowbottom et al., 1996).

A melhor informação sobre as características do supertreinamento é fornecida pelas concentrações de catecolaminas, cortisol, testosteronas, insulina e hormônio do crescimento, registradas durante provas de esforço.

BIBLIOGRAFIA

(AMSM) AMERICAN COLLEGE OF SPORTS MEDICINE. *Guidelines for Exercise Testing and Prescription.* 4 ed. Filadélfia: Lea & Febiger, 1994.

ADAMSON, L. et al. Growth hormone increase during sleep after daytime exercise. *J Endocrinol.* v. 62, p. 473-478, 1974.

ADLERCREUTZ, H. et al. Effect of training on plasma anabolic and catabolic steroid hormones and their response during physical exercise. *Int J Sports Med.* v.7 (Supl. 1), p. 27-28, 1986.

AHLBORG, G. et al. Substrate turnover during prolonged exercise in man: splanchnic and leg metabolism of glucose, free fatty acids and amino acids. *J Clin Invest.* v. 53, p. 1080-1090, 1974.

ALESSIO, H.M. Exercise-induced oxidative stress. *Med Sci Sports Exerc.* v. 25, p. 218-224, 1993.

ALEV, M.; VIRU, A. A study of the state of mechanisms of general adaptation by excretion of 17-hydroxycorticoids in young skiers. Moscou: *Teor Prakt Fiz Kult.* v. 12, p. 16-18, 1982.

ANDERSON, R.A. et al. *Exercise, Nutrition and Energy Metabolism.* Nova Iorque: MacMillan p. 180-195, 1988.

BAIKOV, V. M. *Experimental Foundation of Regimes of Training Loads for Improved Endurance in Cross-Country Skiers.* Tese acadêmica. Discussão. Rússia, Tartu: Tartu University, 1975.

BALON, T. W. et al Effects of insulin on protein synthesis and degradation in skeletal muscle after exercise. *Am J Physiol.* v. 258, p. E92-E97, 1990.

BALSOM, P.D. *High Intensity Intermittent Exercise.* Dissertação de Doutorado, p. 54, 1995.

BANFI, G. et al. Usefulness of free testosterone/cortisol ratio during a season of elite speed skating athletes. *Int J Sports Med.* v. 14, p. 373-379, 1993.

BARRON, G.L. et al. Hypothalamic dysfunction in overtrained athletes. *J Clin Endocrin Metab.* v. 60, p. 803-806, 1985.

BERG, A.; KEUL, J. Serum alanine during long-lasting physical exercise. *Int J Sports Med.* v. 1, p. 199-202, 1980.

BERGSTRÖM, J. Muscle electrolytes in man. *Scand J Clin Lab Invest.* v. 14, Supl. 68, 1962.

BEYER, P. et al. Changes in spontaneous growth hormone (GH) secretion in athletes during different training period over one year. *Acta Endocrin.* v. 122 (Supl. 1), p. 35, 1990.

BLOMSTRAND, E.; CELSING, F.; NEWSHOLME, E. Changes in plasma levels of aromatic and branched chain amino acids during sustained exercise in man and their possible role in fatigue. *Acta Physiol Scand.* v. 133, p. 115-121, 1988.

BONEN, A.; BELCASTRO, A.N. Effect of exercise and training on menstrual cycle hormones. *Austr J Sports Med.* v. 10, p. 39-43, 1978.

BOOTH A. et al. Testosterone and winning and losing in human competition. *Horm Behavior.* v. 23, p. 556-571, 1989.

BOOTH, F.W.; THOMASON, D.B. Molecular and cellular adaptation of muscle in response to exercise: perspectives of various models. *Physiol Rev.* v. 71, p. 541-585, 1991.

BOSCO, C. et al. Enzyme activity and pain in human skeletal muscle following Drop Jump Exercises. *Coaching & Sport Science Journal.* v. 2, n. 2, p. 14-18, 1995.

BOSCO, C. *Aspetti fisiologici della preparazione física del calciatore.* Roma: Società Stampa Sportiva, 1990.

BOSCO C. et al. Serum testosterone and mechanical behaviour of extensor muscles in male and female sprinters. *Clin Physiol.* 1996b.

BOSCO C. et al. Monitoring strength training Neuromuscular and hormonal profile. *Med Sci Sports Exerc.* 1996.

BOSCO, C.; TIHANYI, J.; VIRU, A. Relationship between field fitness test and basal serum testosterone and cortisol levels in soccer players. *Clin Physiol.* v. 16, p. 317-322, 1996.

BOSCO, C.; VIRU, A. *Biologia dell'allenamento.* Roma: Società Stampa Sportiva, 1996.

BRANDENBERGER, G. et al. Feedback from meal-related peaks determines diurnal changes in cortisol response to exercise. *J Clin Endocrin.* v. 54, p. 592-596, 1982.

BOSCO, C.; LUHTANEN, P. *Fisiologia e Biomeccanica applicata al Calcio.* Roma: Società Stampa Sportiva, 1992.

BÜLOW, J. Lipid mobilization and utilization. In: POORTMANS, J.R. (ed.) *Principles of Exercise Biochemistry.* Karger, Basel. v. 27, p. 140-163, 1988.

BUSSO, T. et al. A systems model of training responses and its relationship to hormonal responses in elite weight-lifters. *Eur J Appl Physiol.* v. 61, p. 48-54, 1990.

CARRARO, F.; KIMBROUGH, T.R.; WOLFE, R.R. Urea kinetics in humans at two levels of exercise intensity. *J Appl Physiol.* v. 75, p. 1180-1185, 1993.

CHAOULOFF, F. Physiopharmacological interaction between stress hormones and central serotonergic systems. *Brain Res Rev.* v. 18, p. 1-32, 1993.

CHAOULOFF, F. Physical exercise and brain monoamines: a review. *Acta Physiol Scand.* v. 137, p. 1-13, 1986.

CHESTERS, J. Biomechanical functions of zinc in animals. *World Rev Nutr Diet.* v. 32, p. 135-150, 1978.

CHOGOVADZE, A.V.; SMIRNOVA, Y.I.; SAKREBO, A.N. Immunological reactivity of swimmers during the preparatory and competition period. *Sports Training Medicine Reabilitation.* v. 1, p. 41-43, 1988.

CLAUSEN, T.; EVERTS, M.E. K+ induced inhibition of contractile force in rat skeletal muscle role of active Na+, K+ - transport. *Am J Physiol.* v. 261, p. C799-C807, 1991.

COOK, N.J. et al. Changes in adrenal and testicular activity monitored by salivary sampling in males throughout marathon runs. *Eur J Appl Physiol.* v. 55, p. 634-638, 1986.

CUNEO, R. et al. Growth hormone treatment in growth hormone-deficient adults. *J Appl Physiol.* v. 70, p. 688-694, 1991.

DANHAIVE, P.A.; ROUSSEAU, G.G. Evidence for sex-dependent anabolic response to androgenic steroids mediated by glucocorticoid receptors in rat. *J Steroid Biochem.* v. 29, p. 275-281, 1988.

DOHM, G.L. Protein or a fuel for endurance exercise. *Exerc Sports Sci Rev.* v. 14, p. 143-173, 1986.

DOHM, G.L. et al. Biphasic changes in 3-methylhistidine excretion in humans after exercise. *Am J Physiol.* v. 248, p. 588-592, 1985.

DOHM, G.L.; TAPSCOTT, E.B.; KASPEREK, G.J. Protein degradation during endurance exercise and recovery. *Med Sci Sports Exerc.* v. 9, p. S166-S171, 1987.

DOHM, G.L. et al. Increased excretion of urea and Nt-methylhistidine by rats and humans after a bout of exercise. *J Appl Physiol.* v. 52, p. 27-33, 1982.

DOROSHENKO, N.I. Study of Training and Competition Loads in Runners for Middle and Long Distances. Tese acadêmica. Discussão. Moscou: *Central Inst Phys Cult.* 1976 (em russo).

DUDLEY, G.A. et al. Muscle fibre composition and blood ammonia, levels intense exercise in humans. *J Appl Physiol.* v. 54, p. 582-586, 1983.

DUX, L.; DUX, E.; GUBA, F. Further data on the androgenic dependence of the skeletal muscle. *Horm Metab Res.* v. 14, p. 191-194, 1982.

ELIAS, M. Serum cortisol, testosterone, and testosterone-binding globulin response to competitive fighting in human males. *Aggressive Behav.* v. 7, p. 215-224, 1981.

ELLER, A.; VIRU, A. Alterations of the content of free amino acids in skeletal muscle during prolonged exercise. In: KNUTTGEN, H.G.; VOGEL, J.A.; POORTMANS. J. (eds.). *Biochemistry of Exercise.* Champaign: Human Kinetics, p. 363-366, 1983.

FAIN, J.N. Inhibition of glucose transport in fat cells and activation of lipolysis by glucocorticoids. In: BAXTER, J.D.; ROUSSEAU, G.G. (eds.). *Glucocorticoid Hormone Action.* Berlim: Springer-Verlag, Nova Iorque: Heidelberg, p. 547-560, 1979.

FAIN, J.N.; KOVACOV, V.P.; SCOW, R.O. Effect of growth hormone and dexamethasone on lipolysis and metabolism in isolated fat cells of the rat. *J Biol Chem.* v. 240, p. 3522-3529, 1965.

FELIG, P. Amino acid metabolism in exercise. *Ann NY Acad Sci.* v. 301, p. 56-63, 1977.

FELIG, P. The glucose-alanine cycle. *Metabolism.* v. 22, p. 179-207, 1973.

FERGUSSON, D.B.; PRICE, D.A.; WALLACE, S. Effects of physiological variables on the concentration of cortisol in human saliva. *Adv Physiol Sci.* v. 28, p. 301-313, 1980.

FERNSTRÖM, J. Role of precursor availability in control of monoamine biosynthesis in brain. *Physiol Rev.* v. 63, p. 484-546, 1983.

FEW, J.D.; IMMS, F.J.; WEINER, J.S. Pituitary-adrenal response to static exercise in man. *Clin Sci Mol Med.* v. 49, p. 201-206, 1975.

FÖHRENBACH, R.; MADER, A.; HOLLMANN, W. Determination of endurance capacity and prediction of exercise intensities for training and competition in marathon runners. *Int J Sport Med.* v. 8, p. 11-18, 1987.

FRY, R.W.; MORTON, A.R.; KEAST, D. Overtraining in athletes: an updata. *Sports Med.* v. 12, p. 32-65, 1991.

FRY, R.W.; MORTON, A.R.; GARCIA-WEBB, P. Biological responses to overload training in endurance sports. *Eur J Appl Physiol.* v. 64, p. 335-344, 1992.

GALBO, H. *Hormonal and metabolic adaptation to exercise.* G. Nova Iorque, Thieme: Stuttgart, 1983.

GERASSIMOVA, A.A.; ANNENKOV, A.I.; GALCHUK, V.I. Specific nature of mobilization of energetic mechanism of endurance in runners for short and middle distances. In: KUCHKIN, S.N. (edit). *Systemic Mechanisms and Guidance of Special Working Capacity of Sportsmen.* Volgograd Institute of Physical Culture. Volgograd, p. 67-72, 1984.

GOLF, S.W.; BOHMER, D.; NOWACKI, P.E. Is magnesium a limiting factor for competitive exercise? A summary of relevant scientific data. In: GOLF, S.; DRALLE, D.; VECCHIET, L. (eds). *Magnesium.* Londres: John Libbey, p. 209-220, 1993.

GREEN, S. A definition and system of view of anaerobic capacity. *Eur J Appl Physiol.* v. 69, p. 168-173, 1994.

GUEZENNEC, G.Y. et al. Metabolic effects of testosterone during prolonged physical exercise and fasting. *Eur J Appl Physiol.* v. 52, p. 300-304, 1984.

HÄKKINEN, K. et al. Serum hormone concentrations during prolonged training in elite endurance trained and strength trained athletes. *Eur J Appl Physiol.* v. 59, p. 233-238, 1989.

HÄKKINEN K. et al. Relationships between training volume, physical performance capacity, and serum hormone concentrations during prolonged training in elite weightlifters. *Int J Sports Med.* v. 8 (Supl. 1), p. 61-65, 1987.

HÄKKINEN, K. et al. Neuromuscular adaptation and serum hormones in females during prolonged power training. *Int J Sports Med.* v. 11, p. 91-98, 1990.

HARALAMBIE, G. L'elimination de la tyrosine pendant l'effort physique. *Medicine, Education Physique et Sport.* v. 38, p. 325-331, 1964.

HARALAMBIE, G.; BERG, A. Serum urea and amino nitrogen changes with exercise duration. *Eur J Appl Physiol.* v. 36, p. 39-48, 1976.

HAYMES, E.M. Trace minerals and exercise. In: Wolinski, I.; Hickson, J.F. (eds). *Nutrition in Exercise and Sport.* 2ª ed. Boca Raton: CRC Press, p. 223-244, 1994.

HICKSON, R.C.; DAVIS, J.R. Partial prevention of glucocorticoid-induced muscle atrophy by endurance training. *Am J Physiol.* v. 241, p. E226-E232, 1981.

HNÔKINA, A. Blood indices of energy metabolism, hormonal regulation and acid-base balance in evaluation of special working capacity of biathlonists. In: TSARJOVA, A. (ed). *Biomechanical Criterons of Development of Motor Abilities.* Moscou: Research Institute of Sport, p. 90-114, 1986 (em russo).

HNÔKINA, A. *System of biochemical control in cross-country skiing, biathlon and Nordic skiing.* Moscou: Research Institute of Sport, 1983 (em russo).

HOOPER, S.L.; MACKINNON, L.T. Monitoring overtraining in athletes. *Sports Med.* v. 20, p. 321-327, 1995.

HORTOBAGYI, T.; DENAHAN, T. Variability in creatine kinase: methodological, exercise and clinically realted factors. *Int J Sports Med.* v. 10, p. 69-80, 1989.

HULTMAN, E. Muscle glycogen stores and prolonged exercise. In: SHEPHARD, R.J. (ed). *Frontiers of Fitness.* Springfield: C.C. Thoms, p. 37-60, 1971.

HULTMAN, E. Studies on muscle metabolism of glycogen and active phosphate in man with special reference to exercise and diet. *Scand J Clin Lab Invest.* v. 19, Supl. 94, 1967.

HULTMAN, E. et al. Energy metabolism and fatigue. In: TAYLOR, A.W. et al. (eds). *Biochemistry of Exercise VII*. Champaign: Human Kinetics, p. 73-92, 1990.

INOUE, K. et al. Androgen receptor antagonist suppresses exercise-induced hypertrophy of skeletal muscle. *Eur J Appl Physiol*. v. 69, p. 88-91, 1994.

ISRAEL, S. Zur Problematik der Übertrainings aus internistischer und leistungsphysiologischer Sicht. *Med Sport*. v. 16, p. 1-12, 1976.

JAKOWLEW, N.N. *Sportbiochemie*. Barth, Leipzig, 1977.

JALAK, R.; VIRU, A. Adrenocortical activity in many times repeated physical exercises in a day. *Fiziol chel*. (Moscou), v. 9, p. 418-424, 1983.

JANSSON, E. Methodology and actual perspectives of the evaluation of muscular enzymes in skeletal muscle by biopsy during rest, exercise and detraining. *Med Sport*. v. 47, p. 377-383, 1994.

KASSIL, G.N.; MEKHRIKADZE, V.V. Status of sympatho-adrenal system in sprinters during various kinds of training exercises. Moscou: *Teor Prakt Fis Kult*. v. 6, p. 18-19, 1985.

KEISER, A.; POORTMANS, J.; BUNNIK, S.J. Influence of physical exercise on sex hormone metabolism. In: POORMANS, J.; NISET, G. (eds). *Biochemistry of exercise IV-B*. Baltimore: University Park Press, p. 229-236, 1981.

KINDERMANN, W. Overtraining: expression of a disturbed autonomic regulation. *Dtsch Z Spotmed*. v. 37, p. 238-245, 1986.

KINDERMANN, W.; KEUL, J. *Anaerobe Energiebereitstellung im Hochleistung sport*. Schöndorf, Hoffmann: Verlag K., 1977.

KIRWAN, J.P. et al. Physiological responses to successive days of intense training in competitive swimmers. *Med Sci Sports Exerc*. v. 20, p. 235-259, 1988.

KONOVALOVA, G. et al. Significance of thyroid hormones in post-exercise incorporation of amino acids into muscle fibers in rats: an autoradiographic study. *Endocrin Metab*. v. 4, 1997.

KÔRGE, P.; CAMPBELL, K.B. The importance of ATPase microenviroment in muscle fatigue: a hypothesis. *Int J Sports Med*. v. 16, p. 172-179, 1995.

KOSTINA, L.V.; ZURKINA, L.L.; DUDOV, N.S. Peculiarities of alterations of hormonal responses to competition in runners-staiers in course of improvement of special fitness. In: TCHAREYEVA, A.A. (edit). *Biochemical Criteria of Fitness Improvement*. Moscou: Allunion Research Institute of Physical Culture, p. 56-67, 1986.

KRAEMER, W.J. et al. Endogeneous anabolic hormonal and growth factor response to heavy resistance exercise in males and females. *Int J Sports Med*. v. 12, p. 228-235, 1991.

KREIDER, R.B.; MIRIEL, V.; BERTUN, E. Amino acid supplementation and exercise performance: proposed ergogenic value. *Sports Med*. v. 16, p. 190-209, 1993.

KREUZ, L.; ROSE, R.; JENNINGS, J. Suppression of plasma testosterone levels and psychological stress. *Arch Gen Psychiatry*. v. 26, p. 479-482, 1972.

KUIPERS, H.; KEIZER, H.A. Overtraining in elite athletes. *Sports Med*. v. 6, p. 79-92, 1988.

LAMB, D.R. *Physiology of Exercise*. Nova Iorque: MacMillan, 1978.

LEHMANN, M. et al. Training-overtraining: influence of a defined increase in training volume vs training intensity on performance, catecholamines and some metabolic parameters in experienced middle- and long-distance runners. *Eur J Appl Physiol.* v. 64, p. 169-177, 1992.

LEHMANN, M. et al. Training-overtraining. A prospective experimental study with experienced middle and long distance runners. *Int J Sports Med.* v. 12, p. 444-452, 1991.

LEHMANN, M.; FOSTER, C.; KEUL, J. Overtraining in endurance athletes. *Med Sci Sports Exerc.* v. 25, p. 854-862, 1993.

LEHMANN, M.; GASTMANN, U.; PETERSEN, K.G. Training-overtraining: performance, and hormone levels, after a defined increase in training volume versus intensity in experienced middle- and long-distance runners. *Brit J Sports Med.* v. 26, p. 233-242, 1992.

LEVANDO, V.A. et al. Study of secretory and antiviral immunity in sportsmen. *Sports Training Medicine Rehabilitation.* v. 1, p. 49-52, 1988.

LITVINOVA, L.; SMIRNOVA, T.; VIRU, A. Renal urea clearance in normal and adrenalectomized rats after exercise. *Jpn J Physiol.* v. 39, p. 713-723, 1989.

LITVINOVA, L.; VIRU, A. Does the increased blood urea depend on lactate response to exercise? *Coaching and Sports Science Journal.* 1996.

LITVINOVA, L.; VIRU, A. Effect of exercise and adrenal insufficiency on urea production in rats. *Eur J Appl Physiol.* v. 70, p. 536-540, 1995.

LORENZ, R.; GERBER, G. Harnstoff bei körperlichen Belastungen: Veränderung der Synthese, der Blutkonzentration und der Ausscheidung. *Med u Sport.* v. 19, p. 240-248, 1979.

MACKINNON, L.T. *Exercise and Immunology.* Champaign: Human Kinetics, 1992.

MADER, A. Aktive Belastungsadaptation und Regulation der Proteinsynthese auf Zellulär Ebene. Ein Beitrage zum Mechanismus der Trainings-wirkung und der Kompensation von funktionellen Mehrbelastungen von Organism. In: *Sport Rettung oder Risiko für die Gesundheit.* Deutsche Ärzte Verlag, p. 177-191, 1989.

MADER, A. Evaluation of endurance performance of marathon runners and theoretical analysis of test results. *J Sports Med Phys Fitness.* v. 31, p. 1-19, 1991.

MASON, K.E. A conspectus of research on cupper metabolism and requirements of man. *J Nutr.* v. 109, p. 1979-2066, 1979.

MAYER, M.; ROSEN, F. Interaction of glucocorticoids and androgens with skeletal muscle. *Metabolism.* v. 26, p. 937-962, 1977.

MEDBO, J.I. et al. Anaerobic capacity determined by maximal accumulated O_2 deficit. *J Appl Physiol.* v. 64, p. 50-60, 1988.

MEEUSEN, R.; DEMEIRLEIR, K. Exercise and brain neurotransmission. *Sports Med.* v. 20, p. 160-188, 1995.

MEYER, R.A.; TERJUNG, R.L. Differences in ammonia and adenylate metabolism in contracting fast and slow muscle. *Am J Physiol.* v. 237, p. C111-C118, 1995.

MILLWARD, D.J.; BATES, P.C. 3-methylhistidine turnover in the whole body, and the contribution of skeletal muscle and intestine to urinary 3-methylhistidine excretion in the adult rat. *Biochem J.* v. 214, p. 607-615, 1983.

MINISTRY OF FITNESS AND AMATEUR SPORT. *Canadian Standardized Test of Fitness Operations Manual*. 3 ed. Canadá: Minister of Supply and Services, 1986.

NAZAR, K. Glucostatic control of hormonal responses to exercise. In: POORTMANS, J.; NISET, G. (ed). *Biochemistry of exercise IV-A*. Baltimore: University Park Press, p. 188-195, 1981.

NEHLSEN-CANNARELLA, S.L. et al. The effect of moderate exercise training on immune response. *Med Sci Sports Exerc.* v. 23, p. 64-70, 1991.

NEWSHOLME, E.A. et al. Biochemical mechanism to explain some characteristics of overtraining. In: BROUNS (ed) *Medical Sports Science*. v. 32, Karger, Basel: Advance in Nutrition and Top Sport. p. 79-93, 1991.

NIEMAN, D.C. Exercise, upper respiratory tract infection, and the immune system. *Med Sci Sports Exerc.* v. 26, p. 128-139, 1994.

NIEMAN, D.C et al. Complement and immunoglobin levels in athletes and sedentary controls. *Int J Sports Med.* v. 10, p. 124-128, 1985.

OHKUWA, T. et al. Salivary and blood lactate after supramaximal exercise in sprinters and long-distance runners. *Scand J Med Sci Sports.* v. 5, p. 285-290, 1995.

OLWEUS, D. et al. Testosterone, aggression, physical and personality dimensions in normal adolescent males. *Psychosomatic Med.* v. 42, p. 253-269, 1980.

ÖÖPIK, V.; ALEV, K.; BUCHINSKAYTE, V. *Dynamics of protein metabolism in skeletal muscle during daily repeated muscular work*. Acta Comment. Univ. Tartuensis. v. 814, p. 3-14, 1988.

ÖÖPIK, V.; PORT, K.; VIRU, A. Adrenocortical activity during daily repeated exercise. *Biol Sport.* v. 8, p. 187-194, 1991.

PARDRIDGE, W.M.et al. Arginase metabolism and urea synthesis in cultured rat skeletal muscle cells. *Am J Physiol.* v. 242, p. E87-E92, 1982.

PEDERSEN, B.K. et al. Natural killer cell activity in peripheral blood of highly trained and untrained persons. *Int J Sports Med.* v. 10, p. 129-131, 1989.

PEQUINOT, J.M. et al. Adronergic response to intense muscular work in sedentary man in relation to emotivity and physical training. *Eur J Appl Physiol.* v. 40, p. 117-135, 1979.

PERSHIN, B.B. et al. Reserve potentials of immunity. *Sports Training Medicine Rehabilitation.* v. 1, p. 53-60, 1988.

PIVORNIK, J.M.; HICKSON, J.F.; WOLINSKY, I. Urinary 3-methylhistidine excretion with repeated weight training exercise. *Med Sci Sport Exerc.* v. 21, p. 283-287, 1989.

PLATONOV, V.M.; VAITSEKHOVSKY, S.M. *Training of High Class Swimmers*. Moscou: FiS, 1985 (em russo).

POORTMANS, J.R. Protein metabolism. In: POORTMANS, J.R. (ed). *Principles of Exercise Biochemistry*. Karger, Basel, p. 164-193, 1988.

PORT, K. Serum and saliva cortisol responses and blood lactate accumulation during incremental exercise testing. *Int J Sports Med.* v. 12, p. 490-494, 1991.

PORT, K.; VIRU, A. Changes of cortisol concentration in blood in swimmers during improvement of performance level. In: MATSIN, T. (edit). *Endocrine Mechanism of Regulation of Adaptation to Muscular Activity*. Tartu: Tartu University, p. 65-67, 1987.

PRUETT, E.D.R. Insulin and exercise in non-diabetic and diabetic man. In: FORTHERBY, K.; PAL, S.B. (eds). *Exercise Endocrinology*. Berlim, Nova Iorque: W. de Gruyter, p. 1-23, 1985.

REINDELL, H.; ROSKAMM, H.; GERSCHLER, W. *Das Intervalltraining*. München, 1962.

ROGOSKIN, V.; FELDKOREN, R.I. The effect of retabolil and training on activity of RNA polymerase in skeletal muscle. *Med Sci Sports*. v. 11, p. 345-347, 1979.

ROWBOTTON, D.G.; KEAST, D.; MORTON, A.R. The emergency role of glutamine as an indicator of exercise stress and overtraining. *Sports Med*. v. 21, p. 80-97, 1996.

SABORIDO, A. et al. Effects of anabolic steroids on mitochondria and sarcotubular system of skeletal muscle. *J Appl Physiol*. v. 70, p. 1038-1043, 1991.

SALTIN, B.; GOLLNICK, P.D. Skeletal muscle adaptability: significance for metabolism and performance. In: PEACHY, L.D.; ADRIAN, R.H.; GEIGER, S.R. (eds). Handbook of Physiology. Bethesda: *Skeletal Muscle Am Physiol Soc*. p. 555-631, 1983.

SEENE, T.; VIRU, A. The catabolic effect of glucocorticoid on different types of skeletal muscle fibers and its dependence upon muscle activity and interaction with anabolic steroids. *J Steroid Biochem*. v. 16, p. 349-352, 1982.

SEJERSTED, O.M.; VOLLESTAND, N.K.; MELBO, J.T. Muscle fluid and eletrolyte balance during and following exercise. *Acta Physiol Scand*. v. 128 (Supl. 556), p. 119-127, 1986.

SENFT, G. et al. Influence of insulin on cyclic -3,5- AMP phosphodiesterase activity in liver, skeletal muscle, adipose tissue, and kidney. *Diabetologia*. v. 4, p. 322-325, 1968.

SHAROV, N.N. Hypothalamic-pituitary-adrenal system in specific exercises of trop shooting. In: TCHAREYEVA, A.A. (edit). *Biochemical Criteria of Fitness Improvement*. Moscou: Allunion Research Institute of Physical Culture, p. 49-56, 1986.

SHIMAZU, T. Neuronal regulation of hepatic glucose metabolism in mammals. *Diabetes/Metabolism Reviews*. v. 3, p. 185-206, 1987.

SJÖDIN, B.; HELLSTEN-WESTING, Y.; APPLE, F.S. Biochemical mechanisms for oxygen free radical formation during exercise. *Sports Med*. v. 10, p. 236-254, 1990.

SJOGAARD, G.; ADAMS, R.P.; SALTIN, B. Water and ion shifts in skeletal muscle of humans with intense dynamic knee extension. *Am J Physiol*. v. 248, p. R190-R196, 1985.

SMALS, A.G.H.; KLOPPENBORG, P.W.C.; BENRAAD, T.J. Circannual cycle in plasma testosterone levels in man. *J Clin Endocrin Metab*. v. 42, p. 979-982, 1976.

SNEGOVSKAYA, V.; VIRU. A. Elevation of cortisol and somatotropin levels in the course of further improvement of performance capacity in trained rowers. *Int J Sports Med*. v. 14, p. 202-206, 1993.

SNEGOVSKAYA, V.; VIRU, A. Growth hormone, cortisol and progesterone levels in rowers during a period of high intensity rowing. *Biol Sport*. v. 9, p. 93-102, 1992.

STEINACKER, J.M. et al. Metabolic and hormonal reactions during training in junior oarsmen. *Int J Sports Med*. v. 14, p. S24-S28, 1993.

STONE, M.H. et al. Overtraining: a review of the signs, symptoms and possible causes. *J Appl Sport Sci Res*. v. 5, p. 35-50, 1991.

STRAY-GUNDERSEN, J.; VIDEMAN, T.; SNELL, P.G. Changes in selected objective parameters during overtraining. *Med Sci Sports Exerc*. v. 18, p. S54-S55, 1986.

STUPNICKI, R.; OBMINSKI, Z. Glucocorticoid responses to exercise as measured by serum and salivary cortisol. *Eur J Appl Physiol.* v. 65, p. 546-549, 1992.

STUPNICKI, R. et al. Serum cortisol, growth hormone and physiological responses to laboratory exercise in male and female rowers. *Biol Sport.* v. 9, p. 17-23, 1992.

SUTTON, J.R.; COLEMAN, M.J.; CASEY, J.H. Testosterone production rate during exercise. In: LANDRY, F. ORBAN, W.A (eds). 3ª ed. *International Symposium on Biochemistry of Exercise, Symposia Specialists*, Miami, p. 227-234, 1978.

TABATA, I.; ATOMI, Y.; MIYASHITA. M. Biphasic change of serum cortisol concentration in the morning during high-intensity physical training in man. *Horm Metab Res.* v. 21, p. 218-219, 1989.

TCHAGOVETS, N.R. et al. Peculiarities of metabolism in sportsmen during competition period. Moscou: *Teor Prakt Fiz Kult.* v. 9, p. 20-22, 1983.

TCHAIKOVSKY, V.S.; ASTRATENKOVA, I.V.; BASHIRINA, O.B. The effect of exercise on the content and receptor of the steroid hormones in rat skeletal muscle. *J Steroid Biochem.* v. 24, p. 251-253, 1986.

TCHAREYEVA, A.A. Biochemical criteria of fitness in high qualification ice-hockey players in various stages of training. In: TCHAREYEVA, A.A. (edit). *Biochemical Criteria of Fitness Improvement.* Moscou: Allunion Research Institute of Physical Culture, p. 131-140, 1986.

TIIDUS, P.; IANUZZO, C.D. Effects of intensity and duration of muscular exercise on delayed soreness and serum enzyme activities. *Med Sci Sport Exerc.* v. 15, p. 461-465, 1983.

TOODE, K. et al. Growth hormone action on blood glucose, lipids and insulin during exercise. *Biol Sports.* v. 10, p. 99-105, 1993.

TREMBLAY, M.S.; CHU, S.Y.; MUREIKA, R. Methodological and statistical considerations for exercise-related hormone evaluation. *Sports Med.* v. 20, p. 90-108, 1995.

TSAI, L. et al. Cortisol and androgen concentration in female and male elite endurance athletes in relation to physical activity. *Eur J Appl Physiol.* v. 63, p. 308-311, 1991.

TSARJOVA, A.; HNÔKINA, A.; KOSTINA, L. *Biochemical criterions of endurance in the system of complex control on training of elite sportsmen.* Moscou: Research Institute of Sport, 1987 (em russo).

ULLMAN, M.; OLDSFORS, A. Effects of growth hormone on skeletal muscle. I Studies on normal adult rats. *Acta Physiol Scand.* v. 135, p. 531-536, 1986.

URHAUSEN, A.; GABRIEL, H.; KINDERMANN, W. Blood hormones on markers training stress and overtraining. *Sports Med.* v. 20, p. 351-376, 1995.

URHAUSEN, A.; KINDERMANN, W. Biochemical monitoring of training. *Clin J Sports Med.* v. 2, p. 52-61, 1992.

URHAUSEN, A.; KINDERMANN, W. Monitoring of training by determination of hormone concentration in the blood – review and perspectives. In: LIESEN, H.; WEIß, M.; BAUM, M. (eds). *Regulations und Repairmechanismen.* Deutscher Ärrte-Verlag, Köln, p. 551-554, 1994.

URHAUSEN, A.; KULLMER, T.; KINDERMANN, W. A 7-week follow-up study of the behaviour of testosterone and cortisol during the competition period in rowers. *Eur J Appl Physiol.* v. 56, p. 528-533, 1987.

VAERNES, R.; URSIN, H.; DARRAGH, A. et al. Endocrine response patterns and psychological correlates. *J Pychoran Res.* v. 26, p. 123-131, 1982.

VANHELDER, T.; RADOMSKI. M.W. Sleep deprivation and the effect on exercise performance. *Sports Med.* v. 7, p. 235-247, 1989.

VARRIK, E.; VIRU, A. Excretion of 3-methylhistidine in exercising rats. *Biol Sports.* v. 5, p. 195-204, 1988.

VARRIK, E. et al. Exercise-induced catabolic responses in various muscle fibers. *Can J Sports Sci.* v. 17, p. 125-128, 1992.

VERVOORN, C. et al. The behaviour of the plasma free testosterone/cortisol ratio during a season of elite rowing training. *Int J Sports Med.* v. 12, p. 257-263, 1991.

VERVOORN, C. et al. Seasonal changes in performance and free testosterone: cortisol ratio of elite female rowers. *Eur J Appl Physiol.* v. 64, p. 14-21, 1992.

VINING, R.F. et al. Salivary cortisol: A better measure of adrenal cortical function than serum cortisol. *Ann Clin Biochem.* v. 20, p. 329-335, 1983.

VIRU, A. *Adaptation in Sports Training.* Boca Ration: CRC Press, Londres: Ann Arbor, Tóquio, 1995.

VIRU, A. Adaptive regulation of hormone interaction with receptor. *Exp Clin Endocrin.* v. 97, p. 13-28, 1991.

VIRU, A. Contemporary state and further perspectives on using muscle biopsy for metabolism studies on sportsmen. *Med Sport.* v. 47, p. 371-376, 1994b.

VIRU A. *Hormones in Muscular Activity.* v. 2. Adaptive Effects of Hormones in Exercise. Boca Raton: CRC Press, 1985.

VIRU, A. Mobilization of possibilities of the athlete's organism. *J Sports Med Phys Fitness.* v. 33, p. 413-425, 1993.

VIRU, A. Mobilization of structural proteins during exercise. *Sports Med.* v. 4, p. 95-128, 1987.

VIRU, A. Molecular cellular mechanisms of training effects. *J Sports Med Phys Fitness.* v. 34, p. 309-322, 1994.

VIRU, A. Plasma hormones and physical exercise. *Int J Sports Med.* v. 13, p. 201-209, 1992.

VIRU, A. The mechanisms of training effects: A hypothesis. *Int J Sports Med.* v. 5, p. 219-227, 1984.

VIRU A. The role of adrenocortical reactions to exertion in the increase of body working capacity. Byull. Eksp. Moscou: *Biol Med.* p. 774-776, 1979.

VIRU, A. Fatigue-induced modification in hormone responses during exercise. In: *Overtraining and Overreaching in Sport*: Physiological, Psycological and Biomedical Consideration. International Conference. Lecture Outlines. Abstracts. Memphis, 49, 1996.

VIRU, A.; KARELSON, K.; SMIRNOVA, T. Stability and variability in hormone responses to prolonged exercise. *Int J Sports Med.* v. 13, p. 230-235, 1992.

VIRU, A.; KOSTINAM L.; ZHURKINA, L. Dynamics of cortisol and somatotropin contents in blood of male and female sportsmen during their intensive training. Kiev: *Fiziol Zhurn.* v. 34, n. 4, p. 61-66, 1988.

VIRU, A. et al. Glucocorticoids in metabolic control during exercise: alanine metabolism. *J Appl Physiol.* v. 76, p. 801-805, 1994.

VIRU, A.; ÖÖPIK, V. Anabolic and catabolic responses to training. In: KVIST, M. (ed) *Paavo Nurmi Congress Book*, The Finnish Society of Sports Medicine, Turku, 55-56, 1989.

VIRU, A.; SELI, N. 3-methylhistidine excretion in training for improved power and strength. *Sports Med Training Rehab.* v. 3, p. 183-193, 1992.

VIRU, A.; SMIRNOVA, T. Involvement of protein synthesis in the action of glucocorticoids on the working capacity of adrenalectomized rats. *Int J Sports Med.* v. 6, p. 225-228, 1985.

VIRU, A. et al. Determinants and modulators of hormonal responses to exercise. *Biol Sport.* v. 13, p. 169-187, 1996.

VIRU, A.; TENDZEGOLSKIS, Z.; SMIRNOVA, T. Changes of β-endorphin level in blood during prolonged exercise. *Endocrinol Exp.* v. 24, p. 63-68, 1990.

VIRU, A. et al. Protein metabolism in muscles after their activity. *Sechenov Physiol J.* v. 70, p. 1624-1628, 1984.

VIRU, A.; VIRU, M. Adaptivity changes in athletes. *Coaching and Sport Sci J.* v. 2, p. 25-35, 1995.

VIRU, E. *Influence of frequent short-term training sessions on physical working capacity of female students.* Acta Comment: Univ. Tartuensis, v. 497, p. 12-18, 1979.

VOLKOV, N.I. Oxygen consumption and lactic acid content of blood during strenuous muscular exercise. *Fed Proc.* v. 22, p. 118-126, 1963.

WEITZMAN, E.D. Circadian rhythms and episodic hormone secretion. *Ann Rev Med.* v. 27, p. 225-243, 1976.

WITT, E.A. et al. Exercise, oxidative damage and effects of antioxidant manipulation. *J Nutr.* v. 122, p. 766-773, 1992.

WOLFE, R.R. et al. Isotopic analysis of leucine and urea metabolism in exercising humans. *J Appl Physiol.* v. 52, p. 458-466, 1982.

WOLFE, R.R. et al. Role of changes in insulin and glucagon in glucose homeostasis in exercise. *J Clin Invest.* v. 77, p. 900-907, 1986.

WOLIE, R.R. et al. Isotopic determination of amino acid-urea interaction in exercise in humans. *J Appl Physiol.* v. 56, p. 221-229, 1984.

WORTHMAN, C.M.; KONNER, M.J. Testosterone levels changes with subsistence hunting effort in Kung San Men. *Psychoneuroendocrinology.* v. 12, p. 449-458, 1987.

YOSHIDA, T. Effect of dietary modifications on lactate threshold and onset of blood lactate accumulation during incremental exercise. *Eur J Appl Physiol.* v. 53, p. 200, 1989.

YOUNG, V.R.; MUNRO, H.N. Nt-methylhistidine (3-methylhistidine) and muscle protein turnover: an overview. *Fed Proc.* v. 37, p. 2291-2300, 1978.

Capítulo 18

Desenvolvimento Ontogênico da Força

Foto: Bosco com a filha Manuela.

O desenvolvimento ontogênico da força

A capacidade de locomoção na criança é progressivamente adquirida por meio de um processo de desenvolvimento contínuo das várias características funcionais e estruturas motoras, o que leva à locomoção completa. Isso ocorre através da melhora progressiva das capacidades coordenativas e das várias expressões de força. As capacidades de força são pouco desenvolvidas durante a primeira infância; de fato, as atividades lúdicas que requerem expressões elevadas de força neste período são muito limitadas. Isso não permite, portanto, que as crianças solicitem de maneira apropriada os órgãos e as estruturas biológicas voltados à locomoção. Com o passar dos anos, o desenvolvimento da força melhora relativamente pouco; e, em todo caso, depende fortemente das solicitações induzidas pelas atividades lúdicas praticadas. Geralmente, até os 7-8 anos, atividades de movimento que requerem expressões de força elevada são raras. Dos 8 aos 12 ou 13 anos, há um leve e linear aumento do desenvolvimento da força, já muito diferente daquele observado na infância. As capacidades de força explosiva, representadas pelo salto com contra-movimento, apresentam aumento constante e linear, mesmo que pouco acentuado, dos 4 aos 8 anos. A partir deste período até 12 ou 13 anos, os aumentos no desempenho de força explosiva tornam-se mais intensos (Figuras 18.1 e 18.2). Com o início da puberdade, encontram-se mudanças excepcionais da força, em todas as suas manifestações. Como mostrado na Figura 18.3, essas variações refletem as drásticas modificações hormonais que ocorrem na puberdade. Tais modificações influenciam enormemente as respostas biológicas, que se adaptam aos fenômenos provocados pelos fortes estímulos hormonais. De modo particular, verifica-se aceleração do crescimento e da caracterização sexual, determinados, respectivamente, pelos hormônios do crescimento e somatomedinas e pelos hormônios das gônadas (testosterona nos homens e estrogênios nas mulheres). Os efeitos fisiológicos provocados pelo hormônio do crescimento (hGH) e pelas somatomedinas (hormônios secretados pelo fígado, que provocam um desenvolvimento drástico do *turnover* protéico agindo em sincronia com o hormônio hGH) refletem-se:

a) na construção das várias estruturas protéicas;
b) na ação de alguns eletrolíticos (K^+, Na^+, Ca^+);
c) sobre os ossos, cartilagens etc;
d) no metabolismo dos carboidratos e, sobretudo, das gorduras.

Mensuração do centro de gravidade no salto com contra-movimento

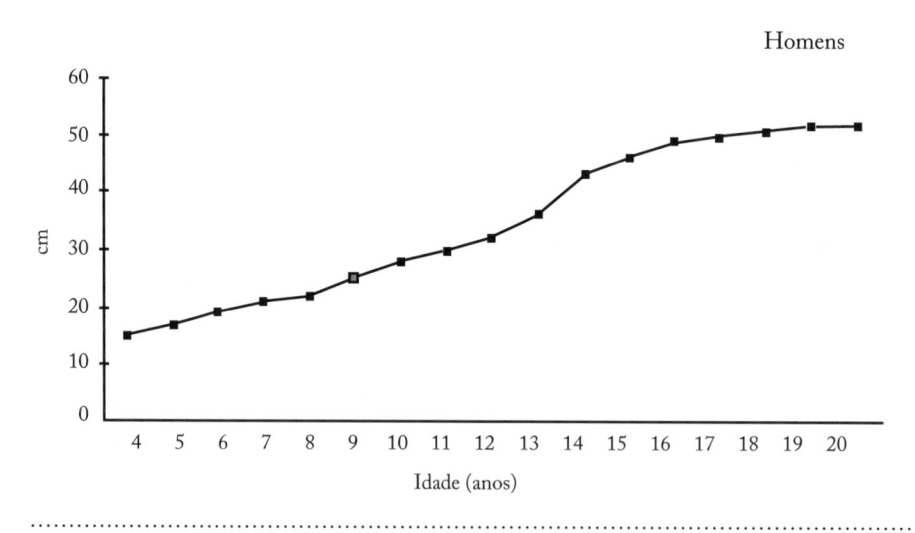

Figura 18.1 Mensuração do centro de gravidade obtido durante um salto com contra-movimento por homens praticantes de atividades e modalidades esportivas é apresentado em função das várias idades (Bosco, 1992).

Mensuração do centro de gravidade no salto com contra-movimento

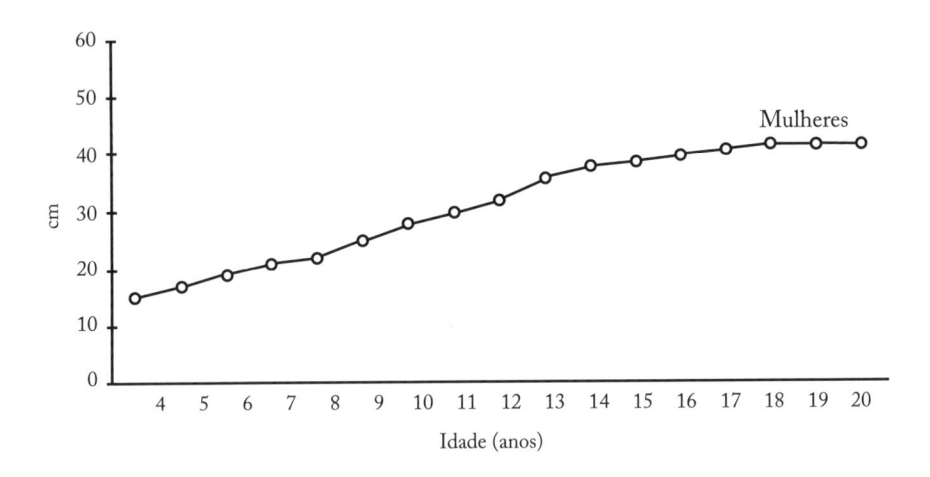

Figura 18.2 Mensuração do centro de gravidade obtido durante um salto com contra-movimento por mulheres praticantes de atividades e modalidades esportivas é apresentado em função das várias idades (Bosco, 1992).

Mensuração do centro de gravidade no salto com contra-movimento

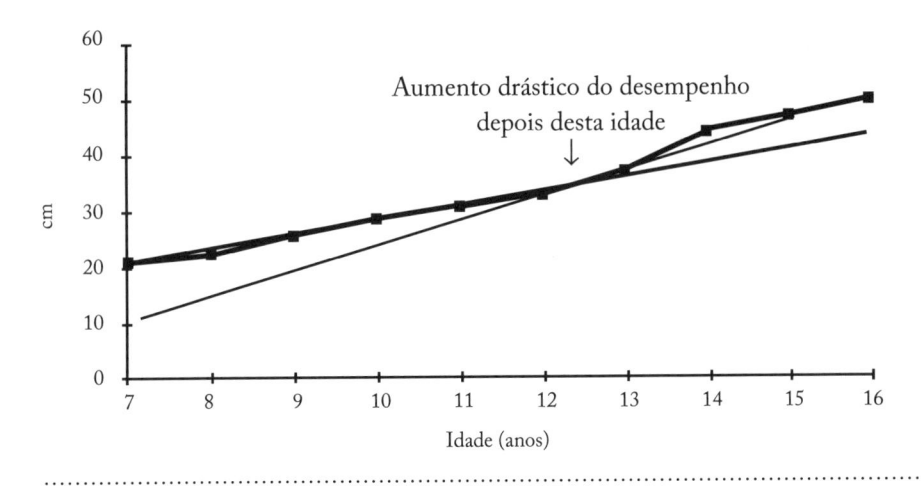

Figura 18.3 A mensuração do centro de gravidade obtido durante o salto com contra-movimento por homens praticantes de atividades e modalidades é apresentado em função das várias idades. A flecha indica o período em que se verifica drástico aumento do desempenho, que coincide com o início da puberdade (Bosco, 1992).

Os hormônios das gônadas, em particular a testosterona (T), além de diferenciar as características físicas dos dois sexos, influenciam o sistema biológico associado ao desenvolvimento da força em geral, em todas as suas expressões. A testosterona é produzida nos homens principalmente pelas gônadas, enquanto nas mulheres é formada nas suprarenais. É preciso lembrar que, até por volta dos 8-10 anos, a quantidade sérica desse hormônio não difere muito entre os dois sexos (Figura 18.4). É justamente nessa fase da puberdade que se verifica uma secreção significativa de testosterona nos homens, determinando forte caracterização do sexo. Esse fenômeno coincide com o aumento significativo da força explosiva que, durante o período da puberdade, atinge o seu nível máximo (ver Figura 18.3). A sincronia dos dois eventos não parece ser casual, recentemente os estudos feitos por Bosco (1993-1996) evidenciaram uma fortíssima conexão entre as expressões de força explosiva e a concentração sérica de testosterona (ver capítulos anteriores). A este propósito, é preciso evidenciar que, além das funções clássicas da testosterona, encontraram-se, recentemente, propriedades e características funcionais muito interessantes, ligadas ao desenvolvimento da força e às suas várias expressões. As funções clássicas mais relevantes atribuídas à testosterona são as seguintes:

a) efeitos no crescimento dos tecidos sexuais (pênis, escroto, próstata, etc);
b) formação do esperma;
c) desenvolvimento dos pêlos (axilas, rosto, púbis);
d) crescimento dos músculos e ossos (aumento da síntese protéica);
e) estimulação da eritropoietina (hormônio secretado pela suprarenal, que estimula a produção de glóbulos vermelhos).

Além das funções citadas, obviamente de fundamental importância para a caracterização do homem e, portanto, para a sobrevivência da espécie, foram recentemente descobertas outras funções de extrema importância para entender os complicados mecanismos que controlam e regulam o desenvolvimento da força e as suas várias expressões. É preciso, portanto, lembrar que a testosterona:

a) favorece a fenotipagem das fibras rápidas, conferindo-lhes um processo glicolítico mais intenso (Bleish et al., 1984);
b) em elevada concentração, relaciona-se mais à força explosiva e à velocidade de *sprint* do que à força máxima (Bosco e Bosco et al., 1993-1996);

c) favoreceria os processos neurogênicos, potencializando o efeito da ação da acetilcolina que estimula, por sua vez, a comunicação entre as diversas estruturas nervosas e a conexão entre o nervo motor (-αmotoneurônio) e o músculo esquelético;

d) favoreceria a bomba Ca^{++}, responsável pela formação das pontes de actina-miosina e regulagem do número de pontes cruzadas e quantidade de tensão desenvolvida por cada um. O fenômeno seria ampliado durante os efeitos provocados pela fadiga (Bosco et al., 1997);

e) favoreceria a regeneração e a recuperação das estruturas musculares lesionadas por trabalho excêntrico (Rolling et al., 1996).

Como é fácil prever, as modificações hormonais acima citadas, provocadas pelos hormônios das gônadas e por aqueles ligados ao crescimento, são maiores no período da puberdade. Justamente por isso representam um aspecto de fundamental importância para a formação e a maturação de toda a complexa estrutura psicofísica do homem que, ao atravessar estados e etapas, passa da condição de absoluta dependência (criança) à de completa independência, alcançada com a maturidade.

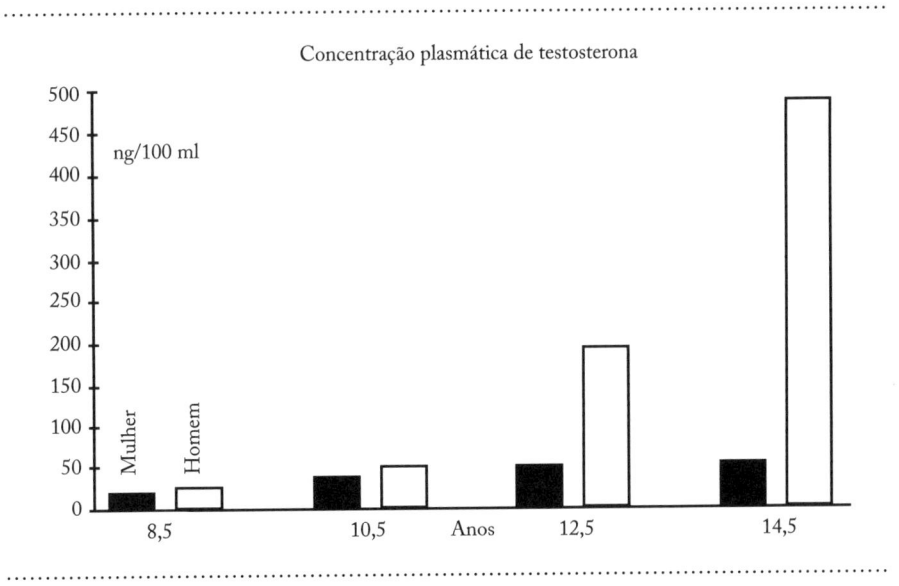

Figura 18.4 A concentração sérica da testosterona é apresentada em função da idade, em jovens dos dois sexos. F = feminino. M = masculino (Reiter e Root, 1975).

Desenvolvimento da força máxima

O desenvolvimento da força isométrica máxima (Figura 18.5), nos dois sexos, é muito parecido com o da força explosiva (Figura 18.6): tudo isso é verificado mesmo que os processos biológicos que determinam as suas características sejam um pouco diferentes. Os resultados apresentados nas Figuras 18.5 e 18.6 referem-se a indivíduos sedentários, para quem apenas as condições biológicas determinam as características das várias expressões de força. É preciso lembrar que enquanto nos homens a tendência de comportamento temporal não se diferencia entre indivíduos treinados (Figura 18.1) e não treinados (Figura 18.5), nas mulheres são observados desenvolvimentos completamente diferentes ao longo do tempo. De fato, nas mulheres treinadas, o aumento da força explosiva é estendido até os 20 anos (Figura 18.2), enquanto nas mulheres sedentárias, o auge do desempenho é alcançado por volta dos 15 anos, seguido de estabilização (Figura 18.5) ou até mesmo queda (Figura 18.6). Esse comportamento está relacionado a fatores sócio-ambientais, dado que as mulheres, durante e ao final da puberdade, normalmente, preferem reduzir sua atividade lúdica, favorecendo, assim, o acúmulo de gordura e a instauração de uma vida mais sedentária.

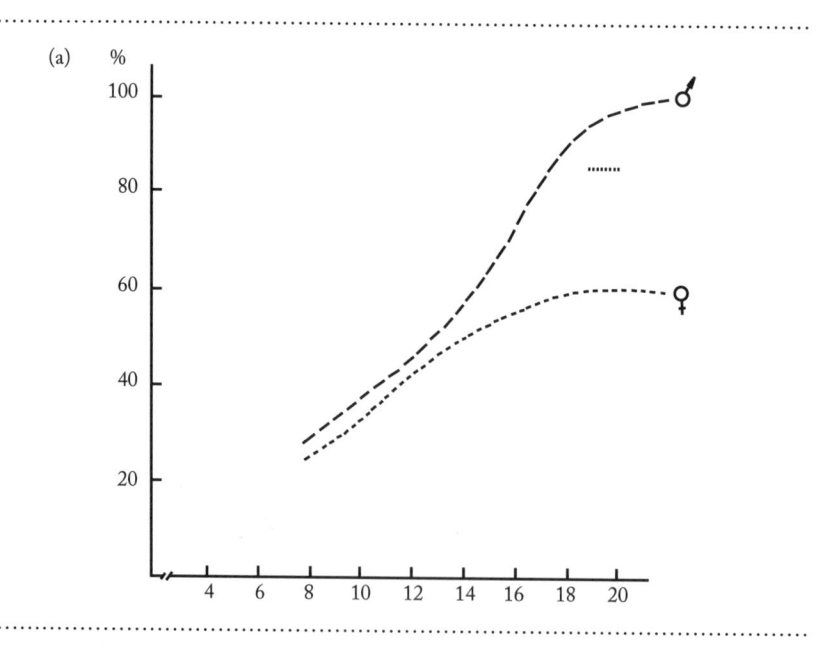

Figura 18.5 Desenvolvimento da força isométrica máxima apresentada em função da idade (Hettinger, 1962).

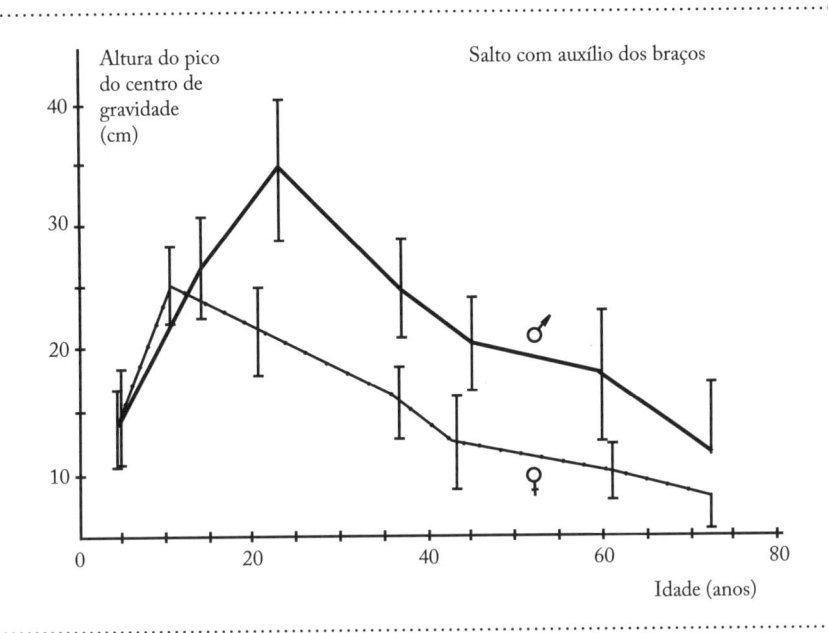

Figura 18.6 O levantamento do centro de gravidade, obtido durante salto com contra-movimento por homens e mulheres sedentários, é apresentado em função das várias idades (Bosco e Komi, 1980).

A maturação do sistema biológico

Contrariamente a muitas espécies de animais, a espécie humana não atinge a maturidade biológica antes dos 20 anos, que representa cerca de 25% de toda sua existência. Portanto, as várias expressões das diferentes funções biológicas não atingem plena funcionalidade, eficiência e eficácia antes de se atingir a maturidade biológica. Essa é obtida mais ou menos depois dos 20 anos (Figura 18.7). De fato, a maturação do sistema nervoso não se completa antes de duas décadas. O mesmo observa-se na maturação dos ossos, músculos e órgãos internos. Os órgãos sexuais, que permanecem no estado primitivo até a pré-puberdade, durante a puberdade, que pode durar até os 18-20 anos, desenvolvem-se e atingem o auge da maturidade. Essas observações devem sugerir aos treinadores e aos especialistas da teoria do treinamento quais são os períodos mais eficazes e biologicamente lucrativos para programar, de forma sistemática e concreta, os planos de treinamento dirigidos à melhora das várias expressões de força. Portanto, no período pré-púbere (8-

12 anos), parece mais eficaz e eficiente treinar a coordenação (habilidade motora), dado que o modelo de aprendizagem motora do movimento específico não seria perturbado pelas fortes interferências hormonais, mínimas durante período pré-púbere. Também devido a recentes descobertas (Bosco 1993-1996), o período puberal é indicado para treinamento da força explosiva. Essa seria favorecida pelo drástico aumento de testosterona circulante, que estimularia a fenotipagem das fibras rápidas, determinantes da força explosiva (Bosco e Komi, 1979). Além disso, a força explosiva está ligada à capacidade do sistema nervoso (envio de picos de impulso com freqüências rápidas e sincrônicas), que justamente na puberdade completa seu estado de maturação. Seguindo cronologicamente as etapas biológicas, eis que se pode identificar, no período que segue o início da puberdade (depois dos 14-16 anos para as mulheres e para os homens, respectivamente), o momento biologicamente mais correto para começar exercícios de força máxima. Passar-se-á, logicamente, de fases de aprendizagem técnica para fases de treinamento propriamente dito. Esse período, ou talvez o do fim da puberdade, isto é, o momento em que a testosterona atinge a máxima secreção encontrada durante toda a vida do homem, parece o mais apropriado para começar a treinar de forma sistemática a resistência de força rápida. Elevadas concentrações hormonais e a maturação completa de todos os órgãos favorecem a capacidade psicofísica de sustentar e suportar os efeitos da fadiga provocados pelas solicitações violentas e breves, mas prorrogadas no tempo, que caracterizam os treinamentos de força rápida e de resistência lática. Enfim, o período púbere, ou melhor, ainda por volta dos 16 anos, poderia ser considerado o mais adequado para programar treinos dirigidos ao aumento da massa muscular (hipertrofia). De fato, neste período, a secreção das somatomedinas, do hGH e da testosterona, atingem o máximo de suas expressões biológicas, favorecendo, portanto, a síntese protéica e a construção de massa muscular. As condições biológicas favoráveis ao desenvolvimento e à manutenção de algumas expressões de força como a máxima, a força explosiva e a resistência da força rápida duram até a idade de 30-35 anos; depois deste período, verifica-se um declínio dessas capacidades fisiológicas, paralelo ao decréscimo da secreção de testosterona.

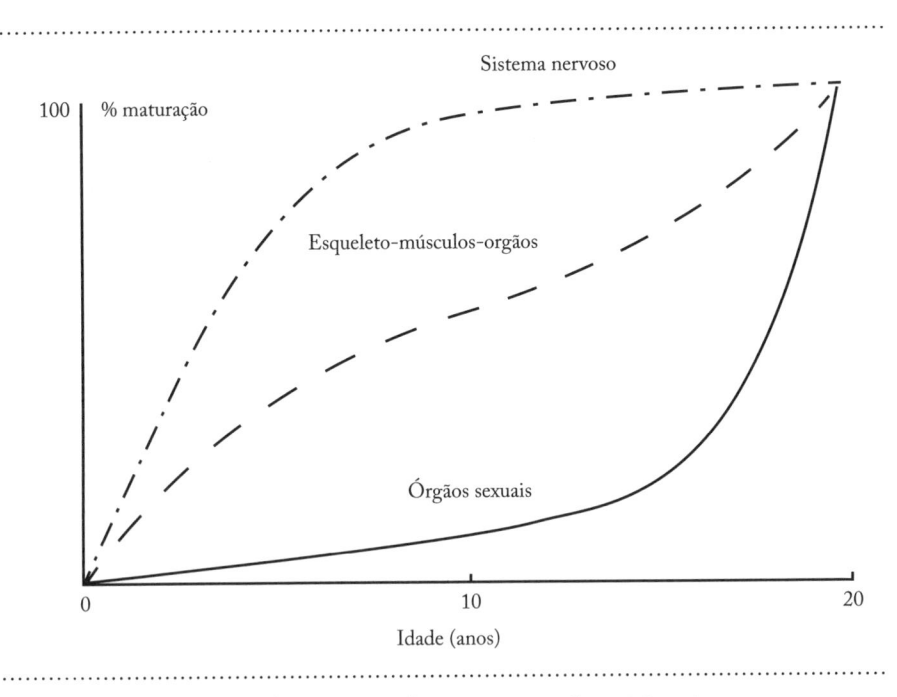

Figura 18.7 As etapas do processo de maturação dos vários órgãos e estruturas corporais são apresentadas em função da idade (percentual de maturação).

Variações da força em função da idade

Como assinalado acima, depois dos 40 anos de vida, ocorre um declínio das várias expressões de força (Figura 18.8). Esse decréscimo, além de refletir as condições sócio-ambientais (falta de tempo para a prática esportiva e, portanto, condições de vida cada vez mais sedentárias), também faz que as funções neuromusculares sejam cada vez menos estimuladas. Segundo Fisher e Birren (1947) e Hettinger (1961), a força encontrada em um indivíduo de 65 anos é igual a cerca de 80% da possuída por um jovem: resultados semelhantes foram apresentados por Asmussen (1962), ao estudar a população dinamarquesa. É interessante notar que o declínio da força explosiva (Figura 18.6) com o passar dos anos é mais acentuado do que o da força medida em baixa velocidade isocinética (Figura 18.8). Uma possível explicação para esses comportamentos diferentes poderia ser o fato de que, com o avanço da idade, o percentual de fibras rápidas parece diminuir, como sugerido por trabalhos de Larsson et al. (1978, 1979). Já que os desempenhos de força explosiva estão ligados ao percentual de fibras rápidas (Bosco e Komi, 1979), um percentual diminuído dessas fibras poderia explicar o declínio mais rápido dos desempenhos que as solicitam de maneira maciça. A análise da Figura 18.8 sugere a ausência de declínio rápido do desempenho nas avaliações isocinéticas realizadas em baixa velocidade de movimento. Este fenômeno poderia ser atribuído à contribuição das fibras lentas às avaliações. De fato, como sugerido por Larsson et al. (1978, 1979), visto que o percentual de fibras lentas aumenta com a idade, essas favoreceriam a realização de movimentos de velocidade e, portanto, as características funcionais dos idosos seriam superestimadas. Enfim, é preciso lembrar que o significado do decréscimo da força explosiva observado nos idosos poderia ser a forte redução de testosterona circulante, que impediria tanto a fenotipização de fibras rápidas quanto o desenvolvimento de elevadas expressões de força explosiva em virtude da ausência de potencialização do sistema nervoso.

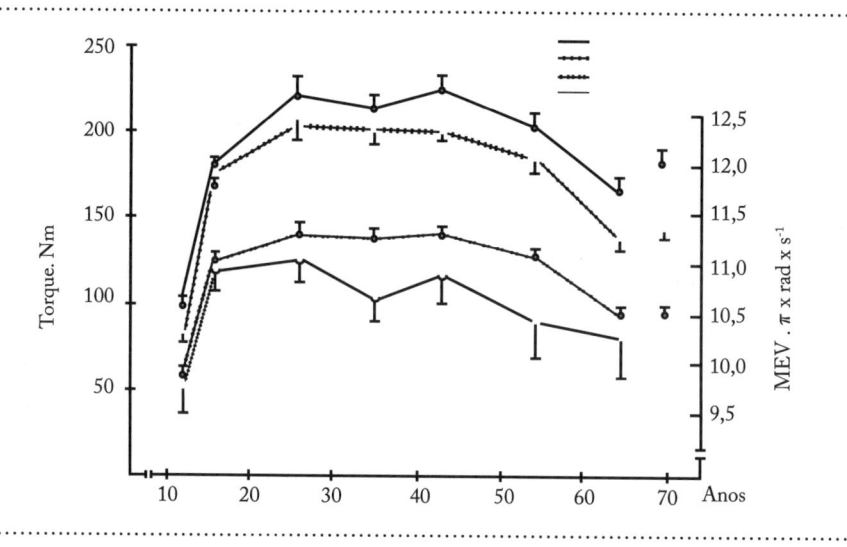

Figura 18.8 Força máxima isométrica e dinâmica, velocidade de extensão do joelho nas várias idades. A força máxima dinâmica é descrita a uma velocidade correspondente a $\pi/3$ e π radianos por segundo (60 e 180° por segundo). São indicados média e erro padrão (Larsson e Grimby, 1977).

BIBLIOGRAFIA

Asmussen, E. Muscular performance. In: Rodahl, K.; Horvath, S.M. (eds). *Muscle as a tissue*. Nova Iorque: McGraw-Hill, p. 161-175, 1962.

Bosco, C. Test di valutazione della donna nella pratica del giuoco del calcio. In: Cambi, R.; Paterni, M, (eds). Il calcio femminile, aspetti medici e tecnici. *Atti del Convegno nazionale*. Roma: Figc Publisher, p. 219-230, 1993.

_____. *La valutazione della forza con il test di Bosco*. Roma: Società Stampa Sportiva, 1992.

Bosco, C.; Komi, P.V. Mechanical characteristics and fiber composition of human leg extensor muscles. *Eur J Appl Physiol*. v. 41, p. 275-284, 1976b.

Bosco, C.; Komi, P.V. Influence of Aging on the Mechanical Behavior of Leg Extensor Muscles. *Eur J Appl Physiol*. v. 45, p. 209-219, 1980.

Bosco, C. et al. A dynamometer for evaluation of dynamic muscular work. *Eur J Appl Physiol*. v. 70, p. 379-386, 1995.

Bosco, C.; Tihanyi, J.; Viru, A. Relationships between field test and hormonal profile in soccer players. *Clinical Physiology*. v. 16, p. 317-322, 1996.

Bosco, C. et al. Hormonal responses in strenuous jumping effort. *Japanese Journal of Physiology*. v. 46, p. 93-98, 1996.

Bosco, C. et al. Serum testosterone and mechanical behaviour of leg extensor muscles in male and females sprinters. *Clinical Physiology*. 1996.

Bosco, C. et al. Monitoring strength training. Neuromuscular and hormonal profile. *Med Sci Sports Exerc*. 1996.

Fisher, M.B.; Birren, J.E. Age and strength. *J Appl Physiol*. v. 31, p. 490-497, 1947.

Hettinger, T.W. *Physiology of strength*. Thomas Springfield, II, 1961.

Larsson, L.; Grimby, G.; Karlsson, J. Muscle strength and speed of contraction in relation to age and muscle morphology. *J Appl Physiol*. v. 46, p. 451-456, 1979.

Larsson, L.; Sjördin, B.; Karlsson, J. Histochemical and biochemical changes in human skeletal muscle with age in sedentary males, age 22-65 years. *Acta Physiol Scand*. v. 103, p. 31-39, 1978.

Reiter, E.O.; Root, A. Hormonal changes of adolescence. *Medical Clinics of North America*. v. 59, p. 1289, 1975.

Rolling, J.L. et al. Effects of Testosterone propionate on strength and eccentric induced muscle damage. *Med Sci Sports Exerc*. v. 5, p. 113, 1996.

Capítulo 19

A Influência do Sexo no Desenvolvimento da Força

Foto: Manuela Bosco em treinamento.

A força e as suas expressões nos dois sexos

Antes de começar a comparar valores de força entre indivíduos do mesmo sexo ou de sexos diferentes, é preciso distinguir as várias expressões de força. No Capítulo 14, foi evidenciado como os homens são favorecidos em relação às mulheres no que se refere ao desenvolvimento de intensos gradientes de força explosiva e de velocidade, devido às suas elevadas concentrações séricas de testosterona. Essas diferenças entre os sexos são menos acentuadas quando se comparam valores de força isométrica. De fato, ao compararem-se valores absolutos, os homens superam as mulheres, sobretudo porque possuem maior massa. Ao mesmo tempo, quando os valores de força são expressos em função da massa magra, a diferença entre os dois sexos diminui até desaparecer (Figura 19.1). Essas variações são determinadas pelo fato de que as mulheres possuem pelo menos 10% de gordura a mais que os homens. Talvez seja justamente essa diferença no tecido adiposo que determine as diversas diferenças observadas de acordo com o grupo muscular examinado. De fato, a superioridade da força muscular mostrada pelo homem não é sempre constante e independente do grupo muscular estudado: a diferença entre homens e mulheres é maior nos músculos dos membros superiores do que nos inferiores. Uma explicação clara para esse fenômeno ainda não foi encontrada. Em todo caso, poder-se-ia sugerir que os músculos das pernas, nas mulheres, seriam mais estimulados e solicitados que os dos homens porque sustentam diariamente pelo menos 10% de peso a mais, constituído pelo tecido adiposo. Estudos feitos por Bosco et al. (1984-1986) evidenciaram

Força Muscular

que carregar uma sobrecarga igual a 10% do peso do corpo por uma ou duas semanas durante todo o dia, induz grande melhora das capacidades neuromusculares. À luz dessas observações, os músculos das pernas nas mulheres seriam privilegiados em relação aos músculos dos membros superiores e, portanto, sua diferença de força em relação aos dos homens é reduzida.

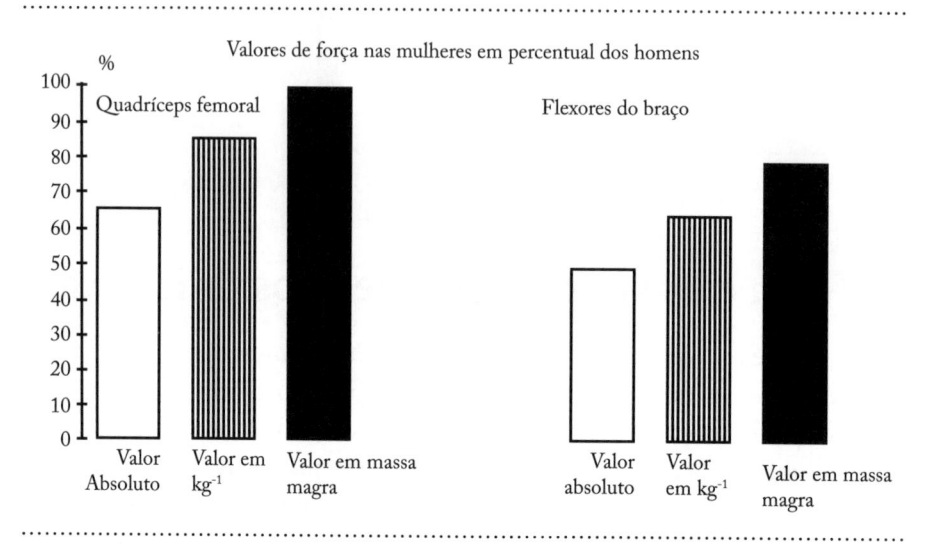

Figura 19.1 Valores de força medidos nas mulheres e expressos em percentual dos valores observados nos homens. Quando os valores são expressos em absoluto, evidencia-se uma significativa diferença entre os sexos. Se, pelo contrário, são apresentados em função do peso do corpo, a diferença diminui. E até mesmo desaparece quando os valores são expressos em função da massa magra. Isso é observado para os músculos extensores do joelho, enquanto para os flexores do antebraço certa superioridade dos homens permanece (Wilmore, 1974).

A força isométrica nos dois sexos

Os níveis de força isométrica, expressos em função do peso corporal, são em média pelo menos 30% inferiores nas mulheres em relação aos homens. Essas diferenças começam a se evidenciar no início da puberdade (ver Capítulo 18, Figura 18.5) e mantêm-se até a velhice (Figura 19.2).

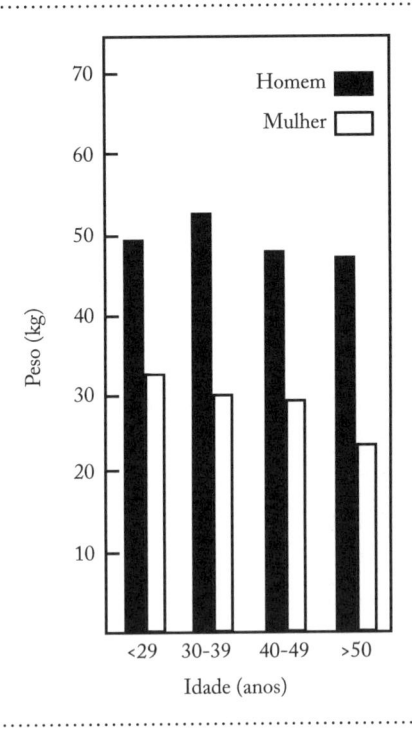

Figura 19.2 Valores médios da força observada em homens e mulheres por décadas de vida. Os valores masculinos são apresentados com barras escuras (Petrofsky et al., 1975).

O desenvolvimento da força explosiva em ambos os sexos

Até os 12-13 anos, não se encontram diferenças expressivas na força explosiva dos dois sexos. É justamente ao atingir a fase puberal que se verificam drásticas mudanças no desenvolvimento da força explosiva (Figura 19.3). De fato, nos homens, depois dos 13 anos, nota-se um aumento visível de força explosiva em comparação às mulheres. Essas diferenças aumentam até os 20-30 anos. Finalmente, com o avanço dos anos, tendem a diminuir levemente (ver Capítulo 18, Figura 18.6). O fato de a diferença mais acentuada entre sexos ser a de força explosiva, e não isométrica ou máxima, é atribuído ao efeito da testosterona (Bosco et al., 1995; Bosco et al., 1996a, b), que potencializaria a ação do sistema nervoso e favoreceria a fenotipização de fibras rápidas. Tal efeito estender-se-ia a todas as expressões de força explosiva ou de força rápida. Como apresentado na Figura 19.4, ao analisar a expressão de força explosiva, à distância e partindo do repouso, os homens mostraram valores muito superiores aos observados nas meninas de 16 anos. Analisando os mesmos indivíduos em outras expressões de força explosiva, como o salto vertical com partida do repouso ou com contra-movimento, as mesmas diferenças foram observadas entre os dois sexos (Figura 19.5). O tempo de percurso nos 60m rasos (Figura 19.6), e os tempos nos 30m de arremesso e com partida do repouso dos mesmos indivíduos (Figura 19.7) reafirmam que nos desempenhos de força rápida há nítida superioridade dos homens em relação às mulheres. É preciso lembrar que as melhores capacidades funcionais dos homens não se limitam apenas aos desempenhos de força, mas se estendem a muitas outras propriedades biológicas, como demonstrado por Komi e Karlsson (1978), (Figura 19.8).

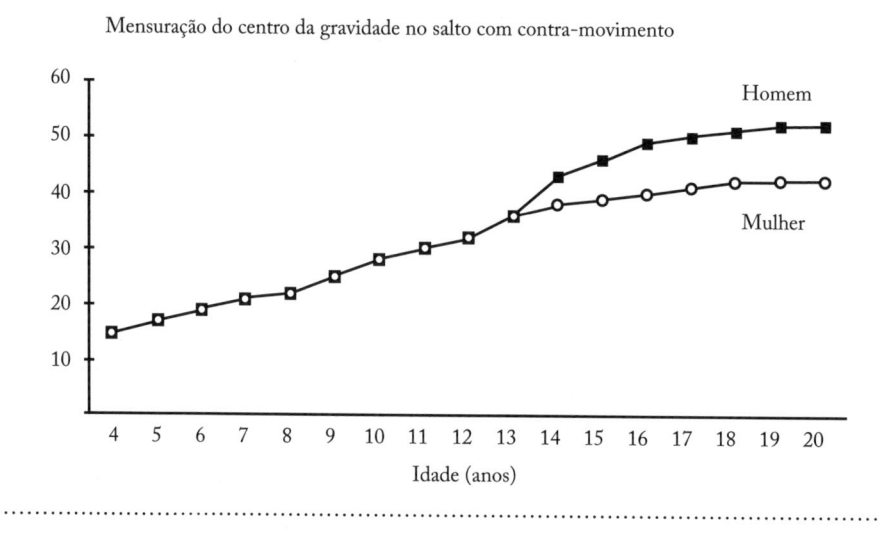

Figura 19.3 Mensuração do centro da gravidade durante um salto com contra-movimento por homens e mulheres praticantes de atividades e modalidades esportivas, apresentado em função das várias idades (Bosco, 1992).

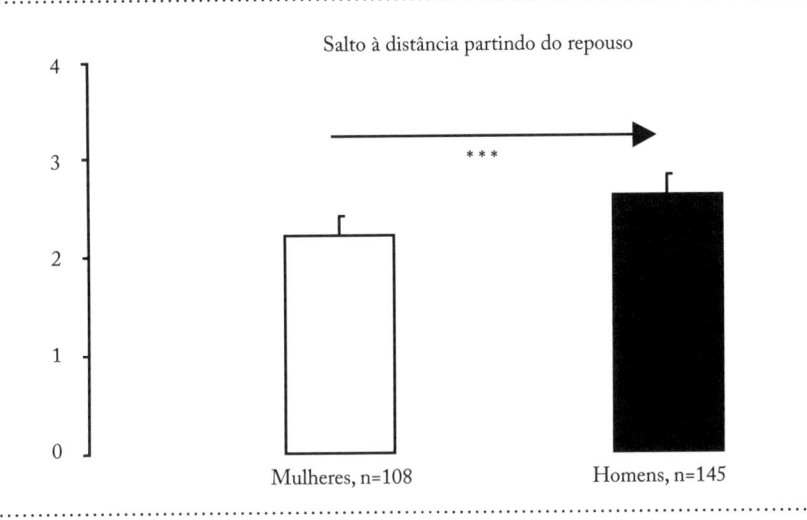

Figura 19.4 O resultado do salto à distância partindo do repouso das mulheres de 16 anos (coluna vazia) mostra valores inferiores, estatisticamente significativos (teste t de Student para amostras independentes, P< ,001), aos dos homens de mesma idade (coluna com listras).

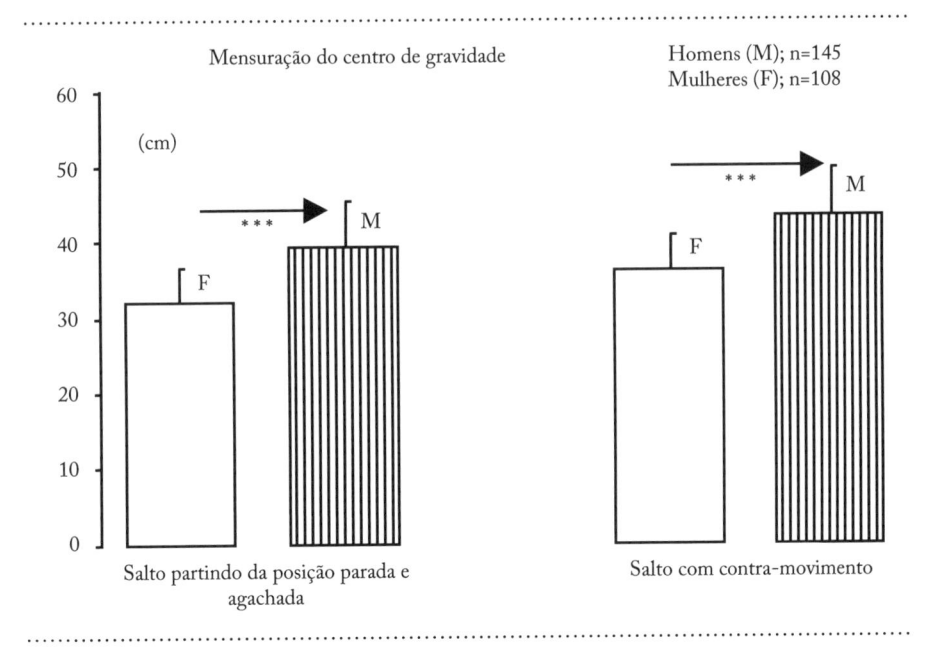

Figura 19.5 Os resultados do salto vertical com os pés unidos realizado a partir do repouso e com o contra-movimento, medidos nas mulheres de 16 anos (coluna vazia), mostram valores inferiores, estatisticamente significativos (test t de Student para amostras independentes, P<,001) aos dos homens de mesma idade (coluna com listras).

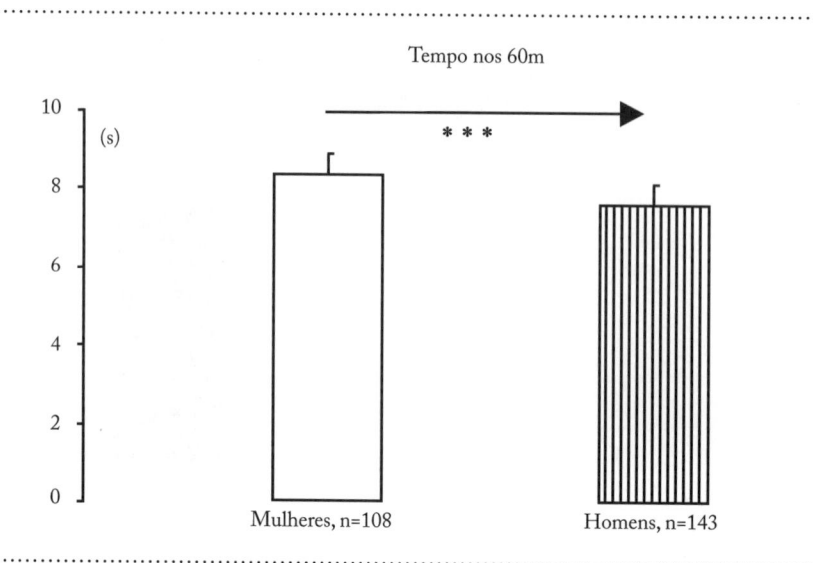

Figura 19.6 O tempo de percurso dos 60m rasos das mulheres de 16 anos (coluna vazia) mostra valores inferiores, estatisticamente significativos (teste t de Student para valores independentes, P<,001), aos dos homens de mesma idade (coluna com listras).

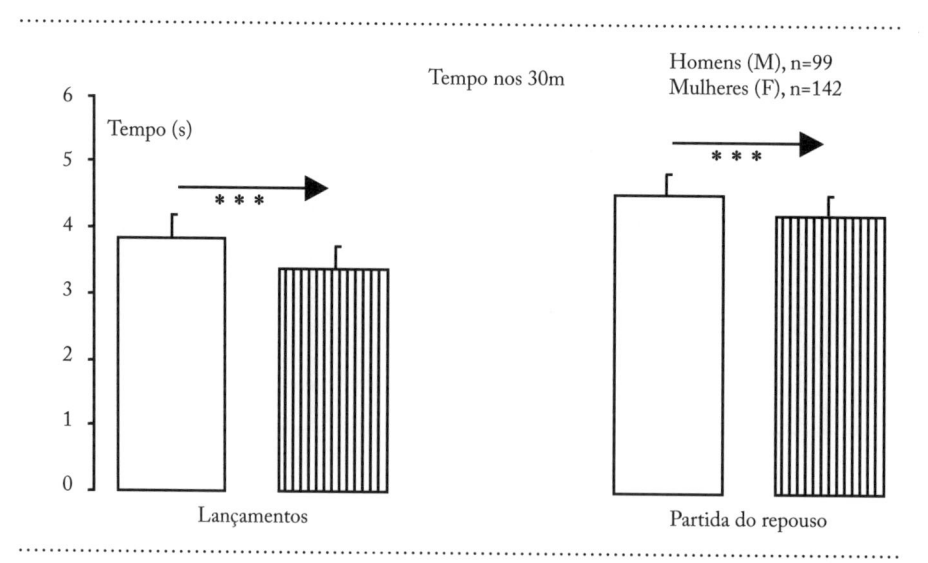

Figura 19.7 Os tempos de percurso nos 30m com partida do repouso e lançamentos das mulheres de 16 anos (colunas vazias) mostram valores inferiores, estatisticamente significativos (teste t de Student para amostras não independentes, P<,001), aos dos homens da mesma idade (colunas com listras).

| | 50 | 100 | 150 | 200 % |

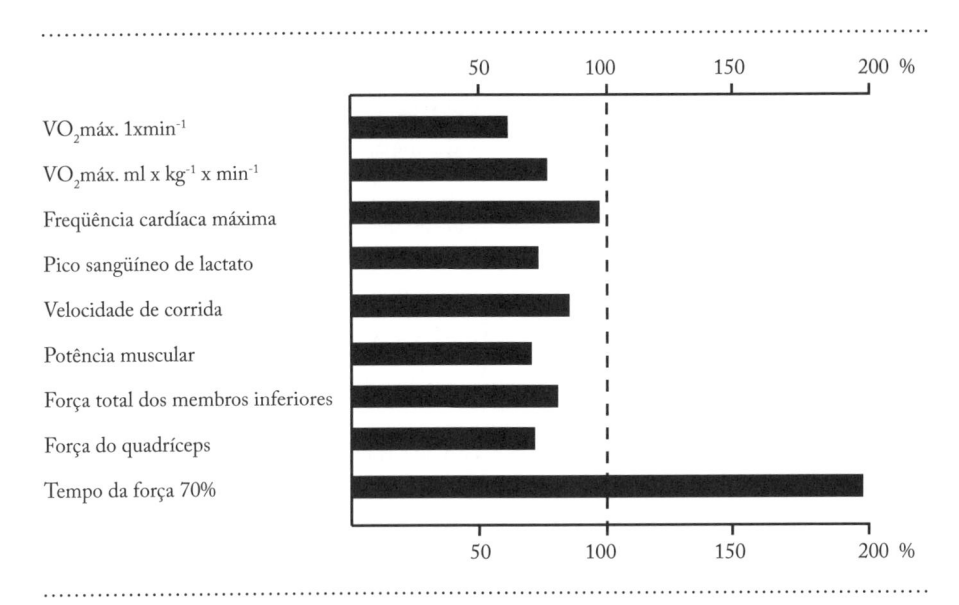

VO$_2$máx. 1xmin^{-1}
VO$_2$máx. ml x kg^{-1} x min^{-1}
Freqüência cardíaca máxima
Pico sangüíneo de lactato
Velocidade de corrida
Potência muscular
Força total dos membros inferiores
Força do quadríceps
Tempo da força 70%

| | 50 | 100 | 150 | 200 % |

Figura 19.8 Valores relativos de alguns desempenhos das mulheres comparados aos dos homens (Komi, Karlsson, 1978).

Conclusões

Não foi ainda formulada uma explicação clara e científica sobre as razões porque a capacidade de desenvolver força, em todas as suas formas e expressões, é diferente nos dois sexos. Torna-se, portanto, necessário apresentar, mesmo que de forma concisa, o que se conhece a respeito, segundo a literatura internacional.

Força Muscular

> **Quadro 19.1** Quadro que resume as diferentes capacidades de expressões de força nos dois sexos, fornecidas por autores diversos
>
> - A qualidade dos músculos empregados ao realizar um desempenho é melhor nos homens (Wilmore, 1974).
>
> - A força expressa pelos homens permanece sempre maior do que a expressa pelas mulheres, mesmo quando é considerado o histórico de treinamento diferente (Morrow e Hosler, 1981).
>
> - As características contráteis dos músculos do homem são melhores do que as das mulheres, como também o controle neuromuscular e as capacidades de coordenação (Davies et al., 1986).
>
> - Fatores ainda não identificados favoreceriam os homens em relação às mulheres no desenvolvimento da força muscular (Blinkie et al., 1988).
>
> - Os homens apresentam valores mais elevados de força do que as mulheres, mesmo quando efetudas as devidas correções antropométricas (Kroll et al., 1990).
>
> - Sem subestimar as condições sócio-ambientais, os homens apresentam melhores capacidades neuromusculares e de coordenação do que as mulheres (Thomas e Marzake, 1991).
>
> - A maior capacidade dos homens em relação às mulheres ao desenvolver força e velocidade nos músculos flexores do antebraço parece depender de uma melhor ativação neurogênica (Ives et al., 1993).
>
> - Os homens desenvolvem maior potência muscular nas pernas, expressa por kg^{-1}, em relação às mulheres quando a carga a ser levantada é mínima, mesmo considerando-se as diferenças antropométricas e de massa. Com cargas elevadas, a diferença entre os dois sexos desaparece (Bosco et al., 1995, 1996c).

BIBLIOGRAFIA

BLIMKIE, C.J.R. et al. Anaerobic power of arms in teenage boys and girls: relation to lean tissue. *European Journal of Applied Physiology*. v. 57, p. 677-683, 1988.

Bosco, C. Adaptive response of human skeletal muscle to simulated hypergravity condition. *Acta Physiol Scand*. v. 124, p. 507-513, 1985.

_____. *La valutazione della forza con il test di Bosco*. Roma: Società Stampa Sportiva. p. 1-181, 1992.

Bosco, C. et al. The influence of extra load on the mechanical behavior of skeletal muscle. *Eur J Appl Physiol*. v. 53, p. 149-154, 1984.

Bosco C, RUSKO H, HIRVONEN J. The effect of extra-load conditioning on muscle performance in athletes. *Med Sci Sports Exerc*. v. 4, p. 415-419, 1986.

Bosco, C. et al. A dynamometer for evaluation of dynamic muscular work. *Eur J Appl Physiol*. v. 70, p. 379-386, 1995.

Bosco, C.; TIHANYI, J.; VIRU, A. Relationships between field test and hormonal profile in soccer players. *Clinical Physiology*. v. 16, p. 317-322, 1996a.

Bosco, C. et al. A Hormonal responses in strenuous jumping effort. *Japanese Journal of Physiology*. v. 46, p. 93-98, 1996b.

Bosco, C. Serum testosterone and mechanical behaviour of leg extensor muscles in male and female sprinters. *Clinical Physiology*. 1996c.

DAVIES, C.T.M.; THOMAS, D.O.; WHITE, M.J. Mechanical properties of young and elderly human muscle. In: ASTRAND, P.O.; GRIMBY, G. (eds). Physical activity in health and disease. *Acta Medica Scandinavia Symposium Series*, nº 2, Almqvist & Wiksell, Estocolmo, 219-226, 1986.

IVES, J.C.; KROLL, W.P.; BULTMAN, L.L. Rapid movement and electromyographic control characteristics in males and females. *Research Quartely for Exercise and Sport*. v. 64, n. 3, p. 274-283, 1993.

KOMI, P.V.; KARLSSONM J. Skeletal muscle fibre types, enzyme activities and physical performance in young males and females. *Acta Physiologica Scand*. v. 103, p. 210-218, 1978.

KROLL, W.P. et al. Anthropometric predictors of isometric arm strength in males e females. *Clinical Kinesiology*. v. 44, p. 5-11, 1990.

MORROW, J.R. JR.; HOSLER, W.W. Strength comparisons in untrained men and trained women athletes. *Medicine and Science in Sports and Exercise*. v. 13, p. 194-198, 1981.

THOMAS, J.R.; MARZKE, M.W. The development of gender differences in throwing: Is human evolution a factor? In: CHRISTINA, R.W.; ECKERT, H.M. (eds). *Enhancing*, 1991.

WILMORE, J.H. Alterations in strength, body composition and anthropometric measurements consequent to a 10-week weight training program. *Medicine and Science in Sports*. v. 6, p. 133-138, 1974.

Capítulo 20

Considerações Finais

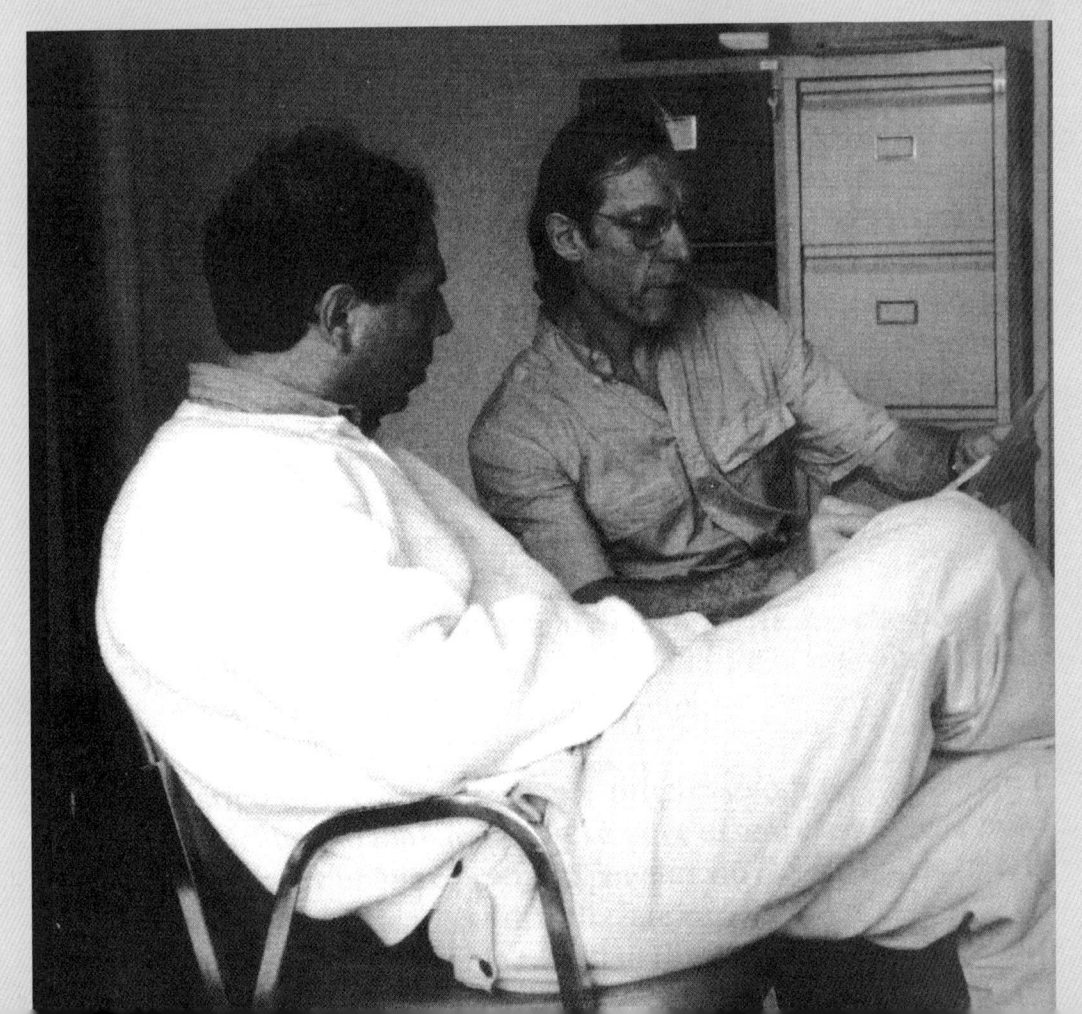

Foto: Bosco (Itália), Lacour (França).

Os problemas relacionados à melhora da força e suas expressões, sem a aplicação sistemática de metodologias específicas, não são simples e nem fáceis de ser resolvidos. Há necessidade de planejamento, verificação e controle contínuos, de maneira que o comportamento e a adaptação do sistema biológico (sistema aberto com inúmeros parâmetros que variam de modo independente e arbitrário) possam, pelo menos, ser previstos em linhas gerais. Portanto, de acordo com a expressão de força que se deseja treinar, existem características gerais que devem ser respeitadas. Estas características não provêm de observações empíricas, mas representam o fruto de um trabalho científico sistemático, empreendido já há muitos anos, que levou à descoberta de muitos fenômenos ligados às adaptações biológicas, decorrentes dos estímulos provocados pelos treinamentos da força nas suas várias expressões.

Treinamento para melhorar a força máxima

Para poder realizar um plano de trabalho eficaz que possa, de maneira concreta, determinar uma melhora da força máxima em atletas já treinados, é preciso respeitar os seguintes princípios:

a) A carga de trabalho deve ser progressiva, não pode ser inferior a 70% da RM, deve ser executada por pelo menos 2 ou 3 vezes por semana e prolongada por pelo menos 6 a 8 semanas (Sale, 1988).

b) Quando se pensar em utilizar cargas inferiores a 70% da RM, predominantemente, serão recrutadas fibras lentas e, no caso de ativação de fibras rápidas, a freqüência de estímulo será baixa (Bosco e Colli, 1995).

c) Um treinamento semanal não garante estímulo suficiente para determinar modificações biológicas significativas e permanentes (Atha, 1981).

d) A melhora da força máxima favorece a perda de elasticidade muscular. Portanto, o treinamento da força é desaconselhado a todos os atletas que praticam a sua atividade em campos gramados e macios (futebol, hóquei na grama, etc.). De fato, a contínua solicitação mecânica dos músculos extensores das pernas em terrenos macios também favorece a perda de elasticidade muscular e, portanto, há dupla possibilidade de que estímulos negativos ajam sobre sistema biológico. Tudo deve ser evitado, mesmo se, no caso de uma única solicitação negativa no sistema biológico, o efeito dessa possa ser reduzido ou até mesmo completamente anulado por outras solicitações que provoquem e determinem estímulos e adaptações opostos (Bosco, 1993).

e) Os efeitos provocados pelo treinamento da força máxima são mais acentuados em indivíduos não treinados do que em atletas de alto nível. Para induzir melhoras nestes últimos, é preciso planejar treinamentos específicos e objetivos.

Não respeitar os princípios (b-d) acima enunciados significa não induzir adaptações biológicas significativas, a ponto de impossibilitar que os exercícios executados sejam classificados como treinamento de força máxima. Neste caso, seria mais correto falar de musculação geral. Esta atividade, por outro lado, é necessária para manter em equilíbrio os músculos envolvidos na locomoção e para desenvolver ações técnicas de jogo (adutores, abdutores, glúteos, dorsais, abdominais, etc.).

f) A melhora da velocidade de execução e dos processos energéticos dos músculos envolvidos em um determinado movimento são as características fundamentais do treinamento da força e de todas as suas expressões.

g) Estabelecer quais são os regimes de trabalho mais eficazes para melhorar a Fmáx.

Sendo o treinamento da Fmáx. o processo de um estímulo biológico, não finalizado em si mesmo, mas administrado para induzir modificações fisiológicas que levam à melhora da força explosiva, os regimes de trabalho devem seguir o desenvolvimento lógico que conduz à melhora da força explosiva, considerando a mecânica de contração, a história que precede o movimento, o tempo de execução, a carga externa e a produção energética envolvida.

Cada regime de trabalho produz estímulos específicos; portanto, usar apenas um regime não é algo muito eficaz. Com tal objetivo, foi evidenciado que a combinação de vários regimes de trabalho é o método mais eficaz para desenvolver a Fmáx.(Viitasalo et al., 1981). De fato, estes autores estudaram

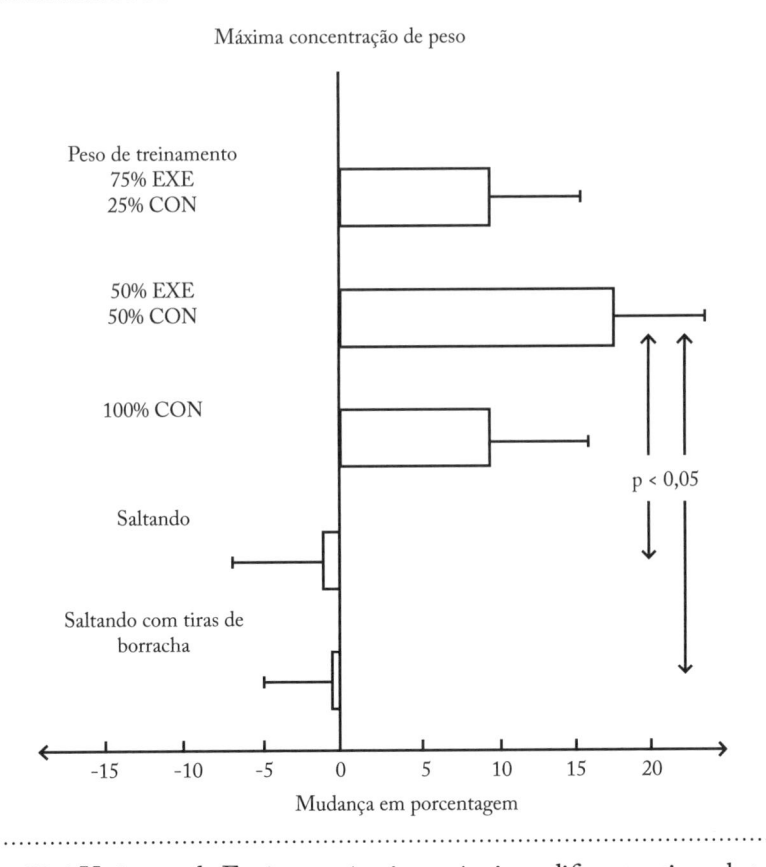

Figura 20.1 Variações da Fmáx. concêntrica após cinco diferentes tipos de treinamento, expressas em percentual dos valores obtidos antes do treinamento. O nível de significância estatística também é indicado (Viitasalo et al., 1981).

Força Muscular

Taxa de desenvolvimento de força

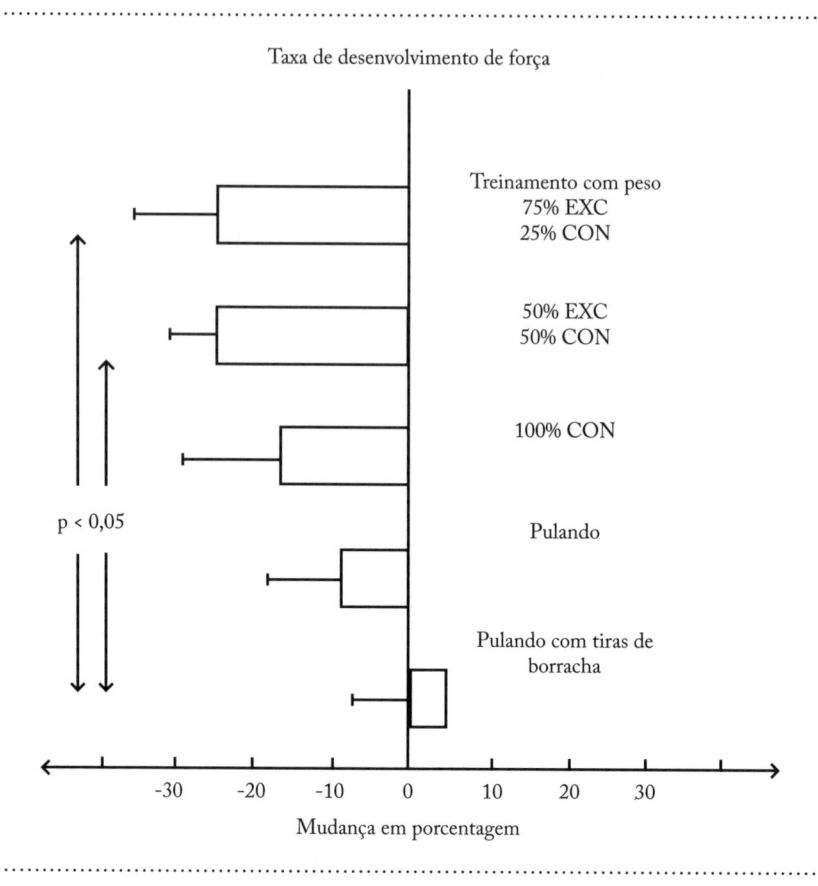

- Treinamento com peso 75% EXC 25% CON
- 50% EXC 50% CON
- 100% CON
- Pulando
- Pulando com tiras de borracha

p < 0,05

-30   -20   -10   0   10   20   30
Mudança em porcentagem

Figura 20.2 Variações da taxa de desenvolvimento da força após cinco diferentes tipos de treinamento, expressas em percentual dos valores obtidos antes do treinamento. O nível de significância também é indicado (Viitasalo et al., 1981).

os efeitos de três diferentes regimes de treinamento da Fmáx.: 1) apenas concêntrico; 2) 50% concêntrico e 50% excêntrico; 3) 75% excêntrico e 25% concêntrico e dois tipos de treinamento de saltos; 4) saltos pliométricos clássicos; 5) saltos pliométricos com a ajuda de elásticos presos ao teto. Entre os regimes de Fmáx., o mais eficiente para a melhora da força máxima foi o segundo (Figura 20.1). Os treinamentos com saltos não foram eficazes para a melhora da Fmáx. A taxa de desenvolvimento da força foi melhorada sobretudo com os métodos 2 e 3 (Figura 20.2). Entre os cinco regimes de treinamento estudados, o que contribuiu para o desenvolvimento das capacidades de salto foi o pliométrico clássico (4), e verificou-se decréscimo da força explosiva depois da utilização dos regimes de Fmáx. (Figura 20.3).

  h) Estabelecer quais são os tipos de treinamento mais eficientes para aumentar a Fmáx.

Altura do salto vertical a partir de teste com salto em profundidade

Treinamento com peso
75% EXC
25% CON

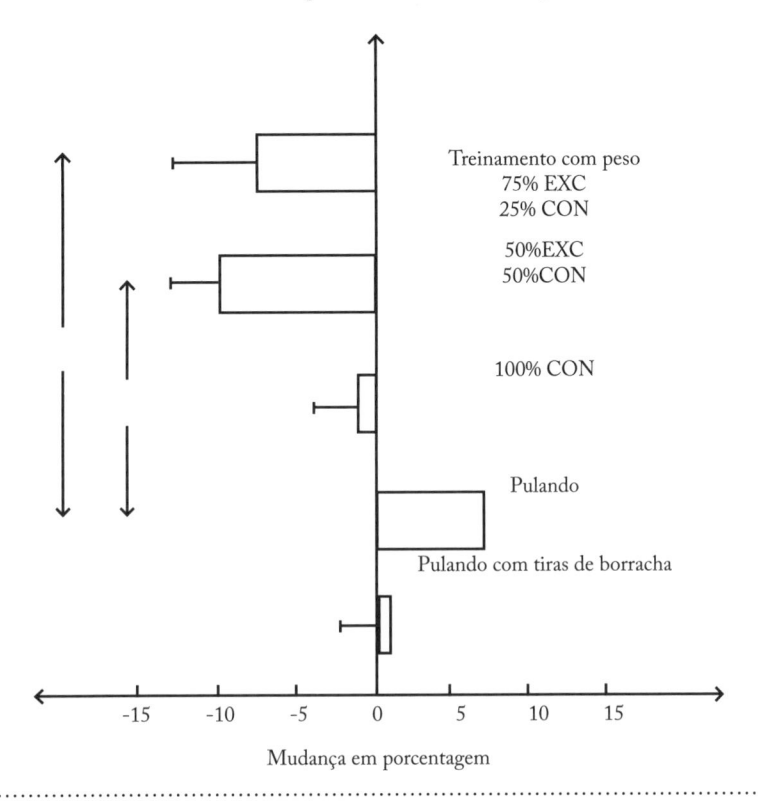

50%EXC
50%CON

100% CON

Pulando

Pulando com tiras de borracha

-15 -10 -5 0 5 10 15

Mudança em porcentagem

Figura 20.3 Variações da força explosiva medida por meio do desempenho de salto de uma altura de queda ideal, após cinco diferentes tipos de treinamento, expressas em percentual dos valores obtidos antes do treinamento. O nível de significância estatística também é indicado (Viitasalo et al., 1981).

Os tipos de treinamento mais usados podem ser classificados como:

1. Contração isométrica.
2. Contração isotônica concêntrica (meio agachamento, *leg press*).
3. Contração isotônica concêntrica explosiva (salto com agachamento).
4. Contração isotônica excêntrica lenta (salto com contra movimento).
5. Contração isotônica excêntrica explosiva (queda pliométrica

com os joelhos estendidos).
6. Contração isotônica concêntrica depois de lento pré-alongamento (salto com agachamento).
7. Contração isotônica concêntrica depois de pré-alongamento violento (salto pliométrico).

Entre estas modalidades de contração muscular, existem algumas ativações musculares com características simples (1-5) e outras com características mais complexas (6-7). Às últimas devem-se acrescentar os exercícios de arrancada, impulso, etc., trabalhos de extrema importância que determinam adaptações e modificações semelhantes às apresentadas nos pontos 2-3 e 7. Em conclusão, cada tipo de contração apresenta características peculiares e específicas, que devem ser consideradas no momento em que o programa de trabalho para melhorar a Fmáx é planejado. Entre estas ativações, algumas determinam solicitações drásticas do sistema nervoso e outros agem, predominantemente, em nível muscular. Portanto, o conhecimento detalhado dos vários níveis de ativação (neurogênica), ou de estimulação muscular, são de grandíssima utilidade para organizar os vários meios de treinamento em uma estrutura dinâmica, que respeite uma progressão fisiológica específica (Tabela 20.1).

À luz destas considerações, na Tabela 20.1, podem ser identificados os exercícios que provocam os estímulos mais eficazes, tanto nas estruturas neurogênicas quanto nas miogênicas. No que diz respeito aos estímulos de natureza neurogênica, os exercícios mais eficazes são, em ordem de importância, os seguintes:

a) Contração isotônica excêntrica explosiva (queda pliométrica com joelhos flexionados).
b) Contração isotônica concêntrica explosiva (agachamento partindo da posição agachada).
c) Contração isotônica concêntrica (½ agachamento, *leg press*).
d) Contração isotônica concêntrica depois de lento pré-alongamento (saltos com agachamento contínuo)
e) Contração isométrica
f) Contração isotônica concêntrica depois de pré-alongamento vigoroso (salto pliométrico).
g) Contração isotônica concêntrica depois de pré-alongamento vigoroso (salto pliométrico).

Tabela 20.1 Tipo de ativação muscular (1-7) e os respectivos estímulos neurogênicos e miogênicos provocados em função do tempo de contração. Esforços relativos ao tipo de ativação: 1)Contração prolongada por muitos segundos; 2) ½ agachamento (0,5-3,0pc), *leg press*; 3) agachamento partindo da posição agachada com variação angular ampla; 4) fase excêntrica de ½ agachamento (0,5-3pc) ou do agachamento com peso corporal; 5) fase excêntrica de salto em profundidade flexionando-se os joelhos; 6) fase concêntrica de um ½ agachamento (0,5-3,0pc) ou do agachamento com peso corporal; 7) fase concêntrica depois do salto em profundidade flexionando-se os joelhos. Os valores de atividade neurogênica (EMG), de força (F), relação entre EMG/F e tempo de execução da prova (T) são apresentados em percentual e em função da força isométrica estudados

Tipo de Contração	EMG (%)	F (%)	EMG/F	Tempo (ms)
1) Isométrica	100	100	1	6000
2) Concêntrica com carga	130	60-90	1,7	400-900
3) Concêntrica explosiva	150	30-50	3,7	300
4) Excêntrica lenta	60-90	20-90	1,4	200-600
5) Excêntrica explosiva	140-160	200-300	0,6	70-100
6) Concêntrica depois de lento pré-alongamento	110-130	50-90	1,7	200-600
7) Concêntrica depois de pré-alongamento vigoroso	80-110	120-200	0,6	60-100

Do ponto de vista biológico, a ordem acima descrita expressa apenas o grau de ativação neurogênica dos exercícios, não indica absolutamente a ordem de importância de indução a modificações fisiológicas. De fato, para que estes estímulos possam produzir adaptações fisiológicas, é preciso que provoquem modificações permanentes e duradouras no tempo. Tudo isso acontece quando a duração de um único estímulo é prolongada no tempo e o volume total de trabalho alcança um certo limite. Como apresentado na Tabela 20.1, para determinar processos biológicos de adaptação eficazes, o estímulo deve ser intenso e a duração de trabalho deve ser prolongada no tempo. A intensidade do estímulo pode ser avaliada tanto pelo valor de tráfego neurogênico produzido, quanto pela quantidade de força desenvolvida. Nem sempre os dois parâmetros se desenvolvem de maneira simultânea e paralela. Pelo contrário, por causa das diferentes condições mecânicas, o desenvolvimento de elevadas tensões musculares nem sempre é sustentado por ativações nervosas suficientes. Um valor muito significativo para julgar a intervenção neurogênica e a mecânica muscular é fornecido pela relação entre a atividade elétrica gerada e a força desenvolvida (EMG/Força). Quanto maior for o valor da relação, mais intensa é a atividade neurogênica necessária para desenvolver uma determinada força muscular. Como mostrado na Tabela 20.1, o valor mais elevado é alcançado durante o desempenho do salto de posição agachada, enquanto o mais baixo obtém-se durante a fase de amortecimento, com joelhos flexionados, depois de uma queda do alto (contração excêntrica explosiva: 5). Esses resultados devem ser interpretados com a devida cautela. De fato, se consideramos o tráfego neurogênico em absoluto, é justamente a contração mostrada no ponto (e) que apresenta o valor mais alto de EMG. Apesar disso, por causa da duração mínima de trabalho em que o desempenho é realizado, esse tipo de exercício não pode produzir de maneira eficaz nem os estímulos necessários para que ocorram modificações de natureza miogênica nem estímulos hormonais suficientes. Recentes estudos evidenciaram que a execução de cerca de 250 saltos e saltitos induzem a processos de fadiga isolados no sistema neuromuscular (Figura 20.4). O estímulo não é tão drástico a ponto de modificar a concentração de testosterona sérica. Portanto, tais exercícios devem ser considerados, predominantemente, como estímulos específicos capazes de produzir adaptações sobretudo do sistema neuromuscular (Bosco et al., 1995). Recentes estudos feitos por Colli (1997) (ver Capítulo 13, Figura 13.6) corroboram tais afirmações: de fato, depois de exercícios excêntricos, foram observadas drásticas modificações da potência. Em contraste, os exercícios que estimulam de maneira mais significativa e por período de tempo mais longo são os dos pontos (2,7) e (5), além dos do ponto (1). Sem dúvida, os mais eficazes e específicos são os do ponto (2), enquanto os dos pontos (5) e (4) têm o objetivo de recrutar, apenas parcialmente, algumas unidades motoras. Durante o trabalho excêntrico ajustado pela força desenvolvida, as unidades motoras e, portanto, a quantidade de fibras musculares recrutadas é muito inferior em comparação à contração isométrica ou concêntrica. Isso se evidencia pela baixa atividade eletromiográfica (Bligand-Ritchie et al., 1979). Como já apresentado no Capítulo 15, os trabalhos mais eficazes para a solicitação hormonal, seguida por solicitações miogênicas e neuromusculares são, predominantemente, os descritos nos pontos (2) e (7).

i) Os trabalhos de Fmáx. devem ser executados sobretudo para estimular a secreção de testosterona, e também melhorar os processos neuromusculares. Um volume de trabalho inferior a 50 repetições não é suficiente para produzir perturbações potentes o bastante para estimular o sistema hipotálamo-hipófise-gônadas. Uma elevada concentração de testosterona, além de favorecer a fenotipização das fibras rápidas (Kraemer, 1990), favorece a força explosiva e as capacidades de *sprint* (Bosco, 1993-1996a, b).

j) O período de repouso a ser respeitado entre as séries é o necessário para que a potência desenvolvida com uma determinada carga retorne aos valores iniciais. O mesmo vale para o período de repouso entre duas sessões de treinamento. No caso de não ser possível medir a potência da carga (*Ergopower*), pode-se utilizar a capacidade de salto. Essa pode ser medida com o teste de Bosco (*Ergojump*) ou simplesmente com um salto para tocar a parede de um muro (Teste de Sargent, 1921). Antes de começar uma nova sessão de treinamento de Fmáx. convém respeitar uma pausa de repouso se um valor próximo a 95% do próprio desempenho de salto (salto à distância partindo do repouso) não for obtido. Neste caso, aconselha-se executar formas de treinamento mais brandas em vez da sessão de treinamento de Fmáx.

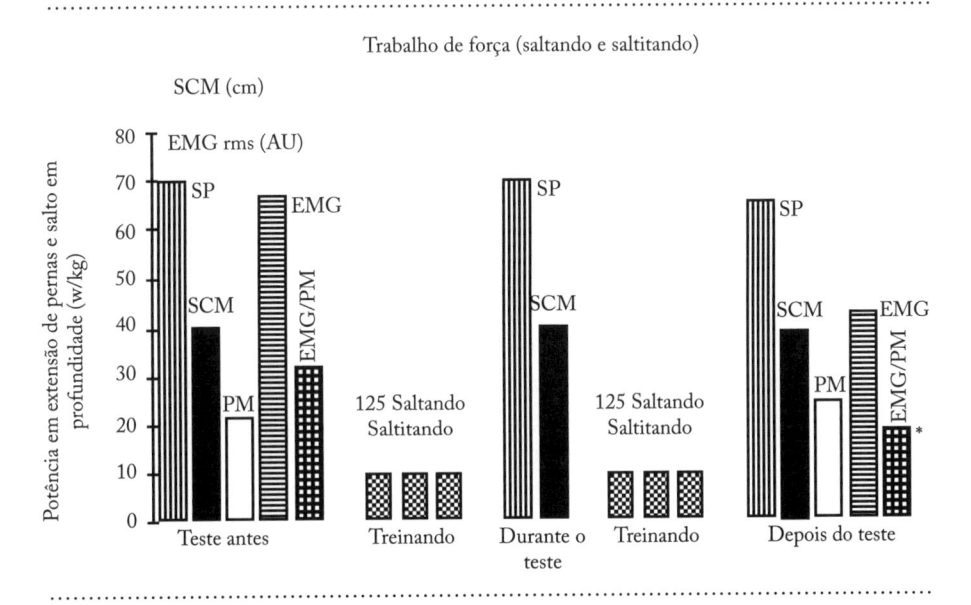

Figura 20.4 Valores médios dos desempenhos de Salto em Profundidade (SP), com o Contra-Movimento (SCM), extensor de joelho; Potência Mecânica (PM) e atividade eletromiográfica (EMG) e relação entre as duas (EMG/P) registradas em quatro indivíduos, antes e depois de 250 exercícios de saltos. Depois do treinamento, os parâmetros de salto não variaram, apenas foi notado decréscimo da atividade EMG e a relação EMG/P. A concentração sérica de testosterona medida antes e depois do treinamento permaneceu inalterada.

Treinamento para melhorar a hipertrofia muscular

Um outro aspecto interessante da metodologia do treinamento da força é o aumento da massa muscular, isto é, a hipertrofia. Para determinar as solicitações, é preciso seguir alguns princípios fundamentais. São estes:

a) A carga de trabalho deve permitir o recrutamento de um elevado número de unidades motoras presentes em um determinado músculo (cargas iguais a 60-90% de 1RM).

b) O número total das repetições em uma série deve evitar que o limite da fadiga seja atingido rapidamente. Assim, a potência da contração, isto é, a velocidade, não deve superar 80% da Vmáx. possível com aquela determinada carga (ver Método de Bosco 1993).

c) O tipo de contração sugerida é a excêntrica concêntrica. São desaconselhados os trabalhos de tipo exclusivamente excêntrico, enquanto os de tipo concêntrico podem ser executados sem problemas.

d) O volume total de trabalho deve ser sempre superior a, pelo menos, 100 repetições.

e) O volume total de trabalho deve ser suficiente para estimular o hormônio do crescimento e as somatomedinas, potentes amplificadores do *turnover* protéico (Kraemer, 1992).

f) As pausas de trabalho entre as séries são de fundamental importância para favorecer fortes estímulos à secreção do hormônio do crescimento. Estudos recentes feitos por Kraemer (1990) evidenciaram que curtos tempos de recuperação (1 minuto) são mais eficazes para favorecer a secreção do hormônio do crescimento do que pausas longas (3 minutos) (Figura 20.5).

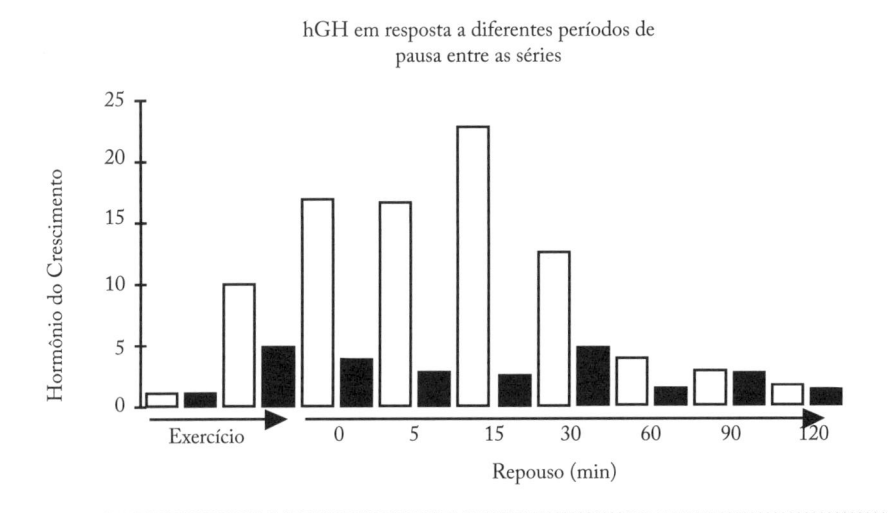

Figura 20.5 Variação do hormônio do crescimento em função do exercício físico (5 repetições 100% da RM x 3-5 séries). Os valores das colunas em preto foram obtidos respeitando-se 3 minutos de recuperação entre as séries, enquanto os valores das colunas em branco foram registrados depois de 1 minuto de recuperação entre as séries (modificado de Kraemer, 1990).

Treinamento para melhorar a força explosiva

a) Para o desenvolvimento da força explosiva, o treinamento com cargas muito elevadas deve ser utilizado apenas de acordo com etapas de treinamento bem definidas.

b) Quando são utilizadas metodologias de treinamento para a melhora da Fmáx. e da força explosiva, é preciso considerar o efeito acumulativo dos estímulos, que possuem características específicas das duas expressões de força.

c) Para a melhora da força explosiva, utilizada por quem pratica esportes que requerem um rápido trabalho muscular dinâmico (por exemplo, atletismo, esqui alpino, esgrima, beisebol, etc.), o emprego prolongado de cargas isométricas é um erro (Verkhoshanskij, 1981). De fato, a larga utilização de cargas isométricas leva a um significativo crescimento do tecido conjuntivo intramuscular, que reforça a estabilidade dos músculos, mas diminui sua elasticidade. Esta, como todos podem ver, é uma qualidade fundamental que favorece os movimentos realizados com resistências externas pequenas durante o pré-alongamento.

Quais são os estímulos de base que determinam a adaptação biológica

Para finalizar, gostaria de concluir algumas observações ligadas à metodologia do treinamento. Estamos todos de acordo que, através do treinamento sistemático prolongado no tempo, determinam-se melhoras das funções e das estruturas biológicas. Quais são as bases fundamentais desta melhora?

Pois bem, as bases são simples. Nós sabemos que, quando se executa um trabalho muscular, há uma fase chamada catabólica, seguida por um processo de supercompensação durante a fase de recuperação (Figura 20.6). Mas, efetivamente, o que isso significa? Durante as situações cotidianas, uma parte da energia serve para manter as nossas condições homeostáticas (produção de calor, trabalho do músculo cardíaco, etc.). Em qualquer momento da existência de um ser vivo, existem milhões de células sendo destruídas e outros milhões regeneradas. O mesmo pode ser dito para as enzimas, glóbulos vermelhos, etc. Para regenerar essas células, há necessidade por substâncias nutritivas e de energia. Assim, uma parte da nossa energia serve para produzir trabalho muscular: ficar de pé, manter a temperatura a 36°, fornecer energia ao músculo cardíaco, e assim por diante. Uma outra parte da energia serve para realizar os processos biológicos fundamentais (Figura 20.7a). No momento em que se começa a executar um trabalho muscular intenso, todo o corpo se predispõe a fornecer energia para as estruturas biológicas que, naquele momento, precisam; que são, neste caso, os músculos recrutados. A partir deste momento, o organismo reduz drasticamente o reabastecimento de energia de todos os órgãos não envolvidos no movimento, com exceção do encéfalo e coração (Figura 20.7b). De tal modo, falta energia para produzir ou favorecer a síntese protéica e, portanto, o equilíbrio entre catabolismo e anabolismo fica comprometido em favor do catabolismo. Logo que o trabalho vigoroso é interrompido, isto é, durante a fase de recuperação, toda a energia anteriormente enviada aos músculos retorna para os órgãos dos quais foi subtraída e, deste modo, ocorre a fase de supercompensação.

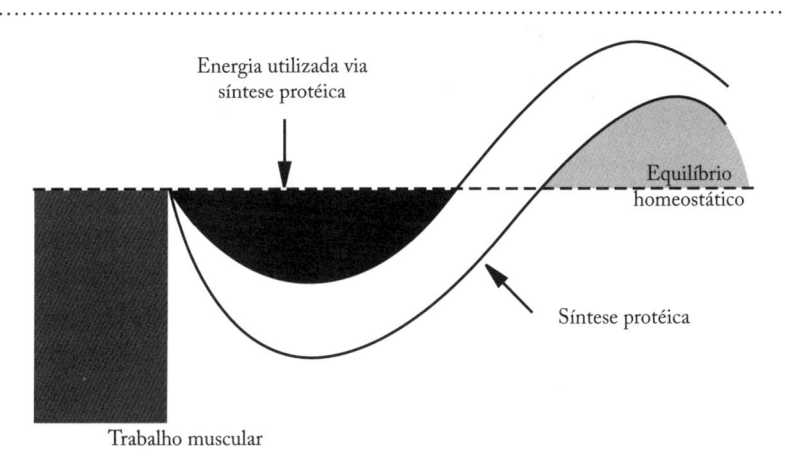

Figura 20.6 Potencial energético e síntese protéica (Viru, 1990, modificado).

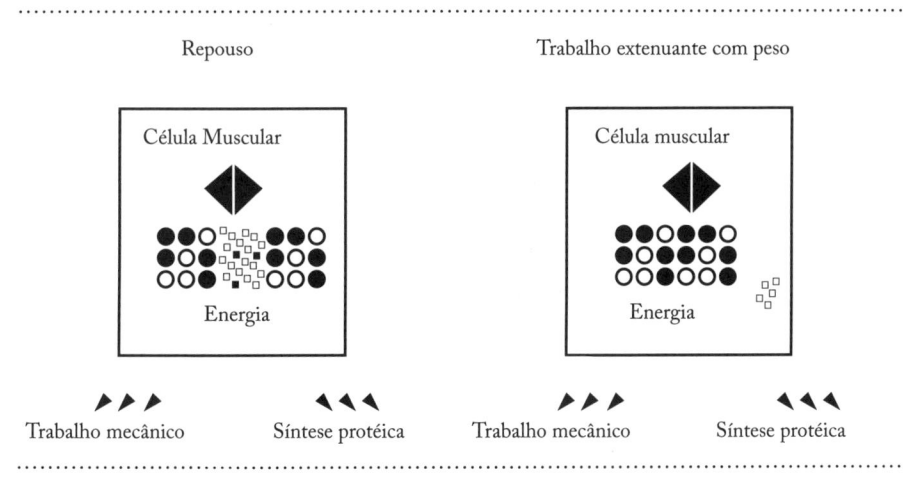

Figura 20.7 Mecanismo de supercompensação da síntese protéica (Viru, 1990, modificado).

BIBLIOGRAFIA

ATHA, J. Strengthning muscle. *Exerc Sport Sci Rev.* v. 9, p. 1-73, 1981.

BIGLAND-RITCHIE, B.; JONES, D.A.; WOOD, J.J. Excitation frequency and muscle fatigue: electrical responses during human voluntary and stimulated contractions. *Exp Neurol.* v. 64, p. 414-427, 1979.

Bosco, C. Test di valutazione della donna nella pratica del calcio. In: Atti del Convegno Nazionale Il Calcio Femminile. *Aspetti Medici e Tecnici*, FIGC, Florença, p. 219-230, 1993.

_____. *Allenamento e condizionamento muscolare.* Considerazioni fisiologiche sulla forza. Roma: Società Stampa Sportiva, p. 24-49, 1993.

Bosco, C.; COLLI, R. (comunicação pessoal).

Bosco, C.; TIHANYI, J.; VIRU, A. Relationships between field fitness test and basal serum testosterone and cortisol levels in soccer players. *Clinical Physiol.* v. 16, p. 317-323, 1996a.

Bosco, C. et al. Hormonal responses in strenuous jumping effort. *Jpn J Physiol.* v. 46, n. 1, p. 1-6, 1996b.

KRAEMER, W.J. et al. Hormonal and growth factor responses to heavy resistance exercise protocols. *J Appl Physiol.* v. 69, n. 4, p. 1442-1450, 1990.

KRAEMER, W.J. Hormonal mechanisms related to expression of muscular strength and power. In: *Strength and power in sport.* Oxford: Scientific Publications, p. 64-67, 1992.

SALE, D.G. Neural adaptation to resistance training. *Med Sci Sports Exerc.* v. 20, p. 135-145, 1988.

SARGENT, D.A. The physical test of the man. *American Physical Education Review.* v. 26, p. 188-194, 1921.

VERCHOSHANSKIJ, J. Principles of training high level T & F athletes. *Leygkaya Atletika.* v. 10, p. 6-9, 1981.

VIITASALO, J.T. et al. Untersuchung von Training-svirkungen auf die Krafterzeugung und sprunghohe. *Leistungssport.* v. 11, p. 278-281, 1981.